北京延庆年鉴

BEIJING YANQING NIANJIAN

2021

北京市延庆区档案史志馆 编

中国文史出版社

图书在版编目（CIP）数据

北京延庆年鉴. 2021 / 北京市延庆区档案史志馆编.
-- 北京：中国文史出版社, 2021.11
ISBN 978-7-5205-3281-5

Ⅰ.①北… Ⅱ.①北… Ⅲ.①延庆区－2021－年鉴
Ⅳ.①Z521.3

中国版本图书馆CIP数据核字(2021)第207924号

责任编辑：卢祥秋

出版发行：**中国文史出版社**
社　　址：北京市海淀区西八里庄路69号院　邮编：100142
电　　话：010-81136606　81136602　81136603（发行部）
传　　真：010-81136655
印　　装：北京颐泉旺利印刷有限公司
经　　销：全国新华书店
开　　本：787×1092　1/16
印　　张：29.5　　字数：736千字
插　　页：3
版　　次：2021年11月第1版
印　　次：2021年11月第1次印刷
定　　价：220.00元

北京延庆年鉴

《北京延庆年鉴（2021）》编辑部

编 辑 说 明

一、《北京延庆年鉴》是一部大型的综合性资料工具书和史料文献，自2004年开始，逐年编纂出版。本卷为第18卷，是在中共北京市延庆区委员会和延庆区人民政府的领导下，由北京市延庆区档案史志馆编纂。

二、《北京延庆年鉴》以马克思列宁主义、毛泽东思想、邓小平理论、“三个代表”重要思想、科学发展观、习近平新时代中国特色社会主义思想为指导，坚持辩证唯物主义和历史唯物主义的立场、观点和方法，遵循实事求是的原则，真实、客观地反映实际情况。

三、《北京延庆年鉴》是记述上一年度延庆经济和社会发展各方面的基本情况和重大事件。本卷记述时限为2020年1月1日至2020年12月31日（部分内容依据实际情况，时限略有前后延伸）。书中的“本年”“年内”及直书月、日的，均指2020年。

四、本卷采用分类编辑法，采取文章和条目两种形式，以条目体为主，用规范的语体文记述，直陈其事，文字力求言简意赅。全书设类目、分目、次分目、条目4个层次。条目标题统一用黑体字并外加【】标明。各目之间的标题分别用不同型号的字体加以区别。

五、本卷所载内容包括区情综述、特载、专文、大事记、专记、冬奥会延庆赛区筹办、中共北京市延庆区委员会、延庆区人民代表大会、延庆区人民政府、政协延庆区委员会、纪检监察、民主党派、人民团体、法治、军事、经济管理、农业农村、工业和信息化建设、商贸服务业、金融、旅游、交通邮电、生态环境、城乡建设与规划、城乡管理、科技教育、文化、卫生健康、体育、社会民生、人物荣誉、街道乡镇、统计资料、附录共34个类目。全书除文字部分外，还配以地图、彩照、表格，力求全面、具体、准确地反映全区年度发展的全貌。

六、本卷收有延庆区党、政、军、团体、乡镇和部分企业负责人名录，所列均以2020年内任职为限，其中有任免情况的分别予以注明。因此，在条目中涉及区级领导，均直书姓名，不写职务，具体职务详见年鉴“2020年延庆区组织机构及负责人名录”。

七、选入本卷的文章和条目，主要由各部门、各单位确定的专人撰写或提供，并经部门、单位主要领导审阅，区委、区政府有关部、委、办领导审查；正文前收录的彩图，均由各供稿单位提供。

八、本卷中引用的统计资料，原则上由区统计局提供。数字一般记至万以上，小数点后保留两位小数，但在记述人均收入、人均生活支出和在岗职工平均工资时，记述至个位。

九、本卷中计量单位名称的使用，除特例之外一律采用中华人民共和国法定计量单位。考虑到“亩”仍是农村最主要的土地面积计量单位，在记述农业事项时，均在公顷数之后括注同比例“亩”作为补充。在记述体育赛事时，使用行业通例“公里”和“公斤”。

1月14日，区冬奥滑雪战队成立（区冬奥办供稿）

1月16日，“十四冬”高山滑雪速度类比赛在区举行（区冬奥办供稿）

9月20日，北京冬奥会倒计时500天长城文化活动在八达岭长城举行（区冬奥办供稿）

10月22日，北医三院专家组参加冬奥医疗专区演练（区冬奥办供稿）

10月27日，区疾控中心专业人员对外籍运动员头盔及雪橇进行采样检测（区冬奥办供稿）

12月1日，延庆京张高铁延庆支线正式开通，综合交通服务中心投入使用（区冬奥办供稿）

12月31日，延庆冬奥医疗保障中心建成并正式投入使用（区冬奥办供稿）

1月1日，八达岭长城全国新年登高健身大会（八达岭特区办事处供稿）

1月7日，康庄镇冬奥知识竞赛（康庄镇供稿）

1月9日，全区党外代表人士迎新春座谈会召开（区委统战部供稿）

1月10日，香水园街道第八届花会大赛（香水园街道供稿）

1月11日，全国大众速滑马拉松赛在区举办（区体育局供稿）

1月17日，儒林街道第十届元宵灯展灯谜会（儒林街道供稿）

1月22日，北京延庆App上线仪式（区融媒体中心供稿）

2月3日，区领导到建行延庆支行检查疫情防控工作（建行延庆支行供稿）

2月12日，延庆烟草工作人员为零售户发放许可证（区烟草专卖局供稿）

2月16日，社区退役军人志愿服务队成立（区退役军人事务局供稿）

2月18日，区红十字会接收个人大额抗疫捐款20万元（区红十字会供稿）

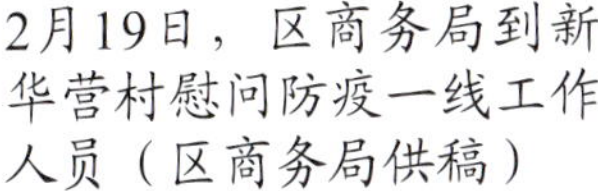

2月19日，区商务局到新华营村慰问防疫一线工作人员（区商务局供稿）

2月20日，区政协领导到区医院调研疫情防控并慰问一线工作人员（区政协供稿）

2月28日，纳通集团延庆口罩生产基地调试生产（中关村延庆园服务中心供稿)

3月3日，环卫工人扫雪铲冰作业（区城管委供稿）

3月3日，区领导调研疫情期间的邮政快递（区邮政分公司供稿）

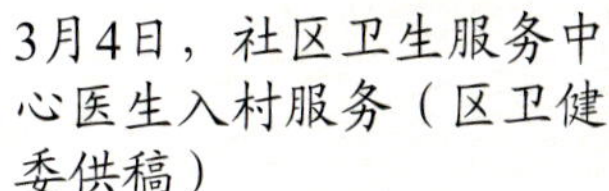
3月4日，社区卫生服务中心医生入村服务（区卫健委供稿）

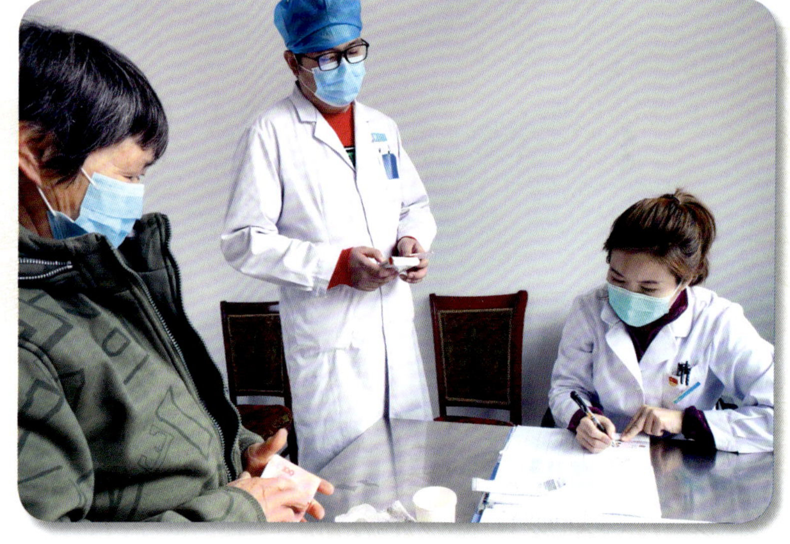

3月5日，区委政法工作电视电话会议召开（区政法委供稿）

3月7日，延庆区纪委二届五次全会召开（区纪检委供稿）

3月12日，区粮油公司收购玉米现场（区粮油公司供稿）

3月30日，2020年区审计工作会议召开（区审计局供稿）

4月6日，世园国际酒店工作人员迎接援鄂医务人员（世园公司供稿）

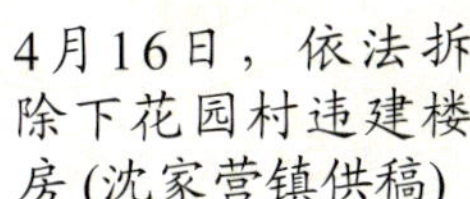

4月16日，依法拆除下花园村违建楼房(沈家营镇供稿)

4月26日，延庆区精神文明建设工作暨创城攻坚“百日大决战”动员部署会召开（区委宣传部供稿）

5月，北京世园公园健康云跑现场（世园公司供稿）

5月，农商行延庆支行团委拍摄疫情防控宣传片（农商行延庆支行供稿）

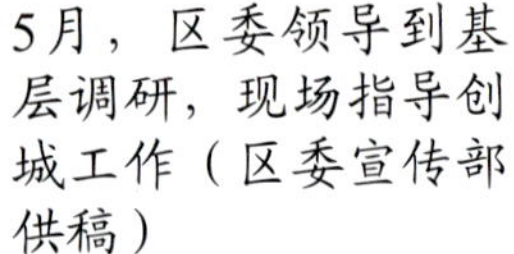

5月，区委领导到基层调研，现场指导创城工作（区委宣传部供稿）

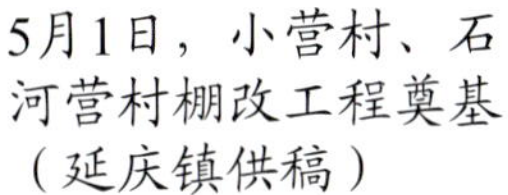
5月1日，小营村、石河营村棚改工程奠基（延庆镇供稿）

5月8日，区市场监管局开展区级药品质量抽查检验工作（区市场监管局供稿）

5月12日，防灾减灾日开展人防安全知识宣传（区人防办供稿）

5月13日， 区政协委员到延庆综合交通服务中心工程现场调研（区政协供稿）

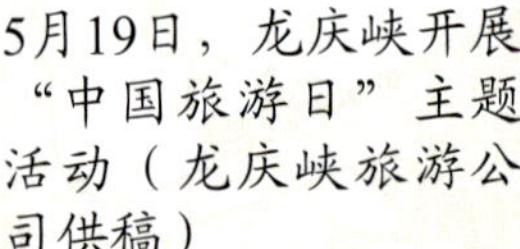

5月19日，龙庆峡开展“中国旅游日”主题活动（龙庆峡旅游公司供稿）

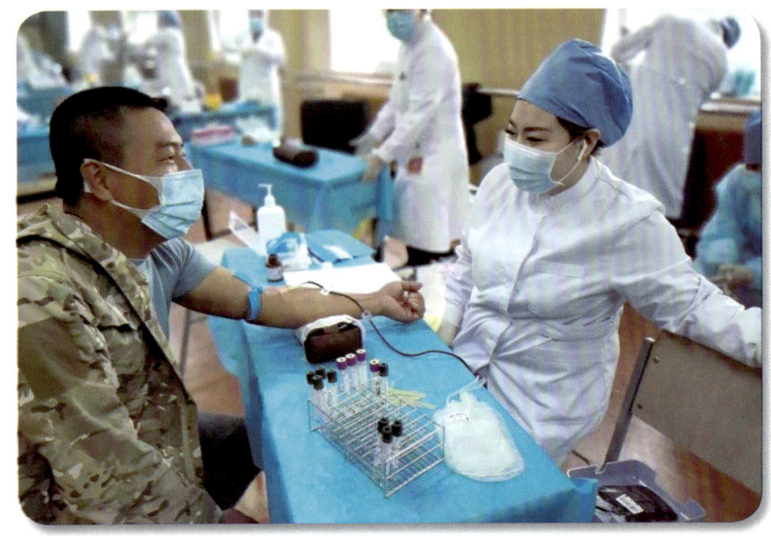

5月21日，39名四海人为爱奉献捐献血液10200毫升（四海镇供稿）

5月23日，民警在延庆区地标迎宾环岛执勤（区公安分局供稿）

5月25日，延庆区留守儿童六一活动（刘斌堡乡供稿）

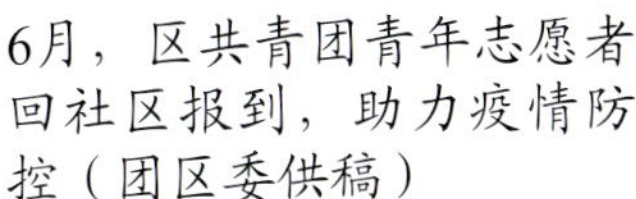
6月，区共青团青年志愿者回社区报到，助力疫情防控（团区委供稿）

6月5日，信访宣传月活动现场（区信访办供稿）

6月12日，区领导带队到内蒙古兴和县参加扶贫协作联席会（区发改委供稿）

6月23日，开展区域地质资源调查（地质公园管理处供稿）

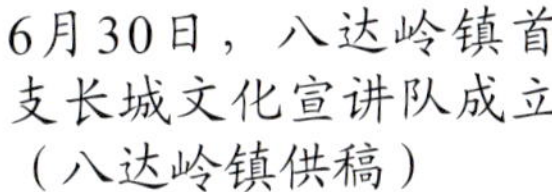

6月30日，八达岭镇首支长城文化宣讲队成立（八达岭镇供稿）

7月，南菜园1-5巷棚户区改造项目安置房工程“山水名院”竣工（区住建委供稿）

7月，医学观察点为隔离人员送生日蛋糕（区机关事务中心供稿）

7月1日，“81193818”一号咨询专线正式运行（区政务服务局供稿）

7月1日，工行延庆支行为回迁房居民提供金融服务（工商行延庆支行供稿）

7月13日，科技下乡活动现场（区科协供稿）

7月21日，市地震局冬奥保障专题调研座谈会（区地震局供稿）

7月31日，在妫川广场开展志愿服务助推创城攻坚活动（区委宣传部供稿）

8月8日，北京长城文化节启动仪式（区文旅局供稿）

8月8日，延庆区创意创新创业大赛暨北京文创大赛延庆分赛现场（区委宣传部供稿）

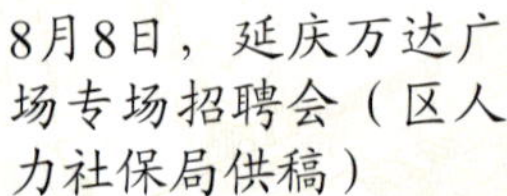
8月8日，延庆万达广场专场招聘会（区人力社保局供稿）

8月10日，昌赤路云龙山隧道全线贯通（区公路分局供稿）

8月20日，区医保局深入乡村宣传医保政策（区医保局供稿）

8月25日，区气象局在世园公园开展科普宣传（区气象局供稿）

8月至10月，北京长城文化节主题活动在八达岭长城举行（区委宣传部供稿）

9月1日，中科院徐建中院士为风能利用重点实验室延庆基地挂牌（中关村延庆园服务中心供稿）

9月5日，延庆区参加国贸交易会文化服务专题展（区委宣传部供稿）

9月6日，书画名家“缙阳山水创意行”活动（香营乡供稿）

9月7日，中关村延庆园体育科技创新园正式开园（中关村延庆园投资公司供稿）

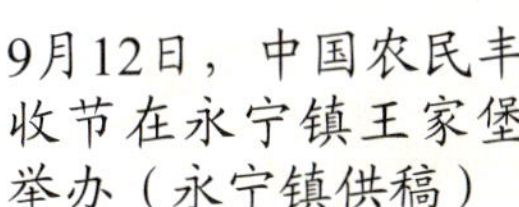

9月12日，中国农民丰收节在永宁镇王家堡举办（永宁镇供稿）

9月14日，区国资委到内蒙古兴和县扶贫捐赠（区国资委供稿）

9月18日，区人大常委会组织人大代表视察冬奥会延庆赛区建设情况（区人大常委会供稿）

9月19日，中国农民丰收节暨延怀河谷葡萄文化节开幕（绿富隆公司供稿）

9月21日，延庆区乡镇机构改革动员部署会召开（区委编办供稿）

9月23日，四海前山村菊花产业基地采摘（区农业农村局供稿）

9月25日，农行工作人员为市民发放反假币宣传折页（农行延庆支行供稿）

9月26日，雅蓝退休女干部联谊会成立十周年庆典演出（区老干部局供稿）

9月27日，第12届北京菊花文化节在世葡园开幕（八达岭旅游总公司供稿）

9月28日，八家中央新闻媒体到区采访民主法治示范村建设（区司法局供稿）

10月1日，长城博物馆开展“欢度中秋 喜迎国庆”主题活动（长城博物馆供稿）

10月1日，大庄科第三届“爱国歌曲大家唱”合唱比赛（大庄科乡供稿）

10月12日，延庆区第四届学生轮滑竞速赛(区教委供稿)

10月13日，区检察院第六检察部到区医院宣告检察建议（区检察院供稿）

10月20日，延庆区获全国双拥模范城称号（区武装部供稿）

10月21日，政府采购办参加扶贫采购产销对接会（区财政局供稿）

10月27日，千家店全民健身运动会（千家店镇供稿）

10月30日，延庆区作家协会小作家分会成立（区文联供稿）

10月，游人在建设完工的蔡家河地区绿道上骑行（区园林绿化局供稿）

11月，区交通局工作人员开展出租汽车行业安全检查（区交通局供稿）

11月6日，区供电公司专业技术人员深入村户宣传安全用电（区供电公司供稿）

11月9日，区处级干部研修班和年轻干部培训班开班（区委党校供稿）

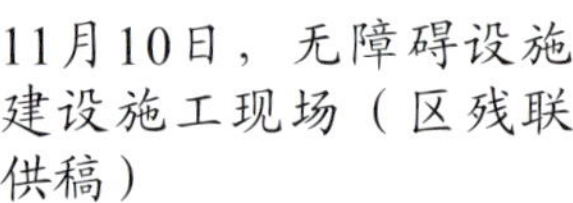

11月10日，无障碍设施建设施工现场（区残联供稿）

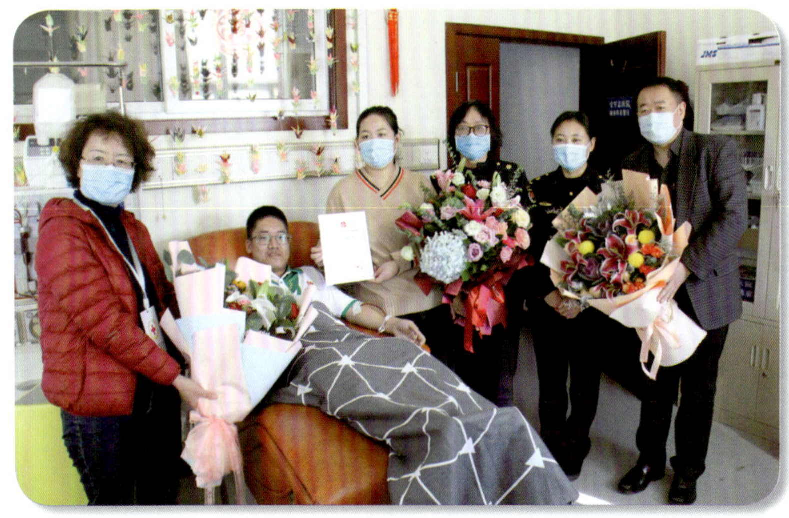

11月12日，城管执法局王跃杰捐献造血干细胞（区城管执法局供稿）

11月14日，区领导调研拆违工作（旧县镇供稿）

11月16日，区智慧水务平台启动（区水务局供稿）

11月19日，区直机关工委举办第五届长跑日暨第五届职工越野赛（区直机关工委供稿）

11月24日，井庄镇人大代表学习党的十九届五中全会精神（井庄镇供稿）

11月26日，区妇联召开人居环境整治提升行动总结会（区妇联供稿）

11月26日，振兴北社区消防知识讲座及灭火演练（百泉街道供稿）

11月27日，2020年北京首届乡村民宿大会暨第四届北方民宿大会在世园公园举办（区文旅局供稿）

12月，区森林消防大队统一更换灭火机具和服装（区应急管理局供稿）

12月，区税务局在万达商业广场开展税费优惠政策辅导宣传活动（区税务局供稿）

12月4日，区法院举行国家宪法日宣誓仪式（区法院供稿）

12月5日，区第35届冰雪欢乐季启动（区文旅局供稿）

12月16日，张山营镇冰雪嘉年华开幕式（张山营镇供稿）

12月17日，区政府召开城市管理专题会（区城市服务管理指挥中心供稿）

12月22日，延庆劳动模范、先进工作者和人民满意公务员参加市级表彰会（区总工会供稿）

12月22日，大榆树镇农民冬奥运动会比赛现场（大榆树镇供稿）

12月23日至25日，全域旅游发展论坛暨全国商业企业家活动日在区举办（区文旅局供稿）

12月24日，珍珠泉乡第二届残疾人冰上运动会（珍珠泉乡供稿）

目　录

区情综述

特　载

专　文

大事记

专　记

冬奥会延庆赛区筹办

中共北京市延庆区委员会

延庆区人民代表大会

延庆区人民政府

政协延庆区委员会

纪检监察

民主党派

人民团体

法　治

军 事

经济管理

农业 农村

工业和信息化建设

商贸服务业

金　融

旅　游

交通　邮电

生态环境

城乡建设与规划

城乡管理

科技　教育

文化

卫生健康

体 育

社会民生

人物荣誉

街道　乡镇

统计资料

附 录

区情综述

基本地情

延庆区是北京市郊区之一，是京津冀协同发展格局中西北部生态涵养区的重要组成部分，是保障首都可持续发展的关键区域。根据《北京城市总体规划（2016年—2035年）》，延庆区是首都西北部重要生态保育及区域生态治理协作区，生态文明示范区，国际文化体育旅游休闲名区，京西北科技创新特色发展区。

历史沿革：延庆区春秋晚期和战国初期地属燕国。秦统一六国后，属上谷郡。西汉在延庆境内设夷舆、居庸二县，属上谷郡。东汉撤夷舆合入居庸县。唐初属北燕州，唐贞观八年（公元634年）改称妫州。后晋天福元年（公元936年）归辽；设儒州缙山县。元延祐三年（公元1316年）缙山县升为龙庆州。明永乐十二年（公元1414年）设隆庆州，辖永宁、怀来二县，直隶京师宣府；隆庆元年（公元1567年）改为延庆州。1912年，延庆州改为延庆县。1928年，成立察哈尔省，延庆县属之。1952年改属河北省，1958年10月划归北京市。2015年12月延庆撤县设区。

区划设置：1949年底，全县合为7个区下辖281个行政村；1951年9月，撤四海县将其原属两个区划入延庆县，全县设9个行政区下辖330个行政村；1958年8月，全县合并为5个大公社，1961年又划分成27个公社。1983年公社改为乡建制，全县共设25个乡、1个镇，辖383个行政村。历经1990年至2009年期间的5次调整区划，成为今之延庆11镇4乡、3个街道办事处、376个村委会、30个居民委员会的建制。

地理位置：延庆区地处北京市西北部，地理坐标处于东经115°44′～116°34′、北纬40°16′～40°47′，位于延怀盆地东部、燕山沉降带西端，区域呈东北西南走向的半椭圆形板块。东邻北京怀柔区，南接北京昌平区，西与河北省怀来县接壤，北与河北省赤城县相邻。地域东西最长70千米，南北最宽45.5千米，总面积1994.88平方千米，占北京市总面积的12.6%，其中，山区面积占72.8%，平原面积占26.2%，水域面积占1%。

地形气候：延庆地势东高西低，平均海拔500米以上。北、东、南三面环山，西临官厅水库；中部为广阔的平原，是典型的山间盆地。地势由东北向西南倾斜，盆地中部有妫河贯流其间。区域内山地面积广大，海拔在千米以上的山峰有海陀山、佛爷顶等10余座。其中海陀山海拔2241米，是北京市第二高峰。延庆地处长城以北，属于暖温带半湿润大陆性季风气候区的北部边缘，处于温带与中温带、半干旱与半湿润带的过渡地带。四季分明，冬季稍长，夏季偏短，春来迟，秋去早，冷暖干湿变化明显。山地多，海拔高，太阳辐射强，昼夜温差大；冬冷夏凉，年平均气温8℃、年平均降水量434.60毫米，川区无霜期185天。最热7月份平均气温21～30℃，有首都北京的“夏都”之称。

自然资源：境内有铁、铜、金、银、钨、钼、铂、钯、铅、锌等20余种金属矿产；有石灰石、石英石、钾长石、大理石、花岗石、海泡石、磁黏土矿和天然气等非金属矿藏。其中，铜、大理石、石灰石、石英石等已开采利用。能源方面，延庆风力资源丰富，风能资源占比70%，年有效风能储值5382兆焦/平方米·年。年有效发电小时数为1800小时以上。北京首座风电场——官厅风电场坐落于此；工程总装机容量为150兆瓦，安装风机100台，每年提供绿色电力2.5亿度。年日照时数2800小时以上，总辐射量5600～6000兆焦耳/平方米·年，是北京市太阳能资源丰富的地区。区域内有105平方千米的地热带，有丰富的浅层地热资源。地热出水一般温度大于50℃，最高可达70℃以上；深层地热资源可供暖300万平方米。

生物资源有药用类、观赏类以及含油脂类、果类、纤维类、野菜类、单宁类和蜜源类等多种野生植物121科364属704种，兽类、鸟类、爬行类、两栖类、鱼类等野生动物50科184种。林地面积15.6万公顷，松山国家级自然保护区内保留华北地区唯一原始油松林。全区水资源总量7.8亿立方米，其中，地表水5.64亿立方米，地下水2.23亿立方米，93%的地表水质达到国家二级标准，地下水全部达到国家饮用水标准；人均水资源占有量2088立方米，是全市人均占有量的5倍。有四级以上河流18条，三级河流2条（白河、妫水河），分属永定河、北运河、潮白河水系，是密云水库、官厅水库的重要水源供应地。年可利用水资源总量1.9亿立方米。全区土地资源总面积19.95万公顷，其中，农用地17.96万公顷，占总面积的90.01%；建设用地1.30万公顷，占总面积的6.54%；其他土地6875.77公顷，占总面积的3.45%。

人口民族：全区常住人口为345671人，其中，外省、市来京人口为80736人，占常住人口的23.4%；共有家庭户124844户，集体户13627户，家庭户人口为297518人，集体户人口为48153人。男性人口为181790人，占52.6%；女性人口为163881人，占47.4%。辖区出生率9.11‰，死亡率7.12‰，人口自然增长率1.99‰。

延庆区共有36个民族，在全区常住人口中，汉族人口30.6万人，占96.4%，各少数民族人口1.16万人，占3.6%。各少数民族人口中，排名前4位的依次是满族、蒙古族、回族和朝鲜族。

历史文化：延庆古称夏阳川，亦谓妫川，约六七千年前已有人类活动。据专家考证，延庆张山营镇的上、下阪泉村，就是上古“阪泉”遗址。金代始创真大道教第五代祖师郦希成、明朝户都尚书李衍等出生于延庆。全区有各类文物遗存点473处、非物质文化遗产项目180项。其中，国家级重点文物保护单位4处，市级重点文物保护单位6处，区级重点文物保护单位116处。国家级非物质文化遗产项目2项，市级非物质文化遗产项目3项，区级非物质文化遗产项目15项。2011年，延庆硅化木国家地质公园核心区发现距今约一亿五千万年前、侏罗纪晚期的恐龙足迹化石。辽代“大庄科矿冶遗址群”入选2014年度全国十大考古新发现。

区情特色：延庆是天然生态园和全国知名旅游区，有A级及以上景点24个；2019年获首批国家全域旅游示范区和全国民宿产业发展示范区称号。全区森林覆盖率59.28%，林木绿化率71.67%，人均绿地面积53.14平方米，人均公园绿地面积46.13平方米。有松山、玉渡山、野鸭湖等12个国家和市、区级自然保护区，总面积530余平方千米，占区域面积的27%；湿地6667公顷，占区域面积的5%。城区公园占区域面积的20%，其中妫水公园占地面积400公顷，是全市最大的水上公园。全年空气质量二级和高于二级的天气达到84%，连续多年居北京市前列。20世纪80年代以来，在县（区）委领导下，先后实施“冷凉”战略、“三动”战略和生态文明战略，全面推进改革开放和绿色北京示范区（美丽延庆）建设。延庆先后获得“全国绿化模范县”“国家园林县城”“国家卫生县城”“国家生态县”“全国生态文明建设试点县”“国家绿色能源示范县”“国家卫生城市（区）”“国家森林城市”“全国水生态文明城市”等称号。2019年北京世界园艺博览会在延庆成功举办。2022年北京冬奥会，延庆区将承办雪车、雪橇大项和滑雪大项中的高山滑雪比赛等项目。

2020年国民经济和社会发展

2020年，全区农业生产持续恢复，工业产值快速增长，商品消费缓慢恢复，景区呈现回暖迹象，投资降幅收窄，建筑业产值基本持平，一般公共预算收入保持增长，税收收入略有上升，居民收入小幅增长。全年完成固定资产投资（不含农户）比上年下降30.8%。其中，基础设施投资下降54.7%；建安投资下降35.5%；房地产开发投资下降2.1%。第一产业投资比上年下降42.5%；第二产业投资下降53.1%；第三产业投资下降26.8%。截至年末，全区实现地区生产总值194.48亿元，按不变价计算，比上年下降1.3%。其中，第一产业实现增加值6.18亿元，下降22.5%；第二产业实现增加值44.17亿元，下降12.6%；第三产业实现增加值144.12亿元，增长4.0%。三次产业结构为3.2:22.7:74.1。全年全区能源消费总量60.26万吨标准煤，比上年下降9.67%，现价单位地区生产总值能耗0.31吨标准煤/万元，按不变价计算，下降8.48%。

农　业

全区粮食播种面积9245.49公顷（13.87万亩）。全年粮食产量7.07万吨，比上年增长20.8%；蔬菜产量6.49万吨，下降2.2%；出栏生猪1.05万头，下降52.0%；出栏家禽131.7万只，下降17.3%；牛奶产量2.95万吨，下降9.5%；禽蛋产量1.2万吨，下降1.1%；干鲜果品产量1.06万吨，下降11.6%。全年农林牧渔业实现总产值15.6亿元，比上年下降17.1%。其中，种植业实现产值5.39亿元，增长12.9%；林业实现产值5.09亿元，下降41.6%；牧业实现产值4.35亿元，下降5.3%；渔业实现产值862.4万元，增长1.1倍。

年内，新备案农业标准化基地3家、新建全程特优标准化基地1家、市级优级农业标准化基地5家，全区有备案农业标准化基地77家，新增“三品”认证基地10家，认证基地总数保持在100家以上。全市首个农产品区域公用品牌“妫水农耕”初步形成有机杂粮、精品蔬菜、花卉园艺、优质果品、精品畜牧五大特色产品体系。菜篮子“三品”认证率84.8%。休闲农业星级园区37家。启动创建全国休闲农业重点区工作，提升改造16个休闲农业园区，建设“乐享妫川”四海段、八达岭外石路段休闲农业旅游线路。推介“乐享妫川”中国美丽乡村休闲旅游行精品景点线路。花盆村、沙门村、姚官岭村3个村获得“北京市特色专业示范村”称号。

全区纳入监测数据库的低收入农户8031户、16065人，低收入村58个。低收入农户实现人均可支配收入22748元，比上年同期的19211元增加3537元，增长18.4%。低收入村集体经济组织实现收入5662.9万元，比上年的4919.3万元增加743.6万元，同比增长15.1%。

工业　建筑业

全年规模以上工业企业完成工业总产值141.76亿元，比上年增长29.6%。其中，电气机械和器材制造业实现产值94.70亿元，增长78.5%；非金属矿物制品业实现产值12.82亿元，下降24.5%；医药制造业实现产值7.03亿元，增长11.3%；计算机、通信和其他电子设备制造业实现产值6.50亿元，增长12.3%；纺织服装、服饰业实现产值3.15亿元，下降59.5%。全年市级建安投资任务5000万元。全年实现固定资产投资1.3亿元，其中建安投资1.26亿元，完成全年任务的114.8%。完成11家一般制造业企业疏解工作，完成年计划的366%。占地面积4.34万平方米，涉及针织、煤制品、酱油醋、机械加工制造等行业共195人。完成5G基站建设任务555个，基本实现平原主要区域、城区和主干道路覆盖。1.4G无线政务专网覆盖城区中心、冬奥赛区外围重点区域；800兆无线政务专网为公安局、应急办等应急指挥部门提供安全稳定的无线应急通信保障。

年内，存量房地产开发企业50家、建筑业企业153家。重点工程开复工62项，其中，续建项目复工38项，新建项目开工24项，推进项目开工1项，完工22项；其中15项冬奥工程中完工12项。牵头固定资产投资项目18项；全年完成全口径投资112亿元，占全区全口径固投任务190亿元的59%；完成建安投资78亿元，占全区建安投资任务130亿元的60%。筹集公租房房源45套。完成中交富力·雅郡共有产权住房项目第三次申购配售房源305套、三次顺销配售房源81套。农村危房改造281户建设任务全部开工，主体结构完工261户，竣工158户。全区建筑业企业完成建筑业总产值45.60亿元，同比增长0.7%。房屋施工面积289.4万平方米，比上年增长20.4%。

商贸　交通

年内，受新冠肺炎疫情影响，全区市场总消费增速同比下降9.1%。全年社会消费品零售总额完成99.71亿元，同比下降7.7%。其中，限额以上单位实现零售额59.47亿元，增长2.8%；限额以下单位实现零售额40.24亿元，下降19.8%。通过实施《北京消费季延庆区消费活动方案》，推动万达广场开业促消费和草莓音乐节等26项活动相继开展。出台《延庆区补助商业领域中小微企业和个体工商户房租的实施细则》，累计减租金额1493万元，补助金额434万元。全年新增区级临时储备成品粮1000吨，超额完成市级任务；玉米收购2.67万吨，转储2.33万吨。为全区各单位、部门发放防疫物资40余类、649万余件。增加临时储备蔬菜249.3吨、成品粮1000吨、鸡蛋13.4吨、奶粉0.9吨、方便面14.2万袋，制定加大本地菜投入、“点对点”补货机制、拓展外采渠道等六项保供稳价措施，保障生活必需品市场供应平稳、货源充足。

全年8家外资企业落户延庆，合同外资7579万美元。全区实际利用外资304万美元，比上年下降86.8%。全年外贸进出口总额17951万美元，下降3.1%。其中，出口总额14545万美元，增长0.7%。

年内，全区有公交客运企业1家，区域内运营线路49条，区域公交配车234辆，其中，LNG天然气公交车129辆，纯电动公交车105辆，区域内运营长度1895千米；跨区域公交车（919路）配车140辆，均为LNG天然气公交车，运营长度161千米；清洁能源、新能源公交车达到100%，年客运量960万人次。市郊铁路S2线延庆站、八达岭站到发旅客21万人次。出租汽车个体经营者5家，出租企业3家，汽车613辆，其中，电动出租企业1家，区域电动出租车300辆；汽车租赁企业8家，车辆35辆；货运企业852家，运营车辆2724辆，其中，危化品运输企业1家，运营车辆5辆；水运游船企业6家，游船160艘；汽车维修企业102家；驾培机构3家，教练119人，教练车118辆。年末全区公路里程达到1969.6千米，比上年末增加7.8千米。全年完成货运量1480万吨，比上年增长1.7%；货运周转量52084万吨公里，增长91.8%；客运量960万人次，下降31.4%。

财政　金融

全区一般公共预算收入22.76亿元，同比增长6.1%，按收入性质分：税收收入15.59亿元，同比增长17%；非税收收入7.17亿元，同比下降11.8%。其中，增值税完成16.47亿元，下降4.9%；企业所得税完成24.68亿元，下降23.3%。

全区一般公共预算支出139.10亿元，同比增长8.4%。主要支出科目情况：农林水支出33.53亿元，社会保障和就业支出18.88亿元，卫生健康支出15.44亿元，城乡社区支出14.00亿元，交通运输支出1.55亿元，政府性基金预算支出13.94亿元，国有资本经营预算支出498万元，社保基金预算支出9.57亿元。

全区通过政府采购程序采购总额15.4亿元，比上年的9.7亿元增加5.7亿元，增长58.5%。首次运用政府采购政策开展支持脱贫攻坚工作，全区预算单位共计采购贫困地区农副产品672.43万元。

截至年底，全区银行存款余额572.87亿元，比上年增长5.9%。银行贷款余额268.98亿元，比上年增长35.0%。

城乡建设　环境保护

年内，严格落实新版北京城市总体规划，分区规划获批，新城控规试点、11个专项规划、6个乡镇域国土空间规划编制有序推进，全区所有美丽乡村村庄规划全部编制完成。南菜园1-5巷等5个棚改项目稳步推进，万达广场等相继建成。陕京四线工程干线全线贯通，历史性接入市政天然气。燃气实现“同城同价”，惠及千家万户。城东、城南供热中心煤改气工程实行PPP模式运作，全区供暖行业全部实现能源清洁化。电力投资91亿元，基本形成“500千伏双电源、220千伏双环网、110千伏双向链式”的供电结构，供应能力满足未来几十年的发展需要。新建大修城市道路34.2千米、公路441.3千米，乡村公路实现100%通车、中等路以上比例达到90.3%，路网密度处于生态涵养区领先水平。坚定有序清理存量违法建设，累计拆除违法建设291万平方米，占违法建设总量的78.4%。疏解退出一般制造业企业39家，“散乱污”企业实现动态清零。完成114条背街小巷环境整治提升。美丽乡村建设扎实推进。115个村开工建设，90个村基本完工。完成农村人居环境整治三年行动任务，改造户厕8490户，生活垃圾实现收集、转运、处理全覆盖。5条美丽乡村风景线初现雏形。

截至年底，243个村完成煤改清洁能源，烟花爆竹禁限放范围覆盖到3街11镇。细颗粒物（PM2.5）浓度为31微克/立方米，比上年下降16.2%。可吸入颗粒物（PM10）50微克/立方米，下降20.6%。二氧化氮20微克/立方米，下降31.0%。二氧化硫4微克/立方米，下降20.0%。落实河长制，持续开展“清河”“清四乱”。新建改建集中污水处理厂站14座，完成138个村污水治理，全区污水处理率由78%提高到92%，全域地表水水质由Ⅳ类稳定达到III类及以上。建成2座建筑垃圾资源化处理场，区域内建筑垃圾实现资源化。生活垃圾无害化处理率达到100%。累计减少化肥、化学农药用量5438.8吨和6.6吨，废旧农膜回收和综合利用率达87%。全年造林5165公顷，森林抚育面积1.96万公顷。森林覆盖率达到61.6%，比上年提高1.26个百分点。绿化覆盖率52.91%，比上年下降15.32个百分点。林木绿化率72.98%，比上年提高0.45个百分点。

旅　游

全区现有景区景点30余处，其中A级以上旅游景区13家，包括AAAAA级景区1家（八达岭长城景区），AAAA级景区6家（龙庆峡、百里山水画廊、松山森林旅游区、水关长城、野鸭湖湿地公园和世界葡萄博览园）。有星级以上酒店17家、旅行社及分支机构45家、全国休闲农业与乡村旅游示范点5家，星级以上宾馆、酒店客房床位超6500张。另有精品民宿品牌120个、民宿小院376个、民宿床位3700张。

举办首届世园冰雪文化庙会、北京国际花园节、端午文化节、长城文化节、百家旅行社延庆行等品牌活动，推出“四季”旅游新业态新产品。民宿产业加快向品牌化集群化发展，打造四大精品民宿品牌，获评首批全国民宿产业发展示范区。凯悦、皇冠、万豪三大国际品牌齐聚延庆，接待能力显著提升。长城文化带建设走在全市前列。受新冠肺炎疫情影响，年内全区A级及主要景区景点实现旅游收入3.22亿元，同比下降70.4%，接待游人488.8万人次，同比下降71.3%。休闲农业与乡村旅游实现旅游收入20384.5万元，下降42.9%，接待游人192.4万人次，下降58.7%。

科教文卫体

全区有科普场馆9个，其中，科技馆3个，科学技术博物馆6个；市级科普教育基地14个，国家级科普教育基地4个；城市科普（技）活动场地329个。2020年，区科委开展科普进学校、进社区、进场馆、进企业等系列科普活动。在延庆地质博物馆开展践行“两山”理论爱地球爱家园主题科普活动、在野鸭湖湿地自然保护区开展全国“放鱼日”同步增殖放流活动等科普宣传活动。年内，延庆区经科技部备案的高新技术企业累计达190家；中关村高新技术企业402家，其中双高企业153家；高新企业总数累计达439家。北京中研海康科技有限公司成功研发红外线人体测温仪，被纳入政府采购名录；斯贝福（北京）生物技术有限公司与北京希诺谷生物科技有限公司联合开发的第一批新冠hACE2小鼠模型顺利出生，为提高临床前药物验证成功率提供支撑；纳通集团、联合益康（北京）生物科技有限公司先后建立19条高标准口罩生产线，全年生产口罩近2亿只；竹藤花卉航天育种研发中心、中国花卉创新发展中心等科研院所相继落户延庆。中关村（延庆）体育科技前沿技术创新中心、首都体育学院中关村延庆园体育产业研究基地、北京体育大学中关村延庆园科技成果转化协同创新基地等多家科研创新机构、智库平台相继在延庆挂牌。举办中关村现代园艺产业创新中心入驻企业签约暨现代园艺产业新技术新产品推介、“冰雪夏都 创梦未来”主题冬博会延庆分论坛、无人机创新基地开园仪式等34场大型活动，推动“高精尖”产业项目在延庆聚集。中电智慧（绿氢科技）参与的科技冬奥重点专项“氢能出行关键技术研发和应用示范”课题通过国家科技部立项评审。建立国内首个无人机系统第三方检测认证平台，成为中国首批民用无人驾驶航空试验区。设立公安大学中国低空安全研究中心比测实验基地，启动无人机服务产业应用保障平台建设。截至年底，培育出高新技术企业416家，瞪羚企业33家，展翼企业9家，雏鹰人才企业12家，金种子企业6家。

全区共有小学28所，招生2611人，在校生13182人，毕业生2068人。普通中学20所，招生3267人，在校生8987人，毕业生2758人。职业中学1所，招生73人，在校生149人，毕业生82人。幼儿园47所，在园幼儿7858人。另有校外教育机构2个、特殊教育单位1个，特殊教学班8个，在校生86人，残疾儿童入学率100%。有职业成人学校4所。年内，学历教育招生745人。其中，中职生10人，成人中专学员294人，高等成人学历441人。全年面向市民开展中西烹饪、居家保健等培训31403人次。组织教师参加教育教学科研活动689人次。全区中、小、幼在岗教职工6088人，其中专任教师4445人。小学和初中入学率、巩固率、毕业及格率均100%；高中入学率99.30%，毕业合格率93.48%。全区1213人参加高考，2人被清华录取，10人被录取为飞行员，本科上线率93.83%，高考录取率97.61%，其中本科录取率83.14%。高考成绩位列全市生态涵养区第一。

全区有各类文物遗存点473处，其中，国家级文物保护单位4处，市级6处，区级117处。文化娱乐场所47处，文化馆、图书馆各1个，图书总藏数58.9万册。印发《北京市延庆区2020年推进实体书店及特色阅读空间建设发展实施方案》，建立起区级扶持资金，扶持24家实体书店及特色阅读空间资金133万元，实体书店数量由年初的17家增加至30家，万人拥有量达到0.84家，超过市级任务指标。开展公益惠民文化活动2000余场，农村数字电影放映1万余场。制作完成《八达岭隋军中计》《白龙潭高山遇龙女》《魔镜》等八达岭长城传说动漫片。依托信息技术，打造“数字博物馆、数字图书馆、数字文化馆”，通过“5G直播”“新华社海外直播”“云踩线”以及门户网站、公众号、文化延庆数字电视等多种形式宣传延庆文化，覆盖百万网友。

全区共有医疗卫生机构326个，卫生技术人员2284人，其中，执业医师和执业助理医师1234人，注册护士1074人。全区卫生机构实有床位1119张。全区人均期望寿命80.30岁，其中，男性78.67岁，女性82.01岁。全区社区卫生服务中心15家，服务站53家，卫生技术人员在岗792人，其中，在岗全科医生237人，在岗护士177人；全年门诊115.62万人次，上门服务5460人次。社区卫生服务中心标准化率62.5%，社区卫生服务站达标率100%。家庭医生签约15.75万人，签约率44.12%，其中重点人群签约87500人，签约率96.24%。建立健康档案224866份，建档率64.62%。全区村卫生室179个，服务覆盖率100%。乡村医生240人，岗位培训人均143学时。

全区共有体育场馆24个。运动学校1所，在校学员77人。全年参加市级比赛12次，获得奖牌29枚，其中金牌8枚，银牌11枚。组织区级全民健身活动45次，共1.2万人参加比赛。全区有43个体育生活化社区，1个示范街道，8个体育特色乡镇，22个体育单项协会，经常参加体育锻炼人数比例占全区总人口的49%。人均体育场地面积6.7平方米，位居全市前列。年内，北京市冰上项目训练基地、全民健身中心建成，阪泉体育公园开园。街道、乡镇组织开展健身活动58次，全年参加活动3.8万人次。组织冰雪赛事活动13场，带动25000人次上冰上雪。举办社会体育指导员班4次，培训上岗社会体育指导员220名。为4591人开展国民体质监测。健身体育服务志愿团队完成有效点单237次，7000余人次参与。

社会保障　人民生活

年内，“两不愁”“三保障”实现全面达标，8031户低收入农户全部脱低。实施10万人次大培训行动，累计培训7.38万人次，促进培训后就业6086人。高校毕业生就业率保持在95%以上，城镇登记失业率均控制在4%以内。养老便民服务全面提升。建成老年幸福餐桌113家、社区配餐服务站21家，惠及近4万名老年人。创新开展慈善“1+1”关爱空巢助老项目，为1965名困境老人提供上门服务。基本便民服务网点累计达1494个，基本便民服务业态社区覆盖率提升到100%，生活性服务业规范化、品质化、便利化水平明显提升。年末全区参加养老保险人数达到104717人，比上年增长2.8%；参加城乡居民基本医疗保险人数达到13.28万人，增长0.1%；参加职工基本医疗保险人数达到13.26万人，增长4.8%；参加工伤保险人数达到9.33万人，增长2.3%；参加失业保险人数达到8.76万人，增长4.6%。全年全区城镇登记失业人员就业人数3890人，城镇登记失业人员就业率为60.24%。年末全区城镇实有登记失业人数2345人，比上年末增加4人。城镇登记失业率为3.78%，比上年增长0.58个百分点。

全年全区居民人均可支配收入37385元，比上年增长2.5%；人均生活消费支出24770元，增长0.5%。其中，城镇居民人均可支配收入50476元，增长3.6%；人均生活消费支出30767元，下降2.1%。低收入农户人均可支配收入16775元，增长15.8%，增速高于全区居民人均可支配收入13.3个百分点。

精神文明　民主法治

年内，创新“延延提示”“村书记播报”等宣传载体，打造“马克思主义读书会”“乡村课堂”“冬奥夜校”等理论宣教品牌，成立宣讲团开展社会宣讲1545场。新时代文明实践中心开展“共绘‘十四五’畅想小康路”主题推进日活动，百姓宣讲团深入18个新时代文明实践所开展“决胜小康、‘奋进’十四五”巡回宣讲。开展六类不文明行为专项治理，发起“443”光盘行动主题活动，设立劝导日和检查日，组建“延庆乡亲”文明餐桌劝导队，开展联合检查2700余次。深化“扣好人生第一粒扣子”主题教育活动，广泛开展“传承红色基因”系列教育活动。推进冰雪文化进校园，推动33个社区未成年人文体活动室和家长学校建设，获评全国未成年人思想道德建设工作先进区。开展“文明先行、战疫有我”主题实践活动，4.4万余名“延庆乡亲”志愿者参与社区防控值守、特殊群体心理关爱等志愿服务，建设志愿服务信息化工作平台，成立志愿服务之家，发布疫情值守等志愿服务项目5528个，精准服务群众52120次。

全面推行“双随机”抽查机制，完成183项“放管服”改革任务，取消各类证明292项，“一窗”受理率达100%，网上可办率达95%。制定《延庆区行政规范性文件合法性审核和备案实施办法》，完成260余件区政府重大行政决策、行政规范性文件和协议的合法性审查，向市政府和区人大报备行政规范性文件4件。整合组建6支综合执法大队，18个街乡镇综合执法平台实体化运行。街乡镇全部配齐法律顾问，各类合法性审查1518件。推进“接诉即办”向“未诉先办”转变，群众诉求解决率、满意率分别提升到91.3%和94.7%，位居全市前列。在全市首推“谁执法谁普法”履职报告评议机制，在2020年复核检查中延庆区“民主法治示范村”综合评价位列全市第一名。为街乡镇党委政府和村居民提供双向法律服务，全年服务5万余人次，网上信访占比82.26%。全区各调解组织调解纠纷2930件，行政调解化解矛盾纠纷272件，调解成功率79%。

全年区人大召开8次常委会会议，完成40项议题，依法任免国家机关工作人员34人次。接待群众来信来访32件次，其中群众来信6件次。区政府主动公开信息302条，完成依申请答复208件。办理行政复议案件70件，区政府应诉行政诉讼案件130件，无败诉案件。区政府向区人大常委会报告工作6次、29项，向区政协常委会通报工作6次、9项，邀请121人次代表、委员列席区政府常务会议33次。

冬奥会筹办

年内，继续贯彻“四个办奥”理念，全力以赴服务保障冬奥会筹办举办。冬奥延庆赛区基本建成。赛区生态修复完成94%。承办“十四冬”高山滑雪赛事，通过国家雪车雪橇中心场地预认证和国际冬季单项体育联合会场地考察。提前谋划赛后利用，加快冰雪产业布局，冰雪赛事等活动参与者累计超13万人次。全年召开领导小组会议7次，小组专题会议10次，联络员主任会议7次，研究议题63项。印发《北京冬奥会延庆赛区筹办工作简报》20期。高标准完成国家雪车雪橇场地预认证和延庆赛区国际单项体育联合会考察活动交通保障任务，出动123车次运送1536人次参与活动。

建立以北京邮电大学世纪学院、北京第二外国语大学贯培学院等属地高校和墨墨祝福志愿者协会等社会组织的社会志愿者近3000人的志愿者储备。通过线上线下相结合的方式开展培训，安排19个班次、总时长3.24万学时，参与培训的志愿者4050人次。截至年底，完成京张高铁延庆段绿色通道建设工程；开展山区林木抚育1.35万公顷、平原生态林管护1.05万公顷；34项可持续承诺任务和54项环评矩阵任务完成8项，矩阵表54项措施完成3项；同步实施赛区生态修复，完成修复面积202万平方米，占总修复面积的94%。

新冠疫情防控

年初，新冠肺炎疫情危及人民生命健康安全。区委、区政府第一时间启动应急响应，落实市委、市政府工作部署，将疫情防控作为压倒一切的头等大事来抓，按照“坚定信心、同舟共济、科学防治、精准施策”方针，压实“四方责任”，落实“三防”“四早”“九严格”等要求，动员带领全区上下全力投入疫情防控工作，确保疫情防控态势持续平稳，保障冬奥工程建设和系列赛事活动顺利开展，保障人民群众生命健康安全，保障全区正常生活生产秩序。

1月22日，区委区政府第一时间启动应急响应机制，参照市疫情防控领导小组架构，结合地区实际情况，成立区疫情防控领导小组，下设“一办八组”；截至12月31日，先后召开组长碰头会22次、领导小组调度会122次，研究、调度工作，指导疫情防控有序开展。按照领导小组工作部署，会同市重大办、北控集团负责冬奥延庆赛区服务保障工作。至2月29日核心区5个项目全部复工，至4月19日6262人返岗，返岗率100%。新发地疫情发生后，率先完成冬奥核心区所有人员应急核酸检测，保障了冬奥疫情防控绝对安全。

实施社区村封闭式管理，暂停人员聚集性活动。完成进口冷链食品相关摸底排查，建立进口冷链相关人员和场所环境核酸监测机制。先后面向公共交通、冷链物流一线从业人员和疾控、发热门诊、急诊急救医务人员以及冬奥相关活动服务保障人员，开展新冠疫苗应急接种工作，截至12月31日，接种2218人，其中冬奥相关706人。

在应急响应初期，采购医用防疫物资45.7万件，采购民用口罩602.3万只、消毒液44吨、测温仪4898把，有力保障了疫情防控工作正常开展。根据疫情防控需求，执行应急建设程序，至6月20日，完成4个核酸检测实验室改造和建设，全区日最大检测能力由80件提升至5100件。实施集中隔离场所选址改造，截至年底，先后完成8处选址、8处改造，保障1524名重点人员的集中隔离观察。在全力以赴做好疫情防控工作的前提下，安全有序推动企业复工复产。至3月17日，市级监测136家重点单位复工106个，复工率77.9%，到岗12696人，到岗率52.6%。坚持党员先行、干部带头，共产党员和机关22.6万余人下沉社区参加卡口值守。全区各界积极捐款捐物，截至12月31日，区红十字会收到款物总价值194.7万元。纪检监察和公检法部门加大涉疫违法违纪行为的查处力度，截至年底，区监委立案12起、查处11人，区公安部门立案613起、查处29人。

9月8日，全国抗击新冠肺炎疫情表彰大会在人民大会堂举行，延庆区医务工作者陈丽娟、公安干警裴增军获得全国先进个人称号。9月29日，北京市抗击新冠肺炎疫情表彰大会举行，延庆区有30名先进个人、9个先进集体、3名优秀共产党员和3个先进基层党组织受到表彰。

（栏目编辑：王新华）

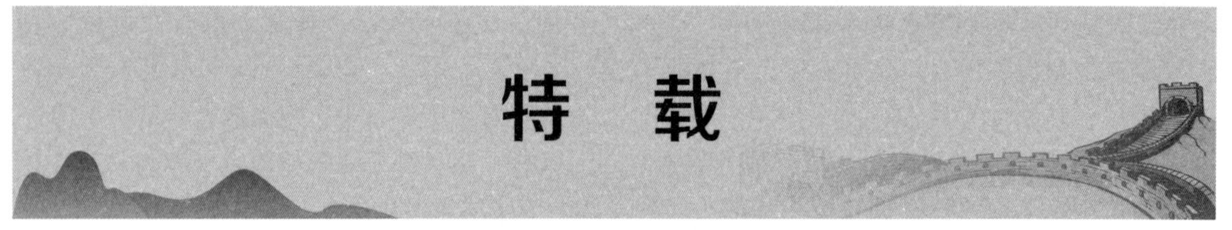

中共北京市延庆区委员会工作报告

——在中共北京市延庆区委二届十二次全会上（2021年1月4日）

中共延庆区委书记 穆 鹏

同志们：

现在，我受区委常委会委托，向全会报告工作。分两个部分。

第一部分 关于2020年工作

刚刚过去的2020年是全面建成小康社会和“十三五”规划收官之年，也是惊心动魄、荡气回肠的一年，更是披荆斩棘、砥砺前行的一年。在市委市政府的坚强领导下，区委常委会坚持以习近平新时代中国特色社会主义思想为指导，深入贯彻落实党的十九大和十九届二中、三中、四中、五中全会精神，深入贯彻习近平总书记对北京重要讲话精神，认真落实市委市政府决策部署，全面融入首都发展大局，聚焦冬奥会筹办，深入践行“两山”理念，持续开展“大抓基层、狠抓落实”主题活动，统筹推进疫情防控和经济社会发展，“十三五”主要指标如期完成，各项事业取得了新进展新成效，为谱写美丽延庆新篇章添上了亮丽一笔。

一年来，常委会着眼全区大局，突出抓了以下重点工作：

一是深入学习宣传贯彻党的十九届五中全会精神。把学习宣传贯彻五中全会精神作为重要政治任务，精心组织、周密安排，迅速在全区兴起学习宣传贯彻热潮。制订工作方案，召开全区领导干部大会对学习贯彻作出安排，召开区委常委会会议暨区四套班子务虚会进行交流研讨，区委理论学习中心组邀请市宣讲团作专题辅导。构建分级分层分类宣讲体系，区领导带头深入所联系乡镇、街道和分管领域开展宣讲调研，组建区级宣讲团、百姓宣讲团层层开展宣讲。将学习宣传贯彻五中全会精神和市委十二届十五次、十六次全会精神贯通起来，切实把全区广大党员干部群众的思想和行动统一到中央、市委全会精神上来。全面对标对表五中全会和市委十二届十五次、十六次全会精神，研究制订区委关于“十四五”规划和2035年远景目标的建议。

二是毫不放松抓好疫情防控。坚持把人民群众生命安全和身体健康放在第一位，切实抓好“外防输入、内防反弹”，做到“三防”“四早”“九严格”。疫情发生后，第一时间成立疫情防控工作领导小组，统一领导指挥全区疫情防控，区四套班子领导带头到基层一线检查指导、值勤值守，各级党组织和党员干部冲锋在前、一线作战，累计下沉党员干部22万余人次，带动4.4万余名“延庆乡亲”志愿者参与防控。把确保冬奥会延庆赛区绝对安全作为重大政治任务，将疫情防控领导小组机制纳入冬奥领导小组进行统筹，实施赛区封闭管理，推动赛区防疫纳入地方防控体系、与服务保障融为一体，特别是在欧洲疫情极其严峻形势下，成功举办国家雪车雪橇中心场地预认证活动，完成国际冬季单项体育联合会来访考察活动，为服务保障冬奥会积累了经验，得到了中央和市委主要领导的充分肯定。统筹抓好社区防控、市场防疫、复工复产复学、保供稳价、宣传引导、安全稳定等工作，1795个管理对象全部复工，文化、体育、娱乐等场所全面恢复营业。制订实施健全公共卫生应急管理体系三年行动计划，完成发热哨点标准化建设，在全市率先实现二级医院核酸检测实验室全覆盖。常态化开展爱国卫生运动，区四套班子领导带头参加周末大扫除，成功创建115个健康社区（村）、523个健康家庭。发布“进一步激励关爱疫情防控一线医务人员的十条措施”，强化抗疫一线激励表彰。随着疫情防控工作进入常态化，着力健全精准防控和应急处置相结合的工作机制，认真落实各项常态化防控措施，实现疫情防控与经济社会发展两手抓、两不误。

三是高质高效推进冬奥会筹办。在市委市政府和冬奥组委的坚强领导下，全面落实“四个办奥”理念，坚决履行属地职责，全力推进赛区建设和测试活动举办，赛区已经建成、运行准备就绪。实施工程建设“决胜2020”和外围服务保障“百日冲刺”专项行动，按照“一刻也不能停、一步也不能错、一天也误不起”的要求，分秒必争推进工程建设，14项计划开复工项目全部开复工，国家高山滑雪中心、国家雪车雪橇中心、延庆冬奥村及山地新闻中心四大场馆12月29日全面完工，西大庄科村升级改造项目安置房完成主体建设，京张高铁延庆支线开通运营。持续推进54项生态环保措施和34项可持续性承诺任务，赛区生态修复完成94%，冬奥森林公园建成，赛区周边及京张高铁沿线景观提升工程基本完工。积极防范应对国际疫情和西方反华势力极力干扰等多重风险挑战，分别制订落实应对预案。精心做好场馆运行、赛事组织和外围保障，制订核心区疫情防控总体工作方案及场馆、食宿、交通领域专项方案，采取闭环管理措施，启动一级响应机制，顺利完成国家雪车雪橇中心场地预认证及国际冬季单项体育联合会来访考察两项活动。2020/2021年8场测试赛和测试活动全部获批，赛事场馆群团队组建完成，山地运行工作加快推进。率先完成赛时场馆餐饮服务项目招标，首批2家本地企业入选冬奥会食材供应备选基地，6家新建签约酒店工程进展顺利，冬奥医疗保障中心投入使用，冬奥会服务保障能力持续提升。落实打造最美冬奥城和冰雪运动胜地要求，谋划遗产可持续利用，编制遗产计划，积极申请核心区奥林匹克公园命名，北京国际奥林匹克学院正在调整用地范围。举办13场冰雪赛事活动，发起成立奥林匹克教育联盟，上冰上雪累计超2.5万人次。

四是成功创建成为全国文明城区。在市委市政府领导和市委宣传部等单位大力支持下，坚持“创文明城区、办百姓实事、迎世界盛会”目标，以严格标准推动全域创建、全民创建，城市“观感”、群众获得感和干部队伍工作标准明显提升，成功创建成为第六届全国文明城区。打响创城攻坚“百日大决战”，集中解决了一批群众身边的老大难问题。融合推进“两条例一行动”落实，围绕贯彻“四个条例”开展百姓宣讲2100余场，持续开展“五大不文明行为”专项整治，42.4万人次参与“我爱我家”系列活动，35万延庆乡亲成为创城主力军。制订党建引领物业管理提高“三率”的指导意见和三年行动计划，物业管理“三率”均达到100%，173栋自管楼全部移交属地街道、实现物业服务管理全覆盖。建筑垃圾实现资源化处理，成功创建北京市垃圾分类示范区。“文明餐桌”创建全面开展。将创城指标融入日常工作标准，构建长效化文明创建工作体系，探索制定27项长效措施，以归零心态让创城永远在路上。

在抓好以上重点任务的同时，区委常委会统筹推进全区各项事业发展，主要做了以下工作：

第一，坚持山水林田湖草系统治理，美丽延庆底色更加浓厚。深入开展“学习贯彻习近平总书记在世园会开幕式上的重要讲话精神，践行‘两山’理念，聚力冬奥筹办，建设美丽延庆”一周年系列活动，落实生态涵养区生态保护和绿色发展实施意见。在全国率先开展“两山指数”试算和制度建设评估，在全市率先完成生态系统生产总值（GEP）核算，生态环境状况指数（EI）首次达到优等级。完成中央环保督察下沉督察发现的13个问题整改。加速推进智慧环保项目，深入实施“一微克”行动，PM2.5浓度降至31微克/立方米，同比下降16.2%，排名全市第三，获评全市首个“中国天然氧吧”。健全以河长制为统领的水环境治理体系，实施城区供水水源切换，推进农村健康饮水计量收费工作，超额完成“十三五”时期水污染物总量减排任务，全区河湖水质稳定达到地表水Ⅲ类以上，4个考核断面平均水质均达到或优于考核标准，水环境质量全市最优，获评全国第三批节水型社会建设达标区。以落实国家森林城市建设总体规划为牵引推进大尺度绿化、高品质美化，新一轮百万亩造林绿化工程完工，蔡家河绿道工程基本完成，森林覆盖率达到60.4%，“一核一环三带五廊十园多点”的城市森林格局加快构建。完善秋冬季候鸟迁徙保护机制，野鸭湖自然保护区国家重要湿地完成申报等待评审。

第二，坚持危中寻机化危为机，经济高质量发展态势不断巩固。落实“六稳”“六保”要求，实施构建亲清新型政商关系的指导意见、12项区内惠企特色政策和“1+N”系列政策，建立重点企业“四级管家”机制和中小微企业监测预警机制，利用“民宿应急保”解决民宿急需运营资金900余万元，累计为各类市场主体减免税费4.85亿元、提供贷款83.3亿元。联合市发改委出台加快延庆绿色发展三年行动计划，年度64项重点任务基本完成。研究制订“两区”建设工作方案，初步梳理重点任务和储备项目。落实“五新”政策，形成区级“1+5”落实文件和项目清单，9项“科技冬奥”领域新技术进入应用阶段，14个服务业扩大开放项目落地。深入开展延海对接合作，22项实事全部完成。

强化科技、文化创新驱动，加快中关村延庆园“一核四区”建设，新引进企业1000家，高新技术企业达到424家。实施现代园艺产业发展三年行动计划，体育科技创新园开园，与首体院签订战略合作协议，航天时代飞鸿公司落户，无人机创新基地实现运营，成为全国首批“民用无人驾驶航空试验区”，园区规模以上高新技术企业地均、人均产出率同比分别增长25.7%和12%。深化国家全域旅游示范区建设，推动精品民宿与全区旅游资源联动发展，精品民宿达到120家，入选首批国家文化和旅游消费试点城市、2020年度中国乡村旅游发展名区，前三季度住宿业收入2.1亿元、居生态涵养区第一。世园资产完成交接，会后利用三年行动计划初步完成，成功举办首届北京国际花园节等活动170余场次，世园公园成功获评国家AAAA级旅游景区。制订推进全国文化中心建设三年行动计划、西山永定河文化带保护发展规划和三年行动计划，成功举办北京长城文化节，对外开放九眼楼生态长城展示区，长城文化带建设走在全市前列。积极创建全国休闲农业重点区，建立“妫水农耕”品牌建设联盟，打造8个科技小院。以全域旅游促进消费回补，开展四大板块26项消费季主题活动，万达商业综合体成为地区消费新热点。

通过全区上下艰苦努力，经济社会发展正在稳步恢复。预计地区生产总值突破200亿元，同比增长1%；区级一般公共预算收入同比增长6.1%；万元地区生产总值能耗、水耗、二氧化碳排放分别下降0.5%、4%和3%，发展质量和效益进一步提高。

第三，坚持落实北京城市总体规划要求，城乡规划建设有序实施。深入实施延庆分区规划，建立责任“妫画师”团队，新城控规和第一批6个重点乡镇国土空间规划编制工作深入推进，11个专项规划和全区所有美丽乡村村庄规划编制完成。加大北京市城乡规划条例、禁止违法建设若干规定等法规宣贯力度，实现乡镇主管领导和村“两委”干部培训全覆盖。建立规自领域执法工作“一本账”，项目化推动整改任务落实，120项规自领域问题专项整治全面完成。拆违先行深化疏解整治促提升专项行动，拆除违法建设面积突破百万平方米，腾退土地170余公顷，超额完成年度任务，5个基本无违建乡镇创建待市级验收。制定加强农村集体土地管理落实“村地区管”机制的实施意见、农村宅基地及房屋建设管理办法，严格农村“三块地”管理，涉地农村集体经济问题合同基本完成整改。坚定实施棚改“拔钉子”行动，南三村安置房封顶，石河营建材城主体腾退基本完成。129个美丽乡村通过市级验收。

第四，坚持从民生实事和接诉即办两头发力，民生保障水平稳步提高。实施“七有”“五性”三年提升计划，指标监测评价结果位居生态涵养区前列。实施稳就业促创业若干措施和援企稳岗具体措施，精准帮扶高校毕业生、低收入边缘户等重点群体就业，就业形势总体保持平稳，低收入农户人均可支配收入同比增长16%，居民人均可支配收入同比增长2.4%。把扶贫协作作为分内事来抓，助力4个受援区县如期完成脱贫攻坚任务。大力增加优质教育资源供给，八一实验学校正在办理前期手续，海淀外国语实验学校延庆校区取得立项核准批复，29所中小学与海淀区24所学校结对，高考本科、一本上线率生态涵养区领先，教育工作满意度全市第一。统筹推进全国健康促进区、全域卫生乡镇创建，区医院改扩建工程完工，区中医医院迁建项目完成91%。医养结合完善养老服务体系，慈善“1+1”关爱空巢助老项目扩展至15个乡镇216个村。建成北京市冰上项目训练基地和全民健身中心。燃气实现同城同价。基本便民商业服务功能社区覆盖率达到100%。把接诉即办作为民生领域的一号工程，实现新时代文明实践、政务服务、融媒体、城指“四个中心”和智慧旅游系统、信访件系统的融合贯通，实行区领导包问题包行业包乡镇督办，建立日通报日督办、约谈提醒等机制，有效解决了一批群众急忧愁盼的问题。全年累计受理12345热线来电5.5万件，同比增长54.5%，群众诉求解决率、满意率大幅提升，综合成绩位居全市前列。

第五，坚持以党建引领基层治理改革为重点，全面深化改革取得突破。扎实推进《若干措施》落实，260项年度任务全部完成。深入推进区域化党建，基本建立三级党建工作协调委员会。下大力气推进农口机构改革，构建“1+4”管理架构，56%人员编制下沉乡镇，初步搭建起乡村振兴和“三农”发展的系统服务管理体系。深化综合执法改革，18个街乡镇综合行政执法队全部组建，431项行政执法权下放街乡。在全市率先完成乡镇机构改革，进一步提升乡镇服务管理能力，并进行“后评估”。落实“推进首都社区治理20条措施”，制订强化党建引领进一步推进城乡社区治理重点任务落实的工作方案，66条具体措施有序落实。深化国资国企改革、经费自理事业单位改革，完成党校等10个事业单位改革试点，稳妥推进4个部门下属事业单位转企和13个部门49家下属企业移交。按照全市统一部署推进事业单位改革，研究制订深化事业单位改革试点实施方案。完成行业协会商会与行政机关脱钩。

第六，坚持以扫黑除恶为牵引推进平安延庆建设，社会大局保持安全稳定。围绕打赢扫黑除恶收官战，大力推进扫黑除恶督导反馈的重点案件侦办，深入开展“六清”行动，对专项斗争以来受理的涉黑涉恶线索进行大起底，全年累计接报涉黑涉恶嫌疑线索592条、办结率98%，打掉涉恶嫌疑团伙35个，深挖彻查黑恶势力“关系网”“保护伞”35人次。深刻汲取“6·19”“6·26”“8·23”等典型案件教训，举办扫黑除恶阶段性成果案例展，在全区召开专题民主生活会，制定35条整改措施，建立15个重点领域平安建设协调机制，推动重点领域乱象源头治理、系统治理。认真落实市安全生产第四督察组反馈意见，汲取“3·18”和“4·2”火情教训，深入开展安全生产专项整治三年行动。抓实食品药品“党政同责”，强化食品安全全链条监管。严格落实领导干部接访工作制度，深入推进治理重复信访、化解信访积案专项行动。开展平安系列行动净化治安环境，推进市域社会治理现代化试点工作，群众安全感保持全市前列。

第七，坚持深化民主法治建设，全区干事创业、共谋发展的良好氛围进一步形成。加强党对人大、政协工作领导，充分发挥区人大常委会党组和区政协党组作用。区人大常委会围绕创城攻坚、“四个条例”实施等中心工作开展执法检查，很好地履行了法定职责。区政协组织开展疫情防控、复工达产等调研视察和民主监督，各项工作富有成效。加强统一战线工作，出台加强中国特色社会主义参政党建设的落实举措、民主党派代表人士队伍建设的实施方案，支持民主党派开展专项民主监督。依法管理宗教事务，扎实推进老干部和群团等工作。加强法治延庆建设，深入学习贯彻落实习近平法治思想，认真落实依法治区委员会职责，建立三级学法机制，建设新时代法治宣传教育实践基地，在全市率先建立“谁执法、谁普法”履职报告评议机制，创新开展“法律门诊我来选”村居法律顾问坐班机制。严格落实重大行政决策程序，开展各类合法性审查200余件。推进严格规范公正文明执法，人均执法量居全市前列。深入开展拥军优属工作，成功打造“长城下的老兵”等双拥特色品牌，成为全国双拥模范城。

第八，坚持压紧压实主体责任，全面从严治党不断向纵深推进。牢固树立抓好党建是最大政绩的理念，认真落实全面从严治党主体责任，以整改扫黑除恶、巡视巡察等发现的问题为切入点，用超常规力度狠抓党的建设。一年来，区委常委会会议研究党建议题194项，占比57%。坚持和完善区人大常委会、区政府、区政协、区法院、区检察院等党组定期向区委常委会报告工作制度。充分发挥区委议事协调机构职能作用，加强重大问题的统筹与研究。坚持区委常委、党员副区长指导督促分管联系部门单位党委（党组）抓党建、抓巡视巡察整改工作制度，开展街乡镇党委书记、系统党（工）委书记抓基层党建工作述职评议考核和现场督查，出台深化“两个责任”的实施意见和重点任务清单，试点开展政治生态分析研判。开展3轮区委巡察，健全村（社区）巡察工作机制，实现村（社区）巡察全覆盖。修订年度（实绩）考核方案，强化用中心工作实绩检验党建工作实效的导向。全力配合中央巡视组开展工作，并以此为契机，将全面从严治党进一步引向深入。

把党的政治建设摆在首位，完善中央、市委重大决策部署落实机制，开展习近平总书记对北京重要讲话精神涉及延庆事项贯彻落实情况、“不忘初心、牢记使命”主题教育检视问题整改情况“回头看”。落实加强党的政治建设任务分工方案66项任务，出台重大事项请示报告实施办法，主动向市委请示报告重大事项148件次、同比增长92%，处级班子单位党组织向区委请示报告383件次、同比增长133%。

严格落实意识形态工作责任制，深入开展宣传思想工作，围绕学习宣传贯彻《中华人民共和国民法典》、“四个条例”等，系统开展宣传宣讲和专题培训，区委理论学习中心组专题学习24次。开展涉疫、涉冬奥等重点领域舆情风险评估。制订贯彻落实《中国共产党宣传工作条例》任务分工方案，拓展新时代文明实践中心建设，推动党的创新理论飞入寻常百姓家。

大力夯实基层基础，按照“五好、十不能、五不准”要求，突出“双好双强”，深入谋划推进村（社区）“两委”换届。建立应急预案，开展实景演练，区领导带头走访调研、摸排选情，打牢换届基础。制订规范村（社区）党支部书记、组织委员、宣传委员、纪检委员队伍建设的指导意见，11个重点提升村、9个软弱涣散村整顿转化成效显著。落实好干部标准，注重在冬奥会筹办、防疫等急难险重任务中考察识别干部，着力加强优秀年轻干部选拔培养使用。制订“严格干部监督管理十项措施”，建立正向激励和容错纠错机制。制订落实高层次人才、优秀人才支持计划及留用办法，引进“人才京郊行”专家10名，留用高层次人才7名。

深入推进正风肃纪反腐，担好中央基层减负观测点责任，建立基层减负监测制度，区级督检考事项较去年减少10项。加强对党员干部的经常性监督和全方位管理，落实全市警示教育大会精神，召开全区警示教育大会，通报去年以来受处分的25名处级干部。加大问题线索审查调查力度，新立案同比增长6.5%，全年给予党纪政务处分161人、诫勉16人，查处群众身边腐败问题55件，给予党纪政务处分51人。

第九，坚持以上率下、带头示范，常委会自身建设进一步加强。区委常委会高度重视自身建设，各位常委同志带头增强“四个意识”、坚定“四个自信”、做到“两个维护”，为全区作出表率。严格执行常委会议事决策规则，带头落实民主集中制。坚持走在理论学习前列，发挥集体学习领学促学作用，督促指导分管领域和部门抓好学习贯彻。深入开展“大抓基层、狠抓落实”主题活动，坚持双调研、大调研、重点工作现场调度会、月度工作点评会等工作机制，切实提升抓落实和处理复杂问题的能力。严格执行中央八项规定精神，驰而不息纠正“四风”，力戒形式主义、官僚主义。强化党委对各项工作的领导，坚持和完善党委决策、政府落实、人大和政协监督工作机制，充分发挥各套班子作用。在区委领导下，各级党组织凝聚力战斗力不断增强，为统筹推进疫情防控和经济社会发展、努力交出两张优异答卷提供了坚强保障。

以上报告的是一年来常委会的主要工作。这些成绩的取得，是市委市政府正确领导和市有关部门大力支持帮助的结果，是全区各级党组织和广大党员干部勇于担当、奋力拼搏的结果，是35万延庆人民齐心协力、共同奋斗的结果，是社会各方面积极支持、热心参与的结果。在此，我代表区委常委会向大家致以诚挚的敬意和衷心的感谢！

区委常委会也清醒认识到，工作中还存在一些困难和问题：疫情防控形势依然严峻，冬奥会服务保障面临严峻挑战；生态环境品质与建设“两山”理论实践创新基地要求相比还有不小差距，绿水青山向金山银山转化路径还需深化；受疫情冲击，经济下行压力明显加大，消费市场活力仍需深度激发；公共服务不平衡不充分问题依然突出，城乡居民特别是农民持续增收压力较大；基层治理体系和治理能力建设存在短板，文明城区创建成果还需持续巩固；党风廉政建设和反腐败斗争形势依然严峻，落实全面从严治党“两个责任”压力层层递减现象依然存在，等等。对于这些问题，我们要高度重视，在今后工作中切实加以解决。希望同志们对区委常委会工作提出意见和建议。

第二部分　关于今年工作的总体考虑

今年是中国共产党成立100周年，是我国现代化建设进程中具有特殊重要性的一年，“十四五”开局，全面建设社会主义现代化国家新征程开启，冬奥会筹办全力冲刺、全面就绪、决战决胜，做好全年各项工作意义重大。去年12月16日至19日，中央召开经济工作会议，明确提出了今年经济工作的总体要求、目标任务和重大举措，为我们立足新发展阶段、贯彻新发展理念、构建新发展格局、推动高质量绿色发展提供了根本遵循。市委十二届十六次全会明确了抓好今年工作需要着力把握的五点要求和十三方面工作，为我们推动各项工作高质量开展指明了方向和重点。我们要认真学习、深刻领会，增强“四个意识”、坚定“四个自信”、做到“两个维护”，切实把思想和行动统一到中央和市委市政府决策部署上来。

要深刻认识到，当前国内外环境面临深刻变化。今年世界经济有望出现恢复性增长。我国经济长期向好，物质基础雄厚，市场空间广阔，发展韧性强劲。首都“四个中心”“四个服务”能量进一步释放，京津冀协同发展和“两区”建设深入推进，为我区发展提供了可靠依托。特别是冬奥会世园会的带动作用持续显现，“高精尖”产业要素不断集聚，京张文化体育旅游带建设加快推进，“两山”转化路径探索逐步深入，我们加快地区高质量绿色发展具有多方面优势和条件。但疫情走势的不确定性对经济进一步恢复构成掣肘，世界经济复苏仍不稳定不平衡，我国经济全面恢复的基础还不牢固，重点领域安全风险不容忽视。要强化底线思维，坚定必胜信心，从最坏处着眼，向最好处努力，善于在危机中育先机、于变局中开新局，在应对一个又一个风险挑战中发展壮大自己。全区广大党员干部都要增强责任感使命感紧迫感，干什么学什么、缺什么补什么，提高在复杂形势下改革创新、推动发展的能力和水平，提振干事创业的精气神，勇于担当、攻坚克难，在新征程中展现新气象新作为，形成生龙活虎、奋力争先的生动局面。

做好今年全区各项工作，总的要求是：以习近平新时代中国特色社会主义思想为指导，全面贯彻党的十九大和十九届二中、三中、四中、五中全会及中央经济工作会、中央农村工作会精神，深入贯彻习近平总书记对北京重要讲话精神，认真落实市委十二届十五次、十六次全会精神，坚持稳中求进工作总基调，坚定不移贯彻新发展理念，立足生态涵养区功能定位，主动融入首都发展大局，以首都发展为统领，深入落实人文北京、科技北京、绿色北京战略，以推动高质量绿色发展为主题，以深化供给侧结构性改革为主线，以改革创新为根本动力，以满足人民日益增长的美好生活需要为根本目的，扎实做好“六稳”“六保”工作，统筹发展和安全，决战决胜冬奥会筹办，强化“两区”建设与“两山”理念深度融合，以基本无违建区创建为牵引厚植生态优势，全面深化法治建设，坚定不移推进全面从严治党，更加奋发有为地推动办大事促发展惠民生各项工作，确保“十四五”开好局、起好步，以优异成绩庆祝中国共产党成立100周年。

关于今年经济社会发展主要指标安排，综合考虑外部发展环境和经济增长基础条件，地区生产总值按不变价计算增长6%，区级一般公共预算收入增长3%，居民消费价格涨幅控制在3%左右，居民人均可支配收入稳步增长。我们把今年经济增长目标定位6%，是留有余地、较为稳妥的，主要目的就是要引导各方面以绿色发展为主旋律，在深入践行“两山”理念、统筹推进办大事促发展惠民生上形成生动实践。工作中要更加注重把握好“五个一”，即坚持一个统领、贯穿一条主线、聚焦一个核心、把握一个关系、守牢一条底线。

一是要坚持以首都发展为统领。延庆作为首都生态涵养区，最大任务就是坚守功能定位，主动融入首都发展大局，在服务首都“四个中心”功能建设、提高“四个服务”水平中做好延庆表达，这也是我们“十三五”之所以取得历史性成就的最重要经验，更是“十四五”时期加快地区高质量绿色发展的最大优势和机遇所在。要进一步强化首都意识，自觉站在首都发展全局想问题、作决策、办事情，把首善标准作为工作标准，推动各项工作走在前列。同时，要以服务首都“四个中心”功能建设为地区发展赋能，积极争取符合区域功能定位的产业要素和优质公共服务资源，努力在服务首都发展中实现自身更高水平发展。

二是要把统筹疫情防控和经济社会发展这条主线贯穿始终。当前，境外疫情大流行仍在持续，国内部分地区包括我市出现多点零星散发病例，疫情传播风险明显加大，必须精准有效做好常态化疫情防控，这是做好各项工作的基本前提。要坚持“外防输入、内防反弹”

不放松，进一步压实“四方责任”，抓严抓实社会面防控，持续做好社区（村）和重点场所防控，以更严措施、更坚决态度，坚决打好疫情防控阻击战。疫情防控的重中之重仍然是冬奥会，要落实最严防控措施，完善冬奥会公共卫生、重大疫情防控工作方案和应急预案，确保延庆赛区绝对安全。同时，要继续坚持两手抓、两不误，进一步加大经济运行调度力度，更加注重发展质量和效益，强化人均产出、地均产出导向，谋划、储备、推进一批重大项目，大力构建绿色“高精尖”经济体系，建设现代产业体系，确保“十四五”开好局。

三是要聚焦冬奥会筹办举办这个核心。服务保障好冬奥会筹办举办是我们的重大政治任务，容不得丝毫闪失。要按照“一刻也不能停、一步也不能错、一天也误不起”的要求，坚持如期办赛、安全办赛、合力办赛、简化办赛、精彩办赛，全力以赴完成各项服务保障任务，全面做好冬奥会举办准备。统筹冬奥遗产可持续利用，紧抓机遇加快发展冰雪体育产业，推进京张文化体育旅游带建设，大力打造最美冬奥城和冰雪运动胜地，努力交出两张优异答卷。

四是要统筹把握“两区”建设与“两山”理念的关系。“两区”建设是首都构建新发展格局、推动高质量发展的重要抓手，也为我们探索“两山”转化路径带来了难得机遇。要在“两区”建设与“两山”理念融合上下功夫，在做美绿水青山过程中，积极引进“两区”优质资源，更高水平提升生态环境品质。在做大金山银山过程中，积极用好“两区”“三平台”政策及平台优势，围绕全域旅游发展和中关村延庆园“一核四区”建设，加大招商引资力度，引进落地一批符合功能定位的优质项目，拓宽“两山”转化路径，加快推动高质量绿色发展。

五是要牢牢守住保持地区安全稳定这条底线。安全是发展的前提。我国发展进入风险易发多发期，今年各类风险矛盾容易交织叠加，安全发展这根弦要绷得更紧。要把保障冬奥会的绝对安全放在首位，完善重大活动风险管控机制，坚决克服各种风险挑战，确保筹办举办工作顺利开展。要坚决维护政治安全，以庆祝建党100周年维稳安保工作为主线，严密防范敌对势力捣乱破坏活动，牢牢守住不发生暴恐活动底线。强化区域治安联防联控，坚决守好首都西北大门。着力防范化解社会风险、意识形态风险、金融风险，完善社会治安防控体系，健全扫黑除恶长效机制，严格落实安全生产责任制，坚决遏制重特大安全事故，全力确保地区安全稳定，为交出两张优异答卷提供有力保障。

北京市延庆区人民政府工作报告

——在北京市延庆区第二届人民代表大会第七次会议上 (2021年1月7日)

延庆区人民政府区长　于　波

各位代表：

我代表延庆区人民政府向大会报告工作，请予审议，并请政协委员提出意见。

第一部分　“十三五”时期经济社会发展回顾

“十三五”时期是延庆发展史上具有重要里程碑意义的五年。在市委市政府的坚强领导下，全区上下坚持以习近平新时代中国特色社会主义思想为指导，全面学习贯彻习近平总书记连线冬奥延庆赛区场馆建设者的重要指示和在世园会开幕式上的重要讲话精神，认真落实市委市政府决策部署，把服务保障冬奥会世园会筹办举办作为重大政治任务，聚焦交出服务保障赛会和地区高质量绿色发展两张优异答卷，全面融入首都发展大局，深入践行“两山”理念，团结奋斗、砥砺前行，统筹推进办大事、促发展、惠民生，各项事业均取得新的重大成就。全区地区生产总值累计873亿元，较“十二五”增长65%；固定资产投资累计超1000亿元，是“十二五”的近3倍，超过之前25年的总和；财政收入年均增长超10%，可支配财力累计近1000亿元；全区居民人均可支配收入增长38.5%，低收入村户全部脱低；旅游收入累计323亿元，较“十二五”增长30.3%，经济社会实现跨越式发展。先后获得全国文明城区、双拥模范城、“两山”理论实践创新基地、国家生态文明建设示范区、国家全域旅游示范区、国家水生态文明城市、国家森林城市、国家卫生区等荣誉称号。主要做了以下工作：

一、凝聚全区力量，服务保障冬奥世园

世园会圆满成功举办。举全区之力高质高效完成会前、会期服务保障任务，确保盛大开幕、精彩开园、平稳运行、完美闭幕，接待230多个国家地区、国际组织、非官方参展者，吸引近千万中外游客，为世界奉献了一场“精彩绝伦”的世园盛会。积极推动会后利用，北京世园公园开园，被评为国家AAAA级旅游景区。世园资产全部划转我区。

冬奥会服务保障扎实推进。深入贯彻“四个办奥”理念，全力以赴服务保障冬奥会筹办举办。冬奥延庆赛区基本建成。赛区生态修复完成94%。专项服务保障有序推进。圆满承办“十四冬”高山滑雪赛事，顺利通过国家雪车雪橇中心场地预认证和国际冬季单项体育联合会场地考察。提前谋划赛后利用，加快冰雪产业布局，冰雪赛事等活动参与者累计超13万人次。

二、筑牢生态本底，生态文明建设成效斐然

空气质量保持全市领先。强化“一微克”行动，243个村完成煤改清洁能源，烟花爆竹禁限放范围覆盖到3街11镇。PM2.5浓度由“十二五”末61微克/立方米降到31微克/立方米，累计下降49.2%，重污染天数由35天减少到6天，空气质量达到国家二级标准。

水环境质量全市最优。落实河长制，持续开展“清河”“清四乱”。新建改建集中污水处理厂站14座，完成138个村污水治理，全区污水处理率由78%提高到92%，全域地表水水质由Ⅳ类稳定达到Ⅲ类及以上。建成2座建筑垃圾资源化处理场，区域内建筑垃圾实现资源化。生活垃圾无害化处理率达到100%。累计减少化肥、化学农药用量5438.8吨、6.6吨，废旧农膜回收和综合利用率达87%。

持续扩大生态空间。深入实施百万亩造林绿化等工程，造林、营林125.2万亩，森林覆盖率由57.4%增长到60.4%，城市绿地由1567公顷增加到1767公顷，人均公园绿地面积由41.9平方米增加到46.8平方米。获评全市首个"中国天然氧吧"称号。

三、聚力"高精尖"，绿色发展动能加速汇聚

全域旅游步伐铿锵有力。冬奥、世园、长城三张"金名片"联动，推出"四季"旅游新业态新产品。民宿产业加快向品牌化集群化发展，建成376个民宿小院，打造四大精品民宿品牌，连续举办四届北方民宿大会和首届北京乡村民宿大会，获评首批全国民宿产业发展示范区。凯悦、皇冠、万豪三大国际品牌齐聚延庆，星级以上宾馆、酒店客房床位超6500张，接待能力显著提升。长城文化带建设走在全市前列。旅游收入由"十二五"末的54亿元增长到2019年99.3亿元，增幅83%，旅游人均消费由258元增长到436元，增幅69%。

创新资源要素加快集聚。确定现代园艺、冰雪体育、新能源和能源互联网、无人机四大重点培育科创产业，出台"1+4+4"系列政策，新引进重点培育企业突破600家，中关村现代园艺产业创新中心、体育科技创新园挂牌，获评国家体育产业示范基地，获批全国首批"民用无人驾驶航空试验区"，绿色云计算中心等一批重大项目落地，中关村延庆园营业收入年均增长11.3%。单位地区生产总值能耗、水耗累计分别下降25%、34.2%。

现代农业发展更具特色。发布北京市首个农产品区域公用品牌"妫水农耕"，积极打造有机杂粮、精品蔬菜、花卉园艺、优质果品、精品畜牧五大特色产品体系。菜篮子"三品"认证率达到84.8%，较"十二五"末提高44个百分点。休闲农业星级园区达到37家，香草等一批特色产业初具规模。粮食蔬菜播种面积16.8万亩，建成年出栏12.5万头的全自动化环保型猪场1座。

四、提升治理能力，城乡规划建设跨越发展

规划引领管控作用更加凸显。坚持规划先行，严格落实新版北京城市总体规划，分区规划获批，新城控规、11个专项规划、6个乡镇域国土空间规划编制有序推进，358个美丽乡村村庄规划全部编制完成，责任规划师制度作用明显。南菜园1-5巷等5个棚改项目稳步推进，万达广场等相继建成。

基础设施建设实现质的飞跃。陕京四线工程干线全线贯通，历史性接入市政天然气。燃气实现"同城同价"，惠及千家万户。城东、城南供热中心煤改气工程实行PPP模式运作，全区供暖行业全部实现能源清洁化。电力投资91亿元，基本形成"500千伏双电源、220千伏双环网、110千伏双向链式"的供电结构，供应能力满足未来几十年的发展需要。平原区地表水工程（一期）完工。再生水利用量较"十二五"末增长44.7%。京礼高速（北京段）全线贯通，京张高铁延庆支线开通，融入首都半小时交通圈。新建大修城市道路34.2公里、公路441.3公里，乡村公路实现100%通车、中等路以上比例达到90.3%，路网密度处于生态涵养区领先水平。

疏解整治促提升卓有成效。坚定有序清理存量违法建设，累计拆除违法建设291万平方米，占违法建设总量的78.4%，为创建基本无违建区奠定了坚实基础。疏解退出一般制造业企业39家，"散乱污"企业实现动态清零。完成114条背街小巷环境整治提升，街巷面貌焕然一新。

美丽乡村建设扎实推进。115个村开工建设，90个村基本完工。完成农村人居环境整治三年行动任务，改造户厕8490户，生活垃圾实现收集、转运、处理全覆盖。5条美丽乡村风景

线初现雏形。

社会精治共治法治能力增强。成立城市智慧指挥平台，高效运转“1+18+422”三级指挥体系。推进“接诉即办”向“未诉先办”转变，群众诉求解决率、满意率分别提升到91.3%和94.7%，位居全市前列。深入推进“平安延庆”建设，累计打掉各类涉恶嫌疑团伙35个，亿元GDP生产安全事故死亡率实现下降20%的目标，群众安全感持续保持全市前列。

五、聚焦“七有”“五性”，民生福祉切实改善

就业增收取得突出成效。“两不愁”“三保障”实现全面达标，8031户低收入农户全部脱低。实施10万人大培训项目，累计培训8.1万人次，促进各类就业近5万人。高校毕业生就业率保持在95%以上，城镇登记失业率均控制在4%以内。全区居民人均可支配收入由26975元增长到37358元，低收入农户人均可支配收入由8608元增长到16810元。京津冀协同发展扎实有效，圆满完成协作帮扶任务，对口区县全部脱贫摘帽。

教育资源持续补齐提质。累计新建改扩建幼儿园11所，新增学前学位3300个，普惠性幼儿园覆盖率达99.8%。高考本科、一本上线率生态涵养区领先。教师队伍素质不断提升。北京国际奥林匹克学院、八一实验学校、海淀外国语实验学校相继落户延庆。教育满意度全市领先。

医疗保障卫生条件大幅改善。区医院达到三级水平，医疗机构面积增加6.6万平方米。医疗急救呼叫满足率居全市前列。着力提升乡村医疗服务能力，新建改建村卫生室157个，补充乡村医生142人，基本实现30分钟就医全覆盖。家庭医生签约率由“十二五”末的23.8%提高到43.9%。

养老便民服务全面提升。建成老年幸福餐桌113家、社区配餐服务站21家，惠及近4万名老年人。创新开展慈善“1+1”关爱空巢助老项目，为1965名困境老人提供上门服务。基本便民服务网点累计达1494个，基本便民服务业态社区覆盖率由61.3%提升到100%，生活性服务业规范化、品质化、便利化水平明显提升。

文体生活内容日益丰富。文化惠民“百千万”工程深入推进，累计开展惠民文化活动1万余场。北京市冰上项目训练基地、全民健身中心建成，阪泉体育公园开园。人均体育场地面积6.7平方米，位居全市前列。举办、承办赛事活动238场，较“十二五”时期增长53%。

社会文明素质显著提升。历时六年，创建全国文明城区，持续专项整治“五大不文明行为”，深化新时代爱国卫生运动，常态化开展“周末大扫除”，解决群众身边问题7.2万个。打造“延庆乡亲”志愿服务品牌，累计服务8.4万人次。市民文明素养大幅提升，“美丽延庆 冰雪夏都”城市品牌知名度、影响力进一步扩大。

六、全面深化改革，政府自身建设持续加强

深化改革取得实质成果。党政机构改革基本完成。先行先试完成10个事业单位改革，住建委等所属经费自理事业单位转企改制，进一步促进政事分开、事企分开、管办分离。整合组建6支综合执法大队，18个街乡镇综合执法平台实体化运行。在全市率先完成乡镇机构改革。168家国有企业实现统一监管。深化农村“三权”制度改革，土地确权颁证率达99.8%。

政务服务效能进一步提升。建成区级政务服务大厅，健全三级政务服务体系。全面推行“双随机”抽查机制。行政审批实现“一科办理”。取消各类证明292项。“一窗”受理率100%，网上可办率95%，切实解决企业商户、基层群众“办证多、办事难”问题。积极开展延海结对协作，设立4年6亿元结对协作资金，实施63个实事和项目，13个项目已完工。

全面从严治党向纵深推进。各类合法性审查累计1518件，政府信息公开和政务公开更加透明。法治建设力度持续加大，街乡镇全部配齐法律顾问。牢固树立政府过“紧日子”思想，不断提升财政资金使用效益。坚决纠治“四风”，加强党风廉政建设，严肃查处一批

违纪违法案件。

各位代表，刚刚过去的2020年是极不平凡的一年。年初，新冠肺炎疫情爆发，这是新中国成立以来我国遭遇的传播速度最快、感染范围最广、防控难度最大的重大突发公共卫生事件。全区干部群众共同克服疫情困难和经济形势不利影响，统筹疫情防控和经济社会发展，抓好“十三五”各项任务的收官，经济社会实现强劲复苏。

疫情防控取得重大成果。第一时间成立疫情防控工作领导小组，全面压紧压实“四方责任”，高标准开展疫情防控工作。核酸检测能力大幅提高，有序推进疫苗接种工作。社区防线坚实牢固，物资保障有力有效，市场供应充足、价格稳定。精准帮扶中小微企业筹措贷款，推出“民宿应急保”金融服务。专项补贴旅游业等受疫情影响严重的产业。全区党员干部冲锋在前，4.4万“延庆乡亲”志愿者全情投入，35万延庆人民团结抗疫、共克时艰，政府抗疫专项支出1.5亿元，社会各界捐款物价值553.7万元。截至今年1月6日，连续348天无新增确诊病例，确保了冬奥延庆赛区的绝对安全。

统筹推进经济社会发展。冬奥会筹办任务高标准推进。竞赛场馆全部完工并达到测试赛条件，同步开展生态修复。专项保障和后续利用有序推进。城乡环境品质持续提升。强化“一微克”行动，空气质量大幅改善。全面落实河长制，水土治理成效显著。加强土壤污染源头管控。自然保护地整合优化，景观环境提档升级。高质量发展更具活力。实施全域旅游发展三年行动计划，全域旅游要素加速集聚。“一核四区”专业园区建设加快推进，高精尖产业布局日益清晰。粮食蔬菜种植、生猪养殖保产稳供，鼓励支持特色种植和休闲农业发展。一批“科技冬奥”应用场景落地，“五新”建设内容不断丰富。城乡治理水平大幅提升。各项棚改项目有力推进。无违建乡镇创建进展顺利，背街小巷整治更加到位。美丽乡村建设全面铺开，乡村环境持续改善。统筹落实“四个条例”。加强应急管理，深入推进“平安延庆”建设。民生保障持续改善。精准帮扶重点群体，就业增收取得成效。“接诉即办”常抓不懈，持续推进养老为老服务，教育教学、医疗卫生水平不断提升，“百千万”文化惠民进村入户，群众文体生活日益丰富。

各位代表，过去的五年是凝心聚力办大事、促发展、惠民生的五年；是坚守绿水青山，生态文明建设大力推进的五年；是聚焦绿色发展，加快构建“高精尖”经济结构的五年；是统筹城乡建设，基础设施跨越式发展的五年；是社会事业全面进步、人民得到更多实惠的五年。五年的成就来之不易，这是市委市政府和区委坚强领导、全区人民团结奋斗的结果，是社会各界关心支持的结果。在这里，我代表区政府，向信任和支持我们的广大干部群众，向各位人大代表、政协委员、各民主党派、人民团体、社会各界人士和驻延部队，表示崇高敬意和衷心感谢！

在肯定成绩的同时，我们还要清醒认识到：对照中央、市委市政府对我们的要求和人民群众对美好生活的期待，我们的工作还面临不少问题和挑战。一是赛会后续利用课题亟待破解。二是“两山”转化路径亟需加快拓宽。三是城乡治理长效机制还不健全。四是“七有”“五性”还存在不平衡不充分问题。五是政府自身建设仍需持续加强。对于这些问题，我们一定要以高度的责任感和强烈的使命感，迎难而上、毫不懈怠，采取有力有效措施加以解决，绝不辜负人民的期望和重托。

第二部分　“十四五”时期的主要目标和任务

“十四五”时期是我国全面建成小康社会、实现第一个百年奋斗目标之后，乘势而上开启全面建设社会主义现代化国家新征程、向第二个百年奋斗目标进军的第一个五年，是首都落实城市战略定位、建设国际一流的和谐宜居之都的关键时期，是延庆交出服务保障冬奥会和地区高质量绿色发展两张优异答卷的决胜时期。区委二届十二次全会确定了“十四五”时期延庆经济社会发展的基本要求、主要目标和重点任务。

基本要求是：更加突出融入首都发展大局，更加突出科技文化创新，更加突出协同发展，更加突出绿色发展，更加突出开放发展，更加突出以人民为中心的发展，更加突出依法治区，更加突出安全发展。

主要目标是：

生态建设取得新成效。污染治理的系统性、科学性、精准性、有效性不断提高，生态安全屏障更加牢固，生态环境更加优美宜人，青山绿水蓝天底色更浓，森林城市格局更加完善，水质稳定达到或高于考核标准，能源资源利用效率大幅提高，主要污染物排放总量持续削减，基本消除重污染天气，生态系统生产总值（GEP）和生态环境状况指数(EI)居全市前列。生态文明理念深入人心，垃圾分类成为人民自觉行动，绿色生产生活方式深入践行，“绿水青山就是金山银山”实践创新基地建设取得重大进展。

绿色发展实现新跨越。冬奥服务保障任务高标准完成，冬奥会、世园会会后可持续利用取得积极成效。冬奥、世园、长城三张“金名片”成为区域发展重要引擎，具有区域特点的绿色经济体系基本形成，劳动生产率和地均产出率持续提高，科技创新引领作用更加凸显，创新创业环境更加优化。休闲度假旅游目的地吸引力和知名度持续提升，全域旅游收入和人均消费大幅提高，绿色高精尖产业持续壮大，高新技术企业增加两倍以上，“两区”建设形成延庆特色，高质量发展综合绩效评价指数位居生态涵养区前列。

城乡功能得到新提升。新型城镇化稳步推进，城镇化率显著提高，基础设施承载力持续增强。新城东北部生活服务区和西南部休闲度假商务区（RBD）基本成形，城市功能更加完善。重点特色小镇建设初具规模，美丽乡村建设深入推进，5条美丽乡村风景线全面形成，乡村振兴取得重大进展，农业农村现代化建设取得更大成效，智慧城市建设水平明显提升，城乡发展更加均衡。

民生福祉迈上新台阶。实现更加充分更高质量就业，居民收入增长和经济增长基本同步，分配结构明显改善，城乡收入差距逐步缩小，中等收入群体持续扩大。健康延庆建设全面推进，公共卫生应急管理体系建设取得重大进展。“七有”“五性”监测评价总指数持续提升、居生态涵养区前列，教育、社保、住房、养老、体育等公共服务体系更加健全，人民幸福感、获得感明显增强。

文明程度达到新水平。以新时代文明实践为统领，全国文明城区创建长效机制更加完善、成果持续巩固，社会主义核心价值观深入人心，人民思想道德素质、科学文化素质、身心健康素质明显提高，公共文化服务体系更加健全，人民精神文化生活日益丰富，新时代文明实践蔚然成风，精神文明建设走在全市前列。

法治建设迈出新步伐。体制机制改革全面深化，重点领域改革成效显著，政府行政效率和公信力显著提升，法治建设走在全市前列。市域社会治理现代化建设全面实施，基层治理水平大幅提升，社会治理总体效能持续增强。平安延庆建设深入推进，防范化解重大风险体制机制不断健全，突发公共事件应急能力显著增强，发展安全保障更加有力，社会更加和谐稳定，人民安全感更加充实。

重点任务共十个方面：一是全力保障冬奥盛会成功举办。二是树立生态文明建设延庆样板。三是促进世园遗产有效传承利用。四是建设国际知名休闲度假旅游目的地。五是提升科技创新特色发展功能。六是加快形成城乡融合发展新格局。七是共建共享宜居宜业幸福新延庆。八是持续发力打造城市文明新高地。九是全面提升城乡治理现代化水平。十是激发区域改革开放发展新活力。

第三部分 2021年重点任务

2021年是“两个一百年”历史交汇点，是“十四五”开局和冬奥会筹办冲刺之年。全年工作总体思路是：以习近平新时代中国特色社会主义思想为指导，全面贯彻党的十九大和十九届二中、三中、四中、五中全会及中央经济工作会、农村工作会精神，深入贯彻习近平总书记对北京重要讲话精神，坚持稳中求进工作总基调，坚定不移贯彻新发展理念，立足生态涵养区功能定位，主动融入首都发展大局，以首都发展为统领，深入落实人文北京、科技北京、绿色北京战略，以推动高质量绿色发展为主题，以深化供给侧结构性改革为主线，以改革创新为根本动力，以满足人民日益增长的美好生活需要为根本目的，扎实做好“六稳”“六保”工作，统筹发展和安全，决战决胜冬奥会筹办，强化“两区”建设与“两山”理念深度融合，以基本无违建区创建为牵引厚植生态优势，全面深化法治建设，坚定不移推进全面从严治党，更加奋发有为地推动办大事促发展惠民生各项工作，确保“十四五”开好局、起好步，以优异成绩庆祝中国共产党成立100周年。

对标全市经济社会发展指标安排和我区“十四五”规划纲要，提出今年全区经济社会发展主要预期目标是：地区生产总值按不变价计算增长6%；区级一般公共预算收入增长3%；固定资产投资完成90亿元，建安投资完成60亿元；市场总消费和社会消费品零售额分别增长8%和6%；居民人均可支配收入稳步增长，生态环境进一步改善。重点做好以下几方面工作：

一、对标对表，争分夺秒，决战决胜冬奥会筹办

完善冬奥赛区建设。坚持“绿色办奥、共享办奥、开放办奥、廉洁办奥”，做好冬奥工程项目建设收官工作，同步推进场地清理、生态修复等各项工作。加快提升供水、供电等配套保障能力。

加强赛事服务保障。做好交通、住宿、餐饮、医疗等专项服务保障，优化换乘节点及交通流线，有效运行冬奥医疗保障中心，按时完成在建酒店、环境整治、无障碍设施改造等建设工程。一体推进城市运行、应急处置、安全维稳、氛围营造，强化“分时、分类、分区”闭环管理，确保完成各项测试活动保障工作。

谋划赛后持续利用。以建设“最美冬奥城”为目标，加快推进可持续性计划任务落实，编制冬奥遗产计划3.0版。加快西大庄科冬奥小镇、北京国际奥林匹克学院建设。推动冰雪体育产业发展，积极引进体育赛事活动，普及冰雪运动，加强冬奥城市文化宣传，讲好延庆冬奥故事。

二、守住本底，久久为功，持续抓好生态环境建设

深挖潜力提升空气质量。持续深化“一微克”行动，继续打好污染防治攻坚战，加强细颗粒物、臭氧、温室气体协同控制，推动农村煤改清洁能源建设，有效治理超标排放移动源，确保空气质量持续改善，碳排放强度持续下降。

不遗余力做好水土保护。落实总书记回信精神，推进密云水库上游生态保水联建联防联治。严格落实河长制，持续开展“清河”“清四乱”专项整治，实施生态清洁小流域综合治理。推进美丽乡村污水管网、小城镇污水处理配套管网建设，确保断面水质达到或优于考核要求。

持续发力提升景观环境。加快推动落实林长制，持续提升绿化美化水平，扎实做好有害生物防治。进一步优化自然保护地资源，完善管理体制机制，加强自然保护地监管。

三、创新创业，集聚融合，加速推进高质量绿色发展

做强全域旅游。实施世园会会后利用三年提升计划，打造全域旅游“四季”品牌，发挥特色民宿品牌作用，提升品质吸引更多客源。

增加健康、养老等服务消费有效供给，大力发展夜间经济，培育网红打卡地。支持发展“电商+直播”模式，满足旅游休闲消费需求，助力北京国际消费城市建设。打造全域旅游示范乡镇。持续推进长城文化带、西山永定河文化带、京张文化体育旅游带建设。

夯实绿色产业。主动融入首都国际创新中心创建大局，发挥中关村延庆园第三引擎作用，围绕四个重点培育产业，大力招商引资。加快“一核四区”专业园区建设。推进国家知识产权试点城区创建。积极发展五大产品体系，建设现代化设施农业基地，持续改造提升休闲农业园区。加大“妫水农耕”品牌推广力度。发展林下经济，提高林业综合效益。扶持壮大农村集体经济。

推进“两区”和“五新”建设。深入推动“1+5”政策落实，抓好项目清单梳理和项目建设。实现重点区域、主要道路5G网络全覆盖，推进千兆固网接入网络建设。推动传统产业数据化转型，培育数字经济新增长点。落实“两区”建设方案，推动服务业扩大开放项目签约落地。发挥万达广场、环球新意带动作用，繁荣商业市场。筹备好服贸会参展工作。优化营商环境，精准帮扶中小微企业，优化重点企业对接服务机制。提高政府数据资源无条件共享率。持续加强城市信用环境建设。

四、精雕细琢，善作善成，推动城乡统筹融合发展

强化规划管控引领。抓好分区规划实施，落实《北京市生态涵养区生态保护与绿色发展条例》。完善责任规划师制度。统筹加快街区控规试点、乡镇域国土空间规划编制，打造生活服务区、休闲度假商务区。

创建基本无违建区。持续抓好规自领域问题整改，坚持“重宣传、控新生、拆旧有、管拆后”，新生违建动态清零，完成市级拆违任务。做好战略留白绿化。有序推进城乡建设用地减量和点状供地。做好农村集体资产清查，加强集体土地管理，落实“村地区管”实施办法，严格农村宅基地建房管理和乡村风貌管控，专项整治农村乱占耕地建房。

加快提升城乡品质。推动城市有机更新，加快推进小营-石河营等棚改项目建设。持续开展老旧小区综合整治，巩固背街小巷治理成效。实施智慧停车，增加车位供给，实现电子收费全覆盖，推进小区停车自治、市场化管理，切实缓解停车难。加大农村人居环境长效管护力度，推进美丽乡村建设。

提升精细化治理水平。统筹“四个条例”落实，加快再生资源分拣中心和生活垃圾焚烧发电项目建设。推进李四官庄、谷家营等城乡结合部地区撤村建居。开展市域社会治理现代化试点工作。加快城市“智慧大脑”建设。推动创城常态长效机制落实，制订实施文明城区创建三年行动计划，巩固提升全国文明城区创建成果。持续开展“光盘行动”。

全面建设平安延庆。健全风险隐患排查化解、社会治安防控等长效机制，落实好安全生产专项整治三年行动计划，做好防火防汛等防灾减灾工作，坚决服务保障好全国“两会”、庆祝建党100周年等重大活动。深入开展民族团结进步创建活动。加大宗教领域突出问题整治。持续抓好粮食、蔬菜等重要农产品稳产保供。加强食品药品质量安全监管。大力推进重点矛盾和积案化解。推进“扫黑除恶”常态化，加强禁毒工作，强化网络安全管理和重大舆情、突发事件舆论引导，确保社会和谐稳定。

五、尽心尽力，担当作为，积极回应群众新期待

常态化抓好疫情防控。外防输入、内防反弹，以更加科学精准有效的措施抓好常态化疫情防控工作。夯实基层防控措施，聚焦防控薄弱部位，推动形成街（乡镇）托底、社区（村）主责、物业负责、党员报到、部门支持、居民参与的联防联控工作模式。突出抓好冬奥核心区防控措施落实。深入开展新时代爱国卫生运动。持续加强进口冷链食品检测和追溯管理，有序开展好疫苗接种、核酸检测工

作，坚决打好疫情防控阻击战。

下大力气促进就业增收。积极开发就业岗位，重点做好登记失业人员、“4050”等群体就业帮扶。支持鼓励创业带动就业。推进脱低农户帮扶常态化。做好冬奥技能人才储备，开展滑雪教练员、浇冰技师、无人机驾驶员等专业培训。继续深化延海结对协作，推进优质农产品进海淀。完善结对协作和对口支援长效机制，加强产销对接，拓宽协作渠道，助力受援地区巩固脱贫成果。

主动向前回应群众诉求。进一步深化“接诉即办”改革工作，落实考评细则新要求，“三率”保持在全市平均水平以上。建立群众诉求数据库，制订主动治理清单。建立“热线+网格”为民服务模式，明确三级网格管理案件处置机制，实现网格管理范围全覆盖。着力解决好物业差、秩序乱、路不通、灯不亮等群众身边的操心事烦心事揪心事。积极引入优质便民服务企业入驻，增加基本便民服务网点。

提升养老教育医疗保障水平。分类实施养老机构改造达标工程，打造三星级养老机构，推进养老照料中心建设。办好老年幸福餐桌、慈善“1+1”关爱空巢助老项目。加强基层社会心理服务中心建设。创建国家AAAA级婚姻登记机关。增加学前学位供给。建成刘斌堡中学并投入使用，完成一职新校区主体结构工程，实现北京八一实验学校、海淀外国语实验学校建设开工，加快世园小学等建设项目。深化“区管校聘”管理改革，多渠道精准补充专业教师。完成全国健康促进区创建。完善急救体系。定向培养乡村医生。实现社区卫生服务中心街（乡镇）全覆盖。中医院新址投入使用。

强化公共文体服务。积极策划开展“端午文化节”等文化活动。开展云演出、云阅读、云观赏，提升数字文化服务配送能力。加快区档案馆新馆建设。完成地质公园扩园再评估工作。继续开展国民体质监测。实施体育场改造和体育场屋顶绿化工程，加快推进全民健身中心场馆社会化运营。加强冰雪竞技项目后备人才培训，组织中小学生上冰上雪。

六、深化改革，提质增效，全面建设法治政府

继续深化体制机制改革。完成事业单位改革。深化国资国企改革，制订实施国企改革三年行动实施方案。扎实推进机构编制法定化。统筹做好机构改革“后半篇文章”，强化机构编制管理刚性约束，专项评估乡镇机构改革。全面规范权力事项，动态调整政府部门权力清单。

着力推动依法行政履职。以“法治建设年”为抓手，严格落实重大行政决策法定程序，强化行政规范性文件合法性审查和备案管理，不断提升科学决策、依法决策、民主决策水平。加强会前集中学法。行政执法排名通报制度常态化，实现执法全面公示、全过程记录、重大执法决定法制审核全覆盖，加强综合执法、联合执法，推动行刑衔接。提升行政复议、应诉工作水平。科学谋划实施“八五”普法。

巩固提升政务服务效能。深化“放管服”改革，全面推进“双随机、一公开”和线上“非接触”监管。深化“互联网+政务服务”，形成标准化、电子化、智能化在线政务服务平台。推动更多民生事项“一网通办”、更多企业服务事项“一站式”办理和“不见面”审批。加大政府信息公开和政务公开力度。完善区级大数据平台，汇聚重点领域数据，形成政府治理新方式。

不断强化党建引领作用。持续推进全面从严治党向纵深发展，落实“一岗双责”，全面履行政府系统党建主体责任，以党风带政风，转作风、树行风，将党风廉政建设与政府工作同部署、同落实、同检查、同考核。区政府领导带头廉洁自律，自觉接受各方监督。持续巩固深化“以案为鉴、以案促改”工作成效，打造忠诚、干净、担当的高素质干部队伍。完成村、社区“两委”换届选举。巩固双拥模范城创建成果，推动军民融合发展。坚持政府过“紧日子”，持续加强财政收支管理，落实

审计整改主体责任，切实提升财政资金使用效益。

各位代表，同志们，进入新发展阶段，我们既要应对疫情不利影响，又要统筹推进经济社会发展，任务异常艰巨、责任特别重大。我们要以习近平新时代中国特色社会主义思想为指导，在市委市政府和区委的坚强领导下，在区人大及其常委会的监督和区政协的支持下，坚守初心，坚定使命，攻坚克难，奋勇前行，为建设国际一流的生态文明示范区和美丽延庆而不懈奋斗，以优异成绩迎接党的百年华诞！

专 文

关于党建引领基层治理的实践与思考

——以延庆区创建全国文明城区提高治理水平为例

中共北京市延庆区区委书记 穆鹏

习近平总书记2021年1月18日考察北京冬奥会、冬残奥会筹办工作强调，我们不仅要办好一届冬奥盛会，而且要办出特色、办出精彩、办出独一无二来。蔡奇书记明确提出延庆要建设最美冬奥城，强调冬奥城不仅是生态城、文明城，更是人民群众的幸福城，要求延庆持续巩固文明城区创城成果，进一步提升全民文明素质和城区文明程度，以崭新形象迎接冬奥会。落实习近平总书记重要指示精神和蔡书记要求，以清新靓丽、文明有礼的城市形象迎接冬奥会，对延庆区基层治理水平和城市文明程度提出了更高要求。建设文明城区，正是党建引领基层治理的重要抓手和服务保障冬奥会的重要内容。本文回顾了延庆区全国文明城区创建工作，查找了当前存在问题，并结合创建工作体会，提出了下一步工作思路，旨在以归零心态、首善标准再出发，奋力建好文明城，助力建设生态、文明、幸福的最美冬奥城。

一、延庆区以创城为抓手提升基层治理能力的实践

（一）六年之路坚定不移

2015年，延庆区荣获全国县级文明城市提名，撤县设区后进入创建全国文明城区行列。六年来，中央文明办、市委市政府对延庆区创城工作给予了深厚关怀和大力支持，中央文明办薛松岩等同志多次调研、精心指导，蔡奇书记、陈吉宁市长反复叮嘱、提出要求，滕盛萍主任全程参与、亲自推动，为延庆创城工作提供了坚强保障。延庆区严格落实中央部署和市委市政府要求，坚持“创文明城区 办百姓实事 迎世界盛会”创建理念，坚持“一张蓝图绘到底”，上下同心、苦干实干、奋力拼搏，通过创城构建起了标准更加清晰、责任更加明确、机制更加健全的基层治理体系，2020年11月20日被授予“第六届全国文明城区”称号。六年来，延庆天更蓝了，水更净了，空气更清新，道路更宽阔，产业更蓬勃，社会更和谐。特别是文明城区创建工作为延庆干部树立了“城”的标准，推动了由县到区的观念转变，有效锤炼了全区干部队伍作风。用百姓的话说，就是“这些年延庆变化多，聊也聊不完”。

一是坚持党建引领、全民动员，以“创”聚魂构建顺畅工作体系。坚持党委牵头、党员干部带头，层层压实责任推进文明城区创建。构建“1+8+8+19”创城组织体系，形成八大指挥部牵总、八大督查组督办、十九个分指挥部自查、社会各方积极参与的工作格局，以系统理念整体提升政务与营商环境、法治环境、市场环境、社会文化环境、生活环境、社会环境、生态环境、人文环境水平。四套班子一把手担任总指挥每月

一拉练，一周一调度，区委区政府主要领导“四不两直”现场解决问题；区人大主任、政协主席带领人大代表、政协委员组成八大督查组督促整改、推动落实；各专项指挥部分管区领导包单位、包指标、包网格、包责任，各委办局、街乡镇全面落实创城“一把手”负责制，沾边就上、主动向前。深入开展“冬奥世园先锋行动”主题实践活动，党员干部瞄准180项指标，带头组建先锋队攻坚克难，带头开展“四不四必一劝阻”[①]文明宣传活动，冲在一线、干在一线，奋勇争先推进创建。全区3万多名党员积极争当学习思想、发动群众、引领发展、爱岗敬业、排忧解难的先锋，成为服务保障赛会和推进基层治理的主力军。

坚持全区人民都是主人翁，42.4万人次参与“我爱我家”社会动员，马秋荣窗口服务岗、孟记来交通示范岗等创城示范岗纷纷涌现，“红风衣”治安巡逻岗、“麻利儿”心理疏导室等新时代文明实践行为遍地开花，“千人找差团”“啄木鸟督查队”等一批创城先锋志愿服务队热情服务，新时代爱国卫生运动和周末大扫除常态化开展，群众参与率达到99.73%，实现了“干部带头干”到“干部群众一起干”的转变，很多居民道出了心声，“作为延庆市民，我得继续努力，让延庆变得更好。”

二是聚焦冬奥世园，以“创”保会展现优良城市形象。把服务保障冬奥会、世园会作为展示文明形象的窗口和治理水平的检验，对标服务保障赛会的高要求，聚焦向全国人民、向国际社会展示一个“望得见山、看得见水、记得住乡愁”的延庆形象，努力展示出更高标准的城市环境、社会秩序、优质服务、精神风貌、道德素养。借势赛会推动城市基础设施建设提速20年，对外交通瓶颈全面打破。新建改建市政道路24条，改造升级街巷114条，全区实现无旱厕，获评国家卫生区。改建公园广场14个，做到市民出门500米有休闲绿地，森林覆盖率达到60.4%，空气、水、土壤质量连续多年保持北京市前列，成功创建国家森林城市。把农村地区纳入创城工作体系，高标准推进城乡环境治理，美丽乡村建设大步向前，城乡环境始终保持生态涵养区前列。

在全市率先实施全民素质提升五年行动，发布《延庆乡亲文明公约》、等级景区破坏文物行为联合惩戒办法、快递行业文明守信自律公约，设置“文明行为红黑榜”，实施六大文明引导行动和五大不文明行为专项整治，遛狗不拴绳、烟痰乱吐等现象得到有力改善。实施公民道德建设工程，用社会主义核心价值观引领推进移风易俗，“环保奶奶”贺玉凤等四人在“北京榜样”评选中榜上有名。世园会举办期间，“延庆乡亲”参与群防群控185万人次，打响了“延庆乡亲”志愿服务品牌，展现了“美丽延庆　冰雪夏都”城市形象。

三是突出城市治理，以“创”促管提升精细化水平。把赛会要求和创城标准融入日常工作，转化为常态化工作标准，首善标准成为了全区干部队伍的工作追求。对照创城180条测评指标，细化落实为7方面27项长效机制，建立具有延庆特点的模块化考核体系，倒逼城市管理改革创新。深化综合执法改革，18个街乡镇综合行政执法队全部组建，431项行政执法权下放街乡。落实“推进首都社区治理20条措施”，制订强化党建引领进一步推进城乡社区治理重点任务落实的工作方案，66条具体措施有序落实。建立以“1+9+X+Y”为架构的城市管理智慧指挥平台，构建“网格+门前三包”工作机制，形成纵向到底、横向到边、环环相扣的城市管理“责任链”。开展停车秩序专项整治，应划尽划机动车停车位3万余个、自行车停放区1.2万平方米，引入交警+辅警+文明引导员+智能机器人等科技手段联合参与路口文明引导的工作模式，加大交通劝导执法力度，1万名党

① 不随地吐痰、不乱丢烟头、不乱扔垃圾、不闯灯逆行，遛狗必栓绳、垃圾必分类、停车必入位、开车必须礼让斑马线和主动劝阻不文明行为。

员干部常年参与路口文明引导，闯红灯、逆行现象下降75%，道路交通事故数下降57.3%。加大诚信联合激励、失信联合惩戒力度，诚信建设评价从曾经的全市倒数第一提到2019年的全市第一。持续优化营商环境，促进市场环境更加优化、政务环境更加高效、法治环境更加公正、创新创业环境更具活力。

*四是围绕民生关切，以“创”惠民提高幸福感指数。*坚持以人民为中心的发展理念，聚焦“七有”要求“五性”需求，“接诉即办”解决好群众身边的操心事烦心事揪心事。通过新时代文明实践与融媒体、政务服务、城指中心融合贯通，提供点单派单服务732项，覆盖群众6万余人次。拓宽群众诉求表达渠道，通过热线电话、“网上12345”等多种诉求表达渠道收集民意，定期开办“延庆乡亲议事会”，实现大家的事大家商量办，六年来征集解决问题7.2万多个。特别是2020年，针对背街小巷、市场商圈、城中村、老旧小区等短板问题逐项研究对策。出台“三项政策包”全面提升老旧小区环境，组建党员先锋队，仅用18天，“乱”了30年的旧小区面貌一新，拆除私搭乱建32处，封堵开墙打洞300余平方米，清理乱栽乱种2256平方米、各类堆积物30车150立方米，粉刷外墙墙裙及楼道4232平方米。恒安二条等曾经的脏乱街升级为文化特色街巷，恒生、日上等曾经脏乱堵差的农贸市场华丽转身，173栋自管楼全部移交属地街道、实现物业服务管理全覆盖，群众满意率达到97.27%，更多居民点赞“创城真是办了大好事儿”，表示“没想到会发生这么大的变化，真得感谢政府、感谢创城。”

（二）创建之后直面差距

延庆区对创城迎检工作进行了全面复盘，清醒认识到：这一轮测评中，延庆180项指标中有53项失分，在12个成功创建的直辖市城区中排名最后，与4个直辖市其他27个全国文明城区横向比较还有较大差距。具体表现为：一是城市面貌方面，城市“面子”虽然在冬奥会世园会筹办过程中极大改善，但景城共融的城市风貌还没有形成，建筑立面、广告牌匾、公园绿地等仍需提质升级；城市“里子”标准还不高，老旧小区环境卫生极易反弹，垃圾乱倒、广告乱贴、摊位乱摆等痼疾顽症需要深度治理。二是公共服务方面，医疗、养老、静态交通等设施与群众的期待还有差距，城中村、城乡结合部基础设施不够完善，自管楼移交后物业服务和社区管理尚未全面落实到位，政务环境、营商环境需持续优化。三是文明素养方面，市民文明素质还需持续提升，随地吐痰、乱扔烟头、乱停车、不文明养犬等难点问题仍需常态整治，垃圾分类、“光盘行动”效果还有提升空间，崇德向善的社会风气需要持续厚植。

究其原因，一是工作标准还不够高，一些部门、乡镇对创城标准的理解不精准、自我要求不高，存在大面上不错、还过得去、“差不多就得”的想法，首善标准树得不牢。二是疲劳懈怠情绪显露，部分干部群众还沉浸在拿到牌子的喜悦当中，有停一停、歇歇脚的思想。三是常态化机制尚未形成，很多部门还存在“运动式”“迎检式”，6方面27项长效举措没有完全落实到位，180项创城指标没有完全融入日常，责任制、常态长效工作机制没有完全建立起来。

二、巩固创城成果提高治理水平的体会与思考

在六年的创城历程中，延庆深刻体会到，城市治理和市民文明素质提升既不能一蹴而就也不会一劳永逸，文明城区既面临着复查、“保级”的定期大考，也面对着“拿到更要达到”的自我加压。延庆将深入学习贯彻习近平总书记考察冬奥会、冬残奥会筹办工作重要讲话精神，认真落实全国精神文明建设表彰大会、首都文明委全会暨深化文明城区创建工作会精神，按照蔡奇书记要求，继续以“创文明城区 办百姓实事 迎世界盛会”为目标，坚决摒除“牌子到手，创建到头”的心理，坚持全

域建设、全员建设，变“运动式创建”“迎检式创建”为“常态化创建”，争当全国文明城区建设排头兵，并以此为抓手持续提升治理水平，助力建好最美冬奥城。

（一）巩固创城成果、提高治理水平，必须坚持大事牵动、护航冬奥，对标首善提升地区工作整体水平。创城这六年，贯穿世园会筹办举办全过程，也与冬奥会筹办期重合，延庆坚持创城与赛会服务保障互为契机、互相促进，按照国际一流标准全力服务保障冬奥会世园会，城市面貌、管理水平大幅提高，区域文明、市民素质整体提升。巩固创成成果、提高治理水平，必须紧紧围绕举办一场精彩、非凡、卓越的奥运盛会，紧紧围绕建设生态、文明、幸福的最美冬奥城，看齐首善标准、紧抓冬奥契机，推动各方面工作水平持续提升。

一是要对标冬奥需求，提高标准精心干。创城180项测评指标提供了干事创业的标准体系，但对照冬奥会国际通用规则、对标市委对建设最美冬奥城的要求，延庆面临的标准只会更高。创城成功后，延庆已经制订了文明城区建设提升三年行动计划。下一步，要继续加强全区干部教育，从服务保障冬奥会、推动延庆走向未来的高度认识创城工作，坚决摒弃“差不多”心态。聚焦建设最美冬奥城，突出在27个直辖市文明城区中力争上游的目标，结合“十四五”规划，以首善一流的要求进一步梳理细化各领域工作标准。对照工作标准和三年行动计划，细化量化各工作组、各部门、各街乡指标任务，全面整改本轮测评存在问题，系统提升八大环境建设水平，展现崇德向善、文化厚重、和谐宜居、人民满意的城市形象。

二是要紧抓冬奥契机，借势赋能加油干。冬奥会是延庆成功创建文明城区、实现地区高质量绿色发展的巨大引擎，把其中蕴藏的能量充分激发出来，能够带动延庆软硬件水平实现新的跃升。下一步，要继续优化软硬件环境，加紧补齐硬件短板，增强城市综合承载力，加强环境常态化整治，保持城乡风貌整洁靓丽，加大营商环境建设力度，积极引进冰雪体育、文化旅游等符合区域功能定位的资源要素，提高冬奥会服务保障和地区持续发展能力。

三是要围绕冬奥聚魂，凝心聚力一起干。延庆在筹办举办冬奥会世园会、创建文明城区等中心工作中，坚持一把手亲自抓，党员带头干，构建了区委统一领导、党政齐抓共管、文明委组织协调、有关部门各负其责、全社会共同参与的格局，并开展“冬奥世园先锋行动”“延庆乡亲”志愿服务等社会动员行动，以中心工作的实际成效，有力凝聚了全区人民奋发向上的精气神。创城成功后，又重新梳理调整、形成了精神文明委“1+9”②组织架构。下一步，要在文明委统筹下，指导督促各工作组、各部门、各街乡构建内部文明创建工作体系和机制，确保上下贯通、条块结合、协调顺畅。继续坚持党员干部先行示范、广大群众深入动员，积极践行“冬奥先锋行动”，持续培育壮大“延庆乡亲”志愿服务品牌，动员广大党员干部群众发扬劳模精神、冬奥精神、“南荒滩”精神、“白河堡水库”精神，把创城激发的精神力量抓华为服务保障冬奥会的不竭动力，齐心协力建设最美冬奥城。

（二）巩固创城成果、提高治理水平，必须坚持精治共治法治，常抓不懈提升城市管理水平。城市“观感”对于文明城区创建至关重要，“观感”的背后，考验的是城市管理“绣花功夫”到不到位、长效机制健不健全，对建立健全城市管理精细化常态化机制是一剂“催化剂”。巩固创城成果，提高治理水平，要针对城市管理常态化机制不完善、精治共治法治水平不够高的问题，把创建过程中形成的好的经验模式固化下来，以制度机制形式推动城市管理常态长效。

一是要更加注重精治细管。文明城区，三分靠建设，七分靠管理，往往在细枝末节见真功夫。创城中，延庆全面精细整治背街小巷、

② 文明办和九大工作组。

老旧小区、市场商圈，系统推进路面修补、墙面粉刷、绿化补植等“细碎活儿”，“以克论净”做好日常保洁，并出台一系列方案、标准，提高管理精细度。下一步，要不断完善、认真落实街巷环境管理、城中村管理、周末卫生大扫除活动、农村人居环境与基础设施长效管护、居住小区管理、城镇绿地养护等领域的方案，着力抓好基本无违建区创建、背街小巷环境精细化整治提升、城乡结合部综合整治、美丽乡村建设等工程，破解城市“面子”“里子”管理不严、不细、不精的问题，让城市生活更方便、更舒心、更美好。

二是要更加注重法治长效。法治是不断擦亮文明城区这块金字招牌的最有力武器和最有效保障。创城中，延庆坚持精神文明建设与法治建设紧密结合，把创城与落实“四个条例”贯通起来，以文明行为促进条例为重点，一手抓宣传普及，一手抓执法监督，取得了良好效果。同时探索制订了27项长效措施，构建了“网格+门前三包”责任体系，完善了城市管理责任链。下一步，要继续坚持法治先行，以落实“谁执法谁普法”责任制为抓手，推动“四个条例”特别是文明行为促进条例入脑入心。深入推进严格规范公正文明执法，加强综合执法队伍建设，加大常态化执法检查处罚力度，用联合执法推动解决职责交叉、权限重叠、衔接不够的难点问题。完善落实长效举措，深化新时代文明实践、融媒体中心、政务服务、城指中心融合贯通，完善以“网格化+门前三包”为载体的责任制和常态化管理机制，常态长效管出秩序、管出文明。

三是要更加注重共治共建。创城为了群众，更需要依靠群众。延庆把创城与最大限度发挥人民群众主体作用紧密结合起来，广泛开展社会宣传动员活动，61个单位主动认领路口，2000名干部职工主动认领文明路，3万名党员定期回社区报到，35万延庆乡亲一呼百应，共同画出文明“同心圆”。下一步，要更加突出群众主体地位，深化群众性精神文明创建，积极开展文明社区（村庄）、文明单位、文明家庭、文明校园、延庆榜样五大创建，选树更多“环保奶奶”这样的先进典型，培育壮大志愿服务队伍，让群众增强城市主人翁、冬奥东道主意识，以最美姿态迎接冬奥、服务冬奥。

（三）巩固创城成果、提高治理水平，必须坚持问题导向、人民立场，聚焦民生提升群众获得感幸福感安全感。群众的烦心事就是创城的头等事，市民的需求就是创城的方向，群众满意是创城最好的试金石。巩固创城成果、提高治理水平，要针对城市软硬件条件与群众期盼和要求有差距的问题，变“为民做主”为“由民做主”，把为民、利民、惠民体现到各方面。

一是要与“接诉即办”一体推动。创建文明城区与“接诉即办”工作在为民办实事、办好事方面具有高度的一致性。创城中，延庆着力推动“三个中心”贯通融合，畅通“12345”群众诉求表达机制，用“小切口”“小药方”解决群众身边问题，获得了群众认可。下一步，要把“吹哨报到”“接诉即办”作为解决民生问题的有力抓手，以群众满意为标尺，搭建民情数据库，强化主动治理，做好与群众利益密切相关的便民服务、志愿服务，解决好群众身边的操心事烦心事揪心事。

二是要与“七有”“五性”紧密贴合。文明城区不只是城市风貌的文明，更是深得人心、众人共享的美好。创城中，延庆针对“七有”“五性”评价中暴露出的突出短板，主动办好垃圾分类、自管楼移交、老旧小区加装电梯、增加公共服务设施、打造“一刻钟”服务圈和健身圈等群众身边小事，创城群众满意率节节提升。下一步，要进一步聚焦“七有”“五性”，以城中村、城乡结合部等薄弱环节为重点，以教育、医疗、养老等为突破口，加紧补齐基础设施和公共服务短板，让群众在巩固创城成果中有更多获得感。

三是要与党建引领基层治理改革融合推进。创城的关键在基层。延庆创城适逢机构改革、事业单位改革，通过优化机构设置、理顺管理体制、做强基层基础等一系列措施，基层治理力量进一步充实，基层末梢抓执行、促落实、惠民生的能力显著提高。尤其是创城决胜之年，全区开展了“大抓基层、狠抓落实”主题实践活动，各部门坚持眼睛向下，践行“一线工作法”，推动解决了一大批群众关心关切的老大难问题。下一步，要继续深化党建引领基层治理改革，构建上下贯通、运转高效的工作体系，始终坚持“大抓基层、狠抓落实”的工作总基调，持续为基层减负、赋能，在真抓实干中巩固创城成果、提高治理水平、回应群众诉求。

（四）巩固创城成果、提高治理水平，必须坚持以文化人、成风化俗，持之以恒提升市民文明素养、促进人的全面发展。市民文明素质是城市文明的核心和关键，也是重点和难点。巩固创城成果、提升治理水平，必须把市民文明素质提升作为长期工程常抓不懈，让文明从要求变成自觉，为建设最美冬奥城增添人文色彩。

一是要以习近平新时代中国特色社会主义思想凝聚向心力。创建全国文明城区的目的之一，就在于深入宣传贯彻习近平新时代中国特色社会主义思想，推动其深入人心、落地开花。创城中，延庆区坚持精神文明和物质文明“两手抓”，结合新时代文明实践中心建设，大力学习宣传贯彻习近平新时代中国特色社会主义思想，推动思想问题和实际问题一体解决。下一步，要深化拓展新时代文明实践中心建设，开办“文明实践学院”，用习近平新时代中国特色社会主义思想占领基层阵地。围绕建党100周年等重要时间节点，挖掘用好区内红色文化资源，统筹开展各类宣教活动，动员和激励群众积极投身“十四五”建设。

二是要以社会主义核心价值观引领新风尚。建设全国文明城区，从根本上讲，就是用社会主义核心价值观引领城市精神、铸炼城市灵魂。延庆把社会主义核心价值观融入市民公约、村规民约中，融入新时代文明实践活动中，让市民便于知晓、乐于接受。下一步，要继续大力培育和践行社会主义核心价值观，开展丰富生动的新时代文明实践活动，选树群众身边的延庆榜样、道德模范，完善未成年人思想道德教育体系，使社会主义核心价值观内化于心、外化于形。

三是要以文明有礼姿态展现新形象。市民文明是城市形象的代言词。延庆实施的文明素质提升五年行动、《延庆乡亲文明公约》等一系列文明素质提升工程，对培养延庆市民文明意识和文明行为起到了重要作用。下一步，要继续开展鲜活生动的冬奥主题宣传、文明礼仪引导，突出加大不礼让斑马线、不文明养犬、随地吐痰、乱扔垃圾、车辆乱停乱放五大不文明问题的整治力度，把“让文明之光闪耀最美冬奥城”传递到每个人心中，向冬奥会展现彬彬有礼的城市形象。

关于深入推进国家全域旅游示范区建设的对策研究

北京市延庆区人民政府区长 于波

全域旅游是指将一定区域作为完整旅游目的地，以旅游业为优势产业，进行统一规划布局、公共服务优化、综合统筹管理、整体营销推广，促进旅游业从单一景点景区建设管理向综合目的地服务转变，努力实现旅游业现代化、集约化、品质化、国际化，最大限度满足大众旅游时代人民群众消费需求的发展新模式。2019年延庆区成功入选首批国家全域旅游示范区，标志着延庆旅游从“景点旅游”向“全域旅游”转变，旅游产业迈进了新的发展阶段。

特别是2021年1月，习近平总书记继2019年北京世园会开幕式后，再次踏上妫川大地，在视察2022年北京冬奥会、冬残奥会延庆赛区筹办工作和听取筹办工作汇报时的重要讲话精神中指示，“要突出绿色办奥理念，把发展体育事业同促进生态文明建设结合起来，让体育设施同自然景观和谐相融，确保人们既能尽享冰雪运动的无穷魅力，又能尽览大自然的生态之美。”强调“冰天雪地也是金山银山，加快建设京张体育文化旅游带”。十二届市委常委会第270次（扩大）会议传达学习习近平总书记重要讲话、重要指示精神，明确提出“支持延庆建设国际滑雪度假旅游胜地”。这些都为延庆经济社会发展，尤其是全域旅游的发展指明新的目标、激发新的动力。为深入贯彻落实习近平总书记重要讲话重要指示精神和市委市政府决策部署，全面建设“最美冬奥城”，将延庆打造成为国际知名休闲度假旅游目的地，推动延庆地区经济社会转型发展、高质量发展，促进城乡居民增收，特开展本课题研究。

一、延庆全域旅游现状

延庆地处北京市西北部，距市区74公里。东邻怀柔，南接昌平，西面和北面与河北省怀来、赤城相联，全区总面积1993.75平方公里。延庆四季风景如画，被誉为首都后花园。

（一）优良的生态环境

良好的生态环境是发展旅游的本底。延庆坚持生态立区，坚定不移、接续不断推进生态文明建设，生态环境品质优良，获得“国家生态文明建设示范区”“‘两山’理论实践创新基地”等称号，是首都唯一的“中国天然氧吧”。

一是头上蓝天广。延庆全面落实蓝天保卫战行动计划，强化“一微克”行动，突出精细化管理，聚焦“三尘”管控、煤改清洁能源、重型柴油车管控，疏解退出一般制造业企业，严控“三烧”，实施烟花爆竹禁限放管控。PM2.5浓度由“十二五”末61微克/立方米降至“十三五”末31微克/立方米以下，累计下降49.2%，重污染天数由35天减少至6天，空气质量达到国家二级标准。2020年收获297个蓝天，优良天数全市排名第一。2019年北京世园会期间，“世园蓝”给往来游客留下深刻印象。

二是脚下碧水清。全区有Ⅳ级以上河流18条，其中III级河流2条，年可利用水资源总量1.9亿立方米，地表水环境质量指数保持全市前列，被评为“全国水生态文明城市”。全域都是水源涵养地，北京五大水系中三大水系的上游在延庆（即东北部的白河堡水库，是密云水库潮白河的上游，累计向密云水库输水近16亿立方；东南部的大庄科乡一带是北运河、温榆河、十三陵水库的上游；从东往西流向的妫水河，是官厅水库永定河的上游），既有生态的功能，又有北京战略水源保障作用，既为首都市民供应安全可靠清洁的水源，更为全域旅游衬托出山的沉稳、水的灵动。

三是眼中绿景美。全域95%以上的土壤都是一级土壤。地好土肥，无论是山里还是平川，栽树树长、种花花开。截至“十三五”末，全区林地面积245.8万亩、森林面积180.5万亩，林木绿化率达72.53%、森林覆盖率达60.4%，花卉种植面积1.5万亩，城乡公园广场17个，人均公园绿地面积46.84平方米，公园绿地500米服务半径覆盖率96.32%，建成首都绿色村庄132个、首都花园式单位309个和社区24个、首都森林城镇3个。让森林走进城市和乡村、走进单位和庭院，把城市融入森林，让绿色拥抱建筑，形成了“城在园中、园绕城区、城景交融”的园林美景，既满足了人居环境干净整齐漂亮的需要，又满足了广大游客亲水近绿，融入自然的需求，荣膺“国家森林城市”称号。

（二）丰厚的旅游资源

延庆地处长城脚下、景延妫水河畔，拥有A级以上景区13家，其中AAAA级以上景区7家，位居全市郊区之首，境内30多个景区景点覆盖在区域近2000平方公里的土地上，资源密度大，空间范围广，特点非常明显。

一是自然风光宜人。延庆位于温带与中温带、半干旱与半湿润带的过渡带，属大陆性季风气候，冬冷夏凉，常年平均气温8.8℃、降水量441.5毫米，最热月份平均气温比北戴河低1.4℃，素有北京“夏都”之美誉。境内东北处龙庆峡是北京十六景之一，距北京城区85公里，古称“古城九曲”，被人们誉为北京的“小漓江”。其峰峦峭立，山清水秀，7公里长的峡谷既有南方的秀丽，又有北方的雄奇，开阔与幽深间或，险峻与浅滩并存，神仙院、金刚寺、玉泉阁、神笔峰等奇山异景胜似仙境，到了冬天又成为冰雕和冰灯的世界。境内西北方海拔2241米的海陀山巍然屹立，为北京第二高峰，为中国十大“非著名山峰”之一，是全国登山爱好者向往之地。每年值春夏交替、百花盛开之时，山上还覆盖着皑皑白雪，一幅“青山与绿水同在，白雪共鲜花齐临”的“海陀戴雪”奇特景观展现在游客视野。这里就是举办北京2022冬奥会、冬残奥会国际高山滑雪和雪车雪橇比赛项目的所在地。除此之外，还有多处引人入胜的风光美景，这些自然景观，互相映衬，既有北国雄浑，又具江南风韵。

二是人文古迹厚重。具有代表性的，有炎黄阪泉之战遗址、千古之谜古崖居、山戎族文物陈列馆，地方文化底蕴丰富；中国万里长城的精华、明长城最杰出的代表、被称作“玉关天堑”的八达岭长城，以其宏伟的景观、完善的设施和深厚的文化历史内涵而著称于世，八达岭长城体现了万里长城最为雄伟险峻的经典风貌，展示了古时城关相联、墩堡相望、重城护卫、烽火报警的严密防御体系，见证了历史上多任帝王出行、亲征等重大事件，记载了中国自力修建的第一条铁路——京张铁路等珍贵历史，1987年被联合国教科文组织列入《世界文化遗产名录》，是接待世界各国元首、政府首脑最多的长城景区；北京地区最大的古驿站——榆林驿站，留下了康熙、慈禧卧龙落凤的美谈。延庆因地质构造特殊，完好地保留了燕山运动相关的地质记录，亿万年的地质遗迹和源远流长的人文历史雕琢了“中国延庆世界地质公园”。域内的数百个侏罗纪晚期的恐龙足迹化石，使北京成为世界上唯一有恐龙存活记录的首都。还有距今1.3—1.7亿年的硅化木群，形成于二三百万年前冰川时期宽20米、深18米的冰臼，是目前我国发现的最大冰臼。等等，这些人文古迹让延庆的历史源远流长。

三是红色足迹鲜明。平北抗日战争纪念馆坐落于延庆，于1997年7月开馆，建筑面积3000平方米，展线达500米，馆名“平北抗日战争纪念馆”由原冀热察挺进军司令萧克同志题写。平北抗日战争纪念馆已被中华人民共和国民政部命名为全国爱国主义教育示范基地之一，被北京市人民政府定为市级烈士纪念建筑物保护单位、青少年教育基地。展厅里陈列着近200件文物，即1933年至1945年平北军民使用的武器、生活用品以及书籍、照片等物品。平北红色第一村纪念馆、昌延联合县政府旧址展馆就在大庄科乡沙塘沟村，这里随时都在体验行红色道路、听长征故事、看拥军演出、吃行军野餐，自2016年10月开放以来，共接待游客16万人次，成为远近闻名的红色教育基地。

（三）日趋完备的基础设施

一是交通更加便利。聚焦交通升级，以冬奥会、世园会为契机，延庆区全域旅游基础设施、配套服务得到进一步提升。对外交通路网逐步优化，交通瓶颈全面打破。京礼高速通车，京张高铁及延庆支线开通运营，延庆综合交通服务中心（换乘中心）已具备运行条件，以京张高铁、京包铁路以及京藏、京新、京礼高速为骨干的“两铁三高速”对外交通格局已然形成，延庆由此融入首都半小时交通圈，更成为轨道上京津冀的一个重要支点。开通东部山区自行车通租通还系统，区内交通路网结构不断完善，“快行慢游”系统逐步构建。昌赤路、滦赤路、房柳路等道路改扩建工程相继完成，妫川路、八峪路、中轴路和城区路线等郊区公路综合整治提升，交通承载能力大大提高。

二是食宿别具特色。聚焦食宿升级，延庆食宿水平不断提档、特色更加鲜明。精品民宿是延庆旅游的一大特色，打造“冬奥人家”“世园人家”“长城人家”“山水人家”四大民宿品牌，建成北方地区首个民宿聚集地（合宿 · 延庆姚官岭）。截至2020年，全区共有精品民宿品牌100多家，民宿小院376个，床位近4000张，遍布全区十五个乡镇，实现了片区集聚发展。民俗餐饮健康美味。民俗美食是延庆地域文化的重要标志之一，一流的生态环境、优质的土壤资源为延庆民俗美食提供了新鲜、绿色、健康的食材，经当地代代相传的手艺加工形成了柳沟火盆锅豆腐宴、永宁火勺、玉皇庙水豆腐等独具特色的菜品。“妫水农耕”等区域特色品牌农副产品进驻民宿，精品民宿与民俗美食深度结合，受到越来越多游客青睐。

三是服务全面提升。聚焦旅游服务产业升级，从景区互联、旅游咨询、服务人员等方面强化全域旅游服务体系。景区串联更加顺畅。主要景区均已开通公共交通线路，百里画廊滨水步道等10余条旅游休闲步道、180余公里旅游风景道、300公里骑游线路遍布全境，区位交通“硬制约”全面打破。旅游导览更加快捷。建成生态旅游智慧服务系统和旅游应急指挥调度中心并投入运行。升级改造旅游道路引导标识牌147块、旅游咨询站38个，旅游引导标识与咨询体系逐步完善。城区、主要道路等重点区域5G网络全覆盖，开发“美丽延庆”小程序，实现“一部手机游延庆”。服务人员更加专业。建设北方地区首个民宿人才培训机构（北方民宿学院）。搭建网络培训管理平台，以线上线下相结合的方式，年均开展行业培训5000人次。

（四）潜力巨大的旅游市场

随着游客行为、诉求以及群体结构多元的不断变化，以人为中心的多元休闲生活越来越受欢迎。延庆得天独厚的生态景观以及大事带动，为全域旅游发展壮大蕴含了巨大的市场潜力，寻根觅乡愁、度假览风光、健身促康养、农耕亲子研等目的地受到广大游客的青睐。

一是心灵休憩地。延庆历史悠久、风光独特，让市民望得见山、看得见水、记得住乡愁。史料记载，明代志书中的“妫川八景”“永宁八景”“隆庆卫八景”“延庆州八景”“四海八景”以及清代和清末民初的“州署八景”“关沟七十二景”都记载的很详细，且多有诗作载入。现在妫河生态休闲走廊、北山生态观光带、官厅水库生态库滨观光带、龙庆峡下游森林走廊四大生态走廊寄托游客山水情思，长城文化带、西山永定河文化带、京张体育文化旅游带承载来宾文化情怀。

二是体育运动地。截至2020年，延庆体育场地总面积达到240.53万平方米，人均体育场地面积6.73平方米，在生态涵养区排名第一、全市排名第三，“一刻钟健身圈”基本达成，吸引了各大精品赛事在延庆举办。北京国际自行车骑游大会已成为北京市首批“一区一品”群众体育品牌活动，百里山水画廊半程马拉松赛、妫河女子半程马拉松赛、野鸭湖冰雪半程马拉松赛等赛事活动吸引数千名马拉松爱好者参与。特别2020年新冠肺炎疫情期间，创新开发“线下运动+线上打卡”赛事模式，在北京世园公园举办徒步大会、世园夜跑等体育活动，全民健身氛围浓厚。冰雪体育旅游发展态势良好，冬奥赛区、北京市冰上项目训练基地、全民健身中心建成。以万科石京龙滑雪场、八达岭滑雪场和龙庆峡冰灯景区为基础，积极开发世葡园、玉渡山、冬季妫河冰场等多处冰雪旅游景点和场地发展冰雪旅游。自申奥成功以来，共接待冰雪旅游和冰雪运动游客829.9万人次，实现冰雪体育旅游收入5.64亿元。

三是农耕体验地。随着经济社会的发展和城市生活节奏的加快，人们渴望到乡村中享受田园生活和农耕乐趣，以农耕体验为主要目的的乡村旅游产业市场广阔。延庆是农业大区，农业产业资源规模大、景观美、品质优，吸引了越来越多市民前来体验农耕生活。截至2020年，延庆区已建成农业观光园62家，其中星级园区38家（含国家级休闲农业园区25家），拥有农业部认定全国“一村一品”示范村10个，北京市特色产业村5个。为突出生态优势，进一步促进种植养殖行业与文化旅游有机结合，延庆已启动创建全国休闲农业重点区工作。在融入首都半小时交通圈后，延庆农耕文化魅力将作为都市人群体验乡村生活的重要内容，为旅游产业发展带来无限商机。

四是休闲康养地。随着国民的健康意识的不断提高，激发了巨大的健康养生需求，康养旅游逐渐成为大众旅游的常态模式之一。2020年，延庆成功创建全国文明城区，获评“中国天然氧吧”，人文环境和自然环境都迈上了新台阶。依托一流的生态环境、世界级的历史文化遗产、丰富的浅层地热资源、和谐的人文氛围、慢节奏的生活方式、特色精品民宿和不断完善的医疗配套，延庆推出了山水游憩、乡村康养、田园度假、文化养生等一系列特色旅游线路和项目。延庆正在成为更多市民，尤其高端消费群体进行休闲康养的首选地。

五是文化承载地。延庆自古就是拱卫京畿与涵养山水的卫城，拥有深厚的文化底蕴和丰富的文化资源，是山戎文化、胡汉文化、妫川文化、长城文化、北山前多元民族文化、京张铁路文化、近现代革命文化等多元文化交汇融合之地，此外还有民俗文化、地质文化、植物文化以及节庆文化等多种文化元素。目前，全区有各类文物遗存点466处，各类博物馆8座，馆藏文物1.2万余件。

六是生态研学地。境内有松山、玉渡山、野鸭湖等16个国家和市、区级自然保护区，保护地总面积达778.9平方公里，动植物种类丰富，是开展生态研学的天然课堂。北京世园公园具有良好的自然环境和生态体系，为生态研学、休闲旅游、体育运动等提供广阔的空间，在2020年北京花园节期间举办了各类园艺科普与体验及专业研讨活动，让世园会遗产得到充分利用。世界葡萄博览园作为北京市科普基地和市级中小学生大课堂资源单位，以青少年素质教育为核心内容，制订特色综合实践课程，举办丰富的综合活动，成为国内一流的青少年素质教育、环境教育基地。北京世园公园、世界葡萄博览园等园区的持续开发利用，也为延庆生态旅游产业增添了源源不断的活力。

（五）多年积累的发展经验

多年来，延庆坚持以资源要素为抓手，以提供优质产品供给为核心，以提高公共服务水平为重点，努力推动延庆全域旅游深度融合发展。

一是顺应市场需求，在坚持中不断拓宽道路。延庆旅游产业从无到有、从小到大，从单纯的景点游、依靠门票经济，逐渐发展到业态融合的全域旅游，上演了一部不断提档升级，不断嬗变的历史。起步发展阶段。1972年，作为延庆最响亮的符号，八达岭长城景区正式售票接待游客，每人5分钱，年接待游人1万人次，这是延庆旅游的开始。1987年，随着首届龙庆峡冰灯艺术节开幕，延庆的旅游业逐步发展起来，但最多是登长城、游龙庆峡，“早上来、晚上回，买门票、逛景点”是延庆游的普遍模式。多元化发展阶段。上世纪90年代中期至2000年初期，硅化木、玉渡山、滴水壶、乌龙峡谷等更多自然景观景点走进游客视野，乡村旅游崭露头角，休闲农业星级园区达到37家，在全市率先试点乡村旅游等级评定工作。各类赛事、自驾游、骑游次第而来。全域发展壮大阶段。新世纪以来，“美丽延庆 北京画廊”唱响京郊内外，赏冰灯、嬉冰雪、泡温泉、登长城、品民俗、过大年等各具特色的旅游产品精彩纷呈，踏青赏花季、世园消夏避暑季、金秋丰收采摘季、冬奥冰雪文化季全域旅游“四季”品牌诞生。延庆入选国家首批全域旅游示范区。深度融合人文古迹、革命遗迹、地质史学、历史典故等资源，旅游文化内涵进一步丰富。2019北京世园会的成功举办和2022年北京冬奥会、冬残奥会的成功申办，为延庆旅游带来了新的机遇，注入新的活力，据统计，2019年接待游客2000多万人次，旅游综合收入近百亿元。

*二是借势借力发展，在融合中聚集各类资源。*各种大型活动齐聚延庆。积极承办举办国际、国内及京郊各类大会、赛事和节庆等活动，如第80届世界汽车房车露营大会、第4届北京国际自行车骑游大会、“十四冬”高山滑雪赛事等活动相继在延庆举办。各种主题文化更加丰富。北京长城文化节、端午文化节、冰雪欢乐节等活动连年举办，特别是世园会后，世园资产全部划归延庆，2020年举办首届北京国际花园节、北京草莓音乐节、世园健康云跑等各类活动170余场，接待游客逾40万人次。各大品牌服务企业相继入驻延庆。截至2020年，基本便民服务网点达到1494个，“一刻钟便民服务圈”基本形成。建成首农食中心，引入H+超市、物美超市等便民连锁企业，金锣湾商圈提升改造，万达广场开业运营。世园隆庆酒店挂牌成为北京市首家京郊精品酒店，凯悦、皇冠、万豪三大国际品牌齐聚延庆，星级以上宾馆、酒店客房床位超6500张，形成高品质的住宿业态集群。生活性服务业规范化、品质化、便利化水平明显提升。

*三是出台政策措施，在落实中强化机制保障。*上世纪90年代中期，延庆提出了旅游牵动、城镇带动、科教推动的“三动战略”，确立了旅游在经济发展中的重要地位。1998年制订了旅游发展总体规划，提出了旅游业发展思路。2005年，延庆确定了“生态文明发展战略”，为旅游业的科学发展进一步指明了方向。2020年制订发布《延庆区全域旅游发展三年行动计划（2020—2022）》，出台了《北京市延庆区金融支持全域旅游加快发展资金管理办法》《北京市延庆区精品民宿奖励办法》等政策文件。设立了由分管文旅工作的副区长召集、区文化和旅游局等主要成员单位参与、区委宣传部等其他成员单位多方联动的全域旅游联席会机制。民宿产业从无到有，加快向品牌化集群化发展，成为首批全国民宿产业发展示范区，荣获“中国优秀国际乡村旅游目的地”荣誉称号。

二、存在问题

近年来，延庆全域旅游发展取得了一定成绩，但是立足延庆区域特点，从全域旅游视角看全区旅游发展，仍然存在着一些问题，主要表现在以下三个方面。

*一是旅游要素不强。*延庆虽然地处京津冀核心区域、坐拥冬奥、世园、长城三张“金名片”，但现阶段延庆全域旅游整体呈现品牌不精、规模效益不强，延伸消费和高附加值环节较少、产业要素集聚欠缺的现状，全域旅游目的地城市建设还需进一步加强。就“吃、住、

行、游、购、娱”旅游六要素而言，随着星级酒店和精品民宿的发展建设，住宿供给能力和水平得到了提升，但其余要素发展仍显滞后，餐饮、购物缺乏特色，旅游纪念品和伴手礼研发不足，旅游交通存在短板，重点景区停车场不足，资源点之间连接不畅，内部交通亟待打通。旅游厕所、休闲商业街区、休憩站点等服务设施难以满足游客个性化和多样化需求，串联景区之间的公共服务设施急需增量提质。此外，2020年，受新冠肺炎疫情影响，全区旅游业受冲击严重，全年游客数量、旅游总收入仅为正常年份的四分之一左右。

二是旅游产品不精。目前旅游产品仍以传统的观光、餐饮为主，商务度假、健康休闲、文化创意、亲子研学等高端特色产品供给不足，跑步、骑游、摄影等新业态产品尚在起步阶段，对全域旅游发展支撑较弱。旅游产品中对历史文化的挖掘不够充分，各景区对具有地方特色的文化、习俗等核心吸引资源的挖掘工作不到位，研究不深入。精品旅游项目不多，旅游结构较为单一，大多数游客以“一日游”“半日游”，甚至“过境游”为主，特色品牌、创新品牌较少，缺乏供给侧品牌创新。旅游业融合上还需进一步加强，一方面，是旅游业自身的融合度还不够，如各大景区景点与自然资源的广度融合、与人文历史的深度融合仍有大量工作要做；另一方面，是旅游业与农业、四大重点产业等业态之间的融合度不够，“旅游+”发展还有很长的路要走。

三是旅游管理不专。近年来，延庆区委区政府采取各种措施，不断推进旅游从业队伍素质建设，取得了一定成效，但站在建设“国家全域旅游示范区”的高度来看，现阶段旅游人才队伍与全域旅游发展需要还不相匹配。全区旅游从业人员2551人，从景区导游员到宾馆酒店管理员和服务员，再到星级民俗农家乐经营者，普遍专业化服务水平偏低，无法很好满足当前旅游业发展和游客需要。旅游行业管理、旅游企业发展相对滞后。旅游行业管理部门在旅游市场秩序维护、行业服务能力和水平与新时期发展需求还有差距，旅游“六黑”现象尚未完全根绝，一定程度上给旅游形象造成不良影响。缺少具有龙头性竞争力的旅游企业，八达岭旅游集团总公司新近成立，世园公司、北控集团刚刚进驻延庆，现有的旅游企业、专业旅行社有数量缺质量，在系统思维与国际视野、当下需求与长远发展等方面需要加快提升。

三、主要对策建议

旅游是推动“两山”转化的重要路径，也是延庆区落实“两区”建设、融入新发展格局的重要着力点。突出旅游主导地位，深化旅游供给侧结构性改革，强化休闲度假功能，最大限度发挥冬奥、世园、长城三张“金名片”作用，加快完善旅游要素体系，大力促进旅游消费，深入推进全域旅游发展，努力建设国际知名休闲度假旅游目的地，更好地服务北京建设全国文化中心和国际消费中心城市。

（一）坚定发展旅游业要遵循的原则

夯基固本，开源节流，方可致远。延庆丰厚的旅游资源是做强旅游业的根本所在，必须有所为有所不为。

一是坚持保护与开发利用相结合。深入践行“两山”理论，守好生态和文物保护的红线，在保护好自然生态、文化遗产、历史文物的前提下，把握旅游开发的速度、程度和规模，实现资源的永续合理利用和可持续发展。

二是坚持规模与质量效益相结合。兼顾规模与质量，着力构建大而强、多且精的全域旅游新格局。加快多业态融合发展，集中力量招大引强，精心培育旅游新业态。

三是坚持品牌影响与居民收入相结合。发展全域旅游，创建知名旅游品牌，核心目的是为了群众增收。在产业总量和规模不断扩大、带动区域经济增长的基础上，更加侧重文化旅游业在扩大就业、惠民增收、促进乡村振兴等方面的社会功能，通过丰富居民增收渠道，释放发展红利，实现全域旅游经济效益与社会效益的双赢。

四是坚持满足消费与传播文化相结合。文化是旅游产业发展的“魂”，发展全域旅游就是要将旅游“魂”的吸引力与传播力有机统一起来。深入挖掘各种旅游要素的文化内涵，更好满足消费需求，为旅游产业健康发展提供生生不息的动能。同时，也要积极引导旅游消费者文明行为习惯，让每一位来延庆旅游的游客都成为文明消费者和文化传播者。

（二）联动发展三张“金名片”

发挥三张“金名片”引领带动作用，抓住关键联结点，释放发展新动能，推动全域旅游高品质、特色化、国际化发展。

一是以提升城市品牌影响力为着力点促进文化融合联动。将冬奥文化、世园文化、长城文化与“美丽延庆 冰雪夏都”城市品牌建设充分融合，加强城市文化宣传推介，以城市文化赋能城市品牌。建立常态化文化交流合作机制，持续办好长城文化节、北京国际花园节、冰雪欢乐节等品牌活动，实现互搭平台，促进互动交流。围绕民俗、节庆活动开展，积极融入冬奥、世园、长城等主题文化元素，加强主题文化艺术创作，统筹讲好冬奥故事、世园故事、长城故事，促进多元文化与旅游融合发展，着力提升城市文化影响力。

二是以增强旅游市场活力为核心促进资源整合联动。依托冬奥赛区、世园公园、八达岭长城三大核心资源，积极举办高水平的国际节庆活动、展览会议、品牌赛事，打造一批“小而精”展会活动，整合特色资源，放大与旅游发展联动效应。以八达岭文旅集团、世园公司、北控文旅公司为龙头，推进旅游企业经济布局结构的战略性调整，整合同类景区景点，优化资源配置。在区级层面建立统筹协调机制，搭建融合发展平台，促进资源整合，扩大资本运营效果。依托全域旅游智慧平台和“长城内外”等电商平台，统一宣传、系统营销，精准对接市场渠道。统筹优势资源，实施票务联动，推出组合产品。统一包装策划，联合开发文化遗产、度假休闲、研学教育、文化创意等特色精品旅游线路和项目，以点串线、以线带面联动全区旅游资源，全面提升旅游产品供给质量，实现共赢发展。

三是以构建“快进慢游”畅行体系为目标促进交通衔接联动。围绕冬奥赛区、世园公园、八达岭长城景区等核心旅游资源，联动重点景区景点、精品民宿、主要旅游服务设施，建立全域旅游综合交通服务体系。做好京张高铁八达岭长城站、延庆站接驳工作，动态调整接驳车辆频次，合理优化公交站点和线路，研究开通赛区景区直通车、公交旅游专线、快速公交等，提升高铁站点与中关村延庆园、城区以及主要景区景点的便捷通达能力，打造“高铁+域内旅游公交”的新型旅游交通模式。以游客为中心，创新旅游交通产品，引入中小型旅游包车，发展新能源汽车分时租赁等共享交通，优化交通组织，打通快速连接通道，提高人性化服务水平，有序引导客流流动。结合联通景区景点的主干交通布局，合理规划建设骑行专线、慢行系统、交通驿站等旅游休闲设施，打造生态、游憩、体验、运动等功能复合的旅游交通路网。兼顾本地居民和游客通行需求，整体改善景区周边道路通达条件，构建辐射全域的交通网络，全面提升旅游交通畅达性、便捷性。

（三）构建全域旅游发展大格局

统筹推进区域共建、联动组团、业态融合，全面增强旅游发展功能，加快形成资源互通、优势互补、产业互促的全域全景全时全业旅游发展格局。

一是建设京张体育文化旅游带。充分利用京张高铁带动优势，对内联通北京市区，对外延展至张家口、乌兰察布、大同等地区，打通文化旅游资源、产业、信息等渠道，构建融合发展格局。深化协同合作机制，创新旅游资源与产品协同开发模式，合作开发冬奥冰雪、历史文化等主题旅游线路，共同策划赛事、文艺演出，强化互动营销。加强产业发展互补互促，输出延庆民宿发展模式，带动周边联动发展，形成以延庆为核心，辐射周边的高品质民宿集群。充分挖掘京张高铁八达岭长城站和延庆站的交通功能、文化功能和辐射带动功能，打造以高铁为媒介，涵盖三张“金名片”及延庆特色文化的线路产品和品牌活动，加强高铁文化作品创作，讲好延庆故事。在高铁、高速等重要交通干道和交通节点完善城市形象宣传和标识系统。加强与品牌旅游社合作，培育京张特色产品，开发新兴业态，优化交通服务，加快要素供给，做强高铁旅游经济。

*二是统筹整合全域旅游资源。*加强全域旅游资源点线面统筹整合，按照差异定位、线路串联、组团发展的思路，推进旅游布局优化和组织引导，实现功能互补、发展协同、整体优化。打造特色精品旅游线路。挖掘整合南部外石路、中部延琉路、北部京银路沿线及周边旅游资源，将精品线路与景区景点、民俗村户等优质资源串珠成链，打造最美旅游公路和旅游风景线。依托良好的自然、生态、人文资源，开发四季花海漫步、寻找恐龙足迹等主题旅游产品，精心设计网红自驾、摄影采风等路线，打造千家店黄芩茶之旅、柳沟豆腐宴之旅、大庄科香草之旅等特色旅游线路。规划建设主题旅游景区。整合各乡镇旅游资源，推动旅游组团发展，明确发展定位和发展方向，形成四大主题旅游景区。依托张山营镇、旧县镇、香营乡，以冬奥会延庆赛区为核心，联动玉渡山、石京龙滑雪场、龙庆峡等资源，打造北部冬奥冰雪主题景区。依托刘斌堡乡、千家店镇、四海镇与珍珠泉乡，以百里山水画廊为核心，联动四季花海、国家地质公园等资源，打造东部山水康养主题景区。依托延庆镇、沈家营镇、大榆树镇、康庄镇和永宁镇，以世园公园为核心，联动妫水河森林公园、野鸭湖湿地公园、康西湿地森林公园等优质资源，打造中部生态园艺主题景区。依托八达岭镇、井庄镇和大庄科乡，以八达岭长城景区为核心，联动大庄科明长城遗址公园等资源，打造南部长城文化主题景区。提升旅游综合配套服务功能。完善旅游集散咨询服务体系和引导标识系统，统筹推进旅游服务设施建设。围绕八达岭长城景区、冬奥赛区等区域，实施旅游基础设施改造提升工程。持续推进旅游“厕所革命”，规划建设40座旅游厕所。以游客体验为导向，推进智慧景区建设，积极开展云游览、云观赏、云演出，打造数字文旅新体验。完善全域旅游智慧服务系统，以游客为本提供高效旅游信息化服务。加大东部山区旅游产品、设施、服务供给，优化交通体系，提升旅游承载力和吸引力。

*三是促进“旅游+”融合发展。*实施“旅游+”战略，深入挖掘延庆特色旅游资源，创新旅游产品供给，激发旅游新活力。旅游+文化。坚持以文塑旅、以旅彰文，发挥好长城文化旅游带动作用，深入挖掘地质文化、驿站文化、民俗文化、古道文化等特色文化，推出文化精品旅游线路，打造特色文化主题旅游产品，促进文化旅游深度融合。开发观光、讲学、采摘、素斋等项目，建设集休闲、养生、农耕、禅修为一体的特色文化旅游综合区。做精元宵节花会、端午文化节、民俗文化庙会等品牌活动，实施“一镇一品”文化旅游提升工程，增强游客文化旅游体验。旅游+体育。锚定国际滑雪度假旅游胜地、冰雪运动胜地，不断丰富冰雪活动，策划举办冰雪文化节等群众喜闻乐见的冬季活动，组织开展滑雪橇、看冰灯等具有地方特色的民俗冰雪娱乐活动与赛事。加强冰雪资源统筹利用，建设国家级冰雪赛事举办地和训练营地，加快延庆国家体育产业示范基地发展，积极引进培育短道速滑、花样滑冰、冰球、冰壶等冰上项目品牌赛事，申办举办高山滑雪、雪车雪橇等国际国内重大赛事活动。持续举办“一区一品”自行车骑行、森林马拉松、端午节龙舟赛等品牌赛事活动，打造一批具有地方特色的自主品牌赛事，以赛事为平台推动群众体育赛事活动与旅游融合发展。推出以“春骑行、夏露营、秋健跑、冬冰雪”为特色的四季生态体育旅游线路，促进全季候、全

区域的体育旅游发展。旅游+农业。合理开发利用农业资源，大力发展休闲农业和乡村旅游。拓展农业观光、农事体验、创意农业等旅游项目，串联历史文化村落、休闲观光园区、民宿集中村等，连接道路、水域、沟域，打造休闲农业精品带。实施乡村景区化试点，推进村庄景区化建设，推进乡村环境景观化建设，因地制宜培育发展乡村度假、康养休闲、乡村手工创意等新兴旅游业态。旅游+教育。加强红色文脉资源梳理，以大庄科后七村，平北抗日战争纪念园等为重点，设计推出红色教育线路，打造红色教育基地。重点打造一批生态科普教育基地、农业科普研学基地等，鼓励开展多种形式的研学旅行活动，推动建立适合不同阶段、不同类型、不同层次的研学旅行体系。旅游+工业。依托中关村延庆园，开发工业产品、工业生产线的旅游功能，推出历史溯源、智能智慧、工艺流程等旅游线路和集生产观光、互动体验、购物消费于一体的工业旅游项目，让游客观赏工业、参与工业、沉浸式体验工业，增强工业品牌认同感，扩大品牌影响力。

四是深度激活旅游消费。坚持以旅游供给侧结构性改革引领和创造新需求，大力促进休闲度假旅游消费，加速释放消费新动能。培育消费新业态新模式。创新科技手段，借助虚拟现实、全息投影等舞台技术，打造一批互动性、参与性较强的沉浸式、体验式旅游消费场景，实现“旅游+文创+高科技”深度融合。在重点景区设立旅游特色商品购物店，鼓励首店首发经济发展。推动传统零售和渠道电商资源整合，支持发展“电商+直播”模式，加强线上线下消费融合，培育网红打卡地，推广社交平台、短视频、直播带货等服务新模式，满足年轻客群旅游休闲消费需求。大力发展夜间经济。持续打造“夜冬奥”“夜世园”、八达岭“夜长城”、永宁“夜古城”等，推出“夜赏延庆”休闲线路，积极发展夜间秀场、24小时书店、“深夜食堂”、乡村夜市等夜间经济业态。积极引入品牌运营主体开发夜间文化演出市场，在世园公园、龙庆峡等景区策划开发夜间实景演出和旅游演艺精品项目，围绕永宁古城、石峡村等民俗旅游村镇建设开展以地域特色民俗为主题的民间演艺类项目，精心策划组织一批文化休闲品牌活动，实现文化和旅游消费市场“白+黑”全天候式可持续发展。构建“三圈五街多中心”的消费空间。积极引导国际国内品牌店、旗舰店、体验店布局，加快发展时尚休闲商业，打造以万达商业综合体为核心的北部商圈。引导人民商场等传统商场开展一店一策转型升级改造，联动周边商业设施，将金锣湾商圈打造为品质化、便利化、复合化的中部商圈。加强规划引导和功能提升，以世园公园为中心打造购物休闲、文化娱乐、生态体验为重点的南部商圈。挖掘生态、文化等特色资源和优势，强化“一街一商一特色”，着力打造张山营冬奥国际特色风情街、永宁古城历史文化街、井庄镇柳沟文化特色美食街、八达岭长城旅游文化商业街和岔道古城美食街等五条特色文化商业街区。统筹乡镇商业发展，加强镇区商业规划建设，打造片区型商业中心。

（四）塑造休闲度假旅游特色品牌

增强全要素品牌意识，大力丰富完善旅游产业要素，形成特色鲜明、精致多元、认可度高、影响力大的休闲度假旅游目的地品牌系列，构筑旅游全要素产业链。

一是做强延庆民宿品牌。按照规模适度、精致高端、特色突出、规范发展的原则，重点培育“冬奥人家”“世园人家”“长城人家”“山水人家”特色品牌民宿。坚持政府监管与行业自律协同发力，健全标准体系和管理机制，支持民宿联盟发展，开展民宿等级评定，促进民宿标准化、精品化、品牌化发展，到“十四五”末，打造精品民宿品牌150个，建成民宿小院600个。建设民宿集聚区，打造民宿示范村，探索建设“共生社区”，打造休闲度假微目的地。引导关联产业、新兴业态进入乡村，发展手工制作、民俗体验等参与性业态，延长民宿产业链、服务链，带动当地就业、吸引返乡创业、引导多元消费、促进产业发展。

积极承办全国民宿大会，持续办好北方民宿大会，创新举办民宿过大年、民宿音乐会等节庆活动，提升品牌影响力，引领北方民宿发展。

二是做优特色美食品牌。积极引入国内外知名的餐饮品牌，鼓励发展咖啡馆、酒吧等休闲餐饮业态。提升改造传统餐饮街区，支持国有餐饮企业改革创新，培育一批餐饮名店和特色店、美食网红店，适地打造一批特色餐饮集聚区。发挥美食联盟作用，挖掘地方餐饮文化，包装升级地方特色餐饮，提升延庆美食旅游知名度和吸引力。

三是做精延庆礼物品牌。策划推出“冬奥礼物”“世园礼物”“长城礼物”“妫川礼物”等系列特色文化旅游产品，拓展文旅产业链条空间。启动旅游商品“后备箱”工程，包装林果、蔬菜、畜牧、杂粮等地方特产，推动“妫水农耕”品牌农产品向旅游商品转化。

四是做响全季活动品牌。重点提升北京国际花园节、北京长城文化节、延庆冰雪欢乐节三大重点节庆品牌影响力。着力培育踏青赏花季、世园消夏避暑季、金秋丰收采摘季、冬奥冰雪文化季四大旅游品牌活动。特别要聚焦“竞技体育强、群众体育弱和‘夏强冬弱’‘冰强雪弱’的问题”，大力推动冰雪运动广泛普及，“带动三亿人参与冰雪运动”，扩大群众参与，壮大海陀农民滑雪队，组建青少年业余冰雪运动队伍和俱乐部。持续开展冰雪运动进校园活动，创建全国校园冰雪运动试点区，到“十四五”末冰雪运动特色校建设比例达到40%。

五是做靓生态旅游品牌。坚持人与自然和谐共生，统筹保护和发展，丰富生态文化体验，推动松山、野鸭湖、玉渡山、龙庆峡以及东部山水游等旅游景区提质升级与开发挖掘，增强生态教育、生态休闲功能，大力保护、全面展现良好的自然生态环境和独特的人文生态。切实抓好品牌宣传，以旅游发展促进生态保护，以生态保护带动旅游发展，打造生态旅游热点。

（五）继续健全政策机制保障

加强疫情防控，落实防控措施，同时积极探索常态化疫情防控背景下发展旅游业的途径，提高行业抵御风险能力。创新全域旅游纵深发展机制，开展“全域旅游示范乡镇”创建评选活动，以奖促建、以点带面，树立全域旅游发展标杆。统筹节庆活动推进机制，建立节庆活动项目库，精准谋划，统筹实施，统一进行包装、策划、宣传，探索市场化运作方式，提高活动吸引力和带动效应。创新旅游产业发展专项资金保障，坚持市场导向，撬动社会资本，形成发展合力。落实政策保障，出台加快全域旅游发展的政策意见，鼓励在体制机制、用地许可、业态引导、金融投资、管理创新等方面先行先试。落实用地保障，结合分区规划的实施，优先将旅游公共服务设施、基础设施配套以及旅游项目纳入规划保障。鼓励合作社等农村集体经济组织与企业开展合作，利用集体建设用地发展旅游产业。落实人才保障，建立文旅体商农融合发展智库，坚持外引内培，盘活用好旅游人才资源。建立旅游人才培养机制，研究制订高端旅游人才引进奖励补助政策，夯实旅游发展人才基础。充分发挥八达岭文旅集团公司、世园公司、北控文旅公司等企业领头羊作用。要强化区域协作机制，加强与周边地区的统筹，通过行政引导，构建市场共建、品牌共育、利益共享的一体化发展机制。

延庆拥有当下，有长城的刚毅、世园的柔美、冬奥的激情。延庆属于未来，全区上下将继续以习近平新时代中国特色社会主义思想为指导，坚持世界眼光、中国典范、首都风韵，全力打造全域全季全时空的健康乐活休闲体系、宜居宜业宜游的精致园艺体系、绿色高精尖产业结构体系，将全域旅游打造成为延庆最亮眼的生态名片、最美好的绿色生活、最普惠的民生福祉，向世界展现“美丽延庆 冰雪夏都”的美丽画卷！

（栏目编辑：王新华）

大事记

1月

1日 2020年全国新年登高健身大会北京主会场活动在延庆八达岭长城举行，全国各行业的市民以及台湾同胞代表2022人，用登高健身的方式喜迎新年，祝福北京2022年冬奥会。

2日 “2019北京榜样”颁奖典礼在北京卫视播出，延庆区“80后”优抚干部闫永杰荣耀登榜。

4日 延庆区第二届京张大众滑雪交流赛在万科石京龙滑雪场举行。北京、河北等地的150余名滑雪爱好者参赛。

10日 区委召开“不忘初心、牢记使命”主题教育总结大会，会议学习贯彻中央、市委总结大会精神，总结全区主题教育工作，巩固拓展主题教育成果。市委第七巡回指导组成员，区四套班子领导，区委主题教育领导小组成员，区有关部门、各乡镇街道主要负责人等在主会场和分会场参加会议。

11日 “第四届中国残疾人冰雪运动季”启动仪式暨“爱满京华”北京市残疾人冰雪文化体育节在万科石京龙滑雪场开幕。全市16个区残联和燕山残联、市残联专门协会和张家口市宣化区残联共19支代表队、700多人参加。

11日 第六届全国大众冰雪季——滑向2022全国大众速度滑冰马拉松系列赛（北京延庆站）比赛在妫河东湖户外滑冰场开赛。北京、天津、河北、内蒙古、黑龙江等地的100余名冰上运动爱好者参加。

14日 区“冬奥滑雪战队”成立仪式在八达岭滑雪场举行。72名队员由区党政机关、事业单位、医疗卫生、民营企业及海陀农民滑雪队成员组成，均具备一定的滑雪技能。

16日至20日 中国第十四届冬季运动会延庆杯高山滑雪速度类比赛在国家高山滑雪中心举行。全国各地13支队伍、111人参加活动。比赛内容包括男子、女子滑降，男子、女子全能以及男子、女子超级大回转三大项，产生18块奖牌。

17日 “我为延庆增光 我为冬奥添彩”延庆区2019年度“文明家庭”颁奖典礼暨2020年文明家庭创建活动启动会召开。会议对2019年度10个“十佳文明家庭”、100个“文明家庭示范户”、1000个“文明家庭”进行表彰。

18日 主题为“冰雪乐万家 冬奥连世界”的第34届龙庆峡冰灯艺术节在龙庆峡文化广场开幕。北京冬奥组委文化活动部、北京世园投资发展有限责任公司、京泰实业（集团）有限公司负责人和区四套班子领导出席开幕式。

19日 区委、区政府召开2019北京世园会延庆区服务保障工作总结暨2019/2020国际雪联高山滑雪世界杯誓师大会。会议对在世园会服务保障工作中表现突出的225个先进集体和855名先进个人予以通报表扬。会议以视频会议形式召开，在各部门、各街道、乡镇设分会场。

22日 区委、区政府成立新型冠状病毒感染的肺炎疫情防控工作领导小组。年内召开组长碰头会22次、领导小组调度会122次。

22日 “北京延庆”App上线仪式在区融媒体中心二期新址举行。人民日报媒体技术公司、新华社新闻信息中心、光明网、环球时报、北京日报、北京时间等相关媒体代表及区委宣传部、区各二级班子单位主管领导及群众代表，延庆区传媒联盟代表等300余人参加活动。

23日 2022年冬奥会交通保障体系建设重

点工程——延崇高速公路正式通车。延崇高速主线全长114.75千米，为双向四车道高速公路标准，除保障冬奥会两赛区快速转场外，也是北京通往河北、内蒙古方向的又一快速通道。

29日 国际雪联、中国滑雪协会及高山滑雪世界杯延庆站组委会共同决定，取消原定于2月15日至16日在国家高山滑雪中心举行的延庆站比赛。

2月

5日 区四套班子领导穆鹏、于波、吕桂富、陈合安一行到全区各医院，实地检查疫情防控工作，并看望慰问奋战在疫情防控一线的医护工作者。

20日 延庆区国际友好交流城市——韩国首尔市东大门区捐赠的1万余只KF94口罩运抵入库，由新冠肺炎疫情防控工作领导小组统一调配到各抗击疫情一线使用。

25日 副市长、北京冬奥组委执行副主席张建东一行到冬奥延庆赛区，就新冠肺炎疫情防控、安全生产和工程推进情况进行检查。

28日 京张城际铁路有限公司党委书记、董事长一行到区，就京张高铁延庆站站改工程有关事宜与区领导座谈交流。

3月

7日 区纪委二届五次全会召开。会议全面学习贯彻习近平总书记在十九届中央纪委四次全会上的重要讲话和市纪委十二届五次全会精神，研究部署全面从严治党、党风廉政建设和反腐败工作。

13日 延庆区推进全国文化中心建设领导小组审议并通过《延庆区推进全国文化中心建设2020年重点任务折子工程》《北京市延庆区关于推进革命文物保护利用工程（2020—2022）的实施方案》《延庆区长城保护发展三年行动计划》等文件，全面启动延庆2020年长城文化带建设。

17日 市委副书记、市长陈吉宁以“四不两直”方式，到区检查冬奥会工程新冠疫情防控、项目复工和世园会园区设施会后利用等情况，并召开座谈会，听取相关工作汇报。穆鹏、于波等区领导及北京世园局常务副局长周剑平等陪同调研。

19日 国内首条“一次性成型高速口罩生产线”在中关村延庆园正式投产。每分钟可生产口罩400只至600只，日产量稳定在50万只以上。

19日 全区领导干部大会召开。会议通报3月18日永宁镇森林火灾情况，传达学习贯彻市委、应急管理部领导批示指示精神，对全区森林防火及安全稳定工作进行再部署、再强化。

25日 《延庆区生活垃圾分类工作实施方案（试行）》正式发布。

4月

1日 联想云领（北京）信息技术有限公司正式落户延庆。区领导穆鹏、于波与联想集团副总裁、中国服务业务总经理戴炜座谈。

4日 全区开展“建森林城市，同为冬奥添彩”全民义务植树活动，区四套班子领导到冬奥森林公园，与机关干部、劳模代表等近400人共同植树，为冬奥赛区增添新绿。

6日 557名国家援鄂医疗队员平安返京。其中369名医疗队员到区休养，包括23名延庆籍医护人员。区四套班子领导分别在首都机场和休养酒店迎接援鄂返京医疗队员。

9日 新华人寿保险股份有限公司首席执行官、总裁和副总裁一行到区，就进一步深化合作与区领导举行座谈。

16日 中国建筑第八工程局有限公司副总经理、华北分局局长一行到区，就进一步推进南三村棚改项目以及深化合作事宜与区领导座谈。

22日 区“交通秩序整治百日行动”在会展中心广场举行启动仪式。就进一步规范全区道路交通秩序，提高市民文明素质以及城市文明程度，助力“美丽延庆、绿色延庆”建设等做出动员部署。

24日 延庆区农村工作会议召开。会议落实中央、市委关于农村工作的会议精神，聚焦实施乡村振兴战略，研究部署全区2020年“三农”工作。会议以视频会议形式召开，在区纪委监委和各乡镇设立分会场。

26日 延庆区精神文明建设工作暨创城攻坚“百日大决战”动员部署会召开。会议以视频会议形式召开，在区人大、区纪委、各行业管理单位、各乡镇街道设分会场。

28日 以“春华·缤纷世园”为主题的北京世园公园揭牌暨首届北京国际花园节启动仪式在北京世园会园区举行。国际竹藤组织董事会联合主席、中国花卉协会会长江泽慧，北京市副市长王红，中国风景园林学会理事长陈重，中国对外文化集团党委书记、董事长李金生以及北京世园局、市文旅局、首都绿化办相关负责人，延庆区四套班子领导等出席活动，并为北京世园公园揭牌。花园节活动持续至10月16日，接待游客近40万人次。

28日 中国气象局局长刘雅鸣一行到冬奥延庆赛区调研气象服务筹备工作。北京冬奥组委专职副主席、秘书长韩子荣和北京市政府副秘书长陈蓓等陪同调研，区委书记穆鹏参加座谈。

28日 副市长王红带队到区，对全区在疫情期间乡村民宿恢复经营情况进行检查。于波等区政府领导及区相关部门负责人陪同检查。

5月

8日 延庆区疏解整治促提升 促进生态文明与城乡环境建设动员大会召开。会议以视频会议形式召开，对全年疏解整治促提升、促进生态文明与城乡环境建设工作进行再动员、再部署。

9日 区政府向加拿大科堡市援助10000只民用KN95口罩，支持科堡市新冠肺炎疫情防控工作。

12日 冬奥组委副主席杨树安在延庆与国际雪联召开女子高山滑雪世界杯协议研讨会，会议以远程视频会议的形式举行。双方讨论商定2020/2021国际雪联女子高山滑雪世界杯延庆站的比赛时间、场地等重要事项，明确相关工作的联系人。

13日 市人大常委会副主任李颖津带队到区，围绕生活垃圾分类和物业管理工作进行调研，开展两个《条例》执法检查，并就相关工作与区领导座谈。

29日 “亮出最美延庆范儿 我为家乡添光彩”延庆区庆“六一”主题活动暨2020年“新时代好少年”颁奖典礼举行。王梓墨等10名少年获得延庆区2020年“新时代好少年”荣誉称号。

6月

2日 区四套班子领导到海淀区考察对接结对协作工作，并与海淀区四套班子领导座谈交流。

6日 “避暑延庆·欢乐一夏”活动在北京世园公园启动，八达岭长城同步开启“夜游长城”项目。八达岭水关长城、八达岭古长城景区有序恢复开放。

6日 “养护水生生物资源促进生态文明建设”2020年“全国放鱼日”北京同步放流活动在延庆野鸭湖国家湿地公园和玉渡山自然保护区举行，包括瓦氏雅罗鱼、细鳞鲑鱼在内的6万尾鱼苗放流入湖。

8日 中央巡视组副组长明春德带队到区，巡查延庆新时代文明实践工作。

9日 由区政府和启迪控股股份有限公司共同主办的“科创新延庆·产业新动力”延庆科创基金对接活动在中关村延庆园企业之家举行。北京超星未来科技有限公司等4家科创基金推荐企业与中关村延庆园达成落地意向。

10日至11日 区党政代表团围绕“巩固拓展扶贫攻坚成果确保高质量打赢脱贫攻坚战”，赴河北省张家口市怀来县、宣化区，内蒙古自治区乌兰察布市兴和县，对接推进对口帮扶工作。

12日 被誉为北京2022年冬奥会延庆赛区“生命线”的综合管廊项目主体工程涉及的7处生态修复工程基本完成，生态修复面积3.5万多平方米。

12日 受全国人大常委会委托，市人大常委会野生动物保护法执法检查组到区，就延庆区实施全国人大常委会关于全面禁止非法野生动物交易、革除滥食野生动物陋习、切实保障人民群众生命健康安全的决定和野生动物保护法的情况开展执法检查。市人大常委会副主任刘伟参加检查。

26日至27日 全区医疗机构的175名医护人员在区卫健委集结，分别前往海淀区和丰台区，支援核酸采样工作。

28日至29日 区四套班子领导分别走进乡村、社区，看望慰问新中国成立前老党员和生活困难党员，向他们致以节日的问候。

7月

1日 全区首个棚户区改造项目——南菜园1—5巷棚户区改造项目启动新房交付工作。456户原南菜园1—5巷居民月内入住新居。

7日 全区首例造血干细胞捐献者吕彬在北京某部队医院成功为一名白血病患儿捐献造血干细胞，成为中华骨髓库北京分库第396例捐献者。

16日 第四届“中国创翼”创业创新大赛北京市选拔赛暨第三届“创业北京”创业创新大赛延庆赛区选拔赛在中关村延庆园企业之家开赛。39家涵盖新能源与能源互联网、体育科技、文化创意、医药健康等领域的创业项目参赛。

17日 区城管委与北京金隅集团签署合作协议，全区有害垃圾全部由金隅集团红树林公司进行无害化处理。成为全市首个有害垃圾全链条收运处置体系。

20日 北京冬奥会延庆赛区外围服务保障“百日冲刺”专项行动动员部署大会召开。会议通报北京冬奥组委关于延庆赛区2020/2021国际雪联高山滑雪世界杯等8项赛事活动组委会组建方案，部署北京冬奥会延庆赛区外围配套建设工作、核心区外围服务保障工作和整体城市运行工作。

24日 “奋进新时代，创意赢未来”歌华传媒杯·2020北京文化创意大赛启动仪式在北京世园公园举行。大赛在延庆设立长城文化创意赛区。以“长城聚首，同心共创”为主题的2020北京文创大赛长城文化创意赛区暨首届“好汉杯”八达岭长城文创大赛同时启动。

27日 冬奥延庆赛区2020/2021国际雪联高山滑雪世界杯等8项赛事活动组委会正式成立，穆鹏、于波任主席，张素枝任执行主席。

27日 延庆区通过市级考核评价、综合评议和社会公示，获得“北京市食品安全示范区”称号。

28日 秦淮数据集团创始人兼首席执行官居静一行到区，就双方深化合作事宜与区领导座谈。

29日 市政协副主席林抚生带队到区，围绕“准确把握京郊人口变化趋势，科学推进新型城镇化建设”主题进行调研并召开座谈会。

29日 由区政府和启迪控股股份有限公司主办的“科技体育 汇智延庆”2020体育科技创新创业大赛暨中关村延庆园第二届双创节闭幕。经过前期全国四大初赛区选拔，20家企业从173个报名海选项目中晋级决赛。北京玮航科技有限公司等10家企业项目获得奖项，8家企业代表签约意向入驻协议。

30日至31日 区四套班子领导分别到部分驻延部队慰问官兵，对他们为国防建设和区域发展所做的贡献表示感谢，通过他们向全区驻延部队官兵和退役军人致以节日的问候。

31日 副市长卢彦带队到区，调研市管国企结对帮扶低收入农户工作。市国资委、市农业农村局、市文化和旅游局、首发集团、北京一轻控股有限责任公司相关负责人参加调研。

31日 石光长城精品民宿作为全区首个“长城人家”正式揭牌，“清凉一夏·畅游延庆”消夏避暑系列活动同步开幕。全区精品民宿企业和30余家精品民宿签约平台及旅行社代表参加活动。

31日 延庆新增3家“北京科技小院”，分别为旧县镇大柏老村、延庆镇唐家堡村、四海镇王顺沟村。当日在旧县镇召开座谈会并举行授牌和揭牌仪式。至此全区已有“科技小院”8家。

8月

1日 中共延庆区第二届委员会第十一次全体会议召开。会议听取并审议区委常委会工作报告，表决通过《中国共产党北京市延庆区第二届委员会第十一次全体会议决议》《北京市延庆区健全公共卫生应急管理体系三年行动计划（2020—2022）》等文件。

1日 副市长张家明在官厅水库管理处主持召开推进北京市提出的“五新”（新基建、新场景、新消费、新开放、新服务）政策落实促进高质量发展工作座谈会，专题推进延庆有关工作落实，促进高质量发展。市政府、市水务局、市应急局、市发展改革委和区政府相关负责人参加座谈。

4日 河北省张家口市宣化区委书记，区人大常委会主任、区政协主席等率党政代表团到区，就进一步深化对口帮扶工作进行回访并与区领导座谈交流。

6日 区政府召开垃圾分类工作推进暨社会动员工作部署会。会议要求进一步统一认识、分析问题、压实责任、找准着力点，确保垃圾分类工作不断取得新成效。会议以视频会议形式召开，在各街道乡镇设立分会场。

7日 内蒙古自治区乌兰察布市兴和县委书记、县人大常委会主任率党政代表团到区，就进一步深化对口帮扶工作进行回访并与区领导座谈交流。

8日 “寻找最美长城守护人（北京）”宣传推介活动暨2020年北京长城文化节在区启动。相关承办单位负责人及长城保护员代表等参加仪式。文化节活动以“千年梦圆、长城聚首”为主题，持续至10月7日。

8日 “走向2022从美丽世园到冰雪冬奥”2020（第七届）延庆徒步大会在北京世园公园举办。“行走的冬奥——最美延庆随手拍”手机摄影和短视频作品征集活动同步开展。500余名市民参与活动。

8日 2020延庆区创意创新创业大赛暨北京文创大赛、“创客北京”大赛延庆分赛决出获奖项目。20个项目进入路演比赛，涉及文化旅游、创意设计、非遗及IP开发等多个领域。

8日 “2020年首场大型现场招聘会暨延庆万达广场专场招聘会”在八达岭国际会展中心A馆举办。116家入驻延庆万达广场的优质企业参会，提供招聘岗位1032个，1699人达成初步就业意向。

9日 应急管理部火灾防治管理司司长带领国家森防指联合调研组到区，就森防工作进行调研，并与市、区领导座谈交流。

10日 昌赤路（王家山—白河堡段）云龙山隧道右线最后3米围岩成功爆破，全长1.8千米的隧道实现全线贯通。

17日 延庆区全域旅游工作大会召开。会议总结全区旅游工作，对后疫情时期推动全域旅游事业、产业更高质量发展进行深入谋划和全面部署。

18日 中共中央宣传部副部长傅华到区，就延庆新时代文明实践中心建设和文明城区创建情况进行实地调研。中央文明办、市委宣传部、首都文明办相关负责人及区委主要领导陪同调研。

19日 “竹藤花卉航天育种研发中心”和“中国花卉创新发展中心”正式落户延庆中关村园艺产业创新中心。国际竹藤中心主任、中国花卉协会会长江泽慧及区领导穆鹏、于波等出席揭牌仪式。

21日 经市级专家评审、延庆区非遗工作联席会议审核、政府网站公示等工作程序，妫川白酒酿制技艺等33个项目正式列入第二批延庆区级非物质文化遗产代表性项目名录。

24日 市委、市政府安全生产第四督察组进驻延庆区，督察安全生产工作。当日召开安全生产督察工作见面会。

26日 文化和旅游部、国家发改委联合公布第二批乡村旅游重点村名单。延庆区张山营镇后黑龙庙村、井庄镇三司村、八达岭镇石峡村、旧县镇东龙湾村和刘斌堡乡小观头村5个村入选。至此全区共有7个全国乡村旅游重点村。

9月

1日 风能热利用项目落地延庆座谈会暨中国科学院风能利用重点实验室挂牌仪式在启迪之星（延庆）体育科技创新园举行。

5日 北京市区至八达岭长城景区直通车“长城巴士（DarlingBus）”正式开通。作为八达岭长城景区首条直通线路，可为游客往返节省2个小时。

7日 全市首家以体育科技为主题的科技园区——中关村（延庆）体育科技创新园正式开园，32家企业签约入驻。北京体育大学中关村延庆园科技成果转化协同创新基地等四个中心举行揭牌仪式。

7日 主题为“冰雪夏都创梦未来”的2020年国际冬季运动会（北京）博览会延庆分论坛活动在区举办。北京冬奥组委可持续发展委员会、中国雪橇协会、市体育局中关村管委会相关负责人和区委、区政府领导出席活动。

8日 穆鹏、于波与获得全国抗击新冠肺炎疫情先进个人称号的区医院感染疾病科护士长陈丽娟和延庆公安分局康庄高速检查站派出所所长裴增军座谈交流。勉励他们再接再厉，为统筹推进疫情防控和经济社会发展做出新的更大贡献。

11日 延庆区与北京建筑大学签署战略合作框架协议签约仪式在区举行。协议旨在发挥各自优势，围绕智力支持、成果转化、产品研发、教育培训等内容开展全方位、多领域、深层次合作，共同促进延庆经济社会高质量绿色发展。北京建筑大学党委书记、校长以及区政府主要领导出席签字仪式。

12日 万里长城规模最大空心敌台——延庆四海镇九眼楼长城正式对外开放。中国长城学会、中国长城研究院相关负责人出席启动仪式。

15日 市委书记蔡奇到区调研疫情防控和经济社会发展。强调延庆要立足区域禀赋，坚定不移践行“两山”理论，传承世园遗产，紧抓筹办冬奥契机，奋力谱写美丽延庆新篇章。北京市和北京冬奥组委领导张延昆、张家明、张建东、卢彦、韩子荣及中国国家铁路集团有限公司副总经理王同军参加调研。

15日 延庆区组织服务保障冬奥会代表、冬奥延庆赛区建设者、“延庆乡亲”志愿者、“延庆榜样”“新时代好少年”以及延庆籍书画家等各行业500余人，在八达岭长城举办“妫川情 冬奥梦”500人绘长卷盼冬奥文化活动，现场绘制包括“迎冬奥、建设冬奥、服务冬奥、冬奥有我、筑梦冬奥”五个主题的百米长卷。

16日 区委召开全区领导干部大会，传达学习贯彻蔡奇到区调研指示精神，并以此为指导就贯彻落实工作进行部署，向交出冬奥会服务保障和地区高质量绿色发展两张优异答卷的目标加油迈进。

18日 区四套班子领导到房山区学习考察，加强双方沟通交流，促进互学互鉴。

19日 2020年中国农民丰收节暨延怀河谷葡萄文化节在北京世园公园正式开幕。活动以“妫水农耕惠百姓，延怀河谷庆丰收”为主题，展示脱贫攻坚新成果、农业产业发展新成就、乡村振兴新面貌，营造全民盼丰收、庆丰收、享丰收的氛围。

19日 延庆阪泉体育公园开园暨2020第十届北京国际自行车骑游大会启动。国家体育总局登山运动管理中心和中国极限运动协会相关负责人以及中国自行车运动奥运奖牌第一人姜翠华等参加活动。

20日 北京冬奥组委在八达岭长城举办北京冬奥会倒计时500天长城文化活动，这是“冬奥新航程一起500天”——北京冬奥会倒计时500天系列活动之一。标志冬奥会筹办工作全面进入测试就绪阶段。整场文化活动由歌曲《冬奥有我》《冰雪情怀》等冬奥优秀歌曲串联。北京冬奥组委副秘书长出席活动并致辞。

21日 区委召开延庆区乡镇机构改革动员部署会，会议分别对乡镇机构改革实施方案和农口事业单位下沉乡镇做说明。会议以视频形式召开，在区人大、区纪委等地设分会场。

22日 中关村延庆园举行无人机创新基地开园暨企业签约仪式，无人机创新基地正式开园，6家无人机企业当天签约入驻。

23日 延庆区与北京静态交通投资运营有限公司战略合作协议签约仪式暨北京静态交通延庆建设运营有限公司成立大会正式举行。合作协议旨在围绕贯彻落实市委市政府有关工作要求，在静态交通建设方面开展深层次合作，全面提升延庆区交通综合治理水平，营造良好出行环境。

27日 第十二届北京菊花文化节延庆展区在世界葡萄博览园开幕。展区分为室外园艺展和室内精品展，分别展示延庆区菊花种植产业成果。活动持续至10月10日。

29日 2020中国长城文化学术研讨会暨八达岭长城峰会在北京世园凯悦酒店召开。活动由中国长城学会、北京市文物局、《文明》杂志社和区委宣传部主办，区文旅局、八达岭特区办事处、中国长城博物馆和清华大学建筑学院文旅研究中心承办。

29日 延庆首场“弘扬伟大抗疫精神 致敬时代战疫先锋”百姓宣讲会举行。宣讲以全区统筹推进新冠肺炎疫情防控和经济社会发展为主线，以“弘扬伟大抗疫精神·致敬时代战疫先锋”为主题，选取8名在抗击疫情、守护生命、服务群众、复工复产等工作中涌现出的典型人物事迹进行宣讲。

30日 延庆区烈士纪念日公祭活动在平北抗日烈士纪念园举行。区四套班子领导和老战士、军烈属代表，驻延部队官兵代表，全区各界群众及学生代表以及区处级班子单位党政主要负责人等300余人参加公祭活动。

30日 延庆第四届“独山夜月”中秋文化体验周暨中秋诗词沙龙活动在旧县镇盆窑村举办。活动以庆祝中华人民共和国成立71周年为主线，突出“月满京城 情系中华”全市中秋活动主题，通过文化沙龙、诗词诵读、飞花令、中秋民俗体验等四大板块内容，展示地区特色传统文化。

30日 北京延庆山水人家音乐会暨“山水人家”揭牌仪式在四海镇四季花海沟域的“吉祥晓驻”精品民宿举办，标志着全区首个“山水人家”品牌民宿正式营业。

30日 延庆万达广场开幕。广场建筑面积13.3万平方米，停车位734个；汇集国内外知名品牌206个，其中有69个品牌首次进驻延庆。

10月

1日 冬奥会环境建设项目一期路灯工程正式亮灯，路灯从松闫路口开始安装至下营村桥结束，全长15千米，均为LED材质，较普通材质路灯更加环保且无污染、耗电少、光效高、寿命长。

10日 河北省张家口市委副书记、市长、北京冬奥组委张家口运行中心主任武卫东带队到区，就测试赛筹办工作进行考察。区领导穆鹏、于波等出席座谈会。

12日 市委副书记、市长陈吉宁以“四不两直”方式到区调研检查“五新”政策落地、推动高质量发展情况。陈吉宁到北京冬奥会延庆赛区建设现场检查工程建设进度和生态修复工作；到北京世园公园察看生态养护和场馆改造利用等情况；到国家电投加氢站实地调研并与现场技术负责人深入交流。市政府秘书长靳伟参加调研。

13日 穆鹏、于波带队走进北京市市民热线服务中心接听市民电话，倾听群众对延庆区生态环境建设、民生保障、美丽乡村建设等工作的意见和建议，现场会商解决群众诉求，并于当天下午直奔一线解决群众反映问题。

16日 延庆区出租行业文明创建暨“延庆的哥”创建活动在八达岭国际会展中心广场举行，“延庆的哥标兵榜样”评选活动同步启动。

16日至17日 人民网党委副书记、副董事长、总编辑罗华率队到区，开展“大道康庄——人民网全媒体调研行”延庆区专题采访。

17日 延庆区第二届“社区邻里节”在国际会展中心广场开幕。活动现场对全区新冠肺炎疫情防控期间10个模范健康家庭进行表彰，社区居民代表宣读建设美好社区家园倡议书。

20日 在全国双拥模范城（县）命名暨双拥模范单位和个人表彰大会上，延庆区获得“全国双拥模范城”称号。区领导穆鹏、张琦等在延庆分会场参加会议。

20日 延庆区与国网北京市电力公司签署“关于提升冬奥会延庆赛区供电保障能力、建设地区高可靠电网”战略合作协议，共同构建合作与发展新格局，确保冬奥会延庆赛区供电保障能力落实到位。

21日 我光盘 我光荣——延庆区新时代文明实践中心“制止餐饮浪费，践行光盘行动”主题活动启动。活动现场发布“443”主题行动和《延庆区民宿联盟文明公约》，向5家示范点授牌，组建2000人文明餐桌劝导队。

22日 八达岭长城创新创意红叶论坛暨2021年长城文化创意赛区筹备策划会在区举办。活动邀请文化政策行业专家、区内重点园区企业、金融机构及相关文创企业30余家，围绕2020北京文创大赛长城文化创意赛区工作进行系统总结，并对下一届赛事筹备进行交流研讨。

22日 北京世园可持续发展高峰论坛在北京世园凯悦酒店举办，论坛以“传承世园遗产永续绿色发展”为主题，汇聚各领域专家和各行业企业精英，为后世园时代园区利用献计献策。

22日 延庆区—怀来县东西部扶贫协作联席会召开，双方党委和政府主要领导就进一步对接对口帮扶和扶贫协作工作开展座谈交流。

26日 国家雪车雪橇中心场地预认证活动正式开始，这是在“外防输入、内防反弹”疫情防控形势下国内组织开展的首场国际测试活动。穆鹏进驻赛区场馆，通过视频会议、现场办公等方式一线指挥调度相关服务保障工作。

27日 河北省张家口市宣化区委副书记、区长及区政协主席一行到区，就进一步深化对口帮扶和扶贫协作工作与区领导座谈交流。

11月

1日 延庆区第七次全国人口普查工作正式启动。2100余名人口普查员、普查指导员佩戴统一证件、手持Pad或手机，入户开展人口普查登记工作。

2日 区委召开全区领导干部大会，传达学习党的十九届五中全会精神，推动五中全会精神在延庆落地落实。会议以视频会议形式召开，对学习宣传贯彻落实党的十九届五中全会精神进行部署。

9日至13日 5名国际雪联专家对国家高山滑雪中心进行考察认证。通过考察，外方人员对国家高山滑雪中心场地建设、安全装置、基础设施及配套设施均表满意，考察认证工作取得预期成效。

10日 首批“民用无人驾驶航空试验区”授牌暨2020年中关村5G创新应用大赛无人机赛道决赛在中关村延庆园体育科技创新园举行。中国民用航空局授牌延庆区为全国首批“民用无人驾驶航空试验区”。

18日 区政府与首都体育学院签署战略合作协议。双方确认本着“优势互补、资源共享、平等互利、共赢发展”的原则，进一步加强校地共建，充分发挥各自优势，开展全方位、深层次、多领域的合作，全面推进区域协同创新发展。

20日 全国精神文明建设表彰大会在京举行，延庆正式成为第六届全国文明城区。区委书记穆鹏作为“全国文明城区”的代表，受到习近平总书记的接见。

20日 全区警示教育大会召开。会议强调，全区广大党员干部特别是领导干部，要对照蔡奇书记在全市警示教育大会上指出的问题，对照查处的典型案件，扫黑除恶、巡视巡察发现的问题，深入查摆剖析，以案为鉴、以案促改，推动全面从严治党不断向纵深发展。

24日 在云南省红河哈尼族彝族自治州弥勒市召开的“中国天然氧吧”2020年创建活动发布会上，延庆区被正式授予“中国天然氧吧”牌匾，成为北京市首个、也是唯一获得该项荣誉的地区。

24日 冬奥延庆场馆群测试赛运行团队全体会召开，标志场馆化运行工作正式启动。

24日 北京市学习贯彻党的十九届五中全会精神宣讲团报告会在区举行，会议以视频形式召开，区四套班子领导及全区各处级单位科级以上干部、社区（村）有关负责人近千人在主会场和视频分会场参加会议。

13日 延庆区张山营镇的西西路（西五里营—西卓家营）和大庄科乡的莲花山路被评为北京市“最美乡村公路”。

25日 继夏都公园园艺驿站和香水园街道温馨家园园艺驿站，区第三家园艺驿站——北京世园公园百蔬园园艺驿站在北京世园公园百蔬园正式揭牌成立。

26日 2020年中关村国际前沿科技创新大赛体育科技领域决赛在中关村（延庆）体育科技前沿技术创新中心举行，13家企业参加决赛，其中10家企业入围前沿大赛体育科技领域TOP 10。

27日至28日 北京首届乡村民宿大会暨第四届北方民宿大会在延庆区世园公园举办。大会以“新地标、新发展、新跨越”为主题，由市文旅局和区政府共同主办。文化和旅游部市场管理司、市相关委办局、京津冀蒙等各市区县政府部门领导，部分高校代表，重点OTA平台、旅行社、民宿运营机构等相关行业协会、企业负责人代表及媒体记者等200人参会。

12月

1日 京张高铁延庆支线正式开通，延庆综合交通服务中心（换乘中心）正式投入使用。延庆线自京张高铁八达岭西线路引出，终点至既有延庆站。线路全长9.33千米，其中桥梁长度2.6千米，设计速度为160千米/小时，设延庆站1座车站。该线路与京张高铁构成北京市区至冬奥会延庆赛区的重要交通通道，是冬奥工程交通配套设施。

3日 冬奥会交通保障项目小大路(小丰营村—大营村)改建工程全线竣工。标志由延庆公路分局负责建设的最后一个冬奥会外围公路保障项目完工。小大路改建工程跨越延庆区康庄镇和大榆树镇，起点与京礼高速辅路相连，终点与世园路相交，全长1.13千米。

5日 以“乘高铁游京张过周末到延庆”为主题的延庆区第三十五届冰雪欢乐季在京张高铁延庆站内正式启动。冰雪欢乐季以“冬暖”为特色，推出5大板块、近100项冬季冰雪活动。

8日 延庆区“夕阳传递环保志愿服务队”等10个公益环保组织获评首都优秀环保公益组织，张自禄等13人获评首都绿色生活好市民。

11日 北京2022年冬奥会和冬残奥会延庆赛区馆、校、地对接会议召开。北京冬奥组委、团市委、延庆区和北京航空航天大学、中国农业大学、中国石油大学、华北电力大学、北京化工大学5所延庆赛区志愿者来源高校相关领导近50人参加会议。

14日 市委书记、北京冬奥组委主席蔡奇到延庆赛区检查北京冬奥会和冬残奥会筹办工作，北京冬奥组委执行主席陈吉宁一同检查。蔡奇强调，要深入贯彻习近平总书记关于北京冬奥会和冬残奥会筹办工作的重要指示精神，进一步提高政治站位，切实增强责任感和紧迫感，始终坚持绿色、共享、开放、廉洁的办奥理念，加强统筹调度，保证过硬质量，全力以赴做好各项筹办工作，为办成一届精彩、非凡、卓越的奥运盛会打下坚实基础。

16日 张山营镇冬季冰雪系列活动“冰临小镇，雪缘冬奥”启动仪式暨世界葡萄博览园第五届冰雪嘉年华开幕仪式在世界葡萄博览园举行。

18日 延庆区首家“互联网+全民义务植树”基地揭牌仪式在妫水河畔举行。基地位于妫水公园，设置“捐资尽责”二维码。广大市民可扫描二维码，以线上捐款60元的方式，完成年度义务植树尽责任务，并获得义务植树证书。

19日 以“全民健身迎冬奥，快乐冰雪圆梦想”为主题的第七届北京市民快乐冰雪季系列活动冰雪嘉年华在北京万科石京龙滑雪场启动。活动由市体育局主办，市社会体育管理中心、延庆区体育局、延庆区妇女联合会承办。

23日 河北省张家口市赤城县四套班子领导带队到区，先后前往张山营镇后黑龙庙村、北京世园公园等地，就两地协作发展进行考察，并与区四套班子领导座谈交流。

23日至25日 2020年“北京市延庆区全域旅游发展论坛”暨“全国商业企业家活动日”在世园凯悦酒店举行。全国各地专家学者、企业家和政府工作人员400余人参加。延庆区有13家企业及个人获得奖项。

24日 北京2022年冬奥会延庆赛区的重要赛场联络线——松闫路，完成“智慧公路”建设。松闫路起点位于G110路口，终点至河北省赤城县闫家坪村，全长17.7千米。该路段有116处“S”形和“U”形急弯，通过安装96套弯道盲区预警系统，可以在夜、雾、雨等不同低能见度天气状况下，自动调节灯光颜色和闪烁状态，凸显道路边线和车距提醒，有效保证路段的交通安全。

25日 延庆区入选文化和旅游部、国家发展改革委、财政部正式公布的第一批国家文化和旅游消费试点城市名单。首批评选出的消费试点城市共60个，北京市三个地区入选，分别是东城、朝阳和延庆。

25日 全区开展以核酸采样检测为主要内容的全链条全流程应急演练，区社区防控组联合医疗保障组、区委组织部、区卫健委、延庆公安分局、儒林街道等部门参与演练。区相关部、委、办、局及各街道、乡镇的百余名干部群众现场观摩。

29日 历经4年建设的冬奥会延庆赛区四大场馆全面竣工。延庆赛区由国家高山滑雪中心、国家雪车雪橇中心两座竞赛场馆及延庆冬奥村、山地新闻中心两座非竞赛场馆组成。

31日 延庆冬奥医疗保障中心建成并投入使用。该中心位于延庆区医院内，建筑面积1.2万平方米，设急诊、冬奥专区病房、手术室及多个学科门诊和专科病房，配有停机坪，用于应急医疗转运。抽调58名区医院骨干医护人员和43名北医三院专家组建冬奥专区救治队，为冬奥会和冬残奥会提供医疗服务保障。

31日 延庆区与海淀区召开结对协作视频会。双方区长分别介绍2020年全区经济社会发展情况和结对协作工作进展情况。海淀区委和延庆区委主要领导出席会议并讲话。

（栏目编辑：王新华）

专 记

新冠疫情防控

年初，新冠肺炎疫情突如其来，严重危及人民生命和健康安全，全区正常生活、生产秩序受到冲击。区委、区政府第一时间启动应急响应，落实市委、市政府工作部署，将疫情防控作为压倒一切的头等大事来抓，按照“坚定信心、同舟共济、科学防治、精准施策”方针，压实“四方责任”，落实“三防”“四早”“九严格”（即：防松劲、防漏洞、防反弹；早发现、早报告、早隔离、早治疗；严格社区管控、严格进京检查站管理、严格学校常态化管理、严格复工复产管理、严格落实常态化监测、严格就医管理、严格境外返京人员管理、严格落实四方责任、严格个人卫生管理）等要求，动员带领全区上下全力投入疫情防控工作，确保疫情防控态势持续平稳，保障冬奥工程建设和系列赛事活动顺利开展，保障人民群众生命健康安全，保障全区正常生活生产秩序。在此期间，市领导高度关注延庆疫情防控工作，3月17日和9月15日，蔡奇书记、陈吉宁市长分别到区指导和检查疫情防控等工作，并做出相关指示。

全区启动应急响应：1月22日，区委、区政府启动应急响应机制，参照市疫情防控领导小组架构，结合地区实际情况，成立延庆区新冠疫情防控领导小组（以下简称“领导小组”），下设“一办八组”（即：新冠肺炎疫情领导小组办公室、医疗保障组、宣传引导和文化旅游管理组、学校工作组、交通保障组、物资和市场环境组、社会稳定组、冬奥保障工作组、复工复产组），区委书记穆鹏任组长，区长于波任副组长，区委、区政府、区人大常委会相关负责人为成员，加强对全区疫情防控工作的组织领导。截至年底，召开组长碰头会22次、领导小组调度会122次，研究、调度工作，指导疫情防控有序开展。启动应急响应的当天（1月22日），全区范围内全面展开有武汉行程史人员的排查，并逐渐完善工作措施，建立“数椅子”“数床板”等长效排查机制，持续滚动开展中高风险地区相关人员、入境返延人员排查工作。按照相关管控政策，对34765名中高风险地区相关人员、250入境返延人员实施集中观察1524人、居家观察33491人，对发热门诊就诊人员8590人进行健康监测。恢复入境航班和在湖北、武汉解封后，按照市级工作部署，区民政局牵头组建工作专班，3月10日在首都机场专门接驳入境返延人员，3月25日在西客站专门接驳由湖北、武汉启程、乘坐火车进京的人员，并全部闭环转运至集中隔离观察点。截至6月12日，专班运转103天，接驳入境返延人员、湖北武汉相关人员830人。

冬奥延庆赛区防控保障：按照领导小组工作部署，区政府会同市重大办、北控集团负责冬奥延庆赛区服务保障工作。1月21日，经区疾控中心流调、区医院诊断，在区参与工程建设的湖北武汉人刘某为疑似病例，22日经市疾控中心复核，转为确诊病例，当日送入地坛医院。次日经市疾控中心复核，转为确诊病例。后于2月27日治愈出院，返延后安排单独隔离观察，3月6日出现憋喘症状，再次送地坛医院，复核核酸阳性后留院治疗，后于3月12日治愈出院，完成14日健康监测后恢复正常生活。其间，区疾控流调判定刘某密接人员21名，全部安排14天集中隔离观察，均于2月5日如期解除隔离、恢复正常生活。先后完成6名疑似病例流调工作，确认并排除疑似病例5人，确认并管理相关密接人员58人次，于2月28日全部解除观察。同步积极筹备复工复产，至2月29日核心区5个项目全部复工。持续配合组织务工人员返岗，协助做好33人集中观察工作，至4月19日，有6262人返岗，返岗率100%。新发地疫情发生后，于6月23日率先完成冬奥核心区所有人员应急核酸检测，结果全部为阴性。10月26日至11月13日，场馆通过预认证和联合专家组验收。

全面实施社会面防控：按照领导小组部署，1月22日，全区关停景区景点，关闭体育场所、宾馆饭店及民俗民宿场所；取消室内举办的人员聚集性活动，关闭各类交易市场，停止活禽、野生动物交易。1月23日，取消一般群众性联欢会、包括各单位拟举办的联欢晚会和各街乡及村组织的花会、灯会活动，有效控制人员聚集，管控疫情传播风险。1月25日，全区425个社区村全部封闭式管控，2006个进出口中，1055个物理封闭，951个全部安排人员值守，严查严控人员出入。2月7日，社区村和公交场站、商场超市等人员密集场所防控按照要求设置临时隔离场所，落实人员体温监测，开展公共场所、公共设施预防性消毒。2月16日，919路跨区公交率先实施测温乘车，至2月18日区内公交全部参照落实。3月23日起，借助爱国卫生运动和文明城区创建工作机制，聚焦城乡接合部、老旧小区和背街小巷，长效推进环境整治，做实疫情防控工作基础。响应习总书记号召，6月22日起将每周星期五定为“周末卫生日”，全区统一组织开展环境卫生大扫除活动。自1月25日起，全区8个综合检查站、5个治安检查站从严查控中高风险地区进京车辆和人员。截至12月31日，检查进京车辆316万辆699.35万人，劝返127车503人。根据疫情形势变化，7月20日，全区进入常态化防控阶段，先后拆除物理封闭卡口680个，潮汐开放，方便市民出行。

全力开展疫情专项防控：①应急核酸检测。北京新发地疫情发生后，6月15日晚，全区连夜动员日上市场从业人员632人进行应急核酸检测。自6月18日起，按照行业部门为主，属地街乡兜底的原则，推动市场领域从业人员应急核酸检测，历时19天完成17147人检测，结果全部阴性。6月28日起，建立核酸检测长效机制，推进人员“应检尽检、愿检尽检”工作；截至12月31日，核酸检测6960人次，结果全部阴性。11月30日，按照市级工作部署，启动并建立食品生产加工、经营销售等相关场所环境长效核酸监测工作以及试点生产企业环境核酸检测工作。截至12月31日，监测环境样本19722个，结果全部阴性。②进口冷链食品防控。10月30日，按照市级工作部署，完成进口冷链食品相关摸底排查，全区有相关经营主体59个，涉及冷库59座，相关从业人员220人。11月1日，启用“北京冷链”平台，强化对进口冷链全链条监管，并试行进口冷链信息公示。11月30日，建立进口冷链相关人员和场所环境核酸监测机制，进一步强化疫情防控监管。③新冠疫苗应急接种。7月22日，按照市级工作部署，先后面向公共交通、冷链物流一线从业人员和疾控、发热门诊、急诊急救医务人员以及冬奥相关活动服务保障人员，开展新冠疫苗应急接种工作，截至12月31日，接种2218人，其中与冬奥工程相关者706人。12月中旬起，筹备9类重点人群新冠疫苗紧急接种工作。

有序恢复正常生产生活：2月11日，领导小组首次提出要坚持疫情防控和经济社会发展两手抓、两手硬，在全力以赴做好疫情防控工作的前提下，安全有序推动企业复工复产。至3月17日，市级监测136家重点单位复工106个，复工率77.9%，到岗12696人，到岗率52.6%。3月30日，按照“凡上级未明确要求禁止的，在落实防控措施的前提下，要引导帮助尽快开工”的要求，全面推进生产经营单位复工复产。“五一”长假期间，八达岭景区在全市率先恢复营业，全区旅游接待5.28万人次，在全市排名第24，恢复到上年同期的22.9%。至7月27日，市级监测131家重点单位全部复工，区级监测1720家单位复工1534家，复工率89.2%，做到应复尽复。卫生系统自2月24日起，在全面做好院感防控的基础上，所有医疗机构全部推行非急诊预约就医，医疗秩序逐步恢复，至12月31日，各医疗机构日就诊人员3453人，恢复到上年同期的85.6%。教育系统自4月27日起，中小学校陆续开学复课。6月12日，为应对新发地疫情，学校暂停线下教学，改为学生居家线上教学。7月7日至10日，在严格落实防控措施的前提下，全区1016名高三学生完成高考。9月1日，全区中小学开学，学生有序复课，学校实施封闭式管理和错峰上下学。8月19日，学科类校外培训机构陆续恢复线上培训。

落实防控服务保障：①物资设施保障。在应急响应初期，区相关部门多方采购防疫物资，至9月30日市场供应基本恢复时，采购医用防疫物资45.7万件，采购民用口罩602.3万只、消毒液44吨、测温仪4898把，充足的物资有效保障了全区疫情防控工作正常开展。根据疫情防控需求，执行应急建设程序。至6月20日，完成4个核酸检测实验室改造和建设，全区日最大检测能力由80件提升至5100件。实施集中隔离场所选址改造，截至年底，先后完成8处选址、8处改造，保障1524名重点人员的集中隔离观察。②重点人群服务保障。4月6日至20日，按照国家卫健委安排，369名援鄂医疗队员到区休养。相关部门精心做好服务保障工作。按照市领导小组工作部署，区委领导牵头组建工作专班，与丰台区对接，于6月22日至7月15日完成2批次858名重点人员接驳和集中观察服务保障工作。③宣传引导保障。通过电视、广播、延庆报、微博、微信等媒体强化正能量信息宣传，有效引导舆情，防止恐慌心理。截至年底，相关部门发布疫情防控专题信息2.3万条次。④社会动员保障。区委号召党员先行、干部带头，3月至6月，区四套班子领导以普通党员身份，到所联系街乡的社区村参加卡口值守工作。截至12月31日，党员干部22.6万余人下沉社区。全区各界积极捐款捐物，截至12月31日，区红十字会收到款物总价值194.7万元。纪检监察和公检法部门加大涉疫违法违纪行为的查处力度，截至12月31日，区监委立案12起、查处11人，区公安部门立案613起、查处29人。

9月8日，全国抗击新冠肺炎疫情表彰大会在人民大会堂举行，延庆区医务工作者陈丽娟、公安干警裴增军获得全国先进个人称号。9月29日，北京市抗击新冠肺炎疫情表彰大会举行，延庆区有30名先进个人、9个先进集体、3名优秀共产党员和3个先进基层党组织受到表彰。

（杨帆）

（栏目编辑：王新华）

冬奥会延庆赛区筹办

概　述

2020年，北京冬奥会延庆赛区筹办工作领导小组结合区领导分工调整，于4月、10月、11月先后三次对领导小组分工职责等内容进行调整，并经领导小组会议审议后发文，进一步优化“三处十二组一团队”的工作职责，更加契合全区冬奥筹办工作需求。结合各处组工作职责分工任务，围绕筹办工作进展和区领导重点关注事项，统筹安排领导小组会议议题，定期召开领导小组会议和专题会议，推动各项筹办工作有效落实。全年召开领导小组会7次，小组专题会10次，联络员主任会7次，研究议题63项；印发冬奥简报20期。年内，完成全国“十四冬”高山滑雪赛事的服务保障工作，筹备高山滑雪世界杯（后因疫情取消）。在常态化疫情防控形势下，完成国家雪车雪橇中心场地预认证和高山滑雪中心场地考察活动的服务保障任务。其中，预认证活动是在“外防输入、内防反弹”的疫情防控形势下举办的全国首次国际赛事活动。截至年底，冬奥会筹办涉及15项冬奥场馆及外围配套基础设施建设工程已完工11项。国家高山滑雪中心、国家雪车雪橇中心、冬奥村、山地新闻中心四大场馆全面完工，标志着延庆赛区建成。开工新建的6家冬奥签约酒店已建完4家，冬奥会环境建设项目一期正常推进，并启动冬奥会环境建设项目二期，完成京张高铁延庆段两侧118.73公顷景观提升工程，冬奥医疗保障中心建成并投入使用，确定562个无障碍设施改造点位并基本完成，完成202万平方米生态修复任务，占总任务的94%。引进112家体育类相关企业落地中关村延庆园，40余家体育类企业签约入驻体育科技创新园。举办全国大众速度滑冰马拉松、北京市青少年高山滑雪锦标赛等11项大众冰雪赛事活动。通过线上线下相结合的方式开展志愿者培训19班次，培训时数32400学时，参与培训的志愿者4050人次。

单位名称：延庆区冬奥综合处
地　　址：延庆镇湖南东路1号
电　　话：69106903

（陈琛）

重要活动

【第四届中国残疾人冰雪运动季在区举行】 1月11日，“第四届中国残疾人冰雪运动季”启动仪式暨“爱满京华”北京市残疾人冰雪文化体育节在万科石京龙滑雪场开幕。活动内容包括：冰上龙舟、滑冰车、冰上自行车、雪地足球射门、雪鞋跑和雪地拔河在内的趣味性比赛及冰滑梯、桌上冰壶、旱地冰壶等体验活动。全市16个区残联和燕山残联、市残联专门协会和张家口市宣化区残联19支代表队、700多名残疾人朋友参加。

（陈琛）

【区冬奥滑雪战队成立】 1月14日，区“冬奥滑雪战队”成立仪式在八达岭滑雪场举行。由区委组织部牵头，区体育局联合区人力资源社会保障局面向全区开发整合本土滑雪人才资源，筹备组建延庆区“冬奥滑雪战队”，72名队员均为区党政机关、事业单位、医疗卫生、民营企业及海陀农民滑雪队成员，具备一定的滑雪技能。

（陈琛）

【“十四冬”高山滑雪速度类比赛在区举行】 1月16日至20日，中国第十四届冬季运动会延庆杯高山滑雪速度类比赛在国家高山滑雪中心举行。全国各地13支队伍、111人参加活动，其中，运动员70人，随队人员22人，国家队负责人19人，滑雪医生38人，裁判员78人。比赛内容包括男子、女子滑降，男子、女子全能以及男子、女子超级大回转三大项，产生18块奖牌。开赛首日，区领导穆鹏、于波分别在核心区指挥部和区城市指挥管理中心调度全区“十四冬”服务保障工作。

（陈琛、晏博文）

【2019/2020高山滑雪世界杯延庆站比赛取消】 1月29日，因新型冠状病毒感染的肺炎疫情暴发，国际滑雪联合会、中国滑雪协会和2019/2020高山滑雪世界杯延庆站组委会共同决定：取消原计划于2月15日至16日在延庆赛区国家高山滑雪中心举办的比赛。

（陈琛）

【市领导到冬奥延庆赛区检查工作】 2月25日和4月3日，北京市副市长、北京冬奥组委执行副主席张建东一行，先后两次到冬奥延庆赛区，检查疫情防控、安全生产和工程推进工作情况。

（晏博文）

【中国气象局领导到冬奥延庆赛区调研】 4月28日，中国气象局局长刘雅鸣一行到冬奥延庆赛区调研气象服务筹备工作。北京冬奥组委专职副主席、秘书长韩子荣和北京市政府副秘书长陈蓓等陪同调研，区委书记穆鹏参加座谈。

（晏博文）

【冬奥延庆赛区筹办领导小组第3次专题会】 7月1日，冬奥延庆赛区筹办领导小组第3次专题会召开。会议传达第24届冬奥会领导小组会议精神，听取关于延庆赛区2021年8项测试赛批复情况的通报，对冬奥延庆赛区防汛及延庆区2022年冬奥会和冬残奥会可持续性计划实施方案、延庆赛区档案管理工作进行再研究、再部署、再推进。穆鹏主持会议，区四套班子领导和北京冬奥延庆运行中心负责人出席会议。

（郭昭君）

【冬奥延庆赛区外围服务保障“百日冲刺”活动启动】 7月20日，北京冬奥会延庆赛区外围服务保障“百日冲刺”专项行动动员部署大会召开。会议通报北京冬奥组委关于延庆赛区2020/2021国际雪联高山滑雪世界杯等8项赛事活动组委会组建方案，传达北京冬奥会延庆赛区建设“决胜2020”动员会精神，部署北京冬奥会延庆赛区外围配套建设工作、核心区外围服务保障工作和整体城市运行工作。北控京奥建设有限公司和张山营镇有关负责人做表态发言。延庆区四套班子领导及区有关部门、相关单位负责人参加会议。

（晏博文）

【延庆赛区8项赛事活动组委会成立】 7月27日，延庆赛区2020/2021国际雪联高山滑雪世界杯等8项赛事活动组委会正式成立，穆鹏、于波任主席，张素枝任执行主席。

（陈琛）

【第七届延庆徒步大会在北京世园公园举办】 8月8日，“走向2022从美丽世园到冰雪冬奥”2020（第七届）延庆徒步大会在北京世园公园举办。医务人员、社区工作者、志愿者代表以及徒步爱好者等500余名市民通过徒步的方式，共庆北京申办冬奥会、冬残奥会成功5周年。同步开展“行走的冬奥——最美延庆随手拍”手机摄影和短视频作品征集活动。

（陈琛）

【北京冬奥会倒计时500天长城文化活动】 9月15日，延庆区组织服务保障冬奥会代表、冬奥延庆赛区建设者、“延庆乡亲”志愿者、“延庆榜样”“新时代好少年”以及延庆籍书画家等各行业500余人，在八达岭长城举办“妫川情　冬奥梦”500人绘长卷盼冬奥文化活动，现场绘制包括“迎冬奥、建设冬奥、服务冬奥、冬奥有我、筑梦冬奥”五个主题的百米长卷。9月20日，北京冬奥组委在八达岭长城举办北京冬奥会倒计时500天长城文化活动，这是“冬奥新航程一起500天”——北京冬奥会倒计时500天系列活动之一。标志冬奥会筹办工作全面进入测试就绪阶段。整场文化活动由歌曲《冬奥有我》《冰雪情怀》等冬奥优秀歌曲串联。北京冬奥组委副秘书长何江海出席活动并致辞。延庆区委书记穆鹏及中国民协、河北省文联、河北省文旅厅、张家口市委市政府、中共蔚县县委、中央广播电视总台和文投控股股份有限公司等单位的领导和嘉宾出席活动。

（郭昭君　陈琛）

【国家雪车雪橇中心赛道完成首次滑行】 10月9日，中国男子单人雪橇运动员范铎耀作为第一位滑行运动员，顺利完成国家雪车雪橇中心赛道的首次滑行。这是中国运动员第一次在中国自己的雪车雪橇赛道上完成滑行，对于中国雪车雪橇运动具有划时代的历史意义。

（陈琛）

【北京冬奥组委张家口运行中心领导到区考察】 10月10日，河北省张家口市委副书记、市长、北京冬奥组委张家口运行中心主任武卫东带队到区，就测试赛筹办工作进行考察。北京冬奥组委张家口运行中心常务副主任李莉一同考察。区领导穆鹏、于波等出席座谈会。

（晏博文）

【冬奥延庆赛区筹办领导小组第8次专题会】 10月16日，冬奥延庆赛区筹办领导小组第8次专题会召开。会议学习通报《相约北京系列冬季体育赛事住宿服务保障工作指导意见》和《新冠肺炎背景下相约北京系列冬季体育赛事疫情防控工作指南》（2020版）等相关文件精神，分别听取场馆团队及相关部门关于国家雪车雪橇中心场地预认证活动服务保障工作进展情况的汇报，并对下一步工作进行专项部署。

（郭昭君）

【冬奥延庆赛区场馆群测试赛运行团队启动】 11月24日，延庆场馆群测试赛运行团队召开全体会，标志场馆化运行工作正式启动。会议通报延庆场馆群测试赛运行团队成员名单及领导分工情况。相关代表做表态发言。北京冬奥组委人力资源部、场馆管理部负责人出席会议并讲话，延庆场馆群主任穆鹏主持会议。延庆场馆群执行主任及测试赛运行团队全体成员出席会议。

（晏博文）

【冬奥延庆赛区馆、校、地对接会议召开】 12月11日，团市委组织召开北京2022年冬奥会和冬残奥会延庆赛区馆、校、地对接会议。各场馆、相关高校及属地代表分别介绍延庆赛区场馆筹备、学校志愿者招募、属地筹办及属地保障情况。北京冬奥组委、团市委、延庆区和北京航空航天大学、中国农业大学、中国石油大学、华北电力大学、北京化工大学5所延庆赛区志愿者来源高校相关领导近50人参加会议。会后，相关场馆志愿者团队业务代表分赴各场馆实地踏勘。

（晏博文）

【蔡奇、陈吉宁到延庆赛区检查冬奥会筹办工作】 12月14日，市委书记、北京冬奥组委主席蔡奇到延庆赛区检查北京冬奥会和冬残奥会筹办工作，市委副书记、市长、北京冬奥组委执行主席陈吉宁一同检查。蔡奇一行听取京张高铁线路运营情况介绍，到高山滑雪赛道中间平台、竞技比赛结束区和国家雪车雪橇中心察看工程进展，向在严寒中奋战的工作人员表示慰问，察看运动员公寓样板间。蔡奇强调，要深入贯彻习近平总书记关于北京冬奥会和冬残奥会筹办工作的重要指示精神，进一步提高政治站位，切实增强责任感和紧迫感，始终坚持绿色、共享、开放、廉洁的办奥理念，加强统筹调度，保证过硬质量，全力以赴做好各项筹办工作，为办成一届精彩、非凡、卓越的奥运盛会打下坚实基础。

（晏博文）

设施建设

【**延崇高速公路通车**】 1月23日，延崇高速公路通车，延崇高速是2022年冬奥会交通保障体系建设重点工程，连接北京市延庆区和河北省张家口市崇礼区，是北京至崇礼高速公路的重要组成部分，主线全长114.75千米，其中，北京境内33.20千米，河北境内81.55千米，为双向四车道高速公路标准，除保障冬奥会两赛区快速转场外，也是北京通往河北、内蒙古方向的又一快速通道。

（陈琛）

【**延庆赛区国家雪车雪橇中心赛道制冰**】 3月1日至10日，延庆赛区国家雪车雪橇中心赛道完成首次制冰。作为世界第17条、亚洲第3条、国内首条雪车雪橇赛道，北京冬奥会时将承担雪车、钢架雪车、雪橇3个项目的全部比赛。9月18日至30日，国家雪车雪橇中心赛道再度制冰。俄罗斯、法国、加拿大等国家的8名国际制冰师和20名国内制冰师，按照24小时不间断作业，开展赛道除霜、洒水制冰、修冰补冰等工作。至9月30日制冰工作完成，10月初国家队正式进场训练。

（陈琛）

【**综合管廊项目主体工程取得阶段性进展**】 6月12日，被誉为北京2022年冬奥会延庆赛区“生命线”的综合管廊项目主体工程取得阶段性进展，工程项目所涉及的地表七处生态修复施工基本完成，生态修复面积3.5万多平方米。

（晏博文）

【**冬奥会环境建设项目一期路灯工程竣工**】 10月1日，延庆冬奥会环境建设项目一期路灯工程正式亮灯。路灯从松闫路路口开始安装至下营村桥结束，全长15千米，均为LED材质，较普通材质路灯更加环保且无污染、耗电少、光效高、寿命长。

（晏博文）

【**京张高铁延庆支线正式开通**】 12月1日，京张高铁延庆支线正式开通。延庆线自京张高铁八达岭西线路引出，终点至既有延庆站。线路全长9.33千米，其中桥梁长度2.6千米，设计速度为160千米/小时，设延庆站1座车站。

（陈琛）

【**延庆赛区四大场馆全面竣工**】 12月29日，历经4年建设的延庆赛区四大场馆全面竣工，标志赛区基本建成。延庆赛区由国家高山滑雪中心、国家雪车雪橇中心两座竞赛场馆及延庆冬奥村、山地新闻中心两座非竞赛场馆组成。

（陈琛）

【**延庆冬奥医疗保障中心建成**】 12月31日，延庆冬奥医疗保障中心建成并投入使用。该中心位于延庆区医院内，建筑面积1.2万平方米，地上7层地下1层，设急诊、冬奥专区病房、手术室及多个学科门诊和专科病房，配有停机坪，用于应急医疗转运。中心引进智慧医学影像远程平台、核磁共振成像仪等先进技术设备，根据外籍人员体形特点对房门、病床等进行加宽加大设计，抽调58名延庆区医院骨干医护人员和43名北医三院专家组建冬奥专区救治队，为冬奥会和冬残奥会提供医疗服务保障。

（陈琛）

产业发展

【**2020年国际冬运会（北京）博览会延庆分论坛活动**】 9月7日，主题为“冰雪夏都创梦未来”的2020年国际冬季运动会（北京）博览会延庆分论坛活动在区举办。活动现场设在中关村（延庆）体育科技创新园，该中心是全市首家以体育科技为主题的科技园区。

（陈琛）

【**冬奥会延庆赛区供电保障能力建设合作协议签署**】 10月20日，延庆区与国网北京市电力公司签署“关于提升冬奥会延庆赛区供电保障能力、建设地区高可靠电网”战略合作协议，共同构建合作与发展新格局，确保冬奥会延庆赛区供电保障能力落实到位。

（陈琛）

国际交流

【北京冬奥交通业务领域第四次项目审议会召开】 4月21日至23日，北京2022年冬奥会和冬残奥会交通业务领域第四次项目审议会（视频会）召开。国际奥委会、北京冬奥组委、延庆运行中心、北京市重大办、北京市铁路局、河北省冬奥办、延庆赛区冬奥领导小组综合处、延庆区交通局和延庆公安分局（交管）等部门相关人员参加会议。会议期间，国际奥委会专家听取交通行政更新、高铁、跨赛区及交通连接、停车与车证、车队和巴士规划更新、场站最新情况、抵离交通以及三个赛区交通审议等方面工作的汇报。延庆赛区重点讨论更新当前规划设想和需求预测，交通管理和奥运道路网最新情况、交通运力评估和服务概述及几个场馆和交通枢纽的运行计划。国际奥委会专家与北京冬奥组委相关负责人针对有疑问的细节问题进行研讨交流。

（陈琛）

【女子高山滑雪世界杯协议研讨会在区召开】 5月12日，冬奥组委杨树安副主席在延庆与国际雪联召开女子高山滑雪世界杯协议研讨会，会议以远程视频会议的形式举行。双方讨论商定2020/2021国际雪联女子高山滑雪世界杯延庆站的比赛时间、场地、竞赛项目、造雪标准、赛道准备、医疗急救、媒体转播、餐饮住宿、反兴奋剂等重要事项，明确相关工作的联系人。国际雪联秘书长莎拉·刘易斯、国际雪联高山滑雪女子项目赛事主任彼得·哲多、国际雪联高山滑雪女子项目竞赛主管马库斯·迈尔等负责人，以及区委、区政府相关领导，冬奥组委体育部、规划部、技术部、运动会服务部、媒体运行部、场馆管理部、延庆运行中心、相约北京组委会办公室、中国滑雪协会、北京市重大办、区重大办、区商务局、区文旅局、区冬奥综合处、北控京奥等方面代表参加会议。

（陈琛）

【国家雪车雪橇中心场地预认证活动在区举办】 10月24日至31日，国家雪车雪橇中心场地预认证活动在延庆赛区举办。此次活动是在全国“外防输入、内防反弹”疫情防控形势下，北京冬奥组委组织开展的首场国际测试活动，得到外籍测试人员的高度评价。

（陈琛）

【国际雪联对国家高山滑雪中心考察认证】 11月9日至13日，5名国际雪联专家对国家高山滑雪中心进行考察认证。通过考察，外方人员对国家高山滑雪中心场地建设、安全装置、基础设施及配套设施均表示满意，考察认证工作取得预期的成效。

（陈琛）

（栏目编辑：王新华）

中共北京市延庆区委员会

概　述

2020年，区委常委会坚持以习近平新时代中国特色社会主义思想为指导，深入贯彻落实党的十九大和十九届二中、三中、四中、五中全会精神，深入贯彻习近平总书记对北京重要讲话精神，认真落实市委市政府决策部署，全面融入首都发展大局，聚焦冬奥会筹办，深入践行“两山”理念，持续开展“大抓基层、狠抓落实”主题活动，统筹推进新冠肺炎疫情防控和经济社会发展，“十三五”主要指标如期完成，各项事业取得新进展、新成效。

加强党的建设：年内，区委把学习宣传贯彻五中全会精神作为重要政治任务，制订工作方案，召开全区领导干部大会对学习贯彻做出安排，召开区委常委会会议暨区四套班子务虚会进行交流研讨，区委理论学习中心组邀请市宣讲团做专题辅导。构建分级分层分类宣讲体系，区领导带头深入所联系乡镇、街道和分管领域开展宣讲调研，组建区级宣讲团、百姓宣讲团层层开展宣讲。对标对表五中全会和市委十二届十五次、十六次全会精神，制订出区委关于“十四五”规划和2035年远景目标的建议。

区委常委会高度重视自身建设，严格执行议事决策规则，带头落实民主集中制。严格执行中央八项规定精神。全年区委常委会研究党建议题194项，占比57%。落实区人大常委会、区政府、区政协、区法院、区检察院等党组定期向区委常委会报告工作制度。坚持区委常委、党员副区长指导督促分管联系部门单位党委（党组）抓党建、抓巡视巡察整改工作制度，出台深化“两个责任”的实施意见和重点任务清单，试点开展政治生态分析研判。开展3轮区委巡察，健全村（社区）巡察工作机制，实现村（社区）巡察全覆盖。修订年度（实绩）考核方案，强化用中心工作实绩检验党建工作实效的导向。

新冠疫情防控：区委把人民群众生命安全和身体健康放在第一位，切实抓好“外防输入、内防反弹”，做到“三防”“四早”“九严格”（“三防”是指防松劲、防漏洞、防反弹；“四早”是指早发现、早报告、早隔离、早治疗；“九严格”是指严格社区管控，严格进京检查站管理，严格学校常态化管理，严格复工复产管理，严格落实常态化监测，严格就医管理，严格境外返京人员管理，严格落实属地、部门、单位、个人四方责任，严格个人卫生管理）。第一时间成立疫情防控工作领导小组，统一领导指挥全区疫情防控，区四套班子领导带头到基层一线检查指导、值勤值守，各级党组织和党员干部冲锋在前、一线作战，累计下沉党员干部22万余人次，带动4.4万余名“延庆乡亲”志愿者参与防控。把确保冬奥会延庆赛区绝对安全作为重大政治任务，将疫情防控领导小组机制纳入冬奥领导小组进行统筹，实施赛区封闭管理，推动赛区防疫纳入地方防控体系、与服务保障融为一体，在欧洲疫情极其严峻形势下，成功举办国家雪车雪橇中心场地预认证活动，完成国际冬季单项体育联合会来访考察活动，得到中央和市委主要领导的充分肯定。统筹抓好社区防控、市场防疫、复工复产复学、保供稳价、宣传引导、安全稳定等工作，截至年底，1795个管理对象全部复工，文化、体育、娱乐等场所全面恢复营业。

发布“进一步激励关爱疫情防控一线医务人员的十条措施”，强化抗疫一线激励表彰。制订实施健全公共卫生应急管理体系三年行动计划，完成发热哨点标准化建设，在全市率先实现二级医院核酸检测实验室全覆盖。常态化开展爱国卫生运动，成功创建115个健康社区（村）、523个健康家庭。

冬奥会筹办：区委全面落实“四个办奥”理念，履行属地职责，推进赛区建设和测试活动。截至年底，14项计划开复工项目全部开复工，国家高山滑雪中心、国家雪车雪橇中心、延庆冬奥村及山地新闻中心四大场馆全面完工，西大庄科村升级改造项目安置房完成主体建设，京张高铁延庆支线开通运营。持续推进54项生态环保措施和34项可持续性承诺任务，赛区生态修复完成94%，冬奥森林公园建成，赛区周边及京张高铁沿线景观提升工程基本完工。完成国家雪车雪橇中心场地预认证及国际冬季单项体育联合会来访考察两项活动。2020/2021年8场测试赛和测试活动全部获批。完成赛时场馆餐饮服务项目招标，首批两家本地企业入选冬奥会食材供应备选基地，冬奥医疗保障中心投入使用。

创建全国文明城区：年内实施创城攻坚“百日大决战”，集中解决群众身边的老大难问题。推进“两条例一行动”贯彻落实，围绕贯彻“四个条例”开展百姓宣讲2100余场，开展“五大不文明行为”专项整治，42.4万人次参与“我爱我家”系列活动，35万延庆乡亲参与创城志愿服务。制订党建引领物业管理提高“三率”的指导意见和三年行动计划，物业管理“三率”均达到100%。成功创建北京市垃圾分类示范区。“文明餐桌”创建全面开展。探索制定27项长效措施，将创城指标融入日常工作标准，形成长效化文明创建工作体系。11月，中央文明办公布第六届全国文明城市入选城市名单133个，延庆区名列其中，成为全国文明城区。

建设美丽延庆：深入开展“学习贯彻习近平总书记在世园会开幕式上的重要讲话精神，践行‘两山’理念，聚力冬奥筹办，建设美丽延庆”一周年系列活动，落实生态涵养区生态保护和绿色发展实施意见。在全国率先开展“两山指数”试算和制度建设评估，在全市率先完成生态系统生产总值（GEP）核算，生态环境状况指数（EI）首次达到优等级。完成中央环保督察下沉督察发现的13个问题整改。加速推进智慧环保项目，深入实施“一微克”行动，PM2.5浓度降至31微克/立方米，排名全市第三，获评全市首个“中国天然氧吧”。健全以河长制为统领的水环境治理体系，超额完成“十三五”时期水污染物总量减排任务，水环境质量全市最优，获评全国第三批节水型社会建设达标区。新一轮百万亩造林绿化工程完工，森林覆盖率达到60.4%。

促进全区经济高质量发展：落实“六稳”“六保”要求，实施构建亲清新型政商关系的指导意见、12项区内惠企特色政策和“1+N”系列政策，建立重点企业“四级管家”机制和中小微企业监测预警机制，利用“民宿应急保”解决民宿急需运营资金900余万元，为各类市场主体减免税费4.85亿元、提供贷款83.3亿元。联合市发改委出台加快延庆绿色发展三年行动计划，年度64项重点任务基本完成。制订“两区”（即扩大开放综合示范区和自由贸易试验区）建设方案，初步梳理重点任务和储备项目。落实“五新”（即北京市促进经济高质量发展若干意见提出的“新基建、新场景、新消费、新开放、新服务”）政策，形成区级“1+5”落实文件和项目清单，9项“科技冬奥”领域新技术进入应用阶段，14个服务业扩大开放项目落地。开展延海对接合作，22项实事全部完成。加快中关村延庆园“一核四区”（“一核”即打造延庆创新崛起动力核，“四区”即打造氢能创新产业园、中关村现代园艺产业创新中心、中关村（延庆）体育科技前沿技术创新中心、无人机产业园四个特色产业聚集区）建设，新引进企业1000

家，高新技术企业达到424家。实施现代园艺产业发展三年行动计划，体育科技创新园开园，航天时代飞鸿公司落户，无人机创新基地实现运营。园区规模以上高新技术企业地均、人均产出率同比分别增长25.7%和12%。精品民宿达到120家，入选首批国家文化和旅游消费试点城市、2020年度中国乡村旅游发展名区，前三季度住宿业收入2.1亿元、居生态涵养区第一。成功举办首届北京国际花园节等活动170余场次，世园公园成功获评国家AAAA级旅游景区。制订推进全国文化中心建设三年行动计划、西山永定河文化带保护发展规划和三年行动计划，成功举办北京长城文化节，对外开放九眼楼生态长城展示区，长城文化带建设走在全市前列。积极创建全国休闲农业重点区，建立“妫水农耕”品牌建设联盟，打造8个科技小院。以全域旅游促进消费回补，开展四大板块26项消费季主题活动，万达商业综合体成为地区消费新热点。

城乡规划建设和民生保障：实施延庆分区规划，建立责任“妫画师”团队，推进新城控规和第一批6个重点乡镇国土空间规划编制工作，11个专项规划和全区所有美丽乡村村庄规划编制完成。加大市城乡规划条例、禁止违法建设若干规定等法规宣贯力度，实现乡镇主管领导和村“两委”干部培训全覆盖。120项规自领域问题专项整治全面完成。全年拆除违法建设面积突破百万平方米，腾退土地170余公顷。129个美丽乡村通过市级验收。

实施“七有”“五性”三年提升计划，指标监测评价结果位居生态涵养区前列。实施稳就业促创业若干措施和援企稳岗具体措施，精准帮扶高校毕业生、低收入边缘户等重点群体就业。低收入农户人均可支配收入同比增长16%，居民人均可支配收入同比增长2.4%。助力4个受援区县如期完成脱贫攻坚任务。29所中小学与海淀区24所学校结对，教育工作满意度全市第一。区医院改扩建工程完工，区中医医院迁建项目完成91%。慈善“1+1”关爱空巢助老项目扩展至15个乡镇216个村。建成北京市冰上项目训练基地和全民健身中心。燃气实现同城同价。基本便民商业服务功能社区覆盖率达到100%。

深化改革和平安延庆建设：在全市率先完成乡镇机构改革。《若干措施》260项年度任务全部完成。基本建立三级党建工作协调委员会。构建“1+4”管理架构（即区农业农村局抓总，下设区农业技术综合服务中心、新农村建设服务中心、农村合作经济经营管理站、农业综合执法大队），56%人员编制下沉乡镇，搭建起乡村振兴和“三农”发展的系统服务管理体系。18个街乡镇综合行政执法队全部组建，431项行政执法权下放街乡。落实“推进首都社区治理20条措施”，制订强化党建引领进一步推进城乡社区治理重点任务落实的工作方案。完成党校等10个事业单位改革试点，推进4个部门下属事业单位转企和13个部门49家下属企业移交。研究制订深化事业单位改革试点实施方案。完成行业协会商会与行政机关脱钩。

全年接报涉黑涉恶嫌疑线索592条、办结率98%，打掉涉恶嫌疑团伙35个，深挖彻查黑恶势力“关系网”“保护伞”35人次。深刻汲取“6·19”“6·26”“8·23”等典型案件教训，举办扫黑除恶阶段性成果案例展，在全区召开专题民主生活会，制定35条整改措施，建立15个重点领域平安建设协调机制。认真落实市安全生产第四督察组反馈意见，汲取“3·18”和“4·2”火情教训，开展安全生产专项整治三年行动。落实领导干部接访工作制度，深入推进治理重复信访、化解信访积案专项行动。开展平安系列行动净化治安环境，推进市域社会治理现代化试点工作，群众安全感保持全市前列。

推进民主法治：区委充分发挥区人大常委会党组和区政协党组作用。出台加强中国特色社会主义参政党建设的落实举措、民主党派代表人士队伍建设的实施方案，支持民主党派开展专项民主监督。依法管理宗教事务，扎实推进老干部和群团等工作。认真落实依法治区委员会职责，建设新时代法治宣传教育实践基地，在全市率先建立“谁执法、谁普法”履职报告评议机制，创新开展“法律门诊我来选”村居法律顾问坐班机制。开展各类合法性审查200余件，人均执法量居全市前列。打造“长城下的老兵”等双拥特色品牌，获评全国双拥模范城。

单位名称：中共北京市延庆区委员会
地　　址：延庆镇湖北西路1号
电　　话：69140245

（晏博文）

重要会议与活动

【区四套班子领导调研】 年内，区委书记穆鹏、区长于波、区人大常委会主任吕桂富、区政协主席陈合安带队，聚焦“四个条例”（《北京市物业管理条例》《北京市生活垃圾管理条例》《北京市文明行为促进条例》《北京市街道办事处条例》）落实及创城攻坚“百日大决战”行动，以“四不两直”（即不发通知、不打招呼、不听汇报、不用陪同接待、直奔基层、直插现场）的方式先后开展13次调研和拉练检查，推动重点、难点问题整改，并慰问社区志愿者、民警、停车管理员、环卫工人等一线工作人员。6月13日，区四套班子领导深入区综合市场、商场超市、宾馆酒店，检查疫情防控措施落实情况。6月28日至29日，区四套班子领导分别走进乡村、社区，看望慰问新中国成立前老党员和生活困难党员，向他们致以节日的问候。

（晏博文）

【第1次接诉即办调度会】 1月3日，区2020年第1次接诉即办调度会召开。区委书记穆鹏主持会议。会议传达蔡奇书记关于接诉即办工作的要求及全市街道工作、深化“吹哨报到”改革暨“接诉即办”工作总结部署会精神。区城管指挥中心负责人总结2019年相关工作，部署2020年接诉即办工作，并通报接诉即办工作奖励事宜。在接诉即办工作中表现突出的儒林街道、百泉街道、香水园街道、沈家营镇、旧县镇获得奖励。延庆区在接诉即办工作市级排名中靠后的永宁镇、康庄镇、香营乡、延庆规自分局和区水务局做专题汇报，梳理突出的群众诉求，深入分析存在问题，并提出下一步具体工作措施。会议以视频会议形式召开，各街道乡镇设分会场。

（晏博文）

【区委理论学习中心组学习】 1月3日，区委理论学习中心组举行学习（扩大）会议，邀请市民政局基层政权和社区建设处处长、北京市社区服务中心主任杨宝山围绕《北京市街道办事处条例》做辅导报告。杨宝山从立法背景、起草过程和《条例》框架、特色亮点和主要内容三个方面，进行深入解读。区四套班子领导参加学习。4月1日，邀请北京观韬中茂律师事务所律师吕立秋，围绕行政诉讼相关案例，作题为“持续推进依法行政，有效降低涉诉败诉风险”的专题讲座。会议以视频会议形式召开，在区人大、区政协机关，区民防局和各街道乡镇设立分会场。

（晏博文）

【“不忘初心、牢记使命”主题教育总结大会】 1月10日，区委召开“不忘初心、牢记使命”主题教育总结大会，会议学习贯彻中央、市委总结大会精神，总结全区主题教育工作，巩固拓展主题教育成果。市委第七巡回指导组组长王建新出席会议并讲话。区委“不忘初心、牢记使命”主题教育领导小组组长穆鹏主持会议并讲话。会议以视频会议形式召开，市委第七巡回指导组成员，区四套班子领导，区法院院长、区检察院检察长，区委主题教育领导小组成员，区委有关部门及区委主题教育办相关负责人，区委巡回指导组组长，区有关部门、各乡镇街道主要负责人等在主会场和分会场参加会议。

（晏博文）

【对口帮扶协作】 1月21日，内蒙古自治区兴和县委书记付海青一行到区就扶贫协作工作取得的成果与区领导穆鹏、于波座谈。双方就下一步脱贫攻坚巩固提升工作进行交流。6月10日至11日，区党政代表团围绕“巩固拓展扶贫攻坚成果确保高质量打赢脱贫攻坚战”，赴河北省张家口市怀来县、宣化区，内蒙古自治区乌兰察布市兴和县，对接推进对口帮扶工作。8月4日，河北省张家口市宣化区委书记张聪率党政代表团到区，就进一步深化对口帮扶工作进行回访并与区领导座谈交流。8月7日，内蒙古自治区乌兰察布市兴和县党政代表团到区，就进一步深化对口帮扶工作进行回访并与区领导座谈交流。10月27日，河北省张家口市宣化区委、区政协领导一行到区，就进一步深化对口帮扶和扶贫协作工作与区领导座谈交流。10月22日，延庆区与河北省怀来县联合召开东西部扶贫协作联席会，双方就进一步对接对口帮扶和扶贫协作工作开展座谈交流。12月23日，河北省张家口市赤城县四套班子领导带队到区，就两地协作发展进行考察，并与区领导座谈交流。

（晏博文）

【区新冠疫情防控工作领导小组成立】 1月22日，区委、区政府成立新型冠状病毒感染的新冠肺炎疫情防控工作领导小组，穆鹏、于波为组长和副组长。截至年底，召开组长碰头会22次、领导小组调度会122次。会议内容包括传达市领导对疫情防控工作的指示要求，落实市疫情防控工作领导小组会议精神，启动“零感染”单位、行业、社区、村创建，通报全区防控工作进展，部署调度全区疫情防控工作等。

（晏博文）

【区领导检查新冠疫情防控慰问医护人员】 2月5日，区四套班子领导到区各医院，实地检查疫情防控工作，并看望慰问奋战在疫情防控一线的医护工作者。17日至18日，穆鹏就疫情期间全区农产品销售、网络教学、集中办公场所疫情防控以及企业复工复产等工作进行调研检查。28日，区四套班子领导到区医护人员轮休点，看望慰问轮休医护人员。3月8日，区四套班子领导看望慰问坚守一线的妇女同胞，向奋战在疫情防控一线和各条战线的广大妇女同胞致以节日的问候。

（晏博文）

【区领导与新冠疫情防控专家组座谈交流】 2月10日，区疫情防控工作领导小组组长穆鹏主持召开座谈会，与区新冠肺炎防控专家组成员就全区疫情防控工作座谈交流，围绕进一步做好防控工作听取专家建议。

（晏博文）

【区社会建设领导小组第1次全体会】 2月17日，区社会建设工作领导小组2020年第1次全体会议召开。会议总结2019年社会建设工作并部署2020年工作。会议要求，全区社会建设工作要围绕全力打赢疫情防控阻击战、保障和改善民生、完善“接诉即办”机制等方面开展，加快推进延庆社会治理体系和治理能力现代化。穆鹏主持会议，区领导于波等出席。

（晏博文）

【区领导签订全面从严治党责任清单】 2月19日，穆鹏与区政府党组书记于波，区人大常委会党组书记吕桂富，区政协党组书记陈合安及全体区委常委，正式签订2020年全面从严治党责任清单。

（晏博文）

【区委党建工作领导小组第1次会议】 2月24日，区委党建工作领导小组召开2020年第1次会议，领导小组组长穆鹏主持会议。会议公布调整后的区委党建工作领导小组及办公室成员名单，通报全区2020年党建工作方案及区委党建领导小组2020年工作要点，书面审议并研究组织、宣传思想、统战、纪检监察、调查研究及群团工作2020年工作要点，研究调整基层党建专项经费管理办法并审议通过2020年党建专项经费。

（晏博文）

【区委平安延庆建设领导小组第1次会议】 3月2日，区委平安延庆建设领导小组2020年第1次全体（扩大）会议召开。会议传达市委平安北京建设领导小组2020年第1次全体（扩大）会议精神，审议并通过《关于建议增补领导小组领导成员的汇报》《2019年平安延庆建设工作情况和2020年平安延庆建设工作要点》，通报全区2019年群众安全感调查情况。区委平安延庆建设领导小组组长穆鹏主持会议。区委、区人大常委会、区政府、区法院、区检察院、区委平安延庆建设领导小组成员单位领导参加会议。

（晏博文）

【区扫黑除恶专项斗争领导小组第1次会议】 3月2日，区扫黑除恶专项斗争领导小组2020年第1次会议召开。会议传达学习全市扫黑除恶专项斗争会议精神，总结部署全区扫黑除恶专项斗争工作。区扫黑除恶专项斗争领导小组组长穆鹏主持会议。区人大、区纪检委、区监委领导及区法院院长，区检察院检察长等参加会议。

（晏博文）

【2020年党委系统工作会】 3月7日，2020年党委系统工作会召开。会议就全区年内组织工作、宣传思想文化工作及统战工作、党委系统办公部门、调查研究和群团工作进行全面部署。穆鹏主持会议并讲话。区委相关领导及各二级班子单位党委书记出席会议。

（晏博文）

【区委生态文明建设委员会第1次会议】 3月11日，区委生态文明建设委员会2020年第1次会议召开。会议听取并审议《中共北京市延庆区委生态文明建设委员会2020年工作要点》《北京市延庆区“绿水青山就是金山银山”实践创新基地建设2020年工作要点》等文件。穆鹏主持会议并讲话。

（晏博文）

【穆鹏调研】 3月30日，区总河长穆鹏围绕河长制工作难点问题及2020年重点工作进展，到部分河段调研。5月26日，穆鹏聚焦创城攻坚“百日大决战”行动，以问题为导向，调研全国文明城区创建工作，并听取相关工作汇报，就工作中存在的问题和困难进行现场办公，专题研究解决措施。8月4日至5日，穆鹏围绕落实区委全会精神，带队到千家店镇和珍珠泉乡的田间地头、村庄院落，聚焦“深化美丽乡村建设，推动乡村振兴战略实施”主题蹲点调研，并分别主持召开座谈会。9月17日，穆鹏到儒林街道办事处下访接访，倾听群众诉求，并召开现场调度会，现场协调推动矛盾化解和历史遗留问题解决。

（晏博文）

【四套班子领导参加全民义务植树】 4月4日，全区开展“建森林城市，同为冬奥添彩”全民义务植树活动，穆鹏、于波、吕桂富、陈合安等区四套班子领导到冬奥森林公园，与机关干部、劳模代表等近400人共同植树，为冬奥赛区增添新绿。

（晏博文）

【区精神文明建设暨创城攻坚动员会】 4月26日，延庆区精神文明建设工作暨创城攻坚“百日大决战”动员部署会召开。会议贯彻落实首都精神文明建设工作暨背街小巷环境精细化整治提升动员部署大会精神，部署全区精神文明建设、背街小巷环境精细化整治提升和创城攻坚“百日大决战”工作。与会人员共同观看《“创城攻坚百日决战”我们在行动》专题片。延庆镇、香水园街道川北东社区负责人和环卫工人代表依次发言。会议以视频会议形式召开，在区人大、区纪委、各行业管理单位、各乡镇街道设分会场。市委宣传部副部长、首都文明办主任滕盛萍出席会议并讲话，区四套班子领导参加会议。

（晏博文）

【区农村工作会议】 4月24日，延庆区农村工作会议召开。会议落实中央、市委关于农村工作的会议精神，聚焦实施乡村振兴战略，研究部署全区2020年“三农”工作。主管副区长做2020年延庆区农村工作报告。区委主管副书记就相关工作措施进行说明。会议以视频会议形式召开，在区纪委监委和各乡镇设立分会场。穆鹏、于波、吕桂富、陈合安等区领导参加会议。

（晏博文）

【区推进京津冀协同发展领导小组全体会议】 5月7日，区推进京津冀协同发展领导小组

（区扶贫协作和支援合作工作领导小组）全体会议召开。会议传达中央、市委市政府相关会议精神，听取关于全区2019年京津冀协同发展工作开展情况及2020年工作要点的汇报、关于2020年扶贫协作工作进展情况的汇报。穆鹏主持会议。

（晏博文）

【区委城市工作委员会第1次全体会议】 5月7日，区委城市工作委员会2020年第1次全体会议召开。会议听取并审议《中共北京市延庆区委城市工作委员会2019年工作总结》《中共北京市延庆区委城市工作委员会2020年工作要点》等。穆鹏主持会议。

（晏博文）

【张延昆到区调研】 5月8日，市委常委、政法委书记张延昆带队到区，围绕抓好生活垃圾分类和物业管理工作，提升城市精细化管理水平，对全区落实《北京市物业管理条例》《北京市生活垃圾管理条例》情况进行调研，并主持召开座谈会。穆鹏汇报延庆区两个《条例》贯彻落实情况。与会区领导和相关部门负责人围绕各自工作及下一步工作计划进行交流。区领导于波、吕桂富等陪同调研。6月22日，张延昆到区督导检查疫情防控工作，慰问奋战在核酸检测一线的医务工作者。

（晏博文）

【区委外事工作委员会第2次全体会议】 5月15日，区委外事工作委员会第2次全体会议召开。会议传达市委外事工作委员会全体会议、北京市推进国际交往中心功能建设领导小组第2次全体会议和2020年全市外事和港澳工作会议精神，听取关于延庆区2019年外事工作总结及2020年工作要点的汇报，审议并通过延庆区推进国际交往中心功能建设实施方案、延庆区贯彻落实《北京市公共场所外语标识管理规定》实施方案、区委外事工作委员会成员调整名单。穆鹏主持会议，于波出席会议。

（郭昭君）

【“七有”“五性”工作专题调度会】 5月20日，区领导召开“七有”“五性”工作专题调度会。会议听取关于“七有”“五性”2019年测算结果分析和三年提升计划修改完善情况的汇报、关于延庆区2019年12345市民服务热线“七有”“五性”综合评价分析情况的汇报、“七有”“五性”2019年测算结果在全市排名靠后领域有关情况的汇报。要求提高思想认识，推进问题解决，补短板、强弱项，推动“七有”“五性”各项工作落实。穆鹏主持会议，于波出席会议。

（郭昭君）

【区四套班子领导到海淀房山考察】 6月2日，区四套班子领导到海淀区考察对接结对协作工作，并与海淀区四套班子领导座谈交流。9月18日，区四套班子领导到房山区学习考察，加强沟通交流，促进互学互鉴。房山区委、区政府相关领导一同考察。

（晏博文）

【区委议军和党管武装工作会】 7月29日，区委召开议军会。会议学习贯彻习近平强军思想，研究解决武装工作和国防后备力量建设中存在的问题，落实党管武装责任，维护和促进军政、军民关系。穆鹏主持会议。区四套班子领导出席会议。8月17日，区委召开党管武装工作会议，全面贯彻落实全市党管武装工作会议精神，提升全区国防后备力量建设质量。会议讲评部署全区党管武装工作，并对全区党管武装工作先进单位和个人进行表彰。区人武部党委第一书记穆鹏出席会议并讲话。

（晏博文）

【区领导建军节慰问驻延部队】 7月30日至31日，区四套班子领导分别到部分驻延部队慰问官兵，对他们为国防建设和区域发展所做的贡献表示感谢，通过他们向全区驻延部队官兵和退役军人致以节日的问候，并集体过“军事日”，加强和提高国防意识，推动军民融合深入发展。

（郭昭君）

【卢彦到区调研】 7月31日，副市长卢彦带队到区，调研市管国企结对帮扶低收入农户工作。市国资委、市农业农村局、市文化和旅游局、首发集团、北京一轻控股有限责任公司相关负责人参加。穆鹏陪同调研。

（郭昭君）

【区委二届十一次全会】 8月1日，中共北京市延庆区第二届委员会第十一次全体会议召开。全会传达市委十二届十四次全会和区委书记月度工作点评会精神，听取并审议区委常委会工作报告，表决通过《中国共产党北京市延庆区第二届委员会第十一次全体会议决议》《北京市延庆区健全公共卫生应急管理体系三年行动计划（2020—2022）》《中国共产党北京市延庆区第二届委员会第十一次全体会议关于同意胡春华同志辞去区委委员职务的决定》《中国共产党北京市延庆区第二届委员会第十一次全体会议关于递补张莉、郭慧成、卫洪英、郭清尧同志为区委委员的决定》。

（晏博文）

【中宣部领导到区调研】 8月18日，中共中央宣传部副部长傅华到区，就延庆新时代文明实践中心建设和文明城区创建情况进行实地调研。先后察看百泉街道湖南社区、香水园街道兴运嘉园社区、香水园街道、延庆乡亲志愿者之家和延庆镇自由街村操场街文明创建和文明实践工作开展情况。中央文明办、市委宣传部、首都文明办相关负责人及区委主要领导陪同调研。

（晏博文）

【区领导与全国抗击新冠肺炎疫情先进个人座谈】 9月8日，穆鹏、于波与荣获全国抗击新冠肺炎疫情先进个人称号的区医院感染疾病科护士长陈丽娟和延庆公安分局康庄高速检查站派出所所长裴增军座谈交流，祝贺他们获此殊荣，勉励他们再接再厉，为统筹推进疫情防控和经济社会发展做出新的更大贡献。

（郭昭君）

【蔡奇到区调研】 9月15日，市委书记蔡奇到区调查研究。他强调，延庆要立足区域禀赋，坚定不移践行“两山”理论，传承世园遗产，紧抓筹办冬奥契机，奋力谱写美丽延庆新篇章。北京市和北京冬奥组委领导张延昆、张家明、张建东、卢彦、韩子荣及中国国家铁路集团有限公司副总经理王同军参加调研活动。当日下午，区委常委会召开会议，第一时间传达学习贯彻蔡奇调研指示和讲话精神。16日，召开全区领导干部大会，传达学习贯彻蔡奇到区调研指示精神，并以此为指导就贯彻落实工作进行部署。穆鹏出席会议并讲话。

（晏博文）

【乡镇机构改革全面启动】 9月18日，区委常委会召开会议，研究乡镇机构改革实施方案和相关配套文件。9月21日，区委召开延庆区乡镇机构改革动员部署会，会议分别对乡镇机构改革实施方案和农口事业单位下沉乡镇做说明。区农业农村局、延庆镇、区园林绿化局做表态发言。会议以视频形式召开，在区人大、区纪委等地设分会场。穆鹏出席会议并讲话。

（晏博文）

【烈士纪念日公祭活动】 9月30日，延庆区烈士纪念日公祭活动在平北抗日烈士纪念园举行。区四套班子领导和老战士、军烈属代表，驻延部队官兵代表，全区各界群众及学生代表以及区处级班子单位党政主要负责人等300余人参加公祭活动。

（晏博文）

【区领导值守“12345”】 10月13日，穆鹏、于波带队走进北京市市民热线服务中心接听市民电话，倾听群众对延庆区生态环境建设、民生保障、美丽乡村建设等工作的意见和建议，现场会商解决群众诉求，并于当天下午直奔一线解决群众反映的问题。

（郭昭君）

【区获“全国双拥模范城”称号】 10月20日，全国双拥模范城（县）命名暨双拥模范单位和个人表彰大会召开。延庆区获得“全国双拥模范城”称号。区领导穆鹏、张琦等在延庆分会场参加会议。

（晏博文）

【全区领导干部大会】 11月2日，区委召开全区领导干部大会，传达学习党的十九届五中全会精神，推动五中全会精神在延庆落地落实。会议以视频会议形式召开，播放党的十九届五中全会公报专题片，对学习宣传贯彻落实党的十九届五中全会精神进行部署。穆鹏出席会议并讲话。

（晏博文）

【区获全国文明城区荣誉称号】 11月10日，中央文明办公布第六届全国文明城市入选城市名单133个，其中直辖市城区12个，延庆区名列其中。11月20日，全国精神文明建设表彰大会在京举行，延庆正式成为第六届全国文明城区。中共中央总书记、国家主席、中央军委主席习近平出席会议，同大家亲切交流并合影留念。会上，区委书记穆鹏作为“全国文明城区”的代表，受到总书记的接见。11月26日，区委常委会召开会议，传达学习全国精神文明建设表彰大会精神并通报全国文明城市（区）停复牌管理规定。穆鹏主持会议。

（晏博文）

【全区领导干部警示教育大会】 11月20日，全区领导干部警示教育大会以视频会议形式召开。穆鹏出席会议并讲话，于波主持会议，蒋达峰传达全市领导干部警示教育大会精神。与会人员观看警示教育片《永财的生财之道》和《自由街里的“自由人”》。区四套班子领导及市纪委市监委第五监督检查室有关负责人出席会议。大会设立1个主会场和31个分会场，区法院院长、区检察院检察长，全区各处级单位班子成员，各乡镇街道重点岗位重要部门负责人，全区农村党支部书记，街道社区党组织书记等1000余人参加会议。会后各单位开展“以案为鉴、以案促改”警示教育展，3000余人参观。

（晏博文　王明伟）

【党的十九届五中全会精神市级宣讲团到区宣讲】 11月24日，北京市学习贯彻党的十九届五中全会精神宣讲团报告会在区举行，以区委常委会（扩大）会议暨区委理论学习中心组（扩大）会形式，专题学习党的十九届五中全会精神。党的十九届五中全会精神北京市宣讲团成员、市社科院党组书记、副院长唐立军就学习贯彻党的十九届五中全会精神做专题辅导。会议以视频形式召开，区四套班子领导及全区各处级单位科级以上干部、社区（村）有关负责人近千人在主会场和视频分会场参加会议。

（郭昭君）

【区领导慰问公安民警】 12月9日，穆鹏、于波带队前往公安系统部分单位，慰问一线民警，并与延庆公安分局班子成员和部分基层派出所负责人座谈，通过他们向奋战在公安战线上的全体民警表示慰问。

（郭昭君）

【村（社区）“两委”换届工作动员部署会】 12月24日，区委召开村（社区）“两委”换届领导小组第一次会议暨村（社区）“两委”换届工作动员部署会。会议贯彻落实中央、市委有关精神，对全区村（社区）“两委”换届工作进行再动员、再部署。区四套班子领导出席会议。

（晏博文）

【区领导检查新冠疫情防控措施】 12月27日，穆鹏、于波分别带队，以“四不两直”的方式检查全区餐饮企业、商超、医院、滑雪场、景区等重点领域新冠肺炎疫情防控措施落实情况。

（郭昭君）

【延海结对协作视频会】 12月31日，延庆区与海淀区召开结对协作视频会。双方区长分别介绍2020年全区经济社会发展情况和结对协作工作进展情况。海淀区委和延庆区委主要领导出席会议并讲话。

（郭昭君）

【人才工作领导小组会议】 12月31日，2020年人才工作领导小组会议召开。会议审议并通过区人才工作领导小组调整名单，研究北京市新出台引进人才政策及全区“十四五”时期人才事业发展规划。穆鹏主持会议，于波等区领导及规划编制第三方团队有关负责人参加会议。

（郭昭君）

组织工作

【概况】 中共延庆区委组织部（简称区委组织部）是负责全区组织工作、干部工作、人才工作的区委工作机构。2020年，印发《关于全市区委书记、系统党（工）委书记抓基层党建述职评议考核相关问题的整改方案（京延党建办发〔2020〕4号）》《穆鹏同志在区委党建工作领导小组（扩大）会议上的讲话（京延党建办发〔2020〕5号）》。印发《关于做好2019年度全区基层党建述职评议考核工作的通知》，指导各党（工）委（党组）组织稳妥有序开展本系统本领域的基层党组织书记述职评议考核，全区1453个基层党组织相继通过现场、书面等形式完成了述职，并形成全区党建述职评议专题报告，上报市委组织部。贯彻执行《党政领导干部选拔任用工作条例》，从严把握干部选拔任用的各个环节，严格遵守干部选拔任用工作纪律，不断提高选人用人公信度。对标对表党政领导班子建设规划纲要，结合区级、乡镇换届工作，健全完善领导班子分析研判工作机制，围绕推动落实中心工作和重点任务，加强领导班子运行状况和领导干部履职情况的日常了解、分析研判，注重从班子结构、专业水平、经历特点等方面，研究提出领导班子优化调整方案，做到事业为上、人岗相适、人事相宜。建立国家工作人员提职考法工作机制，在干部考察期间，组织法律法规考试提升领导干部依法行政、依法治理的意识和能力。落实新时代党的组织路线，聚焦交出服务保障冬奥会和地区高质量绿色发展两张优异答卷，牢固树立政治坚定、重实干、重实绩的选人用人导向，选好干部、配强班子。注重在重大斗争一线考察识别干部、大力发现培养选拔优秀年轻干部，全面聚焦中心任务，加强对领导班子运行情况的日常了解和分析研判，统筹专业干部资源，优化班子结构，增强整体功能。修订完善《基层党建专项经费管理办法》、完成2020年党建专项经费项目确定、资金发放等工作。对2019年部分跨年度的党建重点项目进行党建专项经费拨付，做好2018年基层党建专项经费绩效评估工作。下发《关于进一步落实“双报到”制度全力做好疫情防控工作的紧急通知》《关于进一步做好“两新”组织京外来延（返延）人员排查统计工作的通知》《关于在疫情防控工作中深入开展“干部驻村居、党员联万户”活动的通知》《关于在疫情防控工作中深入开展“三全”社区（村）创建工作的通知》，全面动员全区各级党组织和广大党员领导干部，积极投身疫情防控各项工作中。制订《关于开展常态化疫情防控示范社区（村）创建工作的方案》，细化24条考核评分标准，评选一批示范社区（村）。统筹做好全区“两新”组织出京返延人员信息统计工作，参与社区防控组核酸检测工作。组织全区第一书记入村开展疫情防护工作，建立24小时值班值守制度。年内，《2020年区委常委会抓党建工作情况报告》经第217次区委常委会审议后，由区委二届十二次全会书面审议通过。根据《党政领导干部考核工作条例》，在区委统一领导下，立足生态涵养区功能定位，进一步优化考核内容，突出服务保障冬奥会、统筹疫情防控和经济社会发展、“两山”理论实践、“七有”“五性”工作、吹哨报到、“接诉即办”等重点任务，强化群众评议，坚持为基层减负，研究出台考核指标体系，促进党建工作和中心工作进一步融合，党建引领和考核导向作用进一步发挥。

单位名称：中共延庆区委组织部
地　　址：延庆镇湖北西路1号
电　　话：69103954

（孙皓琦　冯梦阳）

【全年调整处级干部119人次】 年内，区委共调整处级干部119人次。其中，提拔或进一步使用43人次。处级干部晋升职级86人次，接收区外挂职干部7人。

（韩猛）

【6名引进博士后到区属国企任职】 年内，用好“人才京郊行”“第一书记”等挂职平台，落实高层次人才留延办法，广泛引进区外优质干部资源，6名引进博士后提拔到区属国企副职岗位，发挥服务地区发展作用。

（韩猛）

【选派130余名干部到基层锻炼】 年内，着力打造高素质专业化干部队伍，强化实践锻炼的针对性，激发干部干事创业热情，以“大抓基层，狠抓落实”为出发点，积极搭建干部培养锻炼平台，在绿色大事一线、脱贫攻坚一线、重点项目一线、服务群众一线、改革创新一线、服务群众一线等“六个一线”进行实践锻炼，加强政治锤炼、开阔眼界视野、强化服务能力、提升工作本领。结合地区重点工作，全年累计选派130余名干部到冬奥会服务保障、疫情防控、“接诉即办”和创城攻坚等工作中经受实践锻炼，不断磨炼干部意志、增强斗争本领、提升综合素质。

（韩猛）

【干部日常管理】 年内，统筹谋划干部队伍建设调查研究，开展优秀年轻干部、选调生战略性培养及岗位双选等工作，承办全区科级干部任免审批工作，指导处级班子按照干部管理权限履行管理职责。全年为48名处级干部办理退休手续，审批处级干部社团、企业兼职10人次，慰问生病住院处级干部16人次。

（韩猛）

【年度基层党建专项经费项目申报】 年内，完善2020年党建专项经费创新项目申报，共梳理项目13个，其中，申报制项目5个，验收制项目13个（含申报制项目5个）。

（赵惠冉）

【村、社区“两委”换届选举筹备】 年内，组织区委农工委、区农业农村局、区委社会工委、区民政局等区级主责部门召开碰头会，对专班筹备、整体时间安排、各部门职责分工等工作进行研究会商、形成共识。会同公、检、法和纪委等12家资格联审单位，对全区1902名村（社区）“两委”干部等进行资格预审。成立区级换届专班，指导18个街乡组建换届工作专班。制订实施《延庆区乡镇党委和村（社区）“两委”换届工作专项调研方案》，完成乡镇街道、村社区选情分析研判。推进11个重点提升村和9个软弱涣散村整顿提升工作。成立区换届领导小组及工作机构，完善“一办九组”工作机制。建立村级基础信息、35岁以下储备人员、每村35岁以下人选情况、“一肩挑”预判人选等人员信息台账。制定《北京市延庆区村（社区）“两委”换届工作领导小组办公室工作制度》。制定印发《关于认真做好全区村（社区）“两委”换届工作的实施意见》。截至年底，完成全流程实景演练，制订“一方案”和“两指引”（即《北京市延庆区村（社区）“两委”换届选举疫情防控工作方案》和《村（社区）党组织换届疫情防控工作指引》《村（居）委会换届疫情防控工作指引》）。

（赵惠冉）

【党群服务中心建设】 年内，推进党群服务中心与党支部实训基地深度融合，构建功能完备、运行规范、效果显著的实训基地。新成立延庆镇、大榆树镇、八达岭镇乡镇级党群服务中心3个，村级党群服务站10余个。新成立的党群服务中心集教育、管理、咨询、培训、会议、服务、文体活动等于一体，功能得到进一步优化。

（赵惠冉）

【村党组织第一书记选派】 年内，下发《关于进一步加强第一书记管理有关工作的通知》。做好第五批选派第一书记入村对接工作，集中选派31名科级干部入村开展结对帮扶工作。总结2016年以来第一书记在低收入帮扶工作中的经验做法以及发挥作用情况。完成市派第三批任期考核以及市派第三批、第四批年度考核工作，撰写《第一书记选派管理使用情况分析报告》，对2名优秀第一书记事迹进行宣传总结。

（赵惠冉）

【软弱涣散基层党组织整顿】 年内，指导9个软弱涣散村开展集中整顿，以村、社区为单位建立问题清单和整改台账，实行备案销号管理。建立健全软弱涣散常态整顿、动态管理、重点帮扶等工作机制，严格落实“五个一”工作机制和“一村一策”整顿方案，持续巩固，防止反弹回潮。梳理总结研究分析整顿面临的主要矛盾和下一步整改措施，形成专题报告。

（赵惠冉）

【“两新”组织党建】 年内，制订印发《延庆区“两新”组织党建大调研方案》，对全区“两新”组织党建工作进行全面自检，指导区“两新”组织党建工作联席会议成员单位协助解决“两新”组织反映强烈的突出问题。开展“两新”组织党支部工作法试点工作，总结提炼“两新”组织党建工作经验做法。严格落实经费补贴，按照党委2万元/年、党总支1.5万元/年、党支部1万元/年的标准，对新成立正式党组织的“两新”组织提供启动经费12万元；按照300元/人/月的标准，对成立正式党组织的“两新”组织党组织书记补贴26.07万元。将“两新”组织吸收为党建工作协调委员会成员，发挥“两新”组织专业、资源、信息等优势，引导“两新”组织党组织和党员干部参与冬奥会服务保障、疫情防控、垃圾分类等基层治理工作。

（赵惠冉）

【推动扫黑除恶专项斗争】 年内，结合各单位职责分工对重点行业领域突出问题开展专项整治，形成《乡村治理领域专项整治实施方案》。先后召开5次延庆区扫黑除恶专项斗争领导小组基层组织联席会。将扫黑除恶专项斗争纳入基层组织建设。建立健全学习教育、调查研究、检视问题、整改落实等长效机制，认真梳理市委扫黑除恶执法规范化督察反馈问题、区委常规巡察和专项巡察发现问题，对“8·23”“6·26”“6·19”“10·30”等重点案件暴露出来的相关问题，逐条逐项建立问题清单，并实施挂销账管理，截至年底全部整改完成。

（赵惠冉）

【党建考核】 年内，完成2019年度党建考核及评分分类排名工作。完成2020年度党建考核工作，对2020年度党建考核指标及考核方案进行更新和制订。完善党建考核体系，对指标进行赋分。

（赵惠冉）

【党建引领基层治理】 年内，围绕“首都社区治理20条”，逐条细化，形成21方面66项具体措施。落实《关于强化党建引领进一步推进城乡社区治理重点任务落实的工作方案》各项任务措施，建立月报工作机制。起草《关于深入开展党建引领垃圾分类社会动员工作的实施方案》，推动垃圾分类相关工作，采取每月报信息、双月报进度、季度报总结等方式，加快推动66项具体措施顺利落实。

（赵惠冉）

【党建引领物业管理提高“三率”】 年内，研究制订印发《关于开展党建引领物业管理提高“三率”专项行动的指导意见》及《关于强化党建引领进一步提升物业管理服务水平三年行动计划（2020-2022年）》的“1+1”文件，会同区住建委、区民政局建立完善联席会议制度，采取“周调度、月考评”的方式，推动物业条例落实、新时代街道等重点工作一体谋划、一体落实。年末，全区党建引领物业管理“三率”均达到100%。

（赵惠冉）

【党建引领垃圾分类】 年内，联合区委社会工委、区民政局、区城管委印发《关于加强党建引领动员各方力量参与垃圾分类的工作方案》，督促各相关单位抓好落实，动员全区各单位积极响应，并建立周报机制。经统计，参与社区垃圾分类驻区单位105家，社会组织32家，参与社区生活垃圾分类桶前值守人员共计30253人次。针对垃圾分类中存在的桶站值守率低等问题，对各街乡辖区垃圾分类、桶站值守等情况进行全面摸排督导，指导各街乡建立以本单位人员力量为主力，以包括在职党员、志愿者、网格员等各类兼职垃圾分类指导员为补充的桶站值守队伍，确保桶站有人看，分类有指导。

（赵惠冉）

【发展新党员310名】 年内，举办4期党员发展对象培训班，培训党员发展对象304名，发展新党员310名，其中抗击新冠肺炎疫情一线发展党员10名。

（王莹）

【帮扶生活困难党员1722名】 年内，按照全区党员人数，申请下拨基层党组织党建活动经费1035.04万元。共计帮扶生活困难党员1722名，其中，市级生活困难党员50名，区级生活困难党员222名，其他生活困难党员1450名，累计发放帮扶资金214.4万元。

（王莹）

【人才引进】 年内，优化完善人才业务办理流程，搭建北京市工作居住证、人员调京等“一站式”人才业务受理平台。年度内承办国内外埠人才引进、留学回国人员引进、解决夫妻分居问题调京业务32个，为136人办理《北京市工作居住证》。推进落实北京北控京奥建设有限公司3名优秀冰雪专业人才引进事宜，市人才工作局已通过其中2人需求申请。

（仲旭维）

【第十二批“人才京郊行”活动】 年内，开展第十二批“人才京郊行”活动，将市级选派的10位挂职专家分别安排到区融媒体中心、区城管委、区妇幼保健院等单位挂任实职，在媒体宣传、城市管理、医疗卫生、生态环境等领域，为服务保障冬奥会筹办和高质量绿色发展提供人才智力支持。组织第十二批“人才京郊行”挂职专家开展区情考察活动2次，帮助到区专家深入了解延庆、全面融入延庆，促进专家在各自岗位上更好地发挥作用、贡献力量。

（仲旭维）

【引导激励人才参与疫情防控】 年内，研究制订《关于进一步激励关爱疫情防控一线医务人员的十条措施》《关于激励广大人才投身疫情防控工作的若干措施》，面向延庆区内优质企业和重点支持中小微企业持续征集人才引进、工作居住证办理等人才业务需求，加大评选评优的推荐力度，进一步激励人才在工作岗位上担当奉献，鼓励引导广大人才积极参与抗击新冠肺炎疫情工作。

（仲旭维）

【首届科技创新型人才培训班】 年内，举办首届中关村延庆园科技创新型人才培训班10期，邀请来自全国高校、协会等机构10名优秀讲师，围绕产业发展政策解读、宏观形式分析、经济风险防范、团队和人力资源开发管理等内容，培训参学人员1000余人次，进一步拓宽科技人才视野，树立创新思维。

（仲旭维）

【推荐26人参加市级人才评选表彰】 年内，深化“弘扬爱国奋斗精神、建功立业新时代”活动，择优推荐26名人才参加北京市优秀青年、北京市享受政府特殊津贴等评选表彰，李京阳通过北京市优秀青年人才初评、张洪波获评政府特殊津贴人员。加大优秀人才培养力度，组织高级工程师李峰、突出贡献农村实用人才田海涛参加市人才局举办的高层次人才国情研修班。

（仲旭维）

【年度公务员招录104名】 年内，积极完善招录程序、创新工作方法，在招录过程中不断加强政治素质、专业素养考察，经笔试、面试、体检等环节，共为全区招录公务员（参公人员）104名，其中，定向选调生3名，2017届大学生村官选调生29名。

（高磊）

【人民满意公务员（集体）推荐评选】 年内，向市委报送拟推荐“人民满意的公务员”3人，“人民满意的公务员集体”1个。最终经市委确定北京市延庆区民政局基层政权和社会建设科副科长张超为北京市“人民满意的公务员”。

（高磊）

【科级及以下年度考核】 年内，围绕全区中心工作和重点任务，紧盯建设高素质专业化公务员队伍的目标，坚持客观公正、注重实干的工作原则，指导全区各机关按照优秀比例不超过20%，嘉奖比例不超过20%，记三等功比例不超过4%核定；全区各街道乡镇年度考核优秀、嘉奖、记三等功比例在上述比例的基础上，分别增加10%进行核定；对于服务保障中心大事表现优异的公务员，另行增加6%的嘉奖和2%的记三等功奖励指标进行核定。经指导全区74家单位开展考核工作，2019年参加考核的科级以下公务员1767人，未参加考核2人，考核优秀等次390人，称职等次1316人，参加考核不确定等次61人；获三等功164人，获嘉奖450人。

（高磊）

【干部教育培训】 年内，贯彻落实《干部教育培训工作条例》《延庆区贯彻落实〈2018—2022年北京市干部教育培训规划〉实施意见》，深入开展习近平新时代中国特色社会主义思想教育，加强处级干部和年轻干部教育培养，根据疫情形势和疫情防控要求，举办线上培训班7期，线下培训班7期，其中主体班4期，专题班10期，选调干部参加中组部、市委组织部举办的各类培训班24期，累计培训干部4754人次。加强干教网延庆分中心建设，开发20门在线学习课程，全区2843名在线报名学员全部完成学习任务。

（张新宇）

【处级领导班子年度考核】 年内，根据《北京市延庆区处级领导班子年度（实绩）考核办法（试行）》及考核指标体系，区委组织部牵头对全区108个处级领导班子进行了综合考评，按照乡镇、街道、行政事业单位、党群单位、经济单位、双管单位分类，共评选出29个先进单位。

（王永刚）

【领导干部报告个人有关事项】 年内，组织召开全区2020年个人有关事项报告工作部署会，区委常委、组织部部长刘学亮对个人有关事项报告工作进行重点强调，提出明确要求。组织全区30名市管干部、986名处级干部集中填报《领导干部个人有关事项报告表》。按照相关规定及领导干部报告个人有关事项信息管理系统的操作规范，完成领导干部个人有关事项报告表的信息录入、汇总等工作。截至年底，对212名干部的个人有关事项报告进行了重点抽查和随机抽查，对未如实填报的，严格按照有关规定严肃处理。

（王永刚）

【党政正职离任检查和经济责任审计】 年内，对12名离任党委（党组）书记履行干部选拔任用工作职责情况进行检查，委托区审计局对18名处级领导干部进行经济责任审计。

（王永刚）

【选人用人专项检查和不担当不作为问题检查】 年内，严格执行《关于在区委巡察过程中开展选人用人专项检查的工作方案》《关于在区委巡察工作中开展不担当不作为问题检查的工作方案》，在区委巡察工作中，对区司法局、区人力资源社会保障局、区财政局、区审计局、延庆镇、八达岭镇等22个单位开展选人用人专项检查和不担当不作为问题检查。均未发现存在相关问题。

（王永刚）

【党建研究工作】 年内，以书面汇报形式传达延庆区党的建设研究会2019年度工作报告，向各会员单位部署2020年度任务安排。承担市级党建课题1项，指导完成区级党建立项课题64项。编辑印发《延庆党建》季刊。

（李新鹏）

【组工信息员队伍建设】 年内，以《关于进一步加强全区组织系统信息宣传工作的通知》为基础，全区84个单位参与组建起108人的组工信息员队伍，负责本单位的组工信息宣传工作及日常联系沟通。同时，以微信群为平台，每日开展信息交流活动。

（邹思博）

【新冠疫情防控宣传】 年内，围绕社区（村）疫情防控大力开展宣传，制发《延庆区社区（村）疫情防控工作指南》，创新推出《图说延庆区社区（村）防控》，助力防控科学有序，并申请收入《同心抗议 众志成城——北京市新冠肺炎疫情防控大事记》。

（邹思博）

【基层党建工作述职评议考核】 1月23日，组织召开2019年度延庆区乡镇、街道、系统党（工）委（党组）书记抓基层党建工作述职评议考核会，区委书记穆鹏主持会议并讲话，市委组织部组织一处副处长朱兴东到会指导点评。区委常委、区委党建工作领导小组成员出席，部分“两代表一委员”和基层代表列席会议。截至2月底，全区1453个基层党组织相继通过现场、书面等形式完成了述职，并形成全区党建述职评议专题报告，上报市委组织部。

（赵惠冉）

【村、社区“两委”主要干部培训】 1月，按照《延庆区村、社区“两委”干部素质提升工程五年行动计划》的安排，组织开展村党支部书记、村委会主任冬季学法培训班。培训立足形势明方向，聚焦短板定举措，围绕法治亮底线，全方位提升农村党组织政治意识、法治意识、规矩意识，为交出服务保障冬奥会和高质量绿色发展两张优异答卷提供组织保证。全区376个村党组织书记、村委会主任全员参加。

（赵惠冉）

【农村实用人才开发培养】 3月6日，启动部署农村实用人才工作，确定新培养农村实用人才135名，同时选配区级指导教师28名、配备乡土专家36名。鼓励支持优秀农村实用人才项目参加市级创新创业大赛，延庆镇农村实用人才韩永茂“田源净菜·田园精彩”项目，获评北京市农村实用人才优秀创业项目。

（仲旭维）

【人才服务窗口正式启用】 3月20日，组建专职人才工作者队伍，在区政务服务中心设立办公地点和人才服务专窗，并正式投入使用。服务专窗以受理《北京市工作居住证》、人才引进等业务为主，开通人才服务热线，制发《居住证办理指南》等宣传手册，为企业及人才提供方便快捷的人才政策服务。

（仲旭维）

【基层党建重点任务落实推进会】 3月26日，组织召开基层党建重点任务推进会，部署年内基层党建重点工作。对标对表中央、市委基层党建重点任务清单，广泛征求各单位部门意见建议，形成《2020年全区基层党建工作重点任务清单（47项）》。8月14日至19日，分片召开基层党建重点任务交流会，对“两委”换届前期准备、党支部工作试点、软弱涣散村整顿等基层党建重点任务进行说明部署。

（赵惠冉）

【组工信息宣传工作】 4月21日，研究下发《关于进一步加强全区组织系统信息宣传工作的通知》，对全区组工系统信息宣传工作撰写、报送进行规范，进一步提高全区组织工作信息宣传质量，全面反映组织工作最新动态。截至年底，累计向市级以上媒体报送信息1077篇，600余篇信息在各类媒体刊发811篇次。其中社区防控信息工作采用34篇，北京农村地区疫情防控工作动态采用74篇次，组工动态采用12篇次，北京组工公众号和北京组工网采用262篇次。

（邹思博）

【“街乡吹哨、部门报到”系统平台应用培训】 4月21日，举办全区“街乡吹哨、部门报到”系统平台应用培训。培训涉及3个街道和15个乡镇“吹哨报到”“接诉即办”主责科室负责同志和工作人员，通过现场授课方式对“吹哨报到”系统平台解决群众诉求的各项功能、相关流程以及操作进行培训。

（鲁文轩）

【区“吹哨报到”信息系统平台开发上线】 4月26日，为满足条块协同推进基层治理的需求，延庆区“吹哨报到”信息化系统平台正式上线。系统涵盖全区18个街道乡镇、74个区级职能部门、57个基层站所、20余家公共性服务企业。截至年底，全区各街道乡镇线上累计

“吹哨”354次，其中，普通哨156件，重点哨177件，疑难哨21件。

（鲁文轩）

【人才工作交流与合作】 8月11日至21日，与兴和县、怀来县、宣化区开展在线协同培训，围绕高技能人才和专业技术人才发展的共同需求和短板，在农业、园林园艺、医疗卫生、教育四个领域培训3800余人次。12月21至22日，承办“首都专家延庆行暨学术休假”活动，为首都专家人才服务延庆区发展搭建平台，来自首都高校、市属企事业单位等22名专家人才与区10余个部门和单位建立对接并座谈交流，为延庆相关工作提供智力支持和指导服务。

（仲旭维）

【区委党建工作领导小组（扩大）会议】 9月2日，召开区委党建工作领导小组（扩大）会议，研究审议《关于全市区委书记、系统党（工）委书记抓基层党建述职评议考核相关问题的整改方案》；听取2020年上半年延庆区全面从严治党任务清单落实及进一步深化落实全面从严治党监督责任重点任务清单的汇报以及部分单位党建工作情况的汇报。

（赵惠冉）

【“第五届北京青年人才主题训练营”活动】 9月14日至15日，承办“第五届北京青年人才主题训练营”活动，邀请23名北京青年学者到区交流学习，选派区生态环境局、区文化和旅游局等部门青年人才代表深入对接交流，促进优秀青年人才共同进步成长。

（仲旭维）

【魏小东到区督导调研】 11月20日，市委常委、组织部部长魏小东到区调研，主持召开基层治理座谈会，听取《关于党建引领基层治理工作推进情况的汇报》。会后，部机关全体会、区委常委会对魏小东部长讲话精神进行了学习传达。

（赵惠冉）

【优秀人才培养资助】 11月27日，组织召开区级优秀人才培养资助工作会议，聚焦疫情防控、科技创新、文旅融合、农业农村等重点领域，以项目化形式对优秀人才的成长给予持续关注和支持。2020年选定11个集体项目和20个个人项目予以资助。

（仲旭维）

【“延庆组工”公众号正式上线】 12月25日，“延庆组工”公众号正式上线，通过不断丰富内涵，使其成为组织发声、展示基层组织风采、展现先锋力量的平台，同时增强其实用性和互动性，将关注群体从党员干部延伸至各个人群，努力打造精品公众号。

（邹思博）

区直机关党建

【概况】 中国共产党北京市延庆区委员会区直属机关工作委员会（简称区委区直机关工委）是区委的派出机构，所属党、政、群机关73个单位，包括党委3个、机关党委20个、基层党总支14个、基层党支部402个，党员7163名。2020年，区直机关工委坚持围绕中心、建设队伍、服务群众，以党的政治建设为统领，深入贯彻落实党的十九届四中、五中全会精神，全力服务保障中心工作开展，全面提升机关党组织政治功能，积极落实全面从严治党工作要求，指导机关各级党组织和广大党员干部有力推动全区各项重点工作任务完成。制发《以党的政治建设为统领进一步加强区直机关党的建设的具体措施》，围绕机关党建工作“抓什么”“谁来抓”“怎么抓”，从加强党的政治建设等4个方面提出19项重点任务及具体措施，明确基层党组织工作职责，完善责任分解机制，构建起方向明确、职责清晰、措施具体的三级党建工作责任体系，为区直机关工委系统机关党建工作提供基本遵循和工作方向。组织学习宣传贯彻党的十九届五中全会精神宣讲团，深入机关单位宣讲12场次。聚焦党务干部队伍建设抓实“1+3”队伍建设，举办各类培训班、专题讲座18期。邀请全国抗疫先进模范裴增军、陈丽娟为区直机关党员干部做先进事迹报告。指导成立区直机关首个“学思者马克思主义读书会”，带动青年党员学理论、正思想。在《北京组工》《延庆信息》等媒体刊发信息70余条次。坚决贯彻市委和区委部署，将新冠肺炎疫情防控作为首要工作抓紧抓实抓细。第一时间组建“机关干部疫情防控志愿服务队”，发动6905名党员干部深入社区开展地毯式摸排、重点人看护、路口值守5.42万人次；组织688名机关干部义务下沉乡镇参与清明期间防火防疫；发动610名机关志愿者迎送援鄂医疗队到区休养；发动6892名在职党员回社区报到。连续三天组织完成1.26万名机关工作人员核酸检测采样工作。宣传推送273个先进典型，12名机关干部和6家机关单位获得国家及北京市抗疫工作表彰。在创城攻坚、接诉即办、冬奥筹办等全区重点工作中强化党建引领，同频共振。在全区率先召开创城攻坚动员培训及辅导报告会，制发《延庆区直机关工委党员干部文明行为“十带头”倡议书》《关于组织开展“落实条例当先锋　创城攻坚见行动”的通知》，组建“提升文明素养　培育道德风尚”宣讲团巡回宣讲，营造创城工作氛围；推动党组织和党员服务社区常态化规范化，组织成立78支机关单位创城攻坚志愿服务队，发动机关党员干部参与志愿服务活动7300余人次。举办第五届冬季越野赛，组织上冰上雪培训，营造冬奥会筹办浓郁氛围。开展“大抓支部、夯实基础”专项行动，建立18项34条可量化考核指标，开展两轮专项检查。研究制订《2020年区直机关工委党建工作重点任务清单》，指导机关党组织制订部门重点任务清单，健全完善党建工作责任清单三级管理机制。贯彻落实《中国共产党基层组织选举工作条例》，指导19家处级班子单位党组织完成换届选举，增补调整13名党组织书记，审批预备党员发展及转正64人。组织完成2019年基层党组织书记抓基层党建述职评议考核工作；开展支部工作法和党建品牌创建试点工作，总结提炼11个“支部工作法”，选树11个机关党建品牌。制发《以党的政治建设为统领进一步加强区直机关党的建设的具体措施》，从加强党的政治建设等4个方面提出19项具体措施，明确工委、党组（党委）、机关党委和党支部的工作职责；完善责任分解机制，压实党建主体责任。全面贯彻落实《中国共产党党和国家机关基层组织工作条例》，指导党组（机关党委）成立机关纪委。举办“全面从严治党主体责任专题培训班”，组织8000多名机关干部参观“延庆区扫黑除恶专项斗争成果展”。

单位名称：中共北京市延庆区委区直机关工委
地　　址：延庆镇新城街2号
电　　话：69101131

（张伟娟）

【学习宣传贯彻党的十九届五中全会精神】 年内，区直机关402个党支部通过学习强国视频会议、“三会一课”、主题党日等形式，结合自身工作，开展集中学习研讨。邀请市委讲师团成员王洪波面向工委系统500名党务干部做示范宣讲，区宣讲团成员、工委常务副书记面向基层单位党员干部开展宣讲，开展“决胜小康，奋进十四五”百姓宣讲巡讲。围绕“十四五”规划和2035年远景目标对工委党建工作开展深入研究，做到全会精神融会贯通。

（庞晓娜）

【“大抓支部　夯实基础”专项行动】 年内，落实区委“大抓基层，狠抓落实”主题活动要求，区直机关工委系统开展“大抓支部，夯实基础”专项行动。制发《区直机关党建基础工作清单》，梳理汇总思想政治工作、理论中心组学习、党建品牌创建等18个方面61项内容，对制度落实的内容、程序、要求等进行规范。工委组成3个调研组，通过随机抽查、查阅档案、走访群众等形式，重点对各处级班子单位党组织进行调研，并督促指导党委、机关党委从严从实抓好支部建设，推动基层党支部把任务抓在手上，把责任扛在肩上。

（张伟娟）

【党员干部教育培训】 年内，区直机关工委创新党员干部教育培训新方式，边防疫边培训，不断提升教育培训质量。注重一线培训：将机关党员干部安排到疫情防控最前沿，教育引导系统党员干部在急难险重工作中彰显先锋模范作用。注重线上培训：建立以支部为单位的线上培训新模式，动员系统402个党支部通过学习强国App、北京干部教育网加强学习培训。加强对青年党员干部的培训引导，在税务局试点成立学思者马克思主义读书会，引导青年在学习习近平新时代中国特色社会主义思想上走在前列。指导各基层党组织开展学习内容、学习方式、学时统计，通过撰写学习体会、交流研讨、以考代训等方式检验培训效果。以世界读书日为契机，引导基层党组织通过多种方式开展学习，争创书香机关，争创学习型党组织。

（庞晓娜）

【《习近平谈治国理政》第三卷专题培训班】 年内，区直机关工委举办《习近平谈治国理政》第三卷专题培训班，分四批次对392名基层党组织书记进行轮训。并为工委系统党务干部和党员购置《习近平谈治国理政》第三卷2556册，作为党员教育培训教材和党员学习案头书。各支部利用“三会一课”“学习强国”和主题党日活动等多种形式开展学习研讨，推动学习“全覆盖”。

（庞晓娜）

【党员干部参与垃圾分类桶前值守】 年内，区直机关工委下发《区直机关工委关于进一步深化基层治理，加强基层党组织和在职党员服务社区工作的通知》，动员党员干部回社区报到，参与垃圾分类桶前值守，指导居民按照要求投放垃圾。区直机关5100余名党员干部参与“垃圾分类桶前值守行动”志愿服务，服务6800余人次。

（张伟娟）

【50个单位组建新冠疫情防控志愿服务队】 2月1日，区直机关工委积极落实四方责任，组织50余个处级班子单位组建“延庆区机关干部疫情防控志愿服务队”，主动对接乡镇街道，支援社区、村庄疫情防控。全年5.42万人次参与人员摸排、重点人看护、路口值守、政策宣传等志愿活动，与街道社区村庄共抗疫情，共克时艰，共同筑起疫情防控屏障。

（张红刚）

【新冠疫情防控党员自愿捐款】 2月28日，区直机关工委启动支持新冠肺炎疫情防控党员自愿捐款工作。区领导率先垂范，通过所在党支部带头捐款。1719名党员自愿捐款16万余元，捐款主要用于支持疫情防控工作，慰问战斗在疫情防控斗争第一线的医务人员、基层干部群众、公安民警和社区工作者等，资助因患新冠肺炎而遇到生活困难的群众和因患新冠肺炎去世的群众家属，慰问在疫情防控斗争中牺牲的干部群众家属等。

（张伟娟）

【机关干部下沉镇村参与防火防疫】 4月3日至5日，区直机关工委组织50多个机关单位近700名党员深入15个乡镇200多个村，参与清明节防火防疫。

（张红刚）

【创城攻坚动员培训会】 5月7日，区直机关工委召开“贯彻落实三个条例　全民共创文明城区”动员培训会，对《北京市文明行为促进条例》《物业管理条例》和《北京市生活垃圾管理条例》进行讲解。区委宣传部领导以“亮出最美延庆范儿，全民共创文明城”为题进行专题辅导。区直机关工委就贯彻落实“三个条例”，创城攻坚工作进行再动员、再部署，将全区创城攻坚“百日大决战”动员部署会精神传达到每一名机关干部，确保机关干部在创城工作中发挥表率作用。

（庞晓娜）

【党支部书记专题培训】 5月21日，区直机关工委联合区城指中心举办“坚持党建引领　深化基层治理”党支部书记专题培训班。区人力资源社会保障局、区住建委等15家单位的党支部书记代表和工委全体人员参加培训。邀请区城指中心副主任李卉冉就接诉即办的发展、工作流程以及如何提高接诉即办能力等方面进行培训。

（张伟娟）

【“提升文明素养　培育道德风尚”主题宣讲】 6月4日，区直机关工委举办的“提升文明素养 培育道德风尚”主题宣讲活动在区委老干部局开讲。区文旅局、区城市管理委、区生态环境局、区卫健委及延庆公安分局5名创城一线宣讲员，结合自身工作职责，就如何做好垃圾分类、规范自身行为、服务文明城区创建等内容开展宣讲。74家区直单位100余名机关干部参加活动。

（庞晓娜）

【党支部工作法试点】 7月至10月，区直机关工委指导8个单位11个党支部开展党支部工作法试点工作。通过专家授课、座谈交流、调研挖掘、教授指导、案例解读等方式，完成支部工作法试点工作，总结提炼出“‘3+X’党建工作法”“四字诀工作法”等11项党支部工作法。

（张伟娟）

【区直机关单位完成核酸检测采样】 6月20日至24日，通过摸排与行业领域摸排相结合、集中检测与靠前服务相结合以及测前培训与现场指导相结合的方式，分行业、分领域，聚焦重点区域、重点人群，区直机关工委组织73个单位1.26万名机关工作人员完成核酸检测采样工作，切实做到应检尽检、愿检尽检，不漏一人。

（张红刚）

【“党员先锋”宣讲团首场宣讲】 8月21日，区直机关工委“党员先锋”宣讲团进机关活动在区人力资源社会保障局进行首场宣讲。区城管执法局、区气象局等不同行业、不同岗位的6名宣讲员通过自己的亲历、亲闻、亲为，讲述身边党员干部勇于担当、奋力拼搏的感人故事，诠释共产党员的初心使命和责任担当。

（庞晓娜）

【“弘扬抗疫精神　牢记初心使命”先进事迹报告会】 9月17日，区直机关工委举办“弘扬抗疫精神 牢记初心使命”先进事迹报告会，邀请全国抗击新冠肺炎疫情先进个人北京市公安局延庆分局康庄站派出所党支部书记、所长裴增军和延庆区医院感染疾病科护士长陈丽娟做先进事迹报告。在工委机关掀起学习先进、争当先进的热潮，激励广大干部职工聚焦服务保障冬奥会，弘扬伟大抗疫精神，为统筹答好两张优异答卷贡献力量。

（庞晓娜）

【党员干部参观抗美援朝主题展览】 11月1日，区直机关工委组织360名党员干部到中国人民革命军事博物馆参观纪念中国人民志愿军抗美援朝出国作战70周年主题展览。激励机关干部传承抗美援朝精神，为争取新时代中国特色社会主义伟大胜利、实现中华民族伟大复兴的中国梦不懈奋斗。

（张伟娟）

【区直机关工委第五届职工越野赛】 11月19日，区直机关工委组织全系统职工参加“全力以赴迎冬奥，担当作为展风采”延庆区第五届长跑日暨区直机关工委第五届职工越野赛。越野赛设男子甲组、女子甲组、男子乙组、女子乙组4个组别，男子组赛程5000米，女子组赛程3500米。区委、区人大、区总工会相关领导及61家单位千余名干部参加活动。

（张红刚）

宣传工作

【概况】 中共北京市延庆区委宣传部（简称区委宣传部）是负责全区宣传思想文化工作的区委工作机构。年内，印发《延庆区关于提升和加强基层宣传思想工作队伍建设工作的实施意见》，明确宣传工作指导思想、工作原则，强化核心宣传工作队伍的主要范围，并对新闻发言人、网络发言人团队、处级班子单位宣传工作队伍、街道党工委副书记、乡镇党委宣传委员、村（社区）党组织宣传委员、宣传文化组织员、属地社会媒体及网络新媒体等7支核心宣传工作队伍的构成进行说明，明确各支队伍的主要工作任务和日常管理职责。同时，对其他宣传工作力量的管理和使用提出指导性工作意见。印发《北京市延庆区关于学习宣传贯彻〈北京市文明行为促进条例〉的实施方案》，依托理论学习中心组学习、新闻媒体、百姓宣讲、社会宣传阵地、互联网等5个平台营造文明健康的社会舆论氛围；动员党员领导干部、各类模范、广大未成年人、社会各界力量等4个群体，推动公共文明引导、五大文明创建、新时代文明实践中心建设、市民群众文化活动等，营造“迎冬奥、讲文明、树新风”的良好氛围。印发《延庆区“制止餐饮浪费　践行光盘行动”工作方案》，建立区文明委统筹谋划，区委宣传部（文明办）牵头协调，区商务局、区文旅局、区市场监管局、区机关事务中心分类负责，街道（乡镇）强化属地管理的三级管理体制，形成政府推动，各方参与，常抓不懈、长期坚持的工作机制。明确聚焦四类人群全社会动员，聚焦四大点位重点攻坚，聚焦三大领域风险防范，聚焦三大平台宣传引导等方面共16项举措，切实推动“光盘行动”落地见效。发挥推进全国文化中心建设领导小组办公室统筹协调、督查督办职责，组织领导小组办公室会议20次、领导小组专题会议3次，统筹推进《延庆区推进全国文化中心建设2020年重点任务折子工程》61项重点内容。印发《延庆区推进全国文化中心建设三年行动计划（2020—2022年）》系统谋划各项重点工作。重点推进长城文化带建设，成立长城文化带建设工作专班，建立专班运行机制，推动编制长城文化带中长期规划、长城保护三年行动计划，参与北京长城文化节等各项活动的策划及推广。扎实推进红色文化建设，印发《北京市延庆区关于推进革命文物保护利用工程（2020—2022）的实施方案》，着力推进平北展陈换展、红色阵地建设等。为宣传延庆乡亲志愿服务品牌，弘扬延庆志愿服务文化，开展文明爱心积分奖励，激励引导更多人参与志愿服务。区新时代文明实践中心办公室联合延庆邮政公司成立“延庆乡亲”志愿服务之家。在第一批试点工作经验基础上，聚焦“一个目标、四个定位、五项工作、三个到位、提升六个能力”的总要求，把握传播新思想、引领新风尚的工作目标，深化拓展新时代文明实践中心建设成果，推动第二批试点工作向“示范点”转化。推动新时代文明实践中心成为学习传播科学理论的大众平台、加强思想政治工作的坚强阵地、培养时代新人和弘扬时代新风的精神家园、开展中国特色志愿服务的广阔舞台。截至年底，成立区级实践中心1个、街乡实践所18个、村庄社区实践站423个、文明实践基地88个；广泛收集群众微心愿5027个；46个部门提供“点单派单”服务4671次，覆盖群众4.9万人次；各文明实践所提供服务3480次，覆盖群众15.6万人次。

单位名称：中共北京市延庆区委宣传部
地　　址：延庆镇湖北西路1号
电　　话：69174789

（夏超　宁俊勇）

【“中国好人、北京榜样”等荣誉称号获得者】　年内，“乐农家学雷锋志愿服务队”队长陈双来、社区民警季爱民入选中国好人榜。四次援疆教师康柏利、保护海陀自然生态的冬奥工程师罗进获评“2020北京榜样”月榜人物。长城卫士张杰、科技创新领军人胡天健、制冰师吴强入选“2020北京榜样”周榜人物。卢毅、吕彬、朱向晨、刘建军、李瑞森、何彦彬、罗进、康柏利、韩文兴、程龙10人获评“2020年延庆榜样（道德模范）”。王芸等20人获得“2020年延庆榜样（道德模范）”提名奖。北京2022年冬奥会和冬残奥会延庆赛区核心区联合党委、延庆籍援鄂医护人员团体、香水园街道火车站小区创城攻坚党员突击队获得“2020年延庆榜样（道德模范）”特别奖。

（兰玉芳）

【2家商户获评首都文明商户】 年内，北京金粟种植专业合作社、北京北菜园农产品产销专业合作社2家文明商户获评2020年度首都文明商户称号。北京环球新意百货有限公司、延庆人民商场、延庆购物广场、北京铭泽青丝藤发艺工作室、京西远景（北京）厨房设备有限公司、北京鑫荷商贸中心、北京海隆伟明超市7家商户复查保留2017—2019年度首都文明商户称号。

（兰玉芳）

【区领导调度创城工作】 年内，区委书记每周进行创城调研和检查指导，全年47次。四套班子领导调研创城工作12次。区级领导干部实地调研130余次，召开创城专题调度会19次，累计解决台账问题6215个。

（王雪原）

【2020北京文创大赛延庆赛区活动】 年内，在市委宣传部、市经信局等部门指导下，完成2020北京文创大赛长城文化创意赛区暨首届“好汉杯”八达岭长城文创大赛，2020延庆区创意创新创业大赛、创客北京大赛分赛。大赛在常规赛制基础上实现了三个“首次”，一是首次申请设立长城文化主题赛区，挖掘展示长城文化创新创意氛围；二是首次联手“创客北京”双创并轨，助力文化、科技产业升级；三是首次设立民宿专场，吸引优秀民宿项目集聚，助推延庆全域旅游发展。活动征集创意创新项目400余个，组织线上辅导、实地踏勘、文投面对面、初赛、复赛、决赛等活动12场次，选拔出60个优秀项目获得奖金奖励和落地支持，其中3个项目晋级市级大赛百强。AI智能设计盒子获北京赛区决赛单项奖，真北全球探索赛项目落地签约。移步换影超高清数字影棚、星空下的长城驿站等多个优秀项目与八达岭总公司达成合作意向并加速成果转化落地。实现了“以赛促产、以赛聚业”的办赛目标。

（李维娜）

【青少年思想道德教育活动】 年内，开展“致敬抗疫先锋”少儿文艺作品征集活动，收集并展出作品2500多件。以清明节为契机开展红色教育，举行“缅怀革命先烈 激发爱国情怀”向纪念碑敬献花篮活动，全区广大干部群众和中小学生通过“北京延庆App”进行全程网上直播在线观看。开展“七一”“童绘心声童心向党”新时代文明实践活动，学生们把亲手绘制的42幅画作，赠送给冲锋在抗击疫情第一线的社区工作者表达感恩之情。开展“开学第一课，一起学文明”活动，“环保奶奶”贺玉凤带领孩子们积极学习“四个条例”，争当崇德向善文明小使者。推进冰雪运动进校园，珍珠泉中心小学“筑梦冰雪，相约冬奥”荣获“首都未成年人思想道德建设创新案例”。曹毅荣获“首都新时代好少年”。

（兰玉芳）

【“四个条例”宣传活动】 年内，发放《致延庆乡亲的一封信》17万份，下发“四个条例”宣传展板1000块，海报5000张。面向干部职工、国有企业、学生、快递小哥等30类群体10万余人开展动员活动600余场。成立“深入贯彻四个条例 打赢创城攻坚百日大决战”区级宣讲团，发动各街乡成立二级宣讲团开展宣讲1600余场，成立“90后小宣志愿宣讲团”开展线上线下“微宣讲”60场。在窗口单位、公共文化设施、景区景点、社区、银行等点位，以“8有”为标准，打造108个学雷锋志愿服务站点。62个单位就近就便，主动认领交通路口，工作日早高峰组织志愿者开展文明交通引导志愿服务活动。按照“一周一重点，一月一主题，次次有巡查”工作机制，组织开展周末卫生大扫除活动45次，动员机关干部5万余人次，清理垃圾近百余吨。针对快递外卖小哥群体，成立快递行业自治联盟，并发布首个《延庆区快递行业文明守信自律公约》，为所有快递车辆喷上“文明识别码”，打造流动的文明宣传岗并自觉接受社会监督。

（王雪原）

【不文明行为专项整治】 年内，全面启动“贯彻落实四个条例，全民共创文明城区”社会动员活动。加大烟痰禁吐整治力度，启动

“低头一秒捡文明，烟头换礼助创城”活动，收集烟头2670余斤；各单位党员带头开展“共走文明路，共创文明城”志愿服务活动9000余次，10万余人次参与其中；组建“文明养犬劝导队”免费发放狗链、粪铲，行政处罚104起，收置流浪犬2600只；开展不文明交通专项整治，处罚违法停车22089起，依法扣留违法机动车、三四轮电动车417辆，处罚行人非机动车闯红灯778起。

（王雪原）

【新华社北京分社负责人到区调研】 1月5日至6日，新华社北京分社社长骆国骏一行到区，围绕延庆绿色高质量发展、冬奥会及高山滑雪世界杯筹备进展、世园会后续利用等内容进行调研。区委相关领导陪同调研。骆国骏一行实地查看国家高山滑雪中心竞速结束区、冬奥村、冬奥展示中心、国家雪车雪橇中心，听取冬奥场馆建设单位关于冬奥延庆赛区核心区场馆建设进展、赛区生态保护、赛道造雪及高山滑雪世界杯筹备、2022年冬奥会筹办情况的汇报。走访张山营镇后黑龙庙村“大隐于市”民宿、康庄镇火烧营村荷府民宿、世园会首届文化庙会，并与民宿企业负责人、后黑龙庙村、西大庄科村“两委”负责人进行座谈交流。

（夏超）

【“助力冬奥会　有我更精彩”冰上雪文明实践活动启动】 1月15日，延庆区“助力冬奥会　有我更精彩”——争当社区文明小使者暨寒假上冰上雪文明实践活动启动。活动分5个板块进行，主要包括：“迎接冬奥　从我做起”手抄报绘画、“当好东道主　文明看我行”志愿服务、新时代文明实践“冰雪延庆　激情冬奥”线上线下知识答题、“助力冬奥会　有我更精彩”滑冰滑雪体验、“过新春佳节　扬传统美德”我们的节日活动，同时融入中华传统美德和传统节日宣传教育内容。相关部门领导、社区文明小使者和居民代表300余人参与活动。

（兰玉芳）

【冬奥知识竞赛决赛】 1月16日，区委宣传部、新时代文明实践中心在八达岭会展中心举办以“冰雪延庆、激情冬奥”为主题的冬奥知识竞赛。全区乡镇街道的群众代表队、区直机关单位代表队，教委学校代表队参与竞赛。竞赛分为“势在必得”“力争上游”“快问快答”“奥运猜猜猜”“巅峰对决”等5个环节。区生态环境局代表队获得一等奖、区市场监督管理局代表队获得二等奖、百泉街道代表队获得三等奖。区委宣传部、统战部、区政协及市委宣传部精神文明创建处相关领导出席活动。

（宁俊勇）

【2019年度“文明家庭”颁奖典礼】 1月17日，“我为延庆增光　我为冬奥添彩”延庆区2019年度“文明家庭”颁奖典礼暨2020年文明家庭创建活动启动会召开。会议对2019年度10个“十佳文明家庭”、100个“文明家庭示范户”、1000个“文明家庭”进行表彰。文明家庭代表发起践行《延庆乡亲文明公约》，做到“逢人先礼让、困难热情帮、排队讲秩序、垃圾分类放”四件事，向不礼让斑马线、不文明养犬、随地吐痰、乱扔垃圾、车辆乱停乱放5大不文明行为宣战的“145”倡议。区委宣传部、区文明办、区纪检委、区妇联、区融媒体中心等部门领导和“延庆乡亲”志愿者代表500余人参加活动。

（兰玉芳）

【3家单位3名个人获市思想政治工作优秀称号】 1月18日，市委宣传部、市人力资源社会保障局、市思想政治工作研究会授予首都博物馆等98家单位第十五届北京市思想政治工作优秀单位称号；授予王皓等100名同志第十五届北京市优秀思想政治工作者称号。延庆区有3家单位及3名个人获奖，包括：区委儒林街道工委、区委统战部、区税务局及儒林苑社区党支部书记兼居委会主任安尚丽、延庆镇党委宣传委员耿书慧、北京启迪之星创业加速科技有限公司执行总经理张红英。

（董玉琪）

【“北京延庆”App文明实践板块上线】 1月

22日，“北京延庆”App上线仪式在区融媒体中心二期新址举行。人民日报媒体技术公司、新华社新闻信息中心、光明网、环球时报、北京日报、北京时间等相关媒体代表及区委宣传部、区各二级班子单位主管领导及群众代表，延庆区传媒联盟代表等300余人参加活动。

（宁俊勇）

【抗击疫情心理关爱志愿服务队成立】 1月28日，“特别假期　我们和你一起过”——抗击疫情心理关爱志愿服务队成立。志愿服务队由85名区精神卫生防治院具有丰富经验的精神科医师、心理咨询师、心理治疗师专家团队和区心理健康服务协会志愿者组成，并开通了“特别假期，我们和你一起过”心理援救热线，为全区市民及奋战在一线的医疗工作者进行心理援助。心理援救热线设有4部热线电话，号码分别为：18514703362、13581734758、13581727479、13581724256，热线服务时间为早8点至晚8点，每天配备3名医疗专家团队成员以及一名志愿者在岗服务。

（兰玉芳）

【“村书记播报”第一期上线】 1月30日，“村书记播报”第一期正式上线。通过录制亲切、诙谐的延庆乡土语言，宣传新冠肺炎疫情指令。

（宁俊勇）

【2020年延庆百姓春晚播出】 1月，区融媒体中心与区新时代文明实践中心策划的“2020百姓春晚专场”活动，在腾讯视频、抖音、快手、延庆电视台、调频FM92.8、微博、微信等延庆区融媒体中心所有官方账号播出。晚会分为五个章节：《梦里老家》《美丽乡愁》《妫川骄子》《世界瞩目》《奋进前行》。

（宁俊勇）

【区新时代办开展新冠疫情防控志愿服务】 2月至4月，新时代文明实践中心开通点单派单网络直播课堂，推出“测一测　防控知识知多少”小游戏，举办“抗击疫情　延庆乡亲我承诺”微信接力活动、“居家度元宵　猜谜共团圆”灯谜活动、“抗疫情保健康　靓生活风采秀”等活动，近6万人次参加，有效动员群众减少外出、助力疫情防控。志愿者全面参与村（社区）值守，帮帮团、跑跑腿小分队为居家观察人员送菜上门，为值守人员送姜汤送热水；开通心理关爱热线，为358人次提供心理疏导服务，开通返京人员电话咨询热线，帮助162人次外地返京人员打消思想顾虑、与社区、村做好返延人员对接，上门走访166名一线医务工作者及其家属，在全社会引导树立尊敬医护人员、关爱白衣天使的舆论导向；为96名居家观察人员送上文明实践爱心大礼包，将区委、区政府的关心鼓励送到群众身边。全区近400只队伍、2万名志愿者参与到抗击疫情工作中，凝聚起全区人民共同战“疫”的强大决心与合力。

（宁俊勇）

【区新时代文明实践中心第一次全体会议】 3月16日，区新时代文明实践中心第一次全体会议召开。会议学习贯彻习近平总书记在全国思想宣传工作会议上的讲话精神；总结全区新时代文明实践中心建设第一批试点工作情况；通报表扬25支志愿服务团队、40名志愿指导员、14个文明实践基地。从“激发新时代奋进力量、深化拓展基层思想政治工作体系、健全完善‘延庆乡亲’志愿服务体系”等5个方面部署全区新时代文明实践中心建设的21项重点任务。区新时代文明实践中心主任穆鹏出席会议，区新时代文明实践中心副主任于波主持会议。

（宁俊勇）

【未成年人思想道德建设工作会】 3月17日，延庆区2020年未成年人思想道德建设工作联席会第一次全体会议召开。会议审议《延庆区未成年人思想道德建设工作联席会工作制度》，并就《延庆区2020年未成年人思想道德建设工作方案（征求意见稿）》进行解读。4月27日，2020年未成年人思想道德建设工作会召开，会议总结2019年未成年人思想道德建设工作，部署《延庆区2020年未成年人思想道德建设工作方案》。第二小学、儒林街道代表进行交流发言。

（兰玉芳）

【新时代文明实践推进日活动】 4月26日，区委宣传部举办“亮出最美延庆范儿 全民共创文明城”新时代文明实践推进日活动。活动现场发布《亮出最美延庆范儿 全民共创文明城》——致延庆乡亲的一封信，内容分为“亮出文明范儿”“亮出宜居范儿”“亮出法治范儿”“亮出幸福范儿”四大板块，年内开展“战疫养成文明习惯”空中故事会、“精彩世园行生态大课堂”主题活动、“提高法治意识创建文明城区”系列法治宣传进基层等21项活动，助力全国文明城区创建。

（兰玉芳）

【“美丽延庆”城市品牌主题信用卡新品发布会】 4月30日，邮储银行北京分行“美丽延庆”城市品牌主题信用卡新品发布会在延庆区融媒体中心新址举办。现场发布以延庆城市品牌形象应用设计的“美丽延庆”主题信用卡，是北京地区首款以区级城市形象视觉识别系统设计的主题信用卡。主题信用卡是延庆城市品牌首次授权应用于金融领域，旨在以延庆城市品牌形象宣传推广延庆文旅资源，以各项惠民服务带动地区民生及文化旅游消费。

（李维娜）

【“新时代好少年”颁奖典礼】 5月29日，“亮出最美延庆范儿 我为家乡添光彩”北京市延庆区庆“六一”主题活动暨2020年“新时代好少年”颁奖典礼举行。王梓墨等10名少年获得延庆区2020年“新时代好少年”荣誉称号，袁毅等20名少年获得延庆区“新时代好少年”提名奖荣誉称号。穆鹏为“新时代好少年”颁奖，并为延庆区“新时代好少年”宣讲团授旗。

（兰玉芳）

【中央巡视组到区巡查新时代文明实践工作】 6月8日，中央巡视组副组长明春德带队到区，巡查延庆新时代文明实践工作。巡视组现场调研香水园街道新时代文明实践所和儒林苑社区新时代文明实践站，详细了解民情信息大数据库、“点单派单”系统、志愿服务积分商城和“北京延庆”App“三个中心”线上融合平台建设和运行情况，重点关注新时代文明实践基地建设情况和志愿服务队伍组成现状。区委宣传部负责人陪同并汇报。

（宁俊勇）

【志愿服务助推创城攻坚活动】 7月31日，区新时代文明实践中心在妫川广场开展“四不四必一劝阻 共创美丽文明城”延庆区志愿服务助推创城攻坚活动（“四不四必一劝阻”即：不随地吐痰、不乱丢烟头、不乱扔垃圾、不闯灯逆行，遛狗必须拴绳、垃圾必须分类、停车必须入位、开车必须礼让斑马线和主动劝阻不文明行为）。儒林、百泉、香水园街道和延庆镇志愿者代表，全区各新时代文明实践所负责人等60余人参加活动。

（宁俊勇）

【“传承好家训，弘扬好家风”云宣讲活动】 8月4日，通过北京延庆App直播的形式举行“传承好家训，弘扬好家风”云宣讲活动。全区各行业的20名宣讲员进行宣讲，1.2万余人次观看视频直播。

（兰玉芳）

【区创意创新创业大赛暨北京文创大赛、“创客北京”大赛延庆分赛收官】 8月8日，2020延庆区创意创新创业大赛暨北京文创大赛、“创客北京”大赛延庆分赛进行路演比赛，决出获奖项目。大赛由区委宣传部、区经信局、区财政局、区科协主办，区融媒体中心、北京延广融媒文化发展有限公司协办，北京启迪之星创业加速科技有限公司和北京八达岭工发新能源科技企业孵化器有限公司承办。于7月下旬启动招募，共征集参赛项目70余个。经过前期审核、专家评分、专家辅导等环节，20个文化+科技相关创意创新创业项目进入正式路演比赛，涉及文化旅游、创意设计、非遗及IP开发等多个领域。

（郭昭君）

【区参加国际服务贸易交易会文化服务专题展】 9月5日至9日，延庆区以“美丽延庆 冰雪夏都”城市品牌形象亮相2020年中国国际服务贸易交易会文化服务专题展。展区聚焦全区推进全国文化中心建设成果，以“美丽延庆 冰雪夏都”为主题，以“文化赋能、以展促贸”为工作目标，通过“文化+长城”“文化+世园”“文化+冬奥”三张金名片及“文化+富民”“文化+科技”两大特色板块，系统展示全区文化事业和文化产业发展成果。区内26家文化企业参与线下展和线上云展，展出文创、科技类实物展品200余件，吸引约4万余名观众到访参观。其间开展企业洽谈80余场次，达成初步合作意向20例，长城礼物等文化企业销售额同比增长5倍。

（李维娜）

【“弘扬伟大抗疫精神　致敬时代战疫先锋”首场百姓宣讲会】 9月29日，区举办“弘扬伟大抗疫精神　致敬时代战疫先锋”首场百姓宣讲会。宣讲以全区统筹推进新冠肺炎疫情防控和经济社会发展为主线，以“弘扬伟大抗疫精神·致敬时代战疫先锋”为主题，选取8名在抗击疫情、守护生命、服务群众、复工复产等工作中涌现出的典型人物事迹进行宣讲。区领导向获得全国、全市抗击新冠肺炎疫情的先进个人、先进集体、优秀共产党员和先进基层党组织献花。穆鹏、陈合安等四套班子领导、社会各界代表参加宣讲会。

（兰玉芳）

【出租行业“延庆的哥”文明创建活动】 10月15日，区启动出租行业文明创建暨“延庆的哥”创建活动，部署《北京市延庆区出租行业“延庆的哥”创建工作方案》。成立延庆区出租行业综合党委，以党建带动行业创建。制定评选标准，每年选树“延庆的哥标兵和榜样”110名，成立“延庆的哥”雷锋车队，打造“延庆的哥”宣讲团，开设“延庆的哥”流动课堂，开展“迎冬奥、讲文明、做示范”教育培训活动。出租汽车驾驶员代表、“延庆乡亲”志愿者、市民代表等200余人参加活动。

（兰玉芳）

【人民网采访团到区专题采访】 10月16日至17日，人民网党委副书记、副董事长、总编辑罗华率队到区，开展“大道康庄——人民网全媒体调研行”延庆区专题采访。采访团与区委、区政府主要领导、区发展和改革委、区生态环境局主要领导进行座谈；实地走访旧县镇、刘斌堡乡、张山营镇、中关村延庆园等点位；与区水务局、区文旅局、区园林绿化局、区科委、八达岭旅游总公司相关负责人及相关乡镇负责人和群众代表进行访谈；了解白河堡村移民搬迁实现脱低、加强水生态建设及保障密云水库供水安全、民宿集群发展带动周边农民就业增收、无人机产业发展及冬奥场景应用前景、生态惠民工作进展等工作进展和成效。区委区政府主要领导接受专访。

（夏超）

【“制止餐饮浪费，践行光盘行动”主题活动启动】 10月21日，我光盘　我光荣——延庆区新时代文明实践中心“制止餐饮浪费，践行光盘行动”主题活动启动。活动现场发布“443”主题行动和《延庆区民宿联盟文明公约》，向5家示范点授牌，组建2000人文明餐桌劝导队。区四套班子相关领导及区志愿服务联合会会长等出席活动。

（兰玉芳）

【“慈孝妫川　筑梦冬奥”重阳节活动开幕】 10月24日，延庆区2020年“慈孝妫川　筑梦冬奥”重阳节活动开幕。开幕式分为“感恩明礼　慈孝传承”“小康富民　情暖妫川”及“筑梦冬奥　情寄孝亲”三大篇章，展现妫川慈孝文化，传扬红色文化精神，传递家国情怀，冬奥工程建设者“一封家书”话忠孝，将“亲情之小孝”延伸为对“社会、国家之大孝”。全区423个新时代文明实践所站，以“爱心志愿行”“健康助老行”“孝和文体民俗文化体验行”为主题，开展爱心慰问、义诊、收秋、助老志愿服务等99项敬老孝亲活动，全区6.9万60周岁以上老年人受益。

（兰玉芳）

【全区村、社区宣传委员系列培训】 10月27日，区委宣传部举办2020年全区村、社区宣传委员系列培训首场培训会。截至11月13日，举办3期，1100余人次参加培训。活动以线下线上相结合方式进行，儒林街道、百泉街道、香水园街道副书记、主管科长及各社区党组织宣传委员在主会场参加培训，各乡镇党委宣传委员、主管科长、宣传干事、各村宣传委员在乡镇视频会议室分会场参加培训。内容涵盖《中国共产党宣传工作条例》精神贯彻落实、新时代文明实践工作专题讲座、冬奥会知识讲座等内容，培训中还专门安排新时代文明实践基层工作经验分享环节，进一步明确村社区宣传委员工作职责，推动基层宣传思想工作走深走实。

（夏超）

【7家市级媒体到区专题采访】 10月30日，北京日报、北京电视台等7家市级媒体对延庆区“制止餐饮浪费，践行光盘行动”工作进行专题采访。区委宣传部介绍全区光盘行动整体推进情况，并组织媒体分别到区机关事务中心食堂、新风酒店、十一学校、张山营镇“冬奥人家”精品民宿进行采访。

（兰玉芳）

【“文明延庆与冬奥同行”知识竞赛决赛】 10月31日，区举办“文明延庆与冬奥同行”新时代知识文明实践知识竞赛决赛。前期经过初赛、复赛，从18支乡镇（街道）队伍、33支区直机关队伍中脱颖而出的7支队伍进行对决。最终康庄镇获得一等奖，四海镇获得二等奖，旧县镇获得三等奖，区文旅局、区市场监管局、区民政局、井庄镇获得优秀奖，四海镇新时代文明实践所获得最佳组织奖。

（宁俊勇）

【全区群众性精神文明创建获得荣誉称号】 11月20日，全国精神文明建设表彰大会在京举行，区委书记穆鹏，姚官岭村书记张晓静受到习总书记接见。经中央文明委决定，延庆区被授予第六届全国文明城区和第六届全国未成年人思想道德建设工作先进城区荣誉称号，延庆区张山营镇等3个村镇被授予第六届全国文明村镇称号，延庆区医院等4个单位被授予第六届全国文明单位称号，徐兰凤家庭被授予第二届全国文明家庭称号，延庆区第二小学被授予第二届全国文明校园称号，延庆区八达岭镇等4个村镇复查确认继续保留全国文明村镇称号，国家税务总局北京市延庆区税务局等6个单位复查确认继续保留全国文明单位称号，康艳云家庭复查确认继续保留全国文明家庭称号。年内，经首都文明委决定，延庆镇等12个乡镇被授予首都文明乡镇，西山沟村等76个村庄被授予首都文明村，区市场监督管理局等19家单位被授予首都文明单位标兵，区文化和旅游局等67家单位被授予首都文明单位，段文江家庭等7个家庭被授予首都文明家庭，延庆区第一中学等15个学校被授予首都文明校园。经区文明委研究决定，授予延庆镇等13个乡镇文明乡镇称号，授予李四官庄村等75个村文明村称号，授予延庆区市场监督管理局等19个单位文明单位标兵称号，授予延庆区司法局等214个单位文明单位称号等。

（兰玉芳）

【“两条例一行动”联合督导检查】 11月27日，开展《北京市文明行为促进条例》《北京市生活垃圾管理条例》和“光盘行动”的“两条例一行动”联合督导检查。区委宣传部联合区商务局、区市场监管局、区城管委、区卫健委，以及香水园街道综合执法队组成联合督导检查组，对万达广场商圈内海底捞、比格等餐饮企业践行“光盘行动”、推进“垃圾分类”、控烟、食品安全卫生等工作落实情况进行实地督导检查。延庆榜样、“延庆乡亲”志愿者代表与督导检查组一起，共同进行文明行为劝导。

（兰玉芳）

【“延庆乡亲”志愿服务项目扶持办法发布会】 12月4日，区新时代文明实践中心和区志愿者联合会举行“延庆乡亲”志愿服务项目展示活动暨2021年“延庆乡亲”志愿服务项目扶持办法发布会。发布会以“志愿服务扮靓妫川、文明延庆与冬奥同行”为主题，扶持项目分为重点项目扶持和特色项目扶持两类，其中，重点项目5个，特色项目10个，扶持资金35万元。区委宣传部、区委统战部及区教委、区科协、区文旅局、区卫建委、区体育局、区农业农村局、区委党校志愿服务总队负责人，各街乡镇主管领导，志愿者代表185人出席活动。

（宁俊勇）

【党的十九届五中全会精神百姓宣讲活动】 12月7日至8日，区委宣传部举办“决胜小康 奋进‘十四五’”——学习宣传贯彻党的十九届五中全会精神百姓宣讲汇讲。基层的23支宣讲团队、69名百姓宣讲员讲述平凡人在疫情防控、复工达产、新农村建设、产业发展、城市建设等岗位中的感人故事，从中评选出“十优”百姓宣讲员和“十佳”百姓宣讲团队。首创百姓宣讲四级评审机制，开发首套百姓宣讲线上线下评分投票程序，9.3万人次同步观看网络直播。北京榜样代表、北京先进工作者代表、优秀宣讲员代表、媒体代表、党外人士代表、作家协会代表、网评员代表、延庆乡亲志愿者代表，以及各工委、各乡镇街道200余人参加活动。12月15日至23日，举办交叉巡讲。全区按照就近原则划分为3个片区，在5个工委、18个乡镇街道范围内开展交叉巡讲。旨在学习宣传贯彻党的十九届五中全会精神，进一步推进培育和践行社会主义核心价值观，为冬奥会筹办举办和地区高质量绿色发展凝聚强大精神力量。

（兰玉芳）

【10个公益环保组织和13人获市级荣誉称号】 12月8日，延庆区10个公益环保组织获评首都优秀环保公益组织，13人获评首都绿色生活好市民。夕阳传递环保志愿服务队、康庄镇康大姐志愿者协会、延庆登山俱乐部志愿服务队、延庆区墨墨祝福志愿者协会、北京市延庆区自行车协会、延庆绿手环体育志愿者协会、京郊麒翔志愿服务队、四海镇青年志愿服务队、八达岭镇石峡村长城文化宣讲队、永宁镇北关村志愿服务队获评首都优秀环保公益组织。张自禄、潘新、李伟、刘媛、王薇、王泽华、苑志彬、陈爱琴、乔淑芬、李振富、许萌、李霞、邱鹏飞13人获评首都绿色生活好市民。

（兰玉芳）

【延庆与西城区志愿者联合开展志愿服务活动】 12月11日，区“延庆乡亲”志愿者与西城区“西城大妈”志愿者联合举办“乘高铁、登长城、游延庆、做志愿”新时代文明实践志愿服务活动。“西城大妈”志愿者乘车体验京张高铁的先进科技和速度，两地志愿者80余人游览中国长城博物馆，并在长城脚下和景区内开展捡拾垃圾活动。

（宁俊勇）

统战工作

主要工作和活动

【概况】 中共北京市延庆区委统一战线工作部（简称区委统战部）是区委主管统一战线工作的职能部门，统一管理民族宗教侨务工作，对外加挂区民族宗教侨务办公室（简称区民宗侨办）牌子；中共北京市延庆区委台湾工作办公室（北京市延庆区人民政府台湾事务办公室）（简称区委台工办〔区政府台办〕），与区委统战部合署办公，负责全区对台工作；北京市延庆区海外联谊会，负责全区海外联谊工作；北京市延庆区党外知识分子联谊会，负责全区党外知识分子联谊工作。年内，区委统战部落实市委部署和区委要求，围绕中心服务大局，在统一思想中团结凝聚各方面资源力量，在巩固基础中推进各领域工作取得新实效。健全统战工作“三级网络、两级责任制”，推进完善大统战工作格局。区委书记全年就统战工作批示48次，区委常委会、书记专题会、统战工作领导小组（扩大）会研究统战工作10次，涉及16项议题。18个街乡成立统战工作领导小组，医疗卫生、教育系统和中关村延庆园等统战资源较多的部门实现统战工作有效覆盖。统一战线相约冬奥行动和科技小院“一院一策”有效推进，议政建言质量不断提升，民族团结进步创建和港澳台侨基层交流持续深入，宗教服务管理严格有序。全年通过构建教育培训体系、策划系列主题教育活动；组建多个志愿服务队，为防控疫情、助力地区高质量发展凝聚力量。区委统战部获评第十五届北京市思想政治工作优秀单位称号。

单位名称：中共延庆区委统战部

地　　址：延庆镇新城街2号

电　　话：69103030

（王爱华）

【党外代表人士迎新春座谈会】 1月19日，举行全区党外代表人士迎新春座谈会。穆鹏主持会议并讲话，于波通报世园会促进地区发展情况及2020年冬奥会筹办相关工作安排。党外代表人士围绕服务保障冬奥会、推动延庆高质量绿色发展等谈想法、提建议。区领导陈合安、黄克瀛与全区各民主党派、工商联、无党派、宗教界、非公经济和新的社会阶层等统战各界代表人士18人参加座谈。

（王爱华）

【统一战线志愿服务队参与新冠疫情防控】 2月3日，延庆区成立统一战线志愿服务队，90余名统一战线成员和统战干部值守在延庆3个街道的5个社区，最晚到深夜11点，最长执勤时间连续4个小时，有效缓解社区夜间防控压力大、执勤人员少等难题，为辖区新冠疫情防控做出贡献。

（王爱华）

【区委统战工作领导小组第一次全体会议】 3月6日，延庆区委统战工作领导小组2020年第1次全体会议召开。会议传达学习全国统战部长会议、市委统战工作领导小组全体（扩大）会议及全市统战部长会议精神，审议并通过《首都统一战线助力延庆冬奥冰雪休闲小镇建设实施方案》《延庆区推进“北京科技小院”工作实施办法》。穆鹏主持会议。全区46家成员单位参会。

（王爱华）

【区委统战部携手爱心企业慰问消防战士】 4月10日，区委统战部携手爱心企业利嘉商圈为延庆区消防救援支队捐赠总价值35000元的舟山带鱼300箱，对消防战士表示慰问。

（王爱华）

【“同心·延”马克思主义读书会启动】 4月22日，区委统战部组织全区统战各界读书爱好者启动“同心·延”马克思主义读书会。读书会以“走，一起读书吧”为口号，一月一活动、一季一分享，旨在增强全区统战成员思想政治素质，画出最大思想同心圆。启动仪式上，黄克瀛向与会人员推介《共产党宣言》并与大家分享读书心得。

（王爱华）

【“同心卫生室”联合调研】 5月12日，区委统战部、农工党延庆支部启动“同心卫生室”联合调研。围绕“谁在管、怎么管、怎么样”三个问题，与村医、村民、村委、乡镇主管领导进行细致座谈，详细记录“同心卫生室”的运行状况、人员配备、医疗设备使用和服务群众等情况。至6月底，调研组走访完成21个低收入村“同心卫生室”运行情况调查，7月份形成统战直通建言专报和调研报告。

（王爱华）

【同心圆大讲堂开讲】 5月18日，全区统一战线贯彻落实条例精神　打赢创城“百日攻坚战”同心圆大讲堂开讲。黄克瀛做“亮出最美延庆范儿　全民共创文明城”的创城攻坚“百日大决战”专题宣讲。全区非公经济代表人士、党外知识分子、各街道辖区商户代表及统战部、工商联全体机关干部100余人参加报告会。

（王爱华）

【首都统一战线助力冬奥发展延庆行全面启动】 6月11日，市委统战部副部长、市侨办主任刘春锋带领15名统战各界代表人士针对助力冬奥发展到区调研。调研组到张山营镇西大庄科村、冬奥森林公园、辉煌国际冬奥文化交流基地开展实地调研并召开座谈会。

（王爱华）

【网络人士统战工作座谈会】 7月21日，区委统战部、区委网信办组织召开网络人士统战工作座谈会。会议传达市委、区委关于加强网络人士统战工作相关会议精神，汇报网络人士统战工作推进情况及下一步重点工作安排，介绍延庆网络人士与互联网企业基本情况及开展的网络特色宣传活动等。区新的社会阶层人士联谊会副会长、延庆在线总经理王乐等20位网络代表人士参加会议。

（王爱华）

【乡镇统战干部到大兴区参观学习】 7月23日，区委统战部组织乡镇主管统战工作的副书记和组织委员一行10人到大兴区小黑垡村参观学习科技小院建设经验。实地察看小黑垡村“电子围栏”视频监控系统运行情况，参观湿地公园、科技小院、林下养殖场、林下种植基地和党群服务站，了解小黑垡村加强党建引领、借助统战资源、以科技小院为抓手推动农村经济发展和农民增收致富的相关情况。

（王爱华）

【民营经济人士座谈会】 7月28日，区委统战部、区工商联组织召开全区民营经济人士集体谈心暨营商环境座谈会。集体学习习近平总书记7月21日在企业家座谈会上的重要讲话精神，出席活动的10位民营企业家交流企业复工复产情况，并针对优化营商环境提出意见和建议。

（王爱华）

【延庆科技小院总数增至8家】 7月31日，3家科技小院再驻延庆，分别位于旧县镇大柏老村、延庆镇唐家堡村、四海镇王顺沟村。至此，延庆科技小院总数增至8家。北京农学院的专家队伍依托科技小院，根据延庆区农村产业发展的需求，对蚯蚓养殖、树莓种植和林下百合等产业开展科技攻关，进行技术帮扶，促进农民增收。

（王爱华）

【区委统战工作领导小组专题会议】 8月3日，区委统战工作领导小组召开专题会议，研究延庆区2020年民族经济工作发展有关工作和开展民族团结进步创建，筑牢中华民族共同体意识重点任务清单，听取科技小院、同心卫生室等重点工作汇报。区委统战工作领导小组相关成员单位参加会议。穆鹏主持会议，于波、黄克瀛、丁章春等区领导出席。

（王爱华）

【统战部调研科技小院】 9月17日，黄克瀛带队联合调研董家沟村、黄土梁村科技小院。组织区科委、区农业农村局等相关单位到大庄科乡董家沟村、黄土梁村科技小院联合调研，实地查看小院建设、项目进展及存在的问题。9月22日，黄克瀛围绕推进科技小院“一院一策”建设，到四海镇菜食河村、旧县镇大柏老村、米粮屯村的科技小院调研。

（王爱华）

【统战干部培训班开班】 9月21日，2020年统战干部培训班在区社会主义学院开班。全区各街道乡镇及二级班子单位100余名统战工作负责人参加培训。市委统战部副部长祁金利出席开班仪式并主讲开班第一课，黄克瀛做开班动员。截至年底，完成统战干部培训班6讲、党外代表人士进修班3讲、民族宗教界代表人士研修班2讲。

（王爱华）

【国家民委领导到区调研】 9月24日，国家民委经济司司长张志刚一行到区调研民族乡村发展相关工作，现场走访康庄镇东官坊村和大营村，对两个少数民族村的经济状况和特色发展情况进行了解，实地参观东官坊村农业设施大棚，并进行座谈。区委和区人大相关领导陪同调研。

（王爱华）

【统一战线助力乡村振兴】 10月20日，由市委统战部和多家企业负责人组成的统一战线“助力冬奥延庆行”第二期活动调研组，到香营乡和大庄科乡考察，重点调研缙阳寺和大庄科乡沙门村香草基地，通过实地考察和座谈为帮扶对象与企业建立联系。市委统战部常务副部长周开让，市委统战部副部长严卫群，区委常委、宣传部部长、统战部部长黄克瀛参加调研。

（王爱华）

【民盟北京市委主委到区调研】 10月28日，民盟中央副主席、北京市政协副主席、民盟北京市委主委程红到延庆调研“长城文化带”相关工作。在平北抗日烈士纪念园举办“中国民主同盟传统教育基地”揭牌活动，区领导于波、陈合安、杨雪平出席。当天下午，民盟北京市委“长城文化带”课题组前往八达岭长城博物馆参观并召开座谈会，听取长城国家文化公园环境、设施保护与规划建设、规划实施等情况的汇报，区领导陈合安、杨雪平参加座谈。

（王爱华）

【楼宇园区新社会阶层人士统战工作部署会】 11月6日，区委统战部联合区委组织部召开全区楼宇园区新的社会阶层人士统战工作部署会。传达市委组织部、市委统战部关于楼宇园区新的社会阶层人士统战工作部署会会议精神，部署《延庆区关于加强楼宇园区新的社会阶层人士统战工作的实施方案》。18个街乡及群团组织相关负责人参加会议。

（王爱华）

【党外青年干部座谈会】 11月7日，区委统战部、区委组织部联合组织召开党外青年干部座谈会。会议传达党的十九届五中全会精神和全区领导干部大会精神，12名党外青年干部逐一谈认识、讲体会，并结合本职工作为地区发展建言献策。

（王爱华）

【民进北京市委领导到区调研】 11月17日，市人大常委会副主任、民进北京市委主委庞丽娟，民进北京市委副主委吴森堂一行到区就“冬奥与延庆区域发展——科技与文体旅融合”主题进行调研。参观中关村延庆园氢能产业园和体育科技创新园，了解绿色氢燃料电池车服务冬奥相关情况及体育科技创新园建设情况并召开座谈会，为延庆高质量绿色发展建言献策。当天下午，组织召开民进北京市委调研民进延庆总支基层组织建设工作座谈会，穆鹏、黄克瀛等区领导参加相关活动。

（王爱华）

【区委统战工作领导小组第2次会议】 12月17日，区委统一战线工作领导小组2020年第2次（扩大）会议召开。会议通报部署《延庆区关于新修订〈北京市宗教事务条例〉宣传贯彻实施方案》，听取关于延庆区“北京科技小院”工作进展情况的汇报等工作。穆鹏主持会议并讲话。于波、张远、黄克瀛出席会议。

（王爱华）

社会主义学院

【概况】 延庆区社会主义学院是在区委领导下党政干部培训重要组成部分、党外代表人士教育培训主阵地、民主党派和无党派人士联合党校。社院领导体制是：区委常委、统战部部长兼任社院院长，区委党校常务副校长兼任社院常务副院长，区委统战部常务副部长和区委党校主管培训工作的副校长兼任社院副院长。学院与区委党校两块牌子、一套机构。年内，以深入贯彻落实《中国共产党统一战线工作条例（试行）》《社会主义学院工作暂行条例》为依据，突出教学与科研工作“两个重点”，做好教育培训、科研创新、队伍建设三项工作，坚持“高层次、有特色、正规化”的办学方针，坚持“爱国、团结、民主、求实”的校风，坚持一致性和多样性统一的工作主线和基本方针，落实教育培训党外代表人士的重要职责。

单位名称：延庆区社会主义学院

地　　址：延庆镇庆园街69号

电　　话：69103148

（李桂新）

【教育培训】 年内，开办2期统战干部培训班、1期党外代表人士培训班、1期佛教协会培训班和2期宗教人士培训班。持续实施“杰青领航”培训项目，坚持延庆区“同心圆”大讲堂，全年主要培训活动7期，培训770余人次。

（李桂新）

【科研工作】 年内，校级重点课题《延庆区社会主义学院培训需求调研》结项。北京市社会主义学院北京世园公园共识教育实践基地通过验收。

（李桂新）

机构编制

【概况】 中共北京市延庆区委机构编制委员会办公室（简称区委编办）为中共北京市延庆区委机构编制委员会（简称区委编委）的常设办事机构，承担区委编委日常协调服务工作，列入区委工作机关序列，归口区委组织部管理。年内，区委编办先后开展农口、中关村延庆园等10个处级事业单位改革，优化农口机构设置，理顺职责关系，推进农业事业单位下沉乡镇，推动“三农”事业发展。整合组建中关村延庆园服务中心（区投资促进服务中心），统领全区招商引资和企业服务工作。研究制订《2020年北京市延庆区经费自理事业单位改革试点方案》并组织实施，撤销4个经费自理事业单位，推动区住房城乡建设委、区城市管理委、区水务局、区民政局所属经费自理事业单位转企改革。组建领导小组和工作专班，研究起草《北京市延庆区深化事业单位改革试点实施方案》，围绕加强党的领导、服务保障冬奥会、新时代文明促进、“两山”理论实践发展、自然保护地管理、世园公园管理等方面，重点优化重组10个处级事业单位，清理规范、更名部分处级事业单位，建立健全政事权限清单、机构职能编制规定、章程管理“三个抓手”，完善支持保障政策。截至年底，全区有事业单位法人284个。全区设立议事协调机构49个，其中决策议事协调机构12个。同步开展各议事协调机构《工作规则》《办公室工作细则》制定、备案工作，完善议事协调机构信息库。区委编办动态调整全区123项行政职权事项，其中，新增22项行政职权事项，取消15项行政职权事项，调出14项行政职权事项，整合20项行政职权事项，变更52项行政职权事项的基本要素，并将调整后的行政职权事项在延庆政府网站向社会公开。

单位名称：延庆区委机构编制委员会办公室
地　　址：延庆镇西街2号
电　　话：69102430

（韩雪）

【街乡综合执法权落实到位】 年内，区委编办起草并以区政府名义印发《向街道办事处和乡镇人民政府下放部分行政执法职权并实行综合执法的工作方案》，确定16项具体任务，明确相关部门分工和完成时限。以区政府办名义印发《向街道办事处和乡镇人民政府下放部分行政执法职权市、区、街道乡镇三级权限划分意见（试行）》，进一步细化下放的行政职权执法范围。自2020年7月1日起，包括市政管理、园林绿化管理、停车场管理、市容环境卫生管理等方面的431项行政执法职权均下放至街道办事处和乡镇人民政府。

（韩雪）

【乡镇机构改革完成】 6月，根据市委编办《关于本市乡镇机构改革的指导意见》开展全区乡镇机构改革。综合分析各乡镇人口规模、经济基础、功能定位、管理任务等因素，统筹调剂各乡镇之间人员编制。按照综合化、扁平化原则设置乡镇六个党政机构、一支行政执法队和五个事业单位，结合延庆区实际，下沉农业技术综合服务分中心，同生态环境管理中心、农村三资管理服务中心一起，搭建乡村振兴和“三农”发展服务管理体系。至10月底，在全市率先完成乡镇机构改革各项工作。

（韩雪）

【森林公安管理体制调整】 8月，区委编办将区园林绿化局所属森林公安处（市公安局延庆分局森林公安处）整建制划转至市公安局延庆分局，并更名为市公安局延庆分局森林公安大队，为市公安局延庆分局内设机构，相应划出25名政法专项编制。

（韩雪）

【机构改革专项评估】 11月，区委编办牵头成立联合检查组，对全区2019年涉改的党政行政机关及2020年涉改的两个事业单位共47个部门机构改革落实和“三定”规定执行情况进行专项评估。

（韩雪）

【行政执法管理架构调整】 11月，区委编办对区级行政执法机构和承担行政执法职责的事业单位进行调整优化，将区城管执法局调整为区城市管理委管理的副处级行政执法机构，调整后，区副处级行政综合执法大队共8支。新组建区应急管理、园林绿化、人力资源和社会保障、水务等4支正科级综合执法队，与街乡19支执法队一同搭建起全区各领域、全覆盖的行政执法管理体系。

（韩雪）

政策研究

【概况】 中共北京市延庆区委研究室（简称区委研究室），挂中共北京市延庆区委全面深化改革领导小组办公室牌子，主要负责全区调查研究的组织协调、区委重要文稿起草等工作。年内，开展重点领域系列调研，广泛吸收各方面意见建议，在区规划编制领导小组领导下，高质量完成延庆区“十四五”规划建议及2035年远景目标。完成区委主要领导在区委二届十一和十二次全会报告、区委书记月度点评会发言等重要文稿80余篇。

单位名称：中共延庆区委研究室

地　　址：延庆镇湖北西路1号

电　　话：69104054

（张明湛）

【调研成果】 年内，完善调查研究定题、结题、转化全流程工作机制，编制调研报告写作指导手册。在《北京调研》《北京农村经济》刊发调研成果“关于深入推进新时代文明实践中心建设的思考”1篇。编印《2019年度优秀调研成果汇编》，编发《延庆调研》24期。

（张明湛）

【工作建议】 年内，编发《浅析香草产业发展现状与趋势》《简析新基建》《对我区推进区域化党建工作的几点建议》等6篇决策参考，获得区委主要领导批示3条次。

（张明湛）

深化改革

【概况】 中共北京市延庆区委全面深化改革委员会办公室（简称区委改革办），作为常设性工作机构设在区委研究室，一个机构、两块牌子，主要负责处理区委全面深化改革委员会日常事务，对各专项工作统筹、协调、督促、检查和推动。年内，组织召开5次区委深改委会议，研究审议经费自理事业单位改革试点方案、生态保护资金管理办法等20余个重要议题，30项重点改革任务和《若干措施》260项年度任务全部完成。制定印发延庆区推进治理体系和治理能力建设的若干措施及落实分工方案，对445项改革任务进行细化分解，形成260项年度任务清单。制定《区委全面深化改革委员会2020年工作要点》，明确11个领域30项重点改革任务。在深改委框架下建立联席会议制度，明确由区委副书记、区委改革办主任担任召集人，全年召开联席会议8次。围绕复工复产、延海跨区域协作、“农口”改革、民宿产业发展等特色亮点撰写改革交流文稿，其中5篇在《北京改革情况交流》上刊发，“延庆民宿产业发展”被列入全市改革典型案例汇编，并作为基层探索典型写入市委深改委年度工作总结报告。

单位名称：中共延庆区委改革办

地　　址：延庆镇湖北西路1号

电　　话：69143273

（张明湛）

【第三次（扩大）会议】 3月4日，区委全面深化改革委员会召开第三次（扩大）会议，传达市委专项督察组针对《关于健全生态保护补偿机制的实施意见》到延庆区督察调研情况，审议《区委全面深化改革委员会2019年工作总结报告》《区委全面深化改革委员会2020年工作要点》、贯彻落实区委二届十次全会《若干措施》重要举措分工方案、推进《若干措施》落实的联席会议制度。

（张明湛）

【第四次会议暨《若干措施》推进专题会议】 6月23日，区委全面深化改革委员会召开第四次会议暨《若干措施》推进专题会议，听取《若干措施》落实情况的汇报，审议《2020年北京市延庆区经费自理事业单位改革试点方案》《北京市延庆区深入推进审批服务便民化实施方案》《北京市延庆区生态保护资金管理办法（暂行）》。

（张明湛）

【第五次会议】 8月19日，区委全面深化改革委员会召开第五次会议，研究审议《北京市延庆区“两山指数”评估大纲》《北京市延庆区“绿水青山就是金山银山”实践创新基地制度建设评估报告》《北京市延庆区生态系统生产总值（GEP）评估报告》《延庆区委办局下属劳务公司整合方案》，听取农口事业单位改革进展情况的汇报。

（张明湛）

【第六次会议】 11月23日，区委全面深化改革委员会召开第六次会议，研究审议《关于调整区委全面深化改革委员会组成人员及专项小组设置的方案》《延庆区关于党的十八届三中全会以来全面深化改革落实情况的总结评估报告》，听取《延庆区融媒体中心改革总体方案》落实情况的汇报。

（张明湛）

【第七次会议】 12月15日，区委全面深化改革委员会召开第七次会议，听取《若干措施》年度任务落实情况和明年工作安排的汇报，研究审议《延庆区加强农村集体土地管理落实“村地区管”机制的实施意见》。

（张明湛）

老干部管理与服务

【概况】 中共北京市延庆区委老干部局是区委管理全区离退休干部工作的工作机构，归口区委组织部管理。服务管理离休干部60人，其中，本地55人，代管4人，易地安置1人；副处级以上退休干部1180人，其中，副区级以上37人，正处级489人，副处级654人。年内，贯彻落实中办《关于进一步加强和改进离退休干部工作的意见》、京办《关于进一步加强和改进离退休干部工作的实施意见》和京延办《关于进一步加强和改进离退休干部的实施细则》，加强离退休干部政治建设、思想建设和党组织建设，组织引导老同志为党和人民事业增添正能量，用心、用情做好离退休干部服务工作。疫情期间组织老干部开展“众志成城、阻击疫情”文艺“大比武”活动，创作诗书画等作品500余幅。

单位名称：中共延庆区委老干部局

地　　址：延庆镇香苑街107号院

电　　话：69144298

（王晓吉）

【离退休干部服务】 年内，对全区离退休干部进行普遍慰问，发放慰问品及学习材料。截至年底，为离休干部和区级退休干部购买家庭保洁服务支出3.234万元。为破产转制困难企业离休干部上缴医疗保险金158.25万元，核算发放住房补贴、物业补贴、取暖补贴56.55万元。

为4名抗战时期离休干部做好提高护理费的审批工作。看望生病住院老干部20人。为老干部送生日祝福110人。送别老干部5人。

（王晓吉）

【老干部工作会】 1月21日，延庆区召开2020年老干部工作会。会议传达全国离退休干部“双先”表彰大会和全国老干部局长会议精神，播放延庆区2019年离退休干部工作宣传片，总结2019年全区老干部工作，部署2020年老干部工作任务。穆鹏对2020年老干部工作提出要求。区委老干部工作领导小组成员、全区处级班子单位党委（党组）书记、主管老干部工作负责人、离退休干部代表200余人参加会议。

（王晓吉）

【市委老干部局到区调研】 5月19日，市委组织部副部长、市委老干部局局长张革“四不两直”到百泉街道湖南社区调研党建引领老干部工作向基层延伸工作。区委组织部、区委老干部局、百泉街道工委负责人陪同调研。

（王晓吉）

【老干部网络书画展】 7月初，延庆区老年书画研究会以“敢为先锋、筑梦有我”为主题，举办“翰墨写初心，丹青颂党恩”网络书画作品展。展出作品60幅。

（王晓吉）

【全区经济社会发展情况通报会召开】 9月27日，区委老干部局召开全区经济社会发展情况通报会。于波向离退休干部通报2020年1至8月经济社会发展情况。区级离退休干部代表、离退休干部党支部书记代表、老干部社团组织和兴趣团队负责人代表、军休所离退休干部代表、处级退休干部代表以及区委老干部局机关党员干部120余人参加会议。

（王晓吉）

【重阳节组织慰问和参观】 10月底，区委常委、组织部部长李志遂带队慰问部分离退休干部。区委老干部局组成6个慰问小组，对接管破产转制企业离休干部、局机关离休干部、区级离休干部及75岁以上区级退休干部等44名老干部进行全面走访慰问，送去节日的问候和祝福。重阳节期间，区委老干部局组织区级退休干部、离退休干部党支部书记、老干部文化艺术服务联合会负责人、老年大学教师等120余人，到中关村延庆园开展“喜迎九九重阳节、我看家乡新变化”主题参观活动。

（王晓吉）

【区关工委换届】 11月12日，延庆区关心下一代工作委员会换届工作会议召开。市关工委常务副主任李昭玲、副主任何昕，区委组织部部长李志遂，区关工委主任赵双利，区关工委第一届主任王孝彬出席会议。各成员单位主管领导及区委老干部局全体机关干部70余人参加会议。

（王晓吉）

【离退休干部年统暨信息化建设部署会召开】 12月16日，区委老干部局召开2020年全区离退休干部统计工作及信息化建设部署会，安排部署2020年度全区离退休干部统计年报工作，明确下一阶段推进全区老干部工作信息化建设主要任务。全区82家单位100余名专兼职老干部工作者参加会议。

（王晓吉）

网络安全

【概况】 中共北京市延庆区委网络安全和信息化委员会（简称区委网信委）是区委层面研究决策网络安全和信息化重大问题的议事协调机构，中共北京市延庆区委网络安全和信息化委员会办公室（简称区委网信办）是其常设办事机构，负责区委网信委日常协调服务工作，列入区委工作机关序列，加挂区互联网信息办公室（简称区网信办）牌子，设区互联网信息管理中心1个事业单位。年内，加强统筹谋划和制度建设，出台延庆区网络综合治理体系建设任务分工方案，编制网信“十四五”发展规划，制定网络安全工作责任制实施办法等制度规定。加强网上宣传引导，围绕政策理论传播、全面小康、冬奥筹办、创城攻坚、接诉即办、“四个条例”落实等，编发双微信息5000余条，阅读量9000万余次，370余条信息阅读量过万，北京延庆官方微信粉丝数突破10万。完善舆情应对体系，畅通舆情信息流转渠道，加强部门联动，迅速妥处八达岭长城刻字、延庆多起山火、区医院医生被打等敏感级及以上舆情23件，促进500余条网上民生诉求办理解决。管控不实和敏感信息130余条，就延庆新冠疫情病例、冷链食品监管、市民抢购米面粮食、中通快递派件异常等群众关切和白庙疫情、蒙古国支援中国羊群抵达延庆等不实信息，主动回应引导，澄清谬误、解疑释惑。健全完善网络安全联合检查工作机制，部署网络安全流量探针设备，对互联网工作邮箱开展专项整治，组织举办国家网络安全宣传周活动，确保网络系统安全稳定运行。

单位名称：中共北京市延庆区委网络安全和信息化委员会办公室
地　　址：延庆镇湖北东路118号
电　　话：69109927

（王滨琪）

【网络意识形态阵地管理】 年内，制发网络与信息安全应急值守规范，依托新媒体监督评估系统，对全区新媒体账号实时监控。建立常态化监管和预警提示机制，约谈违规账号负责人6次。建立社会自媒体发布政治属性、敏感事件信息审核报备机制，指导“延庆”“延庆在线”2家影响力较大的自媒体账号完成更名。联合排查陈刚等有关信息2923个点位、清理29条问题信息，保障网上意识形态阵地安全。

（王滨琪）

【互联网企业党建】 年内，开展企业摸排并动态更新党建台账。通过党的十九届五中全会精神宣讲、赠送党建书籍、专题党课、“七一”走访调研、从业人员教育培训等活动，强化党建工作指导，促进行业自律和网络协同治理。针对企业疫情防控和复工复产工作，远程摸排20余次、实地指导4次，为企业提供政策解读和防护指引服务包，协调帮助部分企业解决口罩配备、房租减免等困难，将企业紧紧团结在党的周围。

（王滨琪）

【“三个中心”贯通融合】 年内，牵头加快推进新时代文明实践中心、融媒体中心、政务服务中心“三个中心”贯通融合。制订工作方案，建立联席会议机制，召开协调会、推进会10余次。以北京延庆App为基础平台，在服务群众的载体、机制、流程等方面实现技术和数据贯通。

（王滨琪）

【预警通报12次修复漏洞1200个】 年内，健全属地网站常态化三级动态监测预警体系，建立网络安全联合检查机制。开展技术检测10余次、现场检查5次、月度预警通报12次，发现安全隐患并指导督促有关单位整改加固。全年修复各类漏洞1200余个，96%处于安全范围内，较年初提高10个百分点。

（王滨琪）

【邀请网络媒体新春走基层】 1月17日，联合市委网信办组织中央和北京市属新闻网站、网络媒体等20余家单位以及网络名人大V，走进延庆，开展网络媒体“新春走基层”活动。通过视频、图文等方式，全媒体多平台宽角度宣传展示新时代延庆百姓美好生活。

（王滨琪）

【新冠肺炎病例舆论引导】 2月3日，北京市通报延庆区出现1例新冠肺炎确诊病例。“北京延庆”微信公众号迅速回应引导，1小时内编发《延庆“出现”1例确诊病例，原来是这么回事》，并组织舆论引导队伍广泛转发，半小时内阅读量突破10万，有效消除公众恐慌情绪。

（王滨琪）

【区委网信委第三次会议召开】 3月7日，区委网信委第三次会议在区委区政府机关视频会议室召开，传达市委网信委第二次会议精神，审议并通过网信委组成人员调整名单、2019年网信工作开展情况和2020年网信工作要点，穆鹏、于波及网信委成员单位负责人等22人参会。

（王滨琪）

【全国“两会”期间网络安全保障】 5月，制发“两会”期间网络安全保障工作方案，联合公安、经信对卫健、教育、文旅等重点行业部门现场检查。整改加固区内20个平台、App和网站监测到的49个安全问题，妥善处置5个异常IP设备；督促指导26家存在风险的政务网单位整改漏洞54处，会同区信息中心对1家高风险单位采取断网措施；委托专业机构7×24小时实时监测25家重点保障网站，加大预警力度，增加每日“零报告”频次，筑牢网络安全防线。

（王滨琪）

【舆情刊物整合】 5月，取消延庆舆情《每日舆情》《舆情参阅》，将常规舆情、民生诉求类信息并入《延庆值班快报》，参阅内容并入《延庆信息》，保留《舆情专报》。截至年底，编发舆情专报71期。

（王滨琪）

【互联网直播管理】 6月，建立互联网直播报备机制，要求区内各网络平台账号须在直播前至少5个工作日报送备案表、直播方案、脚本和应急预案等材料。事前联合开展直播舆论风险评估和研判，指导消除风险隐患，确保直播规范有序。全年累计进行直播报备39次。

（王滨琪）

【文明上网系列公益活动】 8月，联合区司法局、区律师协会开展6场文明上网公益论坛和线上宣讲活动。邀请专业律师，依托微信群、腾讯视频等线上互动直播平台，围绕网络安全法和文明行为促进条例中有关文明上网的条款进行法律解读。1000余名机关干部和社区工作人员参与互动，营造文明上网的良好氛围。

（王滨琪）

【新闻发言人暨网络发言人团队培训】 8月至12月，联合区委宣传部开展为期四个月的2020年新闻发言人暨网络发言人团队培训，采取全线上直播授课、主会场集中学习、参训者就地观看等形式，就网络意识形态管理、舆论引导、新媒体运营、舆情应对、网络安全维护等内容进行培训。安排18节理论和技能课及3场实战演练，分批分次精准施教，累计培训4000余人次。

（王滨琪）

【国家网络安全宣传周活动】 9月14日至20日，组织教委、经信、公安等29家单位围绕“网络安全为人民，网络安全靠人民”主题，联合开展“网络安全八进基层”活动。设立电信日、青少年日等6个主题日，线上线下开展网络安全知识普及。发布转发科普视频、倡议书、线上答题等网络安全信息1200余条，发送公益短信11万余条。举办网络安全专题培训班，旨在提升全民网络安全意识和防护技能。

（王滨琪）

【网络安全流量探针部署】 9月，委托专业机构对区信息中心和区卫生健康委2家单位试行部署网络安全流量探针设备。采集汇聚节点、核心节点和互联网出口的流量日志；提取各类用以支撑网络安全监测分析业务的数据；为漏洞分析、安全预警等提供有效数据支撑；不断提升技术防护水平。

（王滨琪）

【“长城记忆”网络传播活动】 9月，策划开展“长城记忆”网络传播活动，开设“长城记忆”微博话题。以八达岭长城为核心、长城文化带建设为主线，推出12个长城主题，开展网络名人实地踏访体验、抽奖、视频征集等线上线下互动活动。用足用好市区媒体、政务、粉丝等资源力量，全年发布信息400余条，微博话题阅读量2.2亿，讨论4.2万次，被新浪微博热搜榜置顶推荐2次，单条阅读突破百万的信息40余条，全媒体多角度展现长城特色、推介妫川文化，助推全域旅游发展和文化保护。获评全市优秀“网络正能量活动”。

（王滨琪）

【网络综合治理体系建设】 11月，研究出台延庆区贯彻落实网络综合治理体系建设若干措施的任务分工方案。细化分解83项具体任务，明确责任单位和完成时限，统筹谋划网络综合治理七大体系建设。全面推进网信领域制度建设、网络意识形态责任制落实、网络内容管控等工作，为全区经济社会发展保驾护航。

（王滨琪）

党校教育

【概况】 中国共产党北京市延庆区委员会党校（简称中共延庆区委党校），是在区委直接领导下培养党员领导干部和理论干部的学校以及党的哲学社会科学研究机构。2020年，完成学校机构改革任务。选派12名干部到区防疫专班、创城办等部门工作。先后下沉4个社区开展防疫值守1500余人次，51名在职党员进社区参与防疫志愿服务400余次，路口文明引导250余人次，进社区开展垃圾分类、桶前值守100余人次。全年开发新课15门，课题结项17项，举办各类培训班25期，培训学员近5000人次。年内，北京市委党校经济管理专业毕业58人，在校生还有1个班56人。

单位名称：中共延庆区委党校

地　　址：延庆镇庆园街69号

电　　话：69103148

（王盈）

【主业主课】 年内，完成处级领导干部培训班、年轻干部培训班、公务员科级任职培训班等主体班培训6期，参加培训1730人。具体做法：细化完善习近平新时代中国特色社会主义思想“1+11”课程体系。完善“五微一行一会”党性教学法、“1+5+20”经典导读方法，提升访谈式教学、翻转课堂、案例教学等教学方式在主体课堂的运用比例。适应疫情防控常态化形式，开展网络直播课模式，探索运用“课堂讲学+案例教学+实践研学”“线上+线下”等教学模式。紧密围绕区委区政府中心工作，将“两山”理念、冬奥会、接诉即办、基层治理等重要工作以多种形式引入培训班课堂。主体班首次开设实践锻炼环节，组织学员深入区信访办、区城市指挥中心、区查违办、区创城办开展实践锻炼，提高学员应对复杂局面、服务群众的水平和能力。建立健全培训需求调研、教学质量评估、学员表现反馈机制等。

（蔺天娇）

【基层党校建设】 年内，组织全区18个街乡基层党校开展“守实心、担使命、做表率”示范培训，举办20期培训班，2214人次参与，超额完成区委重点折子工程任务。截至年底，全区23家乡镇、街道、工委党校举办培训班次200期，培训党员干部19168人次。

（李桂新）

【师资队伍建设】 年内，加大对校内师资的培训力度，安排教师参加党史新中国史网络专题班、协调组织部为专业技术人员开通干教网开展集中学习，安排教师参加社会主义学院专题班、市委党校教学骨干专题轮训班，全年累计培训50人次。推进名师工作室工程建设，资助骨干教师出版理论著作2部，其中《新中国成立初期国家治理体系的构建》由人民日报出版社2020年5月出版，《解放战争时期农民思想政治教育研究》由九州出版社2020年12月出版。

（王建军）

【新课开发】 年内，开发《习近平谈治国理政（第三卷）》导读等其他课程15门。干教网录制《习近平总书记在北京世园会开幕式讲话》导读等5门课程。常务副校长杨国柱讲授的《习近平新时代中国特色社会主义思想概论》被北京市委讲师团评为“宣讲家”杯优秀党课（专家组），实现延庆区零的突破。习近平生态文明思想现场教学通过北京市社会主义学院组织的2020年全市共识教育实践教学基地验收。推动本土课程和疫情微课程的开发，区委党校联合区委宣传部、团区委，针对疫情防控相关工作，组织教职工录制近20门微课程，在“文明延庆”微信公众号、“青春延庆”微信公众号、“北京延庆”App、延庆新时代文明实践中心网站平台播出。通过寓教于乐的形式，提升广大市民的防疫知识。

（王建军）

【理论研究成果】 年内，校内课题结项17项、北京市委党校系统重点调研课题结项2项、北京市思想政治工作研究会课题结项1项、向区委区政府呈送《党校咨政建议》6期，公开出版学术著作2部，发表学术文章14篇。获得北京市党校（行政学院）系统2018—2019年度优秀科研一等奖1项，优秀决策咨询奖一等奖1项，二等奖1项，1人获得优秀科研咨询管理工作者奖，延庆区委党校（行政学院）获得优秀科研咨询工作组织奖。

（邓国军）

【基层授课】 年内，区委党校教师深入基层，到18个乡镇街道新时代文明实践所授课，听课对象是各村、社区的书记及两委成员，全年宣讲60余场次。其中2020年第6期“新时代文明实践推进日”活动中，区委党校教师通过直播平台为全区党员上党课，讲述妫川儿女攻坚克难办大事、抗疫情、助创城的故事。

（王建军）

党史研究

【概况】 延庆区史志办公室（简称区史志办），是区委系统党史、地方志工作的职能部门。下设党史科、志鉴科和综合科。年内，全力做好疫情防控工作，统筹做好《延庆党史》编写和党史学习教育宣传工作；在大庄科乡霹破石村昌延联合县旧址为市委组织部人才培训班讲解昌延抗战情况；协助融媒体拍摄红色系列专题片；参与文旅局革命文物保护方案研讨等工作。积极推动史志成果转化，切实发挥史志工作“资政、存史、服务、鉴戒”的职能。

单位名称：延庆区史志办公室

地　　址：延庆区新城街2号

电　　话：69103604

（孙越凡）

【《延庆党史》通过复审】 年内，对《延庆党史》稿件进行第三次审核校对。6月12日形成《延庆党史》征求意见稿，报送北京市党史研究室征求相关处室的意见，根据市委党史研究室反馈意见进行修改。9月23日召开初审会，通过了市委党史研究室、党史专家的初审后，对稿件进行修改。同时，向全区22位区级现任领导、91家处级单位、16位离退休老干部征求意见。根据各方意见，共删除赘述内容3万多字，新增内容6万多字，纠错970多处，增加书内插图173张。12月26日通过了市委党史研究室、党史专家的复审。

（张鹏）

【《中国共产党北京执政纪事（2017—2019）》（暂定名）延庆部分完成编写】 年初，对市委党史研究室下发的《中国共产党北京执政纪事（2017—2019）》（暂定名）编纂框架征求意见函进行研究并回复意见。3月份，根据编纂任务分工，向全区相关单位征集反映延庆发展变化的文字和图片资料，整理完成延庆部分6章27目55000多字的稿件和67张图片（附图注），并提交市委党史研究室。

（张鹏）

【《延庆红色故事集》初稿完成】 年内，根据区委全国文化中心建设领导小组下发的《延庆区红色文化建设工作方案》和重点任务安排，编委会通过查阅党史资料、收集故事，整理出80个生动感人的红色故事，设置大纲和篇目，完成《延庆红色故事集》初稿。

（张鹏）

【组织编写《延庆革命史（修订版）》】 年内，编委会历时3个多月进行档案查询、实地走访、照片收集后，根据搜集整理的资料，重新设定全书章节，增加8名区内专家组成顾问团队；经档案查询、照片收集，12月底完成初稿编写。

（张鹏）

（栏目编辑：王新华）

延庆区人民代表大会

概　述

北京市延庆区第二届人民代表大会常务委员会（简称区人大常委会）下设工作机构11个。2020年，区人大常委会围绕区二届人大六次会议确定的各项任务，召开8次常委会会议，完成40项议题，依法任免国家机关工作人员34人次。区人大常委会先后对扫黑除恶专项斗争、《延庆区乡村振兴战略规划》编制情况、《北京市第三期学前教育行动计划》实施情况、冬奥会赛场生态修复及周边环境整治提升等工作进行监督，针对《北京市生活垃圾管理条例》《北京市物业管理条例》《北京市街道办事处条例》等开展执法检查，并提出相应意见和建议。区人大各专门委员会对食品安全、溯源治理、美丽乡村建设、水污染防治、国有资产管理等工作进行监督，推动相关问题解决。接待群众来信来访32件次，其中群众来信6件次，来信来访较上年有所下降。

单位名称：延庆区人大常委会
地　　址：延庆镇高塔路70号
电　　话：69142876

（常淼）

重要会议和活动

【第二十九次常委会】 1月22日召开。会议决定任命丁章春为北京市延庆区人民政府副区长。

（常淼）

【第三十次常委会】 3月3日召开。会议听取并审议区人民政府关于2020年区政府重点工作折子工程和重要民生实事安排情况的专项工作报告；通过区人大常委会2020年工作要点；听取区人民政府关于2020年重点工程和投资工作计划的专项工作报告。

（常淼）

【第三十一次常委会】 4月27日召开。会议决定有关人事事项，决定任命徐永为区人民政府副区长；听取并审议区人民法院关于扫黑除恶专项斗争的工作报告；听取区人民政府关于延庆区2019年环境状况和环保目标完成情况的报告、关于贯彻实施《中华人民共和国公共文化服务保障法》情况的报告；通过延庆区人民代表大会常务委员会权责清单。

（常淼）

【李颖津到区调研】 5月13日，市人大常委会副主任李颖津到区调研。实地调研沈家营镇下花园村、香水园街道川北东社区和儒林街道悦安居社区并召开座谈会，了解《北京市生活垃圾管理条例》《北京市物业管理条例》贯彻落实情况。

（常淼）

【刘伟到区调研】 6月12日，市人大常委会副主任刘伟到区调研。实地调研野鸭湖湿地自然保护区、北京市水生野生动植物救护中心和日上综合商品批发市场，检查《全国人大常委会关于全面禁止非法野生动物交易、革除滥食野生动物陋习、切实保障人民群众生命健康安全的决定》和《中华人民共和国野生动物保护法》实施情况。

（常淼）

【第三十二次常委会】 7月30日召开。会议学习市委十二届十四次全会精神；决定有关人事事项，表决通过关于接受罗瀛、于海宇辞去北京市延庆区人民政府副区长职务请求的决定；表决通过关于许可对个别代表采取强制措施的决定；听取并审议区人民政府关于《北京市城乡规划条例》贯彻落实情况及延庆区相关规划编制情况的报告；听取区人民政府关于《延庆区乡村振兴战略规划》编制及实施情况的报告、关于创建全国健康促进区工作进展情况的报告。

（常淼）

【第三十三次常委会】 8月31日召开。会议决定有关人事事项，表决通过关于接受祖宇辞去北京市延庆区人民政府副区长职务请求的决定，决定任命许杰为北京市延庆区人民政府副区长；表决通过关于许可对个别代表采取强制措施的决定；听取并审议区人民政府关于2019年度区级预算执行和其他财政收支审计工作的报告；审查并批准区人民政府2019年决算；听取并审议区人民政府关于2020年上半年预算执行情况的报告、关于2020年国民经济和社会发展计划上半年执行情况的报告、关于区二届人大六次会议代表建议办理情况的报告；听取区人民政府关于贯彻落实《北京市街道办事处条例》《北京市生活垃圾管理条例》《北京市物业管理条例》工作进展情况的报告；通过区人大常委会相关执法检查报告；听取区人民政府关于新中高考改革政策与延庆区应对举措及成效的报告。

（常淼）

【代表集中学习培训和年中视察活动】 9月17日至18日，开展代表集中学习培训和年中视察活动。邀请北京市人大制度理论研究会副会长席文启、区委书记穆鹏和北京冬奥组委延庆运行中心常务副主任张素枝，分别就落实党的十九届四中全会精神加强代表工作、延庆区经济社会发展形势和冬奥会筹办进展情况做专题讲座。之后组织代表视察新建延庆火车站和冬奥会延庆赛区建设进展情况。

（常淼）

【第三十四次常委会】 10月28日召开。会议决定有关人事事项，表决通过关于接受张远辞去北京市延庆区人民政府副区长职务请求的决定；表决通过关于许可对个别代表采取强制措施的决定；表决通过关于调整北京市延庆区第二届人民代表大会常务委员会代表资格审查委员会组成人员的决定；听取并审议区人民政府贯彻实施《北京市第三期学前教育行动计划》专项工作报告；审查并批准区人民政府关于2020年预算调整方案的报告；听取并审议区人民政府关于2019年度国有企业国有资产管理情况的专项报告；书面审议区人民政府关于北京市延庆区区级国有企业资产管理使用情况专项审计工作的报告、关于2019年度本区国有资产管理情况的综合报告；听取全区精品民宿发展情况的报告、关于延庆区2020年推进依法行政（重点为行政执法）工作情况的报告、关于养老工作情况的报告、关于冬奥会赛场生态修复及周边环境整治提升工作报告。

（常淼）

【第三十五次常委会】 11月30日召开。会议传达学习习近平总书记在中央全面依法治国工作会议上的重要讲话精神；决定任命任江浩为北京市延庆区人民政府副区长。

（常淼）

【第三十六次常委会】 12月24日召开。会议传达学习中央经济工作会议精神及市委常委会扩大会议精神；决定有关人事事项，决定任命张军为北京市延庆区人民检察院副检察长、检察委员会委员、检察员，表决通过关于接受段福华辞去北京市延庆区人民检察院检察长、检察委员会委员、检察员职务请求的决定，决定张军代理北京市延庆区人民检察院检察长；表决通过北京市延庆区第二届人民代表大会常务委员会代表资格审查委员会关于代表资格的审查报告；表决通过召开北京市延庆区第二届人民代表大会第七次会议的决定；表决通过北京市延庆区第二届人民代表大会第七次会议的有关事项；通过区人大常委会工作报告；审查并批准区人民政府关于提请审查批准调整2020年国民经济和社会发展计划部分指标的议案；听取区人民政府关于2019年度预算执行和其他财政收支审计查出问题整改情况的报告；听取A类代表建议落实情况的报告；听取区人民政府关于《北京市文明行为促进条例》贯彻落实情况的报告、关于“十三五”时期延庆区教育工作的报告、关于延庆蔡家河地区绿道建设工程项目情况的报告。

（常淼）

监督工作

【相关条例执法检查】 5月至12月，围绕《北京市生活垃圾管理条例》《北京市物业管理条例》《北京市街道办事处条例》在全区部分社区进行执法检查。7月至10月，组织全区三级人大代表围绕《北京市生活垃圾管理条例》《北京市物业管理条例》法规的落实情况，聚焦“身边、路边、周边”开展执法检查活动。

（常淼）

【代表集中视察调研】 10月19日至20日，开展代表集中视察调研活动。先后组织市十五届人大延庆团代表、区人大常委会组成人员、各乡镇街道人大负责人视察延庆赛区、张家口赛区冬奥会重点工程项目建设进展情况。

（常淼）

（栏目编辑：王新华）

延庆区人民政府

概　述

2020年，在市委、市政府和区委的正确领导下，在区人大及其常委会的监督和区政协的支持下，区政府坚持以习近平新时代中国特色社会主义思想为指导，深入贯彻落实党的十九大和十九届二中、三中、四中、五中全会、中央经济工作会精神和习近平总书记对北京的重要讲话精神，全面落实市委市政府各项决策部署。统筹抓好疫情防控和经济社会发展，聚焦服务保障冬奥会筹办举办，扎实做好“六稳”工作，全面落实“六保”任务。克服疫情困难和经济形势不利影响，实现经济社会强劲复苏。

新冠疫情防控取得重大成果：站在服务保障大局的高度，全面压紧压实“四方责任”，高标准开展疫情防控。核酸日检测能力突破5000份，有序推进新冠肺炎疫苗接种工作。为国家援鄂医疗队和涉新发地共1200余人到区休养、集中隔离提供服务保障。物资供应货足价稳，生产生活秩序稳定。35万延庆人民团结抗疫、共克时艰。全年无新增病例，确保了冬奥延庆赛区和冬奥筹办工作的绝对安全。

冬奥筹办任务高标准推进：冬奥赛区基本建成。国家高山滑雪中心、国家雪车雪橇中心、延庆冬奥村及山地新闻中心四大场馆全面完工，佛峪口水库水源保护等8项配套基础工程完工。建成冬奥森林公园，完成赛区生态修复202万平方米。完成环评矩阵任务3项、可持续性承诺任务8项。圆满承办“十四冬”高山滑雪赛事，顺利通过国家雪车雪橇中心场地预认证、国际冬季单项体育联合会场地考察。京张高铁延庆支线开通。完成冬奥医疗保障中心建设。培训储备冬奥志愿者3000人。后续利用提前谋划，开展冬奥遗产计划3.0版编制。加快冰雪体育产业布局，体育科技创新园开园，体育科技前沿技术创新中心等4个产研机构落地，产业发展氛围日益浓厚。

景观环境品质持续提升：强化“一微克”行动，完成46个村煤改电和110个村优质燃煤替代，精细化管理66个监测子站。PM2.5累计平均浓度31微克/立方米，同比下降16.2%，排名全市第三，累计优良天数全市第一。全面落实河长制，生态清洁小流域综合治理47平方千米。全区污水处理率92%。地表水4个考核断面水质全部达标，水质指数全市排名第一。完成建设用地、重点工业园区用地土壤污染状况调查。景观环境提档升级，全区森林覆盖率60.4%。完成582.87公顷新一轮百万亩造林和4533.33公顷京津风沙源治理。获评全市首个“中国天然氧吧”称号，八达岭森林公园获评全国首个森林疗养基地。

高质量发展更具活力：获评“2020年度中国乡村旅游发展名区”，八达岭夜长城等入选首届北京网红打卡地。“冬奥、世园、长城”三张金名片联动，推出旅游新业态新产品。全域布局四大民宿品牌，打造精品民宿小院376个，全年接待17万人次入住，北京世园公园开园。世园资产全部划转本区。高精尖产业布局日益清晰，“一核四区”专业园区建设加快推进。获批北京首个“民用无人驾驶航空试验区”，首家加氢站正式投入使用。全年引进企业超过1000家，园区形成区级财政收入12.2亿元，同比增长18.4%。统筹安排资金8500余万元，实施21个特色种植和休闲农业项目，升级改造16家休闲农业观光园，推广“妫水农耕”品牌。“国家农产品质量安全县”创建考核全市第一。“两区”和“五新”建设内容不断丰富，形成区级“1+5”落实文件和项目清单。1068个5G基站建设完成，1.4G专网覆盖城区和冬奥赛区外围。落实“科技冬奥”等6大重点任务，9项新技术进入应用阶段。服贸会签约6个项目1.18亿美元。落实援企政策，减税降费4.85亿元。

城乡治理水平大幅提升：严格落实新版北京城市总体规划和分区规划，完成全区所有美丽乡村村庄规划编制。5个棚改项目稳步推进，规自乱象整治更加深入。拆违面积突破百万平方米，浅山区违法占地违法建设完成整改57宗，33个“大棚房”和15处绿地认建认养问题专项整治全部到位。疏整促成效更加凸显，一般制造业企业退出11家，超额完成全年任务。精细化整治87条背街小巷，香水园街道恒安二条获评“北京最美街巷”。乡村环境持续改善，农村人居环境整治三年行动计划落实有力，成绩全市领先。8404户农村户厕改造全部完成，90个美丽乡村建设基本完工，姚官岭村获得“全国文明村”称号。全国文明城区、双拥模范城创建成功。生活垃圾无害化处理率达到100%。173栋单位自管楼移交属地街道。深入推进“平安延庆”建设，纵深推进“扫黑除恶”专项斗争，群众安全感居全市前列。

民生保障持续改善：全年拨付促就业资金7.67亿元，阶段性减免社保费5.7亿元。完成低收入产业帮扶项目23个。深化延海合作，统筹安排1.5亿元年度协作资金，推动22项实事和12个具体项目落地。扎实做好扶贫协作和支援合作，对口区县全部脱贫摘帽。“接诉即办”狠抓不懈，群众诉求解决率、满意率同比分别提高19.5和9.7个百分点，全市排名第四。新增养老驿站14家、老年幸福餐桌20家。完成农村危房改造705户。基本便民商业服务功能实现社区全覆盖。获评全国未成年人思想道德建设先进区，教育满意度全市第一，高考成绩位于生态涵养区前列。全力创建全国健康促进区，家庭医生签约15.7万人，区医院达到三级水平。37个村（社区）文化设施提质升级，建成实体书店30家，开展公益惠民文化活动2000余场。北京市冰上项目训练基地、全民健身中心建成，阪泉体育公园开园。开展体育赛事和全民健身活动106场。

政府效能不断增强：重点领域改革取得实质成果。完成乡镇机构改革，431项行政执法职权赋权街乡镇。完成10个处级事业单位改革；168家国有企业实现统一监管。土地确权颁证率为99.8%，超额完成市级任务。法治建设力度持续加大，实现集中学法常态化；严格落实行政执法制度，人均执法量647件，位居全市第三。区政府应诉行政诉讼案件130件，败诉率为零。优化营商环境，清理取消各类证明292项，完成200件“办好一件事”套餐，网上可办率达到95%。严格规范招投标管理，招投标全流程电子化系统基本建成，远程异地评标实现“零突破”。

单位名称：延庆区人民政府
地　　址：延庆镇湖北西路1号
电　　话：69170959

（郭昭君）

重要会议与主要工作

【第121次常务会议】 1月9日，区政府第121次常务会议召开，区长于波主持。会议研究2020年区政府重点工作、折子工程等事项，确定年内完成重要民生实事27件。上年29件重要民生实事除1件受国家政策调整因素影响推迟到年内完成外，其他28件均如期实现年初确定的目标。

（郭昭君）

【第39次党组会议】 1月17日，区政府党组第39次会议召开。会议传达学习中央、市委、区委有关会议精神，研究扫黑除恶、接诉即办、解决疑难问题等工作，听取并审议区政府党组专题民主生活会整改方案和全面从严治党重点工作任务清单。党组书记于波主持会议。

（郭昭君）

【世园会服务保障总结暨高山滑雪世界杯誓师大会】 1月19日，区委区政府召开2019北京世园会延庆区服务保障工作总结暨2019/2020国际雪联高山滑雪世界杯誓师大会。会议对在世园会服务保障工作中表现突出的225个先进集体和855名先进个人予以通报表扬；世园会服务保障先进集体代表、先进个人代表和高山滑雪世界杯场馆运行团队代表、志愿者代表做表态发言；穆鹏出席会议并讲话；于波部署高山滑雪世界杯服务保障工作。会议以视频会议形式召开，在各部门、各街道、乡镇设分会场。

（晏博文）

【第1次全体会议】 1月20日，区政府2020年第1次全体会议召开，会议贯彻落实市、区“两会”精神，对抓好2020年政府系统各项工作进行动员部署，确保全年工作开好局、起好步。区人大常委会主任郭永华等应邀出席会议。

（郭昭君）

【区新冠疫情应急指挥领导小组会】 1月24日至26日，连续三次召开区新冠疫情应急指挥领导小组会。会议调度全区疫情防控工作，疫情应急指挥各工作组依次汇报工作进展，永宁镇、张山营镇等重点地区就疫情防控和节日值守工作进行汇报。穆鹏、于波、吕桂富等区领导参加会议。

（郭昭君）

【综合经济调度会】 2月5日至6日，区政府召开综合经济调度会。会议对当前经济稳定和发展工作总体形势进行分析，听取区发展改革委关于2020年重点工程和投资工作计划有关情况的汇报。研究确定疫情防控、招商引资、政策研究等26项重点任务，并成立经济运行调度工作小组，统筹推动全区重点指标完成、重大项目落地、重点产业发展、重点企业服务等经济工作，协调解决各项工作中遇到的难题，确保疫情防控情况下全区经济稳定发展。

（郭昭君）

【新冠疫情防控调度会】 2月14日至20日，区疫情防控工作领导小组连续召开调度会，落实市疫情防控工作领导小组会议精神，启动“零感染”单位、行业、社区、村创建。对领导小组下设部分工作组职能设置进行相应调整，进一步加强疫情防控和复工复产工作。强调推行凭证出入、一米线等措施，严格落实防控责任。穆鹏主持会议，于波出席会议。

（郭昭君）

【秋冬季大气污染防治工作调度会】 2月20日，秋冬季大气污染防治工作调度会召开。会议分析当前大气污染防治形势和存在问题，对下一阶段工作进行再部署、再安排，全力以赴打好大气污染防治攻坚战，确保全区秋冬季大气污染防治“一微克”专项行动取得切实成效。于波等区政府领导出席会议。

（郭昭君）

【区新冠疫情防控工作领导小组第35次会议】 2月27日，区疫情防控工作领导小组第35次会议召开。会议听取全区疫情防控工作情况汇报，区疾控中心对一线防控工作做重点提示。领导小组“八组一办”分别就疫情防控重点工作进行部署。会议指出，复工复产人流返延是当前外防输入的重点，各单位要合理有序安排人员返延，特别关注物业、保安、保洁等劳务派遣服务人员的健康管理。穆鹏主持会议，于波出席会议。

（郭昭君）

【区政府与京张城际铁路公司座谈】 2月28日，京张城际铁路有限公司党委书记、董事长马侃彦一行到区，就京张高铁延庆站站改工程有关事宜与区领导座谈。与会双方分别介绍京张高铁延庆站站改工程建设推进情况，提出延庆站站改相关问题解决意见。穆鹏主持座谈会，于波等区政府领导参加座谈。

（郭昭君）

【区文化中心建设领导小组第1次会议】 3月13日，延庆区推进全国文化中心建设领导小组第1次会议召开。会议传达学习市推进全国文化中心建设相关会议精神，落实全国文化中心建设中长期规划和长城保护条例；审议并通过《延庆区推进全国文化中心建设领导小组成员调整的建议》《延庆区推进全国文化中心建设2019年工作总结及2020年工作安排》《延庆区推进全国文化中心建设2020年重点任务折子工程》《北京市延庆区关于推进革命文物保护利用工程（2020—2022）的实施方案》《延庆区长城保护发展三年行动计划》；总结部署全区全国文化中心建设任务。穆鹏主持会议，于波等区政府领导出席会议。

（郭昭君）

【陈吉宁调研】 3月17日，市委副书记、市长陈吉宁以“四不两直”方式，到区检查冬奥会工程新冠疫情防控、项目复工和世园会园区设施会后利用等情况，并召开座谈会，听取相关工作汇报。穆鹏、于波等区领导及北京世园局常务副局长周剑平等参加调研。

（郭昭君）

【全区领导干部大会】 3月19日，全区领导干部大会召开。会议通报3月18日永宁镇森林火灾情况，传达学习贯彻市委、应急管理部领导批示指示精神，对全区森林防火及安全稳定工作进行再部署、再强化。要求各乡镇切实守好地区安全稳定底线，保障疫情防控、冬奥会筹办和经济社会发展各项工作顺利推进。区四套班子领导参加会议。

（郭昭君）

【体育科技创新创业大赛】 3月20日，由区政府和启迪控股股份有限公司主办的“科技体育汇智延庆”2020体育科技创新创业大赛线上招募正式启动。大赛面向全国征集应用在体育装备、科学训练、运动监测与康复等多方面科技型、创新型、创意型项目。旨在发掘和引进体育科技等领域的新技术、新业态和优质企业的同时，加快形成体育产业、人才聚集效应，为冬奥会筹办举办提供强有力的科技支撑。7月29日，经过前期全国四大初赛区选拔，20家企业从173个报名海选项目中晋级决赛。其中北京玮航科技有限公司等10家企业项目获得奖项，8家企业代表签约意向入驻协议。

（郭昭君）

【区总河长会】 3月30日，2020年区总河长会召开。与会领导观看区河长制工作汇报片，听取区河长制工作报告和《延庆区河长制工作奖惩办法》修订情况的说明。会议学习贯彻习近平生态文明思想，落实市委生态文明委会议精神，总结2019年河长制工作，聚焦存在问题，部署2020年重点任务。于波主持会议。

（晏博文）

【审计工作会】 3月30日，2020年审计工作会召开。会议学习全国、全市审计工作会议精神，贯彻市委、区委审委会决策部署，听取全区2019年审计工作报告，研究部署2020年审计任务。于波出席会议并讲话。

（郭昭君）

【联想云领公司到区落户】 4月1日，联想云领（北京）信息技术有限公司（简称“联想云领”）正式落户延庆。区领导穆鹏、于波与联想集团副总裁、中国服务业务总经理戴炜一行座谈。联想云领公司方面表示，要以“北京延庆能源互联网绿色云计算中心”项目建设为契机，全方位参与数字城市基础配套建设发展与智慧化产业结构升级；大力发展5G基建及应用、工业互联网、新能源、人工智能、云计算大数据中心等“新基建”领域产业；为延庆区在统筹做好疫情防控相关工作的基础上，有序推动复工复产，全面恢复创新创业氛围，加快科技创新要素聚集注入更多科技活力。

（郭昭君）

【规划和自然资源领域专项治理工作推进会】 4月1日，规划和自然资源领域专项治理工作推进会召开。会议传达北京市专项治理电视电话会议精神，听取规划自然资源委延庆分局关于延庆区规自领域专项治理情况的汇报，部署

2020年工作任务。区委整改办、区查违办、区农业农村局分别汇报专项治理有关情况。延庆镇、张山营镇、永宁镇、八达岭镇、珍珠泉乡分别汇报专项治理及执法重点工作进展情况、存在问题及下一步措施。会议以视频会议形式召开，在各街道乡镇设立分会场。

（郭昭君）

【清明假期护林防火】 4月4日至5日，全区机关干部全员停休下沉一线，参与防火值守和疫情防控。旨在增强基层工作力量，提升护林防火工作合力。区四套班子领导分别到乡镇防火值守重点点位，参与护林防火值守。4月5日至6日，连续召开全区清明节防火及疫情防控工作调度会，传达贯彻落实市委市政府部署要求，听取疫情防控和森林防火工作情况汇报，对清明假期全区防火工作及旅游业复工复产、疫情防控等工作进行再部署、再调度。

（郭昭君）

【国家援鄂医疗队到区休养】 4月6日，北京医院、北京大学第一医院、北京大学人民医院、北京大学第三医院的557名国家援鄂医疗队队员平安返京。其中369名医疗队员到区休养，包括23名延庆籍医护人员。区四套班子领导分别在首都机场和休养酒店迎接援鄂返京医疗队员。

（郭昭君）

【区“一微克”行动及蓝天保卫战调度会】 4月9日，区“一微克”行动及蓝天保卫战工作调度会召开。会议总结2019—2020年度秋冬季和一季度“一微克”专项行动完成情况，对2020年蓝天保卫战工作进行再强化、再深化。于波主持会议。

（郭昭君）

【于波调研】 4月21日和23日，于波带队到部分重点企业、重点工程施工现场和餐饮企业，围绕复工复产及新冠疫情防控情况进行检查。5月28日，于波带队深入四海镇和珍珠泉乡，对东部山区乡村旅游复工复产、生活垃圾管理条例落实及拆除违法建设工作进行调研。6月24日，于波带队到张山营镇部分违建点位和冬奥环境整治项目施工现场，对冬奥景观环境及沿线拆违工作进展情况进行检查。9月25日，于波带队到部分乡镇和企业，就生态环境保护和安全生产工作进行调研，实地推动中央环保督察和市委、市政府安全生产督察问题整改。9月28日，于波带队到部分重点工程及中央环保督察问题整改现场，就工程进展及空气污染应对工作进行检查。10月15日，于波到儒林街道悦安居社区，接访下访永宁镇信访群众，面对面倾听信访人心声，悉心询问信访人身体和家庭生活情况，帮助信访人打开心结，推动历史遗留问题解决。

（郭昭君）

【北京世园公园挂牌暨首届北京国际花园节启动】 4月28日，以“春华·缤纷世园”为主题的北京世园公园揭牌暨首届北京国际花园节启动仪式在北京世园会园区举行。国际竹藤组织董事会联合主席、中国花卉协会会长江泽慧，北京市副市长王红，中国风景园林学会理事长陈重，中国对外文化集团党委书记、董事长李金生以及北京世园局、市文旅局、首都绿化办相关负责人及延庆区四套班子领导出席活动，并为北京世园公园揭牌。北京国际花园节由中国风景园林学会、首都绿化委员会办公室、2019北京世界园艺博览会事务协调局、延庆区人民政府共同主办。活动主题为“让园艺融入自然、让自然感动心灵”，设立花园花境大奖、金奖、育种突破奖等112个园艺类奖项，至10月16日闭幕，其间入园游客近40万人次。

（郭昭君）

【王红到区检查乡村民宿】 4月28日，副市长王红带队到区，对全区疫情期间乡村民宿恢复经营情况进行检查。于波等区政府领导及区相关部门负责人参加检查。

（郭昭君）

【区生态文明与城乡环境建设动员大会】 5月8日，区深入推进疏解整治促提升——促进生态文明与城乡环境建设动员大会召开。会议学习贯彻全市动员大会精神，聚焦服务保障冬奥会筹办，结合全市工作新要求、常态化疫情防控、全国文明城区创建，以及当前全区任务推进情况，对全年疏解整治促提升、促进生态文明与城乡环境建设工作进行再动员再部署。穆鹏出席会议并讲话。会议以视频会议形式召开，区政府、区政协主要领导及北京冬奥组委延庆运行中心等相关部门负责人参加会议。

（郭昭君）

【区扫黑除恶专项斗争领导小组（扩大）会】 5月12日，区扫黑除恶专项斗争领导小组（扩大）会召开。会议传达全国扫黑办和市扫黑除恶领导小组近期会议精神，通报延庆区前一阶段扫黑除恶工作情况，部署扫黑除恶“六清”行动及挂牌督办案件工作。穆鹏出席会议并讲话，于波主持会议。区领导吕桂富、蒋达峰和区法院院长王罗颐、区检察院检察长段福华等出席会议。

（郭昭君）

【“科创新延庆·产业新动力”科创基金对接活动】 6月9日，由区政府和启迪控股股份有限公司共同主办的“科创新延庆·产业新动力”延庆科创基金对接活动在中关村延庆园企业之家举行。北京清影华康科技有限公司和北京阅神智能科技有限公司将获得延庆科创基金投资支持，北京超星未来科技有限公司等4家科创基金推荐企业与中关村延庆园达成落地意向。市经信局和区政府主管领导出席活动。

（郭昭君）

【延庆获“北京市食品安全示范区”称号】 7月27日，延庆区获得“北京市食品安全示范区”称号。此项创建工作自2018年开始，市食安委办分别组织对延庆等12个区进行现场评估和复核，并先后组织由市食品药品安全委员会成员单位、新闻媒体、法律服务机构、食品相关行业协会、市消协等单位代表、市人大代表，市政协委员、食品领域相关专家及各区消费者代表组成的专家评议组，进行第三批北京市食品安全示范区创建绩效综合评议，并于2019年12月面向首都市民公示。

（晏博文）

【秦淮数据集团领导到区座谈】 7月28日，秦淮数据集团创始人兼首席执行官居静一行到区，就双方深化合作事宜与区领导座谈。于波等出席座谈会。

（郭昭君）

【“五新”政策促进高质量发展座谈会】 8月1日，副市长张家明在官厅水库管理处主持召开推进“五新”（北京市促进经济高质量发展若干意见提出的“新基建、新场景、新消费、新开放、新服务”）政策落实促进高质量发展工作座谈会，专题推进延庆有关工作落实，促进高质量发展。市政府、市水务局、市应急局、市发展改革委和区政府相关负责人出席会议。

（郭昭君）

【区政府廉政工作会】 8月3日，区政府廉政工作会召开。会议贯彻落实国务院、市政府廉政工作会会议精神，对全区政府系统党风廉政建设和反腐败工作进行部署。于波出席会议并讲话。

（郭昭君）

【垃圾分类推进暨社会动员工作部署会】 8月6日，区政府召开垃圾分类工作推进暨社会动员工作部署会。区城市管理委通报新条例实施以来全区垃圾分类工作推进情况；区委组织部部署全区垃圾分类社会动员工作。会议要求进一步统一认识、分析问题、压实责任、找准着力点，确保垃圾分类工作不断取得新成效。会议以视频会议形式召开，在各街道乡镇设立分会场。于波出席会议并讲话。

（郭昭君）

【国家森防指联合调研组到区调研】 8月9日，应急管理部火灾防治管理司司长彭小国带领国家森防指联合调研组到区，就森防工作进行调研，并与市、区领导座谈交流。调研组一行到区森林消防大队、北控京奥展示中心、延庆冬奥村建设现场和北控京奥前线指挥部，实地察看森林消防大队内务、物资储备、训练等情况，并结合冬奥宣传片和赛区规划沙盘，了解冬奥延庆赛区核心区整体规划建设、生态保护、赛时功能、赛后利用，冬奥村施工现场森林防火等情况。在随后召开的冬奥会森林草原火灾防控工作研究部署会上，区政府汇报全区森林防灭火工作。与会人员围绕相关工作进行交流。市应急管理局和区政府领导参加座谈。

（郭昭君）

【市委市政府安全生产第四督察组进驻】 8月24日，市委、市政府安全生产第四督察组在区召开安全生产督察工作见面会。督察组组长姜泽廷做动员讲话。督察组副组长贾太保通报安全生产督察工作安排。9月11日，督察组召开督察反馈意见会，姜泽廷向延庆区反馈初步督察意见。于波做表态发言。

（郭昭君）

【区政府与首农食品集团座谈】 9月4日，于波带领区相关部门负责人到北京首农食品集团有限公司，与集团党委书记、董事长王国丰等，就双方合作相关事宜进行座谈。双方分别介绍合作项目开展情况。市规划自然资源委延庆分局、区商务局等部门与首农食品集团相关负责人就双方合作中的具体事项及下一步工作计划进行沟通交流。

（郭昭君）

【2020冬博会延庆分论坛启动】 9月7日，以“冰雪夏都创梦未来”为主题的2020年国际冬季运动会（北京）博览会延庆分论坛活动在中关村延庆园体育科技创新园举行。北京体育大学、首都体育学院、国际数据集团、铭星冰雪与延庆就体育科技创新驱动延庆发展主题开展圆桌对话，聚焦延庆未来科技驱动体育产业发展进行交流探讨。北京冬奥组委可持续发展委员会、中国雪橇协会、市体育局、中关村管委会及区委、区政府相关领导出席活动。

（郭昭君）

【区政府与北京建筑大学签署合作协议】 9月11日，延庆区与北京建筑大学签署战略合作框架协议。协议旨在发挥各自优势，围绕智力支持、成果转化、产品研发、教育培训等内容开展全方位、多领域、深层次合作，共同促进延庆经济社会高质量绿色发展。北京建筑大学党委书记、校长以及区政府主要领导出席签约仪式。

（郭昭君）

【农民丰收节暨延怀河谷葡萄文化节开幕】 9月19日，2020年中国农民丰收节暨第四届延怀河谷葡萄文化节在北京世园公园开幕。活动以“妫水农耕惠百姓　延怀河谷庆丰收”为主题，由中国农学会葡萄分会、市农业农村局、市园林绿化局、延庆区政府共同主办。通过“妫水农耕”优质农产品线上线下展销、延怀河谷优质葡萄品鉴展示、乡村振兴图片展览、奔向小康乡村半程马拉松赛等系列活动，向外界展示延庆脱贫攻坚的成果、农业产业的发展成就。开幕式举行“妫水农耕”品牌加盟仪式，并进行文艺演出。9家园区的企业负责人共同推开象征健康、品质、卓越的妫水农耕之门。开幕式上还发布5条丰收节精品旅游线路，2020年延怀河谷葡萄文化节也正式拉开序幕。

（宋克冰　刘艳萍）

【生态环保问题立行立改推进会】 9月22日，区政府召开中央生态环境保护督察组督察延庆区相关问题立行立改推进会。会议听取关于迎接中央生态环境保护督察整体工作开展情况的汇报，传达北京市关于中央生态环境保护督察举报案件办理推进会精神，通报延庆区信访案件办理情况，确保中央生态环境保护督察延庆相关问题快速处置、立行立改。于波主持会议并讲话。

（郭昭君）

【区政府与北京静态交通公司签署合作协议】 9月23日，延庆区与北京静态交通投资运营有限公司（简称“静态交通公司”）战略合作协议签约仪式暨北京静态交通延庆建设运营有限公司成立大会正式举行。合作协议旨在围绕贯彻落实市委市政府有关工作要求，在静态交通建设方面开展深层次合作，全面提升延庆区交通综合治理水平，营造良好出行环境。北京市首都公路发展集团有限公司、静态交通公司相关负责人及区领导出席签约仪式。

（郭昭君）

【陈吉宁到区调研】 10月12日，市委副书记、市长陈吉宁以“四不两直”方式到区调研检查“五新”政策落地、推动高质量发展情况。陈吉宁到北京冬奥会延庆赛区建设现场检查工程建设进度和生态修复工作；到北京世园公园察看生态养护和场馆改造利用等情况；到国家电投加氢站实地调研并与现场技术负责人深入交流。市政府秘书长靳伟参加调研。

（郭昭君）

【区政府与国网北京市电力公司签署合作协议】 10月20日，延庆区与国网北京市电力公司签署“关于提升冬奥会延庆赛区供电保障能力建设地区高可靠电网”战略合作协议，共同构建合作与发展新格局。国网北京市电力公司董事长、党委书记潘敬东，国网北京市电力公司总经理、党委副书记万志军和区领导穆鹏、于波等出席签约仪式。

（郭昭君）

【国有资产规范管理和清理整治工作部署会】 10月23日，延庆区行政事业单位和国有企业国有资产出租出借规范管理和清理整治工作部署会召开。会议部署全区国有企业和行政事业单位国有资产出租出借规范管理和清理整治工作，并对国有资产出租出借相关纪律再要求、再强调。于波主持会议。

（郭昭君）

【秋冬季大气污染防治攻坚专题会】 11月10日，秋冬季大气污染防治攻坚专题会召开。会议通报秋冬季大气污染防治工作专项督查情况和第三季度街乡镇子站周边精细化管理考核结果，对做好2020年污染防治攻坚战成效考核以及2020—2021年秋冬季大气污染防治工作进行再动员、再部署。于波出席会议并讲话。

（郭昭君）

【延庆入选首批“民用无人驾驶航空试验区”】 11月10日，首批“民用无人驾驶航空试验区”授牌暨2020年中关村5G创新应用大赛无人机赛道决赛在中关村延庆园体育科技创新园举行。延庆区成功入选首批13个民用无人驾驶航空试验基地（试验区）名单，成为北京市首个民用无人驾驶航空试验基地（试验区）。

（晏博文）

【区政府与首都体育学院签署战略合作协议】 11月18日，延庆区与首都体育学院签署战略合作协议，双方确认本着“优势互补、资源共享、平等互利、共赢发展”的原则，充分发挥各自优势，开展全方位、深层次、多领域的合作，全面推进区域协同创新发展，进一步加强校地共建。于波主持签约仪式，首都体育学院党委书记何明、延庆区委书记穆鹏出席签约仪式并讲话。

（郭昭君）

【区获评“中国天然氧吧”荣誉称号】 11月24日，“中国天然氧吧”2020年创建活动发布会在云南省红河哈尼族彝族自治州弥勒市召开。会上，延庆区被正式授予“中国天然氧吧”牌匾，成为北京市首个、也是唯一获得该项荣誉的地区。

（郭昭君）

【精品民宿发展座谈会】 11月25日，区政府召开精品民宿发展座谈会。会议听取延庆民宿产业发展情况及2020年北京市首届乡村民宿大会暨第四届北方民宿大会筹备情况的汇报，区领导与多家民宿代表开展座谈交流。穆鹏、于波等领导出席。

（郭昭君）

【区领导约谈环境建设月检查排名靠后单位】 12月17日，区政府召开2020年市区两级环境建设月检查排名靠后单位约谈会，对考评中排名靠后的区环卫中心、沈家营镇、四海镇、百泉街道、香水园街道、永宁镇进行约谈，面对面“把脉问诊、开方抓药”。于波出席会议。

（郭昭君）

【全域旅游发展论坛活动】 12月23日至25日，2020年“北京市延庆区全域旅游发展论坛”暨“全国商业企业家活动日”在世园凯悦酒店举行。全国各地专家学者、企业家和政府工作人员400余人参加。活动由延庆区政府、中国旅游研究院、中国商业企业管理协会联合主办，区文化和旅游局承办。活动期间，中国旅游研究院发布延庆全域旅游发展经验和模式；延庆区商务局围绕“推进两区建设，助力全域旅游发展”发言；延庆区民宿联盟、中关村延庆园分别围绕“全域旅游下的民宿共生”“长城脚下的创新家园”发言。全国商业企业家活动日是中国商业企业管理协会每年举办的活动。中国商业企业管理协会于活动中颁布七类奖项。延庆区13家企业及个人获奖：八达岭旅游总公司等6家企业获得第十二届全国和谐商业企业奖，北京妫水人家农业发展有限公司等5家企业获得2020年全国商业企业文化优秀成果奖，中电智慧综合能源有限公司获得第十六届全国商业企业管理现代化创新成果奖，中材科技风电叶片股份有限公司董事长黄再满获得2020年全国商业优秀企业家称号。

（郭昭君）

【第50次党组会议】 12月25日，区政府党组第50次会议召开。会议听取关于《北京市延庆区国民经济和社会发展第十四个五年规划和2035年远景目标纲要（审议稿）》及指标体系有关情况的汇报，并研究相关事项。区政府党组书记于波主持会议。

（郭昭君）

政务服务

【概况】 北京市延庆区政务服务管理局（简称区政务服务局）是区政府工作部门，主要负责统筹推进全区简政放权、放管结合、优化服务改革和行政审批制度改革工作；协调推进全区政务服务体系建设；负责区级政务服务中心的建设、运行和管理；负责全区“互联网+政务服务”工作，统筹规划政务服务“一张网”建设；负责推进、指导、协调、监督全区政府信息公开和政务公开工作；负责全区公共资源交易场所服务管理工作。全区有区级政务服务中心1个、分中心4个、镇街政务服务中心18个，村（社区）政务服务站121个（其中村级政务服务站90个，社区政务服务站31个）。年内，制订下发《延庆区政务服务窗口系统新型冠状病毒感染肺炎防控工作方案》，采取多项措施确保政务服务大厅“零感染”。区级政务服务事项进驻率80.6%，一窗受理率100%，网上可办率90%，200项主题事项实现线上线下可办。全区各级政务服务中心实行“早晚弹性办”“午间不间断”“周末不休息”延时预约服务。全区各公开单位发布主动公开信息近1.7万条，受理政府信息公开申请258件，办结208件。公共资源交易平台进驻采购单位74家，供应商1211家，代理机构53家，完成入场交易项目467个，完成交易金额约99.53亿元。

单位名称：延庆区政务服务管理局
地　　址：香水园街道庆园街60号
电　　话：69146493

（薛媛）

【放管服改革】 年内，制订《延庆区深入推进审批服务便民化实施方案》和《2020年深入推进审批服务便民化工作任务清单》，着力减事项、减流程、减材料、减时间。清理“零办件”事项42项、中介服务事项29项、社会组织设定证明15项，取消银行领域证明19项，压缩平均跑动次数为0.28次。推出两批67项政务服务告知承诺事项，推动审批权限下沉。开展“窗口单位文明示范岗”“北京榜样 政务服务之星”“优秀案例（调研报告）”征集活动，收到“政务服务之星”案例56个、优秀案例（调研报告）24篇并汇编成册。

（薛媛）

【政务服务标准化建设】 年内，区级政务服务中心、镇街政务服务中心完成无障碍改造工程。制作安装规范统一门楣标识16个、场所标识23个、桌牌标识106个、交通导向标识牌6个。

（薛媛）

【“一门、一窗”进驻工作】 年内，进驻区级政务服务中心部门41个，“一门”进驻事项

1626项，分类“一窗”受理事项1626项，“一门”进驻率80.38%，“一窗”办理率100%。区级分中心4个（区社保管理中心、区医保管理中心、区民政局婚姻登记处、公安局延庆分局出入境接待大厅），进驻事项297项，分中心“一窗”办理率100%。

（薛媛）

【区公共资源交易中心相关数据】 年内，区公共资源交易中心完成交易项目467个，交易金额约99.56亿元，其中政府采购项目交易数356个，交易额约19.12亿元；建设工程项目交易数40个，交易额约73.12亿元；园林绿化工程项目交易数23个，交易额约1.43亿元；水利工程项目交易数41个，交易额约4.67亿元；交通工程项目6个，交易额约1.14亿元；企业自筹项目1个，交易额约0.085亿元。

（薛媛）

【依申请公开工作】 年内，区政府接到依申请公开258件，全年召开依申请协商会议67次。区政府受理的258件依申请中，截至年底无行政诉讼与行政复议情况。

（薛媛）

【区级“一网通办”平台】 年内，完善区级“一网通办”平台，刻制电子印章99枚，实现审批业务电子印章“应刻尽刻”，应用事项149项。优化“掌上办”平台和“北京延庆”App政务服务功能。50项区级事项接入市级移动平台“北京通”，移动端政务服务能力进一步提升。90%区级事项网上可办，使用区级审批系统的事项78%达到“全程网办”。

（薛媛）

【便民自助终端投入使用】 年内，政务服务便民自助终端投入使用，可办理公积金、税务、社保、医保等100余项事项，政务服务7×24小时“不打烊”。

（薛媛）

【区级“好差评”服务上线】 年内，延庆政务服务“掌上办”微信端、北京延庆App、网上政务服务大厅、区级综合大厅、婚登、出入境分厅与市级“好差评”系统对接并上线使用，实现“一事一评”，倒逼服务质量提升。

（薛媛）

【“互联网+监管”】 年内，29个监管部门试用国家“互联网+监管”工作门户，利用门户信息开展风险预警、信用监管。全年注册用户990人，完成监管行为数据与监管事项关联，检查实施清单录入率100%。

（薛媛）

【“一号统领”咨询热线】 年内，在区政务服务中心设立“延庆区政务服务一号统领咨询中心”，推出“81193818一号咨询专线”，构建企业群众办事咨询的“直通车”。自7月1日开始运行，全年接受咨询1035人次。

（薛媛）

【政府网站升级改版】 1月，全区开始进行政府网站集约化升级改版，重新规划网站栏目，修改网站显示风格。3月20日，区政府网站升级改版完成并正式上线，实现市区两级网站互联互通。

（薛媛）

【远程异地评标零突破】 4月2日至3日，区松闫路大修工程监理、施工项目，在区公共资源交易中心顺利完成异地评标。区政务服务局协同配合，完成市、区平台系统对接任务，实现专家在市公共资源交易综合分平台远程评审。

（薛媛）

【政府采购交易系统电子化建设】 11月，完成政府采购电子化系统建设工作。系统支持发布招标公告、投标人获取招标信息、专家抽取、制作投标文件、标书解密、开标、评标、定标、公示、中标通知书发布和合同备案的线上运行，实现数字化、无纸化，全程留痕可追溯。

（薛媛）

外事及港澳台侨事务

外事工作

【韩国首尔市东大门区向区捐赠口罩】 2月20日，延庆区国际友好交流城市——韩国首尔市东大门区捐赠的1万余只KF-94口罩运抵入库，由物资和市场环境组统一调配到各抗击新冠疫情一线使用。

（郭昭君）

【区政府向加拿大科堡市援助防疫物资】 5月9日，区政府代表全区人民向加拿大科堡市援助10000只民用KN95口罩，支持科堡市新冠肺炎疫情防控工作。

（郭昭君）

【于波同法国布拉雷纳市长互致贺信】 9月30日，于波同法国布拉雷纳市市长帕特里克·杜纳特互致贺信，共同庆祝两地结好25周年。

（郭昭君）

港澳台侨事务

【市华侨事业基金会到区捐赠】 3月3日，市华侨事业基金会为延庆区卫健委捐赠200件医用隔离衣、3000只一次性医用口罩，服务延庆疫情需要。

（韩玉梅）

【维护侨界群众合法权益】 4月1日，区委统战部组织召开提高归侨离退休人员临时生活补贴部署会，落实归侨离退休人员临时生活补贴政策。5月底，为符合条件的侨胞办理归侨子女、华侨在京子女、归侨学生报考高级中等学校身份确认，维护华侨子女、归侨子女的合法权益。春节、中秋期间，走访慰问港澳台侨胞和困难侨眷14人次。

（韩玉梅）

【侨法颁布30年宣传活动】 7月至10月，区委统战部在全区宣传推广第二届“侨商杯”知识竞赛，近200人参与，3人获奖。12月，组织开展《中华人民共和国归侨侨眷权益保护法》宣传周活动，现场发放侨法资料300余册、张贴宣传海报200余张、播放宣传动漫视频多次，受众2000余人。

（韩玉梅）

【京台交流】 9月12日至13日，北京台资企业协会安吉健行自行车俱乐部41人到区开展“情系冬奥·延庆赏秋”活动。11月至12月，中国政法大学、人民大学、北京中医药大学、清华大学、北京大学5所高校170余名在京台生分5批次到区开展体验北京实践活动，参观詹天佑纪念馆、长城博物馆、八达岭长城、北京世园公园以及古崖居，感受祖国的历史文化底蕴及经济社会的快速发展。

（韩玉梅）

应急管理

【概况】 北京市延庆区应急管理局（简称区应急局），是负责全区应急管理、安全生产综合监督管理和工矿商贸行业安全生产监督管理的区政府工作部门。年内，区应急局以习近平新时代中国特色社会主义思想为指导，紧紧围绕冬奥会安全服务保障、新冠疫情防控等重点工作，依法开展各项执法检查和应急处置工作，有效确保全区安全形势平稳。《安全生产目标任务书》六大类35项目标任务提前超额完成。开展危险化学品打非治违等专项整治行动13项，安全生产专项整治三年行动顺利实施。首次以区委区政府名义开展区级安全生产督察。紧盯冬奥核心区安全生产，赛区安全监管组高频率检查，扎实开展各类专项整治工作。有效强化冬奥赛区应急保障，与张家口市及怀来县、赤城县签订合作协议。制订赛区专项森林防火方案、预案。汛期组织总包单位开展演练21次，停工17次并及时转移人员，成功应对17次强降雨；对山区学校安装山洪灾害防范宣传栏，提高师生防汛避险意识；将四支区属森防队伍纳入防汛抢险队伍，并配备50万元防汛抢险物资。完善应急委议事规则，修订总体预案和3部区级专项预案。完成320人区级森防队伍建设，街乡镇成立应急小分队。建成预警信息发布平台，发布预警信息159条。全年妥善处置突发事件和突出情况107起。完成区级救灾物资储备库建设方案制订和库房选址工作。启动第一次全国自然灾害综合风险普查。组织开展地震灾害风险隐患排查，针对255处风险点开展防范治理。组织街道乡镇200名应急安全员开展“应急第一响应人”专题培训。积极开展“5·12全国防灾减灾日”宣教活动。全年全区发生生产安全事故1起，造成1人死亡，同比下降50%。2020年，延庆区应急管理局被评为北京市安全生产先进单位，延庆区森林消防大队获评第五届“全国119消防先进集体”，局执法监察队获评北京市应急管理局和共青团北京市委员会联合评选的“北京市青年安全生产示范岗”称号。

单位名称：延庆区应急管理局

地　　址：延庆镇城隍庙街4号

电　　话：69183175

（徐静）

【应急管理信息化建设】 年内，投资192万元，购置复合翼无人机、多旋翼无人机、照明无人机、单兵云台等信息化设备，完成应急视频会议系统升级改造及市级应急单兵系统部署，有效提升突发事件现场影音图像回传功能和应急指挥、处置能力。建成预警信息发布平台，实现预警信息编辑、审批、发布的信息化，极大提高工作效率，全年发布极端天气预警信息159条。全年手机移动终端检查16796次，移动终端使用率100%。应急管理平台用户信息维护方面，完成1人报考执法证相关录入情况，并完成考试取证；完成3人调离岗位录入，完成1人退休录入。

（韩玉磊）

【安全生产标准化达标建设】 年内，制订《2020年标准化达标建设工作方案》，对具体工作任务进行明确和量化。与重点行业、属地及评审公司负责人定期召开标准化工作协调会，及时沟通和跟进创建情况，协调解决创建工作中出现的问题。对按时完成三级标准化创建的企业给予资金补助，同时颁发证书和牌匾。截至年底，完成创建260家，其中三级达标企业33家，小微岗位达标227家。超额完成《延庆区2020年安全生产目标任务书》中200家的工作任务，完成率130%。

（赵伟巍）

【安全生产专项整治三年行动】 年内，全面开展安全生产专项整治三年行动工作，结合全区实际，确定3个专题、9个专项、265项目标任务清单。制定《延庆区冬奥会延庆赛区安全专项整治三年行动》，印发《延庆区安全生产专项整治三年行动专刊》5期，建立重大隐患台账，梳理分析全区各单位上报重点隐患，并将3项突出问题和9项重大隐患进行挂账督办整改。截至年底，全区录入检查生产经营单位13618家次，发现隐患3059项，限期整改1630家，行政处罚86家，罚款金额16.8万元。全区挂账隐患919项，销账919项，销账率100%。265项目标任务清单全部完成。3项突出问题和9项重大隐患全部整改完毕。

（赵伟巍）

【安全生产检查】 年内，检查生产经营单位2685家次，查处事故隐患1140条，下发行政执法文书4911份。办理行政处罚168起，经济处罚132起；经济处罚罚款金额182.5748万元，其中事故罚款金额82.7748万元，监督监察罚款金额99.8万元。

（赵伟巍）

【安全生产责任保险】 年内，印发《北京市延庆区安全生产委员会办公室关于持续推动安全生产责任保险工作的通知》，全年完成安责险投保270家，总保费268.92万元。统筹使用安责险事故预防费用为投保企业购买发放消毒液

1533桶。

（赵伟巍）

【安全生产企业台账】 年内，健全安全生产企业台账系统，全年新增企业3366家、修改企业3194家、核销企业3186家、信息完善率99.85%、及时审核率99.54%。审核发现问题项1659项并驳回属地重新审核，与市局协调将156余家企业转入C库。

（赵伟巍）

【安全风险管控】 年内，制定安全风险管控办法，通过对全区9大行业19个乡镇街道企业的风险评估，形成全区风险源清单和数据库、绘制了安全风险电子地图。2664家生产经营单位辨识评估风险源17509项，安全风险云服务系统填报率100%。

（赵伟巍）

【应急预案体系建设】 年内，新修订区级专项预案1部（《北京市延庆区重大暴雪灾害应急预案》）。截至年底，全区有总体应急预案1部，专项应急预案37部，部门应急预案99部，街道乡镇和重点地区预案195部，接受企事业单位备案预案目录197部。

（王丹）

【举报投诉处理】 年内，处置安全生产举报投诉案件38件，其中，市应急局“12350”转派件7件，12350非紧急救助服务中心派单20件，“街乡吹哨”报到11次，所有举报投诉案件均在规定时限内处置完毕，回复率、反馈率、满意率均100%。全年接到事故类举报5起，其中4起为12350、12345接报，1起为来人来访，均按照要求和时限依法开展调查和处理，并及时进行回复反馈。

（郭燚、王丹）

【危化单位升级改造】 年内，督促指导北京玻钢院复合材料有限公司及北京兴晨氧气有限公司氧气销售门市部两家危化品生产经营单位进行提升改造，对施工及人员资质进行备案。改造升级后，督促两家单位邀请评价机构对改造情况评价验收，形成验收报告，两家企业的安全评价均符合要求。

（张平）

【化工仪器仪表整治】 年内，推动对重点危化单位中石化康庄油库、北京玻钢院复合材料有限公司及北控京奥雪车雪橇液氨制冷建设项目的化工仪器仪表整治，促进企业提升自动化安全水平。

（张平）

【新冠疫情防控和安全生产】 年内，组建5支检查队，按照疫情防控常态化检查要求，坚持一手抓疫情防控，一手抓安全生产防范，建立235家工业企业台账，全年检查4466家次，查处隐患524项，公示企业37家。对8家冰鲜冷冻食品加工企业按照“全链条、全流程、全覆盖”原则开展常态化监督检查。会同卫健、住建等部门对区乡级11家集中隔离点开展联合执法检查247家次，查处隐患75项。

（张新亮）

【救灾物资发放】 年内，疫情防控期间，申请市级物资储备库延庆分库救灾物资发放至相关街道乡镇和部门。发放12平方米棉帐篷440顶、8平方米单帐篷22顶、桌椅（钢）428套、棉大衣1282件、悬挂式应急灯428个、折叠床428张。印发《关于做好救灾帐篷使用管理工作的通知》，确保帐篷使用规范、安全。

（王丹）

【特种作业、高危行业考核】 年内，组织特种作业考试13期，603人参试。其中社会学员546人，低压取证27人；低压复审89人；高压复审242人；焊工复审97人；有限空间复审91人；社保局大培训低压电工取证一期57人。组织高危行业考试4期，172人报名，其中主要负责人19人，安全生产管理人员153人。

（池江洋）

【防汛救灾抢险】 年内，全区发生17次强降雨，启动预警响应27次，其中暴雨预警响应14次，地质灾害预警响应13次。出动巡查人员3.9万人次，转移安置险村险户群众4220人次，及时处置道路积水、塌方等各类险情114次。

（时瑞林）

【降雨量统计】 年内，经人工观测统计，全区全年平均降水量532.6毫米，比上年同期降水量389.3毫米增加143.3毫米，同比增加36.8%；与多年平均降水量443.1毫米相比增加89.5毫米，同比增加20.2%。年内降水量最大的人工站为白河堡站687.9毫米，最小的站为井庄站349.1毫米。汛期累计降水量为375.2毫米，比上年同期降水量236.5毫米增加138.7毫米，同比增加58.6%；与多年平均汛期降水量310.3毫米相比增加64.9毫米，同比增加20.9%。年内出现17次强降雨过程，最大降水日为7月2日，当日全区平均降水量45.2毫米；降水量最大站是刘斌堡站，降水量62.5毫米；最小站是康庄站，降水量24.9毫米。

（时瑞林）

【专职安全员队伍建设】 年内，根据《北京市安全生产委员会办公室关于落实巡视整改要求进一步加强专职安全员队伍人员配备的通知》（京安办发〔2020〕17号）文件精神，经区政府批准，公开招聘安全生产专职安全员14人，吸收特困家庭大专应届毕业生5人，补齐19人的岗位空缺。专职安全员有序参加市区两级各类培训，完成全区专职安全员年度人均脱产培训40学时的要求。

（张燕燕）

【应急小分队建设】 年内，制定《关于街道乡镇应急小分队试点建设的指导意见》，在张山营镇、香水园街道开展试点，指导制订建设方案，完善管理制度。11月底全部完成全区各属地应急小分队建设工作。

（王丹）

【城市安全隐患治理抽查核查】 年内，制订《延庆区2020年城市安全隐患治理抽查核查工作方案》，统筹协调全区19个属地、园区，112个点位迎接市级抽查核查。经核查，全区112个点位的隐患全部整改合格，仅发现新增隐患10项，并于12月28日前全部整改完毕。

（赵伟巍）

【防灾减灾宣传周】 5月9日至15日，防灾减灾宣传周期间，区应急局按照疫情防控要求，采取“非聚集、多媒介、全受众”“线上+线下”相结合的宣教形式，通过向市民发放纸质的宣传材料、现场解答，以及线上利用北京延庆政府网站栏目发布问卷调查，通过“北京延庆”“北京市延庆区应急管理局”公众号以及北京延庆官方微博刊载防灾减灾案例宣传片、知识视频、发布有奖问答，面向社会公众普及避灾自救互救技能，提升全区市民安全意识和综合防灾减灾能力。

（王丹）

【“5·12防灾减灾日”宣教活动】 5月12日，区应急局会同地震、人防、消防等部门，在香营乡政府集中组织开展“5·12全国防灾减灾日”宣教活动。活动以“提升基层应急能力，筑牢防灾减灾救灾的人民防线”为主题，活动现场悬挂横幅、摆放展板、向村民发放防灾减灾宣传资料，区应急局工作人员现场答疑，讲解和普及防灾减灾救灾知识及应急处置方法。共发放海报1000余份，宣传品1200余份，参与人员200余人次。

（王丹）

【“延怀赤”三区县召开森林防灭火联防会议】 10月23日，赤、延、怀三区县冬奥赛区森林草原联防联控暨第二十七届三区县森林草原防灭火联防工作会，在河北赤城县召开。会上，延庆区应急管理局、赤城县森林公安局、怀来县应急管理局和大海陀保护区管理处等部门汇报2019年至2020年度森林草原防灭火联防联控工作开展情况，并就森林防火工作亮点做法进行交流。

（王玥）

【以区委区政府名义督察12个单位】 11月9日至20日，经区委区政府同意，成立3个安全生产督察组，分别对区住建委、区城市管理委、区教委、区农业农村局、区商务局、区文化和旅游局、区科委（中关村延庆园管委会）、永宁镇、张山营镇、井庄镇、百泉街道、香水园街道共12个单位开展安全生产督察。通过查阅资料、座谈谈话以及延伸抽查企业等方式，对各单位2018年以来安全生产工作开展情况、市委市政府安全生产第四督察组督察整改情况进行查看；共查阅档案资料8800份，座谈谈话41人次，实地检查68家生产经营单位，发现各类问题隐患219项；截至年底整改214项。

（赵伟巍）

【区应急局与张家口市应急局签订合作协议】

11月17日，区应急局参加2020年京津冀救灾与物资保障协同工作联席会议，与张家口市应急局结合双方实际就物资保障问题达成一致，签订互助合作协议，旨在进一步提升灾害联防联控和应急响应能力。

（王丹）

城市服务管理

【概况】 北京市延庆区城市服务管理指挥中心（简称区城市服务管理指挥中心）是负责全区网格化管理、市民服务热线统筹指挥、非应急状态下城市运行协调调度及区委区政府总值班室工作的区政府直属正处级事业单位。年内，围绕元旦、春节、全国“两会”等重要节日、重大活动，制订服务保障工作方案，启动响应机制，落实值班值守制度，全力应对突发情况，保障城市运行安全顺畅。逐日将市民未解决不满意工单报送区领导，高位推动问题解决。每周通报“三率”排名，形成比学赶帮超工作氛围。设置基础红线制度，将“三率”红线标准设定为82%，分数基准线为50%，要求全区各单位严格执行。区委领导11次主持召开全区月度工作点评会暨接诉即办专题调度会，对相关单位进行工作点评，通报全区各部门、各街乡镇接诉即办排名情况。疫情期间，结合疫情防控各组工作职责，每天推送疫情工单，由牵头区领导亲自督促办理，2小时反馈办理情况，统筹全区疫情网格防控力量部署，布置1038个网格卡口、9723名村级防控力量，做到返京在管人员逐人入格、人格对应，实现疫情防控工作“查得清、看得严、限得住”。收集整理重点人员信息，通过城市管理指挥平台展示居家隔离人员地理分布情况。每日汇总各类城市运行信息，编报《延庆值班快报》366期，为区委区政府决策事项提供基础支撑和科学参考。

单位名称：延庆区城市服务管理指挥中心
地　　址：延庆镇城隍庙街4号
电　　话：69185698

（贺冰）

【12345热线受理5.5万件】 年内，全区受理市12345热线派转的群众诉求5.5万件，同比上升44.99%。全年综合成绩94.18分，排名全市第4位。其中，市级直派32968件，占比64.67%；区级转派18009件，占比35.33%。群众反映集中的前五位诉求分别是：违法建设3195件，占诉求总量的6.27%；供暖2894件，占比5.68%；村民待遇2793件，占比5.48%；拆迁腾退2360件，占比4.63%；村民自治1803件，占比3.54%。

（贺冰）

【冬奥赛区外围服务划分41个网格】 年内，划分冬奥赛区外围服务保障41个网格。调配网格力量对保障区内人、地、事物、组织、部件等进行统筹协调。部署网格巡查力量971人，实现网格内发现问题及时上报，电话视频直联。

（贺冰）

【创城期间网格案件56487件】 年内，建立每日对接通报机制，系统梳理工单中涉及创城工作的重点诉求，加强网格巡查力度密度，确立“网格+门前三包”模式，构建“主责单位有落实、门前三包有人管”的城市精细化管理机制。“创城百日攻坚”期间，发现相关重点网格案件56487件，办结51408件，办结率91%。

（贺冰）

【督办事项3658件】 年内，督办各类事项3658件，其中领导批示1519件。针对2019年度街乡镇诉求量排名靠后的社区村、各乡镇街道辖区内重点问题、年度排名靠后的委办局和上年度诉求量较高的问题，分别制定治理类街乡镇（社区村）任务、主动治理任务清单、行业专项治理任务清单。每月对各相关单位进行督办，将进展情况呈送区领导，为区领导决策部署提供第一手信息。

（贺冰）

【接诉即办咨商52次】 年内，由区城指中心、区司法局、区委编办、区政府办、区纪委监委等部门共同组成“接诉即办”咨商会，推动疑难复杂问题的解决。全年协商处理疑难工单138件，召开咨商会52次。

（贺冰）

【各街乡“吹哨”488次】 年内，依托“街乡吹哨、部门报到”工作机制，打通属地、部门和公服企业间的沟通壁垒。全年各街乡“吹哨”488次，共解决民生问题464件。

（贺冰）

机关事务管理

【概况】 北京市延庆区机关事务管理服务中心（简称区机关事务中心），主要负责各集中办公区机关运行成本的统计、分析和评价；基建规划、拆迁维修、地下工程维护；供水、供电、供暖、食堂、卫生、保卫、绿化及设施设备的维修；公务用车监督、管理、运行；办公用房管理，规划展览馆管理、维护及22个部门财务代管服务等工作。年内，新接管人防办和冬奥运行中心后勤服务管理工作，服务范围增至14个集中办公区和10个食堂。全年10个食堂接待用餐人员51.08万人次；4个会议中心接待各类会议5493场；为区委区政府等14个集中办公区派遣保安57名、巡防队员3名、特勤人员15名、保洁人员44名、绿化美化人员2名；14个集中办公区开展电器设备、弱电工程、上下水等各类维修1126次；公务用车管理运行中心承接出车任务25260次。

单位名称：延庆区机关事务管理服务中心
地　　址：延庆镇湖北西路1号
电　　话：69142289

（刘晓芳）

【办公用房管理】 年内，对区属83家一级行政事业单位房屋、土地出租出借情况进行摸底统计，其中24家单位存在出租出借情况，涉及出租出借事项152项。截至年底，完成规范化治理136项、完成全区85家党政机关单位办公用房统计梳理工作、完成农口事业单位改革办公用房调整工作、完成约50%党政机关单位的办公用房平面图绘制录入工作。

（于海强）

【机关事业单位土地房屋规范化治理】 年内，完成5项办公用房出租出借清理任务，对16项涉及租期长、权属不清等历史遗留问题的项目，会同区财政局多次专题专项推动，实现规范治理。

（于海强）

【公共机构能耗统计】 年内，完成全区公共机构基本信息梳理统计和年度公共机构能耗统计报送工作。经梳理统计，全区共有229家区级公共机构，包括一级公共机构84家，二级公共机构145家。

（于海强）

【节约型机关创建】 年内，按照《北京市节约型机关创建行动方案》要求，结合全区实际情况，制订并印发《延庆区节约型机关创建行动方案》。完成12家党政机关节约型机关创建工作，实现15%创建任务目标。

（于海强）

【机关单位升级改造项目】 年内，完成全区223家机关事业单位、288套食堂废气净化设备升级改造项目，并通过第三方检测验收。区规划展览馆布展升级改造服务项目完成财政预算资金审核、公开招标、设备购置安装及展示区域装修改造。

（闫俊）

【冬奥接待联络】 年内，完成中华人民共和国第十四届冬季运动会高山滑雪延庆赛区比赛（简称“十四冬”）服务保障工作，为NTO、滑雪医生、反兴奋剂等工作人员提供午餐1764人次。完成雪车雪橇场地预认证活动的集中医学观察点应急准备工作。全年持续为场馆运营团队提供住宿、餐饮及车辆保障。

（姚燕）

【新冠疫情防控】 年内，完成8处集中医学观察点选址、改造和启动工作，为1598名医学观察人员提供服务保障，所有医学观察点均实现“零感染”。完成14座集中办公区疫情防控管理和行政事业国企机关工作小组复产复工工作。

（刘晓芳）

【机关事业单位垃圾分类】 年内，制订《延庆区机关事业单位垃圾分类工作实施方案》。组织全区185家单位（包含行政事业单位、驻延部队、医院及学校）更换分类垃圾桶3091个，张贴宣传标识8000张，新建宣传栏361个。开展7轮全覆盖垃圾分类专项督导检查。截至年底，全区机关事业单位垃圾分类桶站建设符合率95.8%；投放正确率96%；标识正确率100%；基础设施达标率100%；宣传知晓率和参与率均100%。

（刘晓芳）

【践行光盘行动】 年内，制订《延庆区机关事业单位食堂“厉行节约 反对餐饮浪费”活动实施方案》，明确工作措施和要求。向全区机关事业单位发送《关于加强机关食堂管理坚决制止餐饮浪费行为的通知》和《关于深入推进“光盘行动”的通知》，统计制定机关食堂台账，并组织食堂工作人员签订《节约粮食反对浪费承诺书》。制定机关食堂“光盘行动”考核细则，并对区内36家机关食堂开展“制止餐饮浪费 践行光盘行动”专项督查检查。

（刘晓芳）

【公务用车监督管理】 5月，根据“两会”期间车辆封存要求，组织全区各单位封存公车626辆。9月，按照北京市机关事务管理局工作部署，对全区84家党政机关、事业单位车辆的基本信息、运行费用等进行统计，并完成《2019年度公务用车统计报告》基层任务报表及相关工作报告编制工作。全年开展各类公车使用监督检查41次，并对全区所有公车定位终端上线情况进行普查，完成1025台终端调试升级工作。截至年底，完成93辆老旧车辆报废，并购置更新84辆公务用车。

（闫童）

【区档案馆和文委基建项目】 7月至11月，完成区档案馆新馆建设项目设计招标，取得建设工程规划许可证和初步设计概算批复。8月至11月，原文委办公楼抗震加固及节能改造项目完成方案编制审批、施工图初步设计及财政预算资金审核。

（于海强）

信　访

【概况】 北京市延庆区信访办公室（简称区信访办），承担区委、区政府接待办理群众来访、来信等工作。年内，坚持每月统计信访数据、每季度分析信访形势，及时掌握情况，提出工作建议，有效预防和化解矛盾。对于重要、敏感信访信息，及时报党委政府，积极有效应对，防止矛盾升级。全年报送信访信息43期，为领导决策提供参考。区委书记、区长带头接访下访4次，18个街乡全部建立以“一把手”为召集人的联席会议机制。全区信访量呈现“两升两降”态势：总量上升（3822件次5620人次）、网信上升（1624件次1717人次）、纸信下降（314件次1156人次）、来访下降（1884批次2747人次）。群众诉求主要集中在农业农村、城乡建设、劳动和社会保障、自然资源四个方面。

单位名称：延庆区信访办公室

地　　址：延庆镇苏子街10号

电　　话：69180671

（陈洋）

【信访积案化解】 年内，高标准开展集中治理重复信访、化解信访积案工作。加强统筹谋划、坚持整体推进，设立工作专班，逐件甄别梳理，逐级分类交办，逐案落实包案。截至年底，117件重复信访件已化解79件，化解率67.5%；推动市级交办的10件重点矛盾和16件积案全部按期化解，96件上行矛盾化解80件。

（陈洋）

【矛盾纠纷排查】 年内，开展矛盾纠纷排查7次，其中，社会矛盾纠纷大排查2次，春节专项排查1次，涉及疫情矛盾纠纷排查2次。在全国“两会”和十九届五中全会期间分别开展矛盾纠纷动态排查。重点围绕涉冬奥赛事、涉疫情防控、涉拆迁安置、涉土地征占、涉劳动保障、涉环境保护、涉经济案件、涉退役军人等方面排查出矛盾纠纷41件。

（陈洋）

【信访服务保障】 年内，在全国“两会”、服贸会、党的十九届五中全会等重点时期，不间断开展矛盾纠纷排查。组织督促各属地乡镇、街道与属地派出所沟通配合，安全有序做好来访接待等工作，构筑乡镇（街道）、区、市“三道防线”，实现“四个不发生”。

（陈洋）

【信访宣传培训】 6月5日，开展“国务院《信访条例》修订实施15周年法治信访宣传月”主题宣传。通过“信访知识进社区大讲堂”活动，宣传网上信访和依法逐级信访。年内邀请市信访办业务处室到区培训3次，选派2名干部到市跟班学习，全面提升信访干部业务水平。

（陈洋）

政协延庆区委员会

概 述

中国人民政治协商会议北京市延庆区委员会（简称“延庆区政协”）是中国人民政治协商会议北京市延庆区的地方组织。2020年，区政协常委会在中共延庆区委的领导、市政协的指导和社会各界的支持下，以习近平新时代中国特色社会主义思想为指导，团结带领广大政协委员，深入学习贯彻中共十九大、十九届二中、三中、四中、五中全会精神，认真贯彻落实习近平总书记对北京重要讲话精神和市委、区委决策部署，坚持团结和民主两大主题，不断提高政治协商、民主监督、参政议政水平，突出凝聚共识重要职能，充分发挥专门协商机构作用，较好地完成了二届四次会议提出的工作目标和任务，为服务保障冬奥会、推动地区高质量绿色发展做出了积极贡献。新冠疫情发生后，区政协坚决贯彻落实习近平总书记关于新冠肺炎疫情防控重要指示批示精神和市、区两级安排部署，第一时间发出《致全区政协委员的一封信》和《关于深入学习贯彻落实中央统筹推进新冠肺炎疫情防控和经济社会发展工作部署会议精神的通知》，动员广大政协委员积极响应号召，为全力打赢这场疫情防控的人民战争、总体战、阻击战贡献力量。政协领导班子成员按照区委统一部署，扎实做好有关组织协调、指导推进和分片联系督导工作，深入所联系乡镇、社区和委员所在企业，调研检查疫情防控和复工复产复商复市工作。全体政协委员发挥界别优势，各展所长、各尽其能，捐款捐物100余万元，同时在志愿服务、企业生产、社区服务和建言献策、凝聚共识等方面发挥了示范表率作用。特别是医药卫生界委员始终奋战在疫情防控第一线，充分展现出为国履职、为民尽责的情怀。

单位名称：政协延庆区委员会
地　　址：延庆镇高塔路70号
电　　话：69101565

（乔晓燕）

重要会议和活动

【政协委员远程视频学习】 年内，区政协组织全体委员以远程视频方式先后9次参加市政协举办的专题报告会。4月26日，参加市政协举办的政协报告厅——抗疫前线的政协委员报告会。北京大学人民医院院长姜保国委员、北京大学第一医院副院长李海潮委员，分别介绍抗击疫情的经历和感受。6月4日，听取中国农业大学李小云教授关于中国脱贫攻坚实践专题报告。6月11日，听取清华大学刘建国教授关于垃圾分类的专题报告。7月2日，听取中国人民大学党委副书记、常务副校长王利明教授关于民法典的中国特色、实践特色、时代特色专题报告。7月9日，听取全国人大农业与农村委员会主任委员陈锡文关于推进“三块地”改革助力乡村振兴专题报告。9月4日，听取市政协科技委员会副主任、中国载人航天工程副总设计师陈善广关于人因工程与载人航天应用专题报告。11月17日，听取中国工程院院士、市农林科学院国家农业信息化工程技术研究中心主任赵春江关于数字技术促进农业高质量发展专题报告。11月23日，听取全国政协常委、中国人民大学校长刘伟关于构建新发展格局、推动经济高质量发展专题报告。12月3日，听取全国政协常委、中国工程院副院长、中国医学科学院院长、北京协和医学院校长王辰院士关于弘扬抗疫精神，发展医学卫生健康事业专题报告。

（乔晓燕）

【政协委员知情明政大课堂】 年内，区政协5次举办“政协委员知情明政大课堂”活动。5月14日，首场“政协委员知情明政大课堂”以“贯彻落实‘四个条例’打赢创城百日攻坚战”为主题，集体观看《创城攻坚百日大决战——我们在行动》专题片；听取《亮出最美延庆范儿、全民共创文明城——创城攻坚“百日大决战”》专题报告。区委宣传部、区城管委、区住建委和区民政局四个部门分别就《北京市文明行为促进条例》《北京市生活垃圾管理条例》《北京市物业管理条例》《北京市街道办事处条例》的主要内容进行解读；区民主党派人士、文化艺术界代表、社区居民代表和“墨墨祝福”志愿者协会代表以及政协机关干部参加会议。11月20日，围绕长城基本知识以及长城文化带保护发展等内容，举办“政协委员知情明政大课堂”。区文化和旅游局文物遗产科工作人员从长城的基本概念、区境内长城的基本情况以及八达岭长城的修筑等十个方面进行讲解。12月10日，围绕中医养生概念、养生特色、养生内容及慢性病防治与调理等内容，举办“政协委员知情明政大课堂”。12月25日，举办“政协委员知情明政大课堂”，邀请区发改委主任围绕学习贯彻党的十九届五中全会精神做专题报告。

（乔晓燕）

【市政协及各区政协到区考察调研】 年内，市政协及部分区政协委员分6批7次到区考察调研。4月21日和7月7日，市政协农业和农村委员会主任高华两次带队到区，围绕延庆生态涵养区建设和农业农村相关工作以及“准确把握京郊人口变化趋势，科学推进新型城镇化建设”议题进行座谈交流；并对延庆农业农村工作提出意见和建议。7月29日，市政协副主席林抚生带队到区，围绕“准确把握京郊人口变化趋势，科学推进新型城镇化建设”主题进行调研。实地察看八达岭镇里炮村新型农村社区建设情况以及村集体经济、民宿产业发展情况并进行座谈交流。穆鹏、陈合安等区领导参加座谈。8月24日，房山区政协经济委员会组织委员到区，围绕“深化人居环境整治、提升美丽乡村建设水平”进行调研。听取沈家营镇和下花园村关于美丽乡村建设、乡村治理和高端民宿产业发展布局等情况的介绍，并实地参观仁宗故里民俗文化馆、“三进院”“花园记忆”民宿院、柳沟乡情村史陈列馆。9月16日，市政协副主席林抚生带队到区，围绕“关于盘活闲置农宅发展精品民宿的提案”进行督办活动。实地考察永宁镇上磨村龙源里精品民宿、旧县镇东龙湾村左邻右舍精品民宿以及八达岭镇石峡村石光长城民宿，详细了解民宿的开发及经营现状。9月25日，市政协秘书长严力强带队到区，专题调研区政协贯彻落实中央政协工作会议、市委第五次政协工作会议精神情况；听取相关情况汇报，并实地视察张兰年委员工作室。10月16日，顺义区政协到区，围绕冬奥会筹办及冰雪运动发展情况进行考察调研。实地查看冬奥延庆赛区展示中心、冬奥村和高山滑雪竞速结束区施工现场，详细了解冬奥延庆赛区规划建设以及赛区生态修复、河道治理等相关情况，并进行座谈交流。

（乔晓燕）

【“不忘初心、牢记使命”主题教育总结会】 1月16日，区政协党组召开“不忘初心、牢记使命”主题教育总结会，传达学习中央、市委和区委“不忘初心、牢记使命”主题教育总结会精神，对区政协党组主题教育工作进行全面总结，并就进一步巩固主题教育成果进行研究部署。区政协党组书记、主席陈合安出席会议并讲话。区政协党组成员、副主席刘明利、张立新、张留全，区政协党组成员、秘书长马岗参加，副主席谷艳兰、杨雪平列席会议。

（乔晓燕）

【第二十一次常委会议】 3月5日召开。会议传达学习习近平总书记在统筹推进新冠肺炎疫情防控和经济社会发展工作部署会议上的重要讲话精神，学习市委十二届十一次、十二次全会和区委二届十次全会精神，通报《区政协2020年协商工作计划》，讨论通过《区政协常委会2020年工作要点》和常委会重点工作安排。听取区政府关于2020年重点工作折子工程和重要民生实事工程安排情况的通报，并围绕推动冰雪产业发展、加强自然保护区建设、促进中医药事业发展、提升养老服务水平、推进长城文化带建设和落实生活垃圾管理条例等方面问题进行交流讨论，提出意见建议。副区长刘瑞成应邀参加会议并通报情况。

（乔晓燕）

【第二十二次常委会议】 5月12日召开。会议听取区创城办关于全国文明城区创建工作情况和区政府关于老旧小区综合整治及物业管理条例落实情况的通报，实地视察全国文明城区创建工作开展情况，并进行交流座谈，围绕加大创城宣传力度、注重疏堵结合等方面提出意见建议。会议还讨论通过政协机关干部任免事宜。区委常委、副区长叶大华应邀参加会议。

（乔晓燕）

【第二十三次常委会议】 7月14日召开。会议听取区政府关于低收入农户帮扶及低收入村发展工作情况的通报，实地视察大庄科乡沙门村低收入村户增收工作开展情况，与会常委、委员进行座谈交流，并围绕坚持扶贫先扶志、发展特色产业、促进产业融合发展等方面提出意见建议。副区长丁章春应邀参加会议并通报情况。

（乔晓燕）

【林抚生到区调研】 7月29日，市政协副主席林抚生带队到区，围绕“准确把握京郊人口变化趋势，科学推进新型城镇化建设”主题进行调研并座谈。市政协农业和农村委员会主任高华及区领导穆鹏、陈合安参加。

（郭昭君）

【第二十四次常委会议】 8月20日召开。会议传达学习市委十二届十四次全会、区委二届十一次全会精神，听取区政府关于全区2020年上半年经济社会发展情况的通报、区委办关于政协委员提案办理情况的通报和区政府办关于政协委员提案办理情况的通报，审议并通过《政协北京市延庆区委员会常务委员会工作规则》《政协北京市延庆区委员会专门委员会工作通则》《政协北京市延庆区委员会关于加强委员联系群众工作的实施方案》。与会委员围绕相关工作开展座谈讨论。区委常委、常务副区长张远应邀出席。

（乔晓燕）

【政协常委暑期读书班】 8月20日，政协常委2020年暑期读书班举行开班式。区委书记穆鹏应邀出席并讲话。暑期读书班为期2天，90余名区政协委员参加活动。

（乔晓燕）

【政协委员工作室启动座谈会暨授牌仪式】 9月10日，区政协举办政协委员工作室启动座谈会暨授牌仪式，为延庆区首批15个政协委员工作室授牌。陈合安出席并讲话。会议就制订区政协加强委员联系群众工作实施方案及建立委员工作室做说明，向领衔成立政协委员工作室的委员代表授牌。与会人员结合工作实际开展座谈讨论。会议强调，要提高政治站位，充分认识设立政协委员工作室的重大意义，切实把委员工作室打造成学习交流的新载体、联系群众的新纽带、协商民主的新路径、团结联谊的新平台和为民服务的新渠道。

（乔晓燕）

【第二十五次常委会议】 9月24日召开。会议听取区政府关于区文旅体商农产业融合发展情况的通报，与会常委、委员进行座谈交流，并到九眼楼生态长城展示区进行实地视察。会议围绕细化产业布局、打造“妫水农耕”特色品牌等方面提出意见建议。副区长丁章春应邀参加会议并通报情况。

（乔晓燕）

【专题民主生活会】 10月29日，区政协党组召开“压实‘两个责任’，以案为鉴、以案促改，打造风清气正的政治生态和社会生态”专题民主生活会。会议传达学习《延庆区关于进一步深化落实全面从严治党主体责任的实施意见》和《延庆区关于深化全面从严治党监督责任的实施意见》精神，观看扫黑除恶工作战果专题片《天价拖车费牵出京藏高速恶势力团伙》。随后，陈合安代表区政协党组领导班子做对照检查发言，并带头做个人对照检查发言，其他党组成员逐一做个人对照检查。陈合安在讲话中强调，要强化责任担当、深化以案促改、全面推动政协工作提质增效。

（乔晓燕）

【第二十六次常委会议】 11月5日，政协第二十六次常委会议以视察形式召开。在北京市冰上项目训练基地，围绕安全生产、场馆设计及场地利用等工作开展视察，听取相关工作情况介绍。在冬奥核心区，实地视察赛区场馆建设、交通和水务保障等工程建设情况，听取冬奥核心区场馆和基础设施建设、赛事筹办举办、生态环保落实等工作的汇报。

（乔晓燕）

【区政协领导基层宣讲】 12月9日，区政协主席陈合安就学习贯彻党的十九届五中全会和市委十二届十五次全会精神到珍珠泉乡进行宣讲。12月9日，区政协副主席刘明利到基层联系点儒林街道，围绕学习贯彻党的十九届五中全会和市委十二届十五次全会精神进行宣讲。12月12日，区政协副主席张立新到基层联系点石河营村，就学习贯彻党的十九届五中全会和市委十二届十五次全会精神进行宣讲。12月17日，区政协副主席张留全到基层联系点永宁镇新华营村，就学习贯彻党的十九届五中全会和市委十二届十五次全会精神进行宣讲。

（乔晓燕）

【第二十七次常委会议】 12月29日召开。会议听取区纪委、区监委关于党风廉政建设、反腐败工作情况和区政府关于2020年度工作情况的通报，就《政府工作报告》（征求意见稿）进行协商讨论。审议通过政协第二届委员会关于调整委员和副秘书长的事宜及关于召开区政协二届五次会议的有关事宜，讨论《政协常委会工作报告》（讨论稿）和《常委会提案工作报告》（讨论稿），并提出修改意见。叶大华、蒋达峰应邀参加会议。

（乔晓燕）

参政议政

【集中协商督办提案】 年内，先后5次召开提案办理协商工作会，集中协商督办相关提案。4月23日，区政协召开首场提案办理协商工作会。会议听取关于优化营商环境工作的通报和区发改委2020年政协提案办理情况的汇报，对“关于优化营商环境，助推经济发展的建议”和“关于持续优化营商环境，助推延庆高质量绿色发展的建议”等3件提案进行集中协商督办，并就相关问题进行协商座谈，提出意见建议。4月28日，区政协召开第二次提案办理协商工作会。听取区农业农村局关于提案办理进展情况的通报，对“关于实施乡村振兴战略，持续推进美丽乡村建设的建议”“关于加强优质农产品品牌建设，争创现代农业发展新优势的建议”等6件提案进行集中协商督办。与会委员围绕“妫水农耕”农产品区域公用品牌建设进行座谈交流，提出意见建议。5月14日，区政协召开第三次提案办理协商工作会。听取区文旅局关于公共文化服务体系建设情况和提案办理进展情况的通报，围绕“深入挖掘长城文化内涵、打造长城文化金名片的建议”“关于提升延庆民宿文化、营销、内容建设，为延庆提供全业态、全要素、全渠道平台作用的建议”等6件提案的办理情况，进行深入协商交流，分析存在的问题，提出下一步工作措施。与会委员提出意见和建议。5月19日，区政协召开第四次提案办理协商工作会。听取区委宣传部关于提案办理工作总体开展情况的通报，围绕“关于打好‘创城’工作攻坚战的建议”“关于促进延庆区文化创意产业发展的建议”“关于营造‘冬奥会’氛围的建议”等提案进行集中协商督办。围绕开展各项冬奥宣传活动，营造浓厚冬奥氛围；发挥单位社区教育，引导居民文明行为；发掘区域特色文化资源，打造区域文化品牌等方面问题开展座谈交流，提出意见建议。5月25日，区政协召开第五次提案办理协商工作会。围绕“关于以冬奥会为契机，推动延庆冰雪产业快速发展的建议”和“关于擦亮‘金名片’，深化长城文化国际宣传展示的建议”两个重点提案，区文旅局从加快推进冰雪产业基础设施建设、积极培养冰雪运动专业人才、协同推动冰雪产业链健康发展、全面落实冰雪产业发展扶持政策四个方面，通报提案办理工作开展情况。与会委员深入座谈交流，提出紧抓机遇借冬奥赛事壮大冰雪产业、打造民宿品牌做大旅游业、多方沟通促进扶持政策落地等切实可行的意见建议。

（乔晓燕）

【反映社情民意】 年内，通过《情况反映》，报送“关于解决京张高铁八达岭长城站与延庆城区间双向交通问题的建议”“关于做好各社区防控新型冠状病毒的建议”等多篇社情民意信息。截至年底，大部分问题得到解决。

（乔晓燕）

【委员提案办复情况】 年内，全体政协委员、各界别和政协各专门委员会，共提出书面建议120件，经审查整理后形成正式提案96件，其中集体提案10件，合并提案4件。未立案的16件作为一般建议交相关部门作为工作参考。提案交由区委部门办理14件，交由区政府部门办理82件。截至年底，政协二届四次会议委员提案全部办复，其中年内已经解决、采纳或部分解决、采纳的提案84件，占87.5%；已列入工作计划的提案8件，占8.3%；受目前客观条件限制，尚不能解决的提案4件，占4.2%。

（乔晓燕）

【协商议政座谈会】 6月17日，区政协聚焦创城攻坚“百日大决战”，围绕“文明养犬”开展专题协商议政座谈会。会议听取区公安分局关于文明养犬工作开展情况的通报，以及区城管执法局、相关街道和延庆镇的补充汇报。与会人员就创城工作中的重点难点问题进行座谈交流，提出意见建议。

（乔晓燕）

民主监督

【区政协领导调研73次】 年内，区政协主席、副主席先后73次带队深入基层调研，围绕森林防火、安全生产、新冠疫情防控、复工复产复课、安保维稳、文化建设、生态修复、文物保护、防洪防汛、垃圾分类、创城迎检、乡村建设、接诉即办、换届选举等专题进行实地调研，慰问一线工作人员，并就企业面临的困难和问题座谈交流，提出相关意见和建议。

（乔晓燕）

【特约监督和行风政风评议】 年内，选派部分委员分别担任纪检监察、司法等部门的特约监督员、行风政风评议员，积极参加监督检查活动，悉心听取群众反映，及时反馈意见建议，履行监督职能。

（乔晓燕）

【各专门委员会视察】 1月17日，区政协社会法制与民族宗教委员会联合区残联、妫川书院到北京福润汽车修理厂、北京君信康药业有限公司走访委员，开展“送春联下基层”活动。5月21日，区政协城建环保委员会组织委员深入社区和垃圾处理场所，调研垃圾分类、处理和资源化利用情况。在儒林街道格兰山水二期社区，实地调研社区垃圾分类工作开展及宣传情况。在小张家口建筑垃圾资源化处理厂和小张家口垃圾综合处理中心，了解垃圾处理和利用工作开展情况。6月9日，区政协经济科技农林委员会组织委员到永宁镇上磨村，刘斌堡乡山南沟村、小观头村和下虎叫村，实地调研精品民宿产业发展。8月6日，区政协城建环保委员会组织委员到部分污水处理站点和再生水加水站，实地调研水污染防治工作开展情况。在大榆树镇簸箕营村污水处理站、南菜园再生水智能加水站、永宁污水处理厂，实地察看镇村级污水处理站点的建设、管理、运作情况，详细了解再生水利用情况，并听取相关负责人汇报。8月7日，区政协教文卫体委员会组织委员到部分养老服务机构，围绕落实“七有”要求、满足市民“五性”需求进行调研，听取区统计局关于“七有”“五性”考核指标体系解释和全区相关情况的通报，听取区民政局关于全区养老服务情况的通报。9月9日，区政协教文卫体委员会组织委员到区中医医院新址在建工地，围绕全国健康促进区创建工作进行实地调研。10月28日，区政协教文卫体委员会组织委员围绕延庆区幼儿园、中学校园建设及教育工作开展情况进行调研。调研组先后到泛美幼儿园、区第一幼儿园会展分园、区第一中学、区第一职业学校迁址新建工程现场和康庄中学，进行实地考察。10月30日，区政协社会法制与民族宗教委员会组织委员到部分市场、商场和餐饮企业，视察食品安全相关工作开展情况。调研组先后到恒生市场，视察食品安全、市场秩序和市场防疫工作开展情况；到区食品药品安全监控中心，了解食品药品检验实验室建设情况；到北京世园凯悦酒店和延庆万达广场，视察食品安全相关工作和冷链防疫工作落实情况；听取区商务局关于区内冬奥会和冬残奥会餐饮原材料供应基地遴选工作情况的汇报。

（乔晓燕）

（栏目编辑：王新华）

纪检监察

概 述

中共北京市延庆区纪律检查委员会（简称区纪委）与北京市延庆区监察委员会（简称区监委）合署办公，实行一套工作机构、两个机关名称，履行党的纪律检查和国家监察两项职能，对区委全面负责。在市纪委市监委和区委领导下，加强对下级纪检监察组织的领导。年内，面对新冠肺炎疫情带来的新挑战，全区纪检监察组织准确识变，科学求变，主动应变，增强“四个意识”，坚定“四个自信”，做到“两个维护”。突出政治监督，以决战决胜冬奥会举办为重点，推进政治监督具体化常态化；突出人民至上理念，把群众难点痛点作为正风肃纪反腐的着眼点着力点；突出监督第一职责，协助党委持续深化全面从严治党，强化对权力运行的监督，坚持和完善党和国家监督体系；突出作风建设，一体推进不敢腐、不能腐、不想腐，将正风肃纪反腐与深化改革、完善制度、促进治理贯通起来，坚决防止形式主义、官僚主义滋生蔓延；突出斗争精神，勇于正视问题，敢于较真碰硬，增强斗争本领，推动新时代纪检监察工作高质量发展，为服务保障冬奥会和高质量绿色发展提供坚强纪律保障。加强科技信息建设方面，先后投入736万元，建成覆盖全纪委机关和乡镇街道及各派驻纪检监察组的纪检监察专网。制发《北京市延庆区纪检监察机关严肃查处诬告陷害为干部澄清正名工作细则（试行）》《中共北京市延庆区委关于建立容错纠错机制激励干部担当作为干事创业的实施意见（试行）》，加大查处诬告陷害行为力度，激励广大干部敢于担当作为。

单位名称：中共北京市延庆区纪律检查委员会
北京市延庆区监察委员会
地　　址：儒林街道苏子街4号
电　　话：69103160

（李丹）

监督巡察

【新冠疫情防控监督】 年内，第一时间构建战时指挥体系，制订专项监督工作方案，组织各级纪检监察组织全方位开展监督。创新建立“4+1”监督模式，通过全要素监督、全领域监督、全天候抽查、全流程管控和末端反查，对9个进京检查站、19个路口卡点进行不间断督查，对全区423个村和社区的1278个路口卡口封闭管理情况严格督查，累计督查3600余次，督促整改问题690余个，全面推动“四方责任”落实。统筹疫情防控和经济社会发展跟进监督，重点围绕“六稳”“六保”任务落实，聚焦推动全区经济社会发展开展常态化监督。明确“十严禁”纪律要求，从严从快查处疫情防控期间违纪违法问题12起，给予党纪政务处分11人、诫勉5人、约谈提醒14人、通报曝光7起。

（张潇）

【冬奥会服务保障监督】 年内，将疫情防控监督贯穿冬奥监督始终，坚持“挂图督战”，出台监督工作要点，对承担延庆赛区2020年重点工作37项折子工程和99项筹办任务推进情况进行督察。督促相关部门完成冬奥赛区生态修复进度，完成赛区生态修复面积202万平方米，完成任务94%。集中督查“十四冬”（中华人民共和国第十四届冬季运动会），对环境景观布置、属地安全保卫、网格化管理、各工作组履职情况进行明察暗访，整改解决问题34个，制发督查专报8期。完成全国“十四冬”、高山滑雪世界杯测试赛、国家雪车雪橇中心场地预认证及国家冬季单项体育联合会来访考察活动监督工作。

（张潇）

【政治监督】 年内，将习近平总书记指示批示精神落实情况作为政治监督具体任务，建立任务清单，全过程开展监督。严格规范党内政治生活，制发专项监督工作办法，对各级党组织年度民主生活会和专题民主生活会开展情况进行重点督导，强化党员干部的组织意识和纪律观念。建立健全政治生态分析研判机制，制订工作方案，确定10家单位开展政治生态分析研判试点。督促各级党委（党组）开展政治生态自查自纠，建立日常监督问题台账，将问题清单及时向各单位反馈，向系统行业主管部门、巡察机构、组织部门通报。加强生态环境保护工作监督，制订专项监督执纪问责工作方案，成立问责工作组，对环保督察期间的重点信访件及时进行跟踪督办，立案处理1人，诫勉问责2人，谈话提醒7人，批评教育3人，下发提醒函2份。加强审计反馈问题整改监督工作，对11个党委的16名领导干部任职期间经济责任审计结果进行督查，下发纪律检查建议1份，书面函询1份。

（张潇）

【巡察监督】 年内，区委巡察组由5个增加为7个。开展2轮常规巡察，1轮“四风”问题专项巡察，完成对42个处级班子单位、162个村（社区）的巡察工作。区处级班子单位和村（社区）党组织巡察全覆盖率分别达到77.1%和100%。

（曹吉利）

【扶贫支援专项监督】 年内，制发《2020年扶贫支援监督工作方案》《2020年社会救助领域专项监督检查工作方案》《2020年开展全区低收入农户帮扶和低收入村发展专项督查工作方案》。建立部署、任务、责任、措施、成效和问题6张清单监督制度，针对74条措施开展项目化监督。牵头审计部门到张家口宣化区进行实地督察，完成26项扶贫支援任务，对口支援四地全部脱贫。统筹开展社会救助监督，对收到的问题线索和问题整改情况进行重点督办，共立案查处2人，其中党内警告1人，批评教育1人。

（张潇）

【民生领域专项监督】 年内，制发《关于进一步深化漠视侵害群众利益问题专项整治方案》等专项监督方案；修订《区纪委区监委关于加强“接诉即办”监督工作的实施方案》；明确“接诉即办”工作14个监督重点；全面主动筛查工单1485件，约谈提醒29人，批评教育1人，推动解决好群众的“急难愁盼”问题。扎实开展损害群众利益问题专项整治，紧盯12个重点领域开展专项检查，紧盯规自领域152项监督任务开展专项监督，查处群众身边腐败问题55件，给予党纪政务处分51人。加强生态护林工作监督，深入核查38名生态林管护员涉嫌违规领取补贴问题，并举一反三深入开展自查。查处18名村“两委”干部兼职护林员问题，给予党纪政务处分3人、下发监察建议3份、诫勉1人、谈话提醒5人、批评教育7人。加强创建文明城区工作监督，严明纪律要求，针对公职人员不文明行为向相关组织下发提醒函30份，约谈单位1家。

（张潇）

【巡视巡察后整改监督】 年内，建立区领导带头推动巡视巡察反馈问题整改制度，完善区纪委区监委日常监督整改机制。严格落实《巡视、巡察及审计反馈问题整改落实情况日常监督工作办法》，对市巡视整改任务及区委三轮巡察、规自领域专项巡察的22家单位整改情况开展督查督办，区巡察反馈的2660个问题已完成整改2451个。

（张潇）

【中纪委领导到区调研】 8月27日，中央纪委副书记、国家监察委副主任陈小江到冬奥会延庆赛区调研冬奥会筹办举办监督工作，市纪委领导陈雍、杨玉香，区领导穆鹏、蒋达峰陪同调研。12月10日，中央纪委国家监委法规室主任邹开红带队到区开展《农村基层干部廉洁履行职责若干规定（试行）》评估工作，到区纪委区监委进行座谈，并到沈家营镇、井庄镇开展访谈及问卷调查，区领导蒋达峰陪同调研。

（张冰）

纪律审查

【信访举报】 年内，对涉及疫情防控工作和换届选举工作的信访举报，以及专项监督、专项整治工作中发现的问题优先处置，有效推动群众监督转化为组织监督。全年受理检举控告类信访举报822件次，同比下降6.7%，其中，反映处级单位及领导干部234件次，科级干部168件次，农村干部401件次，其他人员19件次。截至年底，接待来访377批次，451人次，其中接待集体访1批次，20人次。

（鄞兆炜）

【检举平台举报】 年内，12388电话举报受理系统接听电话2213件次，其中受理检举控告62件次；来访接待系统接待来访711批次841人次，其中受理检举控告35件次；处置子平台推送问题线索1223件次，接收1219件次。

（鄞兆炜）

【案件查办】 年内，全区纪检监察机关处置问题线索516件，立案198件，增长6.5%，结案187件，留置5人，涉嫌犯罪移送检察机关9人，增长50%。给予党纪政务处分161人，党纪处分141人，政务处分35人，双重处分15人。受处分人员中，县处级干部28人，乡科级干部24人，其他109人。

（黄坚翔）

【扫黑除恶专项斗争案件复核清查】 年内，区纪委区监委扫黑除恶专项斗争工作领导小组召开扩大会议压紧压实工作责任，深入开展“六清”行动，深化用好“4+2”联席会商和“3+1”查办督导模式，对“8·23”“10·30”“6·26”等涉黑涉恶案件坚决“惩腐打伞”，所有涉黑涉恶问题线索实现清仓，对所有案件和线索进行深入复核清查确保查办质量。认真做好以案为鉴、以案促改、以案促治，制发纪检监察建议书44份，完善监督检查等制度机制22项。全区纪检监察机关受理涉黑涉恶问题线索96件，立案查处77人次，采取留置措施8人，给予党纪政务处分60人次，组织处理12人，移送司法机关9人。查处涉黑党员7人，涉恶党员2人，“保护伞”“关系网”35人次。

（黄坚翔）

【执纪审理】 年内，开展党纪政务处分执行专项检查暨对2017年至2019年度专项检查问题整改情况“回头看”工作，对党纪政务处分150人次开展专项检查，对上次检查发现的15人次问题进行“回头看”检查，发现问题及时整改到位。制定《关于党纪和政务处分决定执行情况抽查工作办法》，将处分执行情况专项检查和抽查工作常态化。全年受理违纪违法案件187件，同比增长19%。

（傅立静）

作风建设

【“四风”问题专项巡察】 年内，开展立体式监督检查，发挥党风政风监督员作用，对全区38个党政机关、4个公共服务行业、15个乡镇和3个街道及基层科队站所开展明察暗访。对公车私用、私车公养、超标准占用办公用房等问题，及购买高档白酒、落实制止餐饮浪费要求等情况进行重点检查。对21家单位开展第二轮

“四风”问题专项巡察发现的共性问题开展专项整治。全年查处违反中央八项规定精神问题15件，给予党纪政务处分13人。重点针对清明期间森林防火工作失职失责行为问责16人。截至年底，查处形式主义官僚主义问题35件，给予党纪政务处分30人，诫勉3人。

（张潇）

【践行“四种形态”处理824人次】 年内，深化“双早”管理预警机制，坚持用好“第一种形态”。全区纪检监察机关综合运用“四种形态”处理824人次，其中第一种形态645人次，占比78.3%；第二种形态114人次，占比13.8%；第三种形态48人次，占比5.8%；第四种形态17人次，占比2.1%。

（张潇）

【廉政成果】 年内，2020“清风北京·廉洁颂”主题教育活动中，平北抗日烈士纪念园被授予北京市廉政教育基地称号，平面广告作品《德蕴清风》获得“我心中的廉洁”公益作品优秀奖。在警示教育基地制作“以案为鉴、以案促改”农村基层治理典型案例展，全年接待参观学习人员2.9万余人次。截至年底，全区通报曝光49人次。延庆纪检监察网站登载信息608篇，延庆纪检监察微信公众号发布74期、登载信息308篇，北京延庆App登载信息100篇，在北京日报App登载信息116篇，北京纪检监察网登载信息105篇，清风北京微信公众号登载信息37篇。

（王明伟）

【区纪委二届五次全会】 3月7日，区纪委二届五次全会以视频会议形式召开，穆鹏出席会议并讲话。会议传达市纪委十二届五次全会精神，蒋达峰做题为《健全治理体系 监督保障执行 为交出服务保障冬奥会和高质量绿色发展两张优异答卷提供坚强纪律保证》工作报告。会议讨论并表决通过全会工作报告和全会决议。于波主持会议，吕桂富、陈合安出席，市纪委市监委第五监督检查室主任张春雷应邀出席。区四套班子领导以及各部门、乡镇、街道负责人在主会场和分会场参加会议。

（李丹）

制度建设

【全面从严治党主体责任落实】 年内，协助区委出台《延庆区关于进一步深化落实全面从严治党主体责任的实施意见》《延庆区关于深化全面从严治党监督责任的实施意见》，制定全面从严治党和监督工作重点任务清单。组织四套班子及28名局级干部制定个人任务清单，组织全区处级班子单位及领导干部制定班子重点任务清单及个人责任清单。针对市委反馈提出的整改建议和民意调查发现的问题，制定6个方面28项整改措施，督促全区各部门逐一对照整改。

（张潇）

【监督执纪执法规范性建设】 年内，出台《北京市延庆区纪委区监委监督执纪执法工作规范》和《北京市延庆区纪委区监委监督检查审查调查措施使用规范》。汇编中央、北京市及延庆区对应制定的文件制度20项，规范文书模板200余个。模板细分到机关部室、派驻机构、乡镇街道以及其他基层部门，全面推进全区各级纪检监察部门监督执纪执法工作程序化、法治化、规范化。

（黄坚翔）

【纪检监察干部自我监督】 年内，印发《纪检监察干部监督办法（试行）》《关于做好疫情防控监督严格规范履职的通知》《关于进一步加强新时代延庆区纪检监察干部监督管理的意见》。组织召开“以史为鉴、以邻为鉴”全区纪检监察干部监督工作会。完善自身权力监督制约机制，严格落实“两个为主”的要求。进一步规范重大事项请示报告工作，向市纪委市监委、区委请示报告120次，落实区委主要领导重要工作批示115件。全年处置纪检监察干部问题线索和反映46件，同比增长206%。

（闫玉龙）

【纪检监察队伍建设】 年内，出台《关于深化延庆区纪委区监委派驻机构改革的实施意见》《关于加强村（社区）纪检委员队伍建设的意见（试行）》《区纪委区监委科级以下干部选调办法（试行）》三个文件。加强干部教育培训，以“线上集中导学+线下灵活自学”的方式，播放中央纪委国家监委系列课程光盘19张，全员参训1299人次。组织全区纪检监察干部192人参加线上和线下测试，选派参加市、区两级培训85人次。

（刘燕）

（栏目编辑：王新华）

民主党派

概 述

延庆区共有6个民主党派区级组织，分别是中国国民党革命委员会（简称民革）、中国民主同盟（简称民盟）、中国民主建国会（简称民建）、中国民主促进会（简称民进）、中国农工民主党（简称农工党）、九三学社。6个民主党派区级组织有259名党派成员，其中民革19名，民盟77名，民建67名，民进60名，农工党22名，九三学社14名。

（王爱华）

中国国民党革命委员会延庆支部

【民革延庆支部公益活动】 7月6日，民革延庆支部开展“爱心募集助学子 捐赠物资暖人心”公益活动。民革延庆支部副主委姚杰娜，通过欧尔美公益基金募集679双养生鞋，作为爱心物资，用于秋季爱心助学。委托区妇联分别捐赠给延庆区及河北周边留守学校的贫困学子。

（王爱华）

【民革延庆支部完成换届】 10月16日，民革延庆支部换届大会召开，民革北京市委组织处处长李梁出席会议并讲话，民革延庆支部主委罗瀛主持会议。会议根据《中国国民党革命委员会章程》和《民革延庆支部换届选举办法》，选举产生民革延庆支部第二届委员会委员，并召开第二届委员会第一次委员会议。经全体党员进行民主评议，无记名投票，会议选举推选魏佳为民革延庆支部第二届委员会主委，柳千训为支部副主委，王宝海为支部委员。

（王爱华）

中国民主建国会延庆支部

【民建延庆支部召开工作会议】 12月18日，民建延庆支部召开2020年度工作总结会暨2021年重点工作部署会。学习传达中共十九届五中全会精神，宣讲中国民主建国会成立75周年相关材料。

（王爱华）

中国民主促进会延庆总支部

【民进延庆总支参与新冠疫情防控】 年内，新冠肺炎疫情发生后，民进延庆总支第一时间成立“民进北京市延庆区总支部志愿服务队”，主动与儒林街道胜芳园社区对接，参与社区疫情值守防控工作。总支会员报名参加延庆统一战线“夜行军”志愿服务活动，部分会员通过不同方式奉献爱心，为打赢新冠肺炎疫情防控阻击战贡献力量。

（王爱华）

中国民主同盟延庆支部

【民盟延庆支部筹集善款30020元】 年内，新冠肺炎疫情发生后，民盟延庆总支71位盟员以缴纳特殊盟费的方式，为暴发疫情的湖北武汉地区筹集善款30020元，定向捐赠防控疫情同心专项基金。在积极筹集善款的同时，民盟延庆总支号召广大盟员积极参与社区疫情防控值守和排查工作，并结合地区实际为战胜疫情建言献策，提出“关于更好应对新型冠状病毒肺炎的建议”。

（王爱华）

中国农工民主党延庆支部

【农工党北京市委专职副主委到区调研】 1月16日，农工党北京市委专职副主委李亚兰一行到区调研慰问并参加农工党延庆支部新春座谈会。区委常委，宣传部部长、统战部部长黄克瀛出席并讲话，农工党延庆支部党员12人参加座谈。

（王爱华）

【农工党延庆支部举办爱国主义教育活动】 8月9日，农工党延庆支部为庆祝中国农工民主党建党90周年，在平北抗日烈士纪念园举办爱国主义教育活动。区委统战部为农工党延庆支部党员教育基地揭牌，标志着平北抗日烈士纪念馆正式成为农工党延庆支部开展爱国主义教育的重要场所。

（王爱华）

【农工党延庆支部完成换届】 12月12日，农工党延庆支部召开第六次党员大会暨换届选举会议，支部16名党员参加会议。农工党北京市委秘书长江欣、组织处处长范琦出席。按照会议程序和选举办法，与会党员投票选举第三届委员会委员，并召开第三届委员会第一次全体会议，投票选举程大庆为农工党延庆支部第三届委员会主委，白华和吕毅夫为副主委，马海涛任组织委员，高丽任宣传委员。

（王爱华）

九三学社延庆支社

【九三学社市委专职副主委到区调研】 4月21日，九三学社市委专职副主委兼秘书长李丽萍一行到区调研并召开座谈会。座谈会围绕助力冬奥、建设美丽乡村、推进科技小院、提升杰青领航培育实效、提升同心卫生室人员技术水平等方面，向九三市委提出助力需求。区领导李军会、黄克瀛、吴辰英参加座谈。

（王爱华）

【九三学社创建75周年座谈会】 9月3日，九三学社延庆支社举办庆祝九三学社创建75周年座谈会。会议对上半年支社工作进行总结，并传达区委二届十一次全会精神，共同学习九三学社社史，重温九三学社章程。与会人员就各自岗位职责和支社服务社会的举措进行交流。支社14名社员、2名积极分子参加活动。

（王爱华）

（栏目编辑：王新华）

人民团体

延庆区总工会

【**概况**】 2020年，北京市延庆区总工会下属北京市延庆区工人文化宫、北京市延庆区职工技术交流中心和北京市延庆区职工服务中心3个事业单位。全区新建单独基层工会组织19个，联合工会新增涵盖单位9家。全区直属工会67个，基层工会组织553个，涵盖1619个单位。本年度新发展会员2347人，会员总数为44736人，工会会员信息采集有效覆盖职工38893人。延庆区工会组织组建率为34.52%，职工入会率为46.53%，百人以上企业建会率84%。2020年新办理会员服务卡1373张，共办理会员服务卡37981张，办卡率达到98%。全年共受理工单29件，完成率和满意率均达到100%。年内，与北京银行延庆支行建立信息沟通共享、工作对接、工会合力宣传等工作机制，在“职工沟通见面会”上，邀请北京银行工作人员“上门服务”为职工办理工会会员职工互助服务卡，北京银行共进行工会上门服务15次。“冬送温暖”慰问劳模、困难职工、大病职工和生产一线职工1888人次。职工互助保障全年赔付、二次报销、二次救助23403人次，共计344.95万元。协调11家规模以上餐饮企业，为全区近4万名职工发放餐饮满减消费券30余万张。组织全区各级工会5000余名职工开展“职工冰雪体验活动”。

单位名称：延庆区总工会
地　　址：延庆区高塔街66号
电　　话：69143298

（吴丽媛）

【**新冠疫情防控**】 年内，疫情期间组织动员全区各级工会积极有序参与疫情防控工作。选派41名党员干部到和润社区、川北西社区参与支援疫情防控，累计值守1031次，党员回社区报到参与社区疫情防控144次。向区卫健委、区疾控中心、区医院、街道社区村等拨付“防控专项资金”63万元，用于疫情防控和慰问一线职工。

（吴丽媛）

【**复工复产**】 年内，复工复产期间全额返还107户符合标准的小微企业工会经费210万元，为辖区内19家企业和困难职工拨付“一次性防控专项资金”67万元。协调新风大酒店、草原催兴、中银酒店等11家规模以上餐饮企业，制订减免优惠就餐方案，为全区近4万名在职会员职工发放餐饮满减消费券和餐饮打折券30余万张，帮助受疫情影响较重的餐饮行业尽快恢复生产。

（吴丽媛）

【**助力创城攻坚**】 年内，举办以创城知识为主题的五期有奖答题活动，参与职工5万余人次。举办“创城杯”职工征文、书法、摄影比赛，收到各类入围作品2000余件，并在区总工会职工活动中心（会展中心A馆）举办优秀作品展，万余名职工群众观展。在全区发起“绿色出行 文明打卡”活动，活动期间共有5719辆次车辆停驶，停放在63个单位停车场内。

（吴丽媛）

【**“职工技协杯”职业技能竞赛**】 年内，开展“迎冬奥 促发展”2020年延庆区“职工技协杯”职业技能竞赛活动，涉及医疗护理技能10项、邮政业务3项，2104余名职工报名参加，组织近31场次竞赛。90名参赛职工取得区级竞赛名次，其中一等奖15人，二等奖30人，三等奖45人。

（吴丽媛）

【职业技能人才发展助推工程】 年内，落实在职职工职业发展助推计划，为取得国家职业资格证书的38名职工发放市、区两级助推资金7.16万元。开展“市级（示范性）职工创新工作室”“首都职工自主创新成果”和“名师带徒”申报活动，中农绿康（北京）生物技术有限公司张丽霞及其徒弟获得“名师带徒”荣誉称号。为“延庆区职业技能人才库”收录各类技能人才1244名。

（吴丽媛）

【职工互助保障】 年内，推进职工住院医疗（津贴）、重大疾病、意外伤害“三位一体”的互助保障活动，为188个基层单位，4.26万人次投保352.37万元。全年赔付、二次报销、二次救助共计344.95万元。其中，赔付会费型保障活动和非工伤意外伤害及家财损失综合互助保障计划616人、849人次，总金额131.1万元；享受个人自付医疗费用二次报销10429人、22374人次，二次报销197.4万元；互助互济活动涉及会员二次救助、会员慰问以及非会员爱心慰问，受助职工180人，二次救助金额16.45万元。

（吴丽媛）

【落实企业工资集体协商】 年内，落实工资协商指导员责任，指导推进集体协商工作。207家企业开展工资集体协商，覆盖职工12210人，建制率95.39%。25家百人以上企业全部开展独立协商，覆盖职工6008人，建制率为100%。女职工专项集体合同签订率为100%。

（吴丽媛）

【劳动争议调解】 年内，强化区劳动争议调解中心法律援助职能，调解成功劳动争议案件26件，涉及职工26人。为职工挽回经济损失36.2万元，提供法律咨询服务143次。

（吴丽媛）

【工会服务体系建设】 年内，对基层工会申报的2家示范职工之家、67家职工暖心驿站建设情况进行实地验收。“北京工会12351”App注册用户新增11578人。共受理12345接诉即办派单3件，完成率100%。12351热线派单26件，完成率100%。

（吴丽媛）

【服务职工项目开发】 年内，共开发持“工会会员互助服务卡”减免医事服务费、开展“两节送温暖·真情暖人心”活动、“迎七一·感党恩·过端午·助扶贫”活动、“迎国庆赏金秋·兴农业促发展”活动、“读书丰底蕴·鲜花映家园”活动等10个服务职工项目，其中包含11个子项目，共服务职工51727人次。

（吴丽媛）

【扶贫协作】 年内，在延庆区双创中心购买119.4万元受援地产品，用于职工活动、帮扶慰问等。慰问结对帮扶村内蒙古兴和县南库联村老党员和在读大学生16人共8000元。

（吴丽媛）

【参加全国新年登高健身大会活动】 1月1日，组织100名职工，代表北京市总工会和北京市职工体育协会到八达岭长城参加“中国体育彩票”2020年全国新年登高健身大会北京会场活动。

（吴丽媛）

【劳模先进推荐评选】 1月份，启动全国劳模先进、北京市劳模先进和模范集体推荐评选工作。推荐评选延庆特色鲜明的全国先进工作者1人（韩文兴）；北京市劳动模范3人（薛雪菲、张洪波、时二小），先进工作者6人（段学锋、赵俊英、赵方红、刘金柱、何梅英、金合），模范集体2个。

（吴丽媛）

【两节送温暖】 元旦、春节期间，慰问劳模、困难职工、大病职工和生产一线职工1888人次，发放慰问款物84.96万元。为市级以上劳模共33人次申请特殊困难帮扶金、生活困难补助金。

（吴丽媛）

【“春风行动”促成190人就业】 2月，开展促进农民工就业的“春风行动”，协助重点企业北京纳通医疗集团在中关村延庆园建设的口罩生产线开展专场招聘会。延庆区八达岭镇、康庄镇288人报名，130人通过培训并上岗。3月， 配合区人力资源社会保障局举办联合益康（北京）生物科技公司口罩生产线工人专场网络招聘会，60人上岗。

（吴丽媛）

【夏送清凉活动】 6月至8月，慰问疾控中心病理室、区医院核酸检测采样点的医护工作者和儒林、香水园、百泉3个街道卡口执勤的社区工作者。为防疫抗疫一线职工和医护工作者们送去价值5万余元的防暑降温慰问品。

（吴丽媛）

【全区辅警加入工会组织】 8月13日，成立北京市延庆区工人文化宫职工志愿者工会，吸纳全区近700名辅警加入工会组织，并召开第一次会员代表大会。42名会员代表民主选举产生了第一届委员会、经费审查委员会和女职工委员会。

（吴丽媛）

【单身职工联谊活动】 8月23日，在北京八达岭国际会展中心，举行“爱满京城 相约幸福”情暖冬奥冰雪缘延庆区职工联谊活动。全区行政机关、企事业单位和驻延部队未婚单身男女以及亲友团近200人参加活动。12月25日，在区总工会多功能厅，举行“爱在美丽延庆 情定冰雪夏都”单身职工联谊活动。一百多位单身男女参加活动，现场共有3对嘉宾达成交友意向。

（吴丽媛）

【金秋助学活动】 9月，对14名困难职工子女进行教育救助，其中，九年义务教育阶段3人，高中和中等职业教育阶段2人，大专及以上9人，共发放助学金11.6万元。

（吴丽媛）

【开展“冬奥杯”系列赛事】 9月26日，区总工会举办2020年延庆区工会“冬奥杯”围棋邀请赛，40余名棋手参加比赛。11月21日，举办延庆区职工“冬奥杯”踢毽比赛，百余名职工参加了比赛。12月2日至3日，举办“冬奥杯”延庆职工象棋比赛，全区28个单位的100余名职工参与比赛。12月10日，举办首届“冬奥杯”延庆职工桥牌比赛，来自全区的10余支代表队、近百名职工参赛。12月16日举办2020年“冬奥杯”延庆区职工第七届乒乓球比赛，近百名乒乓球爱好者参加比赛。

（吴丽媛）

【延庆职工第三十八届歌咏比赛】 9月至11月，在全区工会系统开展为期三个月的“迎冬奥 庆元旦”延庆职工第三十八届歌咏比赛活动。各基层工会围绕冬奥服务保障和创城等区委区政府中心工作，开展系列文艺演出。12月11日，区总工会在多功能厅举办“迎冬奥 庆元旦”延庆职工第三十八届歌咏比赛，35个节目参赛。

（吴丽媛）

【安全生产竞赛】 10月16日，联合区安办、区安全生产协会组织开展延庆区“安康杯”知识竞赛活动。北京玉鼎保信消防科技有限公司获一等奖；国网北京市电力公司延庆供电公司、北京玻钢院复合材料有限公司获二等奖；北京市延庆区环境卫生服务中心、北京华润高科天然药物有限公司、北京环都拓普空调有限公司获三等奖。

（吴丽媛）

【参加“我为冬奥出把力”主题知识竞赛获奖】 10月29日，全市17支职工志愿者代表队及河北张家口代表队共近300名职工志愿者参加“我为冬奥出把力”为主题的首都职工志愿主题知识竞赛及体验展示活动。延庆区总工会活动代表队获最具实力奖，并在冬奥知识竞赛中获得全市第一名。

（吴丽媛）

共青团延庆区委员会

【概况】 共青团北京市延庆区委员会（简称团区委）是在区委领导下的延庆区先进青年的群众组织，是党联系青年的桥梁和纽带。全区有直属团组织68个，其中机关事业单位团组织31个，团教工委1个，国企和商业团组织7个，街乡镇团组织18个，“两新”团组织10个，全区14岁至28岁团员8470人。年内，召开专题会系统部署换届选举工作。制订村（社区）团组织换届时间表、路线图，压紧压实工作责任，确保通过此次换届选举，彻底消除基层团组织“空心化”，将各团支部打造为落实从严治团、服务引领本地青年的强力引擎。

单位名称：共青团北京市延庆区委员会

地　　址：延庆镇新城街2号

电　　话：69140120

（卢佳）

【禁毒宣传活动】 年内，团区委三项举措筑牢未成年人禁毒思想防线。坚守网络阵地，开辟线上禁毒讲堂。禁毒月期间，依托团属媒体编辑和创作“青春禁毒 · 微课堂”讲座6期，覆盖青少年6400人次。守牢学校阵地，开展禁毒宣传品创作评比。鼓励大学生、职高学生自主创作禁毒宣传品，通过自主创作过程，主动学习了解毒品危害。开拓基层阵地，让禁毒知识真正入心入脑。18个街乡团组织和社区青年汇深入社区村庄，播放禁毒宣传片、开展禁毒知识有奖问答等各类宣传活动26场次，覆盖青少年3200人次。

（胡晓曼）

【“延庆乡亲”志愿服务品牌建设】 年内，注重对志愿服务典型的挖掘，推荐志愿服务领域典型选树工作。在2019年度全国宣传推选学雷锋志愿服务“四个100”先进典型评选活动中，延庆区志愿服务联合会被推选为最佳志愿服务组织；“延庆乡亲”志愿者王黎黎获得共青团中央、中国青年志愿者协会评选的抗击新冠肺炎疫情青年志愿服务先进个人称号；指导并选送的“花开世园 蓄力冬奥”节水环保志愿服务项目和“守护妫川平安，蓝天防疫消杀”疫情防控项目两个项目荣获2020年北京市志愿服务项目大赛金奖，在第五届中国青年志愿服务项目大赛中分别获得银奖和铜奖。

（武杰）

【希望工程捐助活动】 年内，依托希望工程延庆工作站，开展希望之星（1+1）、学子阳光、“国酒茅台”国之栋梁等专项捐助活动，受捐人数290余人次，争取到助学金近40万元。疫情期间，动员社会力量参与，慰问乡镇困境青少年，配送米、奶、油、书包、文具、水杯等生活和学习必需品60余份。针对低保重残家庭青少年，积极对接市青基会开展“济难助困行动”，为14名困境青少年争取捐款1.4万元。

（胡晓曼）

【冬奥城市志愿服务保障】 年内，组织志愿者完成“十四冬”延庆杯高山滑雪速度类比赛和全国大众速度滑冰马拉松系列赛（北京延庆站）和相约北京系列冬季体育赛事延庆赛区测试活动交通专项演练测试；吸收2019北京世园会骨干志愿服务组织和骨干志愿者，建立近3000人的城市志愿者储备队伍；通过线上线下相结合的方式共开展培训26班次，累计参与培训的志愿者达到7620人次。

（武杰）

【助力企业成长发展】 年内，开展政策对接指导，帮助企业用足用好政策，吸引集结初创青年；动员青创企业参加各类创业大赛，以赛促提升，其中“电子商务助力精准扶贫”项目获得北京市第一、全国优秀奖。做好信息服务，12家青创企业发布招聘岗位121个，吸纳城乡劳动力26人就业。

（卢佳）

【网络直播服务青年创业就业】 年内，联合相关部门开展“高校毕业生就业冲锋号”和“返乡青年创业集结号”两场网络直播，发挥就业见习政策兜底和大学生基层服务团作用，缓解就业压力，开展创业政策指导，吸引凝聚更多返乡青年创业就业。

（卢佳）

【助力创城攻坚】 年内，结合全区创建全国文明城区工作的具体要求，引导广大青年志愿者积极开展创城志愿服务活动。对标对表创城指标要求，会同相关部门，统筹做好网上申报材料撰写工作；认真做好“志愿北京”平台的日常维护及管理工作，在志愿者实名注册、志愿项目发布和志愿时长的录入等方面及时更新，做好志愿服务活动记录工作。截至年底，全区实名注册志愿者人数7.7万人，实名注册志愿者占常住人口的21.8%，注册志愿服务团体2283个，累计发布志愿服务项目22074个，累计志愿服务时长900万小时，全区各镇街、社区（村）均实现志愿服务组织全覆盖。

（武杰）

【助力新冠疫情防控和复工复产】 年内，组织全区各志愿服务组织和广大“延庆乡亲”志愿者按照“本地化、社区化、组织化、安全第一”的原则，投身疫情防控志愿服务。各街乡志愿者全面、深入、广泛参与值班值守、返延人员摸排、测量体温、生活物品代购、心理抚慰等志愿服务行动。广大志愿者从报名、培训到集结、上岗的全过程，彰显出了“延庆乡亲”齐心战“疫”的态度、速度与温度，为打赢疫情防控阻击战贡献了源源不断的志愿者力量。年内，全区累计发布社区（村）防控、防疫宣传等志愿项目2000余个，超过3万人次参与，服务时长达到70万小时。

（武杰）

【五四“云宣讲”】 5月，组建青年讲师团和战“疫”青年宣讲团，通过录制宣讲视频的形式，在“青春延庆”微信公众号开展团课6期，宣讲12次。

（赵东冉）

【六一慰问活动】 六一儿童节期间，团区委开展“童心绘冬奥梦想 小手助垃圾分类”六一慰问活动，为1361名困境青少年、新时代好少年和少先队员送去文具礼盒、水彩笔、钢笔、彩纸等价值6万余元的慰问品和节日祝福。通过慰问活动，引领青少年关心支持区绿色发展大事，从小树立垃圾分类意识。

（胡晓曼）

【与怀来县团委开展帮扶合作】 7月30日，延庆团区委赴河北怀来县开展“筑就青年梦想，携手共创未来”服务青少年帮扶工作。组织区青联委员、青创会成员、区志愿服务组织代表到怀来县端云观乡镇边城为抗战老兵送去米、油、奶等，为全县困境青少年捐助图书、文具、衣物等约2万元。两地团委确定了青少年帮扶、青年创业、社会组织对接项目，并签订帮扶合作协议。

（胡晓曼）

【青少年暑期安全自护线上活动】 7月至8月，团区委开展“护航‘红领巾’助力文明城”青少年暑期安全自护线上活动。通过教委、街乡团委、社区青年汇等阵地，组织和动员中小学生积极参与，利用团属和区级媒体进行发布，动员社会广泛参与。实现浏览量3.8万，关注量1.4万，有效参与2000人，形成良好的法治宣传自护教育品牌。

（胡晓曼）

【垃圾分类桶前值守】 8月至12月，开展“戴团徽、亮身份、做表率”垃圾分类桶前值守行动。通过组织、动员广大青年承担社会责任，引导和激励广大青年为首都基层治理、构建绿色北京贡献青春、智慧和力量。全区18个街乡共有2734名团员回社区报到，参与值守5644人次，服务时长30720小时。

（赵东冉）

【困境留守青少年精准帮扶】 9月19日，延庆团区委、延庆区退役军人事务局、陆军军犬繁育训练基地组织相关爱心人士到康庄镇政府，共同开展“军情暖阳 · 有福童享”延庆区困境留守青少年精准帮扶爱心捐赠活动。为287名困境留守青少年捐赠棉被等物资。

（胡晓曼）

【全区共青团系统信息员培训班】 9月22日，团区委举办延庆共青团系统信息员培训班。全区各直属团组织、志愿服务组织近90名信息员参加培训。培训分别从摄影基础、党委信息、网络舆情和风险防范等方面对学员开展相关业务指导。进一步提升全区各级团组织、志愿服务组织宣传思想文化和网络舆论引导工作水平，为服务冬奥会和冬奥会系列测试赛打下良好基础。

（赵东冉）

【全区团干部培训班】 11月5日至6日，举办全区团干部培训班，围绕《习近平谈治国理政》、国家安全形势、团务基础等进行培训，邀请区志联会长围绕“新时代青年干部成长”为全区基层团干部和青年讲团课。

（赵东冉）

【青年工作联席会议】 11月13日，团区委召开延庆区2020年青年工作联席会议。会议听取团区委书记关于《北京市延庆区第一次少代会筹备情况，以及近年来少先队工作和未来三年工作计划》的汇报。各参会部门针对延庆区第一次少代会筹备工作提出相关意见建议。区委主管副书记出席会议并讲话。

（胡晓曼）

【区少代会召开】 11月28日，中国少年先锋队北京市延庆区第一次代表大会召开。全区各学校的少先队员、辅导员、学校领导、校外辅导员代表以及全区基层团组织代表等173人参加，共同规划新时期延庆少先队事业的发展蓝图。团市委副书记、市少工委主任毛晓刚，区主管领导张远、陈桂芬等出席。

（胡晓曼）

【石京龙滑雪场夜场滑雪培训】 12月，依托全区9家社区青年汇开展石京龙滑雪场夜场滑雪培训活动，并聘请海陀农民滑雪队员为教练，累计培训青年3000余人次。

（赵东冉）

延庆区妇女联合会

【概况】 北京市延庆区妇女联合会（简称区妇联）是在区委领导下的社会群众团体组织，是党和政府联系妇女群众的桥梁和纽带，代表和维护妇女权益，促进男女平等。全区设15个乡镇妇联，3个街道妇联，80个行政机关企事业单位妇委会，376个村妇联，47个社区妇联，两新组织中建立妇联组织192个。年内，以“巾帼心向党”“巾帼添光彩”“巾帼建新功”“巾帼暖人心”“妇建强基础”五大行动为载体，团结带领广大妇女投身到疫情防控、文明城区创建、服务保障冬奥会筹办、脱贫攻坚、垃圾分类和美丽乡村建设等全区重点工作中，为全面建成小康社会和“十三五”规划圆满收官、答好服务保障冬奥会和推动延庆高质量绿色发展两张优异答卷贡献巾帼力量，不断推动延庆区妇女儿童事业迈上新台阶。

单位名称：延庆区妇女联合会
地　　址：延庆区新城街2号
电　　话：69143467

（刘雪雅）

【家庭教育线上课堂】 年内，区妇联推出“家庭教育线上课堂”，聘请国家二级心理咨询师、市级心理骨干教师王宏云等专家开展家庭教育课程。共录制课程18讲91小节，内容涉及疫情期间心理疏导、亲子沟通、养成良好学习习惯、预防儿童性侵害等。课程不仅在区妇联“妫川女性”微信公众号发布，同时也在乡镇街道辖区内的“家长学校”和“儿童之家”微信群进行转发。

（冯雅洁）

【公众号宣传】 年内，强化公众号的发布量和质量，加强对妇女儿童的服务和思想引领。截至12月底，共推送疫情防控、创城攻坚、垃圾分类等信息262期、773条，浏览量19万余次。阅读上千的文章有55篇，最高的达到4891

人次，微信的发布量、阅读量均居全市妇联系统前列。

（赵唯秀）

【“创城攻坚”活动】 年内，策划实施“创城有我巾帼行”宣传活动，指导各基层妇联通过广播、张贴倡议书、入户宣传等多种形式提高创城的知晓率。线上线下开展知识大比拼答题活动8次，直接参与5000余人次。开展节能环保小妙招、废物利用小制作征集和垃圾分类达人寻找活动，直接参与13437人次，征集成果在妫川女性公众号宣传。自创城攻坚活动启动以来，全区各级妇联组织举办动员部署会、推进会1386次，举办垃圾分类培训1163次，开展创城宣传、志愿服务、周末大扫除等12713次，参与巾帼志愿者62750人次，发放宣传品325208份。

（赵唯秀）

【新冠疫情防控】 年内，区妇联印发4万份宣传折页，下发到18个乡镇街道，利用市妇联心理热线12338转2，帮助群众化解焦虑。各级妇联干部带头参与疫情防控工作，巾帼志愿者除参与村社区卡口值守、人员排查、公共区域消毒、为居家观察人员送菜送药等工作外，还入户为空巢老人做疫情防控宣传；坚持上门理发、送菜送饭，减少老人外出的风险；为孕妇开展心理疏导缓解紧张情绪，对医务工作者家属进行帮扶慰问。疫情期间，志愿者由原来的2000余名增加到6168名。

（刘雪雅）

【区妇联承接女性小微企业家赋能项目】 年初，区妇联承接由中国妇女发展基金会、Visa公司和北京体育大学共同发起女性小微企业家赋能项目，为体育类、文旅类女性小微企业家赋能，提升其对接奥运机遇的内在能力与外部资源，推动京张体育文化旅游带建设，为奥运主办城市的包容与可持续发展贡献巾帼力量。年内，开展培训2期，全区300余名女性小微企业家通过文字、视频和线上互动相结合的方式学习。同时，积极同中关村延庆园对接，确保项目在延庆区落地落实，确实践行“大众创业、万众创新”的号召。

（冯雅洁）

【两节慰问】 元旦春节期间，区妇联筹集慰问资金22.22万元，米面油22份，棉马甲46件，通过入户走访、集中发放等形式，对全区患大病妇女112人，困难妇女133人，山区儿童46人，退休干部17人进行慰问。同时，村、社区巾帼志愿服务队积极行动，为困难群众理发，包饺子，打扫卫生，送窗花、福字、春联等。

（冯雅洁）

【妫水女手工艺发展促进协会召开年会】 1月16日，区妇联和妫水女手工艺发展促进协会在八达岭镇石峡村召开2019年年会。区妇联、区农业局、区文旅局等部门领导出席活动。会上总结2019年协会的工作，表扬协会工作先进集体和个人，为10个区级巧娘工作室授牌。会后开展以冬奥为主题的剪窗花培训。

（蔡润民）

【“温暖冬衣”捐助活动】 1月22日，区妇联联手北京妫水人家农业发展有限公司，走进延庆区大庄科小学开展“温暖冬衣”捐助活动，向大庄科小学的46名同学们送去新春的礼物——棉马甲。

（冯雅洁）

【“妇”字号基地慰问防疫一线工人】 2月18日下午，北京金粟种植专业合作社总经理为区环卫中心送去50箱鸡蛋，慰问防疫一线的环卫工人。3月6日，北京四海宝山农民种植专业合作社联合社为防疫一线公安女民警送去菊花茶和玫瑰花茶200份，价值1万元。北京妫水人家农业发展有限公司将员工捐赠的8000元捐款，赠送给区部分养老院的女护工。

（蔡润民）

【为新疆困境儿童编织毛衣】 1月至4月，区妇联联合康庄镇妇联在镇新时代文明实践所开展“关爱儿童情牵一线”公益行动。40名“康大姐”志愿者，用60斤毛线编织出40件毛衣，并将这些毛衣通过市妇联转送给新疆和田地区的困境儿童。

（冯雅洁）

【“禁毒歌曲”传唱活动】 4月中旬，区妇联响应市妇联号召，组织社区居民参与“禁毒歌曲”传唱活动，共推荐6首优秀歌曲音频上报市妇联。康庄镇的男生独唱《绝不饶恕》获得一等奖；儒林街道的女生独唱《禁毒之歌》获得三等奖；“雅蓝”退休女干部联谊会的小合唱等4首作品获得优秀奖。

（蔡润民）

【社区家长学校工作部署会】 4月22日，区妇联牵头组织召开社区家长学校工作部署会。区新时代文明实践中心、区文明办、区教委、区民政局、团区委、各街道主管领导及工作人员参加会议。会议对《延庆区社区家长学校工作实施方案》进行研讨，明确工作方向和工作方法，细化工作职责。重点对各成员单位资源进行整合，充实社区家长学校师资库，为社区家长学校活动提供保障。

（冯雅洁）

【推动复工复产工作】 4月28日至29日，为适应新冠肺炎疫情防控常态化要求，全力助推疫情防控期间妇女参与复工复产工作，区妇联党组一行到大地群生养殖专业合作社、龙海源农业种植合作社等7个“妇”字号基地调研实施进度及复工复产情况。

（蔡润民）

【区妇女儿童社会服务中心转为公益一类事业单位】 5月6日，根据《中共北京市延庆区委机构编制委员会办公室关于同意调整区妇联所属事业单位北京市延庆区妇女儿童社会服务中心经费形式和类别的函》（京延编办函〔2020〕9号）文件精神，北京市延庆区妇女儿童社会服务中心类别由公益二类调整为公益一类，经费形式由财政补助（差额拨款）调整为财政补助（全额拨款）。

（刘雪雅）

【儿童节直播活动】 5月31日，区妇联联合区委宣传部、区教委、区融媒体中心等单位，在北京延庆App进行六一儿童节直播。内容包括宣读《致全区少年儿童的一封信》，介绍学校弘扬推介长城文化的特色教育，展示儿童帮扶救助、家庭教育工作，表彰首都“最美家庭”，连线小朋友进行冬奥、创城、垃圾分类和长城相关知识有奖问答。全区各级妇联组织未成年人家庭和区级“最美家庭”通过北京延庆App观看直播。

（冯雅洁）

【六一慰问活动】 六一儿童节期间，区妇联开展“温暖童年”百名困境儿童慰问活动，为每名孩子发放500元助学款；联合区民政局开展留守儿童慰问活动，为全区64名留守儿童送去书包和图书。六一期间，区妇联共投入资金62800元开展帮扶助困活动，惠及困境儿童164户。

（冯雅洁）

【“绿芽行动”方案相关单位调度会】 6月28日，常务副区长、区妇儿工委主任张远主持召开关于推进“绿芽行动”方案相关单位调度会。会议要求：一是审议完善《延庆区妇女儿童工作委员会关于开展“绿芽行动”的方案》；二是推进“婚前医学检查、孕前优生健康检查、婚姻登记、优生咨询指导”一站式服务，责成区机关事务管理服务中心负责协调办公用房，区卫健委、区民政局、区妇联协助做好规划布局；三是区财政局做好一站式服务设备购置、婚育健康服务包等资金保障；四是区委宣传部、区总工会、团区委、区妇联等相关部门要形成合力，加强婚前保健知识宣传。

（冯雅洁）

【社区家长学校工作培训会】 6月29日，区妇联组织召开社区家长学校工作培训会，3个街道妇联副主席、教育办负责人和31个社区的家长学校负责人参加培训。区委宣传部、区教委相关领导出席会议。会上，区妇联对社区家长学校前期工作和实地调研情况进行通报和强调；区教委结合自身工作职责对社区家长学校工作进行指导；区委宣传部就《全国未成年人思想道德建设工作测评体系》中社区家长学校要求进行解读，并针对往年督导检查时发现的问题进行重点强调。

（冯雅洁）

【“做婚姻家庭矛盾调解的明白人”征文比赛】 7月，区妇联在全区开展“做婚姻家庭矛盾调解的明白人”征文比赛。征集内容为针对家庭成员和谐相处、家庭矛盾预防化解、婚姻家庭纠纷调解的主要经验做法、成功案例。乡镇街道妇联和机关企事业单位妇委会共有32个单位参与，收集征文172篇，选出一二三等奖及优秀奖共计27个，优秀组织奖10个。

（蔡润民）

【“巾帼建功为冬奥添彩”主题宣传活动】 7月30日至31日，在北京2022年冬奥会成功申办5周年之际，区妇联与基层妇联组织上下联动，在妇女儿童社会服务中心、香水园公园、张山营镇、康庄镇、香营乡、百泉街道、儒林街道、香水园街道等地举办宣传活动8场次。发放“拥抱冰雪，相约冬奥”冬奥知识宣传册和“创城有我巾帼行”购物布袋5000余份。大力宣传冬奥、创城和垃圾分类知识，引导广大妇女群众说文明话、行文明事、做文明人，主动劝阻不文明行为，为冬奥会成功举办和创城攻坚贡献巾帼力量。

（赵唯秀）

【向学校发放消毒水制造机】 8月，为做好新冠疫情常态化防控，区妇联积极争取北京妇女儿童发展基金会的支持，为延庆区9所学校配备了消毒水制造机，助力新学期师生顺利返校和教育教学工作有序正常开展。

（冯雅洁）

【“最美家庭”宣讲团成立】 8月4日，延庆区“传承好家训 弘扬好家风”主题宣讲活动启动，区领导黄克瀛为“最美家庭”宣讲团成员颁发聘书。来自各行业的20名宣讲员通过北京延庆客户端直播开讲，分别讲述发生在他们身上或身边的感人故事。截至年底，宣讲团共开展宣讲活动16场。

（冯雅洁）

【家庭教育指导师培训班】 9月15日，区妇联联合区和诚社会工作事务所开展家庭教育指导师培训班。此次培训以“小组工作坊”为形式，采用理论培训、方法训练、案例分析、情景模拟、实战演练相结合的培训模式。课程特邀国家二级心理咨询师、中国科学院心理研究所青少年心理健康教育专业研究生李琳老师全程授课。培训持续三个月，每周一次，共10节课程。

（赵唯秀）

【扶贫协作】 9月16日，区妇联党组一行到河北省张家口市宣化区深井镇李家庄村进行扶贫项目工作调研交流。为贫困户发放价值260元的米、面、油等生活用品，了解发展手工产业情况。5月份引进小红灯笼制作项目，30名妇女参加培训。带动10名妇女就业，月收入1600多元，实现了妇女居家就业增收。

（蔡润民）

【花卉微景观种植培训班】 9月17日至29日，区妇联在乡镇街道开展18期花卉微景观种植培训班。培训内容为知识讲座和现场实操微景观栽培，参与绿色家庭创建和垃圾分类达人示范家庭活动的540余名妇女参加。

（蔡润民）

【环保奶奶参加京津冀3地“云”宣讲活动】 9月30日，贺玉凤代表北京市参加以“蓝天白云共筑家园”为主题的“最美绿色家庭”京津冀3地“云”宣讲活动。分享在节约资源、污染控制、合理消费、环境美化等方面的家庭故事和实用妙招，带动广大家庭积极践行简约适度、绿色低碳的生活方式。

（冯雅洁）

【启迪之星（延庆）妇委会成立】 10月9日，北京启迪之星创业加速科技有限公司妇委会成立大会暨第一次妇女大会召开。区妇联、启迪之星（延庆）相关负责人以及延庆基地在延员工出席活动。

（赵唯秀）

【出席市第十四次妇代会代表联系活动】 10月27日，区妇联组织出席北京市第十四次妇女代表大会代表开展代表联系活动。参观北京北菜园有机种植基地和天敌昆虫繁育中心，随后开展废物利用、生态文明培训。

（赵唯秀）

【2020年妇儿工委工作会】 10月27日，延庆区召开2020年妇儿工委工作会。区委组织部、区卫建委、区人力资源社会保障局等35家成员单位的主管领导参加会议。会上，区妇儿工委办公室通报延庆区实施“十三五”妇女儿童规划工作情况，部署下一阶段重点工作；对重难点指标进行督导，对“十三五”妇女儿童发展规划终期评估工作和“十四五”妇女儿童发展规划编制工作进行培训。

（冯雅洁）

【妫川巧娘参加市第三届妇女创新创意大赛获奖】 11月11日，由市妇联主办、市巧娘促进会承办、依文集团协办的“北京市第三届妇女创新创意大赛暨手工技能大赛决赛”在园博园内开赛，全区共有9名巧娘参赛。最终，巧娘高书平获得三等奖，协会获得优秀组织奖，2个巧娘工作室获得市级“巧娘工作室”称号。

（蔡润民）

【万户家庭守礼仪知识竞赛】 11月17日，区妇联举办“我为延庆增光 我为冬奥添彩”万户家庭守礼仪知识竞赛决赛。区委宣传部、区妇联、区卫健委相关领导出席活动。8月初，区妇联在全区范围内开展“万户家庭守礼仪”知识竞赛。在18个乡镇街道举办初赛，优胜队参加决赛。通过个人必答题、抢答题环节，最终沈家营镇代表队获得一等奖，八达岭镇代表队和旧县镇代表队获得二等奖，井庄镇代表队、四海镇代表队和儒林街道代表队获得三等奖。

（冯雅洁）

【性别平等评估工作培训会】 11月25日，区妇儿工委举办延庆区妇儿工委性别平等评估工作培训会。延庆区委党校副校长侯军就《男女平等基本国策》这一课题进行授课，区妇儿工委35家成员单位的主管领导和联络员参加培训。

（冯雅洁）

【人居环境整治提升行动总结会】 11月26日，区妇联召开2020年“巾帼建功新时代 我为冬奥添光彩”人居环境整治提升行动总结会。各乡镇街道妇联主席、“最美庭院”家庭代表等80人参加会议，并在会后举办花卉种植培训。会上，与会领导为“最美庭院”家庭代表颁发门牌，为优秀组织奖单位颁发证书，5名典型家庭代表分别进行发言。2020年全区共有2079户家庭参与最美庭院（阳台）创建。

（蔡润民）

【“世界艾滋病日”宣传活动】 12月1日，区妇联在全区18个乡镇街道开展“世界艾滋病日”宣传教育活动。共发放宣传材料8200份，受教育妇女3500人次。

（蔡润民）

【慰问冬奥会核心赛区施工一线女职工】 12月1日，市妇联、北京妇女儿童发展基金会、区妇联、区住建委相关负责人到延庆区冬奥会施工单位办公地点，开展“守初心 担使命 冬奥有我更精彩”——2020年慰问冬奥会核心赛区施工一线女职工活动。慰问奋战在一线的122名女工姐妹，为她们送去御寒服装。

（冯雅洁）

【女性创业就业主题沙龙】 12月9日，区妇联、区人保局、北京启迪之星创业加速科技有限公司联合举办首届“女性赋能 玫瑰之路”女性创业就业主题沙龙活动。来自全区生物科技、种植、养老、高端民宿、文化创意等方面的成功女性企业家20余人参加活动。

（蔡润民）

【温暖童年助学项目】 12月16日，区妇联和北京民革市委共同开展“温暖童年”爱心助学活动，为沈家营镇和千家店镇679名孩子赠送价值10万余元的运动鞋。民革中央委员、民革市委妇委会副主任，区委统战部常务副部长，区妇联党组书记、主席， 沈家营镇党委书记，北京民革市委延庆支部主委，民革北京市委妇女委员会委员参加此次活动。

（冯雅洁）

【幼儿安全教育公益项目启动】 12月23日，区妇联启动“护航成长 从安全座椅开始”——

延庆区妇联幼儿安全教育公益项目，为全区近500个家庭发放儿童安全座椅，并在各乡镇街道陆续开展形式多样的儿童安全教育活动。

（冯雅洁）

延庆区科学技术协会

【概况】 延庆区科学技术协会（简称区科协），是区委领导下的科技工作者群众团体、北京市科协的地方组织。年内，组织实施"科普惠农""科普益民"和全民科学素质工程，成功举办"第二十二届北京延庆科普之春"和延庆"全国科技工作者日"。全年举办各项实用技术培训班48个，聘请市级专家21人次，实际培训3087人次。向市、区报送各种信息50条。

单位名称：延庆区科学技术协会
地　　址：延庆镇高塔街58-1号
电　　话：69141533

（郝合奎）

【公民科学素质大赛】 年内，北京市公民科学素质大赛活动上线。延庆区科协组织开展区级科学素质提升活动，动员全区53个全民科学素质纲要实施工作办公室成员单位参与延庆区公民科学素质大赛，全区线上参赛人数近万人。经过区级决赛，延庆区教委推荐的选手赵卫星、张艳、王芳等人获得区级决赛冠军。其中，赵卫星、张艳代表延庆区参加全市大赛，并成功晋级八强。12月20日，北京市公民科学素质大赛决赛在北京电视台举行，延庆区选手获大赛三等奖。延庆区参与线上活动人数在全市16区排名第5，参与覆盖率排名第二。延庆区科协获北京市公民科学素质大赛优秀组织奖。

（郝合奎）

【新冠疫情防控科普宣传】 年内，区科协经多方渠道积极争取疫情防控挂图100余套、防控新型冠状病毒感染肺炎100问、防护指南宣传书100余份、宣传折页50余份等宣传材料，并及时发放到街道乡镇。区科协充分利用自身科普资源优势，通过延庆科普微信公众号，及时发布各类科普文章和辟谣信息。截至年底，共发布疫情防控、科学辟谣等科普文章100篇，共有21400人次关注阅读并转发。

（郝合奎）

【"三下乡"活动】 1月17日，2020年北京市科技"三下乡"暨延庆区新时代文明实践中心"我为延庆增光　我为冬奥添彩"主题活动在区刘斌堡乡刘斌堡村举行。延庆新时代文明实践科技志愿服务队组织了人体健康测试、科普互动答题。发放科普宣传品、挂图、科普口袋书、科普100问等宣传活动。累计发放科普口袋书、科技与生活报刊、冬季养生宣传画等科普宣传品2000余份。

（郝合奎）

【专家科普宣传种植技术】 4月，延庆区科协联系北京农学会专家，为全区多个种植基地引进新品种"农科糯336"甜糯玉米16公顷（240余亩）。区科协充分利用"互联网+科普工作"模式，及时邀请有关专家为种植户科普栽培种植技术，包括精细整地、种植隔离、种植时间、播种量及种植密度、田间管理、适时采收6个方面。通过"延庆科普"微信公众号进行全区推送、分类指导，第一时间将种植技术普及到田间地头，为基层群众传技术、促增收。

（郝合奎）

【科技志愿服务】 5月19日，区科协科技志愿服务队邀请延庆蓝天救援队紧急救助志愿者，为张山营镇镇政府20余名相关工作者进行紧急救助科普讲座，并进行了现场实际操作指导。内容包括：清创（一次性换药包的使用）、止血、包扎（手部8字包扎法、螺旋包扎法、肘部8字包扎法、三角巾头部包扎法）、绳结（双八字结、双套结、平结）等内容。本次活动以实际操作为主，学员们跟着老师同步学习，活动结束时基本上掌握了相关知识和简单操作。

（郝合奎）

【区科技工作者代表座谈会】 5月29日，在第四个“全国科技工作者日”来临之际，区科协组织全区医疗卫生、农业、企业、科技志愿服务等多个领域的基层一线科技工作者代表开展座谈活动，区政协副主席出席活动。

（郝合奎）

【老科技工作者下乡指导】 7月6日至13日，区科协科技志愿服务队派单唐家堡金粟种植专业合作社，老科技工作者丁双六为当地相关工作者进行葡萄生产技术指导。结合《NY/T2563-2014植物新品种特异性、一致性和稳定性测试指南葡萄》进行了讲解。老科技工作者尤炳德就地理标识认证相关知识以及其在农产品生产与销售中的重要地位进行了讲解。通过技术指导和培训，使当地工作者增长了知识，丰富了头脑。他们纷纷表示新时代点单活动对农民帮助很大，希望能够得到长期技术帮扶和指导。

（郝合奎）

【全国科普日活动】 9月19日至25日，延庆区科协开展“决胜全面小康 践行科技为民”为主题的2020年全国科普日系列活动。其间，分别举办了2020年北京市公民科学素质大赛延庆区决赛主场活动及第四届延庆天文科普论坛、“崇尚科学 反对邪教”科普体验、花卉园艺培训互动体验、农耕科普体验、科普资源基层行等特色活动，线上线下参与人数达1.3万余人次。

（郝合奎）

【3个项目获市级支持】 10月，区科协积极申报由市委宣传部、市科协联合组织实施的2020年北京市新时代文明实践基层科普行动——科普品牌活动支持计划项目和社区科普益民计划项目。经过前期动员、广泛征集、组织培训、专家评审等环节，延庆区共申报项目5 个，其中“进百村、惠万户”科普系列活动项目获得基层科普品牌活动计划支持，“延庆区新时代特色葡萄科普益民活动”“未来客大战垃圾怪” 原创科普剧两个项目获得社区科普益民计划支持。

（郝合奎）

【2人获市优秀青年工程师称号】 10月，北京市科学技术协会、北京市人力资源和社会保障局联合开展了第二十四届北京优秀青年工程师评选活动。延庆区科协推荐的9名优秀青年工程师中的2名获北京优秀青年工程师称号，分别是中农绿康（北京）生物技术有限公司的张丽霞和中机科（北京）车辆检测工程研究院有限公司的贾佳奇，其中张丽霞还获得“北京优秀青年工程师标兵”称号。

（郝合奎）

【首个创新工作室申报成功】 11月，区科协积极推荐优秀青年工程师团队申报“北京优秀青年工程师创新工作室”。其中，中农绿康（北京）生物技术有限公司技术总监、正高级工程师张丽霞博士领衔的工作团队申请的“防线虫微生态制剂的创制与应用”项目被评为“北京市优秀青年工程师创新工作室”c类项目，并获得资助资金5万元。该团队将以此次青创室项目为基础，致力于推动农业生态系统可持续发展，积极开展科技攻关、技术创新，激发团队成员创新热情，推进新技术、新产品的研发，为推动区农作物病害绿色防控和农业可持续发展提供技术支持。

（郝合奎）

延庆区工商业联合会

【概况】 北京市延庆区工商业联合会（简称区工商联）是延庆区委、政府领导下的由工商界组成的人民团体和民间商会，是党和政府联系非公有制经济人士的桥梁和纽带，是政府管理非公有制经济的助手。年内，线上学习全国两会、市委、区委全会精神，参与者在200人以上。组织非公经济人士参加五期全区统战系统专题培训班暨同心圆大讲堂，组织参观纪念中国人民志愿军抗美援朝出国作战70周年主题展。组织召开扫黑除恶与廉洁从政从业专题会，观看警示教育片和参观警示教育基地。机关党员献爱心1350元，“博爱在京城”捐款950元。慰问原工商业者及遗孀代表23人，发放慰问金11.2万元。

单位名称：延庆区工商业联合会

地　　址：延庆镇新城街2号

电　　话：69101374

（张艳红）

【助力新冠疫情防控和复工复产】 年内，发挥党组的核心作用，通过实地走访、电话、微信等方式进行专项调查，及时收集企业在复工复产中的困难和需求，以直通车形式2次报告区委区政府，得到区委主要负责同志的批示，并在调度会上两次引用了报告中所提建议。区工商联向会员单位发出《落实四方责任，共同打赢疫情防控阻击战》的倡议书，加强外地返京人员疫情防控措施的宣传，与企业属地联防联控。搭建捐赠平台，共有24家会员企业捐款捐物总值260余万元。

（张艳红）

【非公党建工作】 年内，组织北京环都拓普科技有限公司、金果园食品有限公司支部与瑞康缘养护中心支部开展融合党建暨爱心助老活动。

（张艳红）

【服务企业】 年内，加快建立延庆区民营企业产权保护体系，协同检察院、法院、区司法局、公安局、律协等部门共同为民营企业开展法律服务。

（张艳红）

（栏目编辑：孙越凡）

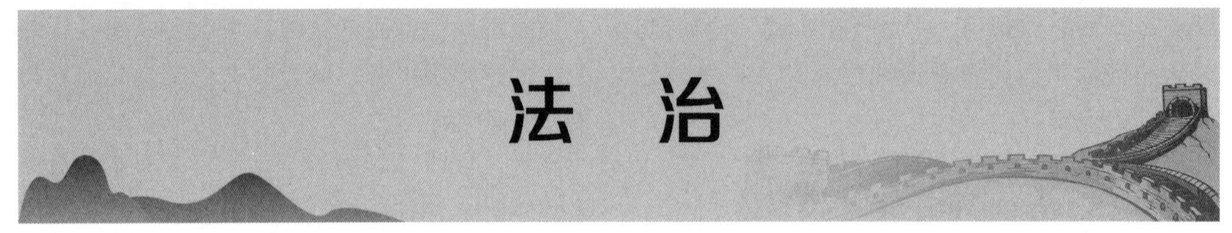

法 治

政法委

【概况】 中共北京市延庆区委政法委员会（以下简称区委政法委），是区委领导和管理全区政法工作的职能部门。年内，在区委区政府的领导和市委政法委的指导下，全区政法单位坚持以习近平新时代中国特色社会主义思想为指导，坚决贯彻落实市委市政府、区委区政府决策部署，以“精精益求精、万万无一失”工作标准，完成了重大活动、重要时期安保任务，为打好疫情防控阻击战提供了坚强法治保障。扫黑除恶专项斗争成效显著，年度群众安全感持续保持全市前列，为冬奥会筹办和地区高质量绿色发展创造了安全稳定的社会环境。

单位名称：中共北京市延庆区委政法委员会
地　　址：延庆区新城街2号
电　　话：69103498

（吴蕾）

【市级挂账社会治安重点乡镇街道整治】 年内，对市级挂账社会治安重点地区高度重视，精心组织落实，组织相关职能部门围绕治安突出问题开展联合执法，及时发现问题隐患并督促整改。将社会治安问题突出地区重点挂牌督办整治工作纳入平安建设考核，采取集中打击、集中整治的工作措施，整治工作成效初显，治安秩序明显好转。

（吴蕾）

【铁路护路联防】 年内，全面开展铁路护路联防工作。新建7个护路工作站，涉路乡镇开展铁路沿线杂物清理、重点火情隐患排查整治等专项治理，全年未发生任何涉路交通事故和突出治安问题。

（吴蕾）

【重要活动、重大节日维稳安保】 在元旦、春节、清明节、五一劳动节、十一国庆节、中秋节等重大节日期间以及全国两会、中国国际服务贸易交易会、十九届五中全会等重要会议活动期间，启动社会治安和安全保卫工作机制，制订维稳安全工作方案，组织召开安保维稳情况会商会议，有效确保全区安全稳定。

（吴蕾）

【区委平安延庆建设领导小组第一次全体（扩大）会议】 3月2日，区委平安延庆建设领导小组召开2020年第一次全体（扩大）会议。会议传达市委平安北京建设领导小组2020年第一次全体（扩大）会议精神，审议并通过《关于建议增补领导小组领导成员的汇报》《2019年平安延庆建设工作情况和2020年平安延庆建设工作要点》，通报区2019年群众安全感调查情况。会议强调要坚持把新冠疫情防控作为当前最重要的工作来抓，坚持依法科学有序防控，深化平安建设各项举措，坚决维护人民群众生命安全和身体健康，维护区社会大局稳定。把加快推进治理体系和治理能力现代化作为今年平安建设主轴，坚持重心下移、力量下沉、资源下投，夯实平安延庆建设根基，完善基层治理体系。为打赢疫情防控阻击战、交出冬奥会服务保障和高质量绿色发展两张优异答卷创造安全稳定的社会环境。

（吴蕾）

【区委政法工作会】 3月5日，2020年区委政法工作电视电话会议召开。会议提出 2020年全区政法工作要重点围绕以下八方面抓好落实：一是坚持以习近平新时代中国特色社会主义思想为指导，确保延庆政法工作的正确方向。二是全力以赴做好疫情防控、维护安全稳定各项工作，坚决打赢疫情防控阻击战。三是全力服务保障冬奥会筹办举办，确保赛会绝对安全。四是强化各类政治风险防范化解，确保延庆社会大局持续稳定。五是着眼三年为期目标，全力推进扫黑除恶专项斗争长效常治。六是以全面推进市域社会治理为抓手，努力建设更高水平的平安延庆。七是加快推进政法领域全面深化改革，努力提升执法司法公信力和群众满意度。八是加强政法队伍教育整顿，锻造一支“五个过硬”的政法铁军。吕桂富等区领导以及区委政法委员会全体委员，公安分局、检察院、法院、司法局领导班子成员在主会场出席。有关处级班子单位、乡镇街道政法委员在分会场参加。

（吴蕾）

【“4·15”全民国家安全教育日宣传活动】 4月15日，区委国安办组织开展“4·15”全民国家安全教育日宣传活动，采用“线上+线下”相结合的方式，广泛宣传普及国家安全相关知识，营造全民维护国家安全的法治氛围。

（吴蕾）

【禁毒工作会】 5月7日，延庆区2020年禁毒工作会召开。会议传达习近平总书记关于禁毒工作的指示精神，市委常务会会议精神和蔡奇书记关于禁毒工作的批示，并总结2019年禁毒工作、部署2020年工作。区相关领导以及区禁毒委、办专兼职领导及各乡镇街道主管领导，区公安分局各相关职能部门、各派出所主管所长参加会议。

（吴蕾）

【区委平安延庆建设领导小组第二次全体（扩大）会议】 5月12日，区委平安延庆建设领导小组召开2020年第二次全体（扩大）会议。会议听取关于2019年平安北京建设考核问题整改工作情况的汇报，以及全国两会有关保障工作。要求扎实有效做好疫情防控常态化下平安延庆建设。进一步增强风险意识、强化底线思维，提高工作标准。全面做好恢复接访的各项准备，强化矛盾纠纷排查化解，加大领导干部接访力度，切实做好舆情引导和回应，为全国两会召开营造良好的社会氛围。为服务保障冬奥会、创建全国文明城区、推进各项中心工作夯实良好社会环境基础。

（吴蕾）

【区委国家安全委员会全体会议】 5月25日，区委国家安全委员会全体会议召开。会议传达市委国家安全委员会全体会议、市委国安办主任会议精神，审议通过调整区委国家安全委员会组成人员的建议及2020年区委国安委工作要点。穆鹏、于波、吕桂富等区领导出席会议，区委国家安全委员会成员单位参加会议。

（吴蕾）

【“6·26”禁毒宣传活动】 6月24日，区禁毒办在李四官庄、谷家营回迁小区新时代文明实践站举办以“健康人生，绿色无毒”为主题的“6·26”国际禁毒日宣传教育活动，宣传毒品的危害，引导教育公众远离毒品。区领导吕桂富等出席活动。

（吴蕾）

【扫黑除恶专项斗争领导小组会】 8月13日，延庆区扫黑除恶专项斗争领导小组工作会议召开。会议传达全国扫黑办、市扫黑办关于对内蒙自治区部分扫黑除恶专班人员“扫黑护黑”问题通报的有关精神，并通报市扫黑除恶执法规范化督察专班到区督察情况。传达2020年二季度延庆区群众安全感调查扫黑除恶工作成效认可度情况，并部署下一步工作。研究审议《延庆区关于落实市扫黑除恶执法办案规范化督察组意见建议的实施方案》。穆鹏出席会议并讲话，于波主持会议。

（吴蕾）

【市扫黑除恶特派督导】 9月7日至12日，市扫黑除恶第三特派督导组到区督导5天。以重点案件、重点线索、重点问题整治和长效机制建设为重点，采取听取汇报、个别谈话、查阅资料、案件评查、线索核查、专题座谈等方式进行全面督导。并于10月14日召开督导情况反馈会。

（吴蕾）

【反邪教工作会议】 12月25日，召开延庆区反邪教工作会议。会议总结2020年度全区反邪教工作，对2021年工作进行部署，进一步明确各街乡镇邪教人员教育转化任务。

（吴蕾）

公安

【概况】 北京市公安局延庆分局主要职责是：负责掌握、处置辖区内危害国家安全和政治稳定的情况和案件；负责辖区内刑事案件的侦查工作，预防违法犯罪；负责实施辖区治安管理，处置治安案件和其他公安行政案件；负责管理辖区实有人口、出租房屋；负责出入境管理有关事项及外事治安工作；负责实施辖区内消防监督；负责依法指导、监督、检查辖区内机关、企事业、文教单位的内部治安保卫工作；负责依法收押、监管犯罪嫌疑人、被告人和行政违法人员；参加警卫工作；组织实施社会安全防范，参与社会治安综合治理；负责交通管理工作；承办上级交办的其他事项。2020年，强化政治建警，以学习贯彻习近平总书记重要讲话训词精神为引领，依托分局理论中心组、学习强国、指尖党校、三会一课等载体，组织全局上下深入学习贯彻党的十九届五中全会、习近平法治思想等重要精神，开展理想教育、忠诚教育、红色教育、警示教育，认真执行《首都公安政治建警二十条》，不断强化理论武装、筑牢忠诚警魂。固化政治考核机制，坚持“自评、他评、点评、考评”四个维护考核干部，全年交流调整领导干部51人。从严监督执纪，制订《2020年度党风廉政建设考评细则》《延庆分局政治生态分析研判工作暂行办法》《延庆分局关于构建大监督格局的实施办法（试行）》等，层层压实全面从严治党和党风廉政建设责任。自主拍摄《以案为鉴 警钟长鸣》《警钟长鸣 防微杜渐》《镜鉴》等系列警示教育片，以案为鉴、以案促改，确保全警知敬畏、存戒惧、守底线，营造了风清气正的警营政治生态。规范执法办案，深入开展“牢记法治职责、强化使命担当”规范执法专项等培训活动，组织开展培训活动200余期，开展送教到岗36期，全局110出警速度、执法办案质效和民警素质能力明显提升。狠抓暖心爱警，围绕疫情防控、重大安保等工作，跟进强化战时慰问、战时表彰措施；紧贴队伍需求，扩建民警暖心驿站；抓细抓实健康体检、困难帮扶、绿色就医等举措，帮助解决民警困难81件。健全民警执法权益保障机制，按照“两个一律”要求，全年办理侵犯民警执法权威案（事）件27起，依法处理侵害民警执法权益人员29名。分局紧紧围绕疫情防控、冬奥安保、创城攻坚等中心大局，忠诚担当、认真履职、连续奋战，推进战疫情、保安全、护稳定、促发展、惠民生各项工作，完成了系列重大活动、重要节点安保维稳任务，全力维护地区政治社会安全稳定。全年破获各类刑事案件477起，查处各类治安案件5375起。群众安全感达到99.75%，创历史新高。年内，以推进市域社会治理现代化试点工作为牵动，紧抓疫情防控契机，推动智慧平安小区、院警室、乡社区警务站等建设，完善城乡统筹、网上网下融合、人防物防技防结合、打防管控一体的立体化、智能化社会治安防控体系。盯住电信网络诈骗犯罪高发特点，健全区级“反诈”联动防控机制，广泛开展“全民反诈”宣传，并成功拦截电信网络诈骗500余起，为群众挽回经济损失100余万元。推动烟花爆竹禁放区域范围扩大至“三街九镇两乡”，依法查处非法运输、存储、销售、燃放烟花爆竹行为，查缴非法烟花爆竹936箱。坚持生态优先，强化联合执法，先后破获5起污染环境案件。持续深化“放管服”改革，全面推进“一门一窗一网”建设，规范办事流程、提高服务质效、推出便民措施、优化营商环境，全年累计为13万人次办理服务事项，没有发生信访投诉问题。严格进出京通道查控，外围8个检查站、5个治安卡点抓获拘留处理违法犯罪人员199名，查缴危险物品345件。对照创建全国文明城区测评指标体系，深入开展不文明交通、不文明养犬行为专项整治；累计查处交通违法行为21.3万余笔，其中处罚违法停车3.7万余笔，拘留处理严重违法犯罪人员155名；收治流浪犬2512条，处罚不文明养犬行为206笔罚款2.2万余元；为延庆成功入选第六届全国文明城市做出了贡献。

单位名称：北京市公安局延庆分局

地　　址：延庆镇湖南西路18号

电　　话：81198020

（万航　于海堂）

【安保筹备冬奥会和冬残奥会】 年内，召开14次党委会、专题会研究推进相关工作，58次组织现场调研踏查、部门对接会商。完善分局冬奥安保领导小组、做强冬奥安保专班；初步完成安保要素测算和延庆场馆群、高山滑雪、雪车雪橇、冬奥村安保运行计划；加速推进基础设施、信息科技等安保方案编制工作；踏查划定冬奥外围保障区，组织对冬奥外围进行从严防控，完成国家雪车雪橇中心场地预认证活动安保工作。

（万航　于海堂）

【新冠疫情防控】 年内，全面实现“外防输入、内防扩散”工作目标。严格风险人员排除管控，累计排查核实出租房屋9943户次、流动人口48615人次，核查筛查涉疫风险人员2897名。完成二级以上医院警务室建设，严格医疗机构、医学观察点、核酸检测点、咽拭子采集点等重点部位及周边秩序管控。加强冬奥工地等场所部位安全检查。严格进出京通道查控，累计查控劝返涉疫风险人员503名。快速处置涉疫防控警情584起，依法查处涉疫案件24起，拘留26人。

（万航　于海堂）

【预防煤气中毒】 年内，围绕预防煤气中毒，多次开展温暖系列行动及“回头看”工作，从严落实5个100%要求，确保全区1.27万户3.4万人燃煤取暖安全。

（于海堂）

【开门接访】 年内，坚持开门接访。领导班子成员带头接访、包案化访。共接待信访人400批462人，成功化解一批信访积案，确保群众初信初访100%化解。实现了“控增减存”工作目标。

（于海堂）

【110宣传活动】 1月10日，在全区开展主题为“不忘初心110，共建共治享安宁”110主题宣传日活动。在延庆妫川广场设立主会场，向群众讲解防范知识，发放宣传材料。局属各派出所在本辖区人员密集场所设立分会场同步宣传，同时采取上街头、下社区、进单位、入校园等方式广泛开展110宣传。区融媒体中心等媒体通过电视、报纸、微博、微信等形式对110宣传活动进行全方位报道。

（于海堂）

【甲醇泄漏事故处置】 1月18日，李某（男，天津松远运输有限公司司机）驾驶甲醇罐车行驶至110国道进京方向二道河渡槽附近时，发现甲醇泄漏（灌装33.96吨）。延庆分局接报后，采取远端卡控疏导，现场协助维护秩序。区应急办、消防支队进行现场处置后，运输罐车倒灌后离开，道路恢复正常。

（于海堂）

【区领导节前慰问】 1月24日，区委、区政府、区政协主要领导到延庆分局开展节前慰问活动并召开座谈会。分局党委班子成员和民警代表参加。

（于海堂）

【全区公安工作会议】 1月29日，2020年全区公安工作会议召开。会议学习习近平总书记关于政法工作的重要指示和中央政法工作会议、全国公安厅局长会议、全市公安工作会议精神；听取《向冬奥安保筹备聚焦聚力，全面创建安全稳定的政治社会环境》的工作报告；部署2020年公安工作。区委政法委相关领导、分局领导班子成员及各基层单位负责人参加会议。

（于海堂）

【除夕夜安保防控】 2月11日，为确保除夕夜平安有序，延庆分局启动一级加强社会面防控方案。全局参战民警立足岗位、扎实履职，确保全区社会面平稳有序，实现了“三街七镇”烟花爆竹禁放区禁得住，刑事警情和秩序类警情“零接报”，完成除夕夜安保任务。

（于海堂）

【分局给双警、医警、单亲家庭发放疫情防护品】 2月18日，分局开展为家中有12岁以下孩子的双警、医警、单亲家庭发放抗击疫情防护用品活动。共为15个双警、50个医警、20个单亲家庭发放口罩655个、酒精湿巾461包、喷壶134个、84消毒液134瓶。

（于海堂）

【北京援鄂医疗队到区休整进驻安保】 4月6日，北京援鄂医疗队一行15辆大客车389人进驻延庆区休整。在此期间，分局投入80名警力加强交通组织、秩序维护和应急处突等工作，确保医疗队休整进驻的绝对安全。

（于海堂）

【大庄科乡社区警务室揭牌】 5月5日，延庆区大庄科乡社区警务室举行揭牌仪式。延庆分局和大庄科乡党委政府主要领导以及相关部门参加活动。

（于海堂）

【“五一”安保任务】 在疫情防控常态化背景下，“五一”小长假全区累计接待游客25.5万余人次。在此期间，全体民警尽责履职，实现涉恐涉稳、社会治安、公共安全、道路交通等各领域重大突出问题零发生，圆满完成“五一”各项安保任务。

（于海堂）

【盗掘古文化遗址案】 5月15日，破获一起盗掘古文化遗址案，将犯罪嫌疑人郭某某（男，1982年7月出生）、曹某某（男，1983年11月出生）、尤某（男，1978年5月出生）、周某某（男，1982年1月出生）和陈某（男，1973年10月出生）抓获。上述5人均为河北省赤城县人。经审，5人对挖掘延庆区千家店镇大石窑村古文化遗址的犯罪事实供认不讳，均予刑事拘留。

（于海堂）

【非法制造枪支案】 5月19日，破获一起非法制造枪支案，将犯罪嫌疑人杨某某（男，1968年1月出生，河北张家口人）抓捕。起获火动力枪支2支，以及车床、台钳、台钻等用于自制枪支零部件物品，另有小口径弹6发、步枪弹4发、射钉弹100余发。犯罪嫌疑人被刑事拘留。

（于海堂）

【集中医学观察人员疏散转运】 7月12日至15日，在区进行集中隔离医学观察的453名隔离人员，分三批转运至丰台区新发地市场疏散安置。在此期间，共投入现场安保警力136人次、机动备勤警力50人，安全完成转运任务。

（于海堂）

【北京中医医院延庆医院警务工作室揭牌】 7月24日，北京中医医院延庆医院警务工作室正式揭牌。延庆分局、区检察院和区卫健委相关领导参加揭牌仪式。

（于海堂）

【延怀警方签订京礼高速临时卡点警务合作框架协议】 9月7日，区公安分局与河北怀来县警方签订京礼高速临时卡点警务合作框架协议。会上，宣读延怀警方执法相关事宜警务合作框架协议条款，双方对框架协议内容进行研讨并共同签订《延怀警方执法相关事宜警务合作框架协议书》。

（于海堂）

【裴增军获评全国抗击新冠肺炎疫情先进个人】 9月8日，全国抗击新冠肺炎疫情表彰大会在北京人民大会堂举行。延庆分局康庄站派出所（康庄公安检查站）所长（站长）裴增军获得全国抗击新冠肺炎疫情先进个人荣誉称号。14日，分局举办裴增军先进事迹宣讲报告会。与会人员集体观看全国抗击新冠肺炎疫情表彰大会视频短片后，听取裴增军结合个人工作实际的事迹报告。

（于海堂）

【八达岭派出所改造工程完成】 10月10日，八达岭派出所旧址改造工程完成并举行重新启用揭牌仪式。年内，投资200余万元对水电设施进行改造，并新建指挥大厅、“民警之家”等办公爱警设施。

（于海堂）

【拦截一起电信诈骗案件】 11月2日，成功拦截一起电信诈骗案件。当日，分局合成作战反诈中心在电信网络诈骗巡查中发现延庆区张山营镇李某某（女，51岁）按诈骗电话要求准备通过网银向诈骗嫌疑人汇款70万元。民警立即开展解释和劝导工作，避免了该事主财产损失。

（于海堂）

【“122交通安全日”宣传活动】 12月2日，分局联合区城管执法局、区应急局、区交通局在中踏广场举办第九个“122交通安全日”宣传活动。民警以“知危险会避险，安全文明出行”为主题，现场讲解交通安全的重要性，向过往群众发放各类交通安全宣传材料和宣传品，并提示广大交通参与者增强交通安全意识，自觉遵守交通法规，安全文明出行。全区15个乡镇和3个街道办事处设置宣传分站，共发放各类宣传材料两万余份。

（于海堂）

【“备战冬奥、体能先行”警体比武竞赛活动】 12月8日至10日，分局开展为期3天的警体综合比武竞赛活动。各基层单位选派民警代表100余人组成13支队伍参加竞赛。最终反特巡支队、张山营派出所等12个单位取得团队项目成绩优秀奖，9名民警获得个人单项第一名。

（于海堂）

【分局与警航总队、公安大学签订低空警务战略合作协议】 12月11日，为进一步加强无人机管控，在共同组建低空警务联合实验室的基础上，区公安分局与市局警航总队、公安大学中国低空安全研究中心联合签订《低空警务战略合作协议》，为培养无人机管控人才、创造无人机管控经验、做好冬奥会安保工作奠定基础。

（于海堂）

【延庆区森林公安机关纳入延庆分局编制】 12月22日，根据《中共北京市委机构编制委员会关于同意调整森林公安机关管理体制并划转机构编制的批复》（京编委〔2020〕20号）要求，延庆区森林公安机关相关职能及业务工作从区园林绿化部门正式划转至北京市公安局延庆分局，成立森林公安大队，下设两个派出所，编制25人。

（于海堂）

检 察

【概况】 北京市延庆区人民检察院（以下简称延庆检察院）是依法履行法律监督职能的国家机关。2020年，区检察院紧紧围绕区委、市检察院的总体部署，扎实履行法律监督职责，充分发挥法律监督职能，在扫黑除恶、依法战疫、服务冬奥会筹办和基层建设等方面，各项检察工作均取得新的进展。

年内，依法从严从快打击黑恶势力犯罪。对涉恶犯罪提起公诉2件20人，集中办理一批危害交通运输、破坏旅游景区秩序、操纵经营“黄赌毒”、抢栽抢种等“涉乱”案件。坚持审查引导侦查全覆盖，探索在涉黑涉恶案件中适用认罪认罚从宽制度，妥善把握适用对象和方式；检察长担任专案主办检察官，成立工作专班，对案件进行排查梳理、串并分析，将有无拔高、降低认定情况作为审查重点，坚持“是黑恶犯罪一个不放过、不是黑恶犯罪一个不凑数”。以问题整治为目标聚力“行业清源”。在村（社区）“两委”换届选举工作中深化检察职能，配合区委开展人员资格联审核查。紧盯社会综合治理，深入剖析涉黑涉恶重点地区、行业问题根源。针对社会乱象提出加强管理、堵漏建制的检察建议73件；同时全面开展检察建议“回头看”，确保检察建议取得实效。建立8项内部流程管控、监督制约机制，实现案件受案、审结、评议、复查、考核有章可循；完善与政法机关研判会商、与行业监管部门协同配合、与纪检监察机关线索相互移送等机制。定期向区委、区人大报告黑恶犯罪滋生蔓延的根源性问题；定期开展类案分析。完善未成年人教育宣传机制；健全涉罪人员教育改造机制，加强对涉黑涉恶罪犯监外执行、社区矫正的监督；制订宣传计划，将扫黑除恶知识带到田间地头。

打击新冠疫情斗争中发生的违法犯罪。第一时间制订《充分发挥检察职能服务保障疫情防控阻击战工作方案》，突出维护医疗秩序、防疫秩序、市场秩序、社会秩序。依法办理疫情期间发生的假“飘安”口罩案、杨某暴力伤医案。坚持审查引导侦查，注意准确把握法律政策，力防突破法律的“从重”“从严”“从快”，坚决、审慎打击防控疫情斗争中发生的违法犯罪，维护人民权益。保证疫情期间法律监督不缺位。重点对生产销售伪劣防护产品物资、利用疫情哄抬物价、囤积居奇等扰乱社会秩序等行为开展监督。以派驻为抓手，全面细致掌握看守所各项防疫措施，提出10项建议均被采纳。依托派驻执法办案管理中心检察室，重点开展出入办案区、人身检查、讯问询问等环节的监督，防止出现安全隐患。在战疫中充分发挥检察职能。以电话形式对社区矫正人员健康、思想动态进行详细检察。对部分商超在销售生鲜猪肉过程中存在的查验、索票不到位等问题，以及超范围经营、不规范经营保健食品等问题，分别以磋商和制发《检察建议书》形式，督促相关行政机关履职。针对小区垃圾回收存在的问题，走访三个街道多个社区，督促职能单位及时、妥善解决；制订《关于充分发挥公益诉讼检察职能开展疫情防控期间垃圾分类专项监督工作方案》，主动延伸检察触角，在战疫中体现责任担当。

深化刑事诉讼监督。贯彻宽严相济刑事政策，依法决定不批捕33人、不起诉14人。紧盯有案不立、有罪未究、不当立案、越权管辖等问题，监督侦查机关立案7件、撤案7件；通过政法办案智能管理系统开展同步监督。实地走访全区派出所，对发现的违法行为发出《纠正违法通知书》《检察建议书》《侦查活动监督通知书》。妥善办理行刑衔接案件,建议行政机关移送侦查机关的案件均被立案侦查。加强刑事执行检察工作。新冠疫情期间通过“日通报”，形成派驻看守所检察动态日志，对发现的问题进行纠正。开展扫黑除恶专项斗争案件财产刑执行专项检察，与区法院建立“月沟通”机制，对一起涉恶案件中未认定的车辆进行调查核实，移送区法院处理。通过“五步工作法”，对患有严重疾病的在押人员，提出变更强制措施建议，依法维护在押人员的生命健康权。精准开展民事、行政诉讼监督。受理民事、行政监督案件21件。与区法院、区司法局共享培训；设立专门办案组，与世园会、冬奥会、延崇高速、棚户区改造等领域的相关部门开展常态化联系；多措并举扩大虚假诉讼案件线索来源；注重化解矛盾，在办理一起债权纠纷监督案件时，成功促成双方当事人达成和解。围绕区域发展做好公益诉讼检察。聚焦“生态涵养区”建设，先后开展“守护美好生活”“守护母亲河”“垃圾分类”等专项检察工作，办理公益诉讼案件10件。对集中消毒企业供应的餐具存在食品安全隐患，向区委、区人大、区政府进行专报，推动各部门打破壁垒、协同履职，实现公益保护合力。认真贯彻英雄烈士保护法，联合中国人民解放军北京军事检察院针对区25处英烈纪念设施进行调查，对保护不力等问题向有关部门发出检察建议。根据北京市检察机关出台的三批14个制度全面提升办案质效，立足实际提出10项具体措施。全院各部门定期剖析办案质效指标数据，案件实质审查率、行刑衔接立案率、纠正漏捕漏诉后判处有期徒刑以上刑罚率和量刑建议采纳率均达到100%。

积极参与区域治理，坚决维护延庆地区的和谐稳定。批准逮捕174人，提起公诉273人。坚决维护国家政治安全和社会稳定，坚决打击暴力恐怖、“法轮功”等犯罪。疫情期间采取远程取证、“零接触”办案，紧盯冬奥会场馆和基础设施建设、场馆运行和赛事组织、冬奥会外围发生的违法犯罪行为。依法打击骗百姓“血汗钱”的涉众型经济犯罪，妥善办理张某等4人虐待托管儿童案、关某某非法吸收公众存款案等社会关注案件。制订《服务保障区域经济发展的10条措施》，积极研判疫情后中小企业可能出现的运营困难及刑民交叉案件增多的情况，对接区工商联，开展线上法律服务、企业咨询、专题讲座。办理涉民企案件时，将积极复工复产、努力保就业岗位作为重要考量因素。对一民营企业污染环境案开展拟不起诉公开听证，全面落实慎捕、慎诉，使法治成为最好的营商环境。将群众来信件件回复制度落到实处。疫情期间，鼓励群众采取网络、电话等方式表达诉求，将风险降低到最小的同时将百姓利益摆到最高位置。群众来访均在7日内告知“收到了，谁在办”，3个月内办理过程和结果答复率100%。邀请人大代表、政协委员、特约监督员、社区群众参与重点案件公开听证，摆事实、举证据、释法理，重在化解矛盾，实现案结事了人和。

积极参与社会治理。做好案件办理的“三同步”，重点守紧涉冬奥的矛盾风险源头关、监测关、管控关。针对办案中发现的国有资产流失、行业监管漏洞、旅游景区乱象、破坏环境等问题，用足用好检察建议书，共制发检察建议书13份。在办理王某涉嫌寻衅滋事案后，与区卫健委、区公安分局签订《关于协同推进延庆区医院安全管理维护医院安全秩序工作机制》，以案促治、以案整序。不断强化内外监督，让检察权在阳光下运行。自觉接受人大法定监督、政协民主监督，就公益诉讼工作和行刑衔接工作向人大作专题报告。精心办理人大代表提出的意见建议和政协委员提案，做到办前联系、办中沟通、办后回访。邀请人大代表、政协委员参与公众开放日、庭审观摩、案件公开审查等活动，零距离接受监督。制发检察建议的同时抄送区委、区人大、区政府，获得有力监督支持。加强对涉黑恶线索督办；落实不批捕、不起诉案件的备案机制。执行流程监控，主动纠正问题。重点对2019年以来不捕不诉案件进行重点评查，对年内刑事案件进行常规抽查，不断强化内部监督制约。以公开促公正、得公信。常态化开展公众开放日，创新形式，将请进来与走出去相结合，让更多的百姓进检察门、看检察人、议检察事。深化落实“一号检察建议”，专门为未成年人开设线上“防性侵”法治课，通过“微博、微信及新闻客户端”加强典型案件发布和法治宣传。在“国家宪法日”，10个部门带着特色宣传走进10个社区、乡镇；持续推进“十进百家、千人普法”活动；将普法重点转移到冬奥场馆和基础设施建设的重点区域、重点企业以及特色乡村旅游品牌周边；2020年被评为全市检察系统普法先进单位。

单位名称：延庆区人民检察院
地　　址：延庆镇庆隆街99号
电　　话：69141513

（郭阳）

【干警为全区村党支部书记授课】 1月9日，延庆院干警受邀在冬季学法培训班上，为全区420余名村基层组织人员讲授农村干部职务犯罪预防课程。将办案中的工作经验、心得体会与农村基层组织人员的职能相结合，通过案例释法说理。进一步巩固“不忘初心、牢记使命”主题教育成果。

（郭阳）

【就涉疫公益诉讼案件召开磋商会】 5月20日，延庆院就疫情期间办理的生猪肉检验检疫行政公益诉讼一案中发现的相关问题，同延庆区市场监管局召开案件磋商会。会上，承办检察官对本案从公益情况受损事实及主要证据、行政机关权责认定的法律依据进行了通报，并就生鲜猪肉销售过程中肉品摆放要求、进货源及相关票证公示等方面事实认定问题同市场监管局进行磋商。该案为延庆区首次针对行政公益诉讼案件进行磋商，取得良好的办案效果。

（郭阳）

【多举措助力创城攻坚】 6月3日，为贯彻落实延庆区创城攻坚“百日大决战”动员部署会议精神，延庆院多措并举，要求全体党员：多渠道宣传推动四个条例贯彻落实；立体化行动促进四个条例落地生根；全范围参与奏响新时代文明实践华章。号召全体党员干部主动干、加油干、一起干，全力营造创城氛围，积极投身创城活动，奋力实现创建全国文明城区目标，为交出服务保障冬奥会和地区高质量绿色发展两张优异答卷贡献检察力量。

（郭阳）

【报告食药安全领域公益诉讼情况】 6月4日，延庆院作为全市检察机关基层院代表，以《公益诉讼履职呵护民生民利助推区域食品安全工作提质增效》为题报告工作。延庆院主管副检察长着重介绍延庆院服务区域食品安全大局，坚持以人民为中心，成功办理饮用水源井保护案和生鲜猪肉检疫检验案等，以及延庆院在办案中强化总结调研、贡献基层智慧，建立以规范为前提、以专项为抓手、以典型个案为引领的办案推进机制。并针对当前食药领域公益诉讼检察工作存在的问题和困难，提出延庆院下一步的工作思路。市人大常委会各委员及代表在听取汇报后，对延庆院在公益诉讼工作中所做出的努力表示肯定。

（郭阳）

【制发磋商意见书获回函】 6月29日，延庆院针对在公益诉讼检察职责中发现的辖区内部分市场销售者在售卖生鲜猪肉过程中未严格落实进货查验、索证索票和查验记录等食品安全管理制度等问题与延庆区市场监管局开展第一例案件磋商，通报查证的公益受损事实、指出行政机关法定职责并制发磋商意见书。延庆区市场监管局高度重视，立即就具体问题进行整改，并就履职整改情况向延庆院复函。

（郭阳）

【守护北京母亲河专项工作会】 7月16日，延庆院与延庆区“河长制”部分成员单位召开检察公益诉讼守护北京母亲河专项工作会。会议全面分析永定河流域延庆段水资源、水环境、水生态情况，全面梳理了存在的“四乱”问题，进一步明确工作重点，达成治理共识：一是畅通协作机制，形成工作合力；二是强化巡查机制，及时清除隐患；三是建立长效机制，加大普法宣传。

（郭阳）

【就英烈保护问题制发检察建议】 7月31日，延庆院针对发现的英烈纪念设施保护范围划定、周围商业气息浓重、修缮保护不及时，陈展工作的规范化、专业化及列为区级文物保护单位的烈士纪念设施标志说明工作标准化等问题向延庆区退役军人局和区文旅局制发诉前检察建议书。建议区退役军人局：依法履行法律法规中规定的职责；全面开展英烈纪念设施数据采集校核工作；加强专业人才队伍培养，提高陈展工作的规范化和专业化水平。建议区文旅局：依法履行法律法规中规定的职责；坚持革命文物保护全面性和整体性相结合的原则，统筹推进文物本体和周边环境保护；加强革命文物保护和管理的专业人才队伍建设。

（郭阳）

【区检察院到看守所开展职务犯罪预防讲座】 9月1日，延庆院应邀参加延庆区看守所举办的“知敬畏、守底线”主题教育活动。结合此次活动，检察人员精心准备了针对看守所民警的职务犯罪预防课程，就检察院办案和看守所工作密切相关的风险环节进行梳理，就疫情常态化防控期间办案部门在换押和提讯中发现的问题和需求进行沟通，收到良好效果。延庆区看守所近30名民警参加活动。

（郭阳）

【干警参加警示教育基地志愿讲解】 9月5日，延庆区委理论学习中心组、市扫黑除恶特派督导组以及区委宣传部干部分别到区德蕴清风警示教育基地，参观以“铁腕扫黑除恶为冬奥会筹办举办和高质量绿色发展保驾护航”为主题的延庆区扫黑除恶专项斗争成果展。延庆院干警作为志愿讲解员，分别为大家讲解全区近三年来专项斗争工作的总体情况。讲解从“高位谋划 强力推进”“利剑出鞘 以案为鉴”“汲取教训 以案促改”以及“扫黑除恶 永远在路上”四个方面，从法律的专业角度，详细介绍延庆区近三年来办理的7大类13起典型涉恶涉乱案件。

（郭阳）

【就涉恶案件制发检察建议】 10月中旬，延庆院就办理“1·31”恶势力集团犯罪中发现的保险行业存在的问题，通过北京市人民检察院正式向中国银行保险监督管理委员会北京监管局制发检察建议：一是加强指导，加大职业道德和法治教育力度；二是紧抓实务，督促保险公司积极发挥职能；三是落实监督，进一步规范保险工作流程。延庆院将持续关注相关单位的回复和应对措施，进一步跟踪检察建议治理效果。

（郭阳）

【法治宣传进景区】 11月11日，延庆院第五检察部走进野鸭湖景区、江水泉公园、夏都公园开展公益诉讼主题法治宣传活动。活动现场，检察干警通过向市民群众和景区工作人员发放职能宣传手册和宣传品，详细介绍公益诉讼职能。现场群众热情参与，仔细阅读宣传手册，频频提问。检察干警为群众解疑答惑，鼓励参与守护食品药品安全、生态环境保护等，提供案件线索。通过细致讲解和耐心解答，实现提升群众法治意识与精准履行检察职能的双重效果。

（郭阳）

【就英烈纪念设施保护召开听证会】 11月18日，区检察院联合北京军事检察院就英烈纪念设施保护一案举行听证会。此次公开听证会是全市首例英烈纪念设施保护公益诉讼案件公开听证会。听证会由延庆院党组书记、检察长主持，由区人大代表、政协委员等5人担任听证员。北京军事检察院检察长朱永军、相关行政机关代表等参加听证会。中央电视台国防军事频道记者现场进行采访报道。

（郭阳）

【宪法宣传活动】 12月1日至7日，延庆院围绕“12·4”国家宪法日暨宪法宣传周，开展系列宣传活动：一是在机关内部开展“人人学宪法”活动；二是结合“十进百家、千人普法”活动开展宪法宣传教育活动；三是利用网络新媒体开展广泛宣传。

（郭阳）

【向区医院制发检察建议】 12月13日，延庆院在办理一起立案监督案件中，主动延伸办案触角，参与社会治理，助力冬奥医疗保障，向延庆区医院制发检察建议。检察建议制发后，延庆院主动沟通协调，及时提醒、协助延庆区医院落实检察建议要求，加强督促落实。延庆区医院收到检察建议后高度重视，立即召开党委会、院长办公会进行专题研究，并以点带面，组织各科室全面排查问题，对建议内容逐项整改到位。在此基础上，延庆院与延庆区卫健委、延庆区公安分局联合制订《延庆区加强医院安全秩序管理工作联席会议制度》，形成医、检、警协同合作长效机制，探索院参与社会治理新路径，进一步深化落实平安建设要求。

（郭阳）

法 院

【概况】 延庆区人民法院（简称区法院）属于北京市基层法院，主要负责辖区内第一审刑事、民事、商事、行政、环境资源类案件的审判执行工作，并对人民调解工作和行政执法工作进行法律指导。年内，受理案件13918件，同比下降18.4%，审结13610件，结收比97.8%，法官人均结案243件。闻令而动，应势而为，全力打赢疫情防控阻击战，全年线上开庭谈话调解2077件次，网上立案2612件。落实“双报到”制度，向防疫一线集结，让党旗在疫情防控第一线高高飘扬，累计1419人次参加社区疫情防控工作。贯彻新发展理念，依法履行审判职能，服务保障延庆高质量绿色发展。依法惩罚犯罪、保护人民，坚决维护社会稳定，全年审结刑事案件214件。依法公正审理民商事案件，优化良好的营商法治环境，全年审结民商事案件9759件。聚焦法治政府建设，推进行政争议实质化解，新收行政案件178件，依法监督、支持行政机关行使职权。巩固提升攻坚战果，向“切实解决执行难”目标迈进，全年受理执行案件3445件，执结3451件。以扫黑除恶专项斗争为牵引，扎实推进平安延庆建设。强化“深挖根治”，审结涉恶案件5件50人，强化“打财断血”，判处财产刑48人。持续深化司法体制改革，健全公正高效司法机制；深化司法责任制改革，健全完善权责明晰、权责统一、监管有力、运转有序的审判权力运行体系。深入推进民事诉讼程序繁简分流改革试点工作。全面深化司法公开，全年上网裁判文书8256份，庭审直播2515件。坚持全面从严治党、从严治院，努力锻造忠诚干净担当法官队伍；突出政治引领，坚持把政治建设摆在首位；注重实效，全面加强干警履职能力建设。持之以恒正风肃纪，全面加强党风廉政建设；自觉主动接受监督，加强和改进法院工作。始终把接受监督作为公正司法的重要保障。自觉接受人大、政协、检察机关及社会各界的监督，加强和改进各项工作。加强与人大代表的沟通联络，走访代表，主动征求代表的意见建议。依法接受检察机关法律监督，主动加强沟通，健全接受监督工作机制，共同维护公平正义。主动接受社会监督，强化人民陪审工作。

单位名称：延庆区人民法院

地　　址：延庆镇湖南西路20号

电　　话：61115113

（郭敏娜）

【新冠疫情防控志愿服务】 2月12日，延庆法院成立疫情防控志愿服务临时党支部，临时党支部党员重温入党誓词、做出庄严承诺。截至年底，延庆法院累计1419人次参与临时党支部组织的疫情防控志愿服务。

（郭敏娜）

【网络在线立案与庭审】 2月，为有效防控疫情，防止人员聚集引发疫情传播风险，延庆法院严格贯彻落实上级精神，平稳有序开展疫情防控期间的立案、诉讼服务、庭审工作，并积极推动网络在线立案与庭审工作。在该模式下，当事人与法官通过互联网进行庭审、举证质证和笔录签字等庭审流程，从而保障庭审过程中的证据备份、录音录像、笔录归档的全程留痕。

（郭敏娜）

【绿色通道发放执行案款320万元】 3月，为切实保障申请执行人合法权益，减少疫情传播风险，延庆法院开通案款发还“绿色通道”。与当事人核实好相关信息后，通过“内部审批、线上发还”程序，线上为申请执行人汇款，实现案款的“无接触”发还。针对劳务费、抚养费、赡养费、交通事故赔偿金等涉民生案件，延庆法院执行局加大“线上”案款发还力度，不仅保障疫情期间申请人的权益得以实现，也减少申请人办理领款手续的时间与金钱成本。年内，延庆法院为申请执行人发还案款71笔，发还数额320余万元。

（郭敏娜）

【“五四”青年干警主题沙龙活动】 4月30日，延庆法院举办以“战疫情　青年干警分享汇——谈如何践行使命和担当”为主题的“五四”青年干警主题沙龙活动。活动特别邀请“2018北京榜样”“北京青年五四奖章”获得者、延庆海陀农民滑雪队队长郎恩鸽到场进行经验交流分享。青年干警们结合疫情期间做好本职工作以及下沉社区防疫执勤等经历，就如何在新时代践行青年人的使命和担当进行交流发言。

（郭敏娜）

【延庆法官在“京法网上课堂”授课】 5月22日，延庆法院法官受邀担任北京市高院主办的“京法网上课堂”第七十三期主讲人，专题讲授《疫情影响下的婚姻家事实务》。法官以疫情期间离婚率的激增问题为切入点，阐释了这一现象的多重诱发因素；以典型案例为依托，介绍了法院审判实践中婚姻家庭纠纷的几种常见类型；梳理了离婚纠纷中子女抚养和财产分割的关键要点，包括离婚的法定条件、子女抚养的基本原则、确定子女抚养的特殊情况、夫妻间彩礼与合法债务的处理协调，以及对附有人身关系判决的强制执行等问题；并就婚姻中家暴问题所衍生的人身保护令的适用情形与实施意义，展开了讨论。课后，法官与参训人员进行交流互动。

（郭敏娜）

【环境资源案件审理情况新闻通报会】 6月5日，延庆法院召开“环境资源案件”审理情况新闻通报会。通报会上，法官介绍了该院环境资源案件审理情况、环境资源案件特点，以及延庆法院为妥善处理环境资源案件采取的举措。法官发布了该院审理的非法占用农用地、倾倒垃圾破坏环境等两起典型案例，并围绕污染环境、破坏生态资源等行为可能引发的犯罪进行了法律提示。

（郭敏娜）

【环境日普法宣传暨送法进社区活动】 6月5日，延庆法院到尚书苑社区举办以“绿色生活，我们都是行动者”为主题的普法宣传暨“京法巡回讲堂”送法进社区活动。活动中，法官结合承办的垃圾填埋案件为百姓解读涉环境资源案件背后的法律问题，并对新修订的《北京市生活垃圾管理条例》进行讲解；引导群众从自身做起，为环境保护贡献自身力量。法官助理向群众解读《北京市街道办事处条例》《北京市文明行为促进条例》及《北京市物业管理条例》，并对《民法典》中环境污染和生态破坏责任部分内容进行讲解。

（郭敏娜）

【民法典专家授课第一讲】 7月17日，为切实抓好民法典的学习宣传和贯彻实施，延庆法院联合区检察院邀请专家学者开展民法典系列培训。在第一讲中，全国人大宪法和法律委员会委员、中国社会科学院学部委员孙宪忠做辅导讲座。孙教授从国家治理与人民权利角度阐述民法典编纂的重要意义，介绍打开民法典知识体系的三把“金钥匙”，即法思想、法感情、法技术；并阐释如何站在司法工作的角度理解民法典的重要制度和理论创新。法院全体干警、人民陪审员、调解员、检察院领导及干警、司法局领导及干警、人大代表、区律师协会执业律师等共计300余人参加培训。

（郭敏娜）

【赴内蒙古多地查控被执行人财产】 8月，延庆法院执行局法官与法官助理赶赴内蒙古自治区通辽市和赤峰市查找被执行人线索，并对被执行人财产进行查控，为案件成功执结打下坚实基础。本次外出调查涉及劳务合同纠纷系列执行案和建设工程施工合同纠纷案等6起执行案件。因被执行人财产存在失控风险，且被执行人财产分散各地，查控任务较重，执行干警于周末紧急赶往内蒙古通辽市，对被执行人财产进行查控，随后赶往赤峰市查找被执行人及其财产线索。最终，执行干警共查封被执行人不动产3处及相应生产设备、原材料等动产，涉及土地面积约2.6万平方米，建筑面积约7700平方米。通过异地财产查控，执行局全面掌握了被执行人的财产状况，为案件进一步采取执行措施提供了有利条件。

（郭敏娜）

【夜间执行涉民生案件】 11月，延庆法院执行局在法警大队的大力配合下，集中开展夜执行动。执行局干警与法警队干警分成三个小组，于每周周二、周四晚间开展夜执行动。夜间执行以涉民生案件为重点，对拖欠农民工劳务费、“三费”等案件的被执行人进行查找。夜执期间，执结涉民生案件36件，到位案款120万元，拘传被执行人20余人。对“老赖”产生巨大威慑，有助于辖区诚信社会的构建。

（郭敏娜）

【乡村巡回审判】 12月29日，延庆法院立案庭（诉讼服务中心）法官到延庆区张山营镇某村当事人家中开展巡回审判。该案系一起分家析产纠纷，由于双方当事人年迈，无法使用“云法庭”系统参加庭审。考虑到天气严寒，当事人腿脚不便，为方便当事人诉讼，法官在与双方当事人沟通后，前往当事人家中开展巡回审判。法官耐心询问诉争房屋及宅基地的相关问题，释明法律规定，并引导双方当事人围绕争议焦点进行陈述、举证质证、辩论，整个庭审过程规范有序。在法官的耐心劝解下，双方当事人最终达成调解协议。

（郭敏娜）

司法行政

【概况】 延庆区司法局主要履行行政执法、刑罚执行和公共法律服务三大职能任务。同时承担中共北京市延庆区全面依法治区委员会办公室、中共北京市延庆区全面依法治区委员会推进依法行政工作领导小组办公室日常工作。年内，认真学习贯彻党的十九大精神，在疫情防控、服务保障冬奥会筹办、世园会举办、扫黑除恶专项斗争、“疏解整治促提升”专项行动和“七五”普法验收等工作中，充分发挥职能作用，完成各项任务。年内，召开小营、石河营棚改项目法务工作会；完成18个乡镇街道司法所下沉工作；联合区法院利用“腾讯会议App”开展“云上业务培训”；举办18个乡镇、街道司法所工作人员参加的社区矫正档案培训会，与区检察院联合举办《社区矫正法》普法宣传进社区活动。活动以现场法律咨询及发放宣传材料的形式开展，服务群众100余人次。

单位名称：延庆区司法局

地　　址：延庆镇东外大街96号

电　　话：69143748

（韩万斌）

【法治宣传教育】 年内，区司法局以多种形式举行法制宣传教育活动。5月13日，组织各乡镇召开“北京市民主法治示范村”整改工作推进会。6月12日，在旧县镇“雷锋村”烧窑峪村开展“讲法治 促文明 迎冬奥”文明行为促进条例进乡村法治宣传活动。7月29日，深入某驻地部队开展送法进军营活动。12月4日，举办“学习宣传习近平法治思想 弘扬宪法精神 建设法治延庆”为主题的“12·4”宪法宣传周活动。

（韩万斌）

【公证业务办理】 年内，创新“面签+远程视频”公证办理模式，办理公证业务120件。聚焦“公正性”指标，现场解答咨询19429人次，12348延庆专席解答咨询5527人次，受理法律援助案件297件。

（韩万斌）

【公共法律服务】 年内，完成与16家律师事务所83名村居法律顾问律师的签约工作，对全区律师行业开展执法检查216次。继续深化“法律门诊我来选”村居法律顾问坐班机制，面对面累计服务群众4万余人次，为街乡镇党委政府提供咨询812次，提供法律意见和建议255条。新华社、中央电视台、人民网、法治日报、北京电视台等分别进行专题报道。

（韩万斌）

【新冠疫情防控】 年内，成立局疫情防控工作领导小组，召开42次专题会、86次系统内会商会，坚持日报告和零报告制度。支援沈家营天成家园应急值守375人次，在职党员回社区执勤589人次。编写《昨日局情（疫情防控专刊）》108期，编印《战疫纪实》画册，推树疫情防控先进人物、集体事迹72篇。编发《新冠肺炎疫情防控期间法律知识手册》1000余本，印制法律宣传折页三批次9万余份，通过“延庆司法”微信公众号推送疫情防控知识和短视频26期。制发《关于开展复工复产公共法律服务“百千万”走访调查活动的实施方案》，组建中小微企业法律服务团，为20余家企业法治体检。

（韩万斌）

【法律援助】 1月2日，区司法局在东关车站开展“法律援助惠民生 助力农民工”专题普法宣传活动。活动以现场法律咨询及发放宣传材料的形式开展，服务群众200余人次。5月21日，延庆区召开区人力资源和社会保障局、司法局法律援助窗口暨兼职工作人员合作启动仪式，进一步完善了法律援助窗口暨兼职工作人员合作事宜。

（韩万斌）

【人民调解】 8月13日，延庆区司法局召开推进多元化纠纷解决机制协调会，区人民法院和四家行业性调委会相关负责人参加。同时组织街乡镇骨干人民调解员开展人民调解协议司法确认培训；召开延庆区《关于加强人民调解员队伍建设的实施方案》座谈会。

（韩万斌）

法治政府建设

【概况】 年内，法治建设迈出新步伐。在全市率先完成乡镇机构改革，先行先试完成10个事业单位改革。进一步促进政事分开、事企分开、管办分离，动态调整区政府部门123项行政职权事项。完成183项“放管服”改革任务，取消各类证明292项，“一窗”受理率达100%，网上可办率达95%。落实新时代街道工作年度35项重点任务和12项实事项目，对15家“枢纽型”社会组织实行分级、分类管理。依托“信用延庆”归集公示信用信息3万余条，发布4期诚信红黑名单。组建18支街乡综合行政执法队，下放431项行政执法职权至街道乡镇实行综合执法。制订《延庆区行政规范性文件合法性审核和备案实施办法》。办理行政复议案件70件，区政府应诉行政诉讼案件130件，无败诉案件。圆满完成“七五”普法各项任务和总结验收。

（宫志勇）

【法治政府建设】 1月31日，向市委市政府书面报告《延庆区2019年法治政府建设情况年度工作报告》。4月20日，于波主持召开延庆区推进依法行政工作领导小组（扩大）会议。4月26日，印发《北京市延庆区2020年推进法治政府建设工作要点》。7月1日，下放431项行政执法职权至街道乡镇实行综合执法。

（宫志勇）

延庆区公益法律服务中心、公证处、律师事务所一览表

表1

名称	地址	电话
公益法律服务中心名录		
八达岭镇公益法律服务中心	八达岭镇敬老院院内	69129735
百泉公益法律服务中心	鸿川北路6号	69183341
大榆树镇公益法律服务中心	大榆树镇原毛衣厂院内	61182009
大庄科公益法律服务中心	大庄科乡政府院内	60189330
旧县镇公益法律服务中心	旧县镇综治中心	61151807
公益法律服务中心名录		
井庄镇公益法律服务中心	井庄镇综治维稳中心二楼	61192561
康庄镇公益法律服务中心	康庄镇综治中心院内	69133299
刘斌堡乡公益法律服务中心	刘斌堡乡政府东院	60181156

续表

名称	地址	电话
千家店镇公益法律服务中心	千家店镇综治中心三楼	60188155
儒林公益法律服务中心	延庆区北街6号	69100305
沈家营镇公益法律服务中心	沈家营镇综治中心院内	69180148
四海镇公益法律服务中心	四海镇综治中心	60176420
香水园公益法律服务中心	新兴西社区42号楼东侧	69178375
香营公益法律服务中心	香营乡政府东楼南侧平房	60161303
延庆镇公益法律服务中心	延庆镇北关村高庙东综治大院	69142268
永宁镇公益法律服务中心	永宁镇东门口	60173614
张山营镇公益法律服务中心	张山营镇文化站院内	69111080
珍珠泉乡公益法律服务中心	珍珠泉村村西路南二楼	60176344
公证处		
北京市夏都公证处	延庆镇东外大街96号	69101807
律师事务所名录		
北京胡李律师事务所	延庆区延庆镇东街27号	13381117173
北京李顺存律师事务所	延庆区延庆镇恒安小区5-308	13910870594
北京李自永律师事务所	延庆区南菜园北二区57号楼1门	13801079237
北京刘世斌律师事务所	延庆区康安小区38号201室	13701205693
北京赵建宇律师事务所	延庆区工业大厦403室	13693218127
北京延恒律师事务所	延庆区东外大街49号院5-811室	13691132886
北京妫川骄子律师事务所	延庆区格兰山水11号楼1层4-11-43	13720022070
北京高怀亮律师事务所	延庆区湖北西路23-8号	13810677885
北京宸轩律师事务所	延庆区康安小区37号楼302	15811177597
北京静言律师事务所	延庆区百泉街路北1-1幢等15幢	13661197646
北京平辉律师事务所	延庆区东顺城街14号2幢405室	13716092210

（栏目编辑：孙越凡）

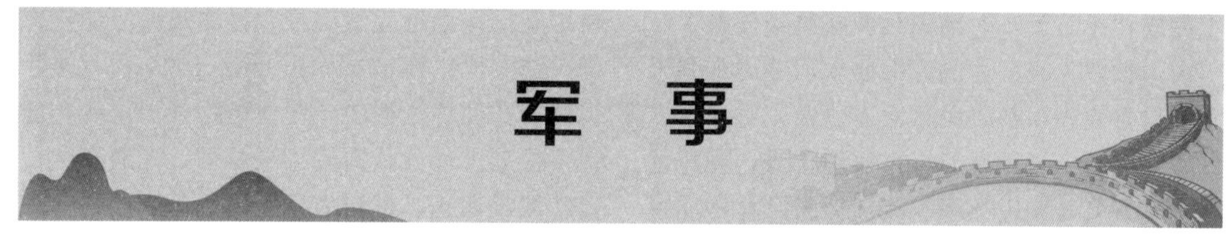

军 事

人民武装部

【概况】 延庆区人民武装部是延庆区委的军事部门，是延庆区人民政府的兵役机关，负责本地区国防后备力量建设工作。年内，以习近平新时代中国特色社会主义思想为指导，深入贯彻习近平强军思想，深入贯彻习主席视察重要讲话精神，深入贯彻新时代军事战略方针。始终扭住铸忠诚、尽职责、抓从严，坚持重心向下打基础，坚持全面建设谋发展，坚持问题导向抓落实，科学统筹，主动作为，完成年度工作任务，保持高度集中统一和安全稳定。先后组织全国“两会”精神、中央军委党的建设会议精神、新《纲要》学习贯彻；定期开展警示教育和“四反”保密教育，认真组织观看上级下发的光盘录像辅导，提高意识形态领域斗争的敏锐性；根据国内外形势，适时组织“新冠疫情防控相关法律知识及警示案例”“在抗疫斗争伟大实践中坚定中国特色社会主义‘四个自信’”“高度警惕和防范新冠肺炎‘疫后综合征’”“纪念志愿军抗美援朝出国作战70周年”等形势教育；确保所属人员在思想上、政治上、行动上始终与党中央、中央军委和习主席保持高度一致。

单位名称：延庆区人民武装部
地　　址：百泉街道鸿川北路6号院-1
电　　话：69143222

（高军）

【新冠疫情防控和安保执勤】 年内，有2191名基干民兵和普通民兵，以地方工作人员或民兵志愿者身份，奋战在疫情防控工作一线的447个点位，主要参加医疗救护、交通运输、体温测量、场地消毒、治安巡查、卡口检查等工作。全国“两会”期间，4个卡点32名民兵参加执勤，同时为过往人员提供力所能及的便民服务。

（高军）

【拥军优属】 年内，多次组织开展拥军优属工作。春节和建军节期间，协调区四套班子领导两次深入部队一线走访慰问，送去全区人民对子弟兵的关心厚爱，慰问品和慰问金覆盖全区所有驻军部队。建军节当天，与区中医院共同组织义务兵家属进行免费体检，开展送中医中药进军营活动，免费为驻区官兵提供中医讲座。法律拥军常态开展，协调司法局走进军营，宣讲法律知识，提升官兵的法纪意识和观念。

（高军）

【协调解决军地关系问题】 年内，协调区委宣传部、区妇联定期组织专场相亲大会，协调区教委规范军人子女入学流程，官兵子女入托入学问题全部得到妥善解决。协调军地军民关系，妥善协调处理国家电网在某部营区附近修建高压电塔、海军通信总站天线场遭地方施工单位破坏等矛盾问题，有效避免军政军民纠纷。区首次获得全国双拥模范城称号。

（高军）

【落实党管武装工作】 年内，召开区委议军会、全区党管武装工作会，研究解决制约人武部和后备力量建设的具体问题。八一前夕，协调组织延庆区四套班子领导、法检两长到驻延部队某部队开展军事日活动，进一步密切军政关系，深化对党管武装工作制度的思想认识，增强落实国防后备力量建设的使命感和责任感。

（高军）

【完成“十三五”时期民兵调整改革任务】 年内，按照上级下达的方案要求，着力加强人武部自身建设和基层民兵营连建设。对40余支民兵分队逐一进行授旗、点验和检查，完成了“十三五”时期民兵调整改革任务，并在北京市组织的检查验收中获得“优秀”成绩。

（高军）

【基层人民武装部正规化建设】 年内，两次组织基层武装部长和专武干部到密云参观学习，提高各单位软件质量和标准，进一步提升基层武装部、民兵营连部和“青年民兵之家”规范化建设水平，达到全区软硬件统一的标准。为基干民兵营连统一制作民兵党委（支部）会议记录本、党小组会议记录本和团支部会议记录本，民兵的党团组织建设进一步规范。

（高军）

【编建新质民兵分队】 年内，注重借助无人机创新基地的区域科技优势，结合区民生和重大任务需要，着力在探索编建新质民兵分队上下功夫，初步建立一支无人机新质分队。

（高军）

【征兵宣传进高校】 年内，突出大学生这一征集重点，开展“征兵宣传进高校”活动。落实征兵“五率”（报名率、上站率、合格率、择优率、退兵率）动态监测制度，多措并举搞宣传，上门发动挖潜力，应征大学生比例得到大幅度提升。

（高军）

【协调驻军开展拥政爱民活动】 年内，组织驻区部队担负防火、防汛、应急救援等急难险重任务，修订方案，关注动态，信息共享，沟通协调，随时做好应急准备。协调驻军官兵出动100余人次参加环境清理整治活动和垃圾分类工作；协调驻军参加扶贫帮困、民族村帮建、捐资助学等活动；协调驻军出动100余人次，参加区委区政府组织公祭仪式、各类部署总结大会等活动。

（高军）

【民兵分队训练】 6月11日至28日，依托火箭军某部，通过政治审查、目测选拔、体检择优，更换替补等选拔程序，组织100名民兵进行训练。在训练过程中，坚持按纲施训、安全施训，根据民兵分队训练大纲要求，完成有关技术、战术训练，进一步提高民兵分队遂行保障任务的能力水平。

（高军）

【穆鹏出席民兵授旗仪式】 9月21日，为切实抓好民兵编组工作，对所有基层武装部进行点验，为所有民兵分队进行授旗。区领导穆鹏参加康庄镇森林草原灭火连、工程抢修连点验和授旗仪式，并对全区民兵队伍建设提出要求。

（高军）

人民防空

【概况】 北京市延庆区人民防空办公室（简称区人防办）是区国防动员委员会的常设办事机构，是区政府人防工作的主管部门。9月19日，区人防办按照北京市政府规定在北京市五环外统一开展防空警报试鸣工作。年内，办理行政审批27件（涉及冬奥项目10件），其中规划人防工程项目9件，易地建设项目15件，无人防工程建设要求项目3件。办理人防工程使用证21个。结合各专项活动开展人防工程安全督查检查共885处次，出动人员2783人次。基本完成区“十四五”时期人防建设规划。

单位名称：延庆区人民防空办公室
地　　址：延庆镇湖北西路3号
电　　话：69143330

（赵豪）

【新冠疫情防控】 年内，按照人防工程使用管理“一防一停七落实”的要求和疫情防控“八字”工作指引，关停人防工程17处。参加社区疫情防控卡口执勤工作429人次，党员参加“双报到”86人次。

（赵豪）

【社区人防建设】 年内，在15个社区组建人防志愿者队伍共计150人。为14个社区确定疏散地域和逃生路线，绘制人口疏散示意图，在小区广场、绿地、人防工程出入口等场所安装人防疏散掩蔽标识标牌169块。为10个社区安装防灾减灾应急救援亭，为10个社区安装配备人防宣传栏。

（赵豪）

【人防知识讲座】 年内，区人防办聘请北京市人防讲师团的讲师为胜芳园社区、石河营西社区、泰安社区等9个社区，延庆一中、延庆二中、延庆三中3所中学开展13场防空防灾知识讲座，社区居民和学校师生受教育人数2000人。

（赵豪）

【早期土洞安全隐患治理】 年内，根据各乡镇的土洞隐患实际情况，向延庆镇、永宁镇、千家店镇、井庄镇、张山营镇、大榆树镇、八达岭镇共拨付隐患治理款44.3万元，解决了安全隐患。

（赵豪）

【通信演练】 年内，开展3次京津冀人防无线通信协同演练、参加1次跨区支援通信保障演练。通过卫星、短波电台、海事卫星电话等多手段与天津、河北进行音视频联通。其余日常演练（短波、800M、北斗、指挥车、地面站、海事卫星、IP电话等）80余次，全部完成任务。

（赵豪）

【地下空间安全隐患巡查整改】 年内，区人防办和住建委相关部门积极配合，对全区人防工程和普通地下室开展日常巡查和不定期检查。共出动3303人次，检查人防工程和普通地下室共1117处次，整改安全隐患75处，发放整改通知单14份，约谈4人次，行政处罚2起，罚金4万元。

（赵豪）

【服务保障冬奥】 年内，区人防办完成096工程升级改造，作为2022年冬奥延庆赛区前线指挥办公场所。冬奥延庆赛区会场周边安装1台高点监控，融入“雪亮工程”，服务保障冬奥延庆赛区。

（赵豪）

【永宁四司山火现场应急保障】 3月18日，参加永宁四司山火现场应急保障工作。区人防办通信保障分队接到区应急局调度命令后，迅速开展应急通信保障任务，人防办指挥车在现场担任现场指挥部并持续保障现场图像回传20个小时。

（赵豪）

【“5·12防灾减灾日”宣传活动】 5月12日，区人防办联合区应急局、区地震局和区消防救援支队在香营乡小广场举办“防灾减灾日”主题宣传活动。组织群众有序观看防灾减灾知识展板。人防办共发放宣传画册、扑克牌、手机扣、宣传袋等共计600余份。

（赵豪）

（栏目编辑：孙越凡）

经济管理

综合调控

【概况】 北京市延庆区发展和改革委员会，是负责全区国民经济和社会发展统筹协调、经济体制改革综合协调的区政府工作部门。年内，统筹推进疫情防控和经济社会发展取得积极成效，重点领域和重点行业实现应复尽复；完成固定资产投资（不含农户）206.2亿元、建安投资131.6亿元；有力支撑地区生产总值完成194.5亿元，促进交出两张有利答卷；推动“十三五”圆满收官，全面建成小康社会取得决定性成果，为“十四五”发展奠定坚实基础。

单位名称：延庆区发展和改革委员会
地　　址：延庆镇新城街98号
电　　话：69101063

（吴烨睿）

【综合经济运行】 年内，推动成立复工复产防控组，履行复工复产防控组办公室职责。建立健全周调度、月分析、动态监测经济运行机制。统筹出台12项疫情惠企政策，帮助企业渡过难关。稳定企业在延庆发展的信心，促进重点领域和重点行业应复尽复。推动地区生产总值增速由一季度的-9.2%、上半年的-7.9%、前三季度的-3.2%持续收窄至-1.3%，完成194.5亿元。

（吴烨睿）

【赛会可持续利用】 年内，推动成立由区委书记、区长为组长的世园会会后利用及接受工作领导小组。区发改委作为领导小组办公室，牵头编制完成《世园会会后利用三年提升计划》，推动世园公司划归延庆区管理；作为冬奥赛后利用与产业发展组，制订实施《延庆区2022年冬奥会和冬残奥会可持续性计划实施方案》，明确91项具体任务，已完成7项，剩余64项有序推进。

（吴烨睿）

【生态保护和绿色发展】 年内，落实《关于推动生态涵养区生态保护和绿色发展实施意见》，推动市发展改革委与区政府联合印发《抓住两大盛会机遇 推动延庆区加快绿色发展行动计划（2020—2022年）》，一体推进生态保护、基础设施、公共服务等领域96项重点任务、82个重点项目落地见效。

（吴烨睿）

【编制完成“十四五”相关规划】 年内，推动成立由区委书记任组长、区长任副组长的“十四五”规划编制工作领导小组。主动对接北京市总体规划和分区规划，制订“十四五”规划编制工作方案；完成“十三五”规划纲要实施情况终期评估；编制《北京市延庆区国民经济和社会发展第十四个五年规划和二〇三五年远景目标纲要》，经区政府常务会、区委常委会审议通过；初步编制完成《延庆区“十四五”时期能源发展规划》和《延庆区“十四五”时期人口发展规划》。

（吴烨睿）

【固定资产投资】 年内，严格落实投资任务“包干制”和月度通报机制，强化三级协调调度。完成固定资产投资（不含农户）206.2亿元、建安投资131.6亿元，超额完成年度任务目标（分别完成年度任务的108.5%、101.2%）。“十三五”时期固定资产投资累计超过1000亿元，达到“十二五”时期的近3倍，超过之前25年的总和。

（吴烨睿）

【区级重点工程】 年内，推动实施2020年区级重点工程108个，包括重点建设项目82个（新开工项目44个、续建项目38个）、重点推进前期工作项目26个；梳理2021年区级重点工程100个，包括重点建设项目61个（新开工项目26个、续建项目35个）、重点推进前期工作项目39个；同步梳理形成“十四五”时期重大项目清单，共有重大项目170个，总投资估算约500亿元。

（吴烨睿）

【政府投资项目资金到位】 年内，争取到位市政府固定资产投资10.5亿元，涉及35个项目。其中，冬奥会配套设施项目争取到位2.4亿元，城乡基础设施项目争取到位3.4亿元，生态环境提升项目争取到位1.3亿元，社会事业项目争取到位1.9亿元，能源及新能源利用项目争取到位1.2亿元，产业发展项目争取到位3000万元。进一步强化投资补短板、优供给作用。

（吴烨睿）

【基础设施项目】 年内，批复冬奥会延庆区森林防火基础设施建设工程，延庆区康庄镇汇通路东段、晨光街、榆林路道路工程，延庆区美丽乡村污水收集处理一期骨干管网工程等园林、交通、水务项目22个，争取到市政府固定资产投资6.79亿元。

（吴烨睿）

【公共服务项目】 年内，制订实施延庆区“七有”“五性”三年提升计划（2020—2022）。批复公共服务类项目10个，批复资金2.23亿元。推动海淀外国语实验学校延庆校区取得立项核准批复，助力5所幼儿园改扩建、中医院迁建一期、全民健身中心等一批民生项目完工。公共服务标准化、均等化水平进一步提升。

（吴烨睿）

【能源项目】 年内，印发实施年度节能工作方案，完成区级能源立项及资金申请报告初审项目23个，项目总投资7.98亿元。推动延庆新城城南、城东供热煤改气工程等项目取得立项批复，助力小张家口垃圾填埋场等项目完工。能源消费总量为60.26万吨标准煤，单位地区生产总值能耗下降率为8.48%，全面完成年度能耗“双控”任务。

（吴烨睿）

【产业项目】 年内，主动谋划八达岭长城景区基础设施等一批文旅项目，推动北京延庆八达岭希尔顿逸林酒店项目取得核准批复，完成延庆四季花海旅游休闲廊道建设项目初步设计概算批复，涉及总投资7.25亿元。

（吴烨睿）

【招投标监督管理】 年内，修订实施《延庆区政府投资工程建设项目招标投标监督管理办法（试行）》。推动区级公共资源交易中心有序运行，疫情期间实现远程异地评标零突破。全年检查52个招投标项目，审查73个政府招投标方案，有效发挥规范项目管理、促进项目建设、保证政府投资安全运作。

（吴烨睿）

【疏解整治促提升】 年内，制订实施《延庆区“疏解整治促提升”专项行动2020年工作计划》，超额完成14大项26小项任务。持续发力疏解存量，疏解退出一般性制造业企业11家，动态上账治理“散乱污”企业6家；全面开展综合治理，拆除违法建设81.83万平方米，腾退土地132.17公顷，整治无证无照经营103户；更加注重优化提升，拆后土地实现留白增绿4.34公顷，改善提升背街小巷32条，改造日上、恒生2家市场，建设提升30个便民服务网点。

（吴烨睿）

【优化营商环境】 年内，深入落实北京市优化营商环境“9+N”政策3.0版。完成世界银行中国营商环境评价迎检工作，全面完成市级三年行动计划任务，重点领域改革取得积极成效。落实“服务包”制度，构建区领导、“总管家”“服务管家”“行业管家”4级“管家式”服务企业工作体系，全年组织走访对接企业4轮734家次，企业诉求落地办结率达到100%。

（吴烨睿）

【延海结对协作】 年内，制订实施延海结对协作年度工作要点，统筹安排1.5亿元年度协作资金，完成22项协作实事。有序推动延海花园等12个重点项目落地见效，延庆海淀两区在公共服务、产业发展、文体交流等方面的合作进一步拓宽。

（吴烨睿）

【对口帮扶协作】 年内，对口支援河南内乡县相关任务全面完成。推进对内蒙古兴和，河北宣化、怀来帮扶工作，制订实施年度工作计划，投入市区两级帮扶资金1.45亿元，统筹推动53项市区两级帮扶项目落地见效。助力兴和、宣化提前脱贫摘帽，建档立卡贫困人口全部脱贫，完成脱贫攻坚任务。延庆区扶贫协作和支援合作工作领导小组办公室（设在区发展改革委）获评全国脱贫攻坚先进集体称号。

（吴烨睿）

【京津冀协同发展】 年内，统筹推进重点领域协同发展取得积极成效。疫情方面，制订出台《延庆区延怀赤新冠肺炎联防联控联动工作方案》等文件；冬奥方面，联合张家口市制订冬奥会群防群控工作方案；交通方面，借力京礼高速、京张高铁开通，融入首都半小时交通圈；生态环境方面，完成京津风沙源治理二期工程2020年项目；文体交流方面，联合举办“京冀蒙“三省四地”文化共建研讨会、第二届京张大众滑雪交流赛等活动。

（吴烨睿）

【金融服务】 年内，持续强化金融后盾作用，建立金融服务联合响应机制，搭建运行延庆区小微企业金融综合服务平台。推动银行出台“民宿贷”等金融产品，落地专项低息贷款4.95亿元、中小微企业贷款83.3亿元、民宿急需运营资金900余万元；推动全区社会各项存款余额572.87亿元，同比增长5.9%； 各项贷款余额268.98亿元，同比增长34.99%。防范化解金融风险，对拟迁入、新设的34类类金融企业开展前置审核，把好入口关。

（吴烨睿）

【价格认定】 年内，对区内司法、行政执法、纪检监察等机关的纪检、刑事、治安、民事、经济等案件中的涉案物品进行价格认定。全年受理各类物品价格认定案件203件，认定金额716.1万元，未发生复核案件。

（吴烨睿）

【价格应急监测】 年内，全面开展生活必需品和防疫商品价格监测，全区72家药店及超市防疫商品纳入价格监测范围，生活必需品价格监测点扩充至25家。实施监测数据信息日报制度，及时预警价格运行中出现的系统性、苗头性问题。全年未发生因涨价、抢购、断供而影响群众生活和社会稳定的情况。

（吴烨睿）

【价格管理】 年内，认真履行价格调控职能。完成世园会临时门票价格和九眼楼生态长城景区临时门票价格定价工作；完成玉渡山、八达岭森林公园、古崖居等5家景区成本监审工作；配合开展农村水价综合改革成果验收和教育乱收费专项治理工作。

（吴烨睿）

财　政

【概况】 北京市延庆区财政局（简称区财政局）是负责全区财政收支、财税政策、财政监督、行政事业单位国有资产管理等工作的区政府组成部门。年内，区财政局不断加强财源建设，强化资金统筹，牢固树立过“紧日子”思想，严控行政运行成本，强化投资评审绩效管理，提高资金使用效益。实现财政收支平稳增长，预算执行情况总体良好，为新冠疫情防控和经济发展提供了有力保障。

单位名称：延庆区财政局

地　　址：延庆镇新城街108号

电　　话：69103146

（王晓春）

【财政收入】 年内，一般公共预算收入22.76亿元，同比增长6.1%。按收入性质分：税收收入15.59亿元，同比增长17%；非税收入7.17亿元，同比下降11.8%。

（王晓春）

【财政支出】 年内，一般公共预算支出139.10亿元，同比增长8.4%。主要支出科目情况：农林水支出33.53亿元；社会保障和就业支出18.88亿元；卫生健康支出15.44亿元；城乡社区支出14.00亿元；交通运输支出1.56亿元。政府性基金预算支出13.94亿元。国有资本经营预算支出498万元。社保基金预算支出9.57亿元。

（王晓春）

【财源建设】 年内，印发《延庆区财源建设工作方案》，构建由区委、区政府主要领导双牵头的“1办5组”工作架构。进一步充实专班力量，建立起120人的固定区级财源建设队伍。持续提升企业服务精准度，建立四级“管家式”服务企业工作体系，确定“100+30”重点企业名单。全年共对接走访“服务包”企业734户次，累计收集企业诉求158条，办结率98.7%。努力提升招引质量，持续壮大财源税基。截至2020年底，延庆区共有存量企业24390户，同比增长34.54%，增幅全市排名第一。新设企业6231户，同比增长101.39%，增幅全市排名第二。新注册有税企业755户，同比增长36.8%，增幅全市排名第二。

（王晓春）

【国库管理】 年内，收回暂付款22450万元，利息2282万元。完成2019年度部门和财政总决算编报。推进政府财务报告制度改革，扩大填报范围，2019年度财报单位258家，较上年增加8家未纳入预算管理的自收自支企事业单位。国库集中支付资金6.8亿元，通过非税收缴系统收缴非税收入5.9亿元。国库集中支付授权支付业务和直接支付业务实现电子化。

（王晓春）

【预算绩效管理】 年内，制定印发《北京市延庆区财政支出事前绩效评估管理办法》，全年事前绩效评估项目总资金2.3亿元，同比增长19.8倍，按照评估结果对2个项目不予资金支持。对绩效目标实现程度和预算执行进度实行“双监控”。对涉及公共服务、文化领域的两个项目开展成本预算绩效分析，控制成本。扩大事后绩效评价范围，开展2020年财政支出项目事后绩效评价，涉及27个单位，59个项目，资金总额10.4亿元。

（王晓春）

【投资评审】 年内，完成评审项目191个，完成项目报审金额24.4亿元，审减金额4.5亿元，平均审减率18.5%。

（王晓春）

【行政事业单位资产管理】 年内，组织全区各行政事业单位完成“2019年度行政事业单位资产报表”“公共基础设施等行政事业性国有资产报表”“行政事业性国有资产月报”三项报表工作。完成全区198户事业单位产权登记年度检查工作。完成区政府向区委常委会、区人大常委会报告《北京市延庆区2019年度国有资产管理情况综合报告》工作。对全区行政事业单位的72宗资产处置事项审核，下达处置批复，涉及资产总额1.65亿元。清理行政事业单位所办企业，完成区内49家企业清产核资、财务审计工作，配合区国资委对下属企业进行移交。对全区23家行政事业单位的152项出租出借治理方案逐项进行分析研究，完成延庆区行政事业单位出租、出借房屋（土地）规范治理工作。参与配合完成延庆区深化事业单位改革试点工作。

（王晓春）

【政府采购】 年内，全区通过政府采购程序采购总额15.4亿元，比2019年的9.7亿元增加5.7亿元，增长58.5%。首次运用政府采购政策，开展支持脱贫攻坚工作，全区预算单位共计采购贫困地区农副产品672.43万元。

（王晓春）

【融资担保】 年内，以北京首创融资担保有限责任公司分公司为依托，帮助中小微企业融资担保，累计批准项目95个，担保业务额度96303万元，无代偿发生。稳步开展政府与社会资本合作模式（简称PPP模式）的工作，加强PPP全生命周期管理，对项目开展项目评估论证、走访调研工作，充分了解各项目执行情况，确保PPP项目运行合理规范。

（王晓春）

【财政监督】 年内，开展大气污染防治资金、小微绿地建设资金、普惠性幼儿园资金、政法转移支付资金等专项资金检查；针对区委巡察组“六个专项”整治“回头看”检查、区委第7轮巡察等工作中发现的问题，对全区100家预算单位进行会计检查；按照市财政局的统一部署，对金融机构进行监督检查。

（王晓春）

【中央直达资金监控】 年内，实时监控中央直达资金支出情况。7.2亿元中央直达资金全部形成实际支出，主要投入到冬奥会环境整治和基础设施提升、核酸检测实验室建设及教育社保等民生领域。

（王晓春）

【新冠疫情防控】 年内，优先保障疫情防控资金拨付，全年累计拨付疫情防控资金9430万元。全区共减免各项税款4.8亿元，行政事业性收费500余万元，三项社会保险费5.7亿元。全面推动企业复工复产，向企业发放补贴1824万元，帮扶企业渡过疫情难关。制订印发《关于进一步落实区属国有企业减免中小微企业、个体工商户及民办幼儿园房租的实施细则》等文件，拨付减免房租补助资金807.37万元。对符合条件的11家疫情防控重点保障企业给予贷款贴息支持，贴息总金额233.6万元。

（王晓春）

税　务

【概况】 2020年，国家税务总局北京市延庆区税务局（以下简称“区税务局”）。2020年，围绕落实国家税务总局“优惠政策落实要给力、‘非接触式’办税要添力、数据服务大局要加力、疫情防控工作要尽力”要求，树立“税务机关首先是政治机关”理念，不断加强政治建设，强化理论武装；稳妥推进税收中心工作；统筹推进疫情防控和服务区域经济社会发展，获得各级领导肯定性批示30余项，获得首都全民义务植树先进单位、延庆区优秀双管单位等10余项荣誉称号，成功通过“全国文明单位”复审。全年累计完成各项税费收入67.81亿元，其中，税收收入54.01亿元，同比减收4.59亿元，下降7.8%；中央级税收26.71亿元，同比减收6.07亿元，下降18.5%；地方级税收27.3亿元，同比增收1.48亿元，增长5.7%；一般公共预算收入28.52亿元，同比增收1.4亿元，增长5.2%；区级地方公共财政预算收入16.3亿元，同比增收2.98亿元，增长22.4%。年内，依法依规推进社保费和12项非税收入征收工作，实现企业社保费征收职责划转平稳落地。累计入库各项社会保险费和非税收入共计13.87亿元。其中社会保险费入库12.61亿元，同比增加5.7亿元，同比增长82.6%；非税收入入库1.26亿元，同比减少0.054亿元，同比减少4.1%。

单位名称：国家税务总局北京市延庆区税务局
地　　址：延庆镇庆园街4号
电　　话：69145640

（林杜娟）

【税费征管】 年内，开展“征管十率”考核并逐月通报，推进“三项制度”（税务系统行政执法公示制度、执法全过程记录制度、重大执法决定法制审核制度）落地，编制区级和税务所两级权限事项清单。完成2019年度个人所得税综合所得汇算工作。9月1日正式实施《中华人民共和国资源税法》；平稳落地社保费征收职责划转，推进增值税发票电子化改革；增值税发票优化平台上线；为2602户纳税人发放税务Ukey并安装平台，减少纳税人费用近115万元。通过开通绿色通道、制订时间表路线图、建立日报和台账等举措，完成土地增值税长期未清算项目8个。

（林杜娟）

【支持疫情防控和经济社会发展】 新冠疫情防控期间，通过加强辅导培训，多形式、多渠道解读政策执行口径、减免税计算方法、网上办理流程等内容，精准落地优惠政策。推广“非接触式”办税，成立“非接触式”办税工作团队、电子税务局运维专班，落实313个“非接触式”网上办税清单。打造“税企E家”服务品牌。编印发放《个体工商户“非接触式”办税一本通》，打包2万余份“政策礼包”投放全区纳税人。成立复工复产专项分析工作领导小组，利用税收大数据分析企业及经济运行情况，形成10余篇税收经济分析报告，20余次获区领导批示。

（林杜娟）

【减税降费】 年内，落地落实小微企业普惠性税收减免政策及系列支持疫情防控的税收优惠政策，梳理疫情防控优惠政策涉及行业及企业并建立台账；通过制作专题电视访谈节目等方式，精准推送、宣传税收优惠政策。累计新增减税降费5.28亿元，其中2020年出台的支持疫情防控和经济社会发展税费优惠政策新增减税降费1.67亿元。

（林杜娟）

【优化税收营商环境】 年内，深入开展“便民办税春风行动”。依托钉钉等平台举办10余场线上政策培训会。发布《致延庆区纳税人的一封信》，向辖区内纳税人发放10万余条宣传提示短信，策划制作《妫川税务》电视栏目24期。开展优化营商环境税收知识有奖答题。制作政策宣传、办税流程和服务引导3个系列的二维码，建立互助办税“云端联络站”。优化办税服务举措，升级微信预约办税，扩大免费“票E送”和邮寄代开服务面至99.2%，推出“五税合一”综合申报，搭建京税通税企沟通平台，上线“京小妮”智能咨询功能。采取分级分类问需负责制，累计问需企业户数达4361户次。升级东部山区便民办税服务站。开展纳税信用等级评价，落实信用等级奖惩措施，通过银税互动累计为251户次提供信用融资贷款2.16亿元。

（林杜娟）

【助力冬奥会筹办】 年内，成立服务冬奥会税收工作领导小组，实施多部门会商机制和涉奥企业对口联系机制。加强冬奥税收优惠政策宣传辅导，为涉奥企业提供“一企一策”“专岗专线”精准服务。开辟冬奥会“绿色通道”，启动“专属热线”“预约服务”“即时沟通”等服务举措，累计为涉冬奥企业减免耕地占用税等1467万元，办理增值税留抵退税8012.15万元。

（林杜娟）

审　计

【概况】 北京市延庆区审计局是区政府综合经济监督部门。年内，完成审计项目108项，通过审计，促进增收节支38919万元，其中，上交财政38715万元，归还原渠道资金204万元。核减工程造价16769万元。促进相关部门调整账目69545万元。提出审计建议和意见251条。推动部门单位建立完善内部管理制度办法34项。向区纪委等部门移送案件线索2件。向社会公告审计结果14篇。

单位名称：北京市延庆区审计局

地　　址：延庆镇香苑街109号

电　　话：69101855

（刘宝生）

【重大政策措施落实情况跟踪审计】 年内，分季度对延庆区2020年政策措施落实情况进行跟踪审计。重点检查贯彻落实过“紧日子”要求、促进优化营商环境、减税降费和清理拖欠民营中小企业账款等政策措施落实以及新增财政资金直达基层直接惠企利民情况，对相关政策措施落实提出改进措施和审计建议。

（刘宝生）

【重大工程项目审计】 年内，对41个冬奥项目区级专项资金管理使用情况实施专项审计；对世园交通市政配套工程定向安置房项目、城西再生水配套管网工程等11项投资项目实施跟踪审计或竣工决算审计，核减工程造价16769万元；对175个智慧城市建设项目和区教委30个建设项目成本管控情况开展专项审计调查，督促相关问题整改到位。

（刘宝生）

【经济责任审计】 年内，对延庆、永宁、沈家营、旧县、刘斌堡5个乡镇和区卫生健康委、区财政局、区农业农村局、区水务局、区应急局、区体育局、区委老干部局、区委党校8个党政机关，共13个单位18名党政领导干部开展经济责任审计。审计揭示部分单位重大经济事项决策制度不完善、执行不严格，项目管理有待进一步规范等问题，向相关单位提出严格执行重大经济事项决策制度，完善会议记录内容，进一步规范项目管理等审计建议和意见。

（刘宝生）

【专项资金审计】 年内，开展专项审计3项，包括：应对新冠肺炎疫情防控资金和捐赠款物专项审计，区级基层治理预算资金投入和使用绩效情况审计，养老和救助等重点民生保障资金绩效审计。对个别单位扩大范围使用社区公益事业补助经费、部分特殊困难群体救助保障不到位等问题，提出审计整改建议和意见。促进区民政部门联合区财政局、区卫生健康委、区医保局印发《北京市延庆区孤儿和事实无人抚养儿童医疗保障工作实施细则》（京延民发〔2020〕178号），解决延庆区孤儿和事实无人抚养儿童医疗费用报销问题。

（刘宝生）

【临时交办事项审计】 年内，按照区政府工作要求，对永宁镇解决供暖遗留问题所需资金情况、新冠肺炎疫情防控政策落实情况及赠款物管理使用情况、延庆城西再生水配套管网工程、香营乡一号文化基础设施用房等七项工程（缙阳寺）、松山塘子浴城建技术培训有限公司主楼加固改造工程和夏都水利公司2018至2019年承接政府投资项目实施审计。

（刘宝生）

【市区联动项目审计】 年内，配合市局开展2022年冬奥会、冬残奥会延庆赛区跟踪审计，政府债务和隐性债务审计，永定河综合治理与生态修复专项审计调查。

（刘宝生）

【内部审计】 年内，制订下发内部审计工作指导意见，开展《北京市内部审计规定》落实情况专项检查。组织召开国有企业监督工作联席会议和区属国有企业内部审计工作座谈交流。向全区各部门单位发送《中国审计报》等报刊284份。与北京市内部审计协会共同搭建内部审计信息化平台，为内审人员在线学习提供服务。

（刘宝生）

【财政审计】 1月至5月，对区财政局具体组织区级预算执行和其他财政收支情况进行审计，重点审计区级预决算管理、预算收入完成、财政资金分配和政府债务风险控制情况；对区卫生健康委、区生态环境局等9个一级预算单位的预算编制及执行、“三公经费”等情况进行重点审计，对预算管理、资金使用、项目管理和财务管理等方面存在的问题进行纠正和处理，并提出审计意见和建议。8月31日，受区政府委托，向区第二届人大常委会第三十三次会议报告本级预算执行审计工作情况。10月30日，通过延庆政务网将61个部门预算执行和其他财政收支审计结果向社会公告。12月24日，受区政府委托向区二届人大常委会第三十六次会议报告审计发现问题整改情况。

（刘宝生）

【首次实现全区一级部门预算执行审计全覆盖】 4月至6月，以数据分析为基础，按照“集中分析、分散核查、发现疑点、精确定位、系统研究”的审计思路，采取“数据分析先行、现场核查跟进”的模式，利用37个分析模型（其中自建本地化模型20个），对全区61

个单位预算编制、预算执行等事项进行数据核查，筛查数据记录3142条，核实问题疑点734个，最终确定问题数量89个。

（刘宝生）

【领导干部自然资源资产离任审计】 6月至11月对区水务局和延庆、永宁、沈家营、旧县、刘斌堡5个乡镇水资源资产管理和生态环境保护责任履行情况进行审计。重点抽查“两田一园”农业高效节水灌溉项目、农村健康安全饮水工程等5个项目资金收支和程序履行情况。实地查看35个行政村农村安全饮水项目的项目建设及使用效果情况。审计揭示生态环境保护重大事项决策执行不严格和履行监督职责不到位等6方面问题。提出完善河长制相关制度规定，加强村级河长管理，落实项目建设主体责任，加强项目前后期管理的审计建议和意见。

（刘宝生）

【企业审计】 7月至11月，对区饮食服务总公司、区物资总公司、北京八达岭国际会展中心2017年1月至2019年12月资产负债损益和2019年度国有资产管理情况实施专项审计。揭示现金管理制度执行不严格、固定资产未计提折旧以及在建工程未结转固定资产、国有资产租赁未公开招租等问题。提出强化现金管理使用的监督审核，加强房屋租赁管理等审计建议和意见。

（刘宝生）

【首次开展异地审计】 10月至11月，首次对延庆区拨付内蒙古自治区乌兰察布市兴和县、河北省张家口市宣化区和怀来县扶贫协作与支援合作资金管理使用审计情况进行审计。重点关注扶贫协作资金管理使用情况、扶贫项目建设使用情况以及延庆区产业、消费等扶贫政策落实情况。审计揭示部分帮扶和捐赠资金拨付较晚、个别项目缺乏后续管理等问题，提出加快项目实施和资金使用进度，规范帮扶协作资产管理等审计建议和意见。

（刘宝生）

统　计

【概况】 北京市延庆区统计局、北京市延庆区经济社会调查队是对全区国民经济各行业进行统计和调查的职能部门。年内，完成机构改革，18个统计所、47人下沉到乡镇。开展北京市延庆区第七次全国人口普查工作；发布北京市延庆区第四次全国经济普查主要数据公报。国家统计局第10统计督察组对区进行延伸督察。强化统计服务，深入开展全区经济运行情况分析研判。围绕热点问题，开展法人单位经营情况调查、重要民生实事项目线索调查、2020年全国社会心态调查、北京百姓健康生活调查、全面从严治党民意调查、垃圾分类民意调查、小微企业融资等各类专项调查，为“绿色”大事和全区经济社会高质量发展做出贡献。

单位名称：延庆区统计局
地　　址：延庆镇西街1号
电　　话：69178333

（赵宁）

【第七次全国人口普查】 年内，按照北京市第七次人口普查领导小组及办公室统一部署及工作安排，按时完成延庆区第七次全国人口普查资金预算、两员选聘、户口整顿、业务培训、摸底登记、数据比对、行职业编码、事后质量抽查等各项工作。全区常住人口为345671人，与2010年第六次全国人口普查的 317426人相比，十年共计增加28245人，增长8.9%，年平均增长0.9%。

（赵宁）

【信息分析报告】 年内，撰写信息与分析319篇，其中统计分析94篇，被区委区政府及市局采用286篇，得到区委区政府主要领导批示56次。对外提供数据服务269次，涉及指标近33.9万个，查询数据量584.8万笔。

（赵宁）

【统计执法】 年内，对315家国家机关、企事业单位进行执法检查，同比增长27.5%。其中，调查单位基本情况专项检查198家，统计查询专项执法检查57家，常规执法检查58家，迟报2家。在统计执法检查过程中，对存在统计违法行为的23家单位给予行政处罚。

（赵宁）

市场监督管理

【概况】 北京市延庆区市场监督管理局（简称延庆区市场监管局）主要负责全区市场综合监督管理、市场主体登记注册、市场监管综合执法、产品质量安全监督管理、食品药品安全监督管理、计量和标准化管理、知识产权保护等方面工作。年内，持续优化营商环境，切实维护辖区市场秩序，全力保障食品药品、产品质量、特种设备安全，积极做好疫情防控，助力冬奥筹办举办。截至年底，办结案件3616件，罚没款304.49万元，行政检查44501件，获得2020年全市七五普法先进单位称号。

单位名称：延庆区市场监督管理局
地　　址：香水园街道东外大街70号
电　　话：69141535

（李志军）

【新冠疫情防控】 年内，区市场监管局成立新冠肺炎疫情防疫领导小组，从市场外来人员排查入手，围绕价格欺诈、防疫用品、防疫物资以及现场宰杀、违规销售畜禽、野生动物等重点领域进行疫情防控工作。把握疫情防控形势，助力企业复工复产。进行市场价格监管，查处价格违法案件108起，罚没款13万余元。在全市率先研发药品登记管理系统，每日对全区94户药店实施全覆盖检查，对感冒、退热、止咳药销售进行全面监控，实时上报。该系统受到市监委督导组肯定。停征212家中小微企业特种设备的检验费，为企业节省资金39.35万元。

（李志军）

【组建区市场防疫专班】 年内，组建区市场防疫专班，开展经营场所防疫检查、重点场所环境消杀、从业人员个人防护等全面排查、重点检查。建立4223户《经营单位疫情防控管理台账》、22835名《从业人员疫情防控管理台账》和259个冷库、61家进口冷链食品等主体台账。对辖区进口冷链经营单位、食品生产经营企业、餐饮、超市便利店等重点场所食品、环境和从业人员累计检测38602个样品，检测结果均为阴性。每周对冷库、冷链物流企业、商场超市等7类重点行业从业人员核酸复检，累计组织3910人核酸复检。延庆区市场监管局被评为“北京市抗击新冠肺炎疫情先进集体”。

（李志军）

【助力冬奥筹办举办】 年内，制订《外围保障团队市场秩序保障工作方案》《外围保障团队市场秩序保障工作方案应急预案》，启动应急响应机制，抽调骨干力量组建56人的专业保障团队，完成第十四届冬季运动会高山滑雪比赛、冬奥考察等11项重大活动保障。现场快速检测1200余件，监督留样2600余件，确保6100余人次食品安全。为国家高山滑雪中心、延庆冬奥村等4个核心保障区以及京张高铁、冬奥冰上训练馆等3个保障工程办理特种设备手续，开辟绿色通道，实现98项手续即来即办。

（李志军）

【优化营商环境】 年内，实现一网通办、即来即办，共办理各类登记9090件。实施“双向寄递”业务，实现零见面，为1500余户企业开展寄递服务。推行告知承诺，实现准入准营，为10800余户企业通过告知承诺制办理登记。坚持预约服务，实现随叫随到，为650户企业提供延时预约服务。全年新设企业6231户，增幅全市第二。推动商标注册，成功申请“延庆香白杏”“延庆国光苹果”地理标志性商标和3个电子商标注册证，实现延庆区地标商标和电子商标注册零突破。实现乡村改革试点建设，推进国家标准化试点农业综合改革“村景合一”美丽乡村建设，通过市督导组考核。

（李志军）

【“双随机一公开”监管全覆盖】 年内，牵头制订全区加强和规范事中事后监管的实施方案，实现区内“双随机、一公开”（随机抽取检查对象、随机选派执法检查人员、公开抽查情况及查处结果）监管全覆盖。建立包括全区21个部门的检查事项和随机抽查事项清单，共涉及随机抽查事项285项，4.3万户市场主体和268名执法人员。开展部门联合“双随机、一公开”抽查31次，检查主体998户。

（李志军）

【“疏整促”专项治理】 年内，驳回不符合功能定位主体咨询、登记申请96户次。58条街巷“开墙打洞”违法行为实现“动态清零”。无照经营计划完成20户，实际完成103户，完成进度515%。个体工商户年报率在郊区排名第一。

（李志军）

【食品药品安全监管】 年内，完成全区50家品质餐饮示范店和1条阳光餐饮示范街创建。组织开展野生动物、长江流域非法打捞渔获、网络餐饮、保健食品、中药饮片等54项专项整治。抽检食品药品，食品1310件，完成任务的109.17%，发现不合格食品17件，合格率达98.8%。抽检药品149件，完成任务100%，合格率100%。抽检化妆品50件，完成任务100%，其中1件不合格。抽检保健品100件，完成任务100%，合格率100%。不合格产品均已立案查处。2020年延庆区被北京市食品药品委员会评为“北京市食品安全示范区”。

（李志军）

【质量监管】 年内，重点检查童车、弹射玩具、塑胶玩具等强制性认证产品。开展车用油品、车用尿素等产品监督检查，抽检车用尿素4组，车用汽柴油70组，合格率100%。完成市级监督抽查抽检41种产品198组样品，查办案件41起。共完成10550台件计量器具检定工作。

（李志军）

【特种设备安全监管】 年内，保障国庆、两会、春节等重要时期特种设备安全，对液化气充装站、天然气供应点等重大危险源企业开展重点监督检查。收缴148只问题气瓶，有效防止无证气瓶、不合格气瓶再次流入市场。检查各类生产经营单位475家次，发现安全隐患142项，全部整改完毕。

（李志军）

【创建放心消费环境】 年内，通过视频直播组织“凝聚力量，诚信经营”3·15消费者权益日网络承诺接力活动。2300名消费者和176位经营者参加线上活动。利用“老年人消费维权教育指导中心”微信平台，发布关于老年人消费维权保护提示。通过电视、广播、延庆村村响大喇叭开展各类消费维权教育220次。通过网络发散性辐射，扩大消费宣传覆盖面，提升消费者权益保护意识。与区司法局共同修订消费纠纷联合调解机制，增强联合调解的法律效力。拟定《延庆区消费者满意度改进提升报告》《延庆区提升消费者满意度工作方案》并实施，进一步提升辖区投诉解决率和群众满意度。

（李志军）

【接诉即办】 年内，针对投诉举报频次高的重点行业进行风险监管，针对消费者投诉多的企业进行约谈，共开展行政约谈15次。共接收12345市民热线1719件，12315投诉举报559件，为消费者挽回经济损失450余万元。延庆区市场监管局被评为2019年至2020年度北京市“接诉即办”工作先进集体。

（李志军）

【参与扫黑除恶】 年内，制订《延庆区市场监督管理局行业领域涉恶涉乱专项整治工作方案》《延庆区市场流通领域专项整治实施方案》《北京市延庆区市场监督管理局与北京市公安局延庆分局建立扫黑除恶联合工作机制》，共向公安部门移交案件线索3条，收到公安部门反馈线索3条，均已立案查处。

（李志军）

【网络交易监管】 年内，开展“网剑”行动，对辖区4户重点电商主体负责人约谈，下达《行政提示书》，重点对食品、餐饮、保健品、履行社会责任四个方面提出15点要求。对饿了么、美团、延庆在线等5家电商平台开展合同格式条款问题行政约谈，并发放行政提示书。累计检查线上电商主体2400余户次，办理涉网案件16件，罚没款4.49万元。

（李志军）

【知识产权保护】 年内，开展酒类、“长城润滑油”、运动鞋服等侵权假冒行为打击行动。立案220件，罚没款40.49万元，没收侵权商品26917件。监测各类广告26000余条次，立案32件、罚没款9.98万元。

（李志军）

延庆区私营个体经济协会

【概况】 延庆区私营个体经济协会（简称延庆私个协会）是连接市场监管部门和个体民营企业的社会团体组织。年内，贯彻执行国家有关促进私营个体经济发展的法律、法规和规章，引导、培育私营个体经济健康发展；团结、教育辖区私营企业、个体经营者及其从业人员守法经营，履行“自我教育、自我管理、自我服务”职责；发挥协会办事机构“服务、教育、宣传、协调、监督”职能作用，促进私营个体经济发展。

单位名称：延庆区私营个体经济协会
地　　址：香水园街道东外大街64号
电　　话：69141191

（李志军）

【助力企业复工复产】 年初，落实《关于开展个私企业经营状况调查》《个体工商户享受政策情况调查》《关于全市开展中小企业计量需求调查》及《个体工商户复工复产情况跟踪调查统计》等文件，宣传17项帮扶措施，加大对个体工商户扶持力度。以企业所需为导向，服务企业复工复产，推动企业健康持续快速发展。

（李志军）

【两私企获“首都精神文明单位”称号】 年内，经延庆私个协会推荐，首都文明委评选，延庆区“北京环球新意百货有限公司”和“同方药业集团有限公司”两家私营企业被首都精神文明建设委员会授予2019年至2020年度“首都文明单位”荣誉称号。

（李志军）

消费者权益保护

【概况】 延庆区消费者协会（简称区消协）是开展保护消费者权益工作的团体组织。对商品和服务进行社会监督，保护消费者合法权益，引导广大消费者合理、科学消费，促进社会经济健康发展。年内，通过《大东说消费》以案例解读形式开展《消费者权益保护法》宣传活动，全面普及消费法律知识。

单位名称：延庆区消费者协会
地　　址：儒林街道妫水北街路西31号
电　　话：69187315

（李志军）

【受理消费投诉254件】 年内，共受理投诉254件，解决254件，完结率100%。其中，服务类投诉104件，占投诉总量的40.9%；百货类69件，占投诉总量的27.2%；家用电子电器类44件，占投诉总量的17.3%；食品类28件，占投诉总量的11%；建材装修类9件，占投诉总量的3.5%。

（李志军）

【录制《大东说消费》52期】 年内，通过《大东说消费》号召全区消费者文明消费、文明出行，促进经营者诚信经营，用行动保护消费者合法权益。开展诚信在延庆大讲堂活动，倡议“光盘行动”，促进“四个条例”落实。围绕疫情形势开展消费宣传报道40余次。通过完善广播内容和形式，全年录制《大东说消费》52期，播出260次。

（李志军）

国有资产监督管理

【概况】 延庆区人民政府国有资产监督管理委员会（简称“区国资委”），是政府工作部门，根据区政府授权，代表政府履行出资人职责。年内，国资国企系统落实“四方责任”，统一思想，确保疫情期间国资系统“零感染”，并推动企业达产达效。构建“1+N”监管制度体系，研究出台《企业负责人履职待遇、业务支出管理实施细则》《延庆区国有企业党组织议事规则（试行）》等21份制度文件，涉及国资国企改革等九个方面。完成147家企业（除社属企业外）信息录入。建立出租资产、债权债务情况等12本台账，实现分类精细管理。按照区委区政府分批分步实施国企改革工作的总体要求，对13家行政事业单位下属49家企业进行分类处理。完成世园公司移交接收，区国有资产总额增加93.7亿元。科学编制《延庆区“十四五”时期国资国企改革发展规划》。认真开展“三书一函”（《监察建议》《司法建议书》《检察建议书》和公安机关的提示〈建议〉函）整改，启动为期9个月的“以案为鉴、以案促改”廉政建设专项自查。组建国资委党校，教育党员干部500余人次。国资系统4304名退休人员实现社会化管理，中共中央、国务院决策部署得以落实。

单位名称：延庆区国有资产监督管理委员会
地　　址：儒林街道西街1号
电　　话：60159740

（刘宏伟）

【国有企业改革】 年内，推进政企分开改革，《延庆区委办局下属劳务公司整合方案》《关于将北京市延庆区工业供销公司、北京延缆劳务输出派遣中心无偿划转到北京延隆商业发展有限公司的实施方案》《关于将互助担保益达贸易划转到运营中心的实施方案》《关于将区经信局、中关村延庆园服务中心下属企业及北京市宏益达土地开发整理中心整合至北京中关村延庆园投资发展有限公司的方案》《区经信局下属北京市志博达劳务服务社、北京兆欣恒业资产管理有限公司企业产权及区经信局代管资产划转接收方案》等5个改革方案印发实施。

（刘宏伟）

【解决民生诉求】 年内，加强改革期间矛盾和问题研判，抓好未诉先办，有效降低工单数量。全年办理市民诉求56件，其中35件康西草原职工安置遗留问题件已全部办结。落实“三到位一处理”（群众诉求合理的解决问题到位；诉求无理的思想教育到位；生活困难的帮扶救助到位；行为违法的依法处理）原则，八达岭军退人员待遇问题等6件信访件平稳办结。

（刘宏伟）

【新冠疫情防控】 年内，发动800余名党员参与“干部驻村居、党员联万户”活动。抽调千余人组建“国资系统疫情防控志愿服务队”，下沉到3个街道、26个社区开展疫情值守工作，累计值守5.5万人次。其中八达岭总公司、夏都园林300余名职工持续5个多月坚守3个街道社区防控一线，约占所入驻社区防控一线总人数的2/3。组织国企职工3684人完成核酸检测，强化重点场所和人群管控，保证企业正常经营。

（刘宏伟）

【帮扶企业复工达产】 年内，建立《区属国有企业重点项目库》，深入庆隆公司等8家一级企业逐一研究38个重点项目推进措施。组织银企对接，帮扶企业落地5笔共12.49亿元融资贷款，协调300万元企业短期小额借款，及时拨付财政资金3.4亿元。522家区属国有企业、承租商户以及圣世苑改造等重点项目复工率实现100%。主动为10余家企业送去“达产服务包”，量身制订解决方案和专项帮扶措施，推动企业达产达效。

（刘宏伟）

【落实租金减免政策】 年内，区国资委落实市级文件精神，出台承租区属国有企业房屋、土地的中小微企业、个体工商户、民办幼儿园租金减免政策文件。完成301户符合租金减免条件的承租商户2020年2至4月租金减免工作，共计减免符合减免条件承租商户房屋租金1084.2万元。

（刘宏伟）

【助贫脱困】 年内，参与扶贫协作企业增至8家。国资国企系统三年共向内蒙古兴和县、河北宣化捐赠帮扶资金893.19万元，捐赠物资价值22.74万元，国资系统扶贫攻坚任务圆满完成。

（刘宏伟）

【解决历史遗留问题】 年内，完成康西草原45名职工接收安置；指导八达岭总公司加快圣世苑酒店委托经营管理协议解除；探索通过贷款延期等方式着力化解宝业恒基1.2亿元贷款逾期10年问题。

（刘宏伟）

【国有资产总量与经营】 年内，12家国资监管一级企业资产总额达164.09亿元，同比增长5.1%；负债总额91.82亿元，同比增长6.4%；所有者权益总额72.27亿元，同比增长17.55%；实现营业总收入23.75亿元，同比上升38.37%；实现净利润-2.38亿元，同比增亏3.5亿元；缴纳税金0.6亿元，同比下降55.87%；在岗职工3279人，同比增长7.33%；国有资产保值增值率为117.55%。

（刘宏伟）

【国有资本经营预算收支】 年内，克服疫情影响，区国投中心、八达岭总公司等4家企业上缴国有资本经营收益613.4万元，年均增幅达10%。为实现全年财政收入目标和推动重点项目建设提供重要保障。

（刘宏伟）

【国资委党校开班】 12月11日，延庆区国资委党校成立暨国资委党校第一期培训班正式开班。区领导丁章春出席开班仪式并讲话，区国资委领导班子成员及各区属国有企业党委书记、董事长、总经理、党委副书记、党支部书记约70余人参加开班仪式。

（刘宏伟）

国有企业

【北京市八达岭旅游总公司】 北京市八达岭旅游总公司系区属国有企业，按区二级班子单位管理。下辖经营性子公司9家，包括北京八达岭畅安地面缆车运营有限公司、北京八达岭智慧旅游有限公司、北京八达岭景区运营管理有限公司、北京八达岭饭店管理有限公司、北京八达岭物业管理有限公司、北京八达岭国际旅行社有限公司、北京夏都文化传播有限公司、北京八达岭葡萄酒交易中心有限公司、北京万科八达岭旅游开发有限公司。其中，北京八达岭景区运营管理有限公司设立6家分公司，包括古崖居景区分公司、野鸭湖景区分公司、九眼楼景区分公司、世葡园景区分公司、阪泉体育分公司、八达岭陵园分公司。年内，按照区委、区政府关于区民政局、野鸭湖管理处管办分离工作要求，接收八达岭陵园产权和野鸭湖生态旅游服务职能，进一步拓展业务范围。为推进文旅集团组建工作，继续推进企业改制，进行资源整合，注销北京八达岭势至旅游管理有限公司、北京八达岭伟业停车场有限公司、八达岭共享别苑（北京）生态文化有限公司、北京八达岭索道有限公司、北京长城全周影院有限公司、北京长城五洲风采文化传播有限公司6家企业，盘活闲置资产，实现资源有效配置。受新冠疫情影响，全年实现旅游收入17137.53万元，比上年同期47867.75万元减少30730.22万元；上缴税金形成区级财政收入444.44万元，比上年同期6615.02万元减少6170.58万元；实现利润-14029.3万元，比上年同期10692.26万元减少24721.56万元。

地址：八达岭镇原八达岭林场

电话：69122910

（黄妹妹）

【北京市龙庆峡旅游公司】 北京市龙庆峡旅游公司1987年成立，属国有企业。1990年8月，龙庆峡脱离水利部门。1998年10月加盟北京控股公司，成立北京龙庆峡旅游发展有限公司，属中外合资企业。2008年5月归属京泰实业集团有限公司。2020年11月18日，京泰实业（集团）有限公司宣布资产重组议案，将北京龙庆峡旅游发展有限公司股权全部转让给北控置业集团有限公司。景区内现有北京龙庆峡旅游发展有限公司、北京市龙庆峡旅游公司、北京腾龙游乐有限公司、北京玉渡山旅游发展有限公司四个单位联合办公。主要负责龙庆峡景区和玉渡山景区的日常管理、旅游开发、服务接待等工作。年内，对于疫情防控工作，龙庆峡风景区按照《新冠肺炎流行期间北京市等级旅游景区防控指引》，结合景区实际，自4月15日起，龙庆峡景区有序开放。为全面做好龙庆峡景区疫情防控和旅游接待工作，制订《关于新冠肺炎期间龙庆峡风景区有序开放工作方案》《关于新冠肺炎期间龙庆峡风景区有序开放应急工作预案》，专门成立领导工作小组，严格落实“四方责任”，将疫情防控措施落实到位，争创零感染景区。对于景区安全生产工作，成立景区安全工作领导小组和安委会。年初逐级签订安全生产责任书，完善《生产安全事故应急预案》《龙庆峡夏季突发事件应急预案》《龙庆峡景区森林防火应急预案》《龙庆峡景区“五一”安保方案》《龙庆峡景区“安全生产月”工作方案》《龙庆峡景区“端午节”工作的总体方案》《龙庆峡景区“两会”安保方案》《龙庆峡景区“十一”“中秋”安保方案》《龙庆峡景区安全生产总体方案》等各项安全生产制度，进一步提升景区的安全生产管理水平。全年共开展安全检查20次，落实整改措施20余条，开展旅游市场综合整治15次，开展各类应急救援演练14次，景区安全生产的稳定形势得到了进一步的巩固和加强。通过双线融合，多措并举开展景区宣传营销工作。一是加强与传统媒体的合作，通过央视、北京卫视、延庆电视台等报到景区旅游信息，扩大景区的知名度。二是加大自媒体平台的宣传营销，不断拓宽线上宣传渠道，加大宣传力度。三是巩固原有市场，划定重点区域，带动周边客源。四是与中远国际旅行社合作，携手北京地接委员会，组织两次主题宣传活动，每次60名网络主播同时直播，在线观看人数40余万人。五是参加大型会议推介。龙庆峡风景区参加9月举办的中国国际服务贸易交易会北京国际旅游博览会旅游专题展会期间，举办景区旅游推介会，全面展示自身丰富且优质的旅游观光资源、特色的旅游项目。景区通过多元的宣传方式扩大景区品牌知名度，提升了核心竞争力。受新冠疫情影响，全年龙庆峡景区共接待游客24.8万人次，旅游收入3430.20万元。玉渡山景区共接待游客20.42万人次，旅游收入806.95万元。

地址：旧县镇古城村北
电话：69191026

（李利赛）

【北京市延庆区供销合作总社】 北京市延庆区供销合作总社（简称区供销社）是以农民社员为基础，服务“三农”的合作经济组织，属于集体所有制。下属企业有城关、康庄、大榆树、旧县、张山营、四海、千家店7个乡镇级基层供销社；直属企业有鑫妫川购物中心、农业生产资料公司、永安宏业商贸中心。年内，按照市、区疫情防控工作要求，全面落实管控责任。成立组织，制订方案，召开党委会及党委扩大会研究疫情防控工作，落实管控责任。全面排查在编职工69人，退休职工955人，租赁人员560人，落实重点人员管控85人。排查自管家属院4个，商务楼宇5栋，落实重点区域管控责任。投资3万余元购置防控物资，确保防控到位。到社区参加社区疫情防控执勤任务200多人次。落实复工复产措施，到4月底，全系统107家门店全部复工，复工率100%。按照国家减免租金政策，为符合条件的92家商户落实减免2月至4月份租金141万元。按照市国资委、区国资委及各相关上级单位《推进国有企业退休人员社会化管理工作实施方案》通知要求，完成个人信息采录和档案数字化879人，完成率

93.4%。按照市社“培育壮大工程”工作要求，完成改造升级薄弱基层社1个，创建标杆基层社1个，新增社员数830人；完成新增农村综合服务社10家。截至年底，全系统完成营业收入额635万元，税金完成57万元，实现利润4.5万元；资产负债率59%。

地址：香水园街道东外大街26号

（鑫妫川购物中心5楼）

电话：69103212

（徐所柱）

【北京绿富隆农业科技发展有限公司】 北京绿富隆农业科技发展有限公司为延庆区属国有全资农业企业。公司以“专注有机农业，引领绿色生活”为宗旨，大力发展有机农业。主要业务涵盖生产服务、营销流通、科技创新、金融保障四大板块。公司已通过有机、无公害等各项认证，是北京市政府蔬菜应急储备单位和北京2008奥运会商品供应先进单位。历年获得第十五届中国国际农交会产品金奖、北京农业好品牌、北京市农业产业重点龙头企业等诸多荣誉。2020年抗击新冠疫情期间，绿富隆蔬菜基地及时向延庆优质农产品旗舰店、首农食中心等门店供应平价蔬果。绿富隆加工厂按时完成疫情期间延庆区蔬菜应急储备任务，存储土豆3.15万千克、白萝卜5800千克、大白菜9.1万千克、洋葱12.83万千克，总计25.66万千克蔬菜。并为延庆优质农产品旗舰店、区水务局食堂、区税务局食堂、区发改委食堂等门店与食堂持续供应蔬菜。公司以“妫水农耕”产品为依托，组织绿菜园等5家合作社优质生鲜蔬菜，策划产品组合；依托腾讯直播、凤凰游等线上平台开展农副产品销售，销售金额106000元。与海淀区车客家园合作，线上推广生鲜蔬菜，每周销售量达5000斤以上，线下供应社区蔬菜店，日供应量10000斤。配合区农业农村局工作，建立大型合作社蔬菜底账，提前应对延庆的蔬菜下市季，预防滞销。与市龙头企业协会的6家成员单位达成采购意向，销售36000斤。开启蔬菜应急储备状态，在大榆树选取整理1800平方米仓库及2000平方米冷库作为紧急蔬菜备用分散点。协调河北宣化、赤城、沧州青县及唐山玉田等外埠蔬菜基地，确保蔬菜保障充足。疫情期间，冷库日存储蔬菜10000斤左右，并外调蔬菜22000斤及时补充。年内，经市级评审，绿富隆成为延庆区首家北京市“专精特新”中小企业。投入资金搭建智慧设施农业云平台，实现对全区大园区数字农业信息采集、分析决策、控制作业和数据管理等功能。已完成配套的设施农业数字生产管理平台PC端模块开发测试，与院士工作站合作研发配套智慧农业的设施内无人机精准农业应用平台。重点研发适应农业大棚内部区域空间狭小、高度低、湿度大、定位困难、具备主动避障以及在异常情况下具有安全降落或者返航功能的无人机和配套智能管理系统。结合智慧农业系统进行病虫害情况监测、诊断及精准处置，为地区设施农业农事服务。与科研院所的合作方面，进行蔬菜新品种、新技术的展示示范、草地贪夜蛾等迁飞性害虫的雷达监测、“珍稀水生蔬菜栽培方式优化及水面藻类污染控制技术”、延庆乡土濒危野生植物种质资源保护、可降解农膜等项目。完成3项农产品物流体系优化实用新型专利，2项农产品病虫害诱捕实用新型专利，1项水生莼菜联动系统发明专利。在智慧农业、产品溯源、新品种研发、产品质量安全科技等方面为区域农业发展护航。年末，在北京市农作物种质资源圃保护单位申请确认工作中，绿富隆申报的“北京芳香蔬菜种质资源圃（延庆）”通过市农业农村局市级农作物种质资源保护单位确定专家评审，成为北京市首家获此殊荣的单位。绿富隆公司建立并维护园艺蔬菜种质资源圃，已优选出上百种适宜在延庆当地种植的观赏蔬菜品种。其中，芳香蔬菜资源圃拥有独立且充足的物理空间，具备较完善的专业化设施设备和专业型人才团队支撑。圃内保存种质均由筛选所得，适应当地自然生态条件，已收集71个品种。公司为资源圃制订严格的管理规范、种植技术规程和病虫害生物防治技术规程等管理规范及技术规程，并在资源管理、人员培训与考核、档案和安全管理等方面进行严格管理。

地址：香水园街道东外大街60号

电话：69101949

（宋克冰　田星星）

【北京延隆商业发展有限公司】 北京延隆商业发展有限公司成立于2019年5月22日，是延庆区商贸总公司、延庆区饮食服务总公司、北京八达岭国际会展中心和延庆区物资总公司进行重组成立的北京延隆商业发展有限公司。现有直属子公司10家，分别为延庆人民商场有限责任公司、夏都顺祥糖酒商贸中心、北京市华庆资产管理中心、北京八达岭国际会展中心、延庆区饮食服务总公司同丰酒店（原北京市新风大酒店）、延庆区饮食服务总公司同祥酒店（原燕春饭店）、延庆区饮食服务总公司同凯酒店（原凯思大酒店）、北京顺德祥达商贸有限公司、北京永宁豆腐宴餐饮有限公司、北京市延庆区工业供销公司。业务经营范围涵盖日用品销售、餐饮住宿、餐饮管理及配送、出租商业用房、汽车租赁、办公用房、土地等8个项目。2020年，公司注册资产5852万元，房屋建筑面积14.2万平方米，出租面积9.7万平方米，经营面积4.5万平方米，拥有土地面积44.2万平方米。全年实现营业收入18184.57万元，实现利润-1005.82万元，上缴税金626.89万元。会展中心利用滑冰场全年服务接待教委“冰雪进课堂”活动，服务中小学生3.5万人次以上。年内，公司成立新冠疫情防控领导小组，落实“四方责任”，成立专班，落实“双楼长”制度和对冷链食品监管和排查工作。为下属中小微企业和个体工商户承租人减免租金628.8万元。疫情期间，各商超、餐饮企业落实“保价格、保质量、保供应”行动，引导消费者理性消费。借助延隆公司订阅号、服务号、抖音等媒介推广宣传，人民商场开通微信购物，新风大酒店开启抖音线上直播模式。参加市政府、市商务局举办的京城好物抖出彩的抖音直播大赛活动，并进入前十名。新风、燕春、凯思3家酒店被北京烹饪协会评为“放心餐厅”。北京八达岭国际会展中心A馆及C馆相继作为核酸监测点，配合医疗部门共完成52975人次的核酸检测工作。公司所属燕春饭店及凯思大酒店为首届世园文化庙会暨“过大年、游世园、赏华灯”大型灯会和“首届北京国际花园节活动”提供餐饮服务保障。北京延隆商业发展有限公司、人民商场、八达岭国际会展中心、饮食服务总公司同凯酒店4家单位获2019北京世界园艺博览会服务保障先进集体；姚建华、朱玲霞、王淑敏、刘彦荣、刘永焕、王志远6位同志被评为2019北京世界园艺博览会服务保障先进个人。公司全员参与延庆“创城”工作，完成系统内机关院内地面、原物资总公司门前院内、人民商场母婴室和食中心等各出租企业以及7月初接手的工业大厦的创城重点点位、沿街点位的硬件改造；完成人民商场东侧人员聚集打牌、会展广场自行车穿行等软件环境治理；共计100余项问题得到整改。协助创城办开展“低头一秒捡文明，烟头换礼助创城”活动，自5月起在凯思大酒店、新风快餐厅及夏都顺祥门前进行烟头兑换活动，共兑换烟头3307.5斤，发放代金券总价值33075元。人民商场组织2人参加服务质量管理师认证培训，组织中层以上干部，参加中高层管理人员业务培训；餐饮企业的30名服务人员参加冬奥会餐饮服务保障培训；聘请市、区内专家，对餐饮企业面点制作人员进行技能培训指导3次，凯思和新风分别开展岗位技能练兵竞赛活动。人民商场及餐饮酒店10名员工参加“北京市第十届商业服务业技能大赛”，其中人民商场蒋富获得美陈师项目第七名，新风大酒店唐磊获得中式烹调师项目金奖、于海坤获得餐厅服务员项目银奖，高红艳获得餐厅服务员项目铜奖。截至年底，公司向内蒙古乌兰察布市兴和县城关镇南官村和店子镇南湾村各拨付帮扶资金5万元，并监督做好资金使用方案。完成区委社会帮扶任务，为兴和县完成社会捐赠扶贫资金30万元。为延庆香营乡里仁堡村和永宁西山沟村各捐赠口罩200个，慰问金2000元。

地址：儒林街道东街11号（后院）

电话：69101143

（高爱霞）

【北京庆隆建设管理有限公司】 北京庆隆建设管理有限公司（简称“庆隆公司”），成立于2019年5月24日。主要负责政府投资类的道路工程、园林绿化工程、水务工程、工民建、幼儿园、医院及其他基础配套设施工程项目的实施和管理，承担区委、区政府在不同阶段赋予的专项任务和重大项目。庆隆公司及其子公司以优质服务树立了良好企业形象。2020年，公司共承接项目26个，其中本年承接项目3个（中交临电、万达临电、南三村外电源项目），续建项目23个。广厦房地产开发有限公司完成公司制改革，解决高塔小区44号楼危房改造剩余居民房产证办理等工作。冠山博源检测公司以优质的服务获得碧桂园、新华养老、中储粮等项目的二期检测合同。安华监理公司围绕改善民生福祉开展工作，完成2020年农村住房安全性评定等重点项目。京延翰盛测绘公司完成公司组建、取得资质，顺利开展业务。润升源服务管理公司配合区园林局完成大营基地生态修复项目推进，整合胜园物业公司，梳理公司内部架构，寻求业务突破。建延公司推进南辛堡、民主村、百眼泉棚户区改造重点民生工程。新冠疫情防控期间，庆隆公司向张山营镇人民政府提供人民币20万元，用于支持新冠疫情防控工作；与内蒙古兴和县东河村签订帮扶协议，提供人民币10万元，并先后捐赠帐篷、大衣、口罩等防疫物资，帮助渡过疫情难关。公司助力延庆区创建全国文明城区，针对辖区内重点点位组织开展集中清理整治，共计组织活动12次。

地址：大榆树镇民营科技园18号

电话：60155512

（刘涵）

【北京中关村延庆园投资发展有限公司】 北京中关村延庆园投资发展有限公司（简称延庆园投资公司）成立于2017年5月18日，属区属国有独资企业，出资人为延庆区人民政府国有资产监督管理委员会。下属全资子公司6家，分别为北京金川永佳物业服务管理有限公司、北京八达岭房地产开发有限公司、北京市延庆区南菜园房地产开发有限公司、北京兴盛伟业市政工程管理有限公司、北京八达岭信达资产管理中心、北京市宏益达土地开发整理中心；控股公司1家，为北京八达岭工发新能源科技企业孵化器有限公司；参股公司2家，分别为北京中关村延庆园建设发展有限公司、北京宸星创业投资中心。公司主要承担园区经营性资产的管理运营，园区规划内土地开发及配套设施建设，搭建区政府和延庆园项目融资平台等三大功能。2020年，公司通过北京市中关村高新技术企业认定，获得由中关村科技园区管理委员会颁发的《中关村高新技术企业》认定证书，并纳入中关村高新企业库。公司与北京中科东升科技孵化器股份有限公司签订《战略合作协议》，将在中关村延庆园内共同建设科技成果产业化创新基地，引进高科技、新技术、教育、健康等领域的优质项目与优秀人才落地延庆园，构建延庆园创新发展新生态，推动高科技产业基地的建设与发展。开展疫情防控与复工复产工作，共计为10家企业减免房屋租金410031.12元，多渠道帮助复工企业减负。依托自有空间资源，围绕现代园艺、体育科技、新能源与能源互联网、无人机等四大重点培育产业推动产业招商工作，全年对接企业80余家，已引进企业24家，其中，新能源环保类2家，体育科技类5家，现代园艺类1家，智能制造类8家，传媒类6家。为企业提供公益性政策指导服务20余次，组织举办金融服务及知识讲座10余次，提供知识产权服务5次、人才招聘服务3次，全力助推优质项目落地延庆。持续优化园区营商环境，做好园区服务配套工作。按照中关村延庆园人才公租房管理办法，全年共配租房屋140套，入住率达到71.1%，其中里炮新区

73套，城建万科城62套，观澜国际5套，保证入区企业科技研发人员拎包入住。完成体育科技创新园建设，中关村（延庆）体育科技前沿技术创新中心揭牌，铭星冰雪、必胜体育、梦起源等32家企业签约入驻，注册资本金达到1.6亿元，其中获村高新企业资质10家，国高新企业资质4家。与东晨阳光（北京）太阳能科技有限公司进行对接，确定无人机科技创新园先期建设、后期并购合作开发模式，完成无人机科技创新园立项审批及备案手续。一期工程约1万平方米，重点为清航装备、远度互联等公司量身订制无人机研发中试、生产组装空间，同时建设无人机检测、维修等生产性公共服务平台和配套服务设施，满足企业先期入驻条件。参股公司北京宸星创业投资中心（有限合伙）以腾讯会议线上形式召开延庆科技创新基金2020年第一次投资决策委员会会议，确定北京罗森博特科技有限公司项目为延庆科技创新基金首个投资项目。公司对口帮扶张家口市宣化区东泡沙村，提供帮扶资金6.8万元，帮助改善村民饮水供水管道质量。

地址：康庄镇中关村延庆园风谷四路8号院
电话：52597885

（赵荣欣）

【北京夏都园林绿化有限公司】 北京夏都园林绿化有限公司（简称“夏都园林”），主要业务包括园林绿化工程、种植/销售苗木花卉、园林绿化设计及技术咨询、租赁园林绿化机械等。年内，继续落实企业下属公司改制工作，目前已完成北京市延庆区劳动服务公司2家下属子企业和北京隆庆金桥劳务服务公司的企业改制。参与新冠肺炎疫情防控工作，针对香水苑街道、百泉街道、沈家营镇21个社区共215个岗位，设立15个工作分队，抽调850余名员工，协助做好小区防控工作。根据区政府相关要求，公司协助区国资委解决原康西草原旅游公司45名员工安置问题，有24人已续签至公司下属企业北京妫川园林绿化有限公司。按照《并购园林绿化工程企业工作方案》要求，继续推进工程项目的业绩落实，完成康庄镇延海花园绿化建设工程、2020年彩色树种造林工程和小微绿地建设项目的投标和施工工作，合同金额分别为298.21万元、268.16万元和612万元。落实人力资源社会保障局和政法委下属企业的划转接收。截至年底，完成原延庆区人力资源社会保障局下属4家企业及政法委下属1家企业的人事关系和各类档案接收，并对企业的隶属关系及法人进行变更。

地址：延庆镇妫水北街五号院5栋402室
电话：69149337

（张栩荻）

【北京市燕北保障性住房建设投资有限公司】 北京市燕北保障性住房建设投资有限公司于2019年5月22日正式成立，注册资金4.5亿。主要经营范围包括保障性住房投融资、收购、租赁；组织保障性住房建设；经房屋管理部门批准后出售保障性住房；房地产开发；物业管理；房地产经纪等业务。年内，运营公租房863套，其中悦安居小区127套，天成家园小区736套；用于人才周转房129套，用于满足“轮候家庭”734套；主要来源为实物注资362套，新收购45套，代管北京市保障房建设投资中心运营456套。

地址：香水园街道东外大街97号院
建行后院后楼
电话：69103100

（郭奇凡）

【北京市延庆区国有资本投资运营中心】 北京市延庆区国有资本投资运营中心（简称“国投中心”）是由区政府国有资产监督管理委员会在2018年8月新注册成立的区属一级国有企业。主要职责为：依据区国资委授权，以财务性持股为主，对区属国有全资企业、控股企业和参股企业的股权进行统一运营管理。通过开展投资融资、产业培育、资本整合，推动产业集聚和转型升级，实现区委、区政府战略意图和政策导向；通过股权运作、价值管理、有序进退，促进国有资本合理流动，优化国有资本布局结构，确保国有资产保值增值。年内，学习领会国企改革“1+N”政策文件和三年行动方案精神，完成《国投中心组织运营方案》项目咨询和国投中心“十四五”规划编制工作。接收延广融媒、绿富隆2家区属一级企业和益达贸易公司股权，直接出资企业增至11家。完成延交汽车综合性能检测站改制；北京庆隆公司法定代表人和绿富隆大榆树肉联厂出资人变更；延广融媒增资及“电视云”服务平台投资项目、延交汽车综合性能检测站“三检合一”投资项目备案。将延庆区劳动服务公司、北京同创平安居民服务公司产权划转夏都园林，北京松湖生态种植园产权划转八达岭旅游总公司。推进本部企业压缩管理层级和公司制改革，对本部4家企业主体和4家参股企业基本情况进行梳理；马铃薯中心管理权移交工作完成起草《移交协议》和前期工作；财政局首创担保托管资金及业务及经信局八达岭互助担保公司划转工作。加强参股企业管理，制订加强参股企业管理办法，通过兼职董事、监事参与参股企业法人治理，就国投公路法定代表人及董事长变更、北燃延庆公司增资和管理层调整等重大事项行使国有股东权利。配合区国资委做好区属国企的全面预算管理和2020年度国有资产统计决算工作。11月试行编制延庆区《区属企业财务动态》第一期。为南三村棚改项目公司取得建设银行4.8亿元专项授信，为北京庆隆建设公司2.7亿元信托资金贷款提供连带担保，确保重大项目资金供应链条。开展金融牌照申领论证工作，对接区发改委金融办，了解各类金融牌照审批条件及全区各类金融业务开展情况，确立以担保、融资租赁和商业保理为主攻方向的工作思路。

地址：香水园街道京张路口南
康拓饲料公司院内
电话：60166902

（何江波）

【北京延广融媒文化发展有限公司】 北京延广融媒文化发展有限公司注册成立于2018年11月。根据2019年区委常委会审议通过的《北京市延庆区融媒体中心改革总体方案》和《北京延广融媒文化发展有限公司组建方案》，决定组建特殊功能类区属国有一级企业北京延广融媒文化发展有限公司，巩固和加强党的新闻舆论阵地建设，探索融媒体行业“事企分开、制播分离”运行模式。2020年底公司完成组建，注册资金1192.5万元，以妫水北街5号院9号楼为总部。公司确定媒体服务、影视服务、演艺服务、会展服务、企宣策划和文创开发6大产业定位。年内，保质超量完成区委宣传部“融媒体产品生产及综合服务保障”项目，在创城攻坚和抗击疫情中承接多个专题宣传片的拍摄工作。公司已获得广播电视节目制作经营许可证、网络文化经营许可证、中国演艺设备技术协会会员等资质。

地址：儒林街道妫水北街5号院9号楼
电话：69106207

（张丽）

（栏目编辑：孙越凡）

农业 农村

概 述

延庆区农业农村局（简称区农业农村局），与中共北京市延庆区委农工委合署办公，主要负责贯彻执行国家、北京市关于“三农”工作的发展战略、中长期规划、重大政策及有关法律法规、规章；统筹推动发展全区农村社会事业，农村公共服务、农村文化、农村基础设施；指导全区农村合作经济经营管理；指导全区乡村特色产业、农产品加工业和休闲农业发展；组织构建全区现代化农业产业体系、生产体系、经营体系；负责全区食用农产品从种植养殖环节到进入批发、零售市场或生产加工企业前质量安全监督管理；指导全区基本农田、渔业水域以及农业生物物种资源保护与管理工作；负责全区农业防灾减灾、农作物重大病虫害防治工作。2020年，在行政机构改革的基础上进一步优化机构设置，开展农口事业单位改革工作，在整合区种植业中心、区农机中心、区水产中心、马铃薯延庆区筹备办及其所属事业单位，以及区农业农村局所属事业单位相关职责的基础上，组建北京市延庆区农业技术综合服务中心、北京市延庆区新农村建设服务中心、北京市延庆区农业综合执法大队，调整北京市延庆区农村合作经济经营管理站职责职能，初步构架起农口“1+4+5+15”管理框架。开展2019年度和2020年度扶持壮大村级集体经济工作，共计49个试点村。制订出台《北京市延庆区加强农村集体土地管理落实“村地区管”机制的实施意见》，建立农村流转土地的“村地区管”工作机制。组织四家农业企业参加第十八届中国国际农产品交易会。牵头基层治理组，共承担9项、32条整改任务，完成率达100%。

单位名称：延庆区农业农村局

地　　址：延庆镇西街2号

电　　话：69142610

（孙猛）

【北京农业产业化龙头企业协会云年会】 9月23日，2020年农民丰收节（延庆）暨北京农业产业化龙头企业协会云年会、农产品（食品）消费扶贫产销对接会在延庆世园公园百果园召开。北京农业产业化龙头企业协会、北京餐饮行业协会、北京农产品流通协会、新发地批发市场旗下农产品供需企业146家，及北京对口支援地区企业40余家，共350余人参与活动。“妫水农耕”作为主办方，重点对“妫水农耕”联盟9家单位进行宣传推介，并组织茂源广发等5家延庆区大型合作社及农企参加。大会特为“妫水农耕”品牌联盟组织5场重点合作意向签约仪式，为延庆区对口扶贫单位组织了专项对接会，并向在疫情期间为北京市蔬菜保障做出突出贡献的北菜园、绿富隆、茂源广发三家企业进行“点对点”食材供应配送企业授牌。本次活动在腾讯视频平台开设线上云会场，在新浪新闻网络直播间开设企业宣传专场，会议期间直播间观看点击量达到15万人。

（宋克冰）

种植业

【种植面积】 年内，全区粮食播种面积9245.49公顷（138682.3亩），包括玉米8617.33公顷

（129260亩）。粮食总产7074.09万千克，其中玉米6935.87万千克。蔬菜播种面积1942.69公顷（29140.40亩），蔬菜总产量6493.62万千克。

（孙猛）

【农业废弃物循环利用】 2019年至2020年完成1.38亿千克农业废弃物资源化利用，其中农作物干秸秆0.31亿千克，园林废弃物700万千克，畜禽粪便1亿千克，收集任务全部超额完成。加工制作、配送有机肥0.5亿千克，全区累计减少化肥用量555.56万千克，化肥利用率提高到40.2%。实现种养循环可持续发展。

（孙猛）

养殖业

【畜牧产业】 年内，畜牧业实现产值4.36亿元，同比下降5.22%。奶牛存栏0.92万头，肉牛出栏3058头，家禽出栏131.69万只，生猪出栏1.05万头，羊出栏1.58万只。全年鲜奶总产2.95万吨，鲜蛋总产1.2万吨。

（孙猛）

【畜禽规模化养殖场粪污治理】 年内，对区2家企业开展畜禽规模化养殖场粪污治理综合化利用项目，涉及资金205万元。受新冠肺炎疫情影响，经与北京市农业农村局请示，臭气处理设施建设项目延迟到2021年6月份完成建设。

（孙猛）

【“两病”净化】 年内，分别于4月份和9月份开展春、秋两季奶牛两病净化工作。结核病检疫净化工作共检测奶牛12676头，结果均为阴性。全年奶牛布鲁氏菌病净化共采集血样3517头份，共检出5头阳性，在监测结果反馈前，已淘汰2头，无害化处理布病阳性牛3头。

（孙猛）

【狂犬病免疫】 年内，全区14个犬只狂犬病免疫定点单位共免疫犬只16785条。狂犬病应免免疫率100%，免疫标识佩戴率100%。

（孙猛）

【过敏反应鉴定及补偿】 年内，累计鉴定过敏现象289起。共认定奶牛流产4头；肉牛流产6头、死亡4头；羊死亡37只、流产46只；禽类死亡192只。过敏反应补偿资金共计2.27万元。

（孙猛）

【非洲猪瘟专项防控】 年内，全区继续落实非洲猪瘟防控机制，落实监管排查、路口管控、市场及调运监管、病死猪排查和风险筛查等多项防控措施。共监测样品5591份、报送各类报表和总结1146份、回应群众关切问题15件。

（孙猛）

【强制免疫“先打后补”试点】 年内，强制免疫试点场涉及生猪养殖场1个，奶牛养殖场4个。全年未出栏生猪，奶牛存栏3380头，共补贴资金11661元。

（孙猛）

【畜禽养殖用地整治】 年内，开展畜禽养殖用地摸底调查涉及改变用途的场户619个，建筑面积48.72万平方米，占地面积199.8万平方米。全年完成整治户数235户，建筑面积25.41万平方米，其中能够提供合法手续的共计57户，建筑面积5.62万平方米；拆除178户，拆除建筑面积19.79万平方米。

（孙猛）

【生猪产业恢复生产】 年内，新建1个生猪规模养殖场、改建1个生猪规模养殖场。新建场和改建场均已完成工程建设并投入使用。到年底，全区生猪存栏2.67万头，完成市级下达的2.5万头任务指标。新建的北京丰森源农业发展有限公司，位于旧县镇米粮屯村，养殖规模为基础母猪5000头，年出栏商品猪12.5万头。

（孙猛）

农村经济管理

【农业领域复工复产】 年内，制订下发《延庆区农业行业复工复产疫情防控工作方案》，建立监测对象台账，针对不同场景制订了设施农业、畜牧行业和果园花卉苗圃企业防控的疫情防控规范。对监测对象进行巡查，指导并监督企业（合作社）按照指引内容做好经营场所疫情防控工作。发放新冠疫情防控海报、通告等宣传材料，及时传达更新疫情防控政策。

（孙猛）

【农村经济统计分析】 年内，全区农村集体经济实现收入8.04亿元，占农村经济总收入的5.7%，同比下降18.2%。全区农村经济总收入2019年131.07亿元，实现农民人均所得22989元，同比增长7.8%。2020年131.87亿元，同比增长0.6%。

（孙猛）

【低收入（户）监测】 年内，监测农户8031户、人口16065人。全区8031户实现人均可支配收入22748元，较上年19211元增加3537元，增长18.4%。58个低收入村集体经济组织实现收入5662.9万元，较上年4919.3万元增加743.6万元，同比增长15.1%。

（孙猛）

【经济合同清理】 年内，针对2019年12月31日前签订的农村集体经济合同开展清理整顿。共清查涉地类农村集体经济合同10774份，其中问题合同5193份，已全部完成整改。

（孙猛）

【镇级产权制度改革】 年内，持续跟进2019年启动改革的五个乡镇工作进展情况。启动延庆镇、沈家营镇、井庄镇、永宁镇四个乡镇的镇级产权制度改革工作。

（孙猛）

【合作社建设】 年内，规范农民专业合作社建设，支持13家农民专业合作社进行“社账托管”。截至年底，全区共有52家“三级社”。对全区10家国家级示范社就2019年的经营情况及财务情况进行动态监测。

（孙猛）

【经济责任审计】 年内，对全区376个行政村的“两委”主要负责人进行经济责任审计，审计时段为2018年7月1日至2020年9月30日。审计村级经济总收入218.37亿元，经济总支出156.80亿元，发现六大类2078条次问题。

（孙猛）

【村级财务调查】 年内，出台印发《延庆区农村集体组织委托代理记账管理办法（试行）》。对区15个乡镇376个村2019年的债务情况进行摸底调查。截至2019年底，村级集体账内涉及债务的共涉及228个村，占总村数的60.6%，累计债务总额20730万元。截至2018年11月底，区村级共涉及单位借款13087.8万元，涉及全区15个乡镇165个村共445笔。截至2021年2月26日，已偿还借款384笔，还款金额达到8402.9万元。

（孙猛）

【土地确权登记颁证】 年内，土地确权涉及15个乡镇341个村（其中35个村属于暂不确权村）46651户，二轮土地承包面积 2.37万公顷（35.5万亩），国土部门第二次土地调查面积2.83万公顷（42.5万亩），应确权面积 2.83万公顷（42.5万亩），应确权农户46651户。共完成确权农户46473户，已确权面积 2.11万公顷（31.6万亩），颁发证书46473本，证书发放率99.62%。

（孙猛）

【扶贫产品采购】 年内，全局采购扶贫产品共计3.90万元，其中局机关采购额1.53万元，原经管站2.03万元，原水产中心1.36万元，原农机中心3.90万元。

（孙猛）

【农业行政执法】 年内，累计开展农业执法检查16199次，做出行政处罚118件，罚款10.38万元，无行政强制案件。

（孙猛）

都市型现代农业

【休闲农业产业发展】 年内，启动创建全国休闲农业重点区工作，提升改造16个休闲农业园区，建设“乐享妫川”四海段、八达岭外石路段休闲农业旅游线路。推介“乐享妫川”中国美丽乡村休闲旅游行精品景点线路。花盆村、沙门村、姚官岭村获得“北京市特色专业示范村”称号。

（孙猛）

【农业信息化建设】 年内，延庆区成功申报为“互联网+”农产品出村进城试点区。完成佳仕百年公司承建的20家益农信息社初次验收工作；新增192家益农信息社，同步部署192家新建社村的网页资料汇总；全区益农信息社总量达到309家，完成309家已建益农信息社编号。

（孙猛）

【58个家庭农场进入全国名录】 年内，对全区家庭农场现状核查，并将农场信息录入全国家庭农场名录系统。经核查全区已录入58家。

（孙猛）

【农邮通新一轮惠民举措】 年内，区农业农村局与中国邮政集团北京市延庆区分公司签署新一轮战略合作协议。全年农邮通共计运输农产品宅配22464件，商超2262车次。货运通行证申报约103车次，共发证98张。瓜果证申办17张。

（孙猛）

【“妫水农耕”品牌建设】 年内，9家企业或合作社正式加盟“妫水农耕”联盟。制订“妫水农耕”基地奖励办法，明确“妫水农耕”图形Logo，注册25类商标注册证，完成“妫水农耕”蔬菜类产品整体形象设计工作。开设4家“妫水农耕”品牌直营店，与第三方合作进行京东、淘宝网上商城的入驻和公众号的开发。

（孙猛）

【试行食用农产品合格证制度】 年内，区15家基地成为市级试点，筛选100个企业/合作社作为区级试点。截至年底共开具合格证4万余张，带证上市农产品270万余千克。

（孙猛）

【农业科技示范基地培育】 年内，共有4家基地入选2020年北京市农业科技示范基地（全市共35家）。4家基地完成8个新品种的试种和14项新技术的试验应用。通过新品种新技术的试验示范，每个基地增产增收5%以上。

（孙猛）

【基层农技推广】 年内，发放村级农技服务补贴219.15万元。到年底共有农技员121人。建设长期稳定的农业科技示范展示基地1个，主推有机发酵罐牛床垫料再生技术和VMS奶牛自愿挤奶系统两项技术，主推技术到位率达100%。

（孙猛）

【新型职业农民培训】 年内，统筹各类培训资源，联合有关部门，对整合后的农民重点培训对象6128人，开展行之有效的职业素质提升培训。截至年底，新型职业农民培训相关责任单位共计培训农民7043人次。

（孙猛）

新农村建设

【深化乡村治理】 7月7日，印发《延庆区关于加强和改进乡村治理工作的若干措施》，梳理七个方面84项问题，汇总整理147项制度文件。分别从党建引领、自治、法治、平安、文明、生态、便民、繁荣等方面，提出堡垒乡村、规范乡村、法治乡村、平安乡村、文明乡村、生态乡村、便民乡村、繁荣乡村“八个乡村”建设，确定138项具体举措，明确2020年137项重点任务安排。截至年底，完成126项。

（孙猛）

【美丽乡村建设】 年内，第一批119个创建村中，117个建设实施方案通过区级审批，114个村完成招标，80个村已基本完工， 43个村完成区级联合验收。第二批127个创建村中，29个村开工，10个村基本完工，2个村完成区级联合验收。第一批创建村中共有46个村涉及污水项目，42个村已基本完成，其余4个村涉及山区搬迁工程，正在统筹推进中。25个示范村的村庄规划和建设实施方案已全部通过区级审批，18个村的深化设计已经完成，12个村完成招标，6个村开工建设，2个村竣工。拨付农村基础设施长效管护资金1.95亿元。全区分批分层次整治各个村庄人居环境，全区所有村庄通过农村人居环境整治三年行动收官检查验收。

（孙猛）

【低收入农户帮扶】 年内，制订《2020年低收入农户帮扶工作实施方案》，开展低收入农户边缘户和返低风险户摸排，建立“一户一策”帮扶台账。制订《2020年延庆区低收入产业发展资金使用方案》，重点支持精品民宿、特色种植、异地购置物业等收益稳定且具有可持续性的产业。全区低收入农户8031户，家庭人口16065人，全部实现脱低。2020年，低收入农户人均可支配收入16775元，同比增长15.8%，增速在全市排名第四，生态涵养区第四。

（孙猛）

【山区搬迁工程】 年内，香营乡山底下村、四海镇大吉祥村、井庄镇碓臼石村完成搬迁主体工程。刘斌堡乡周四沟村开工建设。

（孙猛）

【生态沟域建设】 年内，重点建设沟域“文脉永宁”，完成总工程量的50%；“百里山水画廊”“四季花海”“冰川绿谷”“乡宴柳沟”4条沟域提升项目全部完成；5条沟域共安排财政转移支付资金1500万元。

（孙猛）

【农村地区冬季清洁取暖】 年内，通过公开招标确定“煤改电”设备供应企业7家、优质型煤供应企业4家。完成5个乡镇46个村庄0.74万户“煤改电”设备安装，为15个乡镇、3个街道配送优质燃煤0.28亿千克。

（孙猛）

【百名农业领军人物培育工程】 年内，通过公共基础课和专题课研修培训、一对一专家学员结对帮扶指导、首农京东电商市场对接、山东上海浙江外出考察学习、京科惠农等多平台线上学习，组织学员完成120学时培训任务。培育专业技能型人才20人、经营管理型人才55人、美丽乡村建设型人才25人。

（孙猛）

【村干部教育培训】 年内，27人进入村务管理专业接受全日制大专学历教育。2018级42人通过拜师学艺、顶岗实习等在10个乡镇岗位实践。组织330人开展新任村党组织书记和第一书记线上培训班。

（孙猛）

林　业

【概况】 延庆区园林绿化局（延庆区绿化委员会办公室）是负责全区园林绿化工作的政府部门。年内，围绕落实冬奥会服务保障职责、巩固创森效果、推动“一核一环三带五廊十园多点”城市森林格局构建；高标准监督和指导冬奥赛区开展生态修复工作；有序推进新一轮百万亩造林及其他园林绿化工程；开展林业有害生物防治及野生动物疫情监测。强化森林防火体系建设，全区99个防火码场景，353个卡口全部启用防火码，实现火因可追溯、人员可查询。举办第十二届北京菊花文化节、牡丹文化节及延怀河谷葡萄文化节，编制完成《“十四五”园林绿化发展规划》《天然林保护修复工作方案》及各项绿化建设实施方案。全区森林面积增加到12万公顷，森林覆盖率提高到60.4%，林木绿化率提高到72.53%，城市绿化覆盖率68.32%，人均公园绿地面积46.84 平方米。

单位名称：延庆区园林绿化局
地　　址：延庆镇京张路口北粮食大厦院内
电　　话：69103770

（刘艳萍）

【园林绿化重点工程】 年内，京津风沙源治理工程治理面积4533.33公顷（6.8万亩），全部为封山育林。其中四海镇2542公顷（3.813万亩），珍珠泉乡177.33公顷（0.266万亩），千家店镇1814公顷（2.721万亩）；彩色树种造林工程（八达岭镇）造林面积200公顷（0.3万亩）、栽植苗木5.6万株；森林健康经营林木抚育项目完成7000公顷（10.5万亩）；国家重点公益林管护工程完成1933.33公顷（2.9万亩）；平原生态林管护完成10466.67公顷（15.7万亩）。

（刘艳萍）

【留白增绿工程】 年内，完成留白增绿4.34万平方米，其中1.76万平方米与2020年新一轮百万亩造林统筹实施，涉及八达岭镇、大榆树镇、井庄镇、旧县镇，共15个地块；2.58万平方米单独立项实施，涉及井庄镇、旧县镇、千家店镇、永宁镇、珍珠泉乡、香营乡，共13个地块。

（刘艳萍）

【城区绿化】 年内，建设完成恒润公园，完成思贤公园工程总量的75%，完成天成公园、创新家园工程总量的95%。实施39条主次干路和背街小巷街区靓化工程，补植行道树822株、地被61204.5平方米，在13个社区完成绿地补植完善68783.31平方米。

（刘艳萍）

【首都绿化美化群众性创建】 年内，创建首都绿色村庄7个，即沈家营镇下花园村、八达岭镇南园村、千家店镇红旗甸村、井庄镇果树园村、旧县镇白草洼村、大庄科乡西沙梁村、四海镇永安堡村；创建花园式单位1个，即园林绿化局办公区；创建花园式社区1个，即沈家营镇天成家园北社区。

（刘艳萍）

【林业案件查处】 年内，区森林公安共接报警59起，查处林业行政案件26起，其中毁坏林木案11起，滥伐林木案3起，擅自改变林地用途案9起，非法开垦1起，违章用火案1起，未履行森林防火责任案1起。造成损失：林地7606.00平方米，林木915株，立木材积17.37立方米，造成直接经济损失8735.8元。共处理违法单位10个，违法个人16人，行政罚款24.36万元，补种树木1571株。立刑事案件1起，为“4·2王木营失火案”，犯罪嫌疑人3人已取保候审，截至年底，该案仍在侦办中。

（刘艳萍）

【生态林护林员管理】 年内，完成2020年至2021年度生态林护林员轮岗工作。涉及全区15个乡镇320个行政村，上岗生态护林员6523人，其中低收入户992人。上岗护林员全部参加培训。

（刘艳萍）

【野生动物救护】 年内，共救助各种野生动物35只，其中国家二级重点保护动物11只，北京市一级重点保护动物2只，北京市二级重点保护动物15只。

（刘艳萍）

【自然保护地管理】 年内，编制完成《延庆区自然保护地整合优化工作方案》。整合优化自然保护地，对占地面积约94899公顷的16个自然保护地核实和完善，将区域范围、功能区划等基本信息录入国家林草局自然保护地数据平台；开展自然保护区日常巡护和监督检查工作，配合绿盾行动、结合“绿卫2019”森林专项整治行动，协同区生态环境局等部门进行联合执法10余次；对全区范围内的1个国家级监测点、4个市级监测点进行野生动物疫情监测等检查60余次。

（刘艳萍）

【野生动物造成损失补偿】 年内，区野生动物损害补偿共涉及14个乡镇，135个行政村，1902户。农作物损失面积102.07公顷（1531亩），产量81万公斤；家禽家畜损失1503只；经济作物果树损失52株；造成损失金额221.70万元。按损失金额的70%进行补偿，共计157.99万元。

（刘艳萍）

【野生动物疫源疫病监测】 年内，对八达岭野生动物世界检查25次，对其余养殖场检查15次。会同市局相关部门，对区3家养殖场完成现场处置工作。全区11个野生动物疫源疫病监测站无异常状况发生。

（刘艳萍）

【新一轮百万亩造林工程】 年内，新一轮百万亩造林工程582.77公顷（8741.66亩）。其中，京张高铁延庆段绿色通道建设工程118.79公顷（1781.8亩），延庆区2020年平原重点区域造林绿化工程32.53公顷（488亩），延庆区2020年浅山台地造林工程293.56公顷（4403.4亩），延庆区2020年山前平缓地造林工程127.94公顷（1919.15亩），延庆区思贤公园城市森林建设工程4.58公顷（68.77亩），延庆区2020年小微绿地建设工程2.78公顷（41.74亩），留白增绿单独实施2.59公顷（38.8亩）。

（刘艳萍）

【林业有害生物测报】 年内，全区设立国家级测报点1个、市级测报点43个、区级测报点81个、美国白蛾监测点80个，在冬奥赛区周边建立监测点40个、设置巡查路线10条。安装各类诱捕器560套，新安装太阳能测报灯22台，对80余种林业有害生物进行监测，测报准确率达到95％以上。发布林业有害生物发生趋势2次，上报测报信息18期，区内发布林保虫情信息43期、860份。

（刘艳萍）

【林业有害生物检疫】 年内，办理产地检疫259份，涉及苗木67.8万株、花卉56.4万株；开具调运证书18份，涉及苗木19.6万株；开具检疫要求书9351份，涉及19个省市。枯死木鉴定82份，涉及苗木1.7万株。完成冬奥会、新一轮百万亩绿化造林等工程苗木复检1919车、178.9万株，产地检疫率100％。

（刘艳萍）

【林业有害生物防治】 年内，悬挂诱捕器3500套、粘虫板8.7万张，围裹胶带2000卷、麻袋片1万延长米，安装高压射灯5台进行物理防治；施放周氏啮小蜂、赤眼蜂、异色瓢虫等天敌昆虫1.4亿头进行生物防治；喷洒无公害化学药剂1.5吨进行化学防治。全年完成林业有害生物防治面积7933.33公顷（11.9万亩），无公害防治率95％以上，成灾率控制在1‰以下。

（刘艳萍）

【京津冀林业有害生物协同防控】 年内，与河北省怀来、赤城、涿鹿、崇礼、宣化等区县森防站开展联合宣传、踏查监测、座谈交流等活动13次，支援怀来、涿鹿、宣化、崇礼、赤城等区县防控物资用于林业有害生物防控。

（刘艳萍）

【种苗执法】 年内，严厉打击制售和使用假冒伪劣林木种苗行为，对新一轮百万亩造林的康庄、永宁、八达岭等6个乡镇10个标段和京张高铁西红寺段工程1个标段绿化苗木进行抽查。共检查油松、新疆杨、国槐等主要树种45个苗批，合格率97％。对全区375名质量检验员进行培训并考核。配合市种苗站完成双随机检查工作。

（刘艳萍）

【规模化苗圃建设】 年内，规模化苗圃建设面积2639.01公顷（35535.1亩），其中生产用地面积2196.20公顷（32943.03亩），育苗面积2194.31公顷（32914.63亩），乔木育苗面积2118.73公顷（31780.92亩）。乔木育苗总数量4185939株，其中针叶树1658812株，阔叶树2527127株。苗圃当年用工总人数509人，当地农民工人数393人，当地农民工占用工总人数的77.21％。通过市级验收，下发验收通报，拨付到苗圃所在地乡镇政府土地流转资金共计3553.51万元。

（刘艳萍）

【林业产业】 年内，全区花卉种植面积稳定在1000公顷（1.5万亩），实现产值1.5亿元。主要种植菊花、月季、牡丹、草盆花、高档花卉、观赏草等花卉。全区农林复合经济面积3607公顷（5.41万亩）。其中平原造林地农林复合经济面积为2813公顷（4.22万亩），林花、林药和林草147公顷（0.22万亩），森林旅游面积2533公顷（3.8万亩）；其他地区林花面积400公顷（0.60万亩），林药面积387公顷（0.58万亩），林禽面积6.7公顷（0.01万亩）。全区蜂群总量1.5万群，年产蜂蜜21万千克，全区蜂产业带动农民就业210余户。

（刘艳萍）

【**绿色惠民建设**】 年内，更新改造低效果园面积88.6公顷（1329亩）。更新改造品种主要有八棱脆海棠、国光苹果、富士苹果、夏黑葡萄、科瑞森葡萄。提升改造79栋日光温室设施，繁育苹果、葡萄、樱桃、石榴、海棠等果树盆景4万盆。

（刘艳萍）

【**果品产业**】 年内，获得国家知识产权局颁发的“延庆香白杏”商标注册证（地理标志证明商标）。全区果品种植面积稳定在11333.3公顷（17.0万亩），鲜果主要分布在张山营、香营、旧县等乡镇，干果主要分布在大庄科、千家店、四海等乡镇。2020年果品产量约31290万千克，实现产值20975万元。

（刘艳萍）

【**退耕还林后续政策落实**】 年内，对全区15个乡镇进行逐村、逐户、逐地块摸底核查。确定全区退耕还林保存合格面积2815.47公顷（42232亩），涉及229个行政村，11525户（低收入户1467户），25562个地块。其中流转为生态公益林的面积为350.07公顷（5251.06亩），自主经营的生态经济兼用林的面积为2465.42公顷（36981.36亩）。

（刘艳萍）

【**果品栽培管理技术培训**】 年内，举办果品栽培管理技术培训40场次，参与讲课老师102人次，参加培训果农1000余人次。培训地点分别是旧县镇白羊峪村，井庄镇王木营村，八达岭镇大浮坨村、里炮村，张山营镇苏庄村、前庙村、后庙村、西五里营村；沈家营镇上花园村；永宁镇北沟村、碧森园、南山健源；刘斌堡乡山西村、山东沟、红果寺村、上虎叫村；涉及7个乡镇16个村。

（刘艳萍）

【**食用林产品质量安全市级考核**】 年内，食用林产品质量安全市级考核项目全部达标。12月20日，出台《延庆区2020年食用林产品三品认证奖励办法》并兑现2019年奖励25家30.23万元。无公害认证新增5家基地59.63公顷（889.5亩）、食用林产品158份样品抽样检测合格率100%，建立1家追溯试点、2家农产品合格证试点共计4项市级考核项目，全部达标。

（刘艳萍）

【**机构调整**】 年内，区园林绿化局所属森林公安处（市公安局延庆分局森林公安处）整建制划转至市公安局延庆分局（划转政法专项编制25名），并更名为北京市公安局延庆分局森林公安大队。15个乡镇林业站下沉乡镇，人员关系隶属于乡镇。

（刘艳萍）

【**森林防火**】 2019年至2020年森林防火期，重新制订《北京市延庆区森林资源巡查大队巡查手册》《北京市延庆区生态林管护员管理办法》以及《延庆区护林员考核评比办法》。新增森林防火宣传牌185块，电子显示屏5块；利用微信公众号宣传防火常识、法规等共38次；对进入延庆区的外来人员发送防火短信45万余条；制作宣传材料5万余份。11月10日，在妫川广场主会场和各乡镇分会场，通过悬挂横幅、摆放展板、巡回播放录音、出动宣传车辆等多种形式，向广大群众宣传《森林法》《森林防火条例》，并向群众详细讲解森林防火注意事项。活动现场发放宣传材料2000份，向乡镇、有林单位发放垃圾袋、手提袋15万余份。年内，对15个乡镇森林防火工作进行综合评定：珍珠泉乡、四海镇、香营乡、大庄科乡、旧县镇、沈家营镇、千家店镇为优秀乡镇，其他乡镇为合格乡镇，并给予优秀乡镇20万元奖励。全年累计处理引发火情的肇事者、失职干部和护林员159人，其中2020年刑事拘留6人，开除护林员13人，对引发火情的肇事者、失职干部和护林员共计罚款10.799万元。

（刘艳萍）

【**七部门联合检查延庆冬奥赛区木质包装材料**】 1月16日，北京市重大办、市园林绿化局防治检疫处、北京市林业保护站、延庆冬奥组委、延庆区园林绿化局、北京北控京奥建设有限公司、北京国家高山滑雪公司共同对延庆冬奥赛区的木质包装材料联合开展松材线虫病检疫检查，并对发现的问题提出改进建议。检查组要求：要建立联席会议制度，定期开展联合检查；建设单位要对施工单位加强监管，调运木质包装材料要有检疫证书；对使用过的电缆盘等木质包装材料要及时集中清理销毁。

（刘艳萍）

【全民义务植树】 4月4日，是首都第36个义务植树日。全区以“建森林城市同为冬奥添彩”为主题，开展大型全民义务植树活动。近600人在张山营镇冬奥森林公园参加义务植树活动，栽植华山松、油松、栾树、元宝枫等常绿和彩色树种1200余株。年内全区超额完成义务植树任务84.3万株，其中新植树木10.6万株。

（刘艳萍）

【爱鸟周宣传活动启动仪式】 4月5日，延庆区爱鸟周宣传活动启动仪式在夏都公园开幕。本次活动以“爱鸟新时代，共建新生态”为主题，活动现场摆放背景板、宣传展板、悬挂宣传标语，向市民发放“打击非法野生动物贸易，革除滥食野生动物陋习”宣传海报200份、宣传环保袋100个。

（刘艳萍）

【科技成果】 5月12日，延庆区葡萄及葡萄酒产业促进中心申请的发明专利“一种温室葡萄VF形树形的培养方法”获得国家知识产权局授权。11月23日，延庆区葡萄及葡萄酒产业促进中心在河南省完成“适宜温室一年两熟的葡萄品种筛选研究及推广”科技成果的评价与登记，并获得河南省科技厅颁发的科技成果证书。

（刘艳萍）

【《延庆区主要耐旱植物图册》出版】 5月21日，《延庆区主要耐旱植物图册》出版，该书是全国第二本区县级植物图，为延庆林业人自编工具书。共收录137种耐旱植物，就植物形态特征识别、用途、自然分布情况和在造林应用中的表现等分别进行论述，并提出使用建议，为延庆全面推动节水型园林绿化建设提供技术支撑。

（刘艳萍）

【国际生物多样性日宣传】 5月22日，区园林绿化局开展第二十六个国际生物多样性日宣传活动。主题为“生态文明·共建地球生命共同体”。通过易拉宝宣传页、主题展板展览等方式，向群众展示生物多样性的内容、形式、保护生物多样性的意义和延庆地区生物多样性保护成果等内容。活动现场发放宣传材料500余份。

（刘艳萍）

【延庆宣化联合开展植物检疫执法宣传】 5月26日，延庆区林业保护站与宣化区林业局在宣化区联合开展5·25执法宣传。活动现场，介绍松材线虫病发生规律、危害情况、监测重点及检测手段，发放宣传材料1000份。

（刘艳萍）

【《北京市野生动物保护管理条例》宣传】 6月1日，区园林绿化局举行《北京市野生动物保护管理条例》实施日宣传活动。活动现场设置大型海报1张、主题展板12块，发放《北京市野生动物保护管理条例》印刷本及宣传品共计1000余份。

（刘艳萍）

【区领导现场督查林地绿地专项整治】 6月30日，区领导刘瑞成带队对全区林地、绿地专项整治工作进行现场督查。对康庄镇西桑园村个人承包地建蓄水池和蔬菜大棚、张山营镇冬奥项目在西五里营村林地建设项目部和宿舍、中铁16局在张山营镇玉皇庙村西林地倾倒建筑垃圾、刘斌堡乡刘斌堡村实施低收入项目在平原造林地建设木屋、公厕、售卖亭和硬化道路等典型问题现场办公，研究解决办法，督促整改。

（刘艳萍）

【高技能人才和专业技术人才协同培训班】 8月14日，区园林绿化局举办高技能人才和专业技术人才协同培训班。培训采用观看录播视频和现场授课的形式进行，北京林业大学生态与自然保护学院副院长、湿地研究中心主任张明祥，中国城市建设研究院风景园林专业院及旅游中心院长、风景环境规划设计学术委员会秘书长李金路授课。相关科室、单位94名专业人才参加培训。

（刘艳萍）

【规模化苗圃市级抽查验收】 8月19日，市园林绿化局检查组对延庆区规模化苗圃进行2019年度任务检查验收。延庆区规模化苗圃建设总面积2639.01公顷（35535.1亩），涉及8个乡镇29个行政村。此次共抽查验收规模化苗圃18家，涉及旧县、井庄、刘斌堡、永宁、沈家营、延庆6个乡镇。

（刘艳萍）

【辽宁建平县果农60余人到区观摩学习】 9月10日，辽宁省建平县设施葡萄果农60余人到延庆区葡萄及葡萄酒产业促进中心园区进行设施葡萄高效栽培技术观摩与交流学习。葡萄及葡萄酒产业促进中心技术人员带领果农进行温室葡萄栽培与冷棚葡萄栽培技术观摩，为果农讲解温室优新葡萄品种的特点与葡萄一年两熟技术的要点，现场为果农答疑解难，解决果农在生产中遇到的实际难题。

（刘艳萍）

【湿地保护宣传】 9月16日至18日，区园林绿化局在夏都公园和野鸭湖湿地公园举办以“强化湿地保护维护湿地生物多样性”为主题的“北京湿地日”宣传活动。活动中，发放湿地宣传折页、《北京市湿地保护条例》等材料3000余份，发放宣传品2000余份。

（刘艳萍）

【延庆葡萄获金奖】 9月20日，在2020年全国葡萄产业发展学术研讨会的优质晚熟葡萄品种评比环节中，北京市延庆区葡萄及葡萄酒产业促进中心选送的“瑞都科美”品种，北京金粟种植专业合作社选送的“早夏黑”与八达岭世界葡萄博览园选送的“克瑞森”无核品种获全国大赛金奖。

（刘艳萍）

【第十二届北京菊花文化节（延庆展区）开幕】 9月27日至10月10日，2020年第十二届北京菊花文化节（延庆展区）在北京延庆世界葡萄博览园内开幕。市园林绿化局和区相关领导出席开幕式。本次活动的主题是“百花竞放迎冬奥佳色秋菊靓妫川”，分为室外和室内两个展区。整体布展融合“葡萄”圆形设计元素，将园区设计成一线二展八区。室外布展分为菊花花境、景观园艺、菊花品种3个展区，共计展出菊花5万株及其他花卉10万株。室内布展2500平方米，分为精品品种展示区、花艺作品展示区、菊花书画作品展示区、菊花文化体验区和花卉衍生品售卖区5个部分，共使用菊花鲜切花10000株，其他花卉及叶材300扎。

（刘艳萍）

【延怀建立首个联合监测点】 10月16日，北京市延庆区与河北省张家口市怀来县在怀来县东花园镇羊岭村建立第一个京冀林业有害生物联合监测点。监测对象为美国白蛾，设置气象仪、诱捕器、自动诱虫灯等多种设备。

（刘艳萍）

【延庆首个地理标志证明商标注册成功】 11月20日，“延庆香白杏”经国家知识产权局核准，成功注册地理标志证明商标。是为延庆区首个农业地理标志证明商标，是继农业部颁发的“延庆国光”“延庆葡萄”“延怀河谷葡萄”地理标志认证后又一张闪亮名片。

（刘艳萍）

【世园公园园艺驿站揭牌运营】 11月25日，世园公园园艺驿站正式揭牌运营。首绿办、区园林绿化局、世园公司相关领导与前来参加园艺活动的20多名市民共同出席园艺驿站的揭牌仪式。世园公园园艺驿站位于公园西区“三百园”区域的百蔬园，紧邻六号门及园区主干路，占地面积3.5万平方米。按照不同的功能分为温室展示区、蔬菜种植展示区、园艺中心、沙拉吧、演艺小广场等。在这里市民不仅可以零距离感受自然，学习园艺知识，更能以园艺为媒介结识志趣相合的新朋友。

（刘艳萍）

【延庆区首家“互联网+全民义务植树”基地揭牌】 12月18日，延庆区首家“互联网+全民义务植树”基地揭牌仪式在妫水河畔举行。首都绿化办和区政府相关领导出席活动。北京公交集团、北汽福田公司、北汽奔驰公司、清华大学、北京科技大学作为赴延庆义务植树单位应邀出席并参加体验活动。延庆区首家“互联网+全民义务植树”基地位于延庆妫水公园，从主城区向西，地跨三个镇域，全长9千米，下辖花博园、月季园、清风园、静心园、雅荷园、幽径园六个景区。总占地面积400余公顷（6000余亩），其中水域面积约333.33公顷（5000亩），划分为植树区、认建认养区、自然保护区三大区域。

（刘艳萍）

（栏目编辑：孙越凡）

工业和信息化建设

概述

延庆区经济和信息化局是负责全区工业经济和信息化领域管理的政府工作部门。2020年，延庆区规模以上工业企业43家，实现工业总产值141.8亿元，比上年增长29.6%，增速全市排名第一。新能源和环保产业完成产值103.2亿元，同比增长65.7%；食品饮料产业完成产值5.1亿元，同比下降14.7%；纺织服装产业完成产值3.1亿元，同比下降57.8%；基础和新材料产业完成产值14.5亿元，同比下降19.6%；机械制造产业完成产值2.6亿元，同比增长18%；医药制造产业完成产值7.0亿元，同比增长11.3%。疏解退出一般制造业企业11家，超额完成目标任务。全年实现固定资产投资1.3亿元，其中建安投资1.26亿元，完成全年任务114.8%。落实绿色高精尖产业配套政策，全区入市级高精尖项目库项目8个。进一步加强涉企政策研究狠抓“服务包”承诺事项兑现。做细做实服务好94家重点企业，线上为企业推送市区重点政策30余项；线下每周走访企业，全年累计走访794次，共收集企业问题31个，解决率为100%。新冠疫情防控与复工复产方面，采取“局领导分包制”，设立8个工作小组联系企业，对43家规模以上企业、300余家规模以下企业分类开展服务工作。为解决企业融资难问题，区经济和信息化局多次组织相关企业和银行对接，协调为企业发放贷款2.08亿元。年内，政府部门未发现拖欠中小企业账款现象。成功举办2020延庆区创新创业大赛暨北京文创大赛、创客北京大赛分赛，延庆被评为优秀分赛区。贯彻落实京津冀协同发展战略，扎实开展与河北省怀来、宣化，内蒙古兴和的区域协作和对口帮扶工作。推进光华纺织集团在兴和县投资兴业。提供耕地拖拉机一台，助力宣化区谢家湾村筑牢脱贫成果。

单位名称：延庆区经济和信息化局
地　　址：延庆镇东外大街建业胡同2号
电　　话：69103310

（刘咪）

工业

【完成一般制造业退出任务】 年内，市级指标任务为完成3家一般制造业企业退出，区完成11家一般制造业企业疏解工作，均通过第三方核验，完成年计划的366%。占地面积共43436平方米，涉及人员195人，涉及针织、煤制品、酱油、醋、机加工制造等行业。

（田尚军）

【安全生产】 年内，印发各项安全生产工作方案等文件共11个，出动210人次，对40家工业企业开展64次安全生产指导，组织相关部门参加联合大检查3次。市经信局安全处领导对中关村延庆园的42家工业企业培训《北京市经营单位安全生产主体责任规定》等文件。组织局机关开展消防演练。区消防救援支队宣传员到局机关开展“消防安全进单位”培训活动。获得北京市“应急宣传进万家”暨“安全生产月”优秀组织单位称号。

（王轶民）

【高精尖产业项目落地】 年内，区8个项目入市级高精尖项目库，即食品安全与环境保护检测产品生产项目、压力温度检测仪表智能制造项目、智能校准产品研发中心项目、MEMS传感器垂直产业智能制造项目、测控系统及组件产业化项目、延庆区优质高效农产品龙头企业深加工技术改造项目、中国电力氢能产业园二期（先进制氢）项目、民机高性能复合材料地板实施方案项目（研发项目）。

（吴桐）

【执行产业政策】 年内，严格按照《北京市新增产业的禁止和限制目录（2018年版）》要求进行项目准入及备案，严格限制不符合生态涵养区功能定位的工业企业落户；同时按照延庆区功能定位、四大主导产业定位以及高精尖指导意见等，引导相关产业到延庆园形成集聚发展态势；并对存量企业进行指导，促使其实施改造升级，提高存量产业效率。区经济和信息化局全年共备案项目21个，答复相关咨询54件。

（吴桐）

【减轻企业负担专题会】 1月，区减轻企业负担联席会办公室（设在区经济和信息化局）组织区发展改革委、区住建委等31个政府部门、15个乡镇、3个街道、9家重点国有企业召开清理拖欠民营企业中小企业账款工作专题会。会上，区经济和信息化局、区财政局、区国资委等清欠工作牵头单位对区2019年清欠工作进行总结，对2020年的工作提出要求。

（闫永红）

【工业企业新冠疫情防控培训会】 3月5日，区经济和信息化局分别组织区规模以上工业企业25家、规模以下工业企业23家，召开两场防疫培训。培训会由区经济和信息化局、区卫生健康委联合举办，对《北京市工业和软件信息服务业企业防控疫情指引》第三版进行解读。重点就企业疫情防控注意事项、员工自我防护、废弃口罩处理、隔离区建立等进行细致讲解。指导企业进一步提升防疫能力，助力企业有序复工复产，保障全年发展目标任务。

（王轶民）

【延庆首条全自动口罩生产线正式投产】 3月9日，联合益康（北京）生物科技有限公司投资的黄山精工日产50万片的生产线正式投产。区经济和信息化局组织区市场监管局、区生态环境局为企业提供审批一条龙服务，一天内为企业办理项目备案、环评备案手续；协调有关部门将口罩生产机作为应急物资通过快速通道运至厂区；指导企业申报国家发改委医用物资技术扩能改造专项及医用口罩扩能专项支持政策，并纳入新冠疫情防控重点保障企业名单。

（吴桐）

【区口罩生产企业向社会捐赠口罩】 4月，联合益康（北京）生物科技有限公司履行社会责任，累计向区教委、河北省张家口市捐赠口罩10000只。

（阿旺次仁）

【区域协作和对口帮扶】 5月，宣化区王家湾乡谢家湾村贫困户完成政策性脱贫，经信局提供耕地拖拉机一台，鼓励村集体多元经营方式，增加集体收入。为兴和县赛乌素镇魏家村扩大甜菜种植项目和李茂村养牛基地项目提供产业支持资金10万元。年内魏家村甜菜种植扩大到13.33公顷（200亩），产量扩大到60万千克，村民年均收入1.13万元。

（阿旺次仁）

【中小企业创新创业大赛】 8月，由市经济和信息化局指导，区经济和信息化局、区财政局共同主办的“创客中国”首届京津冀中小企业创新创业大赛暨“创客北京2020”创新创业大赛分赛开赛。由延庆分赛区推荐的“降维动漫”“红点盲文”两个项目获得创客组三等奖，延庆被评为优秀分赛区。

（贾宝森）

【会员企业爱心捐赠】 11月17日，区企业发展促进会携手会员企业北京环都拓普空调有限公司为北京瑞康缘老年养护中心捐赠新风净化空调102台，价值106万元。

（贾宝森）

中关村科技园区延庆园

【概况】 北京市延庆区中关村科技园区延庆园服务中心（北京市延庆区投资促进服务中心）简称中关村延庆园服务中心（区投资促进服务中心），为区政府直属公益一类相当于正处级财政补助事业单位，归口区科委（中关村延庆园管委会）领导。年内，中关村延庆园着力完善“高精尖”招商服务平台，成立“现代园艺、冰雪体育、新能源和能源互联网、无人机”四个“高精尖”项目推进工作组，集中优势资源开展专项专业招商。延庆园共引进企业1041家，注册资本86.8亿元，其中四个重点培育产业企业262家（新能源和能源互联网企业74家，现代园艺52家，冰雪体育企业112家，无人机企业24家）。2020年共培育出高新技术企业416家，瞪羚企业33家，展翼企业9家，雏鹰人才企业12家，金种子企业6家。布局“一核四区”产业空间，以长城脚下的科技小镇（创新家园）为核心，建立中关村现代园艺产业创新中心、体育科技创新园、氢能产业园和无人机产业园四个特色园中园。对园区内土地利用情况、产业发展情况进行摸底，建立土地资源库，已盘活5处低效闲置用地，为航天九院、中关村E谷等无人机企业提供承载空间，实现“腾笼换鸟”。成功举办中关村现代园艺产业创新中心入驻企业签约仪式、“科技体育·汇智延庆”创新创业大赛、无人机创新基地开园、2020年中关村前沿大赛体育科技领域决赛等大型活动34场。依托大型活动及赛事举办，形成了100次市级报道、127次网络媒体报道及54次区级媒体报道。竹藤花卉航天育种研发中心、中国花卉创新发展中心落地延庆仪式及无人机创新基地开园仪式2个活动被央视媒体报道。借力世园会筹办举办机遇，布局规模种植、育种制种等园艺科技细分领域，培育突破性的新品种，繁育大型骨干企业和园艺综合体项目，形成国内外具有影响力、具有地理标志意义的花卉、蔬菜、果品等园艺品牌。“竹藤花卉航天育种研发中心、中国花卉创新发展中心”等科研院所相继落户延庆，中国农业大学、中国林业大学、中国农科院在延庆开展的现代园艺相关产业和示范项目陆续实施，现代园艺产业创新发展能力进一步增强。以“特色产业、健康活力、集约高效、智慧互联”为宗旨，打造城市新标签。中关村（延庆）体育科技前沿技术创新中心、首都体育学院中关村延庆园体育产业研究基地、北京体育大学中关村延庆园冰雪运动装备运动风险与效能评价中心、北京体育大学中关村延庆园科技成果转化协同创新基地等多家科研创新机构、智库平台相继在延庆挂牌。北京延庆能源互联网综合示范区初见雏形，绿色云计算中心项目正在建设实施，2000台机柜已搭建完成。中电智慧（绿氢科技）参与的科技冬奥重点专项“氢能出行关键技术研发和应用示范”课题通过国家科技部立项评审。建立国内首个无人机系统第三方检测认证平台，成为中国首批民用无人驾驶航空试验区。设立公安大学中国低空安全研究中心比测实验基地，启动无人机服务产业应用保障平台建设。为无人机企业提供气象监测、应急救援、森林防火等应用场景和项目。

单位名称：中关村科技园区延庆园服务中心
（延庆区投资促进服务中心）
地　　址：康庄镇紫光东路一号
电　　话：61164927

（闫婷杰）

【优化育商平台】 年内，充分发挥启迪之星、中关村智造大街、中关村E谷等平台优势，在企业间建立交流合作纽带，帮助企业迅速发展壮大。开展“科技体育·汇智延庆”2020体育科技创新创业大赛、“创业北京”创业创新大赛延庆赛区选拔赛、中关村国际前沿科技创新大赛等重要赛事，加快地区科技创新要素聚集。启动第一批双创政策项目申报及政策兑现工作，连同年初向企业兑现的双创资金，年内共支持企业政策资金近3000万元。积极推进延庆科创基金投资管理，年内储备项目逾5000个，跟进300个，重点跟进150个，立项50个。目前已投资决策过会16个项目，其中2个项目已取得了下一轮融资。针对延庆地区的基金计划储备超过50个项目，同步组织相关活动，形成“线上+线下”有效对接机制。

（闫婷杰）

【“一站式”全程代办服务】 年内，按照“专业化”和“链条化”设置9个专业服务类和3个综合类内设机构；建立政务服务大厅和企业注册服务平台，成立专家顾问委员会，建立项目管理准入机制，提供“一站式”全程代办服务，实现企业“零跑腿”；建立企业投资服务平台、企业联系服务机制，完善项目审批环节绿色通道，实行“一企一人”定项服务，提供精准高效的对接服务；明确构建区领导、“总管家”“服务管家”“行业管家”四级工作体系，建立信息报告机制，研究制订遴选标准。年内已明确区级重点服务企业500家，其中133家已配备“服务管家”，协调解决企业防疫物资、人才引进、融资需求等问题140个。

（闫婷杰）

【招商推介和产业对接】 年内，主动对接企业宣传需求，完成包括复工复产、疫情防控、企业践行社会责任等拍摄20余次。持续搭建应用场景对接，举办“科技冬奥”无人机应用场景对接会、“科技冬奥”服务型机器人创新产品路演、现代园艺产业新技术新产品推介、“科创新延庆 产业新动力”延庆科创基金对接等17场对接活动。

（闫婷杰）

【两个花卉研发创新中心落户延庆】 8月19日，“竹藤花卉航天育种研发中心”和“中国花卉创新发展中心”正式落户延庆中关村园艺产业创新中心。两中心将基于航天育种，持续开展竹藤花卉良种选育与推广，并围绕花卉产业发展大数据分析、品种创新、人才培养、对外交流等，推动花卉产业高质量发展。国际竹藤中心主任、中国花卉协会会长江泽慧及区领导穆鹏、于波等出席揭牌仪式。

（晏博文）

【体育科技创新园建设】 9月7日，2020年国际冬季运动会（北京）博览会延庆分论坛活动在中关村延庆园体育科技创新园举办。中关村延庆园体育科技创新园在此次分论坛活动上正式开园。中关村（延庆）体育科技前沿技术创新中心、北京体育大学中关村延庆园科技成果转化协同创新基地、北京体育大学中关村延庆园冰雪运动装备运动风险与效能评价中心、首都体育学院中关村延庆园体育产业研究基地在现场举行揭牌仪式。铭星冰雪、必胜体育、梦起源等32家企业签约入驻，注册资本金达1.6亿元，其中获村高新企业资质10家，国高新资质4家。

（赵荣欣）

【中关村国际前沿科技创新大赛】 11月26日，中关村国际前沿科技创新大赛体育科技领域决赛在中关村（延庆）体育科技前沿技术创新中心举行。中关村国际前沿科技创新大赛（简称“中关村前沿大赛”）是中关村培育前沿技术创新生态的重要组成部分，大赛聚焦中关村战略性新兴产业领域，加大项目挖掘，通过市区联动形成政策合力，将项目评选与落地紧密结合。决赛共有10家企业入围。借助大赛契机，中关村延庆园管委会、启迪之星、延庆园投资公司共同与参赛的13家企业进行座谈交流。

（赵荣欣）

【北京九龙制药有限公司】 北京九龙制药有限公司始建于1983年，于1997年入驻开发区，是集研发、生产、营销为一体的高科技企业。注册资金2040万元，占地面积54711平方米。生产车间完全按照GMP标准设计施工。生产设备均为国内的先进制药设备；检验及试验的仪器设备齐全；生产过程中采用了先进的生产监控系统及计算机管理系统，可实现生产的可视监控及自动化管理。公司为GMP认证企业，国家高新技术企业，ISO9000和ISO14000认证企业。九龙制药拥有国内一流的中药提取设备和技术，可进行高温溶剂提取、低温浸渍、低温梯度渗滤以及真空减压浓缩、双效蒸发浓缩、醇沉、乙醇回收、乙醇蒸馏以及真空减压烘干等多种方法的中药有效成分的提取。公司现有四种剂型的生产线，即滴丸剂、片剂（薄膜衣）、颗粒剂、口服溶液剂（10~200ml），共28个品种，其中有12个品种的中药提取。单班年生产能力为：口服溶液剂1500万瓶；滴丸8亿粒；颗粒剂6000万袋；片剂8亿片。同时公司与北京中医药大学合作建立研究生培养基地，并合作开发具有自主知识产权的创新药物。2020年由于疫情原因，上缴税收200.80万元，完成产值1778万元。

地址：延庆镇妫水南街13号

电话：69182080

（迟庆华）

【斯贝福（北京）生物科技有限公司】 斯贝福（北京）生物技术有限公司成立于2010年12月29日，注册资本840万元，位于中关村延庆产业园，占地3.34公顷，设施面积14000余平方米。依托清华大学、军事医学研究院等机构技术与团队，主要供应高等级实验动物，开发制备动物模型，提供实验动物生物净化、检测、保种、无菌研发等技术服务。年内，公司营业收入共计8793万元，全年生产300余万只高品质实验动物，缴纳税金共计309万元，精准帮扶就业100多人。为开发新产品，满足客户实验需求，斯贝福在2020年培育出三种毛色的C57BL/6 小鼠和新型的BALB/c-J1，同时新增棉鼠、两种长爪沙鼠和羊驼等十余品种品系；搭建和完善胚胎冷冻和转基因平台，在质量控制上给客户一份更满意的答卷；建立进出口隔离检疫场，为客户提供14批次保质保量进出口服务，获得客户一致好评；通过国际实验动物评估和认可委员会完全认证（AAALAC认证），实验动物饲养与管理水平与国际接轨，标志着斯贝福公司实验动物管理水平已较稳定地处于国际公认的高水准。在新冠病毒肆虐之际，斯贝福构建24小时科研实验动物接单与运送的绿色通道，疫情期间为300多家部队和地方科研机构提供了约614份实验保障订单，总量67475只实验动物，保障新冠科研使用。疫情初期口罩紧缺的情况下，斯贝福一天获得口罩生产资质，一周完成产品质量检测，在395平方米的万级净化车间开展口罩生产，第一时间向单位捐赠约11623个医用口罩，也为疫情中的武汉捐献2000个自制口罩。新冠模型制备成为实验动物科研重中之重，斯贝福转基因平台与希诺谷合作制备 hACE2 OE小鼠和mACE2-KO小鼠模型。6月23日，第一批阳性小鼠顺利出生，种群现已初具规模，实现供应保障。公司CEO战大伟博士获得2020年延庆区最美科技工作者，转基因中心主任王妍获得延庆区优秀人才奖励。

地址：中关村延庆园西康路23号

电话：61160889

（李慧）

【金果园老农（北京）食品股份有限公司】 金果园老农（北京）食品股份有限公司成立于2006年12月12日，是一家集食品深加工、专卖店连锁、OEM品牌运作及产品代理为一体的专业休闲食品加工、销售型企业。公司注册资本6545.22万元，资产总额近3亿元，拥有北京市著名商标“果园老农”自有品牌系列休闲干果食品。为进一步扩大产能，公司于2008年、2012年分别在中关村科技园—延庆园、永宁农副产品加工基地，建立了2个深加工基地，占地面积约8.67公顷，总建筑面积约30000平方米，引进了世界一流的全自动深加工流水线，其中现代化立体库房12000平方米，具备制药GMP标准的净化车间3000平方米。15年来，解决当地就业达1400余人次，企业累计纳税总额约2.8亿元。2021年预计工业产值可达到4.6亿元，预计销售额3.7亿元，预计可缴纳税金1300万元。公司已经通过了ISO 9001质量管理体系认证、ISO 22000食品安全管理体系认证、ISO 14001环境管理体系认证、HACCP体系认证、职业健康安全管理体系认证、能源管理体系认证及食品工业企业诚信管理体系。公司以果仁、蜜饯、果干三大类为主打产品，主要产品甄选国内外原产地最高品级的新鲜原料，坚持采取“不染色、不漂白、非油炸”的工艺技术，产品秉承“原色、原香、原味”的产品特点。公司产品在北京及北方果仁休闲产品市场中占有较大市场份额，销售渠道已经覆盖到北京98%以上的KA卖场、连锁综超和百货商场，以及近2000家中小型C、D类超市，团购客户1800余家，100多个外埠市场，线上渠道已覆盖所有主流电视平台（如天猫、京东等）。公司在参与“光彩事业”“社会公益慈善事业”等方面做了大量的工作。已连续15年参加“手拉手·心连心”大型公益活动，每年向希望工程、延庆区爱心专项基金捐款、慰问孤寡老人、残障儿童、帮扶贫困村、冠名中小学美术班等，已累计捐款、捐物750余万元。公司谨以此实现在自身发展的同时不忘回报社会的企业宗旨。公司在“万企帮万村”精准扶贫工作中，深入康庄镇、大庄科乡、千家店镇等12个乡镇，针对农民增收、农产品滞销、剩余劳动力就业等问题进行了交流与探讨。与旧县镇签署战略合作协议，形成农户+经济合作社+龙头企业的运行模式。针对剩余劳动力就业，拟定出10余种就业岗位，针对困难群体、青壮年劳动力、临时工和大学毕业生提出四种就业模式，以此保障贫困村农民增收致富。将输血变造血，诚、实相融，做到精准帮扶。年内，实现产值2.63亿元，实现销售额2.59亿元，缴纳税金924万元，精准帮扶就业100多人，为经济社会发展做出了积极贡献。

地址：八达岭镇飞东路1号

电话：84598760转800

（张娜）

【北京启迪之星创业加速科技有限公司】

2018年，启迪之星在延庆设立了新的创新节点——启迪之星·延庆（孵化器113区、加速器129区）。2020年启迪之星（延庆）在原有空间载体基础上增设运营八达岭镇文创孵化基地。以“孵化+投资”的服务模式，结合延庆区域特色、产业定位和启迪之星发展战略特色，建立了“孵化器+加速器”的服务模式，“众创空间—孵化器—加速器—体育科技创新园”全链条的孵化载体，推动延庆区第一支科创基金的设立（2亿元）。为科技成果转化、创业企业孵化、创新人才培养、高新企业研发提供发展空间，为企业生命周期内不同发展阶段链接各类资源，为建设“美丽延庆，创新家园”，为北京市的创新发展和科技转化贡献力量。2019年9月，启迪之星（延庆）在延庆区委区政府及各级领导和单位的支持下，获批“北京市第六批市级众创空间”称号（北京市创业孵育协会授牌）。截至2020年12月，空间运行良好，累计孵化230余家企业，注册资金累计上亿，税收400多万元，带动就业1000余人，其中延庆籍200余人。在招商引资、招才引智方面，孵化企业中：院士工作站1家；海外高端人才引进项目1家；“专精特新企业”2家；“长江学者”项目2家；企业科协4家；“北京市知识产权试点示范单位”4家；启迪之星壹计划企业5家；“中关村金种子企业”6家；“中关村雏鹰人才”7家；“院士项目”11个；获得融资企业20余家，累计融资额超2亿元。在孵企业累计获得区级及以上大赛奖项150余项；吸引海外人才56位，外资企业2家；高新技术企业66家；在孵企业获得专利300余项（其中发明专利122项）。收获来自各个政府、机构、大赛授予的荣誉以及合作项目150余项。三年多来，启迪之星（延庆）累计接待领导到访调研、举办创业活动、座谈共326次，累计签约30余家合作服务机构，可为入驻企业提供金融、会议、知识产权、法务、工商财税等多方位科创服务。聘请40余位创业导师，可为入驻企业提供一对一创业咨询。2020年，启迪之星（延庆）在原有党团组织基础上，成立了工会、妇委会。同时，通过自身服务平台建设和完善，获得多个挂牌、资质及荣誉奖项。具体有：第六批北京市级众创空间、第四批北京市创业孵化示范基地、返乡青年创业服务中心，知识产权服务工作站、

2020年度创新创业服务机构建设促进专项第二批支持单位、中关村高新技术企业认证、京津冀体育健身休闲发展协同创新中心延庆研究基地、中国科学院风能利用重点实验室延庆基地、北京市非公有制经济党员示范点、2020文创大赛创业服务分中心、2020文创大赛最佳赛区奖、2020文创大赛最具特色赛场奖。

地址：康庄镇八达岭新能源谷27号楼B1口三层

电话：61115686

（吴彩云）

【北京胖龙丽景科技有限公司】 北京胖龙丽景科技有限公司成立于2002年，在北京顺义区、通州区和延庆区共有约33.33公顷基地，其中规模化苗圃247.07公顷。引进优良乔灌草植物1500余个品种，拥有智能化温室15000平方米。以24节气72物候自然植物生态规律为指导，以物种多样性促进自然生态健康可持续发展、城市自然生态建设为目标，以提升林木产业科学生产水平为己任，攻克优秀乡土植物的驯化、繁育难题，培育生态功能显著的优质观赏苗木。2016年北京胖龙丽景科技有限公司被国家林业局纳入国家林木种质资源库体系，定名为北京市海棠国家林木种质资源库，该库是海棠种质资源的异地保存库，占地面积43.3公顷。主要收集保存国内外野生、栽培、珍贵的苹果属海棠种质资源，并对其植物学特征、物候表现、应用价值进行系统研究和分析，培育拥有自主知识产权的新品种。截至2020年共收集保存以苹果属观赏海棠为主的种质资源114份，申请良种9个，是国内收集保存观赏海棠品种最丰富的基地。2018年被授予全国中小学生研学实践教育基地、国家高新技术企业。年内，受北京世界园艺博览会邀请进驻并建成“胖龙谧园”，占地2公顷。2019年世园会期间，受到各级领导、外籍使者、业内人士及广大园艺爱好者的一致好评，多次荣登各大媒体的热点新闻。同年，成立北京胖龙谧园科技有限公司入驻中关村延庆园。延庆胖龙谧园是以国际环球四区植物在北方山区气候环境应用展示为主，建园遵循24节气72物候植物自然生长规律。园区内物种多样，乔木25大类68个品种，灌木40大类110个品种，宿根87大类160个品种，草3大类6个品种。物种的多样性有效地促进自然生态建设，筛选优质北方山区气候环境观赏植物，为城市生态文明提供有效数据。2020年，胖龙在延庆唐家堡村建立“食花君”农场，对乡土药食同源植物、芳香植物开发引种、展示示范，占地8公顷。填补国人对于拓荒本草、救荒本草、中草药传统文化的认识，为中小学生及市民面对疫情和灾情实施自然自救提供基础教育。延庆标志性北方山区气候环境，作为教育科研相结合的景观示范园拥有独特的地理优势，是顺义、通州平原区科研实践的补充，使科研、教育方面纬度覆盖更加全面。系统的提升完善了实践教育整体课程，为城市自然生态、优秀乡土植物的驯化繁育提供必要数据。

地址：中关村延庆园风谷四路8号院
27号楼2473

电话：60481743

（杨晓娟）

【北京梦起源体育发展有限公司】 北京梦起源体育发展有限公司于2015年5月26日正式成立，以冰雪项目普及培训、专业冰雪竞技培训、冰雪技能人才培训、社会社区活动和冰雪赛事为主。公司自主投资建设了高标准、高规格、高要求的室内四季真冰馆、四季模拟滑雪馆和模拟滑雪机生产工厂。年内服务于延庆区、顺义区、门头沟区、平谷区等多个区域及上海队、辽宁队专业训练。公司现有奥运冠军余勇俊作为主教练，世界冠军郭雪松作为领队，有世锦赛冠军、全国冠军及省级赛事冠军的优秀教练团队约30多人。公司现有滑冰、滑雪和轮滑先进的配套设备，是国内为数不多的集专业滑冰馆、滑雪馆、轮滑场地和体能馆为一体的综合训练基地之一。梦起源公司在区委区政府和各单位领导的大力支持和信任下，担负起延庆区各类冰雪项目等工作。公司提供由世界冠军带领的优秀团队，完成延庆区专业队员的培养、青少年冰雪普及培训，冰雪技能人才培训等工作，用实际行动助力冬奥会。在赛事活动方面，公司与北京市其他区域及各大社区街道办事处展开深度合作，深入社区，深入群众，向社会大众普及冰雪运动，让更多人了解和参与到冰雪运动中来。2019年被延庆区授予突出贡献奖，为延庆区青少年滑冰队主要贡献有：在“延海杯”短道速滑邀请赛、北京市青少年U系列短道速滑冠军赛、朝阳区邀请赛中获得了13块金牌、20块银牌、26块铜牌。北京市中小学生冬季运动会上斩获了多枚金银铜牌，北京市青少年短道速滑锦标赛共产生9个国家一级运动员，延庆区共有4名队员获得国家一级运动员称号，2名队员获得国家二级运动员称号，延庆区通过国家一级运动员的总人数居全市第一名。自2019年开始截至2020年底，全区冰雪普及已经达到约20000多人，90%以上参加普及的人员能掌握冰雪基本技能并且实现独立滑行。共培养出滑冰初级裁判员150名，滑雪初级裁判员140名，浇冰和开冰车技师33名，90%以上的学员基本都能够掌握自己所学的专业。梦起源公司始终以加强滑冰滑雪运动项目的培训和推广为宗旨，注重挖掘深化冰雪运动项目的辐射力度，在承接冰雪赛事、培养竞技团队方面一直注重质量和成效。在未来梦起源将会秉承初心，砥砺前行，筑梦冰雪运动项目，为促进我国的冰雪运动事业发展做出自己不懈的努力，同时用冰雪轮滑运动带动延庆区旅游、餐饮和住宿方面的经济增长。

地址：中关村延庆园风谷四路8号院27号楼
电话：56190329

（王楚雄）

【中电智慧综合能源有限公司】 中电智慧综合能源有限公司（以下简称“中电智慧”）于2017年7月在北京市延庆区投资成立，是国家电力投资集团（以下简称“国家电投”）下属三级子公司。公司服务项目涵盖综合能源解决方案、氢能业务运营及装备研发、多能互补综合能量管理、售电业务代理和能效管理、用电诊断、设备维护等综合能源服务。中电智慧作为中国电力综合智慧能源投资运营平台，承担集团公司北京氢能交通示范应用基础设备投资运营、跨区电力交易业务和京津冀区域绿色能源投资开发，还在搭建综合能源大数据分析中心、能量管理系统研发中心、京津冀综合智慧能源项目集中控制中心。中电智慧综合能源有限公司与北京绿氢科技发展有限公司实施一体化管理模式。北京绿氢科技发展有限公司定位于氢气的制备、储运和加注及氢能应用项目的投资和运营，同时围绕关键氢能装备开展研发、生产、销售、化验、检测与测试。投资建设的氢能产业园一期——国家电投中关村延庆园加氢站已于2020年10月建成，具备35MPa、500kg/天加注能力，并取得北京市首家氢气经营许可，2021年还将按照科技冬奥“氢能出行关键技术研发与示范应用”课题要求增设70MPa加氢成套设备，为北京冬奥会测试赛期间氢燃料车辆示范运营提供氢气保障服务。氢能产业园二期——先进兆瓦级PEM制氢项目，已取得备案、规划和开工意见，计划2021年底建成投产，除保障2022年冬奥会期间氢燃料客车示范运营任务，还将为北京市氢燃料电池产业研发、测试提供高品质氢气。产业园三期初步规划2022年开工建设，2025年建成投用，建成后将集绿色氢能技术研发、产品测试检测、培训咨询、投资运营为一体，目前已与德国西门子、德国林德工程、美国空气产品、日本丰田等知名企业初步达成合作意向，共同推动产业园建设。氢能产业园代表了国家电力投资集团公司氢能发展战略的重要一环，为推动京津冀区域氢能产业布局的实施打下了坚实的基础。面向未来，中电智慧（绿氢科技）将深刻把握全球能源革命趋势，以先进能源技术创新为驱动，以清洁能源供应和能源生态系统集成为方向，助力延庆高质量发展。

地址：中关村延庆园风谷四路8号院
27号楼1270

电话：81182218

（王云龙）

【北京中科宇清环保有限公司】 北京中科宇清环保有限公司是一家具有环境工程专业承包资质，以系统、高效、快速、低成本（简称SEFC）水环境治理技术的整体优化和应用推广为特色的系统治水服务商。2018年8月，中科宇清获得中关村高新技术企业资质，2020年荣获北京市科学技术进步奖二等奖。公司专业从事分散式生活污水处理、黑臭水体治理，以及河流水生态修复等业务，具有环保工程专业承包三级资质，其主要产品为水体高效富氧装备、智能排口和分散式污水处理设备。公司下设市场营销部、研发部、技术部和运维实施四个部门，现有员工30余人，其中本科及以上学历占50%以上。中科宇清高度重视技术研发工作，围绕水体生态修复在纯氧富氧、微生物载体材料，以及排污口智能化改造等领域先后投入研发经费500余万元，形成具有自主知识产权的发明专利10余项。自2017年以来，在系统治水服务方面已累计实现合同额1亿元以上，年营业收入1500万元以上。公司业绩遍布北京、河南、湖北、广东等地。年内，公司在中关村延庆园的办公区域内，建立了环境工程实验室（750m^2），具有水质分析检测试验条件，且具备开展水污染治理专用设备、水生态修复工艺的中试规模试验的环境和能力。并加入了北京化工大学牵头成立的“北京市水处理环保材料工程技术研究中心”，与北京师范大学、北京化工大学等科研单位紧密合作，投入水处理技术与产品的研发工作。其中，联合开展的新一代水体高效富氧新装备和微动力分散式一体化污水处理装备，具有高溶氧性能、高效率、低能耗的特点，在黑臭水体治理和分散式污水处理方面具有显著的技术优势和广阔的市场前景，已得到初步应用，并取得良好效果。未来公司将围绕高效富氧技术和分散式污水处理设备两个核心产品，进行多级组合工艺的开发和优化，逐步打造“在线监测+数据分析+设计规划+工程治理”一体化的综合性环境保护业务体系，以期成为具有技术特色和集成优化能力的系统治水服务商。

地址：中关村延庆园风谷四路8号院15号楼3层

电话：51286880

（杨竞佳）

【北京远度互联科技有限公司】 北京远度互联科技有限公司是启迪控股旗下工业无人机企业。核心团队主要来自清华大学，依托启迪控股优势资源，致力于成为全球顶尖的工业无人机解决方案供应商。公司具有14年关键技术积累，专注于飞控、云台、数据链、机器视觉等无人机关键技术，拥有技术优势，专注于无人机实用技术研究和推广。公司具备全产业链整合能力、芯片级无人机研发和量产能力，无人机关键技术全部自主研发，行业内累计生产销售无人机超20万架。公司自主掌握飞行控制系统、光电吊舱（EO/IR）、远程数据链、AI机器视觉等关键核心技术，在复合翼无人机领域，长期以来持续引领技术变革和行业应用方向。特别是在复合翼安防巡检领域，远度科技在公安、应急、环保、石油、电力等行业均占据主要市场份额。2020年，公司累计研发投入超3亿元，累计申请专利600余项，商标81件，软著28件，累计发售及服务无人机20万架。

地址：中关村延庆园风谷四路8号院
27号楼1916

电话：57784888

（王妍）

信息化建设

【概况】 2020年，公共网络完成全区宽带光纤覆盖，包括城区及所有376 个行政村，并基本具备200兆宽带接入能力。新建555个5G基站，累计完成1072个5G基站建设，实现城区及重点区域5G覆盖。在冬奥延庆赛区通信保障方面，扎实推进冬奥会赛区内移动通信基站建设，延庆冬奥核心赛区内合计规划站点31个，已交付28个，室分系统高山滑雪已完成，冬奥村完成约50%。同时，按照“1+1+3”模式，推进冬奥外围京礼高速延庆段隧道室分公共网络信号覆盖工作，西羊坊等5条隧道信号已全部开通。年内，区政府网站无障碍功能模块完成安装调试，投入运营；1.4G无线政务专网已覆盖城区中心、冬奥赛区外围重点区域；800兆无线政务专网已为公安局、应急办等应急指挥部提供安全稳定的无线应急通信保障。政务网络与信息安全保障方面，全年共监测到区政府网站的网络攻击27.5万余次，均已拦截并进行应急处理，确保信息安全事件“零发生”。完成节假日及重点时期以及日常政务外网和政务云安全保障工作、政务网站和系统安全保障、外网漏洞扫描等工作，全年执法检查154次。在信用体系建设方面，信用分级分类监管有序实施。在67类行政审批事项中落实告知承诺制。累计通过“信用延庆”网站归集公示红名单4889家、黑名单447家。组织开展信用修复培训会，全区30余家重点企业参与培训活动；信用综合指数排名稳居全市前列。开展“诚信建设万里行”主题宣传活动，深入3个社区、3个村、1个学校、3个商圈、1个园区、30余家企业开展诚信宣传活动，让诚实守信深入人心。在创建全国文明城区测评中，诚信材料实现零失分。

单位名称：北京市延庆区经济和信息化局
地　　址：延庆镇东外大街建业胡同2号
电　　话：69103310

（刘咪）

【创建文明城区通信线路整理】 年内，区经济和信息化局协调通信运营商开展通信线路整理工作。全年完成楼道内线路整理近3万处；完成主次干道架空线整理，共梳理线杆511棵、整理线缆1813条、涉及线路长度29.39千米；整理光缆长度652.939千米；完成三街一镇717栋楼的通信架空线梳理工作。

（王轶民）

【大数据平台建设】 年内，初步建成区级大数据平台数据资源池，汇集90余类500多万条结构化数据和50余类非结构化数据，为城市管理指挥平台提供数据支撑。区智慧城市建设已在网络基础设施、政务云平台、城市管理大数据平台等16个领域进行创新应用。落实《5G赋能智慧延庆》等框架协议，推动延庆专家智库、赋能产业发展。全年新入政务云系统10个，累计入云系统达到37个；完成信息化技术评审项目13项。

（付延）

【冬奥通信保障】 年内，推进冬奥外围京礼高速延庆段隧道室分公共网络信息号覆盖工作，西羊坊等5条隧道信号全部开通，铁塔公司基础设施全部完成，移动、联通、电信信号全部开通。截至年底，冬奥会赛区宏站赛区内11处移动通信基站已经进场施工，并完成浇筑，累计完成基站建设28个；机房9处技防已完成安装，基站内设备安装、外电引入及光缆布放按照进度实施；室分系统高山滑雪和冬奥村跟随装修进度跟进实施，分别完成进度的90%和50%。

（丁建军）

【新基建工作全面启动】 年内，5G基站建设任务555个，已全部完成。推进千兆固网接入网络建设，全年新增千兆用户1012户。1.4G无线政务专网已覆盖城区中心、冬奥赛区外围重点区域。

（丁建军）

【5G基础设施布局初见成效】 年内，印发《北京市延庆区关于加快推进5G基础设施建设工作方案》，协调电力部门加大对5G基站建设的保障力度，给予最优惠政策，要求各单位尽最大可能开放公共机构的办公场所和所属建筑物、公共用地、公共设施，为居民、游客提供便捷畅通的通信环境。通过多种方式加大5G基站建设相关知识宣传力度，营造共建共享舆论氛围。全区5G基站累计完工1072个，实现主要道路、重点区域全覆盖。

（丁建军）

【国家网络安全宣传周活动】 9月14日至20

日，开展单位内部网络安全宣传工作。在显著位置张贴国家网络安全宣传周海报，利用电子大屏、机关内部微信群播放网络安全相关小视频、传递网络安全相关知识。组织干部职工参加北京反恐微信公众号上推出的第七届国家网络安全宣传周在线网络反恐知识答题活动。向移动公司、电信公司、联通公司发放国家网络安全宣传海报、宣传册、宣传袋等宣传资料。

（贺东）

【“电信日”活动】 9月16日，开展“电信日”宣传活动，营造良好网络环境。通过营业厅电子屏方式，对网络诈骗手段、个人信息保护措施等进行专题推送；以各营业厅为活动主阵地，开展网络知识宣传，引导重点人群及有需求群体了解网络安全风险；发放宣传海报50份、宣传册200册及宣传单500份。结合宣传内容，开展线上及线下有奖问答活动，发放鼠标垫、手提袋等日常用品200件，进一步提高百姓网络安全意识，进一步强化网络安全辨别能力和防御能力。

（付延）

【区行政处罚信息公益性信用修复培训会】 9月28日，区经济和信息化局组织召开2020年延庆区行政处罚信息公益性信用修复培训会。金果园老农（北京）食品股份有限公司等30余家区级重点企业参加培训活动，培训内容涵盖行业信用监管情况和优化营商环境的重要举措、2020年信用修复和异议处理等内容。

（赵月）

【签订跨区域信用监管合作框架协议】 10月16日，区经济和信息化局与张家口市行政审批局签订《延庆区经济和信息化局、张家口市行政审批局区域信用监管合作框架协议》。按照协议，双方将秉承“数据共享、监管协同、有序推进”的合作原则，围绕服务保障2022年冬奥会，在旅游餐饮、食品安全、交通运输等方面，整合双方信用资源。开展跨区域信用协同监管，提升两地信用监管工作合力，营造诚信的市场环境和社会氛围，为两地经济社会健康发展提供有力支撑。

（赵月）

【区公共信用信息服务平台入选国家观摩活动】 12月11日，国家发展改革委举办2020年全国省市级信用信息共享平台和信用门户网站建设观摩培训活动。延庆区参加北京市信用信息共享平台和信用门户网站建设观摩活动，并取得第一名的好成绩。最终延庆区与石景山区代表北京市区级信用信息共享平台和信用门户网站参加国家观摩活动。

（贺东）

【区社会信用体系建设培训】 12月24日，区经济和信息化局组织召开区社会信用体系建设工作培训会。区社会信用体系建设联席会议33家成员单位参加培训。会上，向各部门详细介绍区公共信用信息服务平台操作流程，对各部门信用信息归集共享和应用提出明确要求。

（赵月）

（栏目编辑：孙越凡）

商贸服务业

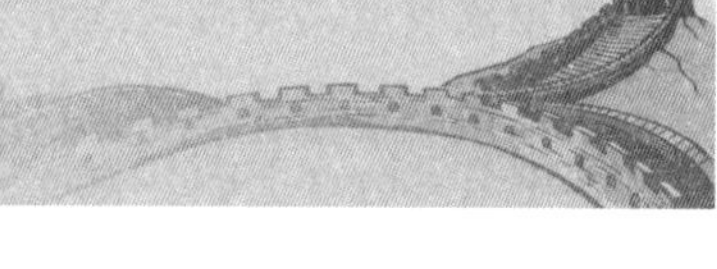

概　述

北京市延庆区商务局（北京市延庆区粮食和物资储备局）于2019年3月正式挂牌成立。负责贯彻落实市委关于内外贸易、外商投资、对外经济合作、粮食和物资储备工作的方针政策、决策部署和区委有关工作要求。在履行职责过程中坚持和加强党对内外贸易、外商投资、对外经济合作的集中统一领导。年内，受新冠肺炎疫情影响，延庆区市场总消费增速同比下降9.1%。全年社会消费品零售总额完成99.7亿元，同比下降7.7%。结合“七有”要求和“五性”需求，开展商业设施建设，提质全区商业环境，按期完成“疏整促”工作任务；多措并举促进消费，支持中小微企业稳定发展；坚持政策引领，持续激发外经贸发展活力；围绕平安建设，持续开展行业安全监管；粮食收购稳中向好，粮油市场保供稳价卓有成效；会展产业发展迅速，带动效果明显；多渠道、多平台助推消费扶贫硕果累累；做好冬奥餐饮服务保障，高效机制初步建立；坚持以人民为中心，持续深化12345接诉即办工作机制；实现新冠疫情防控和经济发展同步推进。

单位名称：北京市延庆区商务局

地　　址：延庆区新城街2号

电　　话：69101551

（王清波）

商业服务业

【冬奥会服务保障】 年内，完成国家雪车雪橇中心场馆预认证活动、国际冬季单项体育联合会来访考察、2020/2021赛季全国高山滑雪及残奥高山滑雪邀请赛、2020/2021赛季全国雪车及雪橇冠军赛等活动的服务保障工作。确定延庆赛区场馆餐饮服务商，按照北京冬组委要求，督促、指导、协助餐饮服务商完成餐饮原材料供应渠道、服务运行计划、厨房空间设计、涉奥员工培训等方面工作。

（刘越）

【生活性服务业品质提升】 年内，提前完成30个便民网点建设任务。建立属地网点建设考核机制，会同各属地政府开展便民网点精准补建工作，全区基本便民服务功能社区覆盖率达到100%。研究起草“十四五”商业服务业发展规划，并纳入全区“十四五”发展规划11个专项规划之一。

（李洪涛）

【疏整促及市场改造】 年内，牵头成立日上、恒生市场专班，开展市场升级改造及常态化管理，实现农贸市场“零扣分”，全面助力创城成功。共修缮路面约4.1平方米、划设停车位420个、拆除违建2113平方米。推动万达广场建成开业，保障正常运营。推进柳沟商业街建设，督促井庄镇商业街加快建设施工。

（李洪涛）

【多措并举促进消费】 年内，牵头文旅、体育、农业农村等部门制订实施《北京消费季延庆区消费活动方案》，推动万达广场开业促消费和草莓音乐节等26项活动相继开展。结合“五新”工作，推进直播消费、智能消费等新型消费模式发展。出台《延庆区补助商业领域中小微企业和个体工商户房租的实施细则》，累计减租金额1493万元，补助金额434万元。

（李洪涛）

【全力以赴抗击新冠疫情】 年内，按时完成新冠疫情期间生活必需品区级储备计划。新冠疫情期间，增加临时储备蔬菜24.93万千克、成品粮100万千克、鸡蛋13400千克、奶粉900千克、方便面14.2万袋。制订加大本地菜投入、“点对点”补货机制、拓展外采渠道等六项保供稳价措施，保障生活必需品市场供应平稳、货源充足。牵头区新冠疫情防控领导小组物资和市场环境组（市场新冠防疫组），统筹协调做好全区防控物资需求统计发放，生活必需品供应及价格监测，以及商场超市、农贸市场等商业领域新冠疫情防控工作，确保延庆区新冠疫情防控工作中民用防控物资及生活必需品供应充足，市场秩序和市场环境稳定有序。累计为各单位、部门发放40余类新冠防疫物资649万余件。同时，创新“6+N”行业治理机制，领导班子成员分别牵头6个专项监督服务组，做好全区重点商超、市场、餐饮单位及“七小”企业新冠疫情防控统筹管理，累计出动5121人次，检查10180家次，组织核酸检测18160人次、注射疫苗58人。全区重点商业企业复工复产率100%，复工达产率达到80%以上。

（席小芳）

【行业安全监管】 年内，结合新冠疫情防控，制订全年安全工作方案，明确安全责任制建设、法规宣传、专项督导为内容的量化工作目标。多次组织班子集中学习，落实党政领导干部安全责任制实施细则，并开展巡查指导，指导企业落实各项安全制度。落实行业管理职责，牵头开展安全检查、集中整治三年行动、燃气安全整治等工作，共出动检查指导人员150人次，检查企业70家次，下达安全生产告知书70份。截至年底，区商务局所辖领域在安全生产、防恐防暴、消防安全等方面未发生对延庆区经济社会发展造成重大不良影响事件，社会面总体情况平稳有序。

（王佳）

【粮食和物资储备】 年内，粮食安全区长责任制考核连续5年被评为优秀等次，连续两年考核排名全市第一。新增区级临时储备成品粮100万千克，超额完成市级任务；玉米收购2670万千克，转储2330万千克。粮食应急企业全部实现挂牌管理；开展政策性粮食管理问题整改“回头看”专项行动；发放救灾物资4848件，补库4821件；进行两次物资倒垛一次应急演练；开展救灾物资大清查，救灾物资实现系统化管理。

（胡秀华）

【消费扶贫】 年内，共销售受援地农产品1.34亿元。6月8日，北京市消费扶贫双创中心延庆第二分中心在首农食中心挂牌成立。受援地共销往北京扶贫产品总金额12232.32万元，其中河北省宣化区3244.50万元，怀来县7900万元，内蒙古自治区兴河县1087.82万元。累计带动贫困人口5198人，办理消费扶贫爱心卡14000余张，安装消费扶贫智能专柜31台并通电试运营。

（王清波）

【会展签约金额1.196亿美元】 年内，北京服贸会期间共计向364家企业进行宣传动员。中关村延庆园加氢站、绿色云计算中心等6个项目成功签约，签约金额达11862.2万美元。扎实组织区内39家部门和企业、70名人员赴上海参加第三届进博会。进博会期间，意向订单成交额98.2万美元。

（郭向芳）

【接诉即办】 年内，累计接办12345工单309件，同比增长306%。除不合理诉求工单外，解决率、满意率均为100%，全区总体排名靠前。

（席小芳）

【光盘行动】 年内，落实“光盘行动”，制订《延庆区餐饮企业光盘行动若干措施》，定期检查各企业落实情况。全年发放光盘行动倡议书及工作指引2000份。

（李洪涛）

【无障碍环境建设】 年内，对区内重点商超、餐饮企业的无障碍设施建设情况进行摸排，将29家重点企业的113个无障碍点位系统上账，同时引导12家商业企业开展无障碍设施改造。

（李洪涛）

对外经贸

【多举措推进外经贸发展】 年内，组织开展2020年度外经贸发展专项资金、服务外包项目申报，促进企业进一步发展。开展企业培训3次，培训企业43家次。加强外商投资企业服务管理，牵头成立稳外资专班，制订工作方案，建立外商投资企业台账。

（吴广云）

【外贸进出口稳中有升】 1月至12月，延庆区进出口企业完成直接进出口总额人民币12.4亿元，同比下降2.9%。其中直接出口总额人民币10.04亿元，同比增长0.9%；直接进口总额人民币2.36亿元，同比下降16.3%。全年8家外资企业落户延庆，合同外资7579万美元。实际利用外资304万美元。

（吴广云）

【“两区”建设稳步启动】 年内，区商务局承担延庆“两区”建设领导小组办公室具体工作。围绕“一核四区多点”、全域旅游、冬奥契机、世园公园及周边等方面，打造科技创新高地、促进文旅体商农融合发展、发展冰雪休闲产业、建设京张体育文化旅游带、打造休闲度假商务区（RBD）。持续梳理“三单”和示范项目，截至年底，梳理政策清单11项，空间资源清单5项，目标企业清单3项，在推示范项目10个。（“两区”：国家服务业扩大开放综合示范区和自由贸易试验区）。

（吴广云）

企业选介

【北京市延庆粮油有限公司】 北京市延庆粮油有限公司隶属北京首农食品集团有限公司，是由原延庆县粮食局整体转制组成的市属国有独资企业。从事粮食贸易经营，承担国家和地方储备粮储存、管理，军粮供应，退耕还林粮食供应等职责。公司有土地面积67.70万平方米，房屋面积13.95万平方米，有北京市隆庆粮食收储有限公司（下属大榆树、康庄、大柏老、永宁、张山营、沈家营6个粮库）、北京京粮隆庆贸易有限公司、北京市隆庆夏都军粮供应有限公司、北京市成龙工程公司4家企业。业务涉及粮油贸易、粮油储备、不动产经营三大产业，形成以贸易为龙头、仓储和不动产经营齐头并进的经营格局。2020年，公司总资产1.90亿元，不动产经营土地面积25.11万平方米，年汇总收入9.07亿元，汇总利润360万元。签订租赁合同共计104份，累计租金收入675万元。全年处理5件市民热线派工单，“响应率、解决率、满意率”均达到100%。年内，销售原粮总量为4.17亿千克，其中玉米2.78亿千克，小麦1.32亿千克，稻谷691.53万千克。销售成品粮130万千克，其中军供粮90万千克，贸易粮40万千克。当地农民玉米收购工作从3月11日起到5月19日止，集中收购当地玉米2246.01万千克。入库储备粮4306.29万千克，其中入库市储备玉米2246.01万千克，市储备小麦1460.28万千克，市储备小麦粉600万千克；合计区储备玉米500万千克，区储备小麦304.21万千克；出库储备粮3042.29万千克，其中市储备粮玉米2442.29万千克，市储备小麦粉600万千克。市储备粮、区储备粮库存合计1.65亿千克。全年市储备粮原粮与成品粮出库损耗率降低到0.29%。落实国有企业改制，北京市昊利恒粮油贸易有限公司、康西粮食收储库注销。完成477名退休人员社会化属地管理移交工作。非经营性资产移交工作全部完成。将石河营东街8号、10号楼及附属储物间、车库，川北小区6号、13号楼及附属储物间共计19782.08平方米全部移交给北京房地集团有限公司进行管理。公司分别对大榆树粮库、大柏老粮库、沈家营粮库、张山营粮库等部分仓房加盖阻燃彩钢板；对个别仓房进行修缮，全年维修改造共计投入费用175万元。经过与帮扶村沟通探讨，公司资助内蒙古兴和县赛乌素村村委会资金5万元，用于建立养殖场，扩大养殖规模，提高收益。在公司与相关部门的帮助支持下，该村年内完成脱贫任务。全年组织单位食堂、干部职工在双创中心购买扶贫产品10万余元，以消费扶贫的方式促进农民增收。完成上一年度（2019年）第二轮退耕还林补助粮、补助金供应发放任务，共计发放面粉46103千克。截至年底，延庆区第二轮退耕还林补助粮供应发放工作全部完成。12月，公司下属北京市隆庆粮食收储有限公司获得安全生产标准化二级企业（粮食仓储）证书。

地 址：延庆区京张路口南400米

电 话：69144716

（李薇）

【北京市延庆区烟草专卖局（公司）】 北京市延庆区烟草专卖局（公司）成立于1995年3月22日，负责延庆辖区的卷烟经营和市场管理。2020年，受新型冠状病毒感染的肺炎有关疫情影响，延庆烟草通过电话、微信等手段开展“云拜访”工作，询问零售客户及其家人身体状况，宣传家庭防疫措施、健康监测常识等内容，了解店铺经营状态、卷烟库存情况、近期动销情况，统计片区受影响情况，为卷烟经营决策提供依据。全年共查获各类违法卷烟案件35起，查获违法卷烟123.84万支，其中假烟11.48万支，走私烟3.72万支，真烟108.64万支。年内，延庆烟草联合区市场监管局开展校园周边专项整治工作。专项整治活动以“跨部门双随机”的形式开展，主要对烟草零售许可证即将到期的校园周边零售户进行走访检查。重点对零售户的规范经营、控烟标识张贴等情况进行检查，开展法律法规的宣传教育，告知零售户不得向未成年人出售烟草制品及许可证到期后不得继续从事烟草制品零售业务。本次联合检查共出动执法人员6人，对13户校园周边零售户开展检查，未发现相关问题。分别于3月、5月、6月、12月在延庆区中心商业区环球新意东门、大型集贸市场日上市场、京烟零售店门口开展“3·15”“5·15”“6·29”“12·4”普法宣传活动。通过发放资料、现场咨询、设立展板等形式，“图文并茂”向零售户和消费者宣讲涉烟常见违法行为及处理办法和卷烟真伪鉴别知识。大力宣传“12313”烟草举报电话，提高群众的自我保护意识，鼓励群众积极举报涉烟违法行为，共同打击涉烟违法犯罪行为。截至年底，公司实现税利9446.56万元，同比增长3.73%。

地址：延庆区妫水南街9号

电话：81196686

（孙刚）

（栏目编辑：孙越凡）

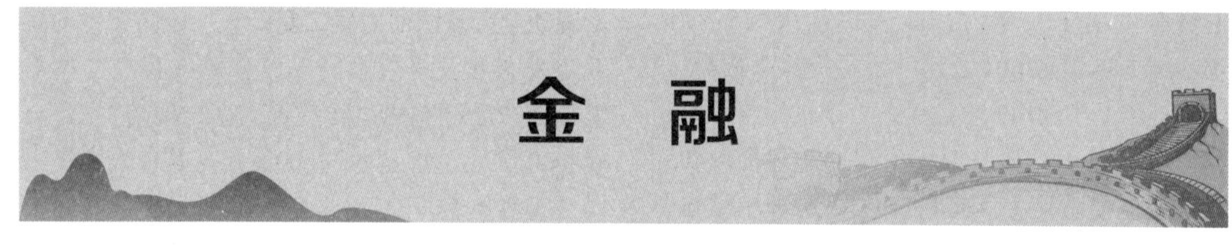

金　融

中国银行延庆支行

【概况】　中国银行股份有限公司北京延庆支行（简称“中行延庆支行”）有营业机构3个，支行本部及所辖高塔街、妫水南街经营性网点支行。年内，围绕“建设全球一流现代银行集团”战略目标，全力拓展市场份额和客户基础，以“激发活力、敏捷反应、重点突破”的工作思路，践行新发展理念，推进各项业务稳步发展。截至年底，支行人民币存款余额40.92亿元，比上年减少5.55亿元；实现拨备前利润5811万元，比上年减少1780万元。

单位名称：中国银行延庆支行
地　　址：延庆镇庆园街12号
电　　话：69141843

（闫立君）

【存款业务】　年内，人民币各项存款余额40.9亿元，比上年46.47亿元减少5.55亿元。其中人民币公司存款余额21.7亿元，减少8.19亿元；储蓄存款余额19.2亿元，增加2.64亿元。外币存款余额756万美元，比上年同期增加51万美元。

（闫立君）

【贷款业务】　年内，各项贷款余额13.19亿元，其中人民币公司贷款余额12.65亿元，比上年减少1.52亿元；人民币零售贷款余额0.54亿元，比上年增加0.07万元。不良贷款余额49.66万元，资产不良率0.91%。

（闫立君）

【中间业务】　年内，实现净利润4120万元，比上年减少1379万元，完成分行任务指标79.37%。实现中间业务净收入702万元，比上年同期减少167.68万元，完成分行任务指标63.48%。

（闫立君）

【国内结算业务】　年内，对公国际结算业务量605.38万美元，比上年增加73.49万美元。

（闫立君）

中国工商银行延庆支行

【概况】　中国工商银行股份有限公司延庆支行，内设机构5个，营业网点4个。截至年底，本外币资产总计103.80亿元，比上年增加26.72亿元。人民币各项存款时点余额73.83亿元，较上年增加5.93亿元；各项贷款余额50.95亿元，较上年增加9.88亿元；拨备前利润19251万元，同比增加1957万元。

单位名称：中国工商银行延庆支行
地　　址：延庆镇东街28号
电　　话：69143392

（史玉君）

【代理国库业务】　年内，办理国库业务34.81万笔，预算收支金额272.39亿元。其中预算收入29.40万笔，金额76.50亿元；预算支出2.80万笔，金额195.89亿元；收入退还2.52万笔，金额10.77亿元；更正通知书52笔，金额1.34亿元。办理县区级授权支付和直接支付2.60万笔。

（史玉君）

【存款业务】　年内，对公存款余额36.84亿元，较上年下降0.61亿元。储蓄存款余额36.99亿元，较上年增加6.55亿元。外币储蓄存款余额144.15万美元，比上年下降6.01万美元。

（史玉君）

【贷款业务】 年内，个人贷款余额5.59亿元，比上年增加0.01亿元。公司贷款余额45.37亿元，比上年增加9.88亿元。

（史玉君）

【新冠疫情防控】 年内，压紧压细“四方”责任，抓严抓细人、物、场所管理，坚守“零感染”底线。组织销售抗疫国债2800余万元。

（史玉君）

【脱贫攻坚】 年内，发放精准扶贫贷款500万元，购买扶贫产品34万元，组织销售脱贫攻坚债券4000余万元。

（史玉君）

中国建设银行延庆支行

【概况】 中国建设银行股份有限公司北京延庆支行简称建行延庆支行。年末，实现本外币账面利润1.57亿元；本外币全口径存款时点余额95.94亿元；本外币各项贷款时点余额70.4亿元；五级分类不良贷款余额0.001亿元，不良率0.002%。

单位名称：中国建设银行延庆支行
地　　址：延庆镇东外大街97号
电　　话：69101571

（潘颖）

【存款业务】 年内，企业存款余额34.22亿元，比上年同期增长2.04亿元；储蓄存款余额51.73亿元，比上年同期增长1.42亿元。

（潘颖）

【贷款业务】 年内，贷款余额70.41亿元，比上年同期增长20.19亿元，区域四行占比37.14%；其中住房贷款余额10.52亿元，区域四行占比42.4%，排名第一。

（潘颖）

【中间业务】 年内，实现中间业务净收入4249万元。其中，对公中间业务净收入1853万元；对私中间业务净收入2396万元。

（潘颖）

【调动全行资源助力复工复产】 年内，主动联系防疫企业及“云义贷”白名单内客户，摸需求、推产品；完成“防疫贷”客户授信7户、金额8000万元，实现投放4000万元（其中人行优先1、2级名单客户3户，金额3000万元）；对50余家客户给予“云义贷”授信超1亿元，其中30余户实现贷款签约并累计支用5000余万元；为受新冠疫情影响的6个客户办理贷款延期；成功指导小企业贷款客户领取关爱保障保险50余份。

（潘颖）

【脱贫攻坚】 年内，深入称沟湾村开展走访慰问、知识宣讲、联建共建等活动。帮助销售大榛子、玉米、木耳等农副产品，为低收入户家庭学生办理建信“龙安e生”和“意外伤害”两项保险。全年发放乡村振兴卡8300余张，累计发放消费扶贫信用卡1.54万余张，消费满减250余万笔，带动扶贫商品销售550余万元。

（潘颖）

中国农业银行延庆支行

【概况】 中国农业银行股份有限公司北京延庆支行简称农行延庆支行，营业网点8个。年内，统筹做好新冠疫情防控、服务实体经济和经营管理工作，对接高新入驻企业，提供优质、高效、专业的金融服务，以完善延庆地区体育产业创新创业环境。将自身发展同区域发展紧密联系，承担服务区域、服务三农的职责和使命，为区域经济的繁荣和发展贡献金融力量。全年累计为19家合作社发放乡村振兴e贷1885万元，为95户农村个人发放惠农e贷1600万元，为小微企业客户发放贷款568笔，累计4.65亿元。

单位名称：中国农业银行延庆支行
地　　址：延庆镇东外大街73号
电　　话：69144474

（郭京雪）

【存款业务】 年内，本外币各项存款时点余额118.5亿元，较上年增加0.74亿元。其中对公存款余额44.5亿元，较上年下降6.9亿元；储蓄存款余额74亿元，较上年增加7.6亿元。

（郭京雪）

【贷款业务】 年内，各项贷款余额约55.2亿元，较上年增加26.1亿元。区内同业存量占比第一，增量占比第二。其中个人贷款余额15.9亿元，较上年增加3.5亿元。对公贷款余额39.3亿元，较上年增加22.6亿元。

（郭京雪）

【中间业务】 截至年底，实现净利润1.47亿元，较上年增加600万元；实现中间业务收入4034万元，较上年增加314万元。

（郭京雪）

【现金服务宣传】 9月25日，农行北京延庆支行在八达岭国际会展中心举办现金服务宣传活动。活动以“反假货币净化流通环境，建示范区服务北京冬奥”为主题，通过“一转，二摸，三透光”的方法，手把手教大家识别假币。活动累计发放折页、手册、手袋等宣传材料5000余份。

（郭京雪）

中国农业发展银行延庆支行

【概况】 中国农业发展银行北京市延庆区支行简称农发行延庆区支行，1997年成立。主要职责是按照国家的法律法规和方针政策，以国家信用为基础筹集资金，承担农业政策性金融业务，代理财政支农资金的拨付，为农业和农村经济发展服务。2020年在新冠疫情防控的特殊时期，坚持疫情防控和业务两手抓，发挥政策性金融作用，全面助力企业复工复产。截至年底，各项贷款余额168308万元，较上年的67625万元增加100682万元，增长148.88 %。各项存款日均余额164399万元，较上年96207万元增加68192万元，增长70.88%。全年实现经营利润3882万元，较上年的2350万元增加1532万元，增长65.19%。存、贷款业务均取得历史性突破。

单位名称：中国农业发展银行延庆支行
地　　址：延庆镇妫水南街33号
电　　话：69188337

（宁琰）

【政策性粮油贷款管理】 年内，累计发放中央储备粮贷款10258.47万元、国家临时存储粮贷款1448.21万元、粮棉油政策性财务挂账贷款1275.37万元。

（宁琰）

【贷款业务】 截至年底，累计发放贷款11.5亿元，包括中央储备粮贷款1.03亿元、国家临时存储粮贷款1448.21万元、粮棉油政策性财务挂账贷款1275.37万元、产业扶贫贷款1亿元、农村流通体系建设贷款4400万元、城乡一体化建设中长期固定资产贷款8.7亿元、农业小微企业流动资金贷款620万元。累计收回贷款1.43亿元，包括中央储备粮贷款1.27亿元、国家临时存储粮贷款1448.21万元、农业小微企业流动资金贷款150万元。

（宁琰）

【存款业务】 年内，各项存款余额8.28亿元，较上年下降6.08亿元；日均存款余额16.44亿元，较上年增加6.82亿元；各项贷款总余额16.83亿元，较上年增加10.07亿元；各项贷款日均余额10.76亿元，较上年增加4.19亿元。日均存贷比为61.45%。

（宁琰）

【产业扶贫】 年内，为抗击新冠疫情，延庆支行发放德青源公司产业扶贫流动资金贷款1亿元。延庆支行成为自2009年发放1笔商业贷款后的第2笔商业性贷款银行。

（宁琰）

【新冠疫情防控】 5月28日，向承担甲方疫情物资供应的企业北京世龙经略供应链管理有限公司（世龙经略）发放疫情防控贷款4400万元。

（宁琰）

北京农商银行延庆支行

【概况】 北京农村商业银行股份有限公司延庆支行简称北京农商银行延庆支行，营业网点20个。年内，各项存款余额173.91亿元，在全区金融机构中排名第一。

单位名称：北京农商银行延庆支行
地　　址：延庆镇东外大街109号
电　　话：69147141

（韩煦）

【存款业务】 年内，各项存款余额173.91亿元，较上年增加13.74亿元，增长8.58%；占全区市场份额的30.36%，在全区金融机构中排名第一。其中对公存款余额87.13亿元，增长4.51%；储蓄存款余额86.78亿元，增长13.01%。

（韩煦）

【贷款业务】 年内，各项贷款余额15.18亿元，较上年增加2.85亿元，增长23.11%；占全区市场份额的5.64%，在全区金融机构中排名第七。存量不良贷款0.67亿元，不良率4.31%。落实“稳企业保就业”政策，发放普惠小微企业贷款46户8692万元，其中新冠疫情防控专项再贷款1户500万元；“菜篮子”供应企业贷款3户1580万元；支农支小再贷款29户8292.46万元。同时，支持市重点农业项目——北京丰森源猪场建设项目授信资金1亿元。

（韩煦）

【中间业务】 年内，实现中间业务收入1317万元，比上年减少676万元，降幅33.9%。

（韩煦）

【便民服务】 年内，加强对金融空白村支付环境建设，新建助农服务取款点3家；新增乡村便利店23家，总量达到127家，增幅22.12%；新增智能化改造网点2家，智能网点数达到6家；与缙阳水业合作开通柜面代收、预存水费业务，覆盖全区各乡镇。

（韩煦）

【新冠疫情防控】 年内，新冠疫情暴发期网点开门率保证在50%左右，5月全面恢复正常营业。成立防疫志愿服务队，行内120余名党员群众社区值守累计700余人次1460小时。

（韩煦）

【精准帮扶】 年内，对珍珠泉乡庙梁村开展2次节日慰问、2次防疫物资捐赠及“助学”“八一”“情暖重阳”等共建活动，支出帮扶慰问资金7万余元；协助总行完成对其农产品的收购帮销，获得销售收入10万元，形成帮扶资金3万元。中国银行业协会授予支行珍珠泉分理处“最佳社会责任特殊贡献网点奖”，在北京地区仅此1家网点入选该奖项。

（韩煦）

中国邮政储蓄银行延庆支行

【概况】 中国邮政储蓄银行股份有限公司北京延庆区支行简称邮储银行延庆支行。支行机关下设4个部室，13个网点。年内，实现收入5807.48万元，各项存款余额42.73亿元，各项贷款余额19.25亿元。

单位名称：中国邮政储蓄银行延庆支行
地　　址：延庆镇东外大街72号
电　　话：69146754

（罗强）

【存款业务】 年内，各项存款余额42.73亿元，同比增长5.44亿元。其中居民个人储蓄存款累计39.15亿元，同比增长4.26亿元；对公存款累计3.58亿元，同比增长1.18亿元。

（罗强）

【贷款业务】 年内，各项贷款余额19.25亿元，其中个人经营性贷款结余2亿元，较上年减少3777万元；个人消费类贷款结余3.35亿元，较上年增加5593万元；小企业贷款结余0.37亿元，较上年减少3442万元；公司贷款结余13.53亿元，较上年增加2.28亿元。

（罗强）

【中间业务】 年内，信用卡发卡5753张，同比增长4546张；发展保险业务451万元，同比增长290万元；发展理财业务22597万元，同比增长-8962万元。

（罗强）

（栏目编辑：孙越凡）

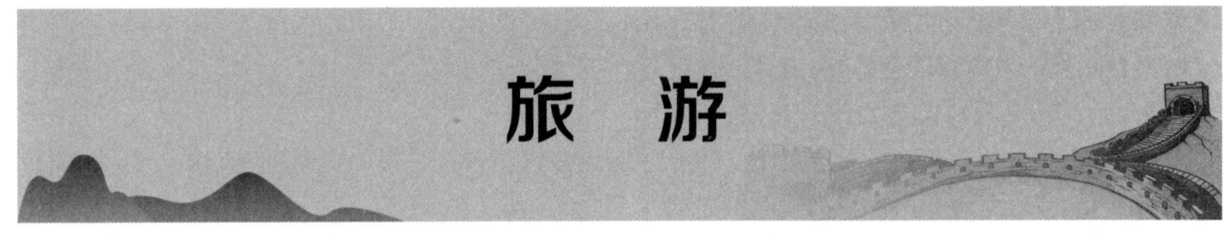

旅　游

概　述

延庆区文化和旅游局（简称区文化和旅游局），是负责全区文化、文物、博物馆、广播电视、旅游领域建设管理和文化旅游市场综合执法的政府文化旅游行政主管部门。2020年，全区共有A级以上旅游景区13家，包括AAAAA级景区1家(八达岭长城景区)、AAAA级景区6家(龙庆峡、百里山水画廊、北京世园公园、水关长城、野鸭湖湿地公园和世界葡萄博览园)、其他星级景区6家。有星级以上酒店13家、旅行社及其分支机构32家。有7个全国乡村旅游重点村，星级民俗村70家、星级民俗户1339户；精品民宿120家、民宿小院376个。年内，完成16座旅游厕所的升级改造，发放6家星级酒店冬奥签约奖励资金7764.6万元。区文化和旅游局完成延庆区82户星级民俗户、4家特色业态和8个星级民俗村评定。延庆区入选2020年度中国乡村旅游发展名县(区)案例名单，入选首批国家文化和旅游消费试点城市名单；区文化和旅游局被国家体育总局评为2020年全国体育事业突出贡献奖先进集体。

单位名称：延庆区文化和旅游局
地　　址：延庆镇妫水北街72号
电　　话：81191198

（闫吉利）

旅游活动

【玉渡山景区接待学生社会实践活动】 年内，玉渡山景区接待延庆一中、延庆二中、延庆五中以及延庆小学、太平庄小学、姚家营小学等校2000余名学生到景区参加社会实践大课堂活动。玉渡山高山植物园位于景区西沟，属于燕山沉降带西端军都山山脉的一部分，平均海拔900米，有各种北方野生山地植物200种。有原生木本植物150种，水生植物10余种。在社会大课堂活动中，玉渡山景区提供讲解常见植物识别、药用价值等相关植物学知识，使学生们了解更多的植物学和药理学知识。

（李利赛）

【第十六届“龙庆峡杯”冰雕雪雕国际大奖赛】 1月12日至14日，龙庆峡景区举办第十六届“龙庆峡杯”冰雕雪雕国际大奖赛。来自美国、意大利、芬兰、吉林、哈尔滨、伊春等国家和地区的24支代表队的48名冰雪雕艺术大师参加比赛。参赛者共制作冰雕作品48件，雪雕作品24件。经过评比，美国联队以95分获得国际组一等奖，哈尔滨队以96分获国内组一等奖。

（李利赛）

【龙庆峡第三十四届冰灯艺术节开幕】 1月18日晚，龙庆峡第三十四届冰灯艺术节正式开幕接待游客。北京冬奥组委文化活动部部长赵卫，北京世园局总工程师、北京世园投资发展有限责任公司董事长张兰年，京泰实业（集团）有限公司总经理杨治昌和穆鹏、于波、吕桂富、陈合安等区四套班子领导出席开幕式。本届冰灯艺术节以“冰雪乐万家 冬奥连世界”为主题，通过冰灯、彩灯、冰雪雕塑等艺术形式，将冬奥元素融入到景观创作当中，弘扬奥运精神、传播冬奥文化、推广冰雪运动。冰灯节展区分为彩灯区、冰展区、娱乐区，4组大型灯光雕塑、350组花灯、2000棵树灯。其中以

"冬奥会"元素为核心的冰灯作品350件，冰雕作品200件，雪雕作品100件。打造国内最大的实景山体光影秀《龙震撼》大型3D立体山体光影秀，包括"龙舞长城""龙跃冰雪""龙秀山川""龙腾新时代"等主题篇章，融入地域文化、长城文化、冬奥文化、冰雪文化。为全力做好新型冠状病毒感染的肺炎疫情防控工作，从1月25日起，按照全市统一部署和要求，龙庆峡景区暂停开放。

（李利赛）

【首届北京国际花园节】 4月28日，北京世园公园揭牌暨首届北京国际花园节启动仪式在世园公园举行。花园节以"让园艺融入自然，让自然感动心灵"为主题，包括大学生设计花园、企业花园、市民花园等展示展赛活动，举办多场园艺科普体验及专业研讨活动。活动持续至10月15日，为期162天。除阶段性推出新优品种花卉展、园艺体验活动月、专业论坛等不同主题的板块之外，还举办专业论坛及专项科普宣传活动，在北京世园公园公众号刊登游园识花、专家带你游世园等系列花园节科普宣传专题。不仅将北京世园公园以熟悉而又崭新的面容展现给广大市民和游客，传播园林文化，向广大市民宣传生态文明、绿色发展理念，还加强了企业与人才之间的交流合作，为专业人才提供更多就业、创业机遇。

（吕安延　闫吉利）

【"中国旅游日"主题活动】 5月19日，北京龙庆峡风景区携手中远国际旅行社开展"中国旅游日"主题活动。通过手绘画卷、现场问答、直播等形式，吸引游客参与活动互动。活动期间工作人员向游客讲解景区精品旅游线路，解答旅游疑惑，发放纪念品。通过直播和与美团、腾讯网、驴妈妈等线上平台合作。"中国旅游日"期间，龙庆峡景区线上关注度大幅提高，云旅游直播破百万流量。

（李利赛）

【"长城脚下迎奥运 欢欢喜喜庆六一"主题活动】 5月31日，八达岭长城景区携手区妇联。通过视频连线长城保护+垃圾分类知识问答、推介长城文化及长城文化特色教育、"赞长城、唱长城、画长城、护长城"节目展示等形式，宣传延庆"长城""世园""冬奥"三张金名片。增强学校、家庭、社会教育网络"三结合"建设力度，教育引导儿童自觉践行社会主义核心价值观，传承优良家风、增长奥运知识、弘扬长城文化，让全区广大儿童度过一个幸福快乐而有意义的节日。

（杨荻）

【2020世园健康云跑活动】 5月至9月，在北京世园公园举办2020世园健康云跑活动。分别开启中国馆站、植物馆站、妫汭剧场站、国际馆站、永宁阁站线下跑步活动，同时线上跑步活动一直持续进行，成功吸引3万余人参加，得到一致好评。北京世园公园慢跑精品线路被国家体育总局、文化和旅游部联合评为"2020国庆黄金体育精品线路"。

（吕安延）

【八达岭夜长城活动】 6月6日至10月7日，八达岭长城景区在周末及节假日开展八达岭夜游长城系列活动。此次活动是京范儿消费季"京彩"板块的重要组成部分。活动特别针对客户提供高端定制夜游长城项目服务，服务涵盖专属的夜间贵宾讲解、长城文创伴手礼、音乐冷餐、换装体验、夜游定拍、跟拍服务、网红打卡拍照点、长城文化精讲、文创网红产品购买、特色文艺演出和周边特色住宿等定制化服务项目。活动期间，接待游客0.93万人次，实现收入121.6万元。

（黄妹妹　杨荻）

【"北京旅游行业复工节—绿色画卷 天然氧吧"主题宣传】 6月11日，龙庆峡风景区举行"北京旅游行业复工节——绿色画卷 天然氧吧"龙庆峡主题宣传活动。来自北京导游协会分会，北京中远国际旅行社，北京地接社会员等160余人参加。活动期间，60人的直播矩阵通过"途够心选""智享旅游"平台全程对活动进行直播，吸引粉丝关注龙庆峡景区。

（李利赛）

【“爱我中华，修我长城”36周年系列主题纪念活动】 7月至9月，八达岭长城景区通过开展发起“爱我中华，修我长城”新浪微博话题、长城公益线上讲堂、社会各界人士共同唱响《长城》赞歌等多板块系列活动，再现当年赞助活动盛况。

（杨荻）

【“向北京人民推介”大型文化旅游宣传推广活动】 7月18日，八达岭长城景区携手北京电视台开展“向北京人民推介”大型文化旅游宣传推广活动，以展现夜色长城独特魅力为主线，充分体现文化街、文创店等景区环境新变化，弘扬长城文化带建设新篇章。活动旨在支持疫后旅游业的复苏与发展。

（杨荻）

【中国龙庆峡第一届山水音乐季】 8月8日至10月8日，龙庆峡山水音乐季采用线上直播方式正式举行。演出形式采用歌曲、舞蹈、戏曲和古典乐器演奏等相结合，多角度展示出龙庆峡的山水魅力。其间景区接待游客13.8万人次，收入2028万元，同比增长19%。

（李利赛）

【延庆区参加中国国际服务贸易交易会旅游专题展】 9月5日至9日，2020年服贸会旅游专题展在北京国家会议中心举办。区文化和旅游局组织重点旅游景区、酒店、民宿联盟、妫水农耕等企业参加。以“美丽延庆 冰雪夏都”为主题，展示“长城文化游”“世园园艺游”“冬奥冰雪游”“文旅融合”“宿在延庆”五大板块内容。发放20余种、8000余份宣传资料，接待咨询人数近万人次。

（闫吉利）

【八达岭首条直通车“长城巴士”正式开通】 9月5日，八达岭首条直通车“长城巴士”正式开通。通过交通资源的合理配置，以景区为依托，打造景点介绍、文创产品展示于一体的旅游客运枢纽。不仅完善了延庆区旅游服务功能，提升了八达岭长城旅游品牌形象、促进资源整合产业协同发展，也实现了北京市区至八达岭长城景区“一站式”无缝连接，满足游客轻松、深入、安全畅游八达岭长城的愿望。

（杨荻）

【九眼楼生态长城展示区正式开放】 9月12日，九眼楼生态长城展示区举行开幕仪式。包括长城文物保护专家、区相关部门、志愿者、户外运动爱好者近1000人参加活动。九眼楼生态长城展示区经过2年的文物抢修、基础设施提升、文化氛围营造等工作，再度对外开放，旨在推进长城文化带建设，向大众传播长城文化、弘扬长城精神。

（黄妹妹）

【北京延庆阪泉体育公园开园】 9月19日，北京延庆阪泉体育公园举办开园仪式，正式对外开放。阪泉体育公园成为延庆首个以自行车运动、航空运动、极限运动、户外运动等体育休闲项目为核心的综合性体育运动公园。活动当日同时举办了2020第十届北京国际自行车骑游大会，近千人参加比赛。

（黄妹妹）

【第四届延怀河谷葡萄文化节】 9月12日至10月10日，以“品味长城脚下葡乡风情，畅游官厅湖畔延怀河谷”为主题的第四届延怀河谷葡萄文化节在葡萄博览园举办。文化节推出品优质葡萄、赏民俗表演、尝特色葡宴、游休闲葡园、住高端民宿等活动。活动期间，接待游客0.45万人次，实现收入26.79万元。

（黄妹妹）

【第十二届北京菊花文化节】 9月27日至10月10日，第十二届北京菊花文化节在葡萄博览园举办。文化节以“百花竞放迎冬奥，佳色秋菊靓妫川”为主题，开展了“十一”亲子主题活动等项目，并推出精品旅游线路。活动期间，接待游客0.3万人次，实现收入16.72万元。

（黄妹妹）

【“世界文化遗产对话展”开幕】 9月30日，在八达岭长城景区举办“八达岭长城与哈德良长城世界文化遗产对话展”开幕式。该展览为2020北京长城文化节重要内容之一，以中国八达岭长城、英国哈德良长城的合作为切入点，通过摄影照片、历史资料、学术研究成果、艺术创作等图片展品，辅以文字介绍、视频资料，从历史底蕴、文化内涵、建筑美学、文化遗产保护、旅游发展等多个角度，构建中英两国长城之间的对话，助推北京长城文化带建设和国际交往中心功能建设。

（杨荻）

【百雅轩世园展厅开幕】 10月1日，百雅轩与北京世园公园合作举办的“百贤雅集——百雅轩世园公园展厅”在北京世园公园国际馆开幕。展览从10月1日到12月20日为期三个月。除吴冠中和张光宇作品展外，还有主题文化沙龙，以及“我为世园增光添彩”“中国书法”“颜色花园”等墙绘和书法公益体验活动。其间举行张光宇的《西游漫记》讲座、吴冠中艺术创作方法讲座等13场活动。成立于2003年的百雅轩是艺术家推广机构、艺术版权、艺术品综合运营机构，吴冠中为百雅轩签约的首位艺术家，并亲自指导了百雅轩版画院的建立。北京世园投资发展有限公司董事长、总经理张兰年，北京世园文旅发展有限责任公司董事长、总经理赵海江，北京百雅轩艺术发展有限公司总裁王相女，北京启迪之星创业加速科技有限公司执行总经理张红英，贝塔斯曼教育集团中国区总监刘丹等嘉宾参加开幕式。

（吕安延）

【kokua可酷娃世园金秋赛】 10月3日，由北京世园文旅发展有限责任公司和北京异想空间体育产业有限公司共同主办的可酷娃金秋赛暨中国儿童平衡车巡回赛北京世园站在北京世园公园国际馆前广场举行。参赛选手约260人，参加活动人员约800人。平衡车是靠孩子蹬腿带动车体移动前行，主要针对2～6岁的幼儿设计，宝宝需要用脚持续蹬地提高滑行动力，可提高孩子的协调性和平衡感。

（吕安延）

【2020北京草莓音乐节】 10月5日至7日，由北京摩登天空文化发展有限公司主办，北京世园公园协办的2020北京草莓音乐节在北京世园公园举行。活动占地 8 万余平方米、设立 3 个舞台，邀请广受年轻群体喜欢的国内知名乐队和表演艺人到场演出，并设艺术家工坊、艺术装置展示、美食餐饮、文创市集零售、合作品牌展示等配套内容，共吸引约3万乐迷到场。

（吕安延）

【2020北京八达岭长城文化节闭幕式】 10月7日，2020北京八达岭长城文化节闭幕式在八达岭长城八达岭望京广场举行。闭幕式以“千年梦圆长城聚首”为主题，分为“总结与收获”“成果与展示”“传承与推广”“欢聚与期待”四部分。通过各项成果展示和情景文艺演出，突出长城与人文、科技和冬奥元素的融合，进一步弘扬长城精神、打造北京长城文化传播新样板。闭幕式由北京市委宣传部主办，市委网信办、市文旅局、市文物局、冬奥组委文化活动部、延庆区人民政府、北京建筑大学承办，长城沿线六区协办。来自主办和协办单位的部分领导以及长城保护员代表、最美长城守护人，中央和市级新闻媒体记者出席闭幕式。

（杨荻）

【首届北京国际花园节闭幕】 10月16日，首届北京国际花园节在北京世园公园落幕，累计吸引近40万人次游客前来游览。由专家严格评选与市民网络投票的花园花境大奖、金奖、育种突破奖等112个园艺类奖项依次揭晓。中国风景园林学会、华中农业大学、国际园艺生产者协会、中国花卉协会、中国风景园林学会、首都绿化办、延庆区政府、北京世界园艺博览会事务协调局相关负责人出席闭幕式。4月28日至10月15日活动期间，近5万平方米的世园标志性花卉景观以及70余个室外精品展园美景再现，95场园艺体验活动、170场音乐、健身、科普等民众参与性活动轮番登场。23家国内园林园艺企业、3家国际园艺企业、12家国际育种公司分别参与了首届北京国际花园节的企业花园花境、新优品种展示活动，共展出600余种新优花卉品种。

（吕安延）

【斯巴达勇士赛北京站活动】 10月24日至25日，由盛力世家(上海)体育文化发展有限公司承办的斯巴达勇士赛北京站活动在北京世园公园举办。参赛选手平均每日达3000余名。比赛设置竞速赛、超级赛和儿童赛。在此之前，斯巴达勇士赛已经在崇礼、北京和杭州进行了三站比赛。

（吕安延）

【延庆区第二届“地质公园杯”围棋比赛】 11月21日，延庆世界地质公园管理处和延庆区围棋运动协会共同举办延庆区第二届“地质公园杯”围棋比赛。本届围棋比赛以“观棋艺精绝 品文化底蕴 颂造化神奇 谋区域常兴”为主题，意在通过本次比赛传承围棋文化，普及地学科普知识，提高全民科学素质。比赛分甲组和乙组两个组别，参赛选手中，年龄最小的6岁，最大的67岁。经过2天7轮比赛，秦春海获得甲组男子冠军，张晋准获得乙组男子冠军，陈心桐获得乙组女子冠军；八达岭一队获得甲组团体冠军，八达岭二队获乙组团体冠军。

（李昀倩）

【2020长城保护与发展学术研讨会】 11月26日，“古建美中华魂”2020长城保护和发展学术研讨会在八达岭长城举行。中国文物保护基金会副理事长兼秘书长梁钢出席活动并致辞。活动由中国文物保护基金会罗哲文基金管理委员会与北京市延庆区八达岭特区办事处联合主办，九牧厨卫股份有限公司提供公益支持。中国文物保护基金会罗哲文基金管理委员会执行主任付清远，故宫博物院研究馆员张克贵，北京建筑大学教授汤羽扬，中央文史馆特约研究馆员罗杨，中国文化遗产研究院副研究员张依萌分别就“长城保护与发展”等主题发表讲演。国家文物局原副局长、中国文物保护基金会罗哲文基金管理委员会顾问张柏，中国文物信息中心副总工程师王立平，住房和城乡建设部城建司原副巡视员南燕，中国艺术研究院建筑艺术所所长田林，故宫博物院研究员李永革，中国文联民间文艺艺术中心副主任刘德伟，北京古代研究所原书记、所长侯兆年，中国文物保护基金会发展三部副主任陶铮，英国皇家特许建造学会中国区总经理梁玉等专家学者出席研讨会。

（杨荻）

【第三十五届冰雪欢乐季】 12月5日，延庆区第三十五届冰雪欢乐季正式启动。启动仪式以“乘高铁 游京张过周末到延庆”为主题，在京张高铁延庆站前广场举行。本届冰雪欢乐季以“冬暖”为特色，推出“创新文旅、全域促发展”“空中看延庆、全民享冬趣”“文化惠民、庙趣新百态”“激情赛事、活力迎冬奥”“宿在延庆、温暖过大年”5大板块近100项冬季冰雪活动，带动更多游客到延庆区参加冰雪运动。冰雪欢乐季活动持续至下年3月。

（闫吉利）

景区管理

【八达岭特区办事处】 北京市延庆区八达岭特区办事处（简称八达岭特区办事处）负责八达岭长城景区的管理服务工作。2020年，八达岭长城景区共接待游客223.23万人次，同比下降78.44%；水关长城景区接待1.97万人次；残长城景区接待1.1万人次。全年接待三级以上外事勤务5次，其中一级1次，累计接待世界各国元首和政府首脑525位。八达岭长城景区通过北京市A级旅游景区质量等级复核。八达岭特区办事处当选中国风景名胜区协会智慧景区专业委员会副主任委员单位。年内，八达岭长城景区全年服务20.1万人次，其中便民服务7万人次，电话咨询6.8万人次，广播提示5.9万次，广播服务0.4万人次，组织紧急救助75起，医疗服务71人次；水关景区服务1113人次，古长城景区服务504人次。接到投诉177件，退回27件，其中北京市非紧急救助中心12345转来122件，北京市文化和旅游局12301热线转来2件，12301

智旅通平台转来11件，内部受理15件。开展志愿服务400余次，招募外语志愿者9名，设立3处志愿服务岗，提供信息咨询、网络购票、旅游路线指引、引导游客有序排队、扫描健康码等志愿服务事项，服务2.3万人次。宣传营销中心通过景区官方微信、微博等新媒体平台累计发布疫情防控相关信息116条次，国家和市区级新闻媒体累计播载或网络转载报道共计1万余篇。完成电视宣传报道61条，新闻播报400余条，其中平面媒体200多篇，刊播媒体主要有人民日报、新华社、中央广播电视总台、中国旅游报、北京日报、北京电视台等。大批量新闻还被中国政府网、学习强国平台、人民网、光明网、中新网等媒体转载。通过自有官方新媒体总计推送383条次。分别为通过景区官方微信服务号推送76条，官方微信订阅号推送64条；官方微博推送139条，今日头条发送文章87条；通过抖音平台发布14条短视频，vlog推送30条。截至2020年底，官方微信服务号粉丝量超过83.6万人，官方微博粉丝量超过1.8万人。接待重要媒体和社会组织拍摄50余场次，其中组织和协助完成大型活动共计25场次。截至年底，八达岭特区办事处完成9项基础设施建设。完成八达岭长城景区党群服务中心建设工程，为游客提供党建指导、志愿服务、广播咨询、接诉即办等服务。完成八达岭长城景区文化景观建设工程，建设内容包括在中国长城博物馆办公区及周边、关城及周边、望京寺、滚天沟口、林场停车场等区域，增设景观介绍等相关内容。完成八达岭特区办事处电力增容改造二期派出所部分增容改造工程。完成八达岭长城景区厨余垃圾处理站建设，建设内容包括建筑面积27.29平方米的处理站站房一座，配套给排水及供电设施，每日最高可完成3吨餐余垃圾的处理。完成八达岭派出所办公楼维修改造工程。完成八达岭长城景区高空牌匾维修加固工程，重点对位于八达岭路与八达岭特区办事处路口交界处的1#广告牌以及位于八达岭路八达岭站东南角路北的2#广告牌进行检测及维修加固。完成八达岭长城景区防水维修工程，重点对景区派出所办公楼、长城博物馆、长城天地卫生间、游客服务中心、水关长城锅炉房、古长城办公楼等存在漏雨问题的建筑屋面防水层进行维修。完成八达岭长城景区“创城”环境提升工程，重点对派出所办公楼、金源隆周边及景区内步道、挡墙进行维修改造以及绿化美化。完成八达岭长城景区道路维修工程，重点对长城天地至八达岭陵园口道路及滚天沟内路面进行维修。八达岭长城景区共摆放16万盆花卉，建设13处花坛景观，完成长城天地接驳站周边及原污水站3000余平方米荒地绿化。美化高铁站进站口周边、前山停车场道路沿线环境，种植绿篱近万株。开展集中清理环境15余次，清除城墙上乱刻乱画70余处，更换543个垃圾桶。疫情期间专设消杀人员每天对垃圾堆放点、垃圾桶、座椅、扶手、栏杆进行消杀3次。出动保洁员1000余人次，清运固体垃圾501.5吨、液体垃圾约440吨。7月1日，八达岭特区办事处与八达岭旅游总公司下属企业智慧旅游公司签订票务服务共建合作协议，开展资源共享共建合作。八达岭长城景区门票和索道（缆车）票售检票服务实施一次性检票，有效提升游客游览体验。从技术层面打通八达岭长城景区门票网络实名制预约销售系统平台与“长城内外”电商平台，实现数据互通互享。把八达岭长城景区线上客流引流到“长城内外”电商平台，以线上流量促进游客在延消费，推动延庆区全域旅游发展建设。

（杨荻）

【龙庆峡管理处】　2020年，龙庆峡景区由北京龙庆峡旅游发展有限公司、北京市龙庆峡旅游公司、北京腾龙游乐有限公司、北京玉渡山旅游发展有限公司四个单位联合办公，主要负责龙庆峡景区和玉渡山景区的日常管理、旅游开发、服务接待等工作。年初，龙庆峡管理处逐级签订安全生产责任书，完善各项安全生产制度，景区的安全生产管理水平得到提升。全年开展安全检查20次，落实整改措施20余条，开展旅游市场综合整治15次，开展各类应急救援演练14次。年内，景区的宣传营销工作双线融合，多措并举。通过央视、北京卫视、延庆电视台等报道景区旅游信息，扩大景区的知名度；加大自媒体平台的宣传营销，不断拓宽线上宣传渠道；巩固原有市场，划定重点区域，带动周边客源；与中远国际旅行社合作，携手北京地接委员会，组织两次主题宣传活动，每次邀请60名网络主播同时直播，在线观看人数40余万人。龙庆峡风景区在9月5日至9日举办的中国国际服务贸易交易会北京国际旅游博览会旅游专题展中作为延庆区重点旅游资源之一，举办景区旅游推介会，全面展示旅游观光资源和特色旅游项目。

（李利赛）

【野鸭湖湿地自然保护区管理处】 野鸭湖湿地自然保护区（简称野鸭湖管理处）是1997年7月批准成立的县级自然保护区，2000年12月晋升为市级自然保护区。2011年成立野鸭湖湿地公园管理处，2013年国家林业局对野鸭湖国家湿地公园进行授牌。野鸭湖湿地公园管理处与野鸭湖湿地自然保护区管理处合署办公。2020年9月1日，野鸭湖管理处完成机构改革，将生态旅游职能移交给八达岭旅游总公司运行，完成事企分开。2020年，野鸭湖国家湿地公园严格贯彻执行区委、区政府疫情防控政策，于3月27日有序恢复开园，全年接待游客24.36万余人次，门票收入873.5万元。野鸭湖管理处实施湿地保护和恢复项目，完成投资300万元；完成马营村圈地养马和12个鱼池、北京明阳伟业生态农业发展有限公司的养殖设施和鱼池清退；完成重大接待服务保障工作。野鸭湖野生动物救护站救护各种野生动物27只。野鸭湖国家湿地公园获第二届“生态中国湿地保护示范奖”，野鸭湖管理处生态环境教育中心获北京市“我是环保明星”先进集体奖。

（张志华）

【北京延庆世界地质公园管理处】 延庆世界地质公园于2013年9月加入世界地质公园网络，2014年1月，原硅化木国家地质公园管理处更名为北京延庆世界地质公园管理处（简称管理处），下属延庆区地质博物馆事业单位。2020年，管理处参与新冠疫情防控工作，全体职员主动下沉社区参与防疫工作740余小时；选派员工定期到北京西站迎接湖北返延人员；党员回所在社区“双报到”，参加社区值守活动160余小时。完成扩园申报事宜，编写《联合国教科文组织世界地质公园扩园申请意向书》《联合国教科文组织世界地质公园申报书》及其相关材料。管理处李昀倩、曾光格正式成为联合国教科文组织世界地质公园评估人员。年内，完成永宁、旧县等5个乡镇共35个资源点的调查（其中地质资源4处，文化资源9处，生态资源3处，旅游资源15处，绿色发展案例3个，地质灾害治理点1个）及调查报告编写工作。地球日期间开展线上知识普及、有奖问答活动，开展“知家乡、爱家乡”地质公园科普宣传月“五进”（进机关、进社区、进学校、进景区、进宾馆）活动。推介延庆世界地质公园品牌走进20家乡镇机关、学校、社区等单位。举办第二届以“观棋艺精绝 品文化底蕴 颂造化神奇 谋区域常兴”为主题的“地质公园杯”围棋比赛和少儿围棋级位赛。开展“知家乡、爱家乡——我家住在世界地质公园里”地质科普宣传系列活动。走进园林管理中心、珍珠泉乡、张山营镇、永宁学校、香水园街道、兴运嘉园社区、双路社区等机关单位、学校和社区。播放地质公园宣传片，开展科普讲座，激发广大群众对家乡地质遗迹的热爱，提升人们保护家乡生态环境和建设美丽延庆的意识。

（李昀倩）

【北京世园投资发展有限责任公司】 北京世园公园位于北京市延庆区西南部，是2019年中国北京世界园艺博览会（以下简称北京世园会）举办地。在2020年4月28日北京世园会开幕一周年之际，经市政府批准正式命名为“北京世园公园”。北京市延庆区园林管理中心（甲方）作为北京世园公益性资产的管理单位，委托北京世园文旅发展有限公司（乙方）对北京世园公园实施管理运营工作。年内，北京世园公园逐步建立了综合管理、安全保卫、工程设备、园容绿化、后勤服务、宣传活动等专项工作制度，规范园区各项管理工作，坚持疫情防控和公园运营两手抓、两不误。积极推进园区会后利用，根据《世园会会后利用三年行动计划（2021-2023年）》，探索北京世园公园发展思路。以北京国际花园节为抓手，在打造节事品牌活动的同时，以“生态+教育、艺术、园艺、体育”为指导，引进北京草莓音乐节和斯巴达勇士赛等170余场活动，与延庆区周边景区形成联动，以更加丰富的精彩文化活动及产品吸引游客，推动延庆区旅游文旅产业的发展。9月，北京世园公园园区照明被中国照明学会评为中照照明工程设计奖。

（吕安延）

景区景点

【八达岭长城】 八达岭长城是万里长城的杰出代表，明长城的精华，位于北京市延庆区南部八达岭镇域内，距北京市区约60公里。始建于明朝弘治十八年（公元1505年），由抗倭名将戚继光、谭纶督建，历经弘治、嘉靖、隆庆、万历四代皇帝（1505—1589年），是扼守京西北居庸关—八达岭关沟军事防御体系的重要组成部分。明代《长安客话》中说：“……路从此分，四通八达，故名八达岭，是关山最高者”。八达岭长城1958年正式对游人开放，国保段全长7441米，游览开放段全长3741米，19个敌楼。景区规划面积70.1平方千米，核心景区面积55.05平方千米。八达岭残长城景区位于八达岭长城西南10千米处，是八达岭长城防御体系的西大门，景区于2000年4月29日对外开放，属国家AAA级风景区，是北京市爱国主义教育基地。古长城是在原来城体的基础上进行一种维持原貌的加固和修缮，保存原始，虽然残缺，雄风犹存，断壁残垣，让人能从心底感受长城应有的历史沧桑感和厚重感。八达岭古长城全长约13534米，开放段全长6120米，城台、附墙台及空心敌台18座。古砖窑和采石场遗址，供游人了解城砖的烧制过程和长城建造的历史，具有较高的考古价值。水关长城位于北京西北40千米，此段长城是八达岭段长城东端，因修建中国第一条自主设计的京张铁路而截断，属国家AAAA级旅游景区。水关长城历史悠久，古老沧桑又不失雄伟壮观，是明长城遗址，距今已有400余年的历史，是拱卫京畿的重要关口之一，由抗倭名将戚继光督建，以宏伟的景观、完善的服务设施和深厚的历史文化内涵而著称。水关长城全长约2300米，开放段全长1500米，城台、附墙台及空心敌台9座。7月20日起，八达岭长城景区单日最佳游客量由原来的30%上调至50%，即单日最佳承载量由原来的1.95万人次上调至3.25万人次。八达岭水关长城单日限流人次为最佳限制流量3.5万人次的50%，即1.75万人次；八达岭古长城单日限流人次为最佳限制流量1.5万人次的50%，即0.75万人次。

（杨荻）

【中国长城博物馆】 中国长城博物馆坐落于八达岭长城景区内，是一座以长城为主题，全面反映长城历史、军事、建筑、经济、文化艺术及现状的专题性博物馆。1994年9月建成开馆，由时任国家主席江泽民题写馆名。2007年全面改陈，建筑面积4000平方米，展览面积3200平方米。展览主题为“世界奇迹 · 历史丰碑”。基本陈列由“两千余年 · 续建不绝”“恢弘巨制 · 绵亘万里”“长城内外 · 同是一家”等部分组成。2020年，受新冠肺炎疫情影响，中国长城博物馆于1月25日至8月10日闭馆，8月11日起实施错峰、限流、预约开放。全年接待观众6.45万人次，其中学生0.84万人次，外宾0.06万人次。为观众免费讲解86次，完成各类调研考察等接待任务63次，提供咨询等志愿服务126次。新征集藏品5件套，包括延庆区八达岭镇岔道村民捐赠的长城砖3块，延庆区退休教师捐赠的《妫川民间故事传说》《绿色的宝库——海坨山》图书2本。举办临时展览1个，主题为长城聚首“一带一路”合作国家政要与八达岭长城友好交往，参观人数6.45万人次。举办阳光少年、科普、大课堂、文明实践等活动11场次，包括“展望未来 放飞梦想”2020年书写祝福庆元旦、“科普惠民 绿色发展”中国长城博物馆科技周、“在京台生体验北京社会实践”“我们永远在路上——长城文化主题”“了解长城文化，弘扬长城精神”大课堂活动，参与人数1235人次。

（王丽萍）

【九眼楼生态长城景区】 九眼楼生态长城景区位于四海镇石窑村，是依托长城遗址与森林景观而建，展现长城历史文化与生态文明建设有机融合之美。雄浑长城与多彩植被相辉映，焕发出新时代中华民族复兴的勃勃生机。九眼楼最初的修筑年代不详，早在明成化二年（1466年）就有关于九眼楼的记载，至少已有550多年的历史。九眼楼地处延庆区四海镇火焰山主峰，海拔1141米，是万里长城中规模最大、规格最高的敌楼，为古代军事战略要塞。楼体四面均设九个瞭望孔，为正方双层建筑，边长13米，高7.8米。军事用途的古老瞭望孔现已成人民遥想与眺瞰的景窗。景区面积115.7公顷，森林覆盖率达94.6%，植被山地垂直分布特征明显，呈现多样性生物与景观，6.58千米步道沿线可观赏到植物60科119属164种。景区践行绿水青山就是金山银山的理念，倡导低碳旅行，提供森林文化丰富体验，在文物保护和容量控制基础上实现绿色高质量可持续发展。9月12日，九眼楼生态长城展示区经过历时2年的文物抢修、基础设施提升、文化氛围营造等工作，再度对外开放。截至12月31日，共接待游客0.73万人次，实现收入15.37万元。

（黄妹妹）

【龙庆峡】 龙庆峡是国家AAAA级景区，距北京市区70千米，古称“古城九曲”，是一处水绕山环，风光秀丽的峡谷。属于自然水域风光型景区，既有南国山水的妩媚秀丽，又不失北国山水的雄浑壮观。1973年10月，建龙庆峡水库，大坝高70米，坝顶长90米，整个水库流域面积119平方千米，库区面积34万平方千米，库容852立方米。1984年成立旅游公司，开始发展旅游事业，龙庆峡是新北京十六景之一。

（李利赛）

【玉渡山景区】 玉渡山景区为国家AA级景区，隶属于北京龙庆峡旅游发展有限公司，2002年7月正式对外接待游人。景区位于“燕山第一高峰”海陀山脚下，地域面积75平方千米，植被覆盖率90%以上。区内有维管束植物105科380属713种，乔木、灌木种类繁多，覆盖山野。山中溪水长流，春夏秋时节，花开不断，空气含氧量比市区高2—3倍，堪称天然“氧吧”。夏季凉爽宜人，最高温度只有28℃，比市区低5—6℃，是消夏避暑的佳地。

（李利赛）

【北京世园公园】 北京世园公园位于延庆区西南部，是2019年中国北京世界园艺博览会（简称北京世园会）举办地。2020年4月28日，经市政府批准正式命名为“北京世园公园”。北京世园公园保留北京世园会主要建筑和景观，面积503公顷，其中水域面积132公顷，妫河从中穿过，背靠海陀山脉。北京世园公园划分为世园遗产核心保护区、青少年生态教育基地、园艺小镇综合服务区、产业发展带四大功能区。主要建筑包括中国馆、国际馆、生活体验馆、植物馆、妫汭剧场和永宁阁。中国馆以锦绣园艺情、如意中国梦为立意，传承中华建筑智慧、引领绿色创新科技，展现包容自信的国家气质。国际馆由94把花伞组成，以灵活、开放、实用、国际化的设计思想，充分体现世园会办会主题，表达建筑对环境的尊重。生活体验馆以“田园市集”的设计理念，阡陌纵横的建筑形式，体现都市与田园相融之妙。植物馆以“植物的力量”为主线，以“升起的地平线”为立意，表面肌理象征着根系，从体验植物根的力量开始，让游客体会植物的力量。妫汭剧场采用“花开蝶舞”造型，优美舒展、大气开放，梯田状的演艺空间富有东方神韵，宛如一只彩蝶驻足在妫湖之滨，轻盈灵动的建筑造型融入自然之中。永宁阁位于园区西北侧的天田山山顶，寓意政通人和、国泰民安，融合唐辽金楼阁建筑风格；高约27米的永宁阁依山建台，是全园的制高点和标志性建筑；登阁可南眺长城，北望海陀，俯视妫水河和整个园区。11月2日，北京世园公园被北京市生态环境局评为北京市生态环境教育基地；12月1日，通过延庆区文化和旅游局AAAA级景区终审。

（吕安延）

【野鸭湖国家湿地公园】 野鸭湖国家湿地公园位于北京市延庆区西北部，新中国“建国第一库”官厅水库之滨，北依松山、大海陀山，是由官厅水库，延庆辖区及环湖海拔479米以下淹没区及滩涂、河流、库塘、沼泽组成的自然—人工复合型湿地，国家AAAA级旅游景区。公园面积283.4万平方米，位于北京市面积最大、生物多样性最丰富的野鸭湖湿地自然保护区的实验区。是北京地区重要鸟类栖息地，也是国际鸟类迁徙路线东亚—澳大利亚路线的中转驿站。每年迁徙季节，有众多鸟类在此停歇，其中雁、鸭种类和数量最多，野鸭湖由此得名。野鸭湖湿地动植物资源丰富，已经记录到国家一级保护鸟类10种、国家二级保护鸟类43种、植物472种、高等植物456种。其中野大豆(Glycine soja Sieb)、绶草(Spiranthes sinensis)为国家二级保护植物。 有昆虫182种、鱼类40种， 是人们亲近自然、放飞心灵的好去处。有5公里徒步、自行车骑游、湿地观鸟、湿地科普、千亩荷花园等生态游览项目。3月27日，八达岭旅游总公司接收野鸭湖景区旅游服务职能。截至12月31日，共接待游客23.4万人次，实现收入1198万元。

（黄妹妹）

【延庆地质博物馆】 延庆地质博物馆是以延庆世界地质公园为依托，集地质科普、延庆地质遗迹、自然景观与人文风貌于一体的综合性、公益性博物馆。博物馆于2013年7月20日正式开馆，以“燕山之魂”为展览主题，全面展示地质科普知识、延庆典型地质遗迹类型以及与地质、文化、社会发展的关系等内容。2020年，受疫情影响，延庆地质博物馆1月26日闭馆，5月19日开馆。根据北京重大突发公共卫生事件应急响应级数对疫情防控进行调整，游客进馆要测温、验码、佩戴口罩，将疫情防控工作常态化。开展垃圾分类工作，增设文明监督员对游客垃圾分类投放进行引导。落实博物馆安全例行检查工作，开展周查和月查，确保博物馆安全运营。全年接待游客1.8万人次，其中新时代文明实践基地团体52批次。

（李昀倩）

【古崖居景区】 古崖居景区位于延庆区张山营镇域内，南邻妫水，北依海陀，1991年初步对外开放。据说在距今1000多年的我国五代时期，延庆北部山区曾活跃过一支游牧民族——西奚族，这是他们曾经居住过的山寨。古崖居景区属国家AAA级旅游景区，是中国目前已发现规模最大的崖居遗址；有石室160个，大小不均、形状不一，上下多层、层层相通。全部石室或圆或方，均合乎美学规矩，表现出一种原始的审美情趣。古崖居的来历至今仍是千古之谜。2020年，古崖居景区共接待游客6.08万人次，实现旅游收入189万元。

（黄妹妹）

【世界葡萄博览园】 世界葡萄博览园位于北京市延庆区张山营镇的东南部，是葡萄主题公园，属国家AAAA级旅游景区。2014年7月25日正式对外开放，是集葡萄品种展示、观赏采摘、生态体验、景区游览、科普教育、休闲娱乐等功能于一体的综合性博览园。园区落实“以农业为基础、以教育为支撑、以旅游为补充”的规划目标，打造“四季有花”的农业主题，先后举办过百合文化节、菊花文化节、葡萄文化节以及冰雪节和文化庙会等活动。2020年，葡萄博览园共接待游客2.95万人次，实现旅游收入559.14万元。

（黄妹妹）

【万科石京龙滑雪场】 万科石京龙滑雪场位于延庆区张山营镇东北部，始建于1999年，是北京地区首家滑雪场，也是全国首家采用人工造雪的滑雪场。2016年8月，八达岭旅游总公司与北京万科企业有限公司、北京石京龙滑雪娱乐有限公司合资，成立万科石京龙滑雪场，滑雪场重装开业，成为国内首家互联网滑雪场。营造开放式、平台式、友好型滑雪体验，客户可通过手机移动端实现网络订票、现场取票、雪具租赁、消费、滑雪等所有功能，实现滑雪场内无现金化消费。2020年，万科石京龙滑雪场共接待游客11万人次，实现旅游收入2298万元。

（黄妹妹）

延庆区旅游景区（点）一览表

表2

名称	等级	电话
八达岭长城景区	AAAAA	69121225
龙庆峡景区	AAAA	69191026
八达岭水关长城景区	AAAA	81181185
北京延庆百里山水画廊景区	AAAA	60188022
北京野鸭湖国家湿地公园	AAAA	69131226
北京八达岭世界葡萄博览中心	AAAA	81186018
北京世园公园	AAAA	50858851
八达岭野生动物世界	AAA	69121842
万科石京龙滑雪场	AAA	69190989
八达岭古长城景区	AAA	69120820
北京阳光时代马球俱乐部	AAA	84648201
古崖居景区	AAA	69119228
玉渡山风景区	AA	69195188

旅游行业管理

【旅游市场管理】 年内，区文化和旅游局联合公安、工商、城管、交通等部门，开展执法检查1425次，检查文化和旅游经营单位650余家次、旅游车辆300余辆次、导游员350余人次。行政处罚23起，行政拘留治安扰序人员12人；查处无照经营9起，罚款1450元；查处非法运营出租车2起，罚款10000元；清理游商饭揽300余人次、景区及周边乱停乱放车辆110余辆，规范商业摊点20个。

（闫吉利）

【旅游行业培训】 年内，区文化和旅游局围绕景区、酒店、民俗、民宿各业态从业人员的技能提升，开办京郊旅游百千万培训班等15个培训班，培训3370人次；开展线上培训课程36课时，2.7万人次参加。

（闫吉利）

【八达岭长城景区综合治理】 年内，组织召开八达岭长城景区及周边旅游秩序专项整治工作会议4次。组织景区停车场及周边旅游秩序维护和“平安延庆—八达岭地区黑车及交通秩序整治百日会战”专项整治行动，累计组织联合执法22次，出动执法人员110余人次，共查获无照兜售14起（行政拘留2人，罚款人民币2300元）；查扣非法运营车辆4起，罚款人民币40000元；查处运营出租车未打表载客1起；处罚景区商户5家（停业整顿2家，处罚

3家，罚款15500元）；熊乐园落实疫情防控工作不到位，现场采取封闭整改措施，确保疫情防控工作四方责任落实到位；对占道揽客人员行政警告10人；规范景区内施工工地不规范行为2个；处理损坏文物行为17起（拘留7人、罚款1人、批评教育9人）。圆满完成全国“两会”、五一、十一等重点时期、重大节假日期间维稳安保和旅游接待工作。累计安排159名景区工作人员疏导交通、维护日常秩序、开展夜间巡逻；协调877公交车、传奇公司客运接驳车提前对进入景区的游客进行安全宣传教育；在东西门外、南北索道、熊乐园5个安检区域的入园安检工作，累计查验游客39.32万人次，开箱包检查行李23.77万件次，收缴打火机9.54万个，其他违禁品1138件。组织八达岭派出所、高铁派出所、武警巡逻中队在重点区域设置固定巡逻车组，高压震慑；组织285名景区群防群治力量，开展社会面巡逻防控。在核心景区设置7个应急器材专柜；成立20人应急分队，建立应急办、综管中心、公安、武警联勤联动机制，遇突发事件，随时提供处突力量、应急保障支援。组织3.15消费者权益日、4.15国家安全日及12.4国家宪法日宣传活动，共发放各类宣传资料1000余份。

（杨获）

【八达岭长城景区安全生产】 年内，召开安全生产工作会6次，制订各类安全生产、消防安全方案预案10项，与相关部门签订个性化版本责任书22份，与景区大型活动主办单位、景区施工单位签订防火、安全生产责任书19份次。部署落实年度安全生产5710档案手册工作。开展领导带队检查、部门联合执法、专项整治、日常巡查检查等各类安全检查300余人次。开展警示教育宣传、演练共计6次，向景区经营商户发送宣传提示信息4次。组织各部门在辖区内开展灭火器年检专项工作，其间更换灭火器756个，新增28个。严格执行值班值守相关工作要求，落实岗亭及门岗管理工作，加强办公区域疫情防控管理。

（杨获）

【八达岭长城景区文物保护文件出台】 年内，出台《关于对破坏八达岭长城景区文物行为的惩戒办法》，自2020年4月6日起正式实施。对刻画、故意损坏等七类破坏文物行为给予相应的行政处罚，构成刑事犯罪的，交由公安机关依法处置。对破坏文物、造成严重社会影响的游客实施惩戒，将其纳入“黑名单”，限制购票参观。“黑名单”将定期对社会公布，加大曝光力度，强化社会舆论监督。

（杨获）

【区获评“2020中国冰雪旅游十强县区”】 1月5日，以“奥运旅游新动力，美好生活新体验”为主题的2020年中国冰雪旅游发展论坛在哈尔滨市举办。中国旅游研究院发布2020年全国冰雪旅游十强县（区）榜单，延庆区被评为“2020冰雪旅游十强县区”。

（闫吉利）

【八达岭长城景区暂停开放】 1月25日起至3月23日，八达岭长城景区（含水关长城、古长城）和中国长城博物馆因新冠疫情暂停开放。对已经网上预约购票的游客，八达岭长城景区统一通过原付款渠道退还票款，并通过预留手机号码通知退款信息。

（杨获）

【八达岭长城景区对全国医护工作者免费开放】 2月19日，八达岭长城景区决定对全国医护工作者免费开放。自景区开放起至2020年12月31日，八达岭长城景区面向全国医护工作者免收费用，全国医护工作者无需网络预约，只需要携带医师执业证书、护士执业证书和本人身份证原件，到景区换票后即可入园游览。

（杨获）

【八达岭长城景区有序恢复开放】 3月24日，八达岭长城景区有序恢复开放。自3月23日开始，游客通过“八达岭长城”官方微信公众号、八达岭长城景区官方网站或八达岭长城官方在线售票系统进行实名制预约购票。6月6日，八达岭水关长城、古长城景区有序恢复开放。同时，在八达岭水关长城和残长城景区内统一更换各类标识牌、提示牌17块，增设“1米线”。完善应急预案，实时监控游客流量并及时分流疏导，在两个景区重要节点设立临时测温点4处和两个隔离观察室。开展景区周边旅游秩序专项整治，严防游商兜售、黑车揽客、带客绕道等违法行为。

（杨荻）

【全市首个京郊精品酒店试点落地】 4月30日，北京世园隆庆酒店被市文化和旅游局认定为北京市首个京郊精品酒店试点，标志着延庆区京郊精品酒店试点建设成为北京高端度假旅游发展的新亮点。隆庆酒店位于中国北京世界园艺博览会园区内，在建筑风格上将徽派建筑中的白墙灰瓦与老北京的清水砖墙相结合，在品牌理念上把传统建筑文化和现代休闲体验相融合，符合文化主题突出、设计风格独特、建筑规模适中和服务多元化、精细化、个性化等特点的京郊精品酒店建设要求。

（闫吉利）

【八达岭长城全面恢复志愿服务】 5月4日，八达岭长城全面恢复志愿服务工作。（1）通过“志愿北京”志愿者线上平台注册、更换志愿者服装标牌、进行相关志愿服务知识培训等方式，加强志愿服务队伍建设。（2）全体干部职工做到人人皆是志愿者，在八达岭长城景区设立7处志愿服务站点；通过有序引导游客扫描健康码、网络购票、发放应急口罩、提示游客1米线安全距离排队等候等方式，稳步推进景区疫情防控和安全有序开放工作。（3）通过推进志愿服务工作常态化、长效化，倡导广大游客爱护环境、文明出行，进一步提升游客文明游览意识。以“奉献、友爱、互助、进步”的志愿服务精神，提升八达岭长城景区服务水平。

（杨荻）

【文旅行业生活垃圾分类】 5月10日，区文旅局召开延庆区文旅行业生活垃圾分类工作动员部署会，50余家旅游景区、宾馆饭店负责人参会。会议印发《延庆区文旅行业生活垃圾分类工作实施方案》，对垃圾分类工作进行知识培训和经验分享。

（闫吉利）

【《全域旅游发展三年行动计划（2020—2022）》发布】 6月2日，延庆区正式发布《全域旅游发展三年行动计划（2020—2022）》（简称《行动计划》）。《行动计划》明确未来三年的发展目标和实施路径，确定以全域旅游为主导产业的总体定位。通过打造一带（京张文化体育旅游产业带），建设东部山水康养、中部生态体验、南部长城文化、北部冬奥冰雪“四大板块”；开展体制机制创新、资源整合利用、产业要素聚集、公共服务优化、特色品牌聚焦、环境提升保障、政策措施支持“七大工程”；进一步联动“冬奥、世园、长城”三张金名片；提升以旅游为牵引、文旅体农商产业融合的发展实效，推动旅游高质量绿色发展，全力服务保障冬奥会筹办。

（闫吉利）

【旅游行业全部复产复工】 6月6日，北京市疫情应急响应级别下调至三级。区文化和旅游局在做好疫情防控常态化的基础上，加快推进旅游经济复苏达产。全区11家旅游景区、50家宾馆酒店实现全面复产复工。

（闫吉利）

【全域旅游工作大会】 8月17日，延庆区召开2020年全域旅游工作大会。区四套领导班子、区政府相关部门主要负责人，各街乡镇党政领导及主管负责人，旅游业、银行业及相关代表200余人参加会议。中国旅游研究院院长、文化和旅游部数据中心主任戴斌，北京市文化和旅游局党组成员、副局长曹鹏程到会指导并讲话。会议总结延庆区全域旅游发展情况，部署全域旅游三年行动计划，开启“全域旅游示范乡镇”创建工作，并与中国旅游研究院签署了战略合作协议。

（闫吉利）

【第四届北方民宿大会】 11月27日，延庆区召开以“新地标、新发展、新跨越”为主题的第四届北方民宿大会。大会解读《促进乡村民宿发展的指导意见》和《乡村民宿服务要求及评定》地方标准；启动《我的桃花源》之“全民寻找桃花源”活动；举办以“乡村荣耀，共生力量”为主题的民宿共生社区主旨论坛。北京市相关委办局、京津冀蒙等各市、区、县政府部门领导，相关行业协会、企业负责人代表共200余人参加会议。

（闫吉利）

【区入选第一批国家文化和旅游消费试点城市】 12月25日，文化和旅游部、国家发展改革委、财政部正式公布第一批国家文化和旅游消费试点城市名单。首批评选出的消费试点城市60个，北京市有三个地区入选，分别是东城区、朝阳区和延庆区。

（郭昭君）

（栏目编辑：孙越凡）

交通 邮电

交通运输

路政管理

【概况】 延庆公路分局是北京市交通委员会的派出机构。截至年底，辖区内普通公路总里程1855.367千米，普通公路路网密度93.06千米/百平方千米，县级以上公路MQI为94.08，PQI为92.04；按行政等级分：国道105.92千米，市道200.09千米，县道429.541千米，乡道594.166千米，村道471.078千米，专用道路54.572千米。按技术等级分：一级公路64.473千米，二级公路386.845千米，三级公路412.167千米，四级公路991.882千米。普通公路桥梁312座（12906.68米）；按行政等级分：国道桥梁42座（1662米）；市道桥梁61座（4960.19米）；县道桥梁88座（3590.52米）；乡道桥梁84座（1795.2米）；村道桥梁37座（898.77米）；按技术状态分：一类桥29座，二类桥106座，三类桥梁66座，四类桥梁108座，五类桥梁0座。普通公路隧道12座（11605米），按行政等级分：国道隧道2座（283米），市道隧道3座（5683米），县道隧道7座（5639米）；按技术状态分：一类隧道9座，二类隧道1座，未评定隧道2座。年内，完成市级投资7.6亿元，其中固定资产投资约4.57亿元；乡村公路完成投资约0.685亿元。实施新改建工程2项，16.73千米；大修工程3项，38.57千米；中修工程6项，59.42千米；合计114.72千米。绿化工程1项，公路生命安全防护工程3项，合计42.8千米。实施地质灾害治理工程2项，共治理隐患点位33处。桥梁改造工程0项。完成乡村公路改造17项，32.95千米；生命安全防护工程1项，114.48千米。完成所属42条路线400余套外文标识版面核查整改工作。莲花山路、西西路入选全市最美乡村公路。在新冠疫情防控中，全员参与，下沉到石河营基层社区，参加一线疫情防控共计41天。延庆公路分局获得2020年优秀市区双管单位荣誉；被评为2019年度平安延庆建设优秀单位；获北京市突发事件应急委员会、北京市安全生产委员会2020年“应急宣传进万家”暨“安全生产月”活动优秀组织单位。大庄科乡莲花山路、张山营镇西西路被评为北京市“最美乡村路”。

单位名称：延庆公路分局
地　　址：延庆镇东外大街50号
电　　话：69142546

（胡明丽）

【5栋家属楼完成物业移交】 1月14日，延庆公路分局与香水园街道签订自管楼移交协议。自2020年1月14日起，将东外小区17号、19号楼，东关家属楼，新兴西社区9号楼，川北东小区11号楼的所有管理权移交给香水园街道办事处。

（胡明丽）

【第十四届全国冬运会高山滑雪赛事交通保障】 1月11日至17日，延庆公路分局负责“十四冬”保障路线12条，150余千米，每日道路巡查2次。在保障路线设置4处应急备勤点，在张山营镇设置液体融雪剂搅拌点，确保应急抢险人员、机械设备、物资运转正常，全力完成“十四冬”期间道路清扫、铲冰除雪、服务保障各项工作。

（胡明丽）

【企业送锦旗致谢优质服务】 1月17日，中国联合网络通信有限公司北京市负责人将绣有“冬奥传情 服务支撑”的锦旗送到延庆公路分局，感谢路政办事人员压缩到一个工作日办理行政许可手续，共计办理许可4件，涉及线性工程2万多米。

（胡明丽）

【昌赤路成为全市最早复工的公路建设项目】 2月13日，昌赤路第二标段正式复工，是最早复工的北京市公路建设项目，获得延庆区发改委防疫补贴。分局采取点对点方式，包车护送各地务工人员有序返京，3月底昌赤路务工人员返岗率已达到100%。分局所有复工项目均实现第一季度复工建设，为完成全年建设任务奠定基础。

（胡明丽）

【应对降雪红色预警】 2月13日至15日，降雪红色预警，延庆公路分局及时启动应急预案，在莲花池南道班、莲花池道班、青龙桥隧道所、康庄道班、永宁道班等9个除雪备勤点，部署备勤285人、设备车辆104台。提前对国省干线和重要道路预撒融雪剂61000千克，以道路背阴处、易结冰处和清理不彻底的点位为重点，打通所有管养路线，确保雪后道路安全畅通。

（胡明丽）

【标志牌信息调整联合行动】 3月15日，延庆公路分局与延庆区交通局、交通支队和城管委开展联合行动，规范调整路口处名称不统一的标志牌22块，提高道路信息准确性。

（胡明丽）

【永元街大修工程通过验收】 3月18日，永元街大修工程实体质量合格、线形顺畅、路面平整、标志清晰、资料完整，顺利通过交工验收。永元街大修起点与G234（原延琉路K208+130）相交，终点至G234（原延琉路K206+630），全长2.258千米，总投资560.59万元，道路等级为四级，路面宽7米至12米，路基宽8.5米至16米，设计时速20千米/小时。大修内容为处理病害、重新铺设道路面层、路口改造，增设专右车道和交通信号灯。河南省交通规划设计研究院股份有限公司设计、北京城建道桥建设集团有限公司施工、北京市七环工程技术咨询有限责任公司监理。

（胡明丽）

【“防灾减灾日”宣传】 5月12日，延庆公路分局在昌赤路道路工程3标施工现场，联合中电建路桥建设有限公司举办“5·12防灾减灾日宣传活动”。通过发放应急知识折页、宣传单、口袋书等宣传材料1000余份，提高从业人员安全意识和自保、自救能力。

（胡明丽）

【妫水河隧道遗洒柴油及时处置】 5月13日15时38分，妫水河隧道出京方向最外侧行车道发生柴油遗洒事件。污染范围K1+800—K3+390，宽度1米至2米，隧道内气味较大。分局立即启动应急预案，做好临时交通疏导。16时零5分抢险作业人员携带抢险物资（吸油棉、吸油毡、止油索）到达现场，16时50分完成初步抢险作业，根据现场勘查情况关闭遗洒行车道，并联系首发集团打开通风机促进隧道内空气循环加快柴油挥发。至5月14日15时，妫水河隧道遗洒柴油全部挥发完毕，路段恢复正常行驶。

（胡明丽）

【公路防汛应急演练】 5月15日，延庆公路分局组织防汛应急演练。以兴阳线K231+550下凹式立交桥发生积水为背景，梳理应急抢险流程，提高参演人员实战技能，并再次检测东姜路泵站的排水能力，为做好汛期应急管理工作提供保障。

（胡明丽）

【7项工程通过竣工环保验收】 5月22日，延庆公路分局邀请清华大学及相关单位专家、咨询单位、设计单位、施工单位人员组成验收组，对世葡园区道路（康河路西段）工程、延下路与110国道连接线道路工程、延康路与八达岭高速连接线绕出城工程（东姜路）、延庆西官路（西拔子—市界）改建工程、康张路扩建工程、110辅路应急线工程、旧小路（旧县—小鲁庄）道路工程进行环境保护竣工验收。经过前期调查、项目整改、专家讨论等环节，验收

组认为7项工程实际路线、主要设计指标、环保设施等与环评阶段基本一致，并按照要求落实相应的环境保护措施，同意7项工程通过竣工环保验收。

（胡明丽）

【代征道路用地取得不动产权证书】 5月29日，延庆公路分局取得1宗八峪路代征道路用地的不动产权证书。坐落为延庆区沈家营镇，范围南起兴阳线G234，北至规划一路，土地面积共计40536.22平方米。权利类型为国有建设用地使用权，权利性质为划拨，土地用途为公路用地。7月31日，延庆公路分局取得兴阳线和G6辅路部分代征道路用地的不动产权证书。坐落为延庆区康庄镇，位于兴阳线和G6辅路相交路口的东北侧，2宗土地面积分别为15500.14平方米和11994.4平方米。权利类型为国有建设用地使用权，权利性质为划拨，土地用途为公路用地。

（胡明丽）

【昌赤路二标山底下桥主体完工】 6月5日，昌赤路（王家山—白河堡）道路工程山底下桥主体工程全部完工，全长1056米，类型为特大桥。

（胡明丽）

【运输车着火事件紧急处置】 6月9日14时25分，永艾路K8+080处一辆装载纸制品的运输车（皖LBS887）车厢冒烟起火，车主将车厢内货物投放公路，存在重大安全隐患。延庆公路分局启动应急预案，安排现场巡查员通过车载屏幕提醒车辆绕行，用车载灭火器抢险作业，联系最近的洒水作业水车和施工人员赶往现场扑火，10分钟便将火势扑灭。火情结束后，及时清理路面烧焦的纸箱和杂物，冲洗路面，15时30分道路恢复正常通行。

（胡明丽）

【昌赤路综合应急演练】 6月24日，昌赤路（王家山—白河堡段）道路工程举办“2020年施工突发事件抢险处置综合应急演练活动”。演练活动包括高空坠落、火灾救援两个科目，具体内容为人员疏散、事故报警、事故处置三个方面。

（胡明丽）

【桥梁和隧道检测】 6月至12月，共定检桥梁62座、特检桥梁1座、定检隧道11条。桥梁和隧道总体技术状况较好，其中一类桥11座，二类桥51座，三类桥1座，一类隧道8条，二类隧道3条。

（胡明丽）

【滦赤路、刘干路塌方抢修】 7月1日至5日，受延庆区连续降雨影响，滦赤路和刘干路部分路段塌方。穆鹏到现场调研并部署抢险工作。分局调查塌方原因，进行抢险处置和交通管控，实施清理排查治理安全隐患点位。抢修期间处置落石和主动排险1.6万立方米，于1个月内开放交通，未出现人员伤亡和车辆财产损失。

（胡明丽）

【昌赤路云龙山隧道全线贯通】 8月10日，昌赤路（王家山—白河堡）云龙山隧道全线贯通，长度1.8千米。

（胡明丽）

【昌赤路隧道管理站用地获批复】 8月21日，昌赤路隧道管理站取得建设项目用地预审与选址意见书〔2020规自（延）预选市政字0003号〕。该项目位于香营乡新庄堡村北侧，香龙路南侧，新建昌赤路西侧，隧道管理站用地面积4998.4平方米，另有进场路用地面积653平方米，共计用地面积5651.40平方米。规划选址建设用地性质为T21公路线路及其附属设施用地。

（胡明丽）

【延庆公路分局义务修缮“金名片”】 8月28日，延庆公路分局组织施工人员10人义务对松闫路沿线旅游标语、标牌进行翻新、修缮。“美丽延庆，北京画廊”是延庆区旅游的金名片，部分标牌经日晒、雨淋出现褪色和损坏，分局为提升松闫路整体景观效果，对破损标牌进行翻修，当日翻修5块标牌。

（胡明丽）

【路口改造】 8月至9月，延庆公路分局改造妫川路与东刘路路口，将妫川路路口北侧部分中央隔离带拆除，扩大可供车辆行驶的转弯半径，同时将路基打灰处理，解决大客车转弯难题。

（胡明丽）

【百康路等3项工程竣工】 9月3日，延庆公路分局委托北京市公路工程质量检测中心对百康路（康张路—延崇高速公路）道路工程、延农路（延下路—延崇高速公路）道路工程、松闫路改线段道路工程进行道路竣工验收综合检测。检测路面长度共10.8千米，检测内容为路面弯沉、路面平整度、构造深度及抗滑性能等道路指标。经检测，三项工程全部合格，通过竣工验收。

（胡明丽）

【莲花山公路改造完成】 9月初，延庆公路分局对莲花山路3.92千米进行加宽改造。项目起点昌赤路，终点台自沟路，路基宽7米，路面宽6米，道路等级为四级公路，设计时速20千米/小时，总投资982.56万元。北京城建道桥建设集团有限公司施工、北京市七环工程技术咨询有限责任公司监理、西安长安大学工程设计研究院有限公司设计。实施内容为处理病害、道路加宽、重建道路结构层、完善排水及交通工程设施。9月30日，大庄科乡举行莲花山路通车暨汉家川地区首通公交车仪式。

（胡明丽）

【乡村公路隐患排查】 9月，在延庆区管养范围内开展穿村公路（包括县道、乡道、村道）隐患排查工作。建立隐患台账36处，涉及重点隐患道路14条，重点解决穿村路段村庄标志、减速标线等问题。排查过程中安装注意行人标识13处，施划减速标线22处，增加黄闪灯36处。

（胡明丽）

【冬奥迎宾大道京银路提前完工】 9月，冬奥会延庆赛区迎宾大道京银线大修工程完工，较原计划10月15日提前一个多月时间。项目起于米家堡立交桥（K75+800），终于市界（K99+150），总投资6300万元。里程22.64千米，技术等级为二级公路，设计时速60千米/小时。作为冬奥会迎宾大道，承担着运动员、媒体、观众等客流的交通运输任务。大修主要施工内容为路面工程49.07万平方米、病害处理11.38万平方米、路树补植1036株、完善排水1364米。

（胡明丽）

【八峪路绿化工程完成验收】 9月18日，延庆公路分局验收小组对八峪路苗木胸径和停车场平整度进行复核，均满足设计要求，八峪路绿化工程完成交工验收。该项目结合周边小区需求和道路景观特性，确定“春和景明，冬日暖阳”的景观设计主题，在兼顾四季绿化景观的同时，重点突出春季、冬季绿化景观。共栽植乔木697株，灌木315株，绿篱色带1253平方米，草皮、地被花卉13924平方米。在沈家营镇天成家园和城建万科城2个小区门口新建停车场，施划停车位53个，停车面积1718平方米，缓解小区车位不足，为行人及附近居民提供休闲散步场所。

（胡明丽）

【6项中修工程全部完工】 9月下旬，延庆公路分局负责实施的6项中修工程全部完工。涉及道路兴阳线、G6辅路、菜木沟桥、昌赤路、康张路和旧小路，累计投资3238万元。中修内容包括为某部队加装3米至3.5米高声屏障；修复道路病害和路面见新，累计治理里程37.615千米，占干线公路里程的12%；对菜木沟桥加固处置，通过横隔板裂缝修补、钢筋除锈、钢板加固确保桥梁安全稳定。

（胡明丽）

【疏堵结合解决百里画廊停车难】 9月，延庆公路分局对百里山水画廊景区周边的道路开展停车治理工作，对乱停乱放点位采用U形护栏进行封闭，防止违法停车造成的道路拥堵。重新规划景区道路周边停车场，增加停车场容纳量。疏堵结合，有效解决国庆节假期景区周边“停车乱、停车难”的问题。

（胡明丽）

【科技助力绿色冬奥】 10月11日至15日，冬奥会外围公路保障项目松闫路大修工程完成。

施工中首次在沥青混凝土中添加DTC相变融冰雪材料，采用自调温技术，在极端低温下使路面与雪层间不结成冰面，便于清除。有效避免传统析盐融雪剂对道路及自然环境造成的危害。

（胡明丽）

【“十三五”全国干线公路大检查任务完成】 10月17日至22日，延庆公路分局圆满完成滦赤路、妫川路示范工程“十三五”全国干线公路大检查任务。通过对路线路况、基础设施、绿化景观以及交通设施开展地毯式排查，完成市交通委“清零行动”。共计完成路面贴缝4800米、涂刷百米桩369根、示警桩244根、千米碑42块、补栽百米桩和警示桩24根、浆砌类修补15立方米。

（胡明丽）

【京青线路网外场设施工程通过验收】 10月21日，京青线（米家堡—市界段）路网外场设施工程基础尺寸、砼强度、镀锌层厚度均符合设计要求，顺利通过交工验收。该工程总投资300.5万元，实施内容为在京礼高速辛家堡出口、松闫路口、G7后庙路口及辉煌酒店等8处重要路段建设8套视频监控设备。由中交基础设施养护集团有限公司设计、北京华通公路桥梁监理咨询有限公司监理、北京路安交通科技发展有限公司施工。

（胡明丽）

【第一条乡村公路慢行道建成】 10月24日，延庆区第一条乡村公路慢行路古崖居慢行路完工，项目总投资142.47万元。实施内容为新建行人、自行车专用道2203米，沿线设置休息座椅18个，修复盖板方沟390平方米，种植草坪550平方米等。有效缓解古崖居景区周边道路人车混行的交通压力，规范景区前交通秩序。

（胡明丽）

【国家雪车雪橇中心场地预认证活动保障】 10月26日至11月1日，延庆区举办国家雪车雪橇中心场地预认证活动。延庆公路分局启动一级应急响应，区应急视频会议系统24小时在线，道路巡查由每日一巡改为两巡，以付小路为中心选择距离最近的莲花池南道班设置应急备勤点，做好延康路、延下路、付小路往返共计19.97千米道路安全、环境、应急、疫情防控工作。活动期间分局共投入养护人员225人次，车辆80台次，共清理道路遗撒和车辆带泥上路污染路面5次。

（胡明丽）

【房柳路等6项工程通过竣工环保验收】 10月29日，分局邀请设计单位、施工单位、验收报告编制单位及相关专家组成验收组，对房柳路（柳沟—房老营段）道路工程、延龙路延长线道路工程、延庆西铁路道路工程（西二道河—铁炉村）、香龙路新建工程、库滨带林地防护路（延下路西段）、八达岭过境线（林场—营城子）进行竣工环境保护验收。

（胡明丽）

【普通公路隧道提质升级工程完工】 10月，延庆公路分局普通公路隧道提质升级工程正式完工。工程于2019年12月20日开工，2020年11月25日完工。涉及10条隧道，更新照明设施1793盏，监控摄像机67台，其他设备151套。该工程总投资1770.5万元，实施内容为隧道进出口段的照明设施与洞外光感环境相融合，采用无极调光系统，降低黑洞效应对过往车辆造成的安全影响；更新视频监控设施，实现视频与事件检测相融合，提升监控效果；采用双波长火焰探测器，提升隧道消防安全监测功能；更新监控平台，实现隧道各系统间的统一联动作业，从而进一步提升公路隧道安全运营和服务水平。

（胡明丽）

【“十三五”生命安全防护工程竣工】 10月底，兴阳线、河东路和香刘路生命安全防护工程完工，标志着延庆公路分局完成“十三五”期间北京市公路安全生命防护工程实施规划内的相关建设任务。“十三五”期间，分局累计治理路线27条，隧道10条，共计治理里程567千米。安装护栏5万余米，标线2万余平方米，交通标志近2000套。

（胡明丽）

【八达岭地区铲冰除雪联动演练】 11月5日，延庆公路分局与昌平公路分局联合举办八达岭地区铲冰除雪联动演练。演练以八达岭地区预计降雪达到大雪级别为背景，针对极端天气启动应急预案，开展铲冰除雪工作，研讨演练方案实操性及如何加强部门联系、部门配合等问题。经过演练完善了八达岭地区铲冰除雪应急抢险预案内容，明确各成员单位职责。

（胡明丽）

【延庆公路分局继续代行乡村公路管理职能】 11月9日，延庆区政府会议同意延庆公路分局继续代区政府执行乡村公路管理相关职能。主要包括乡村公路建设与养护行业监督、过程管理、技术指导、资金管理、制订养护建设计划、明确工作标准，会同相关单位进行绩效考核等职能，授权至2025年12月31日。

（胡明丽）

【4项中修和地质灾害工程完成】 11月11日至12日，昌赤路、康张路、旧小路4项中修工程和玉海路、兴阳线2项地质灾害防治工程路面平整度、厚度以及锚杆抗拉强度、格栅网、环形网的铺挂与缝合效果各项技术指标均符合设计规范要求，顺利通过交通验收。

（胡明丽）

【3家沥青混合料搅拌站完成绿色升级改造】 11月13日，经过北京市交通委员会组成的专家组进行复核，延庆区3家沥青混合料搅拌站内外业指标均达到三星标准，完成绿色升级改造。

（胡明丽）

【松闫路大修工程完工】 11月30日，冬奥配套道路基础设施松闫路大修工程全部完工。松闫路大修工程起点与国道G110相交，终点位于河北省赤城县大海陀乡闫家坪村（市界），市域内全长17.75千米。本次大修段全长15.93千米，项目总投资6979万元，道路等级为三、四级公路，设计速度30千米/小时、20千米/小时。大修内容为道路工程、防护工程、桥梁工程、外场设备等。设计单位北京国道通公路设计研究院股份有限公司，施工单位北京路桥方舟交通科技发展有限公司，外场设备施工标：紫光路安科技有限公司，监理单位北京市七环工程技术咨询有限责任公司。

（胡明丽）

【公路限高限宽设施及检查卡点排查】 11月，历时3天将延庆区县级以上公路既有限高限宽设施及检查卡点逐一排查并进行数据采集。共排查路线11条，排查限高架21处、限宽墩1处、检查卡点及阻断公路设施7处，行驶里程300余千米。

（胡明丽）

【松闫路智慧公路工程完成】 11月，公路分局负责建设的松闫路智慧公路工程完工。该项目起于G110路口，终点到赤城县闫家坪村，全长17.7千米，总投资281.3万元。在弯道处安装96套弯道盲区预警智慧终端，降低弯道交通事故率；在易产生暗冰路段安装2套冰雪预警系统，准确测算路面积雪厚度；在平交路口盲区处设置1套平安花检测设备；设置3套视频监控设施和3套可变情报板，提供路况交通信息；设置1套激光交调设备，掌握通行车辆数量。项目由北京国道通公路设计研究院股份有限公司负责设计、北京七环工程技术咨询有限责任公司为监理单位、北京路安交通科技发展有限公司为施工单位。

（胡明丽）

【外场设施更新工程完工】 11月，延庆公路分局负责建设的外场设施更新工程全部完工。该工程总投资160.2万元，更新了8套超微组合交调设备，6套可变情报板，1套视频监控。项目由河南省交通规划设计研究院股份有限公司负责设计、北京华通公路桥梁监理咨询有限公司为监理单位、中咨华科交通建设技术有限公司为施工单位。

（胡明丽）

【道路智能化建设】 11月，道路智能化机房改造工程完工。项目总投资364.5万元，内容为配电、暖通、安防、消防、综合布线、微模块、计算机设备及视频上云等专业工程。项目由北京华安北海机电工程有限公司负责设计、北京华通公路桥梁监理咨询有限公司为监理单位、北京世纪实拓科技有限公司为施工单位。

（胡明丽）

【小大路改建工程完工】 12月1日，延庆公路分局负责实施的冬奥会交通保障项目小大路（小丰营村—大营村）改建工程全线完工。小大路改建工程起点与京礼高速辅路相连，终点与世园路相交，全长1.13千米，项目总投资1843.4万元。本次改建包括道路工程、交通工程、绿化工程、交通量观测设备等。建成后路面宽度由10米扩宽到20米，双向4车道，设计时速50千米/小时。

（胡明丽）

【3项工程通过交工验收】 12月14日，延庆公路分局组织设计单位、施工单位、监理单位对京银路、松闫路大修工程及小大路改建工程进行交工验收，工程质量评定合格。3项工程长度共约40千米，至12月1日全部建设完成。

（胡明丽）

【5项工程通过环保验收】 12月18日，延庆公路分局邀请设计单位、施工单位、验收报告编制单位及相关专家组成验收组，对延庆旧小路改建工程、延庆延龙路（八里店—龙庆峡）道路工程、铁泰路一期（铁炉—县界段）道路工程、旧县镇镇区道路改造工程、延庆庆西路工程进行竣工环境保护验收。经过前期调查、报告编制、专家评审等环节，验收组认为五项工程实际路线、主要设计指标、环保设施等与环评阶段基本一致，并按照要求落实相应的环境保护措施，同意五项工程通过竣工环保验收。

（胡明丽）

【综合行政执法改革】 12月底，完成综合行政执法改革工作。按照“人随编走”原则，划转执法总队路政人员20人，调出1人，保留2人。

（胡明丽）

交通行业管理

【概况】 延庆区交通局（简称区交通局），下属延庆区运输管理所、延庆区汽车维修管理所、延庆区出租汽车管理所、张山营公路交通检查站、康庄公路交通检查站、火车站管理处、道口办、110高速公路综合检查站、京张高速公路综合检查站、白河堡综合检查站、综合交通协调中心11个事业单位。2020年，全区有公交客运企业1家，区域内运营线路49条，区域公交配车234辆，其中LNG天然气公交车129辆，纯电动公交车105辆，区域内运营长度1895公里；跨区域公交车（919路）配车140辆，均为LNG天然气公交车，运营长度161公里；清洁能源、新能源公交车达到100%，年客运量960万人次；市郊铁路S2线延庆站、八达岭站到发旅客21万人次。京张高铁延庆支线自12月1日开通后当月到发旅客3.698万人次。出租汽车个体经营者5家，出租企业3家，汽车613辆，其中电动出租企业1家，区域电动出租车300辆；汽车租赁企业8家，车辆35辆；货运企业852家，运营车辆2724辆，其中化危品运输企业1家，运营车辆5辆；水运游船企业6家，游船160艘；汽车维修企业102家；驾培机构3家，教练119人，教练车118辆。年内，区交通局成立“接诉即办科”，全年共接收1013件工单，响应率100%，解决率87.88%，满意率94.69%。全年共检查驾培企业48户，出动执法人员108人次。立足群众出行便利性结合群众出行需求的变化，优化Y2、Y6、Y9、Y14、Y16、Y20、Y45共7条公交线路，有效提升了公交服务水平。

单位名称：延庆区交通局
地　　址：延庆镇湖南东路20号
电　　话：81196331

（张永生）

【冷藏运输企业新冠疫情防控】 年内，区交通局通过多种检查方式对冷藏保鲜运输企业进行检查。秋冬季共检查冷藏保鲜运输企业37家，签订

《承诺书》明确责任，出动执法人员84人次，对检查中发现的问题要求企业立即整改。

（张永生）

【双随机行业监管】 年内，交通局共开展部门内部“双随机”抽查检查535次，检查企业535家，下发限期改正通知书106份；开展跨部门双随机抽查检查6次，检查企业19家。

（张永生）

【汽修行业日常监管】 年内，区交通局共检查企业516户次，出动执法人员1056人次，对违法违规企业采取行政措施（限期整改）89起；约谈1户次；行政处罚9户次，罚款4.1万元。

（张永生）

【货运行业入户检查】 年内，区交通局出动执法人员581人次“双随机”检查普通道路货物运输企业，入户检查247次，采取限期整改措施3起，行政处罚9户，停业整顿7户。完成对化危企业入户检查16户次，出动执法人员37人次，外埠化危车事故出现场2次。

（张永生）

【出租行业日常监管】 年内，区交通局出租汽车管理所出动检查人员415人次，检查出租汽车企业及驾驶员142户次（人次），汽车租赁企业和旅游客运企业43户次；检查出租汽车282辆次，旅游客车49辆次，客运驾驶员49人次；行政处罚1人次（罚款100元）、行政警告1人次、限期整改10户次（复查合格）。

（张永生）

【集中整治冬奥工地违法运输及治理“黑大巴”】 年内，交通局严厉查处冬奥施工私改、未苫盖、从业人员无资质等施工车辆违法行为，共处罚50起，罚款27.8万元。会同公安和旅游等部门，采取“分批分期，逐个查处”的执法模式，处罚“黑大巴”7起，罚款27万元，规范单位通勤班车20余辆。

（张永生）

【行政许可审批办结率100%】 年内，共办结行政审批事项5402件，其中，货运行业2375件，机动车维修行业39件，出租行业33件，汽车租赁行业6件，水运（海事）行业46件，从业人员2847件，旅游客运21件，经营性停车场备案24件，驾培行业11件。另有小客车摇号业务4276件，解答现场咨询及来电咨询4670件。

（张永生）

【路外经营性停车位管理】 年内，新增经营性停车场17个，新增备案停车位1301个，核销2个（八达岭残长城、石河营建材城），核销车位274个，全年制发备案证76套（含统一更新证件36套）。全区共备案经营性停车场43个，经营企业32家，停车泊位11553个，其中地上非机械式停车泊位11012个，地上机械式停车泊位108个（政务服务局），地下非机械式433个。

（张永生）

【组建新冠疫情防控应急队】 1月31日至2月21日，由执法大队牵头，组成29人的交通局疫情应急防控队。应急防控队驰援四大综检站，在岗22天共出动166人次，协助四大综检站检查车辆6015辆，协助测量司机体温6398人次。

（张永生）

【“相约北京系列冬季体育赛事”交通保障】 2月16日至26日，落实“相约北京系列冬季体育赛事”交通保障工作。运输服务保障企业共计发送414车次，交通保障组各成员单位共出动服务保障车辆446车次、1757人次，其中区交通局共出动49车次、863人次，交通支队出动172车次、348人次，城管委出动30车次、150人次，延庆公路分局出动195车次、396人次。

（张永生）

【道路停车二期项目投入使用】 4月28日，自当日零时开始，道路停车二期项目正式接入市级平台运营，并同步纳入政府非税收入管理，涉及7条道路，共施划1020个停车位。截至年底，道路停车一、二期均已完工，完成城区10条道路停车电子化改革，共1449个停车泊位，其中高位视频设备307套，地磁设备74套。高位视频覆盖车位1375个，地磁覆盖车位74个。除地磁路段有效订单率偏低外，整体运营效果良好，电子收费路段停车秩序明显好转，完全杜绝僵尸车及私占车位现象，车位周转率显著提升，缓解了停车难问题。

（张永生）

【新开通2条公交线路】 10月1日，开通延庆区域公交Y48路、Y49路，方便西杏园村、岳家营村群众公共交通出行，解决了世园公园到高铁站公交接驳问题。

（张永生）

【延怀两地联合治超执法】 10月22日，延庆区与河北省怀来县两地“战疫情、强共治、保畅通”联合治超专项行动启动仪式在张山营综检站举行。自10月23日至12月27日，累计组织跨省联合、各自区域内联合执法行动90次，出动执法人员541人次。延庆区交管累计做出超限超载违法案件处罚125起，记462分，其中涉及超限超载30%以上案件29起，处罚百吨王26辆，涉牌案件16起；运政查处货车非法改装4起，非法运营9起。

（张永生）

【国际冬季体育联合会考察活动交通保障】 11月9日至13日，落实国际冬季体育联合会考察活动交通保障工作。交通保障组各成员单位依据自身职责，分别成立各部门保障小组并制订保障方案。交通运输企业共计出动15车次运送79人次，所有运输车辆均按规定完成了消杀工作；交通保障组各成员单位共出动1057人次179车次，完成了各类人员的交通保障任务。

（张永生）

【5项疏堵工程全部完成】 年内，在区校园周边共安装标牌47套，施画标线1566.98平方米，补画标线837平方米；在东外大街、高塔街门前三包区域累计施划机动车停车位351个；完成程家营村新宝庄公交车站的公交港湾基础建设任务，完善公交港湾周边的标志、标线等配套设施，打开原有封闭路口并将东侧公交车站向北挪移至现有码放隔离墩路口以北，允许行人通行，缩短村民乘车距离约200米；实施旧北路道路改造工程；在妫川路与团结路交叉口安装交通信号灯。5项疏堵工程全面完工，交通行业治理全市排名第一。

（张永生）

【延庆综合交通服务中心（换乘中心）投入使用】 12月1日上午6时26分，复兴号G8881高铁驶入延庆站，京张高铁延庆支线正式开通、延庆综合交通服务中心（换乘中心）正式投入使用。标志着延庆从此进入北京半小时经济圈。该服务中心自2018年12月26日开工，2020年6月15日房建工程完成，2020年7月8日移交铁路部门。

（张永生）

邮 政

【概况】 中国邮政集团有限公司北京市延庆区分公司（简称延庆区邮政分公司），隶属中国邮政集团有限公司，受集团公司和区委、区政府的双重领导，国有通信企业，担负着全区邮政通信管理及服务经营工作。全区共有邮政服务网点23个，设立普邮道段45条，包裹专投15条（其中汽车邮路12条）；设立机要专投1条。服务面积1993.75平方千米，服务人口34万人。全公司设邮路道段60条，包含汽车邮路12条、全长1150千米；电动车道段48条，全长2250千米；设信筒、信箱410个（含村邮站内376个）。主要设备有汽车58辆，新能源汽车6辆，电动三轮车55辆，电动两轮车10辆。自有房屋面积15248平方米，固定资产总值5212.16万元。业务功能主要有：金融、寄递、集邮、发行、函件、汇兑等传统业务和电子商务、礼仪分销、DM广告策划制作等新型业务。年内，全资费业务收入累计完成7556.7万元，完成年预算进度的100.46%；净利润实现460万元，完成年预算进度的178%。

单位名称：延庆区邮政分公司
地　　址：延庆镇庆园街16号
电　　话：69102695

（王海生）

【无偿运输防疫赈灾物资】 2月11日，协助区妇联为乡镇无偿运输防疫物资累计重量1.2万千克，包括84消毒液、肥皂各1300箱，暖宝宝6000余片。分别配送至区内各乡镇。2月18日，应绿富隆公司请求，安排6人和3台车协助延庆工业局紧急赶往海淀区调运赈灾帐篷及电暖器。

（王海生）

【与区农业农村局签约共建农产品流通物流体系】 5月15日，邮政分公司与区农业农村局签署新一轮战略合作协议，双方就农产品流通物流体系运行制订协调和长效机制。农邮双方还就精品民宿农产品配送、打造村邮站、农村电商渠道、三农金融服务等进行全面研讨，对更多领域的合作开展信息交流。

（王海生）

【疫情期间寄递教材及试卷】 3月至7月，疫情期间统一与校方联系，为区一中、二中、十一等校疫情期间居家学习的学生邮寄教材、考卷共十余次，完成初、高中学生的“云开考”试卷双向寄递工作。十一学校校长赠送慰问信和锦旗表示感谢。

（王海生）

电信

【概况】 中国联合网络通信有限公司北京市延庆区分公司（简称中国联通延庆区分公司），隶属中国联合网络通信有限公司北京市分公司。年内，延庆区分公司坚持党建统领，依靠5G时代发展生态，全面落地北分部署，抓利润，强服务，推动分公司管理体系、区域经营良性发展。

单位名称：中国联通延庆区分公司

地　　址：延庆镇东外大街107号

电　　话：69141003

（窦文艳）

【冬奥通信基础设施建设】 年内，完成国家高山滑雪中心、国家雪车雪橇中心机房、光缆、传输、数据、语音、移网、奥组委办公网络、计时记分电缆及综合布线建设，为冬奥会测试活动及测试赛通信保障工作奠定坚实的基础。

（窦文艳）

【赛事通信保障】 1月16日至20日，完成高山滑雪世界杯暨第十四届全国冬季运动会通信保障工作。10月23日至11月1日，完成国家雪车雪橇中心赛道预认证通信保障工作。11月9日至13日完成国家高山滑雪中心国际雪联联合考察通信保障工作。

（窦文艳）

（栏目编辑：孙越凡）

生态环境

概　述

北京市延庆区生态环境局（简称区生态环境局）是区政府正处级工作部门，负责全区生态环境保护和污染防治的相关工作，承担区委生态文明建设委员会办公室职能。年内，助力疫情防控，落实冬奥环境治理保障、污染防治攻坚各项措施，强化环境执法监督，推进污染减排，加强环境监测，严格建设项目审批，压实责任推进“接诉即办”工作，增强宣传引导。优化完善区委生态文明建设委员会各项工作规则，充分发挥区委生态文明委“一办六组双主任”统筹协调作用，统筹全区生态文明及“两山”基地建设。围绕市委生态文明委2020年工作要点，突出区“两山”基地和国际一流生态文明建设示范区重点任务，制订区委生态文明委2020年工作要点、“两山”基地建设2020年工作要点，切实履行生态文明建设委员会办公室职责，推动完成生态文明建设76项任务及“两山”基地建设49项任务。编制延庆“两山指数”评估大纲并进行试算，完成“两山”基地制度建设评估，开展生态系统生产总值（GEP）核算。履行生态文明体制改革专项小组职责，推动落实各项改革任务。强化生态文明及“两山”基地宣传，在新华财经、学习强国等国家媒体上刊登《北京延庆：探索“点绿成金”的延庆“两山”转换模式》，在全国范围有效推广展示全区生态文明及“两山”基地建设成果。通过开展“双随机一公开”防止“选择性执法”和防范企业、个人环境违法行为发生，推广随机抽查，规范事中事后监管，进一步推进环保行政执法监管的科学化、规范化，克服“任性”检查、实行“阳光”执法。每月将双随机执法情况在局官网上予以公开，截至年底，双随机执法检查共计318家次。

单位名称：延庆区生态环境局
地　　址：香水园街道香苑街102号
电　　话：69104090

（齐立涛）

环境质量

【全区环境基本数据】 年内，全区大气主要污染物二氧化硫、二氧化氮、可吸入颗粒物、PM2.5平均浓度分别为4、20、50、31微克/立方米。二氧化硫同比下降20%，二氧化氮同比下降31%，可吸入颗粒物同比下降21.9%，PM2.5同比下降16.2%。延庆区是北京市率先实现二氧化硫、二氧化氮、可吸入颗粒物、PM2.5、一氧化碳、臭氧六项主要污染物全部达标的区。

（齐立涛）

污染防治

【大气污染防治】 年内，聚焦重型柴油车管控，进京综检站累计检查53.18万辆次，检测超标5008辆次，淘汰国三排放柴油货车1399辆。深化重点行业污染治理，淘汰退出一般制造业11家，超额完成年度任务。完成2020年“煤改电”工作，安装完成7425户，完成率100%。完成烟花爆竹扩大禁放区域制订工作，禁放区域在原有的三个街道七个镇的基础上，将刘斌堡乡、香营乡、永宁镇、旧县镇纳入禁放区。

（齐立涛）

【水污染防治】 年内，制订印发《延庆区污染防治攻坚2020年行动计划》，并落实各项任务。完成集中式饮用水水源地环境保护状况评估，并按照要求开展专项排查及整治。每季度向社会公开区级城镇饮用水安全状况信息。开展乡镇间水环境区域补偿工作，完成农村健康饮水工程和农村环境综合整治任务。创建节水型社会，获批全国第三批节水型社会建设达标区。落实河长制相关工作要求，完成“十三五”期间建设生态清洁小流域14条、187平方千米的任务。

（齐立涛）

【土壤污染防治】 年内，区自主完成中关村延庆园、康庄镇工业园区土壤污染情况调查项目，涉及98家企业，578个样品（含66个平行）采集及实验室检测工作，并完成调查报告。对2019年关停企业进行筛查，未发现对土壤造成污染的行业企业。

（齐立涛）

【噪声污染防治】 年内，开展环境噪声信访及中高考期间噪声专项整治行动，向重点商户普及噪声污染相关法律知识。中高考期间，共出动执法人员86人次，检查单位37家次（其中施工工地2家次）。对延庆区各考场周围环境噪声进行严格管理，中高考期间基本上没有发生噪声污染事件，有效控制了考场及周边的环境噪声污染问题。

（齐立涛）

环境监测

【区域生态环境监测】 年内，编写《2019年北京市延庆区环境质量报告书》。持续开展国家重点生态功能区县域生态环境质量监测、评价和考核。开展北京市、河北省地表水跨界断面联合监测工作。全年完成51个地表水断面、10个饮用水源地地下水监测点位共计420次监测、19个降尘点共228个大气降尘监测、噪声195个点位、土壤8个点位的常规监测、27家次污染源废气监测、74家污染源废水共316次监督性监测。配合相关科室，完成“接诉即办”监测76次，持续开展冬奥会赛场及重点水库水质监测和巡查检查应急监测，专项监测共计37余次。全年报出各类监测数据合计9266个。参加2020年北京市生态环境监测质量管理岗位建功活动，分别获得个人二等奖和三等奖。

（齐立涛）

环境监察

【辐射环境监管】 年内，对区41家使用、生产、销售射线装置（合计97个Ⅱ类、Ⅲ类射线装置）的单位开展上门帮扶指导40余次，线上指导10余次；综合执法大队执法检查26家次，行政处罚2家，罚款0.156万元。

（齐立涛）

【建设项目清理整治】 年内，发现并上账涉污“散乱污”企业6家，已整改完成6家。全年环境影响评价审批40项，环境影响登记表备案2239项，发放辐射安全许可证15件，排污许可证36家，排污登记管理316家。

（齐立涛）

【环保执法检查】 年内，生态环境局共出动执法人员8975人次，检查各类污染源3965家次，参与街乡吹哨等联合执法53次，下达处罚决定65起，处罚金额285.11797万元，查封18起，向公安机关移送案件5起。检查用车大户机动车6130辆次，超标并处罚229辆次，处罚金额17.37万元。检查非道路移动机械1236台次，处罚78台，处罚金额93.5万元。非道路移动机械编码登记1885台，审核并发放编码1651个。参与联合执法日检夜查约206次520人次，检查417辆次，超标并处罚2辆次，处罚金额0.04万元。检查加油站1031座次、储油库14库次，处罚11座次，处罚金额24万元。巡查检测场252场次，现场监督检测车辆13852辆次，抽检验车档案6225件。对10家“散乱污”企业移交相关部门进行清退，年内全部完成。

（齐立涛）

节能减排

【主要污染物减排】 年内，通过市环科院、市政府污染减排和绩效考核现场检查核查。全年消减氮氧化物、化学需氧量、氨氮三项污染物分别为179640千克、53130千克、15140千克，氮氧化物减排比例为15.83%，超额完成市政府制订的15%、50000千克、5000千克减排任务。

（齐立涛）

环境保护

【冬奥环境保障】 年内，统筹推进规划环评矩阵表54项环保措施、可持续34项承诺、2020年工作要点等各项任务顺利开展。落实生态环境保护职责，按照冬奥各项目的时间节点，倒排日期，督促各牵头单位做好服务保障工作，督促各建设单位落实主体责任，确保各项措施有序推进。

（齐立涛）

【固体废物管理】 年内，重点检查涉及危险废物企业的环评及环评批复、危险废物集中处置设施和场所建设、危险废物转移联单、分区分类存放情况、标志标识等。区生态环境综合执法大队共出动1588人次，检查危险废物产生单位572个，发现问题32起，立案处罚10起，罚款16万元。对区内工业固体废物、危险废物、医疗废物收集、贮存、转运处置进行监督管理。

（齐立涛）

【环保宣传】 年内，对标生态环境保护重大部署，对表规划、污染防治攻坚战要求，统筹利用各类宣传渠道，持续开展新闻宣传和舆论引导。在市、区两级媒体共刊发生态环保新闻224篇（期）。主动公开政府信息共计373条。新媒体平台微信、微博共发布及推送3305期（条）。以世界环境日、全国低碳日为契机，组织策划线上、线下共计10项生态环境保护主题宣传和实践活动。累计发放生态环保宣传材料及宣传品2万余份，开展生态环保教育活动10余次，直接受众超1万人。

（齐立涛）

【智慧环保建设】 年内，建设完成智慧环保监测网，共建设20个空气标准站、10个水质自动监测站、11个景区双项站、443套颗粒物微型监测设备、46个噪声自动监测站、350套油烟在线监测设备、13套恶臭在线监测设备、1套机动车遥测设备、1套激光雷达监测设备、接入20个废水废气排口在线监测数据。建设完成生态环境数据资源中心、大气环境质量监测管理系统、空气质量预报预警系统，突发环境事件应急管理系统和“一张图”决策分析系统等六大类别共15个子系统。利用数据共享接入市局相关数据、区气象局气象数据、公安分局雪亮工程视频信息以及区城指中心生态环境相关数据。

（齐立涛）

【环境管理体系建设】 年内，组织各部门对环境因素法律法规进行评审及更新，制定年度环境目标指标，组织各牵头单位制订管理方案并积极落实。开展年度ISO14001环境管理体系审核，保持体系顺利运行。

（齐立涛）

【环境应急】 年内，修订《北京市延庆区突发环境事件应急预案》，并召集区内风险源单位开展环境风险隐患排查培训，要求各单位每

3年备案1次突发环境事件应急预案。全年新备案单位9家，到期重新备案2家。结合冬奥服务保障工作，参加冬奥会外围保障综合应急演练1次，开展突发环境事件应急演练桌面推演1次。

（齐立涛）

【环境信访】 年内，接到12345平台工单、信访件共295件，其中大气污染类150件，水污染类16件，噪声污染类22件，咨询及其他部门职责类107件。

（齐立涛）

（栏目编辑：孙越凡）

城乡建设与规划

规划和自然资源管理

【概况】 北京市规划和自然资源委员会延庆分局（简称“市规划自然资源委延庆分局”），是履行区全民所有土地、矿产、森林、湿地、水等自然资源资产所有者职责和所有国土空间用途管制职责的职能部门。所属行政执法机关单位共7个：北京市延庆区规划和自然资源执法队、北京市规划和自然资源管理委员会延庆分局第一、二、三、四、五、六规划和国土资源管理所。所属事业单位共8个：北京市延庆区不动产登记事务中心、北京市延庆区规划信息中心、北京市延庆区规划展览中心、北京市延庆区城市建设档案馆、北京市延庆区土地利用事务中心、北京市土地整理储备中心延庆区分中心、北京市延庆区规划设计所、北京市延庆区测绘勘察所。年内，在施项目一级开发项目6个，在施面积237.86公顷。共核发1件建筑物名称核准，3件地名命名。完成《自然资源资产负债表》及《2019年度国有自然资源专项报告》的编制工作。完成市级下发的1平方千米城乡建设用地净减量任务。

单位名称：北京市规划和自然资源委员会延庆分局
地　　址：延庆镇香苑街6号
电　　话：69101119

（吴绛）

【优化营商环境】 年内，对优化营商环境条例、低风险工程等专题进行重点宣传，线上线下开展培训10余次，覆盖人员1500余人。与区营商环境专班、区广电中心、延庆报社、延庆区官方微信、市规划自然资源委官方微信等沟通，扩大新政策落实情况的宣传效果。在全市率先发布《关于乡村建设项目审批流程的办理指南》，对乡村建设项目加强监管。

（吴绛）

【行政事项审批】 年内，共受理行政审批业务143件。核发建设工程规划许可证98件，其中城镇建筑工程类55件（包含低风险项目13件），总建筑规模167.1万平方米；市政交通基础设施工程类43件，总建筑规模5.19万平方米，线性工程总长度21.27万延米。核发乡村建设规划许可证3件（包含乡村低风险项目1件），总建筑规模5.76万平方米。核发临时建设工程规划许可证1件，建筑规模7973平方米。核发建设项目选址意见书16件，其中城镇建筑工程类8件，总用地面积176.66公顷；市政交通基础设施工程类8件，总用地面积13.36公顷。选址意见书与用地预审合并办理不予许可1件。核发国有建设用地划拨批准13件，总划拨面积33.68公顷。核发建设项目用地预审意见6件。核发建筑物名称核准1件。核发地名命名3件。核发市政审改试点函1件。

（吴绛）

【规划研究和编制】 年内，完成全部美丽乡村规划编制工作；完成2019年度城市体检，进一步夯实新城控规试点方案；启动6个乡镇国土空间规划编制工作。《延庆区综合交通规划（2017年—2035年）》《延庆区市政基础设施专项规划（2017年—2035年）》《延庆区海绵城市专项规划》已完成终稿并按流程上报区政府审查。

（吴绛）

【责任规划师团队建设】 年内，构建1个区级+7个街乡（镇）两级联动的责任“妫画师”

团队。发挥责任妫画师的桥梁纽带作用，将专业知识引进社区和乡村，助力背街小巷整治、“创城”和老旧小区改造等工作。打通规划实施的“最后一公里”。

（吴绛）

【延庆区第三次全国国土调查】 年内，开展外业核查及互联网在线举证工作，核查图斑82832块，调查面积1994.90平方千米。完成区级全图斑核查、重点地类检查、数据流量分析工作。10月14日，区三调成果通过市级核查后报自然资源部。

（吴绛）

【项目审批】 年内，落实冬奥项目手续闭环管理要求，全速推进规划审批。为冬奥A、B包场馆及配套设施共核发23个《建设工程规划许可证》，规划审批手续完成；为冬奥C包核发安置房项目《建设项目选址意见书》和《建设项目用地预审意见》。推进冬奥配套服务设施项目，核发北京市冰上项目训练基地、北京延庆八达岭希尔顿逸林酒店、延庆综合交通服务中心（换乘中心）、冬奥会外部配套综合管廊及监控中心等冬奥配套项目的《建设工程规划许可证》。推进项目规划审批，保障区棚改工作有序推进。延庆镇小营石河营村棚改、康庄镇一二三街村棚改、大榆树镇下屯村棚改的安置房项目共11个《建设工程规划许可证》已全部核发完成。核发八达岭法庭项目，第八中学和大榆树中学风雨操场，新华家园养老住区项目阳光花厅和暖廊低风险项目等《建设工程规划许可证》。

（吴绛）

【征地及农用地转用项目用地管理】 年内，完成征地批准3个、征地前期工作2个，总用地面积108.55公顷；完成农转用批准1个，总用地面积1.39公顷。

（吴绛）

【耕地保护与占补平衡】 年内，完成2个项目立项工作，其中1个为社会投资土地整治项目，建设规模5.74公顷（86.08亩），预计新增耕地5.43公顷（81.51亩）；另一个为增减挂钩对应土地复垦项目，建设规模0.84公顷（12.67亩）预计新增耕地0.84公顷（12.67亩）。完成2个区财政投资土地整治项目工程验收工作，建设规模共7.07公顷（106.04亩）；3个社会投资的增减挂钩复垦项目基本完工，预计产生增减挂钩指标24公顷（360亩）。组织申报新增耕地验收项目6个，预计产生增减挂钩指标42.13公顷（632亩）。已完成正进行工程验收项目1个，预计新增耕地指标4.67公顷（70亩）。

（吴绛）

【土地入市】 年内，1个冬奥配套项目完成入市，为延庆区张山营镇西大庄科村YQ06-0400-0016地块，该地块用地面积为2.62公顷，建筑规模2.65万平方米。

（吴绛）

【多规合一】 年内，纳入“多规合一”协同平台研究并出具意见的房建类项目共28件，其中出具初审意见17件，会商意见9件，供地审核意见2件。市政交通类项目共35件，其中出具初审意见15件，会商意见20件。

（吴绛）

【住宅用地供应】 年内，完成世园会交通市政配套工程定向安置房项目供应，用地3.56公顷，完成率50.86%（定向安置房供地任务指标7公顷）。

（吴绛）

【不动产登记】 年内，共受理各类业务30156笔，其中受理不动产登记业务8947件，受理查询21209件。存量房录入770条，接诉即办89件。完成权属审查36个项目，涉及宗地557宗，土地面积117.36万平方米；权籍调查47件，涉及宗地47宗，土地面积223.43万平方米。

（吴绛）

【规划监督】 年内，核发规划核验意见20件，总建筑面积约99.87万平方米，并同步做好规划核验档案整理和移交工作。其中低风险工程2件（1件已办理不动产登记手续完成全流程案例），社会投资全过程监督6件，来函申请规划核验12件。截至年底，区纳入全过程监督工程系统共计63件，其中，20项已完成或终止全过程服务监督工作，43项正在服务监管中（新增17件）。已按全过程监督进行跟踪服务，并将相关情况和服务记录录入系统。

（吴绛）

【执法监察】 年内，为区城管部门及各乡镇政府出具规划违建认定函共计289件，涉及总建筑面积2.97万平方米。土地违法共计立案查处237宗，其中下达行政处罚决定书4宗，未实施处罚决定216宗，结案219宗，罚款约48.53万元。矿产违法共计立案查处2宗，其中下达行政处罚决定书1宗，结案1宗，罚款约2万元。

（吴绛）

【信息化建设】 年内，推进软件正版化工作，做好日常信息化运行维护工作。严格实行CA认证，确保网络安全，依托全委网络平台，提升管理效率和质量。

（吴绛）

【矿产资源管理】 年内，加强矿泉水、地热等矿产资源开发利用监督管理，组织矿业权人填报矿产资源储量、勘查开采信息公示、开发利用数据统计等工作。

（吴绛）

【地质灾害防治】 年内，突发地质灾害（山体崩塌）5起，累计方量约620立方米，无人员伤亡、车辆等财产损失。灾害地点主要集中在滦赤路、刘干路、四宝路等山区路段，发生时间均在汛期。2020年在施的8个地灾治理项目，其中7个项目已竣工验收，1个项目处于施工阶段。结合各乡镇实际情况，已申报2021年至2023年度地质灾害治理工程计划。推进奥运村东侧六条泥石流沟隐患治理工作，并已完成竣工验收。

（吴绛）

【信访工作】 年内，分局共办理信访诉求340件次，同比下降6.8%。其中办理纸信24件次（同比下降84.8%），网信13件次（同比下降77.2%），接待来访284批次/387人次（批次同比增加8.8%、人次同比下降27.9%），其中集体访5批次/181人次（同比下降70.6%/13.8%），重复访80批次/105人次（同比下降52.9%/59.9%）。

（吴绛）

【城市建设档案管理】 年内，接收并完成2019年建设工程、市政工程、市政用地、乡村工程、监督验收等7大类18小类，总共151件407卷规划审批及监督验收档案的组卷、整编、入库工作。办理竣工档案登记17件及出具竣工档案验收意见10件。督导建设单位竣工档案移交，全年完成14个建设项目共385卷建设工程竣工档案入馆工作。接收2019年会计档案42卷、照片档案76张、实物档案23件、光盘档案54张、文书档案3944件，专业档案80卷的电子化工作。接收2020年文书档案1322件，并完成排序、编页、装订、装盒等工作。提供审批管理档案借阅查询等80余人次，配合审批部门信息公开调阅档案35余次，调卷近200卷次。全年机关综合档案室查询、借阅档案242人次，3000卷次，为分局日常工作查考、信息公开、案件协查提供基础数据及历史凭证。

（吴绛）

行业管理

【概况】 北京市延庆区住房和城乡建设委员会（以下简称“区住建委”）加挂北京市延庆区人民政府住房保障办公室、北京市延庆区人民政府房屋征收办公室、北京市延庆区重大项目协调服务中心、北京市延庆区住房和城乡建设综合执法大队牌子。区住房城乡建设委是负责全区住房和城乡建设行政管理的区政府组成部门。年内，筹集公租房房源45套。完成中交富力·雅郡共有产权住房项目第三次申购配售房源305套、三次顺销配售房源81套。完成商品住宅专项维修资金使用审核5件，合计金额

22.17万元。完成2018年度老旧小区综合整治工程5个小区，95栋楼竣工验收。完成既有住宅加装电梯12部并交付业主使用。实现世园会交通市政配套工程定向安置房项目开工建设。完成全区国有土地上城镇房屋安全检查，建筑面积510.13万平方米。办理预售许可3件，现售备案8件，批准入市供应商品房222套，两限房44套，戊类库房203套，非住宅193套。完成购房资格审核3380笔，存量房网上签约2156笔。办理建设工程公开招标入场登记37项，合计中标价634660.12万元，建筑面积135.8万平方米。完成19个项目的房产实测绘成果审核工作，涉及88栋楼、建筑面积632566.62平方米。办理施工许可证50项，建筑面积129.23万平方米、线性工程长度66千米。施工登记意见函3项，建筑面积0.73万平方米。办理竣工验收备案9项，建筑面积30.59万平方米。建设工程安全监督项目82项，其中房屋建筑工程69项，建筑面积446.35万平方米，市政基础设施工程13项，长度49.77千米。实施建筑工程质量监督项目73项，其中房屋建筑工程71项，建筑面积343.53万平方米；市政基础设施工程2项，长度14.42千米。实施住建领域行政处罚223起，罚款89.11万元。协调解决拖欠建筑业农民工工资问题18起，涉及536人、金额2055.27万元。完成农村危房改造281户，建设任务全部开工，主体结构完工261户，竣工158户。牵头施工现场扬尘治理大会战专班，出动扬尘治理执法检查人员3568人次，检查工程1450项次，发放责令改正通知书578份。全区存量房地产开发企业50家、建筑业企业153家。重点工程开复工62项，其中续建项目复工38项，新建项目开工24项，推进项目开工1项，完工22项；其中15项冬奥工程中完工12项。牵头固定资产投资项目18项；全年完成全口径投资112亿元，占全区全口径固投任务190亿元的59%；完成建安投资78亿元，占全区建安投资任务130亿元的60%。完成小大路改建工程项目拆迁补偿工作，完成永东110千伏输变电35千伏、10千伏配套送出工程拆迁工作，完成京礼高速中关村延庆园出口匝道拆迁补偿工作。受理来信来访68件、每日舆情45件、北京市网上信访信息系统收取28件，接诉即办受理工单1338件，已全部办结。吹哨报到102件，全部响应。制订《2020年区住建委平安延庆建设工作要点及任务分解表》《2020年区住建委全国“两会期间”维稳工作方案》《2020年区住建委国庆、中秋安保维稳工作方案》及《区住建委十九届五中全会及冬奥会雪地雪橇场地预认证安保维稳工作方案》，并进行工作部署。12月获评“北京市控烟示范单位”、连续三年获评“延庆区反恐怖先进单位”。

单位名称：延庆区住房和城乡建设委员会
地　　址：延庆镇东外大街89号
电　　话：69103689

（熊于男）

【施工许可证及竣工验收备案】 年内，办理施工许可证50项，建筑面积129.23万平方米、线性工程长度66千米。施工登记意见函3项，建筑面积0.73万平方米。办理竣工验收备案9项，建筑面积30.59万平方米，其中房屋建筑工程7项，建筑面积29.74万平方米；装修工程2项，建筑面积0.85万平方米。

（熊于男）

【建设工程质量监督管理】 年内，建筑工程质量监督项目73项，其中房屋建筑工程71项，建筑面积343.53万平方米；市政基础设施工程2项，长度14.42千米。出动质量监督执法检查500人次，检查工程项目150项次，实施质量监督类行政处罚38起。截至年底，完成竣工验收12项，受理各类工程质量投诉69起，办结率100%，满意率达95%以上。

（熊于男）

【建设工程消防验收及备案】 年内，合计受理办结建设工程消防验收及备案20项，其中消防验收10项，消防备案10项（包含4项备案抽中检查，6项备案未抽中）。

（熊于男）

【冬奥工程质量监管】 年内，针对冬奥村和新闻发布中心、配套综合管廊等7项在监冬奥工程开展质量监督执法检查16次，行政处罚2起，组织第三方评估机构开展安全质量状况评估8次，评估结果良好，督促施工单位按照评估报告提出的问题进行整改，各项目未发生重大安全生产事故，工程质量受控。

（熊于男）

【引导企业质量创优】 年内，引导在监项目参与质量创优评选。全区在监工程参评并获奖合计9项，即中国建设工程鲁班奖1项，中国钢结构金奖2项，北京市结构长城杯金质奖3项，北京市结构长城杯银质奖3项。

（熊于男）

【建设工程安全监督管理】 年内，建设工程安全监督项目82项，其中房屋建筑工程69项，建筑面积446.35万平方米；市政基础设施工程13项、长度49.77千米。6项工程获评“北京市绿色安全工地”，3项工程获评“北京市绿色安全样板工地”。出动安全监督检查人员2900人次，检查工程项目920项次，排查并消除各类安全隐患630项。实施施工安全类行政处罚118起、罚款26.2万元，其中简易程序处罚89起，罚款8.9万元；一般程序处罚29起，罚款17.3万元。发生1起一般生产安全事故，死亡1人。

（熊于男）

【施工现场扬尘专项治理】 年内，召开各类施工现场扬尘治理工作会议 13 次。出动扬尘治理执法检查人员 3568 人次，检查工程 1450 项次，发放责令改正通知书 578 份。其中，责令停工整改 5 份，立即整改 913 份，约谈 115 起。移交区城管执法局处罚 63 项，报请市住建委进一步处理 1 起。积极应对部署 11 次空气重污染过程及 4 次重大活动保障工作，确保空气质量达标。实现全区细颗粒物（PM2.5）累计平均浓度 31 微克 / 立方米，同比下降 16.2%，完成 2020 年市级年度任务目标。

（熊于男）

【建设工程招标投标管理】 年内，办理建设工程招标投标入场登记37项，均为公开招标。合计中标价63.47亿元，建筑面积135.8万平方米。

（熊于男）

【预拌混凝土管理】 年内，针对全区4家具有资质的混凝土搅拌站开展日常检查68次，督促其严格执行《2019年度北京市预拌混凝土绿色生产管理规程》有关规定，开展密闭化升级改造，达到生产区域全密闭化。在市住建委、区住建委对4家混凝土搅拌站的绿色生产联合专项检查中，2家单位获评优秀，2家单位获评良好。

（熊于男）

【综合执法行政处罚】 年内，开展施工现场扬尘治理、市场行为、违法建设、建筑市场、建筑材料、企业资质、房屋中介、物业行业、城镇房屋安全等住建领域综合执法并实施行政处罚223起、罚款89.11万元。其中，简易处罚89起，罚款8.9万元，立案处罚134起，罚款80.21万元。

（熊于男）

【企业资质管理】 年内，建筑业企业资质新设立28项、增项9项、主动注销3项、分立2项、变更37项，房地产企业新办暂定资质3项、暂定级变更10项、暂定级延续10项、暂定级升四级5项、四级延续8项、四级变更3项。对全区53家建筑业企业资质开展专项核查工作，15家企业达标，年末32家企业复查达标，6家企业注销资质。年末，存量房地产开发企业50家、建筑业企业153家。

（熊于男）

【施工现场劳务管理】 年内，检查劳务总承包企业85家、监理单位85家、劳务（专业）分包单位320家、涉及工人约2.2万人。发放责令整改通知书36份、约谈23次。协调解决拖欠建筑业农民工工资问题18起，涉及536人、金额2055.27万元。

（熊于男）

【建造师资格管理】 年内，受理二级建造师业务273人次，包括二级建造师初始注册26人、增项注册9人、变更注册73人、延续注册78人、注销41人、重新注册46项。

（熊于男）

房屋管理

【物业企业管理】 年内，组织全区物业企业安全生产培训会3场，培训物业企业从业人员400人次。结合物业管理存在的突出问题开展专项整治，建立了“一周一执法”和“一月一考核”工作机制，多部门联合对物业企业未履行合同、物业服务人未履行生活垃圾分类管理责任人责任等违法行为，共处罚193起，处罚金额10.9万元。开展依托北京市物业动态监管系统（办理物业服务合同备案）培训会1场，培训街道、乡镇人员10人次。

（熊于男）

【普通地下室管理】 年内，与76家普通地下室安全使用责任人签订《2020年度延庆区普通地下室安全使用责任书》。组织开展2次专项执法行动，整改安全隐患37处，发放限期整改通知单3份。

（熊于男）

【商品住宅专项维修资金使用审核】 年内，完成商品住宅专项维修资金使用审核5件，合计金额22.17万元。其中污水管道维修4件，使用金额4.6万元；外墙及防水大修1件，使用金额17.57万元。

（熊于男）

【老旧小区综合整治】 年内，实施2018年度老旧小区综合整治工程，涉及南菜园北二区、南菜园二区、康安小区、颍泽州小区（51#、53#）、香苑小区共5个小区、95栋楼，总建筑面积50.2万平方米、总投资39205.11万元。其中，市级财政出资26205.11万元，区级财政出资13000万元。年末，均已完成竣工验收。完成既有住宅加装电梯12部，全部交付业主使用。

（熊于男）

【城镇房屋安全检查】 年内，完成全区国有土地上城镇房屋安全检查，合计建筑面积510.13万平方米。其中完好房建筑面积382.69万平方米，基本完好房建筑面积127.33万平方米，一般破损房建筑面积0.06万平方米，严重破损房建筑面积0.05万平方米。

（熊于男）

【城镇房屋防汛】 年内，制订并印发《2020年延庆区城镇房屋安全迎汛工作要点》《2020年延庆区城镇房屋防汛应急预案》，面向社会公开发布《2020年延庆区房屋防汛公告》。全区城镇房屋未发生房屋倒塌情况。

（熊于男）

【超期公共建筑排查】 年内，排查超过合理使用期的公共建筑2处。分别为东外大街14号商业营业楼1、张山营镇邮储银行旁7处平房。通过排查，其中商业营业楼1不属于公共建筑，位于张山营的超期公共建筑已拆除。

（熊于男）

【房产实测绘成果审核】 年内，完成19个项目的房产实测绘成果审核工作，涉及88栋楼，建筑面积63.26万平方米。

（熊于男）

【保障性住房受理与备案】 年内，受理公租房申请并取得市级备案资格家庭272户，受理公租补贴申请并取得市级备案资格家庭43户，受理市场租房补贴申请并取得市级备案资格家庭126户。截至年底，享受廉租住房租金补贴家庭9户，享受公租住房租金补贴218户，享受市场租房补贴65户。全年发放廉租房租金补贴2.52万元，发放公租住房租金补贴205.4万元，发放市场租房租金补贴21.27万元。

（熊于男）

【保障性住房配租配售】 年内，筹集公租房房源45套，为24户低保、低收入、大病、重残、省部级劳模城镇居民家庭实施两次专项配租。完成中交富力·雅郡共有产权住房项目第三次申购配售，配售房源305套，三次顺销配售房源81套。

（熊于男）

【农村危房改造】 年内，完成农村危房改造确户405户（4类重点对象和低收入农户347

户、优抚对象58户），其中124户通过随亲属合住、入住养老机构等方式解决住房安全，281户为建设任务。年末，实现开工281户、开工率100%，主体结构完工261户、主体结构完工率92.88%，竣工158户、竣工率56.22%。

（熊于男）

【农村抗震节能农宅建设】 年内，完成农村抗震节能农宅建设确户7637户。年末，实现开工7637户，竣工验收4610户，竣工率60.36%。剩余3027户按市级部门要求于2021年6月底前完成竣工验收。

（熊于男）

【房地产经纪机构管理】 年内，召开房地产经纪行业工作部署会2次；开展房地产经纪机构执法检查286家次，行政处罚5起，约谈房地产经纪机构2家次。

（熊于男）

【新建房地产项目入市供应】 年内，办理预售许可3件，现售备案8件。批准入市供应商品房222套，建筑面积22088.54平方米。两限房44套，建筑面积3724.86平方米。戊类库房203套，建筑面积4547.7平方米。非住宅193套，建筑面积49388.04平方米。

（熊于男）

【存量房交易网签】 年内，完成购房资格审核3457笔，存量房网上签约2156笔，建筑面积186294.77平方米。其中住宅签约2117笔，建筑面积179184.93平方米；非住宅签约39笔，建筑面积7109.84平方米。

（熊于男）

【房地产交易市场管理】 年内，开展房地产交易市场执法检查58次，发放责令改正通知书8件，约谈房地产开发企业、预售资金监管银行6次，对开发企业行政处罚6次。

（熊于男）

建筑工程

【重点工程项目推进】 年内，区级重点工程108项，计划开复工82项（续建38项、新建44项），推进前期手续26项。82项2020年度重点工程计划开复工项目中，已开复工62项，开复工率76%。其中，38项续建项目复工38项，复工率100%；44项新建项目开工24项，开工率55%；此外，推进项目开工1项。本年度重点工程完工22项。2020年建设15项冬奥工程中，12项工程完工。负责牵头固定资产投资项目18项（新建3项、续建15项），其中，重点工程16项，支撑项目2项。全年完成全口径投资112亿元，占全区全口径固投任务190亿元的59%；完成建安投资78亿元，占全区建安投资任务130亿元的60%。

（熊于男）

【线性工程征拆】 年内，完成小大路改建工程项目拆迁补偿工作，保障工程项目顺利开展，为冬奥会提供重要交通保障。完成永东110千伏输变电35、10千伏配套送出工程拆迁工作，保障项目顺利实施，助力冬奥会举办期间可靠供电。完成京礼高速中关村延庆园出口匝道拆迁补偿工作，助推匝道建设，缓解北京西北向道路交通压力，为冬奥会顺利举办提供保障。

（熊于男）

【建筑节能管理】 年内，开展综合执法检查2次，开展建材、禁止现场搅拌、建材采购备案、建筑节能及热计量装置、建筑节能与钢管扣件等专项检查84次。纠正不按施工图设计标准进行施工、不按规定使用合格建筑材料及降低节能标准等行为，实现新建民用建筑施工阶段100%执行节能设计标准。

（熊于男）

【棚户区改造】 年内，推进延庆区棚户区改造工作。一是南菜园1-5巷一期单位建房区年内完成435户回迁入住工作；一期自建房区完成图纸强审；一期经营性地块本年完成土地整理；南菜园1-5巷二期76户住宅签约完成，同时启动5户非宅腾退工作。二是小营、石河营项目拆迁方面，完成住宅1053户腾退，宅基地已清零，非宅签约160户；安置房建设方面，6个安置房地块全部取得施工许可证，开工建设2964套；征地工作方面，征地材料已报送至市规自委。三是下屯项目拆迁方面，项目剩余7户非宅；安置房建设方面，项目3个安置房地块中的023地块已取得施工许可证，建设安置房660套，025、026地块取得规证；征地工作方面，实施主体已完成下屯村和百眼泉村农业人口结构、土地面积核查，已取得下屯村及百眼泉村土地征收启动公告证明，实施主体正在编制征地补偿安置方案。四是康庄项目拆迁方面，658宗宅基地，已签约655户，非宅签约81户；安置房建设方面，2个安置房地块均已取得规划及施工许可证；征地工作方面，项目已发布《征地补偿安置公告》，并开展本项目“一书四方案”制作。五是南三村项目拆迁方面，项目整体达成净地目标（地上无滞留户）；安置房建设方面，07、09地块安置房全部完成结构封顶，全装修样板间通过专家评审；征地工作方面，征地材料通过市规自委审核。

（熊于男）

【群众诉求办理】 年内，受理来信来访68件、每日舆情45件、北京市网上信访信息系统收取28件，已全部办结；接诉即办受理工单1338件，已全部办结；吹哨报到102件，全部响应。

（熊于男）

（栏目编辑：孙越凡）

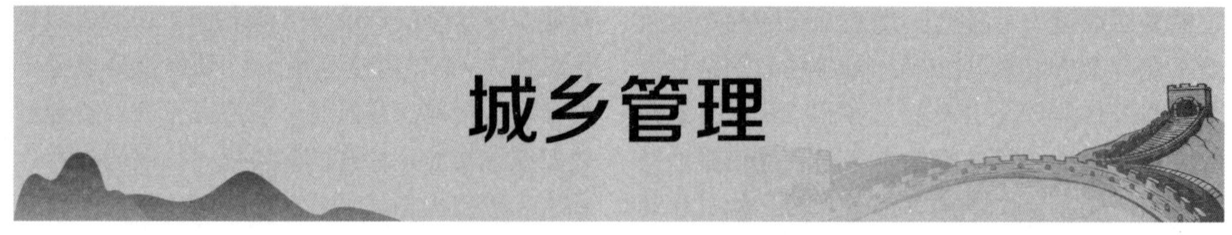

城乡管理

城市管理

【概况】 延庆区城市管理委员会（简称区城管委）是负责全区城市管理、城乡环境建设的综合协调和市容环境卫生管理、能源日常运行管理、相关市政公用事业管理的区政府工作部门。下属10个基层事业单位，即延庆区环境卫生服务中心、延庆区市政管理处、延庆区市政工程公司、延庆区市政材料设备供应站、延庆区地下管廊和管线管理中心、延庆区供暖管理办公室、延庆区街巷管理中心、延庆区垃圾渣土管理办公室、延庆区农村环境管理办公室、延庆区市政工程项目管理办公室。2020年，区城管委推进冬奥会景观环境和城市运行保障工作，开展背街小巷环境整治行动，持续推进延庆区冬奥会环境整治项目（一期）（二期）。完善全区垃圾分类全管理体系。农村液化石油气新开户5297户，销售291524瓶；累计开户8.08万户，累计销售153.42万瓶。在3个街道、部分乡镇和单位安装充电桩100台，可供200辆电动汽车同时充电使用。

单位名称：延庆区城市管理委员会
地　　址：延庆区东外大街89号
电　　话：69103648

（刘健）

【城镇燃气管网建设】 年内，区城管委配合北京燃气集团及北京燃气延庆公司完成敷设1.7千米的康庄中压管线，推进八达岭中压管线和永宁站改扩建工程前期手续办理。

（刘健）

【配套电网建设】 年内，区城管委编制“十四五”电网规划，取得110千伏网架优化报告等5项阶段性成果。新增米家堡、耿家营、兴阳三座110千伏变电站；新建110千伏冬奥村、永东变电站。完成220千伏西白庙站110千伏切改工程，全区涉奥主网工程全部提前完工。新增10千伏架空线路31.8千米，电缆新增23.9千米。

（刘健）

【实施液化石油气、LNG、CNG特许经营】 年内，区城管委依据《北京市液化石油气发展建设专项规划》，在全区范围内实施液化石油气特许经营和LNG（液化天然气）、CNG（压缩天然气）特许经营工作。完成液化石油气特许经营单位招标工作，中标单位为北京市液化石油气公司；完成LNG、CNG特许经营招标工作，中标单位为北京燃气延庆有限公司。

（刘健）

【农村“煤改气”工程】 年内，全区涉及2016年至2018年列入改造计划的有12个乡镇、79个村庄、约2000户。经各乡镇摸底调查，2020年急需自采暖的用户（刚需实施“煤改气”）约380户。截至年底，累计通气790户，完成当年急需自采暖用户的改造任务。

（刘健）

【背街小巷环境整治】 年内，区城管委按照《延庆区背街小巷环境精细化整治提升三年（2020—2022年）行动方案》，对87条背街小巷进行精细化整治提升。共计修复路面、廊台及无障碍路面1.83万平方米，修复墙面2.27万平方米；拆除违法建设31处1288平方米；缺株补植779棵树和补植地被2.96万平方米，新建2个公园绿化面积1.27万平方米；施划停车位1600余个，停车标线1.02万米，安装U形挡车桩207个；铺设污水管网1700米，35条街巷梳理架空线。恒安二条被评为“2020年北京最美街巷”，恒安一条、恒安二条和双路南街被评为“2020年度首都文明街巷”。

（刘健）

【农村人居环境整治三年行动通过验收】 年内，延庆区落实“1+8”环境整治工程各项任务，分批分层次整治各个村庄。完成农村人居环境整治三年行动收官检查工作，全区所有村庄通过验收，实现村容村貌干净、整洁、有序。

（刘健）

【冬奥会服务保障】 年内，区城管委围绕赛区外围的主要乡镇、赛时各类保障路线及重要景区和冰雪场馆周边，实施冬奥会环境建设项目（一期）。完成工程总进度的80%，共整修道路2.6万平方米、修复外立面6.7万平方米、种植苗木3.5万余株、花草42万平方米、安装路灯及夜景照明设施1087套、设置景观小品9处。围绕松闫路、京礼高速、京银路等赛区主通道，实施延庆区冬奥会环境建设项目（二期），内容包括绿化工程、修复建筑立面、口袋公园建设、设置景观小品、梳理架空线、清运垃圾渣土等。完成第十四届冬季运动会延庆杯高山滑雪速度类比赛、国家雪车雪橇中心场地预认证活动和国际冬季单项体育联合会到访考察的环境保障任务。出动3个巡查组对全区环境及运动员入住酒店、主要通行道路以及赛场周边进行巡查检查，台账式督办立行立改暴露垃圾、乱堆乱放、广告牌匾等问题890处。通过设置道旗、硬质横幅、景观小品的方式对运动员入住酒店、通行道路以及赛场周边区域进行布置，营造干净整洁、热烈浓厚的氛围。

（乔路）

【交通环境整治】 年内，区城管委为解决停车乱、停车难的问题，对全区主要街道施划机动车及自行车停车位，共施划机动车停车位2427个，自行车停车区12622平方米，配套施划各类标线7791平方米，重新设置各类标志牌340块。开展城区交通标识“并杆”工作，完成广兴街、高塔路、香苑街、新城街、东外大街等市政道路46套交通标识的整合治理。

（刘健）

【城市运行安全专项行动】 年内，区城管委制订实施《北京市延庆区城市运行安全专项整治三年行动专题实施方案》，重点对供电、供气、供热企业的安全生产主体责任落实情况，各基层场站、施工工地的安全管理、设备设施运行和消防安全情况进行检查。共检查单位293家次，排查隐患77项，下达检查执法文书109份，隐患整改率达100%。

（刘健）

【防汛应急抢险】 年内，区城管委针对暴雨频发情况，按照市、区防汛应急指挥部要求，根据雨量级别，及时启动相应级别防汛应急预案。共印发防汛通知85份，协调系统各部门出动人员2600人次、330车次，及时消除路面积水，确保汛期道路畅通及群众出行安全。

（刘健）

【市政基础设施巡查】 年内，区城管委共发现道路、交通、景观亮化、地下排水等市政设施病害1900余件，全部及时、迅速完成整改。加大对城区夜景照明设施的巡查力度，共计维修灯帘、LED造型灯、路灯等各类夜景照明设施2700余处，更换路灯、亮化灯电缆9920米。

（刘健）

【无障碍设施改造】 4月至7月，区城管委结合创建全国文明城市和城市精细化管理的要求，对全区主要道路无障碍设施运行状况开展全面排查，将东外大街、高塔路、湖南路等22条道路的466个点位列入市政设施专项整治任务清单，开展集中整治。整治内容包括人行道无障碍设施改造、盲道建设、道路维修、路缘石坡化等。除15个点位不具备改造条件，其他451个点位全部完成。

（刘健）

【小张家口垃圾填埋场扩容】 11月，小张家口垃圾填埋场扩容工程竣工并验收。该项目位于大榆树镇小张家口村，在原垃圾填埋场的基础上向北扩展140米，利用原自然冲沟的谷地作为扩容区，占地2.16公顷（32.4亩）。

（刘健）

【供暖供热】 截至12月底，全区共有供热单位13家，供热总面积823.76万平方米。其中居民供热面积552.99万平方米，占总面积的67.13%；非居民供热面积270.77万平方米，占总面积的32.87%。城区有居民42951户，均由京能延庆热力集中供暖。

（刘健）

市容环卫

【概况】 延庆区环境卫生服务中心（简称区环卫中心）隶属于延庆区城市管理委员会，负责城区清扫保洁、垃圾清运、公厕维护及主要环卫基础设施管理等工作。下设环卫清扫保洁一队、环卫清扫保洁二队、环卫清运一队、环卫清运二队、小张家口粪便消纳站、小张家口垃圾卫生填埋场、永宁垃圾卫生填埋场、环卫公厕保洁队8个正科级作业单位，编制130名，实有人员101人。2020年，完成城市清扫保洁、垃圾清运、公厕管理、垃圾处理工作。填埋垃圾96553.64吨、处理渗滤液50594吨、填埋气45673方，处理粪便1401.39吨。

单位名称：延庆区环境卫生服务中心

地　　址：延庆区广兴街72号

电　　话：69103800

（刘健）

【环卫清扫清运作业】 年内，区环卫中心按市级标准开展城区道路人工“一扫全保”、机械化“一扫两保”，主要大街进行“冲扫洗收”组合工艺作业。清扫保洁新增作业面积6.75万平方米，总面积达332.48万平方米。清运其他垃圾3.3万吨、厨余垃圾1.22万吨、有害垃圾97桶、抽运粪污6064吨。结合全市实施的垃圾分类新政策，上门沟通宣传垃圾分类清运新政策，调整清运协议，积极拓展业务范围。新增委托单位80家，共签订生活垃圾协议465份，餐厨垃圾协议609份，粪污消纳处理协议24份。

（刘健）

【垃圾分类】 年内，区城管委落实《北京市生活垃圾管理条例》，组建区级指挥部，设立“一办八组”，确立“5+1”分类模式，组织召开区级工作例会71次，全区实现垃圾分类4个领域10类责任主体全覆盖。全区动员各种社会力量10万余人次参与垃圾分类宣传工作，累计发放宣传材料482876份，入户135618户，入户率和知晓率均达100%。在全市率先开展桶站规范化建设，规范分类环节，实现桶站设置全面达标，大件垃圾、装修垃圾暂存点设置规范，各类垃圾随产随收，随满随运。完成全品类垃圾处理设施建设，建成大件垃圾分拣中心、有毒有害垃圾中转站、再生资源回收站和废弃油脂中转站各1处，厨余垃圾就地协同处理设施3处、生活垃圾填埋场2处，建筑垃圾资源化处置场所2处。落实倒逼机制，设立红黑榜，引导居民养成垃圾正确分类好习惯；区级督查组每月开展监督检查，检查结果在书记月度点评会和区政府常务会进行通报，督促问题整改。在设桶和管桶方面，为全市的社区、村提供了经验和样板，家庭厨余垃圾分出率和垃圾减量率两个关键性指标均位于全市前列。

（刘健）

城管执法监察

【概况】 延庆区城市管理综合行政执法局（简称区城管执法局），是负责全区城市管理综合行政执法工作的区政府直属行政执法机构，具有综合协调、综合执法、综合监管三大职能，对全区城管执法监察队伍实行统一管理。年内，完成创城百日攻坚、“三类场所”（商务楼宇、商场和餐馆）疫情防控执法检查、职权下放改革等重点任务。完成新职权33

门84学时621人次的综合执法人员岗前培训和深化培训，服务基层综合执法工作。在新冠肺炎疫情防控工作中，收集核查全区“三类场所”3555家台账信息，协助相关部门完成商务楼宇食堂人员核酸检测工作。“接诉即办”接单12345市民热线工单10件，全部办结。出动执法人员1.6万余人次，检查“三类场所”26236家次，存在问题并整改641家次。在城管执法系统开展“强转树”（强基础、转作风、树形象）队伍建设三年行动。在党建队建、能力素质、机制制度、执法保障等方面，强化作风纪律建设。发挥基层党组织作用，组织6期17名青年干部讲党课，开展32期“微党课”学习活动，进一步提高增强队伍凝聚力、向心力和业务能力。截至年底，区城管执法系统共立案处罚各类违法行为10455起，同比增长32.1%；罚款452.35万元，同比下降18.95%。

单位名称：延庆区城市管理综合行政执法局
地　　址：延庆镇京张路口北
电　　话：69103763

（王跃杰）

【拆违控违】 年内，区城管执法局建立违法建设工作台账，推进无违建乡镇创建。开展存量图斑及持续治理类图斑分类，全区完成市专指系统平台上账录入2222处，建筑面81.83万平方米，腾退土地132.17公顷；违法建设销账2222处，建筑面积81.83万平方米，完成市级专项拆违任务的107.67%；完成腾退土地132.17公顷，完成市级专项腾退任务的124.69%。

（庄楠）

【占道经营集中整治】 年内，区城管执法局查处占道经营违法行为7333起，罚款29.67万元。全区18个街乡镇全部达到“动态清零”标准，1处挂账点位（香水园街道恒生市场北侧新兴小区南门）销账。完成市区两级第三方核验迎检工作。

（庄楠）

【创城攻坚百日大决战】 年内，区城管执法局开展市容环境卫生责任制（门前三包）专项执法；查处公共绿地乱停车违法行为；开展无障碍环境建设专项治理；开展城区街面环境秩序集中执法行动。完成三条主要大街创城迎检集中整治工作。全年立案处罚各类违法行为5531起，罚款200.8万元。

（庄楠）

【生活垃圾分类专项执法】 年内，区城管执法局开展生活垃圾分类专项执法工作。检查社会单位和社区11478家次，发现问题649起，问题率5.6%。立案处罚垃圾类违法行为583起，罚款103.67万元。其中运用《北京市生活垃圾管理条例》立案查处生活垃圾类违法行为199起，罚款34.72万元。

（庄楠）

【大气污染治理】 年内，区城管执法局落实蓝天保卫战和一微克行动，严查施工扬尘、运输车辆、三烧等违法行为。全年立案处罚施工现场类违法行为119起，罚款168.51万元；渣土运输及泄漏遗撒类违法行为168起，罚款28.35万元；露天烧烤及大排档违法行为43起，罚款2.45万元；露天焚烧违法行为332起，罚款6.77万元。

（庄楠）

【环境执法】 年内，区城管执法局严查破坏环境类违法行为，查处儒林街道、延庆镇、张山营镇等多起随意倾倒建筑垃圾和生活垃圾的违法行为。查处建筑垃圾类违法行为120起，罚款58.13万元。

（庄楠）

【燃气安全专项执法】 年内，区城管执法局探索建立京津冀跨区域联合执法机制，开展“蓝盾一号”燃气安全专项执法行动。查处燃气安全类违法行为47起，罚款38.52万元。查处外力破坏燃气管线行为5起，罚款29.45万元。

（庄楠）

【四公开一监督工作】 年内，区城管执法局开展“四公开一监督”（即：公开城管责任部门清单、公开执法职责和查处标准、公开城管网格化机制及责任人、公开“月检查、月曝光、月排名”的城管执法数据；由联合督导组和城管督察队，监督各街乡镇、职能部门、执法部门在城管工作中履职情况）工作。及时、有效开展《监管通知单》派单，解决群众反映强烈的突出环境问题。坚持“月检查月排名月通报”制度和约谈制度，分析、查找问题原因，协助解决问题。针对燃气安全执法和生活垃圾分类执法，进行重点督查，约谈18个街乡主管领导。共编发《城市管理综合监管通报》51期，办结市级向区政府派发《监管通知单》12件，反馈率100%。向街道乡镇派发《监管通知单》《专项督办单》811件，解决各类环境秩序问题1100余件。编发《城管工作简报（四公开一监督专刊）》12期，约谈街乡镇8家，委办局9家。

（庄楠）

【职权下放改革】 年内，区城管执法局完成职权下放改革工作。有证执法人员112人全部划转至18个街乡镇行政执法信息服务平台。将未办结案件35件全部交接。归档上半年一般程序处罚案件647件，简易程序案件2678件。交接下放行政职权393项、各类制度46项，法律法规56部。完成职权下放综合执法培训，设计课程33门，67学时，培训执法人员370余人次。

（庄楠）

【新冠疫情防控监督执法检查】 1月23日开始，区城管执法局全面动员部署疫情防控监督执法检查工作。摸排建立工作台账，牵头楼宇防控，全面开展检查。截至年底，累计检查三类场所26236家次。其中，检查商务楼宇（办公楼、写字楼）中的企业2125家次；检查商场（超市）3396家次；检查餐馆（含内部食堂）20715家次。存在问题1328家次，责令改正1328家次。印发《责令改正通知书》239份，其中，餐馆（含单位食堂）171份，商场（含超市）36份，商务楼宇（含管理部门和使用部门）32份。全区城管执法系统共检查公示存在突出问题的小商店、小餐饮等34家，撤销34家。

（庄楠）

水务

【概况】 北京市延庆区水务局（简称区水务局），是延庆区人民政府的水行政主管部门。2020年，延庆区用水总量5288万立方米，万元地区生产总值水耗下降率3.5%，全区污水处理率达到92.03%，处理污水1745.78万立方米，再生水利用量1130万立方米。完成建安投资5.81亿元，国控、市控考核断面水质全部达到考核标准。高标准推进冬奥水务保障任务，冬奥会4项水务工程完工。解决50个村污水处理问题，46个美丽乡村污水治理（一期）项目完成总工程量的88%。推进小城镇污水管网（二期）工程，完成3座乡镇级污水处理厂建设。做好白河堡水库生态输水和输水保障工作，城区地表水置换地下水按比例供水格局形成，延庆平原区地表供水（二期）工程稳步实施。延庆区获批全国第三批节水型社会建设达标区。完成生态清洁小流域综合治理30平方千米，持续改善水环境。完成2020年水库移民人口核定登记及资金发放工作。组建水旱灾害防御专家技术组，保障水旱灾害防御工作完成。

单位名称：延庆区水务局
地　　址：延庆镇龙庆南路6号
电　　话：69101385

（卢丹丹）

【水资源管理】 年内，全区平均降水量为462.5毫米。地表水资源量0.3916亿立方米，地下水资源量0.7130亿立方米，水资源总量1.1046亿立方米。入境水量1.0749亿立方米，出境水量1.4146亿立方米。3座中型和小I型水库年末蓄水总量0.3408亿立方米，可利用来水量0.8207亿立方米。平原区2019年地下水平均埋深为9.40米，地下水位比2018年回升0.21米，地下水储量增加0.08亿立方米。白河堡水库入库水量9739万立方米，出库水量11179万立方米。其中向密云水库输水8455万立方米；通过南、北干渠和补水渠向延庆妫水河、世园会周边区域补水2724万立方米；通过南干渠（新庄堡）向妫水河补水1403万立方米；通过补水渠向妫水河补水871万立方米；通过北干渠入古城自然河道向妫水河进行生态补水累计补水450万立方米。向平原地表水厂供水82.5377万立方米；通过北干渠加压泵站向佛峪口水厂供水21.28万立方米。白河堡水库净接云州水库输水945万立方米。

（卢丹丹）

【水政执法】 年内，区水务局针对涉水违法行为开展专项巡查，涉及非法凿井、侵占河道、违规排污、破坏水生态环境等水事违法行为，共检查216次。参加街乡部门吹哨报到、双随机等联合执法检查20余次，出动执法人员800余人次、出动执法车辆300余车次、巡查长度5873千米。全年实施行政检查2576次，立案查处水事违法案件199件，一般处罚案件42件，简易处罚案件157件，处罚金额70.4485万元。对企业、街道、乡镇、机关单位开展“清管行动”普法宣传，禁止任何单位和个人向雨水收集口、雨水管道排放或倾倒污水、污物和垃圾等废弃物。

（卢丹丹）

【供水管理】 年内，全区总用水量5288万立方米，其中农业用水2005万立方米，工业用水116万立方米，居民家庭生活用水1293万立方米，公共服务用水693万立方米，园林绿化用水358万立方米，其他用水823万立方米。加强供水行业监管，制订各类供水和应急保障预案，加密巡查检查力度，每季度向社会公布区级集中式生活饮用水出厂水水质安全状况。水务局牵头组织各乡镇实施“延庆区农村供水站升级改造及新建水源工程”，供水站升级改造422座、新改建水源井及配套27眼、安装消毒设备351台。全区农村供水站450眼常用水源井实现消毒设备100%配备、100%运行。

（卢丹丹）

【排水管理】 年内，全区污水处理总量1745.78万立方米，其中城区污水处理量为1099万立方米，镇级污水处理量266.25万立方米，村级污水处理量380.53万立方米，污水处理率为92.03%。再生水利用量1130万立方米。处理污水厂污泥1.61万吨，使用污泥转运联单1524份。加强排水行业监管，每月对镇及以上污水处理厂和污泥处置厂开展日常检查，共检查城镇污水处理厂及污泥处置厂66次，村级污水处理站102次。

（卢丹丹）

【节水管理】 年内，全区创建节水型单位9家、村庄10个。在13个村庄换装节水型生活器具8320套。延庆区获全国第三批节水型社会建设达标区称号。完成“两田一园”农业高效节水灌溉3266.67公顷（4.9万亩），惠及14个乡镇108个村。健全完善农业灌溉和计量、收费等基础设施及机制建设，大幅提高农业用水效率。

（卢丹丹）

【水利工程建设与管理】 年内，区水务局质量监督注册在建水利工程项目17项，水利工程安全监督注册16项。完成竣工验收4项，单位工程验收核备18项，分部工程验收核备101项。开展质量监督检查162家次，下达体系监督检查结果通知书18份，质量监督检查结果通知书162份，约谈施工单位一次。开展水利工程建设安全检查148家次，形成安全监督检查记录148份，行政处罚6次，其中质量处罚2次，安全处罚4次，共计处罚金额4775元。组织开展教育培训2次，开展安全评估6次。在建水务工程质量与安全处于受控状态。

（卢丹丹）

【水务安全管理】 年内，区水务局在重点时段，分九组开展安全督查，开展燃气安全、有限空间等专项行动，检查单位102家，检查整改问题隐患39处，整改率100%。利用腾讯会议在线平台开展有限空间、风险辨识专题教育，在全民国家安全教育日、安全生产月组织安全生产专题教育。联合区应急局，组织行业16家单位开展风险评估和分级管控，督促其辨识管控危险源，汇总形成延庆水务行业《安全风险评估报告》《应急能力评估报告》和《应急资源调查报告》。

（卢丹丹）

【水土保持】 年内，全区投资3071.25万元，完成47平方千米生态清洁小流域综合治理任务。涉及2019年延庆区京津风沙源小流域综合治理工程张山营小流域30平方千米、2019年延庆区国家水土保持重点建设工程水峪小流域11平方千米、西五里营小流域6平方千米。

（卢丹丹）

【河湖水环境管理“河长制”】 年内，区水务局落实总河长令要求，“清四乱”工作实现动态清零。11处小微水体纳入河长制日常管护并设置12处公示牌。河道定桩工作完成全部工程量的85%。落实例会制度及河湖长效管护机制，完成全区河湖问题清理3097处，镇村级自查、自改、自清问题11486处，整改率100%。修订《延庆区河长制工作奖惩办法（试行）》和考核细则，对7个乡镇和1个单位进行3次集中约谈。将河流问题向岸上延伸，对延庆镇胜利街、自由街区域进行雨污分流改造，从根本上解决雨污混合水溢流污染问题，有效提升三里河水环境质量。

（卢丹丹）

【污水处理】 年内，全区新建污水管线223千米。完成50个村的农村生活污水处理。千家店镇、珍珠泉乡、大庄科乡污水处理厂通水调试，张山营镇田宋营村污水处理厂完成总工程量的79%，刘斌堡乡污水处理厂完成总工程量的60%，四海镇污水处理厂完成总工程量的75%。对全区68处污水在线监测设施进行集中管理，在线率达到100%，每季度统计污水处理量。

（卢丹丹）

【水库移民后期扶持】 年内，全区核定农业户口水库移民23428人，发放直补资金1406.28万元；核定农转非水库移民3584人，发放无固定职业就业培训补贴201.264万元。以上双核登记总人数为27012人，总发放资金为1607.544万元。完成教育补贴、大病救助2个项目。其中，核定教育扶持人员597人，发放扶持资金113.2万元；核定大病救助人员112人，发放救助资金85.48万元。开展农村饮水智能计量设施建设及运维项目，涉及11个乡镇163个移民村，195眼水源井全部安装超声波水表；安装NB-IoT光电直读远传阀控水表6.04万台（套），将采集的用水量传输到延庆区农村饮水信息化系统。完成移民后扶专项资金项目47个，拨付资金4800万元，工程涉及7个乡镇污水入户管网项目、10个乡镇供水站升级改造与新建水源工程补充项目以及移民村基础设施建设、排洪排涝等项目建设。其中污水入户管网项目、供水站升级改造与新建水源工程补充项目、延庆镇和康庄镇应急项目、赵庄水厂给水主管道冲洗4个项目完工。

（卢丹丹）

【水务行政审批】 年内，区水务局受理全程办代理事项354件，其中审批事项289件，服务事项65件，全部办结；受理并批复建设项目水影响评价文件55个，全区建设项目防洪评价报告3个；受理水影响评价事项咨询60次，全部予以答复。2020年办理和更换到期《排水许可证》92份，办理接口手续10份。受理群众热线诉求217件，响应率100%，解决率87.5%，满意度90.91%。

（卢丹丹）

供电

【概况】 国网北京延庆供电公司（简称延庆供电公司）是国网北京市电力公司直属供电企业，负责延庆地区1993.75平方千米范围内的电网规划建设、运行管理、电力销售和供电服务工作。公司设置9个职能部门、3个业务支撑机构、7个全能型供电所、1个产业单位。2020年，延庆公司完成各类供电保障任务35项，累计保电188天。连续3年保持“全国文明单位”称号，连续14年获“首都文明单位标兵”称号，职工何彦彬获北京市劳动模范称号。

单位名称：国网北京延庆供电公司
地　　址：延庆镇庆园街53号
电　　话：69101219

（肖海松）

【电网规划与建设】 年内，延庆供电公司持续推进规划前期手续办理，米家堡110千伏输变电工程10月取得“多规合一”协同意见，取得用地预审、选址意见书和稳评，完成初设评审。冬奥村110千伏输变电工程线路环评批复。完成11项配网补强工程、5项续建工程多规、立项手续办理。构建环保友好型工程，5项输变电工程取得环保验收，4项工程取得水土保持验收。完成220千伏西白庙站110千伏切改工程，涉奥主网工程全部完工。完成永东35千伏、10千伏送出工程切改。完成西白庙110千伏、10千伏送出，110千伏永东、海陀、玉渡、世园站及供电保障中心工程，京张高铁迁改工程全口径结算。

（肖海松）

【安全生产】 年内，延庆供电公司以冬奥系列测试赛供电保障为载体，开展各类应急演练6次。组织开展远程视频+现场巡检857次，飞行检查41人次，发现并整改问题40项，整改率100%。开展风险辨识预控，强化计划编制、现场勘查、风险评估、方案制订、措施落实等各环节管控，审核发布26份风险预警控制单。加强外协队伍管理，完成21轮次316人安全教育考试。查纠各类违章132项，下发违章通知书10份。开展“延庆电力设施火灾隐患排查”专项行动，完成376个村、52个社区电力设施隐患治理，消除隐患1300余项，修剪树木2.3万余棵。开展各层级政企联动，处置遗留隐患76处。

（肖海松）

【营销与服务】 年内，延庆供电公司全力保障延庆区医院、疾控中心等6个疫情防控重点单位可靠用电，仅用时50小时完成纳通公司口罩生产车间临电工程送电。落实疫情期间居民电表“欠费不停电”举措，远程完成系统下发保电指令16.3万户，为1.28万非高耗能大工业和一般工商业客户落实电费九五折优惠，为客户节约用电成本2622万元。一级防控时期，累计完成高、低压接电1115户，累计接电容量6.04万千伏安。

（肖海松）

气　象

【概况】 北京市延庆区气象局（简称区气象局）受北京市气象局及区政府的双重领导，负责区气象工作及气象行政管理，负责协助管理国家气象局档案馆延庆分馆和北京市人影办炮械库。下辖延庆国家基本气象站和佛爷顶国家一般气象站。主要工作职能为气象观测业务类（地面观测、区域气象站观测、生态气象观测、设施农业观测、卫星接收与雷达）、气象预报预警服务类（常规天气预报预警服务、决策气象服务、公众气象服务、专项气象服务）、农业气象服务、气象防灾减灾服务、人工影响天气服务、气象行政执法。辖区有1部天气雷达、2个国家级站、84个区域自动气象站、2个土壤水分站、3个设施农业观测站、9个GNSS/MET站、1部风廓线雷达、1部闪电定位仪、10个防雹增雨站和16个高山地基增雪烟炉。年内，区气象局协调相关部门对“中国天然氧吧”16项评审指标进行梳理，对各项申报材料和技术指标统筹把关，协调评审专家组开展现场复核等，助推延庆区获得北京市首个也是唯一一个“中国天然氧吧”称号。新冠疫情防控期间，成立延庆气象局疫情防控志愿服务队，下沉社区932人次，值守174天、2358小时，并向下沉社区石河营东社区和共建社区振兴北社区各捐赠20桶消毒液。

单位名称：北京市延庆区气象局

地　　址：北京市延庆区湖南西路12号
电　　话：81196359

（杨航）

【气象服务保障】 年内，区气象局完成冬奥相关考察调研及重大活动、第十四届全国冬季运动会活动、国际冬季单项体育联合会来访考察活动、国家雪车雪橇中心场地预认证活动等活动的气象服务保障工作。制作发布各类气象灾害预警信号142期，其中地质灾害气象风险预警14期，《天气情况》90期，《重要天气报告》22期，节假日气象服务专报6期，决策气象服务信息2985期，公众气象服务信息1025期，发布气象短信468万余条。

（王燕娜）

【气象宣传】 年内，区气象局开展气象防灾减灾宣传活动12次，开展普法讲座5次。通过线下活动、制作微课、线上互动宣传等多种方式宣传普及气象知识。举办延庆区气象协理员培训会，18个乡镇（街道）的18名气象协理员参加培训。

（杨航）

【气象行业监管】 年内，区气象局执法112次，排查隐患12家，消除隐患12家，整改率100%。联合区应急管理局、区文化和旅游局、区城市管理委执法4次。受理防雷装置设计审核许可7项，防雷装置竣工验收许可10项。

（杨静超）

【气象概况】 年内，全区平均累计降水量为594.7毫米，较上年同期430.0毫米偏多164.7毫米。延庆本站累计降水量为595.8毫米，较常年同期441.5毫米偏多154.3毫米，较上年同期365.6毫米偏多230.2毫米。年平均气温10.1℃；年日照时数2558.4小时。

（王燕娜）

【人工影响天气作业】 年内，区气象局组织各作业站点高炮防雹作业60轮次，发射炮弹1480发，火箭增雨作业44轮次，发射火箭弹130枚。

（杜志俊）

【第十四届全国冬季运动会延庆赛区气象保障】 1月16日至20日，第十四届全国冬季运动会举行期间，区气象局负责延庆赛区气象保障工作。畅通保障机制：协调将市气象局纳入世界杯（延庆站）组委会、冬奥预报团队纳入组委会运行机构；每日向重要领导发布核心区天气预报。加强协调对接：将气象纳入区“三处十二组一团队”组织架构中，通过延庆赛区冬奥领导小组会议和周调度会，跟踪解决存在问题，协调供电通信、证件办理、观测预报团队保障等事宜。强化服务保障：根据赛事需求迅速在赛道边建设便携气象站，全天对海陀山气象探测设备进行数据监控。加强联动会商，通过视频系统主动多次向指挥部汇报天气，每日报送冬奥核心区竞速赛道天气预报，发布《十四冬气象服务专报》42期，短信8.6万余条。区气象局的精准预报和精细服务得到冬奥组委和区委、区政府的高度肯定。

（高猛）

防震减灾

【概况】 2020年，北京市延庆区地震局（简称区地震局）下属地震观测台点有松山地震观测站、南老君堂观测点、旧县盆窑地震观测点、新庄堡地震观测点和17个宏观测报点（震情灾情速报点）。下属台点主要针对首都圈地区尤其是京西北延怀盆地、晋冀蒙交界地区开展地震前兆观测、对观测数据进行处理和分析，及时通报地震异常情况。为延庆城区百泉街道控规试点和8个乡镇31个行政村的规划及实施方案提供抗震意见和建议。参与延庆地区地震监测能力提升项目前期工作。全年开展周月会商和加密会商73期。组建区地震局志愿服务队，在职党员和干部主动参与“双报到”，下沉基层开展疫情防控工作。组织参加2020年北京市中学生防震减灾知识竞赛，延庆三中学生获二等奖，区地震局获大赛最佳组织奖。

单位名称：延庆区地震局
地　　址：延庆镇西街1号
电　　话：69144269

（尤美倩）

【地震灾害调查启动】　年内，区地震局依据《北京市延庆区第一次全国自然灾害综合风险普查工作方案》和《北京市第一次全国自然灾害综合风险普查地震行业实施方案》，制订《北京市延庆区地震灾害风险普查工作方案》，启动地震灾害调查工作。牵头成立地震灾害调查组，完成组成部门和人员的组建，开展经费预算并报区普查办审核。

（尤美倩）

【综合减灾示范社区和示范学校复核】　年内，区地震局完成市级防震减灾示范学校延庆四小和大柏老中心小学复核材料的整理申报工作，协助市审核专家组完成对兴运嘉园、南关村、柳沟村综合减灾示范社区（村）的复核工作。

（尤美倩）

【冬奥服务保障】　年内，区地震局推进京西北—晋冀蒙交界地区联合保障冬奥会地震安全联防机制建设，制订《2022年冬奥会延庆赛区地震应急预案》和《2022年冬奥会延庆赛区地震灾害风险防控工作方案》。在松山管理处举办冬奥会地震安全知识讲座；邀请中国老科协地震分会专家到延庆开展5场科普讲座和3场地震应急疏散演练活动，社区群众和学校师生近1100人参与。

（尤美倩）

【震后处置】　3月5日，区地震局有效处置昌平区沙河镇M2.1级有感地震事件。5月26日，有效处置门头沟M3.6级有感地震事件。7月12日，有效处置唐山市古冶M5.1级有感地震事件。

（尤美倩）

【地震公共安全宣教】　5月12日，区地震局开展5 · 12防灾减灾日系列宣传活动。制作线上宣传视频《延庆震情知多少》，全区约10万人进行观看；在汉家川河南村和菜食河村、香营乡政府举办小型现场宣传活动，发放各类宣传材料2000份，直接受众1000余人。

（尤美倩）

【地震台网建设】　5月，区地震局协助市地震局完成八亩地强震院落改造。9月，松山地震观测站更新水汞测项仪器一台。

（尤美倩）

【市地震局领导到区调研】　7月21日，市地震局局长孙建中带队到冬奥延庆赛区进行冬奥会服务保障专题调研，并与区领导穆鹏、于波等交流座谈。区地震局汇报年内推进京西北—晋冀蒙交界地区联合保障冬奥会地震安全联防机制建设，制订《2022年冬奥会延庆赛区地震应急预案》和《2022年冬奥会延庆赛区地震灾害风险防控工作方案》等具体工作情况。

（尤美倩）

（栏目编辑：孙越凡）

科技　教育

科　技

科技管理

【概况】　2020年，延庆区科学技术委员会（中关村科技园区延庆园管理委员会）（简称区科委）对标《延庆分区规划（国土空间规划）》，以推动疫情常态化下创新驱动高质量发展为主线，以打造长城脚下的创新家园为愿景，以“一核四区”（“一核”建设长城脚下创新家园，打造延庆创新崛起动力核；“四区”将氢能创新产业园、中关村现代园艺产业创新中心、中关村（延庆）体育科技前沿技术创新中心、无人机产业园打造成具有行业竞争力的特色产业聚集区）为载体，致力于将延庆园建设成为带动区域经济结构调整和经济发展方式转变的强大引擎。全年引进企业1041家，注册资本86.8亿元，其中四个重点培育产业企业262家（新能源和能源互联网企业74家，现代园艺52家，冰雪体育企业112家，无人机企业24家）；瞪羚企业33家，展翼企业9家，雏鹰人才企业12家，金种子企业6家。截至年底，中关村延庆园形成区级财政收入12.08亿元，比上年增长16.8%，占全区财政税收收入的80%。规模以上工业企业完成工业总产值103.9亿元，比上年增长29.5%，占全区规模以上工业企业产值的94.9%。完成固定资产投资3.3亿元，建安投资2.5亿元。年内，区科委促进科、产、城、人一体化发展，推进《延庆区“十四五”时期延庆园发展规划（2021—2025年）》《中关村延庆园空间规划（2020—2025）》的编制工作。完成《强化创新驱动科技支撑延庆乡村振兴行动方案（草案）》的编制工作。指导、帮助企业做好疫情防控。为企业线上推送防疫指引1226次，线下防疫指导515次，发放口罩10万只、红外线测温仪60支、消毒液1000公斤。印发《促进延庆区重点企业和工程开复工的若干措施》《应对新型冠状病毒疫情影响促进园区企业发展的措施》，支持企业45家，落实资金323万元。与区内8家金融机构对接，为14家企业落实贷款2.74亿元。纳通集团、联合益康（北京）生物科技有限公司建立19条高标准口罩生产线，累计生产口罩近2亿只，为复工复产提供物资保障。

单位名称：延庆区科学技术委员会
（中关村科技园区延庆园管理委员会）
地　　址：康庄镇紫光东路1号
电　　话：60142014

（宋媛）

【高新技术企业认定】　年内，区科委开展国家高新技术企业认定辅导和中关村高新技术企业认定工作。48家企业获得经科技部备案的高新技术企业认定，149家企业通过中关村高新技术企业认定。截至年底，延庆区经科技部备案的高新技术企业累计达190家；中关村高新技术企业402家，其中双高企业153家；高新企业总数累计达439家。

（宋媛）

【技术市场管理】　年内，区科委印制技术市场宣传品1800份，发放宣传品1200余份，结合科普“五进”活动对机关、企业等进行宣传。开展技术交易中虚假技术或者虚假技术信息执法检查，共执法检查138件。全区的技术市场交易额达5.5亿元。

（宋媛）

【企业服务】 年内，区科委线上走访企业95次，线下走访企业28次，累计回访企业33次，为企业送“服务包”，帮助其解决经营困难。帮助北京中康增材科技有限公司（简称中康公司）申请获得北京银行200万元和中国农业银行200万元贷款支持。中康公司享受2万元双创资金政策，并与首创证券对接，确立合作协议。

（宋媛）

【扶贫协作】 8月13日至14日，区科委到河北省怀来县、宣化区，内蒙古兴和县开展产业帮扶园区共建活动。中关村延庆园与河北沙城经济开发区、河北宣化经济开发区、兴和县兴旺角工业园区分别签署共建合作协议。中关村延庆园、北京启迪之星创业加速科技有限公司与三地共建园区签署“异地协同创新”战略合作框架协议书。中关村延庆园企业为共建园区捐赠20万元的“科技创新产业发展资金”，中国银行延庆支行向兴和县园区捐赠2万元的“产业发展招商资金”，园区企业北京中旺世达集团有限公司为共建地区的21位贫困学生捐赠7.5万元的“爱心助学资金”。10月28日，在兴和县京蒙帮扶协作活动中，北京中旺世达集团有限公司、北京中康增材科技有限公司为兴和县捐赠帮扶资金10万元。

（宋媛）

【北京市知识产权公共服务中关村延庆园工作站成立】 12月9日，北京市知识产权公共服务中关村延庆园工作站揭牌仪式在北京鼎翰恒海生物科技发展有限公司举行。市区相关部门单位领导，企业代表80多人参加仪式。与会领导为企业代表赠送《知识产权百题问答》等书籍。中关村延庆园知识产权保护服务工作站由市保护知识产权举报投诉服务中心、延庆区知识产权局、中关村延庆园管委会三方共建，主要负责接收和转交知识产权侵权假冒违法行为的举报投诉，提供知识产权维权援助，开展知识产权政策宣传、业务培训和纠纷调解等工作。

（宋媛）

科技活动

【延庆区科普活动】 年内，区科委与北京启迪之星创业加速科技有限公司、北京世园文旅投资发展有限公司、北京玻钢院复合材料有限公司、北京金粟种植专业合作社、延庆区儒林街道办事处、延庆区第四中学等6家单位签订科技专项任务书，开展科普进学校、进社区、进场馆、进企业等系列科普活动。在延庆地质博物馆开展践行“两山”理论爱地球爱家园主题科普活动、在野鸭湖湿地自然保护区开展全国“放鱼日”同步增值放流活动等科普宣传活动，以提高本区居民的科学素质和科技素养。

（宋媛）

【知识产权宣传周活动】 4月21日至26日，区科委按照国家知识产权局《关于开展2020年全国知识产权宣传周活动的通知》要求，结合疫情防控，围绕“知识产权与健康中国”的宣传主题，开展系列宣传活动。线上举办四场讲座，助力小微型创业企业健康发展；线下送知识产权政策进企业；在中关村延庆园办公楼一楼大厅LED屏幕全天轮播2020年全国知识产权宣传周宣传海报，助推全区知识产权周宣传活动。

（宋媛）

【延庆区第26届科技周活动】 8月25日，由区科委、区委宣传部、区卫生健康委、区科协主办，北京世园公园承办的2020年北京市延庆区第26届科技活动周启动仪式暨科普游世园活动在北京世园公园举行，约200人参加开幕式。在开幕式活动现场，发放《科普法》《北京市技术市场条例》《野生动物保护条例》及知识产权保护、公民科学素质提升读本等宣传材料一万余份。活动周持续至8月29日，其间，北京玻钢院复合材料有限公司组织当地中小学学生及社会人士走进科研院所，感受科技魅力；斯贝福（北京）生物技术有限公司、北京中研海康科技有限公司等6家中关村延庆园的高新技术企业，开展科技抗疫技术和实物展示等活动。

（宋媛）

教育

教育管理

【概况】 延庆区教育委员会（简称区教委）是主管全区教育事业的职能部门，区教委与区委教工委合署办公，代管延庆区人民政府教育督导室。2020年，全区教育系统在岗教职工5045人，专任教师3569人。落实九年义务教育阶段各项减免政策，落实资金1109.87万元，惠及学生53778人次。其中，落实义务教育阶段“三免两补”减免资金941.43万元，惠及51977人次；发放高中国家助学金61.99万元，惠及787人次；发放中等职业学校资助金33.02万元，惠及300人次；投入精准扶贫金57.01万元，惠及617人次；发放学前教育阶段资助金16.42万元，惠及97人次。20名教育系统干部到东城区挂职培训。录用教师98人，包括本市70人，京外28人；其中高中教师10人，初中教师19人，小学教师31人，幼儿教师38人。

单位名称：延庆区教育委员会
地　　址：延庆镇高塔街51号
电　　话：69143122

（张美丽）

【教师岗位交流】 年内，全区有194名教师参与岗位交流。城区学校派出教师100人到对口川、山区任教，其中全职交流教师92人，兼职交流教师8人，区级骨干教师3人；94人从农村学校到城区学校、幼儿园定岗交流。教师交流轮岗包括全职交流和兼职交流，一个交流周期均为2年。城区教师到乡村学校全职交流，承担所交流学校的教学任务，发挥示范引领作用；乡村学校教师到城区学校顶岗交流，接收学校采取导师制等方式帮助其提高专业素养；学区内牵头校和其他学校的教育教学干部则采用兼职交流方式。

（张美丽）

【未成年人教育环境建设】 年内，延庆区参加第六届创建全国文明城区活动，区教委负责未成年人教育环境建设指挥部各项工作、教育系统未成年人思想道德教育工作。印发内容为社会主义核心价值观、讲文明树新风、关爱保护未成年人、文明健康有你有我、中小学生守则、文明校园、师生志愿服务等各类宣传品，新冠肺炎疫情防控、禁烟标识、节约粮食、光盘行动温馨提示牌等6000处（块）；利用电子屏滚动播放创城宣传口号，通过班会等向师生宣传“延延说文明”系列视频。以《延庆教育》电视节目、《延庆教育信息》、延庆教育微信为平台，宣传未成年人思想道德建设相关工作。延庆教育微信公众号累计发布微信500条，点击量60万次；将“一米家访”“大喇叭广播操”等典型工作推送到《北京日报》、北京电视台等市级媒体平台进行宣传。每周推送创城知识，召开区、校两级动员部署会210场（次）；开展创城知识培训、测试、竞赛120场（次）；开展“小手拉大手”深入家庭、社区、社会开展宣传和志愿服务活动。设立创城文明监督岗316个，2400名师生参与执勤。区教委为各校外培训机构统一制作创城宣传品、指导建立健全各项规章制度，组建10个督查组，每周以“四不两直”方式对各单位进行督查。

（张美丽）

【教师资格认定】 年内，区教委组建教师资格认定专家审查委员会，对春季、秋季申请教师资格认定人员进行考评。经评审，对203人认定教师资格，其中初级中学教师资格17人，小学教师资格123人，幼儿园教师资格63人。

（张美丽）

【教师职称评定】 年内，区教委从北京市职称评审专家库中随机抽取本区评议组成员30人进行专项培训。全区申报职称评定教师152人，其中申报正高级教师9人，高级教师47人，中级教师96人。通过评审、评定或晋升职称教师148人，其中正高级教师6人，高级教师46人，中级教师96人。

（张美丽）

【春季线上教学任务全部完成】 4月13日，区教委按照市教委部署，全面启动线上学科教学。受新型冠状病毒肺炎疫情影响，全市中小学校停学不停课，区教委根据学生居家学习时间与在校学习时间，统筹线上线下教学方式，统筹学生自主学习与集体教学。用13周时间分阶段、有计划推进春季学期教学任务。小学1-2年级每周26课时、3-6年级30课时，7-8年级34课时。普通高中阶段高一高二年级每周均40课时。初、高三年级按原有课程方案执行。教师提供线上线下多形式、多渠道个性化辅导和答疑，督促学生按时完成学习任务。至7月，春季学期教学任务全部完成。

（张美丽）

【教育对口帮扶】 9月18日至19日，区教委领导带队分别到河北张家口怀来县、宣化区，内蒙古乌兰察布市兴和县，走访沙城六小、宣化二中等5所中小学和幼儿园；实地了解延庆区教委为对口帮扶兴和县哈拉沟村投资建设的励志超市经营情况；购买该村贫困户土豆，解决农产品销路困难问题。年内，河北、内蒙古38名干部教师到延庆学校挂职，延庆30名干部教师到河北、内蒙古学校支教。区教委对硬件设备短缺、优质师资匮乏等办学条件薄弱学校给予帮助和支持。还通过人才培训、送教指导、学校结对、职业技能培训等举措，帮助受援地区实现教育精准脱贫；对帮扶贫困村采取资金投入、建设扶贫励志超市、解决贫困户农产品销路等措施，促进贫困村集体经济发展。

（张美丽）

教育督导

【概况】 2020年，延庆区人民政府教育督导室（简称区教育督导室）围绕全区教育工作实际，坚持督政与督学并重、监督与指导并重，为深化教育综合改革、办人民满意的教育提供有力保障。加强督学队伍建设，组织责任督学进行业务培训。按照各项要求严格对学校进行督导，帮助学校发现问题，督促学校整改，切实发挥督导作用。完成市区两级经常性督导工作；开展疫情防控、试开学督导检查工作；开展幼儿园办园质量督导评估工作；开展春季和秋季开学专项督导；完成国家义务教育质量监测、学前教育发展状况监测工作；迎接《市政府对区政府履行教育职责督导检查》工作。全区有38名专职责任督学。另有设于区教科研中心的“区教育督导和质量评估监测中心”（简称：教育督评中心）共同参与全区教育督导工作。

（宋佳）

【幼儿园办园质量督导评估】 年内，区教委开展2020年幼儿园办园质量督导评估工作。成立督导评估小组，制订《延庆区幼儿园办园质量督导评估实施方案》《2020年延庆区幼儿园办园质量督导评估实施方案》《2020年延庆区幼儿园办园质量督导评估工作手册》。全区50所各级各类幼儿园参评，抽取17所幼儿园实地评估，听取园长汇报、巡视园所环境、跟踪班级半日活动、查阅档案、访谈，对照评估标准研讨评议，完成系统填报。评出A级园1个、B级园13个、C级园3个。

（康艳宁）

【新任专职督学培训】 1月6日至10日，区政府教育督导室和区教育督评中心组织新任专职督学进行集中培训。培训委托市督学研修中心针对新任督学设计课程，涉及督学职责定位和角色调适、教育督导法规文件解读、教育督导方式方法、教育督导与学校特色发展、推进义务教育优质均衡发展以及兄弟区县先进经验介绍等内容。北京市督学研修中心相关领导、区教委领导和新任督学43人参加。

（宋佳）

【新冠疫情防控督查】 1月23日，区教育督评中心组织责任督学35人，对新冠疫情防控工作开展督查。至2月初，完成全区101个办学单位1轮电话督导、2轮入校督导，重点督查防疫工作机制、人员排查管控、卫生消毒、宣传教育和校园封闭管理工作。2月至4月，16名督学与教委督察组5轮入校，进行试开学教育教学条件评估。4月至5月，组织幼儿园督学针对9所直属园和17所民办园实地督导2个轮次，督促整改问题108个，协调、帮助解决问题37个；选派19名督学作为驻校督学“一对一”全程参与初、高三年级试开学和中学基础年级、小学六年级开学工作，督学进入学校工作专班，协助学校开学准备工作，并对学校开学教育教学条件进行评估；在54个校点参加会议494次，督促整改问题546个，协调、帮助解决问题264个，联合检查293次。

（宋佳）

【试开学督导检查】 4月至5月，区教委组织6次市级专项督导检查。针对学校防疫准备工作、中学毕业年级试开学、全面开学准备工作以及开学情况、垃圾分类情况进行专项督导检查。4月10日至16日，中小学（不含幼儿园），开展春季学期教育教学工作第一阶段专项督导；4月27日，开展高三年级试开学情况专项督导；5月11日，开展初三年级试开学情况专项督导；5月21日，针对中学基础年级复课，开展中学开学准备工作情况专项督导；5月28日、29日，针对小学毕业年级复课，开展小学开学准备工作情况专项督导。

（宋佳）

【初高中毕业年级试开学市级专项督导】 5月14日，延庆区教育督导室完成全区初高中毕业年级试开学市级专项督导。督学19人对19所初、高中进行“一对一”驻校督学，协助校长组织开展相关工作，督促检查落实情况，对接上级或相关部门巡视、检查等。

（宋佳）

【职业学校开学专项督导】 6月2日，区教育督导室和区教育督评中心对延庆一职进行开学工作专项督导。督导组成员通过听取汇报、查阅资料、校园巡视等方式进行检查，对学校利用信息技术手段向未能返校的中外学生进行网络教学的做法给予肯定。

（宋佳）

【中小学心理健康教育督导会】 6月12日，区教委召开北京市中小学心理健康教育专项督导工作部署暨培训会。会议传达市教委关于北京市中小学心理健康教育专项督导工作会议精神，部署延庆区具体安排；围绕“中小学心理健康教育专项督导报告单”内容，解读其中的依据和开展心理健康教育要求。区教委、区教育督评中心领导、教育责任督学38人参会。

（宋佳）

【国家义务教育质量监测完成】 9月28日，延庆区完成国家义务教育质量监测。此次监测五年级和九年级抽样部分学生及相关教师，涉及语文和艺术学科。全区12所小学、8所中学的588名学生接受测试，180名教师参加问卷调查。区教育督导室制订《2020年延庆区开展国家义务教育质量监测实施工作方案》，召开信息员统培训会、样本校动员会、工作部署培训会，保证监测全过程规范操作。

（康艳宁）

【秋季开学督导检查】 9月，区政府教育督导室联合区卫健委、乡镇街道各部门、区教委15个督查组成员和各学校挂牌责任督学开展秋季开学情况联合督导检查。通过听取汇报、查阅资料、校园及周边巡察、师生座谈、个别访谈等方式，对全区46所中小学校（含职业学校、特殊教育学校等）、幼儿园开学情况进行检查，反馈意见，并填报北京教育督导信息管理应用专项督查信息表。

（康艳宁）

学前教育

【概况】 2020年，延庆区有幼儿园47所（教育部门办园35所，民办园12所）。共有教职工1234人，其中专任教师871人。教学班284个，入园幼儿3335人（本市户籍3050人），在园幼儿7858人（本市户籍7047人），离园幼儿2794人（本市户籍2349人），幼儿入园率95.3%。

（张美丽）

【新增5所幼儿园】 年内，延庆区新增5所幼儿园。区教委通过租址办园方式，建设延庆一幼会展分园（15个教学班提供学位450个）和延庆二幼分园（9个教学班提供学位270个）2所公办园；引进2家优质民办教育机构开办3所普惠性民办园：黄麓教育集团承办泛美幼儿园延庆园区，北京博雅年华教育科技有限公司开办延庆区博雅世园幼儿园、延庆区博雅万科幼儿园，3所民办园均设9个教学班270个学位。5所新建幼儿园新增学位1260个，超额完成市教委扩学位1080个的指标任务。全区幼儿园普惠率99.6%。

（张美丽）

【幼儿园教师培训】 1月13日至17日，区教委、区教育科学研究中心联合举办“2020年延庆区幼儿园教师培训周”活动。其中区级培训邀请8名市级专家、1名延庆区援疆干部，从法律法规及教师师德修养、幼儿园办园质量督导评估标准的解读、学前专业理论等方面进行培训；学区级培训及园所培训根据教师需要由园所自行安排。各类园所教师782人参加。

（张美丽）

【幼小衔接云端培训活动】 3月26日，区教委举办疫情期间幼小衔接云端培训活动。邀请温州大学特聘教授、温州市幼儿园课程改革专家委员会委员李娟，以“幼小衔接，如何在家做？”为题，围绕“小学化的危害”“入学长远准备”“入学目前准备”等方面内容进行讲述。全区各级各类幼儿园干部、教师300人参加。

（张美丽）

【学前延期开学工作经验交流活动】 4月28日，区教委借助“企业微信”平台，举办“爱·责任·使命”——2020年延庆区学前延期开学工作经验线上交流活动。四所市立园园所干部围绕教师重视家长科学育儿的指导、关注每一个幼儿的健康成长等方面进行交流。教科研中心学前研训处、市教科院早期教育研究所、区教委小学学前教育科相关负责人分别发言讲评。全区各级各类幼儿园园长、干部和教师代表178人参加活动。

（张美丽）

中小学教育

【概况】 2020年，全区有小学28所，其中中心校24所，完小4所；教学班470个，招生2611人；在校生13182人（其中外省市户口借读生1528人），毕业2068人；小学入学率、巩固率、毕业及格率均100%；教职工1364 人，其中专任教师1075人。中学20所，其中初中11所，完全中学2所，高中2所，九年一贯制学校5所；教学班299个，其中初中198个，高中101个。毕业2758人，其中初中1704人，高中1054人；招生3267人，其中初中1968 人，高中1299人；在校生8987人，其中初中5622人，高中3365人，在校生中外省市户口借读生515人。初中入学率、巩固率、毕业合格率均100%；高中入学率99.30%，四所普通高中毕业合格率93.48%；教职工3388人，其中专任教师2423人。特殊教育单位1个，教学班8个，其中小学班6个，初中班2个，在校生86人（小学56人，初中30人），教职工41人（专任教师32人）。残疾儿童入学率100%。中小学专任教师学历合格率99.9 %（小学100%，初中100%，高中99.3%）。有中小学北京市特级教师9人（小学1人，中学8人），高级专业技术职务教师454人（小学87人，初中212人，高中155人）。全区1213人参加高考，本科上线率93.83%，高考录取率97.61%，其中本科录取率83.14%。

（张美丽）

【小学精准教育指导】 年内，延庆区各小学开展精准教育指导工作。延庆二小组织各年级分班召开网络视频家长会，建立“钉钉群”、微信群强化家校联系。小丰营中心小学组织“送书递爱 家校协同共促成长”主题家访活动，把书籍、致家长一封信、学生居家生活学习安全提示及体育锻炼评价标准等资料送到学生和家长手中。大柏老中心小学通过开设心理连线、组织网络班会和网络家长会等形式，与学生和家长进行沟通交流；组织“别样家访 送书答疑解惑”活动；千家店小学利用各村大喇叭，每天定时播放广播体操音乐，学生邀请家长一起锻炼身体；等等。

（张美丽）

【首届京冀小学生欢乐冰雪季活动】 1月3日，首届京冀小学生“欢乐冰雪季”活动在延庆区太平庄中心小学开展，延庆、海淀、河北宣化三地小学生、幼儿200人参加活动。开幕式上，延庆太平庄小学表演冰上舞蹈“世园盛会永不落幕”、队列滑表演“2022相约北京”“激情追逐冬奥梦”等节目；延庆沈家营小学、珍珠泉中心小学进行冰球表演。

（赵文新）

【新冠疫情期间家访活动】 3月，全区中小学干部教师开展家访活动，为学生进行心理及学业辅导。其中延庆八中25名党员和教师分两组，到大庄科、四海、珍珠泉、旧县4个乡镇的64个行政村，对全校三个年级的229名学生家访。延庆大庄科中心小学干部教师走访28个自然村，对全校108名学生进行家访。大榆树中学校领导及班主任分两组到镇内18个村村口进行家访。延庆区教师疫情期间家访的经验，刊登在3月19日《北京日报》上。

（赵文新）

【小学开学条件评估验收】 5月25日至26日，区教委牵头区安监、食药、疾控、综治和属地乡镇政府，组成6个评估小组，对全区23所小学及区特教中心、十一学校小学部进行复课评估。评估组对学校应急处置流程、人员培训、食堂管理、消毒等方面提出改进意见、建议。6月1日前，各学校完成问题整改，做好全面复课准备。延庆区所有小学全部完成开学条件评估验收工作。

（张美丽）

【四五年级开学复课】 6月8日，延庆区四、五年级学生开学复课。29所小学的3869名学生到校。区卫健委、疾控中心、公安、交通等部门深入学校及周边，保障疫情防控和上下学秩序。

（张美丽）

【四所联盟校线上联合教研活动】 6月3日，延庆三中与北京中关村中学、河北宣化四中、河北唐山52中三所联盟校开展联盟校线上联合教研活动，以“关于提高线上教学的有效性探索与实践”为题，语文、数学、英语等13个学科组教师，分享各校学科教育教学经验，探索在线与在校相结合的常态化混合式教与学方式、教研方式、校际互动方式。延庆区教育科学研究中心学科研训员14人进行点评，四校干部教师及延庆区教委有关人员157人参加。

（赵文新）

【网上夏令营活动】 7月，区教委推出网上夏令营活动，涉及体育、劳动、科技等内容。举办网上家庭亲子体育运动训练营，参加训练营的家长和孩子每天至少锻炼1小时；举办“珍爱生命”劳动实践网上夏令营，以家庭为单位在花盆或院子里种蔬菜，观察体验并记录一粒种子发芽—成长—开花—结果的全过程；举办网上科技夏令营，每名学员需关注5个以上学习资源，学习5次以上，并通过撰写征文、绘制手抄报、科幻画、录制科技制作小视频等形式展现学习过程和收获。点击量0.8万人次。

（赵文新）

【京郊高中校长论坛在延庆一中举办】 9月29日，《现代教育报》品牌项目——现教论坛走进延庆一中，开展以“共商·共创·共享——首都郊区优质高中高质量发展的实践与探索”为主题的探讨交流。现代教育报社社长兼总编辑、延庆区教育工委副书记及延庆一中、通州区潞河中学等11所京郊优质高中学校校长、副校长结合工作实际，探讨学习新高考模式下的高中教育教学及管理，交流工作中的成功经验。

（赵文新）

【自创花式课间操】 9月，延庆二小自创花式课间操曳步舞。该校体育教师编创融入曳步舞和广场舞特点的课间操，为师生家长推送分解动作和连贯动作视频，把练操以体育作业形式布置给学生练习。学校课间操期间，1700名学生集体跳曳步舞。延庆二小花式课间操的新闻刊登在《现代教育报》上。

（赵文新）

【初中学生汉字听写大赛】　10月30日，区教委、区语委、区教科研中心联合举办的延庆区第五届初中学生汉字听写大赛在区青少年活动中心举行。经过笔试和半决赛，6支代表队30名选手进入决赛。比赛的赛制与“中国汉字听写大会”赛制相同，比赛内容分为给汉字注音、找出词语中错误的字并改正等题型。永宁中学代表队和延庆二中1队获得一等奖。

（赵文新）

职业与成人教育

【概况】　2020年，全区4所职业成人学校，学历教育招生745人，其中中职生10人，成人中专学员294人，高等成人学历441人。面向市民开展中西烹饪、居家保健等培训31403人次。有中等职业学校一所，学校占地面积11.37万平方米，产权校舍建筑面积5.62万平方米；固定资产总值26199.6万元。年内有86名学生被高职院校自主招生录取。全年全系统组织教师参加教育教学科研活动689人次。落实《延庆区职业教育改革发展行动计划（2019-2025）》，配备25名乡镇街道教育干事。区开放大学成为北京市学分银行管理分中心，区社区教育中心成为北京市老年开放大学延庆分校，“夏都社教学堂”学习品牌被评为全国终身学习品牌项目。3名延庆一职学生分获第一届“首都好幼师”绘本故事演绎大赛一、二、三等奖；1名学生获北京市无人机行业大赛二等奖。延庆一职获京郊联盟信息化比赛一等奖1个，二等奖2个。社区教育服务“阻击新冠疫情”典型案例征集活动获一等奖2篇、二等奖11篇、三等奖5篇。获2019—2020年度优秀教育科研成果等级鉴定一等奖2篇、二等奖8篇、三等奖10篇。延庆一职教师康柏利获“2020北京榜样”提名人物。

（高寒）

【校外培训机构新冠疫情防控】　1月30日，区教委联合各街道乡镇及市场监督管理局，成立4个监督检查组，对涉及中小学生教育类校外培训机构疫情防控情况进行底数摸排。发放《致校外培训机构的一封信》，宣传疫情防控工作。与校外培训机构签订《关于加强新型冠状病毒感染的肺炎防控工作责任书》，要求各培训机构延期开课并妥善处理好退费及调课事宜，做好返京及未返京教职工信息摸统工作，落实“四方责任”，做好重点人群管控。

（高寒）

【学习型家庭创建评估】　1月，延庆区进行学习型家庭创建评估。评估组听取创建单位自评报告、召开座谈会、查看创建工作档案、查看学习环境，分组对延庆镇社区卫生院和第七幼儿园2个创建单位进行评估，对8个学习型组织先进单位进行创建工作复评，涉及的组织类型有医院2所、机关3个、社区1个、学校2所。10个单位全部通过评估验收。

（宋佳 高寒）

【乡镇（街道）配备教育干事】　3月，区教委完成乡镇（街道）教育干事配备工作。制订《延庆区教育委员会关于加强乡镇（街道）教育管理工作的实施方案》，在18个乡镇、街道设立教委办公室，配备25名教育干事，负责协助本级政府统筹区域内各类教育管理工作。

（高寒）

【家庭教育指导师项目启动】　4月16日，延庆区社区教育中心“妫川父母学苑”——家庭教育指导师项目启动。中心项目组成员24人，由北京教科院终身学习与可持续发展教育研究所指导，邀请全国各省市地区的家庭教育专家15人，讲授家庭教育领域相关知识，开展线上线下教学培训70场5000人次。项目培训时间1年，参训教师考核合格后，由北京市成人教育学会家长教育工作委员会颁发家庭教育指导师证书，取证教师走进社区、走进学校讲授家庭教育知识。

（宋佳）

【校外培训机构治理工作小组会】　5月21日，

区教委召开校外培训机构治理工作小组会。区教委组织未成年人思想道德建设指挥部联合区市场监管局等10个成员单位，就创城“百日大决战”及2020年度校外培训机构治理工作进行部署，研讨《2020年延庆区校外培训机构治理工作方案（讨论稿）》阶段工作任务目标和部门职责分工内容。确定对全区中小学、幼儿园及职业学校开展数据摸排、实地检查、规范整改工作，完成全区校外培训机构治理任务及创城攻坚任务。

（高寒）

【职业成人教育“十三五”续教培训】 5月27日至29日，区教委开展职业成人教育“十三五”续教培训。培训采用线上授课方式，设立26个分会场，借助延庆区社教中心“妫川父母学苑”——家庭教育指导师项目平台，邀请清华大学人文学院素质教育研发中心等机构的专家5人，以“家庭教育指导师实务”“传统文化中的家庭教育智慧”“家庭教育中父母角色差异和互补”“儿童心理发展与家庭教育中亲子关系的建立调适”“家庭中学生易发意外伤害及预防”为题进行讲座。区社教中心、职教中心、开放大学延庆分校、延庆第一职业学校及各乡镇（街道）教育助理322人参加培训。7月8日，区教委组织职成教系统干部、教师开展“十三五”续教培训。邀请北京大学专家，借助“妫川父母学苑”——家庭教育指导师项目平台，以“中国文化与社会主义核心价值观”为题进行家庭教育文化内容讲座。设分会场16个，区社教中心、职教中心、开大分校、延庆一职、校外培训机构及各乡镇（街道）教委干部、教师500人参加培训。

（宋佳）

【校外培训机构工作会】 6月12日，校外培训机构恢复线下课程评估验收工作及创城工作部署会在区教委召开。会上部署创城“百日大决战”校外培训机构治理工作和校外培训机构恢复线下课程评估验收工作，解读《2020年延庆区校外培训机构治理工作方案》和《校外培训机构有序恢复线下课程和集体活动的工作方案》。全区65家校外培训机构负责人及未成年人思想道德建设指挥部、区市场监管局、区民政局等小组成员单位相关负责人100人参会。

（高寒）

【职业体验项目】 9月，延庆一职面向中小学生及社会人群，开设延庆火勺制作、蛋糕卷制作、寿司制作、桃酥制作、毛猴制作、单面观花束制作、花卉微景观制作等109个职业体验项目。截至年底，接待4所学校10个体验项目725人次。

（宋佳）

【高素质农民培训班】 10月12日，由区农业农村局和北京市农业广播电视学校延庆分校联合举办的延庆区2020年高素质农民培训班正式开班。参加开班仪式的学员80人，其中农民专业合作社带头人51人，妫水农耕品牌建设联盟成员9人，壮大集体经济试点村书记20人。培训班连续5周，每周集中培训3天。主要围绕乡村产业振兴、农民合作社经营管理、市场营销、妫水农耕品牌建设、特色手工制作、团队建设等内容，通过课堂教学、线上学习、生产观摩、实习实训等方式组织学员完成120学时的学习培训任务。

（宋佳）

【第16届全民终身学习活动周启动】 11月25日，延庆区2020年全民终身学习活动周暨线上社区教育节正式启动。与会嘉宾对线上社区教育节活动进行介绍，并对改版后的终身学习网站和“妫川社区教育”公众号进行推介。“民乐乐民”乐队、“群豪戏曲艺术团”等5个社区学习共同体代表进行学习成果展示。区教委、华佑教育集团相关负责人以及教育系统德育干部、乡镇街道教育助理、优秀社区学习共同体代表200余人参加活动。

（高寒）

青少年课外活动教育

【概况】　2020年，延庆区有校外教育机构2个，即延庆区青少年活动中心和延庆区科学技术馆，两个单位合署办公，占地面积1.33万平方米，建筑面积9995平方米。延庆区青少年活动中心图书馆藏书 2604册。固定资产总值3324.09万元。全年教育经费投入1235.18 万元。学校信息化经费投入1.02万元，拥有计算机97台，网络多媒体教室19个，校园网出口总带宽800 Mbps，数字资源量200GB。开设舞蹈、书画、器乐、体育等48个专业，招生3566人次。有教职工41人，其中本科及以上学历39人；副高级职称10人，中级职称15人。专任教师25人，其中延庆区骨干教师2人。延庆区科学技术馆图书馆藏书3991册，电子图书1.20万册。固定资产总值688.40万元。全年教育经费投入640万元。学校信息化经费投入5万元，拥有计算机51台，网络多媒体教室4个，校园网出口总带宽100Mbps，数字资源量1070GB。开设创意搭建、少儿科技制作、趣味软陶等7个专业，招生290人次。教职工20人，其中本科及以上学历19人；副高级职称3人，中级职称11人。专任教师19人，其中延庆区骨干教师2人。

（郑艳玲　赵静）

【区科学技术馆改造升级】　年内，疫情停展期间，区科学技术馆对相关设备进行改造升级，完成VR大象科普课堂、AR恐龙绘笔课堂、AR航天动手实践课堂、AR动物卡片交互课堂、互动投影—赶海等项目。11月20日起，恢复展区参观活动。

（郑艳玲）

【师生美术作品发表】　1月至6月，区青少年活动中心教师创作防疫国画8幅、创城作品11幅，分别在区美协、区教委、延庆在线、延庆融媒体、区文化馆制作的微信公众号刊发。其中创城作品制作成宣传海报，在延庆区域内张贴。青少年活动中心组织学生参加北京市金帆书画院“同舟共济，共战疫情”美术创作活动，报送12幅作品，在金帆书画院编辑的微信公众号刊发。

（赵静）

【云互动公益活动】　4月13日，区青少年活动中心合唱团参加中国宋庆龄青少年科技文化交流中心主办的“心手相连 世界有我”中外青少年云互动公益活动。合唱团演唱《让世界充满爱》《We are the world》两首歌曲。来自中国、奥地利、俄罗斯等19个国家的2000名青少年参与公益活动。

（赵静）

【网上体育比赛】　4月，由区教委主办，区青少年活动中心承办的“线上1分钟女生仰卧起坐、男生立卧撑班级团体赛”举办。全区16所中学的2464名学生参加比赛，分为初一、初二、初三年级3个组别。康庄中学初一（2）班、永宁中学初二（4）班、康庄中学初三（4）班分获各组别第一名。

（赵静）

【劳动实践网上夏令营】　7月20日至8月28日，区青少年活动中心主办“珍爱生命”劳动实践网上夏令营活动。全区7所学校的30名中小学生报名参加种子的种植活动。按照成活率、生长情况进行评比，下屯学校、姚家营小学等学校学生获得一等奖。

（赵静）

【暑期线上科技夏令营】　7月至8月，区科学技术馆开展暑期线上科技夏令营。夏令营以“科技冬奥”“创城抗疫”为主题，在27个培训班中以科学推广营形式开展，6～14岁中小学生参与。指导学生以征文、科幻画、手抄报、小视频等形式展示活动成果。推送与培训班专业相关的网站10个、公众号23个、视频38个、图片129幅，2604人次参加。

（郑艳玲）

特殊教育

【概况】　2020年，延庆区有1所特殊教育机构——北京市延庆区特殊教育中心（简称区特教中心），占地面积1.98万平方米，校舍建筑面积0.40万平方米，运动场地面积1.04万平方米，绿化用地面积4000平方米。图书馆（室）藏书2.32万册，电子图书1万册。固定资产总值2272.37万元，全年教育经费投入147.35万元。学校信息化经费投入13.28万元，拥有计算机110台，网络多媒体教室1个，校园网出口总带宽100Mbps，数字资源量300GB，信息技术课程2课时/周。教职工41人，其中高级职称8人，中级职称21人。专任教师32人；本科及以上学历39人。开设教学班8个（小学阶段6个、初中阶段2个）。毕业6人（全部为初中阶段）；招生8人（全部为小学阶段）；在校生86人（小学阶段56人、初中阶段30人），其中听力残疾1人，言语残疾1人，肢体残疾9人，智力残疾59人，精神残疾1人，多重残疾15人，包括寄宿生20人。

（周英杰）

【制订“居家教育康复指导”任务单】 2月17日至19日，区特教中心教师为每位学生制订个别化的“居家教育康复指导”任务单。任务单从疫情防控、情绪调整、参加抗疫先锋活动，锻炼身体与康复训练，居家生活，居家学习等4个方面入手，全体任课教师共同制订班级一周计划，再通过任务单的形式，结合特殊教育学校学生的认知特点、学习特点、家庭情况等，为每个学生选择适合的居家活动。根据学生的障碍程度不同，每周每个学生的个性化任务有3至10个内容，家长根据具体情况选择性地引导学生参与活动。

（周英杰）

【参与开发北京市特教线上学习资源】 2月至10月，区特教中心24名专任教师参与开发北京市特教线上学习资源。教师分为12个小组，每组负责一个主题单元，主题单元包括春季健康与卫生、我们的夏天、家居清洁工具我认识、我是清洁我能行、卫生间清洁我能行、我为家人洗衣服、我是衣服收纳员、午餐材料我准备、我是果蔬清洁员、菜品加工我能行、会客服务我能行、我是茶水员12个方面内容。开发与主题相关的微视频17个，60个教学资源包，资源包包括教学设计、课件、任务单、评价单、视频和图片等。参与录制、设计的资源可在北京市特殊教育资源网中进行查看。

（周英杰）

【送教上门】 3月至7月，区特教中心开展送教上门活动。送教教师以每个学生的每周任务单为基础，将重点知识、难点知识、节日教育、常规教育，以及疫情等相关知识通过面对面、一对一的形式为学生讲解。送教地点按照各个社区、乡镇疫情期间的要求，在小公园、马路边、村口等开展，并为学生带去生活用品、学习用具、口罩等物品。24名教师到延庆千家店、永宁、康庄、沈家营等乡镇，为64名学生提供送教上门，每个学生每周接受1至2次送教。

（周英杰）

【社会实践活动】 11月20日至24日，区特教中心组织学生到延庆万达影院、南山健源、王木营蔬菜种植合作社参加社会实践活动。学生到影院观看动画片《汪汪队立大功》，并进行交流；到南山健源参与制作豆贴画、体验农活；到王木营蔬菜种植合作社观赏多肉植物、种植蟹爪兰等花卉。师生300人次参加活动。

（周英杰）

延庆区学校和幼儿园一览表

表3

名称	地址	电话
幼儿园		
北京市延庆区第一幼儿园	延庆区儒林街道西街11号	69181002
北京市延庆区第二幼儿园	延庆区百莲路10号	15710095122
北京市延庆区第三幼儿园	延庆区新城街133号	69172957
北京市延庆区第四幼儿园	延庆区延庆镇高塔街49号	69103790
北京市延庆区第五幼儿园	延庆区百泉街道舜泽园小区内	81197900
北京市延庆区第六幼儿园	延庆区延庆镇西关村北	60166646
北京市延庆区第七幼儿园	延庆区庆园街82号	69106191
北京市延庆区第九幼儿园	延庆区庆园街82号	69106151
北京市延庆区永宁幼儿园	延庆区永宁镇东街14号	60171281
北京市延庆区康庄幼儿园	延庆区康庄镇一街村文汇街1号	61163651
北京市延庆区八里庄中心幼儿园	延庆区延庆镇八里庄村南	61121811
北京市延庆区康庄小区幼儿园	延庆区康庄镇康庄一区	61163651
北京市延庆区旧县中心幼儿园	延庆区旧县镇旧县村	61151965
北京市延庆区张山营中心幼儿园	延庆区张山营镇上板泉村	69177325
北京市延庆区沈家营中心幼儿园	延庆区沈家营镇沈家营村	61132021
北京市延庆区大榆树中心幼儿园	延庆区大榆树镇大榆树村	61181179
北京市延庆区井家庄中心幼儿园	延庆区井庄镇井庄村	61191704
北京市延庆区刘斌堡中心幼儿园	延庆区刘斌堡村东	60181013
北京市延庆区香营中心幼儿园	延庆区香营乡后所屯村	60162029
北京市延庆区珍珠泉中心幼儿园	延庆区珍珠泉乡珍珠泉村34号	60186413
北京市延庆区八达岭中心幼儿园	延庆区八达岭镇西拨子村北	69129491
北京市延庆区千家店中心幼儿园	延庆区千家店镇后沟村33号	60188403
北京市延庆区大庄科中心幼儿园	延庆区大庄科乡大庄科村东	60189814
北京市延庆区四海中心幼儿园	延庆区四海镇四海村	60187972
北京市延庆区永宁幼儿园分园	延庆区永宁镇吴坊营村西	60170258
北京市延庆区大柏老中心幼儿园	延庆区旧县镇大柏老村	81185158
北京市延庆区广积屯幼儿园	延庆区延庆镇广积屯村	51051227
北京市延庆区姚家营幼儿园	延庆区张山营镇姚家营村	69111250
北京市延庆区中阳坊幼儿园	延庆区张山营镇中阳坊村	69190712
北京市延庆区太平庄幼儿园	延庆区康庄镇马营村东	69130174
北京市延庆区西二道河幼儿园	延庆区井庄镇西二道河村南	61180360
北京市延庆区小丰营中心小学幼儿园	延庆区康庄镇小丰营村西	81187470
北京市延庆区下屯中心幼儿园	延庆区大榆树镇下屯村西北	61119517
北京市延庆区第一小学幼儿园	延庆区延庆镇杨家胡同42号	69143708
北京市延庆区第二小学幼儿园	延庆区延庆镇高塔街62号	69175158
北京市延庆区第三小学幼儿园	延庆区延庆镇东外大街66号	69103581

续表

名称	地　址	电　话
北京市延庆区延庆镇司家营幼儿园	延庆区司家营村	69108698
北京市延庆区延庆镇莲花池村幼儿园	延庆区延庆镇莲花池东	69184485
北京市延庆区五星幼儿园	延庆区延庆镇小营新村9排5号	13661254080
北京市延庆区城远幼儿园	延庆区延庆镇孟庄村	61122569
北京市延庆区红苹果艺术幼儿园	延庆区新城街10号	6918 9962
北京市延庆区博苑幼儿园	延庆区东外大街68号	81196292.
北京市延庆区人文大学附属幼儿园	延庆区康庄镇西官路1号	61169882
北京市延庆区丫丫幼儿园	延庆区旧县镇旧县村	61151069
北京市延庆区金果幼儿园	延庆区京张路兴运嘉园底商	15901162672
北京市延庆区育心幼儿园	延庆区百泉街道振兴南2号楼	15210220052
北京市延庆区康庄镇育才幼儿园	延庆区康庄镇商业街51号	13641375788
北京市延庆区金才幼儿园	延庆区北街17号	13810077926
北京市延庆区三育幼儿园	延庆区儒林街道永安小区6号楼后平房	15801576273
北京市延庆区睿智育婴亲子园	延庆区延庆镇尚书苑小区底商4-13	69142811
小学		
北京市延庆区西屯中心小学	延庆区延庆镇新白庙村北	61111890
北京市延庆区莲花池小学	延庆区延庆镇莲花池村	61111890
北京市延庆区司家营小学	延庆区延庆镇司家营村	61121890
北京市延庆区八里庄中心小学	延庆区延庆镇八里庄村南	61121811
北京市延庆区广积屯完小	延庆区延庆镇广积屯村	5105127
北京市延庆区榆林堡小学	延庆区康庄镇榆林堡村	61164164
北京市延庆区小丰营中心小学	延庆区康庄镇小丰营村西	81187470
北京市延庆区太平中心小学	延庆区康庄镇马营村东	69130174
北京市延庆区八达岭中心小学	延庆区八达岭镇西拨子村北	69129491
北京市延庆区旧县中心小学	延庆区旧县镇旧县村东	61151965
北京市延庆区大柏老中心小学	延庆区旧县镇大柏老村西	61151980
北京市延庆区姚家营中心小学	延庆区张山营镇姚家营村	69110567
北京市延庆区四海中心小学	延庆区四海镇四海村	60187972
北京市延庆区千家店学校	延庆区千家店镇后沟村33号	60188403
北京市延庆区沈家营中心小学	延庆区沈家营镇沈家营村	61132021
北京市延庆区大榆树中心小学	延庆区大榆树镇大榆树村西259号	61182347
北京市延庆区下屯中心小学	延庆区大榆树镇下屯村北	61110495
北京市延庆区井家庄中心小学	延庆区井庄镇井庄村	61191704
北京市延庆区西二道河中心小学	延庆区井庄镇西二道河村南	61180360
北京市延庆区大庄科中心小学	延庆区大庄科乡大庄科村东	60189814
北京市延庆区刘斌堡中心小学	延庆区刘斌堡乡刘斌堡村东	60181013
北京市延庆区珍珠泉中心小学	延庆区珍珠泉乡珍珠泉村34号	60186413
北京市延庆区第一小学	延庆区延庆镇杨家胡同42号	69143708

续表

名称	地　址	电　话
北京市延庆区康庄中心小学	延庆区康庄镇一街村	61164164
北京市延庆区第二小学	延庆区高塔街62号	69175158
北京市延庆区第三小学	延庆区延庆镇东外大街66号	69103581
北京市延庆区第四小学	延庆区延庆镇南菜园二区	81198749
北京市延庆区靳家堡中心小学	延庆区张山营镇靳家堡村	69190712
中学		
北京市延庆区康庄中学	延庆区康庄镇榆林堡村东	61164849
北京市延庆区第七中学	延庆区延庆镇西关村北	69184272
北京市延庆区体育运动学校	延庆区延庆镇赵庄村	69101175
北京市延庆区八达岭中学	延庆区八达岭镇西拨子村北	69120429
北京市延庆区旧县中学	延庆区旧县镇旧县村西	61153400
北京市延庆区沈家营中学	延庆区沈家营镇冯庄村北	61131284
北京市延庆区大榆树中学	延庆区大榆树镇大榆树村东南	61183693
北京市延庆区下屯学校	延庆区大榆树镇下屯村北	61110032
北京市延庆区井庄中学	延庆区井庄镇艾官营村南	61191948
北京市延庆区刘斌堡中学	延庆区刘斌堡乡刘斌堡村东	60181629
北京市延庆区十一学校	延庆区延庆镇西关村北	69184272
北京市延庆区香营学校	延庆区香营乡香营村西	60161845
北京市延庆区第四中学	延庆区香苑街110号	6920892.
北京市延庆区第八中学	延庆区延庆镇广积屯村甲5号	69175356
北京市延庆区永宁学校	延庆区永宁镇东门外	60171305
北京市延庆区张山营学校	延庆区张山营镇下芦凤营村	69113386
北京市延庆区庆源学校	延庆区沈家营镇沈家营村	13716705327
北京市延庆区第三中学	延庆区延庆镇香苑街106号	69171191
北京市延庆区第二中学	延庆区延庆镇菜园南街19号	81196606
北京市延庆区第一中学	延庆区高塔路5号	69182699
北京市延庆区第五中学	延庆区湖南东路10号	81198943
特殊教育		
北京市延庆区特殊教育中心	延庆区张山营镇中阳坊村西	81183889
职业教育		
北京市延庆区第一职业学校	延庆区湖南东路8号	69185797

（栏目编辑：孙越凡）

文化

概述

2020年，延庆区有各类文物遗存点473处。其中，国家级文物保护单位4处（长城延庆段、万里长城八达岭段、京张铁路南口至八达岭段、古崖居）；市级文物保护单位6处（玉皇庙山戎墓遗址、永宁天主教堂、木化石群、北关龙王庙、灵照寺、花盆关帝庙和戏楼建筑群）；区级文物保护单位116处，其他文物遗存311处。发布《延庆区长城保护发展三年行动计划（2020-2022）》，推进古长城东段等长城抢险修缮工程，重点打造八达岭核心区，推进中国长城博物馆升级改造、九眼楼生态长城建设、长城沿线革命文物保护以及传统院落保护工作。截至年底，延庆区累计修缮长城墙体19766延米、敌台86座、城堡（局部）12座，其中修缮砖石长城18974延米，占全区砖石长城的71.3%。完成37个村（社区）文化室提质升级，人均公共文化设施面积达1.57平方米。完成24小时自助图书馆和实体书店建设，实体书店增至30家。完成“星火工程”752场、“周末场”34场、“百姓周末大舞台”6场、“戏曲进乡村”100场、“一场三式”精品演出25场、妫川文化大讲堂讲座11场。完成10920场公益电影放映任务，观影群众62万余人次。开展基层文化组织员培训200余人次。年内，区文化馆获“第八届全国服务农民、服务基层文化建设先进集体”称号，是北京市唯一获此殊荣的区级文化馆。

单位名称：延庆区文化和旅游局
地　　址：延庆区妫水北街72号
电　　话：81191198

（闫吉利）

文化行业管理

【行政审批】 年内，区文化和旅游局受理行政许可事项49项。其中，设立歌舞娱乐场所及电子游艺娱乐场所各1家；营业性文艺表演团体设立及延续6家；审批营业性演出1家3场次；变更网吧经营地址1家；文化类民办非企业及社会团体业务主管单位变更各1家；有线电视站、共有天线设计安装许可证延续2家；文物保护项目3项，文物认定1项；完成“多规合一”平台涉及文物建设项目会商意见33件；接受业务咨询100余人次。

（闫吉利）

【图书管理员培训】 年内，区图书馆对全区18个乡镇和街道图书馆分馆及392个村和社区图书室进行巡回式培训，培训内容为图书管理业务知识。截至年底，参加培训340人次。

（闫吉利）

文化活动

【文化惠民活动】 年内，区文化和旅游局开展“星火工程”演出752场、“周末场”演出34场、“百姓周末大舞台”演出6场、“戏曲进乡村”演出100场、“一场三式”精品演出25场以及“群众文艺大会演”“村级春晚”等群众文化品牌活动，累计演出约2000场次，受惠群众50余万人次。

（闫吉利）

【首都市民系列文化活动】 年内，区文化和旅游局组织参与首都市民系列文化活动。开展以“为爱发声”为主题的延庆区2020年诵读大赛，109人参加，选送的两名选手分获市级二等奖、三等奖；开展延庆区第五届“最美书评”活动，收到投稿vlog作品5份，书评29篇；开展“阅读伴我成长”主题活动，获市一等奖2名、二等奖5名、三等奖5名。

（闫吉利）

【业余文艺团队评比】 6月9日至11日，区文化和旅游局举办以“众志成城抗疫，文化惠民暖心”为主题的延庆区业余文艺团队评比活动。聘请阮兰玉等5位国家级专家担任此次评比工作的评委，共有40支业余文艺团队围绕长城文化、冬奥文化、红色文化、生态文化、世园文化、廉政文化，以及创城、扶贫、抗击疫情、垃圾分类、扫黑除恶、新农村建设等主题，共创编308个文艺作品。经过评比，确定B1类团队14支、B2类团队21支、B3类团队5支。

（闫吉利）

【第十二届端午文化节】 6月24日，由区文化和旅游局主办的第十二届端午文化节上线。端午文化节以“和满京城 奋进九州”为主题，推出H5小程序。选取世园公园、区博物馆、精品民宿等直播点位，邀请文化和旅游达人、民俗专家、乡贤人才，开展民俗讲解、包粽子、制香囊、挂艾草等线上直播活动。新华社、人民日报等中央媒体和北京电视台、北京早报等市级媒体进行报道，各媒体平台点击量达500余万次。

（闫吉利）

【2020北京长城文化节在区举行】 8月8日至10月7日，2020北京长城文化节系列主题活动在八达岭长城举行。文化节由市文物局牵头，联合市委网信办、市文旅局、北京冬奥组委文化活动部及长城沿线各区共同举办。延庆作为北京长城文化节开、闭幕式主办地，先后围绕文化长城、生态长城、创意长城开展八达岭长城峰会、开放九眼楼长城生态展示区、“长城华颂”华服节日文化市集、“夜游长城”体验项目、“好汉杯”长城文创大赛、“爱我中华，修我长城”主题活动等7大项主题活动。市委常委、宣传部部长杜飞进出席启动仪式并致辞。区领导穆鹏、于波参加启动仪式。市委宣传部、市有关部门相关负责人，北京建筑大学、北京长城沿线各区有关负责人、长城保护人代表等参加开幕式。文化节期间，媒体阅读量超过7294.6万余次，直播500余万人观看，同时在线人数最高达18.1万。

（李维娜 闫吉利）

【“冬奥有我”书画邀请展】 9月10日，京张文化体育旅游带系列活动——“冬奥有我”书画邀请展在延庆区文化馆开幕。本次展览由延庆区，河北省张家口市宣化区、怀来县，内蒙古兴和县共同主办。展出三省四地百余位书画家的精品书画作品近120幅，并在四地进行巡展。

（闫吉利）

【2020中国长城文化学术研讨会暨八达岭长城峰会召开】 9月29日，2020中国长城文化学术研讨会暨八达岭长城峰会在北京世园凯悦酒店召开。活动由中国长城学会、北京市文物局、《文明》杂志社和区委宣传部主办，区文旅局、八达岭特区办事处、中国长城博物馆和清华大学建筑学院文旅游研究中心承办。中国长城学会副会长兼秘书长袁安升、中国长城学会副会长董耀会、王志国以及中国长城研究院院长赵琛和副区长丁章春等出席活动。

（晏博文）

文物管理

【长城保护员队伍建设】 年内，区文化和旅游局根据新发现长城点段情况，增加5名长城保护员，全区长城保护员总人数达133名。搭建视频平台，聘请长城专家开展长城保护员线上培训，课程设置长城保护知识、不文明游览管理等内容，并在腾讯视频等媒体平台免费向公众开放。

（时丽霞）

【长城抢险】 年内，区文化和旅游局完成延庆长城2号敌台、66号敌台、90号敌台等3项长城文化带建设重点抢险折子工程，完成岔道城北城墙及马面、东红山敌台、东白庙城墙抢险及九眼楼北平台和营城西城墙抢险加固工程，持续推进长城67—69号楼抢险工作。

（时丽霞）

【八达岭长城景区文物保护】 年内，八达岭长城景区（含水关长城和八达岭古长城）共完成文物日常巡查1000余人次，更换地面砖3167块、台阶砖2459块、维修更换墙砖5690块、封顶砖710块、维修焊接扶手38处。出台《关于对破坏八达岭长城景区文物行为的惩戒办法》《八达岭长城景区旅游不文明记录管理制度》《八达岭长城景区文物保护“网格化”管理办法》。全年文管科配合公安机关处理长城刻画案件18起，实施行政拘留7人次，列入旅游不文明行为记录9人次。举办“文物赋彩全面小康—2020年文化和自然遗产日”主题活动。2020年完成《北京市延庆区八达岭长城保护规划》征求意见稿，召开专家论证会，并征求延庆区12家相关单位意见。开展八达岭长城动态化监测体检与京张高铁后续遗产影响评估项目工作，完成《京张高铁运营期遗产影响评估报告》并于8月份上报市文物局。完成八达岭长城北七楼断崖智能监测与抢险加固设计工作和水关长城（延庆区14至23号敌台及墙体）安防升级改造工程以及八达岭残长城（延庆区72至84号敌台及墙体）安防升级改造工程项目的设计工作。

（杨获）

【传统院落保护工程】 年内，区文化和旅游局启动全区首批5处传统院落保护工作。至年底，基本完成张山营镇东门营村41号古民居，榆林堡村东大街33号院、西大街2号院、赵家胡同1号院和5号院5处传统院落的保护修缮工作。

（时丽霞）

【古建修缮与保护】 年内，区文化和旅游局完成延庆关沟地区石刻文物保护、青龙桥日军工事及水塔保护项目以及花盆村关帝庙壁画抢救性保护工程。

（时丽霞）

【博物馆线上宣传】 年内，延庆博物馆推广手机在线参观数字博物馆和域内重要遗址和景观；发布“妫川历史”知识连载；线上发布“非遗微课堂”“非遗作品展示”13期。

（闫吉利）

【非遗系列活动】 年内，延庆博物馆开展丰富多彩的非遗展示传播活动。在第十五个文化和自然遗产日上，举办抗疫作品专题展；在长城文化节上，展示面塑、花灯制作、山核桃皮拼接等8个技艺；选送24个手工艺作品参加中国国际服务贸易交易会；开展传统手工艺人走进幼儿园活动，为老师同学送上面塑、丝绫堆绣、剪纸等非遗体验课程。

（闫吉利）

【《延庆区长城保护发展三年行动计划（2020-2022）》发布】 3月13日，经第125次区政府常务会、延庆区推进全国文化中心建设领导小组会议审议通过，《延庆区长城保护三年行动计划（2020-2022）》发布（简称《行动计划》）。《行动计划》围绕一线、两城、三园、四区、八景的总体空间布局，确定重点项目51项。（1）立足遗产保护，突出长城本体“一线”，确定抢险任务26项，执法攻坚任务1项。（2）在空间布局突出“两城”，以延庆古城和永宁古城为重点，推进7项地标式建设项目。（3）探索组团式集中建设模式，规划长城国家文化公园（八达岭段）、大庄科红色遗址公园、长城文化创意产业园，开展组团式建设项目。（4）布局海陀山麓冬奥文化体验区、妫川河谷农耕文化体验区、百里山水画廊生态文化体验区和九眼楼长城文化体验区四个主题文化区，整合9项文化展示研究项目、2项数字化保护项目、3项重点环境整治项目，突出文物活化活用。（5）以明清“妫川八景”为本底，整合园林、水利、农业农村等部门力量，启动“妫川八景”保护传承计划。

（闫吉利）

【《延庆区等级景区破坏文物行为联合惩戒办法》实施】 4月13日，由区文化和旅游局制定的《延庆区等级景区破坏文物行为联合惩戒办法》（简称《联合惩戒办法》）正式发布实施。《联合惩戒办法》规定，全区有文物的等级景区须根据管理权限，严格履行文物保护职责，制定实施破坏文物行为的惩戒办法和“黑名单”制度。按照“一处受罚、处处受限”原则，全区所有等级景区都纳入破坏文物行为的联合惩戒范围。一旦一个景区将破坏文物行为人列入“黑名单”，在惩戒期限内，其他等级景区一律不予接待。区文化和旅游局随时向社会公布联合惩戒“黑名单”，并向全区等级景区通报信息，加大曝光力度，强化社会监督。

（闫吉利）

【第二批区级非遗代表性项目名录发布】 10月1日，区文化和旅游局在八达岭长城文化广场举办延庆区第二批区级非物质文化遗产代表性项目名录发布仪式，向33个非遗项目的保护单位进行颁牌。年内，区文化和旅游局开展第二批非物质文化遗产代表性项目认定工作，制定《延庆区非物质文化遗产保护管理暂行办法》《延庆区级非物质文化遗产代表性项目代表性传承人认定和管理暂行办法》，经过评定，33个项目入选第二批延庆区级非物质文化遗产代表性项目名录。

（闫吉利）

【长城保护主题影展】 12月22日，延庆区“爱长城、爱家乡”长城保护主题影展在延庆博物馆举行。遴选来自7个乡镇、22名长城保护员和延庆区文物保护志愿服务队的48幅作品，涵盖砖石长城、土筑长城、石砌长城及敌楼、墙体、烽火台、古堡等题材，展示延庆区长城保护员队伍建成近2年以来的巡查历程和工作成果。

（时丽霞）

延庆区全国重点文物保护单位一览表

表4

序号	名称	年代	地点	批次	公布时间
1	八达岭长城	明	八达岭镇	第一批	1961年3月
2	延庆境内明长城	明	八达岭等11乡镇	第七批	2013年3月
3	古崖居遗址	不详	张山营镇东门营	第七批	2013年3月
4	京张铁路八达岭段	1909年	八达岭镇青龙桥	第七批	2013年3月

5延庆区市级文物保护单位一览表

表5

序号	名称	年代	地点	批次	公布时间
1	玉皇庙山戎墓遗址	不详	张山营镇玉皇庙村	第五批	1995年10月1日
2	天主教堂	清	永宁镇阜民街村	第六批	2001年7月12日
3	木化石群	侏罗纪	千家店镇辛栅子村	第六批	2001年7月12日
4	北关龙王庙	清	延庆镇北关村	第七批	2011年3月7日
5	灵照寺	清	延庆镇解放街村	第七批	2011年3月7日
6	花盆关帝庙建筑群	清	千家店镇花盆村	第七批	2011年3月7日

延庆区县级文物保护单位一览表

表6

序号	名称	年代	地点	批次	公布时间
1	西五里营龙王庙	清	张山营镇西五里营	第一批	1984年6月16日
2	西五里营西楼	清	张山营镇西五里营	第一批	1984年6月16日
3	西阳坊惨案纪念碑	1995年	张山营镇西阳坊	第一批	1984年6月16日
4	胡家营戏楼	清	张山营镇胡家营	第一批	1984年6月16日
5	中阳坊戏楼	清	张山营镇中阳坊	第一批	1984年6月16日
6	二毛子坟	1900年	延庆镇老白庙	第一批	1984年6月16日
7	积善桥	清	延庆镇三里河	第一批	1984年6月16日
8	杜家坟	清	延庆镇上水磨村	第一批	1984年6月16日
9	赵庄关帝庙	清	延庆镇赵庄	第一批	1984年6月16日
10	李四官庄石刻	明	延庆镇李四官庄	第一批	1984年6月16日
11	李尚书坟	明	延庆镇二区北	第一批	1984年6月16日
12	东红寺戏楼	清	康庄镇东红寺	第一批	1984年6月16日
13	东红寺龙王庙	明	康庄镇东红寺	第一批	1984年6月16日
14	岔道烈士陵园	1954年	八达岭镇岔道	第一批	1984年6月16日
15	岔道万人坑	1943年	八达岭镇岔道	第一批	1984年6月16日
16	营城子龙王庙	民国	八达岭镇营城子	第一批	1984年6月16日
17	分修边墙题名碑	明	八达岭镇水关长城	第一批	1984年6月16日
18	石佛寺石雕造像群	元明	八达岭镇石佛寺村	第一批	1984年6月16日
19	五桂头及弹琴峡	明	八达岭镇三堡村北	第一批	1984年6月16日
20	望京石及天险	明	八达岭镇八达岭村	第一批	1984年6月16日
21	分修长城题名碑	明	八达岭镇长博等	第一批	1984年6月16日
22	清水河分界碑	明	八达岭镇岔道	第一批	1984年6月16日
23	石佛洞石佛	明	八达岭镇岔道东沟村	第一批	1984年6月16日
24	狮子营石刻	清	永宁镇狮子营	第一批	1984年6月16日
25	山戎墓葬群	西周	永宁镇罗家台等	第一批	1984年6月16日
26	莲花池石刻（石狮）	唐	文物所	第一批	1984年6月16日
27	平北疗养所遗址	1941年	大庄科乡车岭村西	第一批	1984年6月16日
28	莲花山八仙庙	清	大庄科乡莲花山	第一批	1984年6月16日
29	延庆西街石刻（石狮）	明	文物所	第一批	1984年6月16日
30	儒学训导碑	明清	文物所	第一批	1984年6月16日
31	缙阳寺功德碑	辽	文物所	第一批	1984年6月16日
32	石峡石刻（石狮）	元	文物所	第一批	1984年6月16日
33	姚家营戏楼遗址	清	张山营镇姚家营	第一批	1984年6月16日
34	永宁旧城遗址	明	永宁镇永宁	第一批	1984年6月16日
35	黑龙潭及其览胜碑	明	八达岭镇岔道	第二批	1985年1月1日
36	小寺遗存（上卢凤营铁钟）	清	张山营镇上卢凤营	第二批	1985年1月1日
37	白马泉	不详	延庆镇三里河	第二批	1985年1月1日
38	八仙洞	不详	张山营镇松山林场	第三批	1993年2月1日

续表

序号	名称	年代	地点	批次	公布时间
39	应梦寺	辽	文物所	第三批	1993年2月1日
40	姚家营洞穴遗址	不详	张山营镇姚家营	第三批	1993年2月1日
41	平北司令部遗址	1941年	张山营镇海沟村	第三批	1993年2月1日
42	路家河遗址	旧石器	张山营镇路家河村	第三批	1993年2月1日
43	藏文摩崖石刻	元	八达岭镇特区院内	第三批	1993年2月1日
44	窑湾烈士纪念碑	1984年	井庄镇窑湾	第三批	1993年2月1日
45	白河堡分界碑	清	香营乡白河堡水库西壁	第三批	1993年2月1日
46	出入民人恩准碑	清	四海镇印刷厂内	第三批	1993年2月1日
47	四海革命烈士碑	1949年	四海镇四海中学	第三批	1993年2月1日
48	天门关摩崖石刻及碑	明	四海镇天门关村	第三批	1993年2月1日
49	珍珠泉	不详	珍珠泉乡珍珠泉村	第三批	1993年2月1日
50	金刚寺	元	龙庆峡管理处	第三批	1993年2月1日
51	神仙院	明	旧县镇龙庆峡	第三批	1993年2月1日
52	烧窑峪摩崖造像	明	旧县镇烧窑峪村	第三批	1993年2月1日
53	菜木沟遗址	旧石器	千家店镇菜木沟村	第三批	1993年2月1日
54	滴水壶	不详	千家店镇沙梁子村	第三批	1993年2月1日
55	沙梁子龙王庙	清	千家店镇沙梁子村	第三批	1993年2月1日
56	文昌宫碑	清	千家店镇千家店小学	第三批	1993年2月1日
57	山南沟胡家坟	清	刘斌堡乡山南沟村	第三批	1993年2月1日
58	孔化营菩萨庙	明	永宁镇孔化营	第三批	1993年2月1日
59	古家窑新石器遗址	新石器	千家店镇古家窑村	第三批	1993年2月1日
60	董家沟佛爷庙	明	大庄科乡董家沟村	第三批	1993年2月1日
61	霹破石	不详	大庄科乡霹破石村	第三批	1993年2月1日
62	白龙潭纪念碑	1988年	大庄科乡白龙潭	第三批	1993年2月1日
63	孙庄地堡	1937年	沈家营镇孙庄村	第三批	1993年2月1日
64	沈家营21号地堡	1937年	沈家营镇	第三批	1993年2月1日
65	沈家营1号地堡	1937年	沈家营镇	第三批	1993年2月1日
66	上花园地堡	1937年	沈家营镇上花园村	第三批	1993年2月1日
67	黄龙潭龙王庙	明	永宁镇上磨村	第三批	1993年2月1日
68	韩郝庄一号地堡	1937年	张山营镇韩郝庄	第四批	1995年11月10日
69	韩郝庄二号地堡	1937年	张山营镇韩郝庄	第四批	1995年11月10日
70	古城口地堡	1937年	旧县镇古城村	第四批	1995年11月10日
71	巾帼英雄纪念碑	1990年	井庄镇柳沟村	第四批	1995年11月10日
72	果树园烈士纪念碑	1966年	井庄镇果树园村	第四批	1995年11月10日
73	平北抗日纪念碑	1989年	平北抗日战争纪念馆	第四批	1995年11月10日
74	上花园地堡	1937年	沈家营镇上花园村	第四批	1995年11月10日
75	91917部队地堡	1937年	151部队	第四批	1995年11月10日
76	佛峪口七孔洞遗址	不详	张山营镇佛峪口村	第五批	1998年12月8日
77	狐狈沟洞穴遗址	不详	张山营镇水峪村	第五批	1998年12月8日
78	商周村落遗址	周商	张山营镇胡家营村	第五批	1998年12月8日

续表

序号	名称	年代	地点	批次	公布时间
79	石佛寺	清	八达岭镇水关长城	第五批	1998年12月8日
80	金鱼池	不详	八达岭镇	第五批	1998年12月8日
81	五桂头山洞	清	八达岭镇三堡村北	第五批	1998年12月8日
82	五郎影摩崖造像	不详	八达岭镇三堡村北	第五批	1998年12月8日
83	六郎像摩崖造像	元	八达岭镇青龙桥	第五批	1998年12月8日
84	八达岭碉堡	1939年	八达岭镇林场一带	第五批	1998年12月8日
85	香村营遗址	商周	沈家营镇香村营村	第五批	1998年12月8日
86	李明英雄纪念碑	1984年	旧县镇白草洼村	第五批	1998年12月8日
87	榆林堡古城遗址	明	康庄镇榆林堡村	第五批	1998年12月8日
88	千家店革命烈士碑	1967年	千家店镇桥南路边	第五批	1998年12月8日
89	千家店朝阳寺	清	千家店镇千家店村	第五批	1998年12月8日
90	烂角朝阳洞遗址	不详	张山营镇大庄科村	第五批	1998年12月8日
91	烂角焦家洞遗址	不详	张山营镇大庄科村	第五批	1998年12月8日
92	永宁南关关帝庙	清	永宁镇南关	第六批	2003年12月29日
93	东屯真武庙	清	延庆镇东屯村	第六批	2003年12月29日
94	下营崇善寺	清	张山营镇下营村	第六批	2003年12月29日
95	南寨坡遗址	明	大榆树镇南寨坡	第六批	2003年12月29日
96	大营烽火台	明	康庄镇大营村	第六批	2003年12月29日
97	和平街火神庙	清	永宁镇和平街	第六批	2003年12月29日
98	永宁南关龙王庙	清	永宁镇南关	第六批	2003年12月29日
99	西五里营关帝庙	清	张山营镇西五里营	第七批	2010年7月1日
100	岔道戏楼	清	八达岭镇岔道村	第七批	2010年7月1日
101	岔道关帝庙	清	八达岭镇岔道村	第七批	2010年7月1日
102	朝阳寺石佛	明	张山营镇西阳坊村	第七批	2010年7月1日
103	中羊坊龙王庙	清	张山营镇中羊坊村	第七批	2010年7月1日
104	中羊坊关帝庙	清	张山营镇中羊坊村	第七批	2010年7月1日
105	寺沟摩崖造像	不详	张山营镇张山营村北	第七批	2010年7月1日
106	岔道城隍庙	清	八达岭镇岔道村	第七批	2010年7月1日
107	香村营土地庙	清	沈家营镇香村营村	第七批	2010年7月1日
108	四司青龙潭	不详	永宁镇四司村	第七批	2010年7月1日
109	黄龙潭	不详	永宁镇上磨村	第七批	2010年7月1日
110	和平街三义庙	清	永宁镇和平街	第七批	2010年7月1日
111	延庆基督教堂	清	延庆镇解放街	第七批	2010年7月1日
112	丁香谷观音摩崖石刻	元	八达岭林场	第七批	2010年7月1日
113	丁香谷三世佛摩崖石刻	元	八达岭林场	第七批	2010年7月1日
114	释迦牟尼佛摩崖造像	不详	张山营镇佛峪口村	第七批	2010年7月1日
115	东门营泰山庙	清	张山营镇东门营村	第七批	2010年7月1日
116	东门营关帝庙	清	张山营镇东门营村	第七批	2010年7月1日
117	西五里营三义庙	清	张山营镇西五里营	第七批	2010年7月1日

文学艺术

【概况】 延庆区文学艺术界联合会（简称区文联）是区委、区政府联系全区广大文艺家和文艺工作者的桥梁和纽带，履行联络、协调、服务职能。下属作家、美术、摄影、书法、楹联、诗词、老年书画研究会、戏剧、曲艺、音乐、根雕、民间文艺、泽润书画院等19个协会及新文艺组织和团体。有会员2657人，其中市级会员604人，国家级会员91人。年内，区文联按照“贴近实际，贴近生活，贴近群众”要求，以队伍建设、展示艺术家风采、文艺创作等为载体，围绕抗击疫情、志愿服务、红色文化，开展系列文艺活动。编辑出版文学季刊《妫川》4期，举办大型活动11次。

单位名称：延庆区文学艺术界联合会

地　　址：延庆镇西街1号

电　　话：69186426

（郭强）

【创作抗击新冠疫情文艺作品】 年内，区文联向区内文艺家发起创作以讴歌和赞美英勇战斗在防疫一线的工作者为主题的歌曲、摄影、美术、书法、诗歌、小品、曲艺等作品的倡议。区曲协创作快板、评书，录制京东大鼓、相声等节目；摄影协会拍摄疫情防控照片1200余张；舞蹈协会录制12期“居家健身舞”的视频推荐给隔离的群众进行学习锻炼，创作抗击疫情题材的作品《最美逆行者》《我用歌声谢谢你》等原创作品；区诗词楹联学会创作各类诗词和楹联396首；区美术协会创作美术作品138幅；区书法协会书写抗击疫情的诗词264幅；区美协号召全区各学校的“小画家们”创作绘画作品30余幅，利用微信等社交软件进行传阅。区作协特邀医护人员创作《病毒》《抗疫前线的战地日记》等作品，讲述抗疫英雄的感人事迹，刊登在《妫川》文学季刊“抗疫文学”专刊上。区文化交流促进会以“我是小小防疫战士”为主题发布儿歌、诗朗诵、公益视频、手抄报等文艺作品268篇。

（郭强）

【组织“迎春贺岁、送福送春联”活动】 1月2日至22日，区文联组织书法家送春联下乡镇社区活动21次，参加书法家120余人次，送出对联、福字近万余幅。

（郭强）

【永宁古城首届根艺作品展】 1月7日，延庆区八达岭根艺协会在永宁古城豆香轩举办以“迎新春盼冬奥”为主题的根艺作品展。展览为期10天，展出的50余件根艺作品均为区根艺协会会员创作。

（郭强）

【新春文艺志愿服务演出】 1月至2月，区文联戏曲文艺志愿者服务队组织系列“增四力下基层”（“增四力”即总书记提出的增强看问题的眼力、谋事情的脑力、察民情的听力、走基层的脚力）演出活动。先后在永宁、旧县、沈家营、刘斌堡等乡镇以及香水园、百泉街道，南菜园光荣院、夕阳红敬老院等地，演出20余场，参演会员150余人次，观看演出群众4000余人次。

（郭强）

【推出五项红色文艺项目】 4月21日，区文联召开会议，研究部署推进《长城下的红色影像》系列画册、创作30段红色快板书作品、撰写录制百集红色评书《平北烽烟图》、完成“海陀魂”大型红色舞蹈剧剧本的创编等五项红色文艺项目工作。区作家协会、舞蹈协会、曲艺协会、摄影协会等负责人以及《红色妫川》编写人参会。

（郭强）

【“创城杯”职工比赛】 6月3日至6月30日，区文联、区总工会联合举办“创城杯”职工征文、美术、书法、摄影比赛。比赛围绕社会主体核心价值观、全国文明城区创建、城市文明生活和市民素质提升等为创作主题，共收到作品2000余份，评选出一等奖各5名、二等奖各10

名、三等奖各15名、优秀奖若干名，评选优秀组织单位21家。

（郭强）

【《烽火长城》在央视电影频道播出】 7月7日，由央视电影频道节目中心出品，延庆区委宣传部、北京联盛嘉华影视文化传播有限公司联合摄制，延庆区青年作家林遥编剧的高清数字电影《烽火长城》在中央电视台电影频道正式播出。片中长城的外景全部取景于延庆区。剧情以延庆大庄科村民徐二水为主线，表现抗日战争时期平北军民的英勇斗争。

（郭强）

【区民间文艺高跷协会成立】 8月29日，区民间文艺传统高跷协会在永宁镇南山健源生态园举行成立大会。大会选举会长1人、副会长3人、秘书长2人、理事38人。协会将继承延庆传统高跷技艺，探索表演风格，致力于培育新农村乡贤文化。

（郭强）

【延庆画家参加北京冬奥会倒计时500天长城文化活动】 9月15日，区文联文艺志愿服务队的31名书画家参加北京冬奥会倒计时500天长城文化活动，现场绘制包括“迎冬奥、建设冬奥、服务冬奥、冬奥有我、筑梦冬奥”五个主题的百米长卷。长卷于9月20日冬奥组委“冬奥新航程一起500天”——北京冬奥会倒计时500天活动中进行宣传展示。

（郭强）

【2020年书画摄影展开幕】 10月20日，“讴歌新时代·共同奔小康”——北京市延庆区文联2020年书画摄影展在区文化馆举行开幕式。区委宣传部、区文联、区文化馆、区书法家协会、区美术家协会、区摄影家协会等部门负责人及部分作者参加活动。本次书画摄影展共展出作品120幅，其中书画作品80幅，摄影作品40幅，作品内容包括抗击新冠肺炎疫情、创建文明城区、垃圾分类、喜迎冬奥等主题。

（郭强）

【区作家协会小作家分会成立】 10月30日，区作家协会小作家分会成立大会在延庆区十一学校召开。北京作协副秘书长王虓、区委宣传部、区教委、区文联、区作协、小作家分会会员、团体会员单位代表参加活动。小作家分会将为全区青少年文学爱好者提供交流、培训、创作、发表的平台，提升青少年写作水平。

（郭强）

融媒体建设

【概况】 北京市延庆区融媒体中心（简称区融媒体中心）是区政府直属事业单位，归口区委宣传部领导。2020年4月机构改革后，设置2室8部：办公室、总编室、策划部、融合发展部、外宣通联部、融媒采访部、音视频制作部、图文制作部、新媒体部、技术保障部。本年，延庆电视台自办栏目有《延庆新闻》《聚焦时分》《天气预报》《印象妫川》《百姓大舞台》《妫川英语大家说》《消费风向标》《宏超讲故事》《一周新闻综述》《延庆人说延庆事》《玩转妫川》《追寻红色印记》；联办栏目有《卫生新视野》《水润妫川》《妫川说法》《妫川税务》《金盾之光》《法庭内外》《检察视点》《阳光民政》《绿色家园》《中医话健康》《一路平安》《延庆教育》《德蕴清风》《工商视点》。延庆人民广播电台自办栏目《延庆新闻》《生活导航》《今日农村》《快乐调频928》《佳作欣赏》；联办栏目《市场监管进万家》《大东说消费》《世园连着我和你》；书场类节目《名家讲坛》《百家书场》《广播剧场》《小说连播》。《延庆新闻》全年制播365期，开设专栏56个；《延庆报》共刊发155期，实际刊发876个版面；广播共播出365期，开设专栏25个。北京延庆App上线共开设专栏46个，截至年底，下载量突破6.52万人次，占区常住人口的19%，累计发布各类资讯8353条。全平台播发各类融媒体作品

47900篇（条），其中传统媒体27535条，新媒体20365条，是上年全年的7.6倍。融媒体中心共在中央和市级媒体（全网）刊播延庆新闻报道23000余条次，其中《人民日报》及《人民日报（海外版）》共刊登43条、中央电视台播出87条（《新闻联播》10条）、《北京日报》刊登201条、北京电视台377条。年内，区融媒体中心在第八届全国“双服务”先进集体评选工作中，获得“基层广播电视传输覆盖机构先进集体”称号。在北京市抗击新冠肺炎疫情表彰大会上，获得“北京市抗击新冠肺炎疫情先进集体”称号。被中央精神文明建设指导委员会评为第六届全国文明单位。

单位名称：延庆区融媒体中心
地　　址：延庆镇高塔街73号
电　　话：69103462

（连丽）

【广播新栏目《长耳朵听故事》开播】 1月8日，延庆广播电台新栏目《长耳朵听故事》开播。栏目的宗旨是与孩子同行，相依相随，亦师亦友；和家庭做伴，传递快乐，播撒亲情。播出时间为每周四下午，播出时长9分钟。

（连丽）

【北京延庆App正式上线】 1月22日，北京延庆App正式上线。区委常委、宣传部部长、统战部长黄克瀛和人民日报媒体技术公司、新华社新闻信息中心、光明网、环球时报、北京日报、北京时间等媒体代表出席上线仪式。北京延庆App在人民日报媒体技术公司的技术支持下，运用千人千面精准推荐技术，打造多元内容信息流汇聚，全天候不间断推送，成为覆盖延庆34万人口的第一党媒客户端。北京延庆App将成为表达群众诉求的主渠道、共建共治共享的“议事厅”、公益服务项目的“集散地”、便民惠民的“生活圈”，同时成为新时期走好网上群众路线的重要抓手。

（连丽）

【“大篷车”助力疫情防控】 1月26日至2月1日，区融媒体中心、区卫健委和延广融媒公司启动“大篷车”，深入全区376个行政村和31个社区通过循环播放的形式普及疫情防护知识，进行精准宣传，积极应对疫情防控。

（连丽）

【新冠疫情防控宣传】 1月，新冠肺炎疫情防控工作开始，中心第一时间开展电视、报纸、广播、北京延庆App、微信、微博、抖音等全媒联动，聚焦中央和市委指示精神，全力做好抗击疫情新闻宣传报道。及时转发中央、市委、区委防控指示精神、重点报道区委每日调度会和领导调研工作指示；利用字幕、公益广告、宣传片等普及疫情防控知识，深入挖掘典型，大力报道各单位部门和街乡党员带头冲锋一线的典型事例以及开展疫情防控值守情况；重点关注一线医护人员，号召全民参与防疫，共同打赢防疫人民战。中心推出6辆流动宣传大篷车，30天走遍全区376个行政村、49个城市农村社区，发放宣传材料8.5万份；启用无人机喊话，25天对公园聚集、广场打牌、冰面钓鱼等聚集群众发布通告1200次、劝阻300余次；推出“延延提示”“老村长喊话”等延庆特色十足的宣传产品，让防疫宣传直达民心。微信、微博、客户端等新媒体平台及时准确回应群众关注问题，讲好延庆“战疫”故事，多篇融媒产品阅读量超过10万，短视频最高点击量达596.9万。截至8月底各融媒平台发布抗疫新闻2.4万余条，外宣刊发3000余条。在做好新闻宣传和舆论引导的同时，中心组织2支志愿服务队参加防疫路口值守，共参加1100余班次、2400余小时的路口值守。

（连丽）

【区委领导到区融媒体中心检查工作】 2月1日，穆鹏带队到区融媒体中心就疫情防控新闻宣传工作进行专项检查。到一线部门了解疫情防控宣传工作开展情况以及返京人员热线登记情况，并和在格兰山水二期社区采访的一线记者进行现场连线，对中心疫情防控新闻宣传工作给予充分肯定。

（连丽）

【四个平台同步进行直播】 5月22日，区融媒体中心利用“北京延庆App、微赞、新华社现场云、延庆融媒微博”四平台同步直播“创城攻坚百日大决战，告别不文明交通行为”访谈节目。

（连丽）

【《追寻红色印记》系列短片推出】 8月中旬，为纪念抗日战争胜利75周年，延庆区融媒体中心推出红色文化系列短片《追寻红色印记》。以宣传“不忘初心 牢记使命”主题教育为主题，围绕延庆革命文物、烈士纪念设施、革命战斗故事等内容追寻红色印记、了解红色故事、感受新时代新生活，体现时代发展的巨大变化，续写新时代延庆儿女奋斗的华章。利用北京延庆、延庆融媒、延庆门户等多家微信公众平台和微博平台进行播发，“抖音”“快手”平台做好预告和完整视频上传。截至年底，网络平台累计播放量近4万次，为全区红色文化的挖掘、宣传、推广、研究提供了鲜活史料。

（连丽）

【赴内蒙古兴和县对接扶贫协作】 8月25日，由区委宣传部、区融媒体中心及北京延广融媒文化发展有限公司组成的对口帮扶工作队到内蒙古自治区乌兰察布市兴和县，与兴和县委宣传部、兴和县融媒体中心进行合作对接。双方举行座谈，达成利用各自媒体平台相互宣传旅游资源、互派交流团队的合作意向；到店子镇店子村进行慰问并送去扶贫款，商定下一步帮扶措施。截至年底，区融媒体中心联合延广融媒文化发展有限公司通过采购土豆、小米等扶贫农产品，为店子村增收2万元。

（连丽）

【参加服贸会媒体融合展】 9月4日至9日，2020年中国国际服务贸易交易会在位于北京鸟巢国家体育场附近的国家会议中心举行。区融媒体中心承担延庆区媒体融合展的参展任务。展区分为“融媒科技、融媒成长、融媒力量、融媒温度”4个板块，展示主题为“美丽延庆 冰雪夏都 融神聚力 服务未来”，主旨宣传介绍“长城、世园、冬奥”延庆全域旅游三张“金名片”。参展期间，进行两场农产品及手工艺品带货直播，快手平台观看量达73.7万，点赞数达5.7万；推出青龙桥火车站及延庆融媒体中心新址VR体验、小胖创城机器人趣味互动等主题活动；发放延庆火勺、延庆概况图书等具有延庆特色的小礼品；吸引700余人扫码关注北京延庆App，微信公号粉丝增加近300人；与50多家企业进行洽谈沟通；通过北青直播频道就延庆融媒体发展进行30分钟的直播介绍。此次展览成为外界进一步认识、了解延庆，展示“美丽延庆、冰雪夏都”良好形象的窗口，宣传了延庆区最新发展建设成果，展现了美丽延庆的生态文明画卷。

（连丽）

【精品文旅节目《玩转妫川》开播】 9月18日，延庆区融媒体中心精品文旅节目《玩转妫川》开播，擦亮全域旅游示范区金名片。《玩转妫川》是一档周播文旅专题节目，由延庆区融媒体中心与延广融媒文化发展有限公司联合制作，于每周五晚《延庆新闻》后播出，时长12分钟。

（连丽）

【首档手语新闻《一周新闻综述》开播】 9月，为助力无障碍示范区建设，延庆电视台首档手语新闻《一周新闻综述》正式开播，满足全区2538名听障者收视需求，受到听障群众广泛好评。截至年底，共播出16期。

（连丽）

【获评“基层信息枢纽创新做法”优秀案例】 11月17日，区融媒体中心获评全国“基层信息枢纽创新做法”优秀案例。在人民日报全国党媒信息公共平台、人民日报媒体技术股份有限公司、人民日报新闻战线杂志社、中国人民大学新闻学院共同组织的“县级融媒 齐心抗疫”创新案例征集活动中，区融媒体中心所报送的《记者当好“五大员”，北京延庆区畅通疫情宣传“最后一公里”》，获评“基层信息枢纽创新做法”优秀案例。

（连丽）

【北京日报社领导到区考察】 12月10日，北京日报社党组成员、北京日报社副总编辑、北京晚报总编辑张冬萍一行，到延庆区考察。先后参观延庆区融媒体中心新址，慰问新媒体部的一线记者并召开座谈会。区委常委、宣传部部长、统战部部长黄克瀛等区领导参加座谈。双方将合作展开系列报道，将“星火计划”和“红色印记”有机融合，为中国共产党建立100周年献礼。

（连丽）

档案工作

【概况】 北京市延庆区档案局（简称区档案局）和北京市延庆区档案馆（简称区档案馆）负责全区档案工作。区委办公室加挂区档案局牌子，区档案馆作为区委直属事业单位，归口区委办公室管理。2020年，区档案局先后制发了《关于新型冠状病毒感染的肺炎疫情防控档案工作方案》《北京2022年冬奥会和冬残奥会延庆赛区档案工作方案》《关于做好乡镇机构改革档案工作的通知》《关于做好精准扶贫档案工作的通知》。开展档案执法双随机检查26个单位，制发检查单120份。到立档单位上门培训12次，专兼职档案员270余人参加。全年接听业务电话1000余次，上门指导150余次，为90余家立档单位开展档案指导服务。年内，区档案馆围绕疫情防控档案工作，制发《北京市延庆区新型冠状病毒感染的肺炎疫情防控档案工作方案》《北京市延庆区档案馆关于接收新型冠状病毒感染的肺炎疫情防控工作照片的通知》《关于做好新型冠状病毒肺炎疫情防控实物档案资料收集工作的通知》，对全区疫情防控期间档案管理工作提出具体要求，保证了全区疫情防控档案齐全、完整。拍摄疫情防控值守照片200张；拍摄北京援助湖北医疗队回归现场照片134张，视频资料34条。接收档案10733卷、82952件，全部实现档案数字化。截至年底，馆藏144个全宗，各类纸质档案143183卷、314744件，照片档案14857张，数码照片13484张，实物7092件，录音录像190件、557册，印章885枚，馆藏图书资料577卷、9296册，特藏室存征集档案资料8859（卷、件、册）。接待档案利用者4406人，提供档案资料4091卷、1635件次，接待电话咨询1646人次。规范数据库档案目录题名9.8万条，扫描档案128.2万余页。编纂完成20余万字《档案馆指南》。通过数字档案自主查询服务，为《延庆革命史》《延庆党史》的编纂，提供6万余件、1.4万余张照片的数字档案资源。

单位名称：延庆区档案局、延庆区档案馆
地　　址：延庆镇湖北西路1号、延庆镇妫水北街14号
电　　话：69101133　69144530

（王超　王晓洁）

【《延庆区“十四五”时期档案事业发展规划》编制完成】 年内，区档案馆联合区档案局，在全面评估总结“十三五”延庆档案事业规划执行情况的基础上，根据《北京市“十四五”时期档案事业发展规划》，完成《延庆区“十四五”时期档案事业发展规划》（简称《规划》）编制。《规划》确定延庆区“十四五”时期档案事业发展规划总体思路、发展目标、主要任务和保证措施。

（王晓洁）

【开通婚姻档案跨馆利用服务】 年内，区档案馆依托北京市数字档案管理系统，利用市档案馆和全市16个区的档案馆馆藏婚姻档案资源，开通婚姻档案跨馆查阅、异地出证服务。居民凭个人合法身份证件，即可查询本人在本市域内登记的婚姻档案。

（王晓洁）

【《村级档案工作手册》编制】 年内，区档案局、区档案馆编制《村级档案工作手册》，分发至各村。手册对村级档案工作管理架构、人员职责、村级档案管理制度及各门类档案收集、整理提出明确要求，注重档案实务操作，极大方便了村级档案工作者开展工作。

（王晓洁）

【档案接收】 年内，区档案馆接收移交进馆28家单位文书档案4983卷、42255件，会计档案250卷、基建档案596卷、实物档案43件；15家机构改革撤并单位文书档案2968卷、40291件；涉2019中国北京世界园艺博览会文书档案119件、基建档案708卷、实物档案148件；“不忘初心，牢记使命”主题教育活动档案287件；涉北京2022冬奥会13家单位档案60卷241件；疫情防控档案752件。

（王晓洁）

【档案征集】 年内，区档案馆征集有价值的档案1000余件，内容主要包括世园会档案、防疫工作档案、名人字画等。其中较为珍贵的档案是《永宁县志》（清）复制件，这是征集到的第一册反映延庆永宁地区的历史资料。

（王晓洁）

【档案鉴定】 年内，区档案馆完成1990年开放鉴定档案目录33221条，其中开放数量为21320件，延期开放数量为11901件，开放率为64.2%。完成1970—1971年度的长期档案进行价值鉴定工作，共鉴定档案36个全宗248卷10972件，经鉴定10972件档案续为长期保存。

（王晓洁）

【2020国际档案日系列宣传活动】 6月9日，区档案馆以“档案见证小康路、聚焦扶贫决胜期”为主题，开展2020国际档案日系列宣传活动。利用展厅、北京延庆官方网站，“北京延庆”“延庆档案”公众号线上线下同时举办“绿色家园 美丽永恒”主题展览，通过260幅照片，多方位展示2019年中国北京世界园艺博览会申办、筹办、举办、持续发展的全过程。

（王晓洁）

【新成立档案机构工作培训会】 8月6日，区档案局、区档案馆召开新成立档案机构工作培训会。培训会重点解读国家档案局13号令《机关档案管理规定》，对档案人员进行业务培训。会议要求各单位要按规定建立档案管理体系、完善档案工作规章制度、配备档案工作需要的基础设施，规范开展档案收集、整理、移交、利用等工作。

（王晓洁）

【档案数据异地备份】 10月15日，区档案馆在做好本地备份的基础上，开展档案信息资源同城和异地备份工作。完成涉及2018—2019年档案数字化原文及目录、档案软件系统、电子档案数据等共计3.48TB馆内档案信息资源异地备份工作。

（王晓洁）

地方志工作

【概况】延庆区史志办公室（简称区史志办），是区委系统党史、地方志工作的职能部门。年内，全力做好疫情防控工作；《延庆县志（1995-2010）》《北京延庆年鉴（2020）》完成编纂出版；完成《北京市延庆区地名志》终审稿；继续开展乡镇志和村志编修工作；指导全区地方志编纂和培训，收集整理地方志资料。

单位名称：延庆区史志办公室
地　　址：延庆区新城街2号
电　　话：69103604

（孙越凡）

【《延庆县志（1995—2010）》出版】 年内，区史志办完成《延庆县志（1995—2010）》编修，并由北京出版社出版。该书内容涵盖1995年至2010年延庆县行政区域内自然、政治、经济、文化和社会五大部类，系统地记述县域事物全貌，共计27编96章331节，约141万字，照片83张，图3幅。编修工作历时10年，参与资料收集、撰写、评审、修改和审阅书稿的专家及领导达百余人。通过广泛征求意见以及7次专家评审，共征集区地方志编委会成员单位意见20余条、社会各界相关人员意见30余条，补充完善、修改累计近2000处。

（孙越凡）

【《北京延庆年鉴（2020）》出版】 12月，由北京市延庆区地方志编纂委员会编纂、区史志办承编的《北京延庆年鉴（2020）》由中山大学出版社出版发行，为《北京延庆年鉴》总第十七卷。全书共90.9万字，设置区情综述、特载、专文、大事记、冬奥会延庆赛区筹办、北京世界园艺博览会、中共北京市延庆区委员会、延庆区人民代表大会、延庆区人民政府、政协延庆区委员会、纪检监察、民主党派、人民团体、法治、军事、经济管理、农业与农村经济、工业和信息化建设、商贸、金融、交通邮电业、生态环境保护、城乡建设和管理、教育、文化、旅游、卫生体育、社会民生、街道乡镇、人物荣誉、统计资料、附录共32个类目、彩插照片105张。《北京延庆年鉴（2020）》调整框架，设置冬奥会和世园会专题类目，增加冬奥会和世园会的彩页专版，反映年度筹备冬奥会和世园会两件重要任务；设置生态环境建设类目，凸显延庆区生态建设特色。

（孙越凡）

【《北京市延庆区地名志》完成终审稿】 年内，区史志办继续编修《北京市延庆区地名志》。9月底，完成自然地理实体、政区聚落、交通设施、古迹名胜、公共服务设施、历史地名和地名管理6篇14章74节70余万字内容。10月，进行初稿缺失内容的补充及内容准确性的核实工作，年底完成征求意见稿，印发相关单位征求意见后进行修改，形成终审稿。该书上限追溯至事物发端，下限断至2016年12月31日。所收地名词条八类：政区聚落、自然地理、名胜古迹纪念地、交通运输、科教文卫体等事业单位、农业与水利设施、工业商业服务业、历史地名。

（孙越凡）

【指导《柳沟村志》编纂】 年内，区史志办对北京炎黄一脉文化传播有限公司编纂的市级传统村落志《柳沟村志》初稿和复审稿进行审核。召开评审会，指导编辑人员按照审核意见修改初稿和复审稿；定期与村志主编沟通进度和编纂情况。6月完成《柳沟村志》终审稿，全书共20余万字，图100余幅。

（孙越凡）

（栏目编辑：孙越凡）

卫生健康

概 述

北京市延庆区卫生健康委员会（简称区卫生健康委）是负责全区卫生健康工作的区政府工作部门。延庆区卫生健康系统有31个单位，其中其他医疗卫生机构11个，包括卫生健康监督所、疾病预防控制中心、北京急救中心延庆分中心、卫生干部进修学校、中心血站、社区卫生服务管理中心、信息中心、卫生和计划生育宣传中心、计划生育家庭服务中心、卫生应急保障中心、老龄事业发展中心；二级医疗机构4家，包括区医院、区中医医院、区妇幼保健计划生育服务中心（加挂北京市延庆区妇幼保健院、北京市延庆区第四医院、北京市延庆区牙病防治所牌子）、区精神病医院（加挂延庆区精神卫生保健所牌子）；社区卫生服务中心16家，群团组织2个，即计划生育协会、医学会。2020年，全区卫生系统总收入228899.37万元，其中财政拨款114216.94万元，业务收入104760.7万元；总支出217287.15万元。计划生育财政总投入1547.97万元。基建总投资21180万元，新建、扩建医疗用房1120平方米，完成区医院发热门诊改造和16家社区卫生服务中心发热筛查哨点建设。区属医院全年出院18125人次，病床使用率45.43%，平均住院日7.94天（不含精神专科医院），全年住院手术5443人次。医护比1∶1.03。全区在编卫生技术人员1873人，其中执业（助理）医师969人，注册护士585人，药剂人员139人，检验人员100人，其他技术人员80人。正高级职称80人，副高级职称201人，中级职称824人，初级及以下768人；博士学历3人，硕士学历177人，本科学历1236人，大专及以下457人。

单位名称：延庆区卫生健康委员会
地　　址：延庆镇东顺城街26号
电　　话：69101695

（龚伟）

疾病防控

【传染病防治】 年内，全区无甲类传染病报告。乙类传染病发病9种229例，无死亡；发病居前三位的是肺结核、肝炎和痢疾。性病新发病60例；艾滋病患病63例，其中新发病7例，死亡1例；结核病新发病65例。布鲁氏菌病发病3例，无死亡；无狂犬病、人禽流感等其他人畜共患疾病报告。

（龚伟）

【新冠肺炎防控】 年内，区卫生健康委制定实施院感防控“八措施”，实行36条清单式管理，在全市率先（核实）实现医疗机构“一米线”全覆盖。动员全区77.28万人次投入环境卫生整洁行动18轮次，周末卫生日活动39次。在4家二级医院建成核酸检测实验室，累计核酸采样检测19.4万人次。储备300人的后备流调队伍，1442人的核酸采样队伍，257人的疫苗接种队伍。全区报告新冠肺炎确诊病例1例（轻症），无症状感染者1例。开展流行病学调查63起，集中医学观察1524人次。

（龚伟）

【慢性病防治】 年内，区卫生健康委成立高血压自我管理小组30个、糖尿病同伴支持小组

25个。培养全民健康生活方式指导员300人。脑卒中高危人群随访983人。户籍人员肿瘤患者随访714例。全区控烟示范单位23家。

（龚伟）

【地方病防治】 年内，区卫生健康委监测居民碘盐300份，监测育龄妇女、孕妇、成年男子、小学生尿碘共500件。全区无地方性氟中毒、碘缺乏病报告。

（龚伟）

【全区首例造血干细胞捐献】 7月7日，全区首例造血干细胞捐献者吕彬成功在北京某部队医院为一名白血病患儿捐献了造血干细胞，成为中华骨髓库北京分库第396例捐献者。

（晏博文）

【核酸采样检测应急演练】 12月25日，延庆区开展以核酸采样检测为主要内容的全链条全流程应急演练。区社区防控组联合医疗保障组、相关单位及各街道乡镇的百余名干部群众进行现场观摩。区相关领导出席。

（郭昭君）

医疗服务

【生命统计】 年内，辖区出生率9.11‰，死亡率7.12‰，人口自然增长率1.99‰。因病死亡1888人，占总死亡人数的91.61%。死因顺位前十位依次为：脑血管病，恶性肿瘤，心脏病，损伤和中毒，呼吸系统疾病，内分泌、营养和代谢疾病，神经系统疾病，消化系统疾病，泌尿生殖系统疾病，肌肉骨骼系统和结缔组织疾病。人均期望寿命80.30岁，其中男性78.67岁，女性82.01岁。

（龚伟）

【血液管理】 年内，区属医院用血总量3547单位。其中悬浮红细胞3187单位，机采血小板360单位；自体输血137人，用血总量3069.5单位。区内采血点1个，采血车1辆。采血量3990单位，其中成分血1283单位，全血采集数量2707单位；全年供血量4107单位，其中悬浮红细胞3747单位，机采血小板360单位。

（龚伟）

【冬奥会医疗卫生保障】 年内，延庆区冬奥会医疗保障中心建成投入使用，采取分时、分类、分区管理、“点对点”封闭运行等措施。完成常态化疫情防控形势下国家雪车雪橇中心场地预认证活动、国际冬季单项体育联合会来访考察活动医疗卫生保障任务。

（龚伟）

【社区卫生】 年内，全区有社区卫生服务中心16家，其中政府办15家，社会办1家；服务站53家，全部为政府办。在岗卫生技术人员792人，其中在岗医生405人，在岗护士177人，其他卫生技术人员110人。全年门诊1156242人次，上门服务5460人次。社区卫生服务中心标准化率62.5%，其中A类5个，B类3个，C类8个；社区卫生服务站达标率100%，其中B类3个，C类50个。家庭医生签约157507人，签约率44.12%，其中重点人群签约87500人，签约率96.24%。二、三级医疗机构支援社区转诊因新冠疫情暂停。建立健康档案224866份，建档率64.62%，使用率60.12%，其中电子档案建档率64.62%。

（龚伟）

【农村卫生】 年内，全区有村卫生室179个，全部为村办，服务覆盖率100%。有乡村医生240人，岗位培训人均143学时。

（龚伟）

【精神卫生】 年内，全区在册严重精神障碍患者1910人，报告患病率5.04‰，其中6类严重精神障碍患者1656人。免费服药1273人，免费发放药品15000人次，免费服药率66.61%。在册患者规范管理率91.80%，在册患者规律服药率76.89%，精神分裂症在册服药率84.09%，在册患者面访率95.96%，监护人看护管理补贴申领率91.56%。

（龚伟）

【学校卫生】 年内，因疫情原因，未开展中小学校学生体检工作。未发生集体食物中毒等重大事件。

（龚伟）

【职业卫生】 年内，全区接触毒害物质单位102户，全年监督321户次，实施警告处罚12户次。其中，一般程序处罚1户次，罚款金额1万元。职工应体检人数1183人，实体检人数1183人，新发职业病人数为0。

（龚伟）

【计划免疫】 年内，全区接种第一类疫苗12种71803人次，第二类疫苗21种46748人次。医务人员接种麻风疫苗62人次。流动人口接种麻风疫苗和A+C群流脑疫苗各36人次。接种流感疫苗30442人次，其中学生免费接种11657人，接种率50.37%；60岁以上老人免费接种16167人，接种率38.03%；保障人员接种27人；医务人员接种656人；中小学教师接种405人；自费接种1530人。接种不良反应发生率36.21/10万针次，调查处理疑似预防接种异常反应26例，其中一般反应18例，异常反应7例，偶合症1例。

（龚伟）

【中医工作】 年内，区卫生健康委继续组织12名社区卫生服务中心医师开展中医药学术经验继承工作。建成5个市级传承工作室分站。举办“腰痛的针刺治疗”中医适宜技术班，全区57名医师参加。全区应用中医适宜技术53项。

（龚伟）

【生育服务】 年内，全区婚检率51.88%，疾病检出率4.82%。免费孕前优生健康检查定点医院1家，开展年费孕前优生健康检查724人，孕前优生健康检查率32.15%。开展孕前优生咨询724人次，开展育龄妇女生殖健康服务10万人次。全年符合计划生育奖励扶助政策24364人，奖励总金额1050.58万元。其中，独生子女父母奖励费标准为60元/人/年，奖励19979人1198740元；独生子女父母一次性奖励标准1000元/人，奖励1557人1557000元；独生子女意外伤残、死亡一次性经济帮助标准10000元/人，享受帮扶14人共14万元；独生子女死亡特别扶助金8640元/人/年，帮扶174人150.34万元；独生子女伤残特别扶助金7080元/人/年，帮扶113人80万元。农村部分计划生育家庭奖励扶助标准2100元/人，奖励2527人530.67万元。为计划生育家庭投保意外伤害保险、女性两癌特别关爱保险、家庭劳动力综合意外伤害保险、家庭子女综合保险和男性安康保险46123份，共投保199万元。开展“人道惠民—关爱失独家庭”活动，为118名69周岁及以下失独家庭人员投保住院护理补贴保险。慰问70周岁及以上失独家庭人员33人，送去慰问金3.3万元。为143名独生子女父母办理农村独生子女父母养老保险补贴。慰问173名失独人员。

（龚伟）

【对口支援】 年内，区卫生健康委与河北省宣化区、怀来县，内蒙古自治区乌兰察布市兴和县签订帮扶协议4份，派出专家3批37人次，诊治患者320人次。举办高技能卫生专业技术人员在线培训班1次，受益280人。免费接收42名医护人员到延庆区进修学习。向兴和县、宣化区、怀来县捐赠价值73万元的医疗设备、办公用品及生活慰问品；利用与兴和县蒙中医院建立的医学影像远程诊疗和会诊平台，服务群众9261人次。

（龚伟）

综合管理

【医耗联动综合改革】 年内，区卫生健康委落实医耗联动综合改革任务。全年医药费用降低11.2%，次均门诊费用增长16.9%，例均住院费用上涨3.1%。区域临床检验中心、区域远程医学影像系统服务22045人次。

（龚伟）

【卫生监督】 年内，区卫生健康委对辖区507个公共场所开展公共卫生监督，量化分级455

个，其中A级226个，B级184个，不予评级45个。日常监督1333户次，监督覆盖率79.61%，合格率92.35%；双随机监督387户次，监督覆盖率68.01%，合格率90.73%；处罚115件，罚没金额1.3万元。医疗卫生监督954户次，监督覆盖率98.15%，合格率98.9%；双随机监督50户次，监督覆盖率15.35%，合格率100%；处罚12件，罚款0.9万元，对44家医疗机构下达《医疗机构不良执业行为积分通知书》。全区医师多机构备案78人次。

（龚伟）

【食品卫生及生活饮用水监测】 年内，区卫生健康委检测生活饮用水样品430件，合格率94.9%，主要超标指标为农村生活饮用水的微生物指标。检测食品化学污染物及有害因素、微生物及其致病因子及食源性疾病监测样品共计487件，其中1件肉类制品中检出单核细胞增生李斯特菌，13件食源性疾病监测样本中检出致病菌。

（龚伟）

【卫生乡镇、街道创建】 年内，全区5个国家卫生乡镇创建单位（张山营镇、大榆树镇、旧县镇、香营乡、珍珠泉乡）、4个北京市卫生乡镇创建单位（康庄镇、延庆镇、沈家营镇、井庄镇）通过市级暗访检查。组织儒林街道、百泉街道、香水园街道启动北京市卫生街道创建工作。完成8490户农村户厕改造，无害化卫生户厕覆盖率98.49%。培养家庭保健员400人。创建北京市控烟示范单位8家、无烟家庭559个。

（龚伟）

【医疗信息化建设】 年内，全区医疗信息化建设投入650万元。完善“延庆健康通”平台，提供非急诊预约，开辟“核酸检测”专门预约通道并提供线上查询功能，新增医保卡移动结算功能。区医院建成急诊急救管理和网络安全信息系统实现急诊预检分诊、抢救医护一体工作站、留观电子病历、移动护理等全面信息化；建成移动护理项目，实现移动护理、护理管理及继续教育、科研等全面信息化；完成19个临床科室无线网络和移动4G卡（物联网卡）全覆盖。区中医医院完成信息系统达到二级等保水平，电子病历应用达到3级水平。

（龚伟）

妇幼健康

【妇幼保健】 年内，辖区未发生孕产妇死亡。常住孕产妇2813人，孕产妇系统管理率98.67%，住院分娩率100%。高危产妇2369人，高危孕产妇管理率99.91%。助产机构剖宫产1241例，剖宫产率46.32%。新生儿死亡4例、死亡率1.52‰；婴儿死亡6例、死亡率2.28‰；5岁以下儿童死亡6例、死亡率2.28‰。围产期出生缺陷发生率19.96‰，出生缺陷前三位依次为副耳、隐睾、多指。辖区0～6岁儿童17956人，系统管理率95.72%，贫血患病率3.19%。6个月内母乳喂养率71.02%。

（龚伟）

【老龄健康】 年内，全区户籍人口289464人。其中60周岁及以上老年人71885人，占户籍人口的24.83%；80周岁及以上老年人9441人，占户籍人口的3.26%；百岁以上老年人13人。有养老服务机构22家；养老服务驿站20家，其中新建3家。创建老年友善医院2家，老年友善医疗机构11家。养老服务机构与医疗机构签约服务率100%。385名在职医务人员加入社区志愿服务队伍，96名乡村医生加入慈善志愿服务队伍，为居家老年人提供健康服务。有113家老年幸福餐桌、21个社区老年配餐站。为102户城乡特困、低保、低收入老年人家庭进行适老化改造，为3000名农村高龄、独居、困境老年人开展关爱帮扶。对4000名独居、高龄、空巢老年人进行生活关注。为13630名老年人发放养老服务、失能护理补贴，高龄津贴3599.94万元；为3015名享受城乡特困和低保待遇的老年人购买意外伤害保险。评选10名“诚孝之星”“最美夕阳”标兵、7家“敬老爱老助老为老服务先进单位”。

（龚伟）

医疗机构选介

【延庆区医院】 延庆区医院为延庆区卫生健康委直属单位，差额拨款全民所有制事业单位，是全区集医疗抢救、教学科研、预防保健为一体的综合性二级甲等医院。占地6.8万平方米，床位610张，在职职工1238人，硕博研究生120人。专业技术人员中，高级职称141人，中级职称361名，初级职称620人。全院设20个职能科室，26个临床科室，10个医技科室，1个健康体检中心，1个120分中心。拥有核磁成像仪、全身螺旋式CT机、新型数字减影血管造影机、高压氧舱、彩色超声诊断仪、全自动生化分析仪、免疫测定仪、肾透析机、CR、DR影像处理系统、心脏彩色多普勒超声仪、经颅多普勒脑血流检查仪TCD、脑电地形图仪、电子胃肠镜、腹腔镜、宫腔镜及各种内窥镜等大型医疗设备器械。全年门诊686596人次，急诊107496人次，出院14635人次，住院手术5122例，病床使用率68.44%。医院体检站接待体检18901人次，其中高考体检1280人。特级护理合格率98.9%，护理技术操作合格率99.4%，护理文件书写合格率98.8%，急救物品完好率100%，基础护理合格率98.9%。开展新技术、新项目88项。

地址：延庆镇东顺城街28号

电话：69103020

（龚伟）

【延庆区中医医院】 延庆区中医医院始建于1994年12月，是一所中医特色突出、中西医并重，集医疗、教学、科研、预防保健、康复为一体的综合性二级甲等中医医院，承担着延庆地区中医医、教、研、预防和基层指导任务。医院为国家级县级公立医院改革试点单位、国家中医药管理局第四批“治未病”预防保健服务试点单位、国家中医药管理局针灸理疗康复重点建设单位、“北京市示范中药房”单位、北京市中医皮肤特色诊疗中心协作单位，延庆区老年护理保健院，2015年被国家中医管理局确定为全面提升县级中医院综合能力单位之一，2020年成为河北北方学院教学医院。医院占地面积13500平方米，开放病床156张，日均门诊量1119人次，年出院病人2529人次。医院有在职职工359名，其中正、副主任医师42人，双高人才5名，博士生3名，硕士研究生48名。有25个临床医技科室，包括3个北京市重点专科，2个北京市中医管理局国家中医重点专科（1+X+N）辐射工程首都区域专科，2个基层老中医传承工作室，设有专病专台。有多排螺旋CT、全自动生化分析仪、体外冲击波碎石机、彩色多普勒超声诊断仪、大型X光诊断仪、腹腔镜、宫腔镜、电子胃肠镜等大型设备20台（件），中医诊疗设备127件。中药房常备中药饮片530余种，能够提供普通饮片、小包装饮片及中药配方颗粒剂。

地址：延庆镇新城街11号

电话：69146621

（龚伟）

延庆区卫生机构一览表

表7

名称	地址	电话
延庆区卫生健康委员会	延庆镇东顺城街26号	69101695
延庆区医院	延庆镇东顺城街28号	69144448
延庆区中医医院	延庆镇新城街11号	69146621
延庆区妇幼保健计划生育服务中心	延庆镇庆园街8号	69101275
延庆区疾病预防控制中心	延庆镇百泉路39号	69188100
延庆区卫生健康监督所	延庆镇新城街96号	69141173
延庆区卫生干部进修学校	延庆镇东顺城街27号	69171388
延庆区精神病医院	张山营镇张山营村	69111206
北京急救中心延庆分中心	延庆镇东顺城街28号	69101271
延庆区卫生计生委信息中心	延庆镇东顺城街26号	69185840
延庆区社区卫生服务管理中心	延庆镇东外大街98号	69175279
延庆区中心血站	延庆镇西街13号	69183866
八达岭镇社区卫生服务中心	八达岭镇西拨子村东	69120365
大庄科乡社区卫生服务中心	大庄科乡大庄科村	60189817
大榆树镇社区卫生服务中心	大榆树镇大榆树村	61182983
永宁镇社区卫生服务中心	永宁镇东街	60171487
张山营镇社区卫生服务中心	张山营镇张山营村	69111163
井庄镇社区卫生服务中心	井庄镇井庄村	61191705
旧县镇社区卫生服务中心	旧县镇旧县村	61151602
康庄镇社区卫生服务中心	康庄镇文汇街2号	61161313
刘斌堡乡社区卫生服务中心	刘斌堡乡刘斌堡村	60181714
千家店镇社区卫生服务中心	千家店镇千家店村	60188440
沈家营镇社区卫生服务中心	沈家营镇沈家营村	61132245
四海镇社区卫生服务中心	四海镇四海村	60187205
香营乡社区卫生服务中心	香营乡香营村	60162454
延庆镇社区卫生服务中心	延庆镇公安医院西侧	69172966
南菜园社区卫生服务中心	延庆镇妫水南街0号	69181772
延庆区计划生育家庭服务中心	延庆镇东外大街98号	69176754
延庆区卫生和计划生育宣传中心	延庆镇东顺城街26号	69176660
延庆区老龄事业发展中心	延庆镇东顺城街26号	69141067
延庆区卫生应急保障中心	延庆镇东外大街98号	69177162

（栏目编辑：孙越凡）

体 育

概 述

北京市延庆区体育局（简称区体育局）是负责全区体育工作的行政职能部门，下设社会体育管理中心（体育产业发展中心）、体育中心和青少年业余体校3个事业单位。全区有43个体育生活化社区，1个示范街道，8个体育特色乡镇，22个体育单项协会。年内，区体育局完成中华人民共和国第十四届冬季运动会延庆杯高山滑雪速度类比赛、国家雪车雪橇中心场地预认证工作。举办区级及以上全民健身活动45次，其中市级赛事活动9次，京津冀赛事3次，国家级比赛4次，区级赛事活动29次。协助街道、乡镇组织开展健身活动58次，活动参加人数达3.8万余人次。组织冰雪赛事活动13场，带动2.5万人次上冰上雪。获北京市北五区第五届“互联杯”乒乓球比赛季军、第四届“迎冬奥”北京市钓鱼比赛优秀组织奖、北京市农民跳绳比赛10人“8”字跳绳三等奖、北京市农民跳绳比赛体育道德风尚奖等荣誉。举办社会体育指导员班4次，培训上岗社会体育指导员220名。为4591人开展国民体质监测。健身体育服务志愿团队完成有效点单237次，7000余人次参与。组队参加市级U系列、锦标赛12场，在6个项目上取得8金11银10铜，4人达到一级运动员标准，15人达到二级运动员标准，在短道速滑和花样滑冰项目上实现延庆区在北京市青少年冰雪项目锦标赛金牌突破。全区共有14所学校被命名为体育传统项目学校，其中市级体育传统项目学校5所，区级体育传统项目学校10所（1所既为市级也为区级），青少年体育俱乐部1所。全区有电脑体育彩票专营店21家，体彩总销售量2945.29万元。开展公共体育设施建设，为33个村（社区）配建健身器材33套（462件），更新配建健身器材150余件，配建室内健身俱乐部2处，为体育公园更新维护塑胶面层4050平方米，建成全民健身中心、北京市冰上项目训练基地、足球场5处、篮球场2处、健走步道2.7公里。全区人均公共体育用地面积达0.56平方米，全市排名第三。全区经常参加体育锻炼人数比例占全区总人口的49%。

单位名称：延庆区体育局
地　　址：延庆镇湖北东路118号
电　　话：69144456

（张小利）

【支持冰雪企业发展措施出台】 2月19日，区体育局会同区财政局研究出台《关于应对新冠肺炎疫情影响鼓励冰雪产业持续健康发展的若干措施》，从落实市级政策、用水用电补贴、提供成本补贴、贯彻区级办法四个方面支持冰雪企业，促进冰雪产业持续健康发展，补贴冰雪企业480余万元。

（张小利）

【检查体育运动项目经营单位】 4月14日，区体育局联合区应急局、区卫生健康委、区疾控中心、区市场监管局及属地城管执法队等部门，对申请复工复产的体育运动项目经营单位围绕疫情防控方案和应急预案的制订、健身人群管控、健康状况查询、健身活动场所管理、防控物资物品准备、一米线设置等防控措施进行现场指导和检查。

（张小利）

【新时代体育志愿服务团队工作会】 5月22日，区体育局召开延庆区新时代体育志愿服务团队工作会，8大项目近40名体育志愿服务指导老师到场参会。会议总结上一年度新时代工作成绩，部署安排2020年的工作；从基层志愿服务工作要求、志愿服务指导老师责任担当、志愿服务团队管理等方面进行具体部署；重点强调志愿服务队伍建设、强化志愿服务精神、提高安全意识等内容。区体育局提出“5+1”创新志愿服务模式，号召全局广大干部职工加入裁判员志愿服务队伍，为全区各乡镇、企事业单位服务。

（张小利）

【区“十四五”体育规划专家网络研讨会】 7月3日，区体育局召开延庆区“十四五”时期体育发展规划研究专家网络研讨会。会议邀请国家体育总局群体司公共服务处处长赵爱国、北京冬奥组委市场开发部副部长顾灏宁、教育部中国中学生体育协会综合行政部主任李良忠、北京科学健身讲师团副秘书长牛映雪、CCTV-中视体育娱乐发展有限公司副总经理李艳亭、阿里体育公司体育数字化高级专家章辉、北京大学国家体育产业研究基地首席专家何文义及研究员郭斌等专家，围绕群众体育发展路径及特色、冬奥冰雪资源开发及冬奥遗产赛后利用、青少年竞技体育发展思路及体教融合、智慧体育场馆建设及数字体育、体医结合、体育产业运营、体育媒体等方面为延庆体育长足发展建言献策，为十四五规划编制挖掘新角度、提供新思路。

（张小利）

【世园慢跑精品线路入选国庆黄金周体育旅游精品线路】 9月17日，国家体育总局、文化和旅游部联合发布公告，延庆世园慢跑精品线路成为北京唯一入选2020年国庆黄金周体育旅游精品线路的体育旅游线路。世园慢跑精品线路为“世园慢跑之旅”，包括世园健康跑→北京国际花园节打卡→荷府精品民宿以及野鸭湖国家湿地公园观鸟。

（张小利）

【青少年体育工作考评】 9月，区体育局启动延庆区青少年体育考评工作。10月，各相关学校整理档案并撰写自评报告，11月进行档案考核。11月6日，区体育局、区教委及相关学校业务骨干组成考评组，对延庆区1所体育运动学校、4支冬季项目运动队、5所市级体育传统项目学校、1家青少年体育俱乐部进行档案考评。

（张小利）

【滑雪场所执法检查】 12月10日，区体育局联合区应急管理局、区市场监管局、区文旅局，对八达岭滑雪场和万科石京龙滑雪场开展联合检查。执法人员对滑雪场所的疫情防控、应急能力、安全管理制度、风险管控和隐患排查等方面进行逐项检查，强调各滑雪场所要严格落实疫情防控要求，提升大客流应急反应能力，做好预约限流和大客流保障工作。针对检查中发现的问题，向滑雪场所下达限期整改通知书，要求企业高度重视安全生产工作，立行立改，有效防范化解安全风险，为全民健身活动、推动三亿人参与冰雪运动提供切实保障。

（张小利）

【滑雪场所应急演练】 12月31日，区体育局在石京龙滑雪场举办滑雪场所高空索道救援和大客流应急演练，石京龙滑雪场和八达岭滑雪场参与演练。40余名工作人员分为安保组、医疗组、后勤保障组、安抚组、救援组以及人员疏散组6个小组，开展高空索道救援和大客流应急演练，以增强滑雪场所的疫情防控意识，有效提升应急救援能力和大客流处置能力。

（张小利）

竞技体育

【第四届青少年速度滑冰赛】 1月12日，由北京冬奥组委文化活动部、北京市体育局、北京市体育总会指导支持，中华全国体育基金会、北京市体育基金会、北京奥运城市发展基金会、北京市延庆区体育局、北京市延庆区教育委员会主办，北京市延庆区滑冰协会、北京利月体育培训有限公司承办的延庆区第四届青少年速度滑冰赛在延庆妫河东湖户外滑冰场举行，来自全区各学校及俱乐部的100余名运动员参赛。竞赛项目分为200米、500米、1000米，竞赛组别分为幼儿组、少年组、青年组，男女共计10个组别。崔文吉夺得幼儿组冠军，王梓萌、高博文、陈依冉、李懿洋、赵雨晴、谢玉鑫、谢悠然、韩奇骏分获各少年组冠军，车弘远获得青年组冠军。

（张小利）

【首都高校大学生第十四届滑雪比赛】 1月13日至15日，由北京市教育委员会主办，北京市大学生体育协会、北京市社会体育管理中心承办，北京市大学生体育协会冰雪运动分会、延庆区体育局、赢赢体育文化产业（北京）有限责任公司协办的“首都高校大学生第十四届滑雪比赛”在延庆区万科石京龙滑雪场举行。本届比赛设置女子高山大回转、男子高山大回转、女子单板大回转、男子单板大回转四个项目，来自北京的29所高校代表队参加，参赛运动员300余名。中央财经大学的韩雪容、中国社会科学院大学的方建玮分别获得女子、男子高山大回转冠军，北京农学院的赵梦瑶、北京石油化工学院的高鹏分别获得女子、男子单板大回转冠军。

（张小利）

【第六届中国大学生滑雪挑战赛华北区分站赛】 1月16日至18日，由中国大学生体育协会主办，北京市延庆区体育局、万科石京龙滑雪场承办的“万科杯”第六届中国大学生滑雪挑战赛华北区分站赛在北京市延庆区石京龙滑雪场举办。本届赛事分为高山滑雪（大回转）、单板滑雪大回转两个项目，男女共计8个组别，来自全国30所高校的211名大学生及全国23所中学的33名中学生参赛。24名大学生分获各项目冠、亚、季军。

（张小利）

【“延海杯”短道速滑邀请赛】 8月22日至23日，由北京市滑冰协会支持，延庆区体育局、海淀区体育局主办，北京梦起源体育发展有限公司、延庆区滑冰协会承办的2020年“延海杯”短道速滑邀请赛在北京市延庆区八达岭国际会展中心B馆举行，来自东城、西城、朝阳、海淀、平谷、延庆六个区的144名青少年运动员参赛。赛事根据年龄共设U10、U12、U14、U16男女8个组别，14个项目共产生42块奖牌。延庆区运动员获4金、7银、11铜共计22块奖牌。

（张小利）

【“足球协会杯”八人制足球联赛】 9月12日至26日，由北京市足球运动协会、延庆区体育局、延庆区体育总会指导，延庆区足球运动协会主办的2020年延庆区“足球协会杯”八人制足球联赛举行。本次联赛有6支代表队的180余名运动员参赛，赛制为循环积分制。经过5轮15场比赛，健龙祥合足球队以五胜一负的战绩夺得冠军，二至六名分别为鼎盛惠普足球队、御乾足球队、老男孩足球队、顿河传媒足球队、盛世佳业西北狼足球队。

（张小利）

【第十届北京国际自行车骑游大会】 9月19日至20日，由北京市体育局、北京市体育总会和延庆区人民政府支持，延庆区体育局、北京市八达岭旅游总公司主办，北京市自行车运动协会、延庆区自行车运动协会协办，势至体育独家运营的北京延庆阪泉体育公园开园暨2020第十届北京国际自行车骑游大会在北京延庆阪泉体育公园举办，来自各行业的500余名骑行爱好者及儿童滑步车小选手参加。活动以“休闲延庆、骑乐无穷、健身抗疫、助力冬奥”为主题，同时融入2020年北京市青少年自行车锦标赛，用专业赛事检验公园赛道水平。开园仪式暨大会开幕式上，北京延庆阪泉体育公园被北京市自行车运动协会授予“北京市自行车运动协会骑行训练基地”名牌，并与京礼高速阪泉服务区完成合作签约。为期两天的2020北京市青少年自行车锦标赛分甲乙丙3个组别，设置200米、500米、1000米、5000米个人计时赛及大组赛5个竞赛项目，55名青年运动员参赛。

（张小利）

【市青少年U系列短道速滑冠军赛和田径锦标赛获奖】 10月16日至18日，延庆区代表队参加2020年北京市青少年田径锦标赛和青少年U系列短道速滑冠军赛。8名运动员进入田径锦标赛决赛。周娜获得女子乙组1500米、3000米第一名，周静怡获得女子丙组跳高第五名，林欣瑶获得女子丙组800米第五名，许晨获得女子丙组跳高第六名，田雅琪获得女子乙组铅球第三名。20名运动员进入短道速滑冠军决赛，获10枚奖牌，包括2金、3银、5铜。U16男子组3000米接力王彤越、何一鸣、车弘远获第一名，U16男子组王彤越获500米第三名，U16男子组何一鸣获1500米、1000米第二名，U14男子组朱俊霖获1500米第一名、1000米第二名，U14女子组刘紫桐获1500米第二名，U12男子组芦森获1000米、7圈、4圈第三名。

（张小利）

【北京国际航空模型邀请赛】 10月18日，由北京市体育局和北京市体育总会主办，北京市体育总会秘书处、北京市模型运动协会、延庆区体育局和延庆区体育总会承办的2020年北京国际航空模型邀请赛线上赛暨北京市青少年航空航天模型比赛在延庆区世界葡萄博览园举行，近800名青少年参赛。本次赛事包含航空及航天模型2个大类7个比赛小项，分为甲乙两个组别，均为全国锦标赛及青少年科普比赛项目。航空项目设置遥控电动模型滑翔机、电动二对二遥控空战等6个比赛项目。海淀区少年宫及延庆四中包揽遥控电动滑翔机比赛项目前三名，中关村第三小学的徐铎轩和曹嘉睿两名选手获得遥控二对二空战比赛项目冠军。

（张小利）

【市青少年短道速滑锦标赛获奖】 11月8日，由北京市体育局主办的2020年青少年短道速滑锦标赛在昌平区世纪星举行。比赛按年龄段设有男女U16、U14四个竞赛组别，全市11个区的61名运动员参赛。延庆区7名运动员取得1金1银4铜，4名运动员达到国家一级运动员的标准，2名运动员达到国家二级运动员的标准。

（张小利）

【金冠汝市花样滑摘金】 12月6日，由北京市体育局主办的2020年北京市青少年花样滑冰锦标赛在燕山华熙冰上运动中心开赛，全市7个区23名运动员参赛。延庆区花样滑冰运动员金冠汝夺得女子成年组冠军，这是延庆区花样滑冰项目取得的首枚金牌。

（张小利）

群众体育

【全国新年登高健身大会北京主会场活动】 1月1日，2020年全国新年登高健身大会北京主会场活动在延庆八达岭长城举行。全国各行业的市民以及我国台湾同胞代表2022人，用登高健身的方式喜迎新年，祝福北京2022年冬奥会。

（郭昭君）

【第二届京张大众滑雪交流赛】 1月4日，由北京冬奥组委文化活动部、北京市体育局、延庆区体育总会等单位主办，延庆区滑雪协会、河北省张家口市滑雪协会、延庆区海陀农民滑雪协会承办的延庆区第二届京张大众滑雪交流赛于万科石京龙滑雪场开赛。本次比赛分为高山滑雪（大回转）及单板滑雪大回转两个项目，男女共计4个组别，来自北京及河北地区的150余名滑雪爱好者参赛。李来冶、程祥圣光、郭宋、王婧分别获高山滑雪（大回转）及单板滑雪平行大回转男子组和女子组冠军。

（张小利）

【第三届迎冬奥·京津冀冰钓联谊赛】 1月5日，由北京市社会体育管理中心、北京市体育总会秘书处主办，北京市钓鱼协会、天津市钓鱼运动协会、河北省钓鱼协会、延庆区体育局、延庆区旧县镇人民政府共同承办的第三届迎冬奥·京津冀冰钓联谊赛在延庆区旧县镇盆窑村清泉农庄垂钓园举行。本届赛事共有来自京津冀的90名冰钓爱好者参赛，运动员通过抽签决定各自钓位，自带工具自打垂钓冰眼，比赛时间5小时，比赛成绩以钓获总重量计算确定。天津钓手曹海兰摘得桂冠，延庆钓手郭辉、池战军分获亚军、季军。

（张小利）

【滑向2022——全国大众速度滑冰马拉松系列赛】 1月11日，由国家体育总局冬季运动管理中心、北京市体育局、延庆区人民政府共同主办，区体育局、区园林绿化局、区文化和旅游局承办的滑向2022——全国大众速度滑冰马拉松系列赛（北京延庆站）比赛在延庆区妫河东湖户外滑冰场举办，来自京、津、冀、内蒙古、黑龙江等省市地区的100余名冰上运动爱好者参赛。竞赛项目分为成年女子5公里、成年男子10公里、青少年女子2公里、青少年男子3公里以及现场自由报名的4×1公里接力项目，共计7个组别。北京什刹海速滑俱乐部的陈卓、区沈家营中心小学的陈依冉、河北秦皇岛滑启MS队的丁明星、区沈家营中心小学的李懿洋夺得各单项组别冠军。接力组别冠军由沈家营镇中心小学、北京什刹海速滑俱乐部和中国散兵队分别获得。滑向2022——全国大众速度滑冰马拉松系列赛共20站，分站赛遍布全国各地。

（张小利）

【2020世园健康云跑系列活动】 4月28日，“2020北京世园健康云跑”在北京世园公园揭牌之际同时上线。世园健康云跑采用系列赛的形式，以世园场馆为主题，5月至9月先后安排5期活动。赛事组别包括4.2千米家庭亲子跑、迷你跑，10千米健康跑以及半程马拉松。参赛者通过微信公众号“畅跑延庆”扫描二维码报名，是全国首个可以实地打卡的线上跑，即报名线上跑活动就可以免费进入北京世园公园，跑步或者徒步完成相应的距离，将运动App截图上传“畅跑延庆”进行打卡，完成活动。5月1日至10日，举行系列赛首站“中国馆”主题跑步活动。6月至7月，完成“植物馆站和妫汭剧场站”活动。8月8日晚，由区体育局、区文旅局主办，北京世园公园、区长跑协会承办的延庆区“全民健身 世园夜跑—暨庆祝第十二个全民健身日”活动在世园公园举行，共吸引500余名群众参与。活动包括荧光跑4.2千米，亲子跑2千米，不设奖项、名次。邀请马拉松世界冠军孙英杰、跑步大咖石春健讲解跑步知识并带领热身和领跑。本次活动是“2020世园健康云跑”系列活动的第四站——“国际馆”的线下活动。第五站——“永宁阁”于9月19日举行，项目为半程马拉松，标志“2020世园健康云跑”系列活动全部完成。

（张小利）

【暑期少儿线上国际象棋赛】 7月15日至17日，区体育局、区体育总会主办，北澜弈国际象棋承办的2020年延庆区暑期少儿线上国际象棋比赛于智赛网和腾讯会议两大线上平台举行，56名小棋手按照年龄段分为A、B、C、D四组线上参与赛事。宋偲语、张宸铭、曹育豪、严从哲分获A、B、C、D组冠军。

（张小利）

【暑期少儿线上围棋赛】 7月16日至22日，由区体育局、区体育总会主办，区围棋运动协会承办的2020年延庆区暑期少儿线上围棋比赛于弈城围棋对弈平台举行，50余名小棋手参赛。围棋赛按照年龄段分为甲组、乙组、丙组三个组别。闫弈、刘若曦分获甲组男子、女子冠军；朱昱鸣、高孟懿分别获得乙组男子、女子冠军；王霄澈、白一诺分别夺得丙组男女冠军。

（张小利）

【2020（第七届）延庆徒步大会】 8月8日，由北京冬奥组委文化活动部、共青团北京市委员会、北京市体育总会、北京市延庆区人民政府支持，北京市社会体育管理中心、北京市徒步运动协会、区体育局共同主办的“走向2022 从美丽世园到冰雪冬奥”2020（第七届）延庆徒步大会在北京世园公园举办。医务人员、社区工作者、志愿者代表以及徒步爱好者等500余名市民参加。本次徒步大会起点为世园公园国

际馆，选手沿“冬奥足迹”路线，经由生活体验馆、妫汭剧场、永宁阁、中国馆等处，最终返回国际馆，全程约7千米。“行走的冬奥—最美延庆随手拍”手机摄影和短视频作品征集活动同时启动。活动现场特别设置“妫水农耕”有机蔬菜、有机葡萄、有机杂粮等优质农产品展示。

（张小利）

【千家店镇国际象棋等级赛】 8月15日至16日，由延庆区体育局、千家店镇人民政府主办，北京远翔澜弈文化发展有限公司承办的2020年北京市延庆区千家店镇国际象棋等级赛在延庆千家店学校举行，来自全市的162名棋手参加比赛。参赛选手从无级到四级，其中无级组到八级组选手进行5轮比赛，七级组到四级组选手进行7轮比赛，134名选手获得北京棋院颁发的晋级证书。

（张小利）

【川影杯全民战“疫”轮滑公开赛】 9月13日，由延庆区体育总会、八达岭国际会展中心支持，延庆区滑冰协会、川影冰雪轮滑俱乐部主办的2020年川影杯全民战“疫”轮滑公开赛在会展中心举办。来自延庆十余所学校及平谷丰台等俱乐部的122名小选手参赛，年龄最小者仅3.5岁。比赛分为绕圈计时赛和花样绕桩计时赛，项目设有速滑150米、300米及自由式Fish和自由式正交叉，分为男子女子儿童甲乙组、男子女子少年甲乙组8个组别。

（张小利）

【第四届“迎冬奥”北京市钓鱼比赛】 9月20日，由北京市社会体育管理中心、北京市体育总会秘书处、北京市钓鱼协会和延庆区体育局、延庆区旧县镇政府共同举办的第四届“迎冬奥”北京市钓鱼比赛在延庆区旧县镇盆窑村垂钓园举行，共有150人参赛。比赛项目为手竿钓混养鱼，共赛两场，每场70分钟，按鱼获总重量排列名次。王世东、张波、张辉分获比赛前三名。

（张小利）

【第三届“绿富隆杯”毽球促进赛】 9月20日，由区体育局、区体育总会指导，区毽球协会承办的2020延庆区第三届“绿富隆杯”毽球促进赛在会展中心体育馆举办。来自延庆区毽球协会的13支代表队共100余名运动员参赛。比赛以“迎中秋、庆国庆”为主题，赛制为3人混合赛。经过40场次激烈角逐，郭家堡队获得冠军，建庆队、雄鹰队分别获得第二、第三名。

（张小利）

【延庆区农民运动会】 9月22日，由延庆区体育局、延庆区体育总会主办，延庆区农民体育协会承办的2020年北京市延庆区农民运动会在延庆体育场举行，全区10个乡镇的100余名农民群众参加。本次比赛以“庆丰收 迎小康”为主题，包含庆丰收接力、推铁环等项目。延庆镇获得团体一等奖。

（张小利）

【科学健身指导大讲堂】 9月22日，区体育局联合香水园街道开展科学健身指导大讲堂暨太极扇培训活动，来自各社区的70余名社会体育指导员参加培训。邀请国家级社会体育指导员、全国武术太极拳锦标赛冠军仝保民授课，详细讲解如何科学健身，以太极扇运动为实例，通过一招一式向大家深入传授健身技能，对参训学员进行二十四式太极扇套路规范指导。10月10日，区体育局联合香水园街道开展延庆区科学健身及冬奥知识大讲堂，70余名社区居民参加此次培训。活动邀请北京体育大学奥林匹克高等研究院教授邱招义老师授课，对科学健身方法进行全面讲解，对冬奥历史及冰雪运动相关知识进行普及，并对现场居民进行健身方法及冬奥相关技能的规范指导。10月13日，区体育局联合百泉街道开展延庆区科学健身及冬奥知识大讲堂，100余名社区居民参加培训。邀请首都体育学院休闲与社会学院副教授刘平江授课，对科学健身方法进行全面讲解，对冬奥历史及冰雪运动相关知识进行普及。10月14日，延庆区体育局联合千家店镇开展科学健身和慢性病防治大讲堂，近150人参加。邀请延庆区中医院闫顺新和好家庭集团优秀讲师宁杰峰，分别就中老年常见慢性病防治和科学健身方法进行讲解。10月22日，区体育局联合沈家营镇开展科学健身和运动康复大讲堂，120余人参加。邀请延庆区医院张晓光和好家庭集团优秀讲师宁杰峰就关节病的防治、膝关节损伤和科学健身方法进行讲解，现场为百姓进行义诊服务。10月23日，区体育局联合儒林街道开展延庆区科学健身及慢性病防治大讲堂，70余名社区居民参加培训。活动邀请延庆区中医院闫顺新主任和好家庭集团优秀讲师宁杰峰老师，两位老师就生活中常见慢性疾病预防和治疗、如何做好科学健身进行讲解。

（张小利）

【两区体育协会交流协作座谈会】 9月22日，延庆、海淀两区体育协会交流协作座谈会在延庆召开。海淀区体育总会有关领导、海淀区自行车运动协会、海淀区徒步运动协会、海淀区桥牌协会等7个协会代表，以及延庆区体育局相关负责人、延庆自行车协会、延庆长跑协会、延庆足球运动协会等7个协会代表参加座谈。两区就体育协会队伍建设情况、历年活动开展经验及取得的成绩进行介绍，各协会就自身发展情况、运作模式、成熟经验等进行汇报交流，并就如何增强协会自我造血能力、赛事运作能力等问题进行深入探讨。各协会表示将进一步加深合作交流，依托两区资源禀赋，加强活动互动、人才交流、骨干培训等，共同推动两区单项体育协会发展，积极发挥体育协会示范引领作用，服务好基层群众、服务好体育事业、服务好社会发展。

（张小利）

【第五次国民体质监测完成】 9月23日，延庆区正式启动第五次国民体质监测工作。本次监测活动历时近40天，延庆区作为代表北京市的6个国家监测点之一，共设置23个监测点，包括6个国家监测点和17个北京市监测点。完成4591人的体质监测任务，为每位测试群众出具健康报告，进行科学健身指导服务。监测数据初步反映了延庆区国民的身体素质状况和健康水平，为延庆区制订新周期全民健身实施计划提供科学依据。

（张小利）

【“北京纪录”挑战赛延庆站】 9月24日，由北京市体育局、北京青年报主办，北京市社会体育管理中心、延庆区体育局、北青社区报承办的“北京纪录”挑战赛延庆站在延庆区体育中心举行，来自全区各街道乡镇的200余名健身爱好者参加比赛。活动邀请全国社会体育指导员健身技能交流展示大会裁判长以及曾连续两届获得亚洲健身小姐冠军的程丹彤开展科学健身知识大讲堂，并带领参赛者们进行赛前热身互动。延庆站比赛设置五米折返跑、单人限时跳绳比赛、平板支撑、沙包“你抛我接”等竞技项目，设置冰球射门、冰壶等冰雪体验项目。

（张小利）

【中国农民丰收节乡村半程马拉松赛】 9月26日，由北京市体育局、北京市体育总会主办，北京市体育总会秘书处、北京市田径运动协会、北京市马拉松协会、延庆区体育局、延庆区农业农村局承办的“奔向小康”2020中国农民丰收节乡村半程马拉松赛在延庆世界葡萄博览园举行，480余名长跑爱好者参与。李超以1小时12分51秒的成绩摘得男子组冠军，付海锋、延庆刘超分获亚军、季军。延庆袁君霞以1小时32分22秒的成绩问鼎女子组冠军，亚军、季军分别由延庆贾少杰、斐林获得。赛道贯穿延庆世界葡萄博览园和北京延庆阪泉体育公园，以世界葡萄博览园为起终点，绕北京延庆阪泉体育公园5千米赛道3圈，途经蔡家河湿地景观区和烽火台文物古迹景观区。

（张小利）

【市体育大会钓鱼比赛获得名次】 9月26日，延庆区派出六支队伍共12人参加第十二届北京市体育大会钓鱼比赛。本次比赛为团体赛，项目设置为手竿钓鲫鱼和手竿钓混养鱼，各赛两场，每场60分钟，以2人积分之和排列名次。延庆区二队张玮、冷松获得团体第二名，延庆区三队万涛、王华杰获得团体第八名。本次比赛为北京市钓鱼协会一级赛事，钓手个人成绩（名次和积分）将被作为参评“垂钓师”“高级垂钓师”“垂钓大师”专业技术职务的重要依据。

（张小利）

【承办市第十一届登山大会主会场活动】 10月25日，由北京市体育局、延庆区人民政府主办，北京市社会体育管理中心、北京市直属机关工会、北京市职工体育协会、北京市徒步运动协会、延庆区体育局、延庆区井庄镇人民政府共同承办的“九九重阳”北京市第十一届登山大会主会场活动在延庆区井庄镇举办（与顺义主会场同步开展）。来自西城、海淀、石景山、延庆等8个区的1000余名登山爱好者参加。延庆区主会场登山路线位于井庄镇柳沟村民俗度假区，全程5千米，途中设置冬奥主题打卡环节，登山爱好者们可参与互动。

（张小利）

【社会体育指导员培训】 10月25日至26日，由区体育局、区体育总会主办，区武术协会承办的2020年延庆区健身气功二、三级社会体育指导员培训在区体育中心田径场举行。4位资深健身气功老师现场教学，来自各晨练点和部分乡镇的近百名健身气功爱好者参加培训。指导老师对动作进行分解教学并逐一纠正，参训学员认真学习动作要领。11月6日，区体育局在百泉街道开展2020年社会体育指导员岗位再培训活动，全区近80名二级以上社会体育指导员参加。首都体育学院运动人体科学教授阎守扶、北京体育大学副教授李松波授课，分别对冬奥历史、冰雪运动及科学健身知识进行普及，就体医融合方式方法进行讲解，并就如何借助科学健身预防心脑血管疾病做出重要阐述。

（张小利）

【第二十届北京市农民象棋赛获奖】 11月11至13日，由北京市农民体育协会主办，北京市农民体育工作办公室、延庆区体育局承办，延庆区农民体育协会协办的“福润杯”第二十届北京市农民象棋赛在延庆举办，全市12区13支队伍共92人参赛。延庆区两支代表队分获二等奖、三等奖，延庆区农民体育协会和福润公司获体育突出贡献奖。

（张小利）

【第三届“海陀杯”围棋双人联棋赛】 11月15日，由延庆区体育总会主办、延庆区围棋运动协会承办的2020年延庆区第三届“海陀杯”围棋双人联棋赛在体育中心开赛，共有12支队伍参赛。张军、赵富利获冠军，董桂顺、秦靖，张东军、马玉泉，池尚明、丁利民分获第二至第四名。

（张小利）

【农民广场舞比赛】 11月20日，由区体育局、区体育总会主办，沈家营镇政府承办的“激扬冬奥情 舞动丰收景”农民健身广场舞比赛举办，全区14个乡镇的260余人参赛。沈家营镇《山河美》获一等奖；旧县镇《自豪的建设者》、香营乡《喜乐年华》、千家店镇《吉祥中国年》获二等奖；张山营镇《我在冬奥等你来》、延庆镇《天堂草原》、八达岭镇《美丽中国》、康庄镇《志愿者一起来》、井庄镇《丝绸之路》获三等奖。

（张小利）

【第二届“地质公园杯”围棋比赛】 11月21日至22日，由区体育局支持，北京延庆世界地质公园管理处和延庆区围棋运动协会共同举办的延庆区第二届“地质公园杯”围棋比赛在延庆地质博物馆举行。比赛分甲、乙两个组别，甲组为成人及业余2段以上的青少年，乙组为业余1段及以下的青少年。参赛选手中，年龄最小的棋手为6岁，年龄最大的67岁。秦春海获甲组男子冠军，张晋准获乙组男子冠军，陈心桐获乙组女子冠军；张亚光、王卫军、王金芳代表的八达岭一队获甲组团体冠军，张晋准、周刁墨、马占原代表的八达岭二队获乙组团体冠军。

（张小利）

【“地质公园杯”少儿围棋级位赛】 11月29日，由延庆区围棋运动协会主办，延庆区体育总会、延庆世界地质公园管理处支持的2020年延庆区“地质公园杯”少儿围棋级位赛举行，来自全区的50余名少儿围棋爱好者参加比赛。本次比赛设有4个组别，分别为：业余2级组、3级组（原5级）、4级组（原10级）和定级组。比赛采用电脑积分编排制，定级组进行5轮比赛，其他组别进行7轮比赛。罗泽睿获定级组冠军，张开景获4级组冠军，高梓锐获3级组冠军，2级组冠军由陈心桐摘得。

（张小利）

【冰雪知识大讲堂及体验活动】 12月4日，由北京市体育基金会、延庆区体育局等主办的“2020年北京市延庆区八达岭镇冰雪知识大讲堂及体验活动”举行，150余人参与。冰雪知识大讲堂邀请到延庆区海陀农民滑雪协会秘书长李伟讲解冬奥知识和滑雪基本注意事项。活动现场举行的旱地冰壶和冰球体验活动、冬奥及冰雪知识答题活动吸引众多群众参与。

（张小利）

【延庆区职工第七届乒乓球比赛】 12月16日，由延庆区体育局、延庆区总工会联合举办的2020年“冬奥杯”延庆区职工第七届乒乓球比赛在区总工会多功能厅举行，来自全区的近百名职工参赛。本次赛事赛制为单淘汰制，设男子单打、女子单打两个组别。胥大民获男子个人单打赛冠军、赵海英获女子个人单打赛冠军。

（张小利）

【延庆区第七届残疾人乒乓球比赛】 12月17日，由区体育局、区残联举办的延庆区第七届残疾人乒乓球比赛在区会展中心举行，来自全区18个街乡镇的40余名残疾人选手参赛。本次比赛采取单淘汰制，设男子单打、女子单打两个组别。旧县镇王海波获男子单打第一名，香水园街道宋小民获女子单打第一名。

（张小利）

【农民冰雪项目推广活动】 12月17日至18日，由区体育局主办的延庆区农民冰雪项目推广活动在延庆区刘斌堡乡青山园举行，全区10个乡镇的40余名文体骨干参加。此次推广的冰雪项目包括雪上拔河、雪上拖人接力、雪上毛毛虫、雪上对对碰、雪上足球过障碍射门和冰上自行车6项，采用分组方式进行。

（张小利）

【第七届北京市民快乐冰雪季系列活动冰雪嘉年华】 12月19日，由北京市体育局主办，北京市社会体育管理中心、延庆区体育局、延庆区妇女联合会承办的第七届北京市民快乐冰雪季系列活动冰雪嘉年华在北京万科石京龙滑雪场举行，约800名市民参赛。活动以“全民健身迎冬奥，快乐冰雪圆梦想”为主题，包括滑雪挑战赛和趣味体验赛两大板块。滑雪挑战赛有近200名滑雪爱好者参加男女单双板四个组别的比赛。趣味体验赛设快乐小马、雪地趣味拔河、雪地滚球速跑、拉雪舟竞速、雪地足球射门5个项目，260支亲子队伍、40支成年队伍参赛。

（张小利）

【2020助冬奥象棋赛】 12月19日，由区体育局、区体育总会主办，区象棋协会承办的延庆区2020年“助冬奥”年终象棋赛在区体育中心象棋室举办，40名棋手参赛。本次比赛设有个人和团体两个组别，采用积分编排制，共进行7轮对决。永宁队、延庆队、康庄队分获团体冠、亚、季军，张磊、张一男、辛令军分获个人前三名。

（张小利）

【首届“延海杯”桥牌邀请赛】 12月26日至27日，由延庆区体育局、海淀区体育局主办，延庆区桥牌协会、海淀区桥牌协会承办，延庆区总工会协办的2020年首届“延海杯”桥牌邀请赛在北京市延庆区总工会举办。来自延庆、海淀、西城、石景山、丰台、怀柔等区的20支队伍共百余名运动员参赛。赛事分为A阶段积分编排赛与B阶段淘汰赛两阶段。石景山区桥协获冠军，丰台区律师、怀柔区战马分获第二、三名。

（张小利）

【延庆区国际象棋网络等级赛】 12月25日19:00至26日18:00，由北京棋院、区体育局支持，北京远翔澜弈文化发展有限公司主办的2020北京市延庆区国际象棋网络等级赛在智赛网举行。来自北京各区的133名棋手参赛，

108名棋手晋级。12月27日13:30，北京市延庆区“澜弈”杯国际象棋网络等级赛在智赛网举行，来自北京各区的143名棋手参加比赛，123人晋级。两场网络等级赛是北京市首次进行的国际象棋项目线上等级赛。

（张小利）

（栏目编辑：孙越凡）

社会民生

人力资源

【概况】 北京市延庆区人力资源和社会保障局（简称区人力资源社会保障局）共有行政科室、事业单位23个，其中行政科室9个，事业科室14个（含副处级事业单位2个，其中社会保险事业管理中心内设14个科室，人力资源公共服务中心内设6个科室）。有促进就业、统筹建立覆盖城乡的社会保障体系、指导事业单位人事制度改革等职能11项，行政权责事项146项。主要工作职能包括六个板块，即：就业工作、社会保障工作、人才工作、人事工作、收入分配（工资）工作和劳动关系工作。2020年，区人力资源社会保障局以促进就业增收和民生改善为着力点，应对疫情影响，落实“六稳”（稳就业、稳金融、稳外贸、稳外资、稳投资、稳预期）“六保”（保居民就业、保基本民生、保市场主体、保粮食能源安全、保产业链供应链稳定、保基层运转）任务，聚焦“七有”（劳有所得、病有所医、老有所养、住有所居、弱有所扶、幼有所育、学有所教）“五性”（安全性、公正性、便利性、宜居性和多样性），努力提升群众获得感、满意感和幸福感。全区城镇居民实现人均可支配收入50476元，比上年增长3.6%。

单位名称：延庆区人力资源和社会保障局
地　　址：延庆区高塔街53号
电　　话：69181846

（林萍）

人事管理

【人事代理和档案管理】 年内，区人力资源社会保障局存档33010份，其中集体存档4966份，个人存档18527份，大中专毕业生暂存档案4967份，失业人员档案4550份。转入3379份，转出2811份。数字化扫描人事档案7020份；预核定失业保险金待遇869人次；代缴社会保险1523人；办理个人养老保险补缴申报974人；办理退休425人；办理医疗费用手工报销13人次；收缴档案管理费31.55万元。

（林萍）

【退休审批】 年内，区人力资源社会保障局审批企业退休人数1852人，其中正常退休1332人，特殊工种提前退休145人，病退10人，退职4人，职工保险转居民保险361人。行政审批补缴养老保险70人，个人账户补填14人，延期退休备案46人。审批机关事业退休人数304人，其中公务员94人，事业管理人员30人，专业技术人员121人，工人59人。

（林萍）

【编制外合同制工人管理】 年内，区人力资源社会保障局承接行政事业单位编制外合同制工人共涉及13家单位，在岗职工3648人。新签劳动合同347人，续签劳动合同89人，解除劳动合同299人。

（林萍）

【退休人员管理】 截至年底，全区实行社会化管理退休人员16263人，建立数字化档案，实现联网共享。走访慰问高龄重病、鳏寡孤独退休人员。管理和服务科级及以下退休干部5295人。

（林萍）

【人才引进和服务】 年内，区人力资源社会保障局根据北京市毕业生引进管理办法，引进非北京生源毕业生127人。推进积分落户工作，13人获得落户资格。落实职称结构比例调整，将高、中、初职称结构比例由0.8∶5∶4.2调整为1.3∶4∶4.7。

（林萍）

【支农高校毕业生管理】 年内，全区合同期满大学生村官（选调生）33人全部就业，就业率100%。其中3人被组织安排支援城市副中心建设，4人调入区委办局工作，25人留任乡镇公务员岗位，1人放弃公务员选择自谋职业。招聘乡村振兴协理员36人，其中硕士2人，本科17人。推进“把脚印留在妫川大地上”主题实践活动，引导支农毕业生聚焦农村发展、助力冬奥世园干事创业。

（林萍）

【事业单位公开招聘和管理】 年内，全区共招聘事业单位工作人员209人。完成36个部门264家事业单位岗位设置，设置三类岗位10534个，现聘9202人，其中管理岗位1440个，现聘1127人；专业技术岗位8404个，现聘7592人；工勤技能岗位690个，现聘483人。专业技术岗位中，高级1311人，中级3086人，初级3195人，高中初级人员结构比例为1.7∶4.1∶4.2。

（林萍）

【人事考试】 年内，区人力资源社会保障局组织人事考试4场7624人次。其中组织60人次参加延庆区公开遴选部分事业单位工作人员笔试；组织2407人次参加延庆区事业单位公开招聘工作人员笔试；组织4425人次参加北京市各级机关考试录用公务员公共科目笔试；组织732人次参加中央机关及其直属机构考试录用公务员公共科目笔试。

（林萍）

创业就业

【城乡劳动力就业】 年内，区人力资源社会保障局促进城乡劳动者就业7882人，其中城镇登记失业人员就业3890人，农村劳动力转移就业3992人。帮扶城乡就业困难人员就业5756人，其中城镇就业困难人员就业1764人。城镇登记失业率3.78%，城镇登记失业人员就业率60.24%。对困难失业人员、困难企业职工和安置农民工较多的企业进行走访慰问；社会公益性就业岗位累计安置城乡就业困难人员3068人。

（林萍）

【就业补贴补助】 年内，区人力资源社会保障局宣传落实市、区两级用人单位岗位补贴和社会保险补贴、灵活就业（自谋职业）社会保险补贴、公益性就业补助、城市公共服务类岗位补助、援企稳岗等政策，打造“政策直播间”。全年落实促进就业资金8.22亿元，其中市失业保险基金5.76亿元，区财政2.46亿元，惠及2.26万家次、企业14.79万人次。

（林萍）

【城市公共服务类岗位对接】 年内，区人力资源社会保障局推进城市公共服务类岗位安置农村地区劳动力就业促进农民增收工作。加大公交乘务管理、安保辅警、环卫作业等岗位开发，与13家企业签订合作协议，召开招聘会17场，与海淀区对接，落实补贴办法，保障每人每月2500元补贴资金，成功输送本区农村劳动力495人，其中对接海淀输送302人。

（林萍）

【创业就业】 年内，区人力资源社会保障局联合团区委在启迪之星建立返乡青年创新创业基地，举办区级创新创业大赛，“心磁扫描”和“电子商务助力精准扶贫”项目分别获得创新组全国二等奖和创业扶贫专项赛优秀奖。鼓励城乡劳动力实现创业100人，带动就业234人。

（林萍）

【高校毕业生就业】 年内，共有2014名延庆籍北京高校毕业生档案回到延庆区。区人力资源社会保障局通过实名制摸查就业需求、就业去向和求职意愿，推进青年就业见习。加强高校毕业生“京八条”等就业政策宣传，设置联络专员，“一对一”提供岗位推荐、政策咨询、职业指导等服务，就业率达96.92%，78名困难毕业生100%就业。

（林萍）

【公共职业介绍和职业指导】 年内，区人力资源社会保障局采集空岗信息8116个，办理求职登记2533人，推荐成功就业154人次，开展职业指导6652人次。利用“就业超市”的急聘模块多渠道优先发布招聘信息，组织招聘会100场，提供岗位5.51万个次，参会求职4.6万人次，促进3192人就业，其中为防疫物资生产企业招聘并培训196人，为延庆万达广场招聘并培训的1523人。

（林萍）

【基层公共就业服务平台建设】 年内，区人力资源社会保障局加强“一刻钟就业服务圈”建设。开展村级就业创业指导员政策培训和业务练兵活动，调研了解各乡镇街道社会保障服务情况，实地督导优化营商环境、精细化服务、基础设施建设和窗口服务等工作。

（林萍）

【扶贫协作与支援合作】 年内，区人力资源社会保障局深化与内蒙古、河北等对口帮扶地区合作，建立跨区就业协作机制，从促进就业政策、人力资源供求信息资源共享、联合招聘、劳务输出、职业技能培训、劳动维权、工作经验交流等方面开展协作。联合开展招聘会9场，延庆区246家（次）用人单位提供岗位3735个次，达成就业意向83人；转移建档立卡贫困人口来京就业298人、到东部其他地区就业79人、实现建档立卡贫困人口就近就地就业3964人（其中残疾人24人）。免费培训1352人，其中建档立卡贫困劳动力1242人，441人经过培训实现签约就业。按需培训受援地31名职业培训学校骨干教师。

（林萍）

技能培训

【十万人次大培训计划】 年内，区人力资源社会保障局推进十万人次大培训行动计划。与瑞士白朗峰、住总集团、万科石京龙滑雪场等国内外105家培训机构和中石油、中视传媒等200余家企业深度合作。制定无人机驾驶员、物联网安装调试员等83个新职业（工种）培训标准和补贴标准。构建“政府发单、群众点单、机构接单、企业收单”全培训链模式，设立VIP学员超市。开展促进就业创业、赛会服务保障、产业发展等培训544个班次25520人次，其中线上培训350班次13110人次，实现培训后就业1210人，914人取得职业技能证书。

（林萍）

【农村转移劳动力职业技能提升】 年内，区人力资源社会保障局组织开展农村转移劳动力等重点人群、援企稳岗、以工代训职业技能培训17546人，拨付培训补贴2042.38万元。其中以训稳岗培训补贴2004人472.6万元，一次性培训补贴15107人1510.7万元，重点人群培训补贴338人29.2万元，以工代训培训补贴97人29.876万元。

（林萍）

【垃圾分类技能培训】 年内，区人力资源社会保障局以《北京市生活垃圾管理条例》实施为契机，开展垃圾分类职业技能培训1503人，培训后上岗1138人，开发全市首个“垃圾分类”实践动画指引，实现垃圾“云分类”。北京日报、北京电视台等20余家媒体对延庆区的垃圾分类职业技能培训进行报道，网民总浏览量达700万人次以上。

（林萍）

社会保障

劳动保障

【工伤认定】 年内，区人力资源社会保障局办理工伤认定399例，认定工伤352例，不予受理1例，不予认定工伤3例，终止工伤认定6

例，结转下年37例，工伤认定时限内办结率达100%。工伤职工康复治疗2人次。以建筑业为重点推动工伤保险扩面，组织开展工伤保险主题宣传活动，发放各类宣传材料1万余份，推动127个在建工程项目实现参保。

（林萍）

【劳动能力鉴定】 年内，区人力资源社会保障局落实鉴定工作标准化建设，通过硬件设施建设、窗口服务建设、开辟绿色通道组织专场鉴定和视频鉴定。组织劳动能力鉴定258人，比上年减少25.6%。其中工伤评残228人（达到伤残等级209人，未达到伤残级别19人），配置辅助器具确认4人，停工留薪期确认1人；因病鉴定人数25人（达到完全丧失劳动能力17人），病退率68%。组织视频鉴定8人。

（林萍）

【劳动合同管理】 年内，区人力资源社会保障局对重点行业、重点企业实施劳动合同管理，办理劳动合同季报252家，涉及劳动者1.9万人次，合同签订率96.93%。推进各项劳动关系审批备案工作，集体合同备案单位208家，涉及职工1.08万人；综合计时工时工作制单位156家，涉及14014人；不定时工作制单位21家，涉及326人；劳务派遣新增19家。

（林萍）

【劳动监察】 年内，区人力资源社会保障局构建根治欠薪长效机制，将区级根治拖欠农民工工资工作协调小组成员单位由市级层面26家调整至区级层面44家。贯彻落实《保障农民工资支付条例》，建筑施工项目全面建立农民工工资专用账户、总包代发、实名制管理等制度，启用国务院欠薪线索平台，多渠道接受劳动者维权信息。以冬奥、政府保障房项目等政府投资类建筑工地为重点，欠薪检查966户次，行政执法1034次，处理农民工工资结算纠纷501件，为1311人追偿劳动报酬1058.6万元。

（林萍）

【劳动人事争议调解仲裁】 年内，区人力资源社会保障局实行要素式办案机制和裁审衔接机制，成立劳动争议速裁小组，规范实施“一裁终局”，指导全区49个基层调解组织开展争议预防和调解工作。全年受理各类争议案件996件，比上年增长45.19%，结案率98.9%，调解成功率62.68%，仲裁终结率67.31%，为申请人追回劳动报酬及赔偿2810.42万元。

（林萍）

【世园会占地安置】 年内，区人力资源社会保障局配合做好世园会占地安置工作。完成南辛堡、民主街2个村3人养老、失业、医疗保险补缴工作，累计补缴金额38.45万元。

（林萍）

工资福利

【考核奖励】 2020年度全区共有82家事业单位10825人参加年度考核，其中事业单位工作人员10643人，机关工勤182人。参加考核人员中，优秀等次2107人，合格等次8642人，基本合格等次2人，不合格等次9人，未定等次65人。经考核，2455人获得奖励，其中，嘉奖奖励2187人，记功奖励268人。

（林萍）

【工资及奖金发放】 年内，区人力资源社会保障局完成全区240家单位1.3万名在职、离休人员工资按月统发工作。核定事业单位2020年度工资总额11亿元。完成1.37万人次工资正常晋升工作，其中晋升级别工资681人，晋升级别工资档次3470人，事业晋升薪级工资8989人。正常调整工作性津贴565人。完成工资日常变动审核2488人次。审批享受农林一线科技人员、乡以下卫生技术人员浮动工资56人，浮动工资转固定37人。完成各项津贴补贴审批及按季度核准工作。完成2019年度奖金核定审批，涉及平安建设考核奖、政府绩效管理考核奖、国家机关年终一次性奖金、工作性津贴剩余部分、综合目标考核奖、年终业绩考核奖、重大安保一次性奖励共计5.99亿元。审核一线医务人员临时性工作补助资金99人次8.11万元，审核一线医务人员卫生防疫津贴88人次4.08万元，为参与疫情防治医疗卫生机构核增一次性绩效工资总量490.77万元，涉及一线医务人员1402人。推进公务员职务职级并行工资政策兑现，完善义务教育学校绩效工资分配和基层医疗卫生机构绩效工资政策。为区城指中心等20家单位拨付福利费50万元。为95名去世人员审批丧葬费、一次性抚恤金，为36名去世人员遗属办理生活困难补助手续，为281名享受生育津贴职工核算产假工资。企业执行2200元最低工资标准。

（林萍）

社会保险

【社会保险基金】 年内，全区三险（养老保险、工伤保险、失业保险）累计收缴69917.66万元，比上年减少42537.49万元，降幅37.83%；三险累计发放179611.75万元，比上年增加36830.62万元，增幅25.80%。社保稽核受理投诉案件109件，办结率100%，补缴金额239.21万元。

（林萍）

【社会保险待遇调整】 年内，调整全区企业退休人员基本养老金，增幅5.88%左右；城乡居民基本养老保险基础养老金增幅14.08%，城乡居民老年保障福利养老金增幅2.72%，失业保险金增幅7.13%；调整工伤保险待遇，包括伤残津贴、供养亲属抚恤金和生活护理费，分别增长7.30%、9.43%和7%。

（林萍）

【工伤保险医疗费用审核】 年内，区人力资源社会保障局审核结算工伤保险医疗费用3934人次，比上年减少21.91%。其中，工伤保险门诊费用结算3829人次，比上年减少21.17%；工伤保险住院费用结算105人次，比上年减少41.99%。工伤保险基金支付金额719.91万元，比上年减少40.99%。其中门诊基金支付350.38万元，比上年增长11.79%；住院基金支付金额369.53万元，比上年减少59.24%。

（林萍）

【福利养老金】 截至年底，全区城乡无社会保障老年人享受福利养老金人数2.07万人，比上年减少4.96%。累计发放福利养老金19604.70万元，比上年减少1.49%。上调基础养老金标准后每人每月最低735元。

（林萍）

【城乡居民养老保险】 截至年底，全区参加城乡居民养老保险人数4.88万人，收缴金额5348.97万元。领取养老金人数3.54万人，领取保险金额36541.67万元。上调基础养老金标准后每人每月最低820元。

（林萍）

【社会保险参保】 截至年底，全区基本养老保险参保7672户，比上年增长23.07%；参保10.47万人，比上年增长2.77%。失业保险参保7664户，比上年增长25.50%；参保8.76万人，比上年增长4.55%。工伤保险参保7955户，比上年增长25.26%；参保9.33万人，比上年增长2.31%。

（林萍）

医疗保障

【概况】 北京市延庆区医疗保障局（简称区医保局）为区政府工作部门，负责贯彻落实国家医疗保障方针政策和市、区有关决策部署。主要工作职能涉及医疗保障基金监督、城乡居民医保参保、医疗费用审核支付、医疗救助、定点医药机构管理5个方面。下辖副处级事业单位北京市延庆区医疗保险事务管理中心（简称区医保中心）。2020年，全区城乡居民医保参保缴费13.02万人，与上年基本持平，其中享受政府资助免缴待遇2.43万人。督导全区74家定点医疗机构完成系统改造和设备配置，完成系统验收，确保2021年1月1日实现医保电子凭证就医结算。

单位名称：延庆区医疗保障局
地　　址：延庆镇高塔街40号
电　　话：69145896

（李晶）

【基本医疗保险审核支付】 年内，区医保局完成医疗保险审核支付8.89亿元，其中，城镇职工5.73亿元，城乡居民、离休人员、异地人员分别支付3.07亿元、447.6万元、495.24万元。生育保险审核支付6396.39万元，其中审核支付生育费用1031.56万元；核准支付生育津贴5364.83万元。

（李晶）

【大病医疗保障】 年内，区医保局审核城乡居民大病保险1167人次，基金支付1201.05万元。审核城镇职工大病保险137人次，基金支付253.9万元。

（李晶）

【医疗救助】 年内，区医保局审核社会救助对象医疗费用6142人次，支付救助资金822.84万元。其中，普通救助对象5496人次，支付救助资金567.14万元；重大疾病费用救助645人次，支付救助资金255.37万元；生育救助1人次，支付救助资金3319.74元。审核社会救助对象住院押金减免和出院即时结算医疗救助费用249人次，支付救助资金144.53万元。救助2018年度因病致贫家庭263个，救助家庭成员315人，支付救助资金185.88万元。

（李晶）

【城乡居民医保经办业务下沉】 年内，区医保局联合区政务服务管理局深入各街乡镇，共同推进城乡居民医保减员、信息变更、异地就医登记等相关业务下沉工作。完成医疗保险系统安装调试，对基层经办人员进行业务培训指导，切实提高群众便利性，解决山区参保人实际困难。

（李晶）

【落实疫情防控政策】 年内，区医保局根据北京市《关于阶段性减征职工基本医疗保险单位缴费的通知》精神，落实阶段性减征及缓缴政策。2至6月，全区累计减征职工基本医疗保险1.11亿元，惠及5775家企业61144名参保职工。出台疫情期间医保办事指南，实行业务网上办、预约办及不见面办理。延长对外办公时间，推行“朝九晚五、中午延时服务”，满足群众办事需求。

（李晶）

【定点医药机构管理】 年内，区医保局完成2020年度全区各定点医药机构年度考核及协议续签工作。完善区医保补充服务协议和医保服务医师管理办法，鼓励医保服务医师为查处欺诈骗保等医保违规问题提供线索。完成2020年新增医保服务医师培训考核工作，49名医师参加培训并通过考核。检查定点医药机构129家次，查处违规金额1.87万元。对37家定点医疗机构的274名医师进行扣分，累计扣除467分，依据扣分情况对5名医师进行警告处理。

（李晶）

【打击欺诈骗保】 年内，区医保局开展经办机构及全区74家定点医疗机构、17家定点零售药店自查自纠以及定点医药机构全覆盖现场检查工作。对自查自纠及检查中明确具体违规金额的定点医疗机构进行追费处理，共追费2.59万元。筛查个人异常数据5947人次，印发个人告知书47份，其中警示4人，约谈42人，追回1人违规费用3638.21元。

（李晶）

【国家医疗保障平台标准编码维护】 年内，区医保局完成辖区74家定点医疗机构、17家定点零售药店编码审核工作。审核上报医保执业医师信息1147人次、医保执业护士959人、医保执业药师17人。

（李晶）

【国家组织药品集中采购和使用】 年内，区医保局启动第二、三批国家组织药品集中采购和使用工作，对辖区74家定点医疗机构进行现场检查及远程督导。安排专人关注集采工作进展情况，发现问题及时督促整改。全区药品集采工作运行平稳，无突发应急事件发生。

（李晶）

民 政

基本民生保障

【概况】 北京市延庆区民政局（简称区民政局）是区政府工作部门，中共北京市延庆区委社会工作委员会（简称区委社会工委）是区委派出机构，区委社会工委与区民政局合署办公。区民政局一是承担困难群众救助、养老、残疾人和儿童服务保障、接济救助等基本民生保障职责，二是承担社区治理、基层政权建设、社会动员等基层社会治理职责，三是承担殡葬、婚登、慈善捐赠、行政区划等基本社会服务职责。区委社会工委一是承担研究提出本区社会建设的总体规划、重要政策和方案职责，二是承担宏观指导、统筹协调和督促检查全区社会建设重点任务落实职责，三是承担拟定本区社会管理体制改革和社会领域社会动员体制机制建设的规划和政策措施并组织实施职责，四是承担协调指导社区党建、社会组织党建和社工人才队伍建设等职责。年内，区民政局依法对8家养老机构进行备案，其中6家为新增养老机构，2家为存量养老机构信息变更。为全区102户城乡特困、低保、低收入老年人家庭进行通行、助浴、如厕等适老化改造。推进建设20家老年幸福餐桌。全区累计建设113家老年幸福餐桌，覆盖2.1万名农村老人。推进建设养老驿站11家，其中老年餐桌升级农村幸福晚年驿站8家，社区养老服务驿站3家。全区养老驿站累计达20家。截至年底，通过民政资金监管信息化平台，完成低保、社救、老年人等民政资金统发38.82万人次，金额2.04亿元。

单位名称：延庆区民政局（延庆区委社会工作委员会）
地　　址：延庆区东外大街59号
电　　话：69141405

（张琦）

【“两节”走访慰问】 年内，区民政局慰问困难群众、福利机构等共4大类11小项3928人（户），慰问标准为140～2000元/人；慰问福利机构2家，慰问标准为4万～5万元/家。安排慰问资金278.35万元，其中市级下拨资金117万元，区级财政承担资金160.35万元，自筹资金1万元。

（赵琳）

【留守（困境）儿童关爱服务】 “六一”儿童节期间，区民政局开展“爱心送暖、疫路童行”2020年度延庆区留守（困境）儿童关爱慰问活动，为全区500名留守（困境）儿童送上书包、食品等价值7.5万元的爱心礼物。

（赵琳）

【城乡最低生活保障】 7月1日起，城乡低保标准从家庭月人均1100元调至1170元，城乡特困分散供养标准从家庭月人均1650元调至1755元。全区共有城乡低保对象2261户3738人，支出低保金4815.92万元；城乡特困人员共计992户996人，支出资金2847.53万元；城乡低收入家庭共141户364人，支出资金37.4万元。为城乡低保和城乡特困人员发放电价补贴28.61万元。为城乡低保和城乡特困人员发放临时价格补贴370.23万元。

（赵琳）

【区慈善协会第四届会员大会】 8月28日，区慈善协会召开第四届会员大会，选举产生第四届理事会理事15人、监事会监事3人，副区长陈桂芬当选为区慈善协会会长。

（赵琳）

【社会救助审批权限下放】 9月1日起，区民政局下放社会救助审批权限，委托乡镇人民政府、街道办事处实施。制定特困、低保、低收入救助、临时救助、冬季取暖救助等审批操作规程，推进社会救助审批权限下放工作开展。对新申请的社会救助材料监督抽查，发现问题及时纠正，确保审核确认权限委托实施工作落到实处。

（赵琳）

【困难家庭采暖救助】 年内，区民政局对燃煤自采暖的1007户低保家庭和分散供养特困人员给予采暖补助96.38万元；对2207户清洁能源自采暖的低保家庭和分散供养特困人员给予采暖补助374.28万元；对102户集中供热采暖的低保家庭和分散供养特困人员发放集中供热采暖补助26.2万元。

（赵琳）

【生活不能自理特困人员集中供养】 年内，区民政局制定《延庆区特困人员供养救助实施细则》《延庆区分散供养特困人员照料服务细则》，规范特困人员供养内容和分散供养特困人员照料服务工作。至年底，生活不能自理特困人员集中供养率达到52.38%，比2019年提高40.92个百分点。

（赵琳）

【残疾人补贴】 年内，区民政局向符合条件残疾人员发放两项补贴资金3206.3万元，其中困难残疾人生活补贴资金2819.46万元，重度残疾人护理补贴资金386.82万元。

（赵琳）

【定期生活补助】 年内，区民政局共发放定期生活补助3054.29万元。其中，为超转人员发放生活补助费2713.20万元；为困境儿童发放基本生活费166.71万元；为白河伤残民工发放补贴款173.63万元；为定期救济人员发放补贴款0.75万元。

（赵琳）

【“春风送暖”社会募捐】 年内，区民政局开展“爱心暖阳”系列之“抗疫情奔小康”社会募捐活动，共募集善款80.34685万元。日常接收捐款10人，共计4450元。

（赵琳）

【捐助站点全覆盖】 年内，完成18个街道、乡镇捐助站点规范化建设，实现捐助站点街道乡镇全覆盖。

（赵琳）

【建立三级救助管理服务体系】 年内，区民政局依托城市网格化管理系统，建立覆盖全区18个街道（乡镇）、428个社区（村）的三级救助管理服务体系。落实属地政府管理责任，发动社区（村）网格员、社区工作者开展街面巡查、咨询劝导和转介处置工作，兜牢织密全区救助防护网。

（赵琳）

【区救助站升级改造】 年内，区民政局投入福彩公益金305万元，按照国家三级救助管理机构评定标准完成救助站新址升级改造。救助站设有安检室、接待大厅、观察室、反家暴庇护中心等，救助床位由12张增至50张，人均居住面积5平方米，室外活动场地200平方米。增设活动室添置图书，配备活动器材，保障受助人员身心健康。引进6名专业护理人员对长期滞留人员实施生活照料、康复训练、特殊护理等救助服务。

（赵琳）

【基层社区（村）儿童主任培训】 年内，区民政局组织儿童主任培训，对全区408名基层社区（村）儿童主任、18名儿童督导员开展能力提升培训讲座2期。旨在提升基层工作水平与服务能力，逐步建立起以专业人员为核心的，覆盖全区的基层社区（村）儿童主任人才队伍体系。

（赵琳）

【“妫川希望”助学项目】 年内，区民政局资助低保家庭在读小学、初中、高中、大学新生、大学老生379人，发放助学款138.78万元。

（赵琳）

【高等教育救助】 年内，区民政局为34名民政认定的低保、低收入家庭大一新生发放助学金15.15万元，为34名农委认定的低收入农户子女发放助学金15.15万元。

（赵琳）

【低收入农户兜底帮扶项目】 年内，区民政局对低收入农户大病人员和大学生实施兜底帮扶，帮扶大病人员48人，发放帮扶款42.54万元；帮扶大学生289人，发放帮扶款57.8万元。

（赵琳）

【“共产党员献爱心”捐献活动】 年内，区慈善协会接收231个单位、421个村（社区）的26167名党员和1370名群众捐款2303081.11元。

（赵琳）

【临时救助】 年内，区民政局为15名急难群众发放救助资金4.07万元，解决城乡群众突发性、紧迫性、临时性基本生活困难。为全区879名分散特困人员、3729名低保人员和15名生活困难补助人员发放口罩46230只，消毒液880瓶。向符合条件的928名困境家庭功能障碍人员配置康复辅助器具，总金额346.53万元。

（赵琳）

【大病和突发事件救助项目】 救助大病家庭213户，发放救助款405.9万元；救助突发事件家庭2户，发放救助款2.3万元。

（陆宝玲）

【“SOS”紧急救助项目】 “SOS”紧急救助项目救助重大疾病、意外事故急难群众3人，发放救助款1.5万元。

（陆宝玲）

【爱心专项基金救助项目】 爱心专项基金救助项目对因病致贫特困人员实施再救助，救助4人，发放救助金30.3万元。

（陆宝玲）

【对口帮扶】 年内，区民政局投入项目帮扶资金10万元，用于内蒙古兴和县城关镇杏花沟村民俗院扶贫项目配套建设、小田士沟村互助幸福院改造升级。区民政局资助河北省怀来县建档立卡贫困学生94名，发放营养补助金和网上学习设备补助金5万元。

（赵琳）

基层社会治理

【城乡物业改革】 年内，印发《北京市延庆区民政局等三部门关于印发〈延庆区物业改革资金使用方案〉的通知》，将物业改革工作覆盖至三个街道的城市社区、6个乡镇的9个成建制社区以及延庆镇部分小区，实现物业改革政策城乡一体化。

（赵琳）

【社区减负】 年内，印发《关于加强社区工作准入管理的实施方案》，严格落实社区准入制度，完善发文联审机制，加大对社区工作准入检查督导机制。多次到社区开展“四不两直”的减负情况检查，清理未在清单范围内的挂牌和填报表格。

（赵琳）

【自管楼全部移交】 年内，区委社会工委完成73栋单位自管楼向属地街道移交，全区173栋自管楼移交工作全部完成。

（赵琳）

【社会心理服务站点建设】 年内，区委社会工委完成永宁镇社会心理服务中心、香营乡社会心理服务中心、康庄镇社会心理服务站建设。全区累计有6家社会心理服务中心（站）为全区社区居民开展社区心理服务疏导、慰藉工作。

（赵琳）

【社会组织管理】 年内，区委社会工委共登记注册社会组织244家，其中社会团体133家，民办非企业单位111家。在社会团体中，农业及农村发展领域34家，社会服务领域26家，卫生领域4家，体育领域10家，文化领域10家，工商服务领域8家，职业及从业者领域6家，法律、宗教、生态环境及科学研究领域8家，其他领域27家。办理社会团体成立登记4家,变更登记27家，注销登记13家。在民办非企业单位中，社会工作类56家、法律类2家、教育类31家、职业及从业者组织6家、科学研究类4家、生态环境类1家、体育类2家、卫生类3家、文化类4家、农业及农村发展类1家、其他1家。办理民非成立登记13家，变更登记21家，注销登记8家。18个乡镇（街道）备案的社区社会组织2318家。对社会组织行政检查409次。对16家社会组织违法行为进行立案调查，分别给予16家警告处罚。16家社会组织被列入社会组织活动异常名录。

（赵琳）

【社会组织年检】 年内，区委社会工委组织

229家社会组织进行年检，合格201家，基本合格10家，不合格3家，未年检15家。

（赵琳）

【社会组织扶贫协作】 年内，区委社会工委动员21家社会组织与内蒙古兴和、河北省宣化地区28个村（社区）签订长期帮扶协议，捐款捐物共计31.45万元。社会组织开展为扶贫地区免费安装闪光可视门铃及火灾报警一体机、为贫困老人和贫困儿童送去慰问品、为敬老院捐赠养老床等扶贫活动。

（赵琳）

【政府购买社会组织服务】 年内，区委社会工委面向全区社会组织购买服务13项。对三个街道社会组织孵化基地进行运营管理。开通延庆区社会组织微信公众号。

（赵琳）

【全程督导社区疫情防控】 年内，区委社会工委组建3个督查组，不间断督导社区疫情防控，实现“三无”小区管理全覆盖。全体党员干部分31批3078人次下沉社区，全程示范引领，充实社区防控力量。为街道协调发放体温枪、口罩、帐篷等物资，缓解社区防疫用品紧缺。牵头组建在鄂返京人员分流转运专班，完成780名在鄂返延人员转运工作。

（赵琳）

【《北京市街道办事处条例》宣传落实】 年内，区委社会工委贯彻落实《北京市街道办事处条例》，推进2020年新时代街道工作35项重点任务和12项实事任务落实。在全区范围开展《北京市街道办事处条例》的宣传，成立宣讲团深入各委办局、街道社区开展宣讲培训30余场，发放宣传材料7000余份，录制北京干部教育网视频课程。

（赵琳）

【新设6个社区】 年内，区委社会工委将规模较大、管理难、盲区多的格兰山水二期、天成家园、高塔3个社区拆分调整为格兰山水二期、格兰山水二期南区、天成家园北、天成家园南、高塔、庆园6个社区。

（赵琳）

【社会工作职业水平证书线上登记】 年内，延庆区作为全市试点，开展社会工作职业水平证书首次线上登记，通过北京市民政局官网、北京通App、北京市社会建设和民政公众号平台注册登记。截至年底，全区持有北京市社会工作者职业水平证书人员407名，其中取得初级证书324人，取得中级证书83人。

（赵琳）

【一线城乡社区工作者补助发放】 年内，区委社会工委结合全市“消费季”活动，向一线城乡社区工作者发放“北京消费券”；面向全区376个行政村、49个社区发放2490个兑换码；兑换码以实名兑换，兑换成功后，可在线下有“北京消费券”标识的商家用餐、购物时使用。向3个街道15个乡镇一线社区工作者2222人，发放疫情补助1982.93万元。

（赵琳）

【党建引领社区治理培训项目】 年内，区委社会工委确定北京城乡基层社区治理促进会开展党建引领社区治理培训项目。对全区社区党组织书记、专职副书记（党务工作者）、物业公司、物管会及业委会负责人代表进行集中培训和“书记沙龙”等现场观摩培训。

（赵琳）

【社区书记工作室试点建设】 年内，区委社会工委指导完成儒林街道儒林苑社区、百泉街道湖南社区、香水园街道新兴西社区3个社区，开展社区书记工作室试点建设。社区书记工作室是由辖区内具有良好工作业绩和影响力的社区党组织书记主导，集品牌引领、试点示范、培养交流等功能于一体的党建引领社区治理服务阵地，是社区党建创新的“牵引机”、社区治理人才的“孵化器”、服务党员的“好平台”。

（赵琳）

【社会组织党建示范点培育项目】 年内，区委社会工委选取墨墨祝福志愿者协会和北京市延庆区蓝天救援队开展社会组织党建示范点培育项目，对2家社会组织拨付党建示范点培育资金各10万元。

（赵琳）

【参与“第五届北京社工宣传周”活动】 3月，区委社会工委以“众志成城战疫情 北京社工在行动”为第一阶段宣传周活动主题，动员社会服务机构和社会工作者参与“第五届北京社工宣传周”活动，参与疫情防控、服务各类弱势群体，开展线上服务展示和宣传活动。6月，指导组织9家社工机构，以“关爱儿童、保护儿童”为第二阶段宣传周活动主题，围绕儿童社会工作服务，开展线上、线下宣传活动，在儒林苑社区和永安社区，现场发放宣传材料200份，参与人员600人。

（赵琳）

【第二届社区邻里节】 10月17日，延庆区第二届“社区邻里节”在国际会展中心广场开幕。主会场通过现场展演等形式集中展示延庆各社区特色，并对网络评选出的10个疫情防控期间的全区模范健康家庭进行表彰，社区居民代表宣读建设美好社区家园倡议书。此届“社区邻里节”以“邻里守望相助、共建美好家园”为主题，至10月25日结束。围绕“抗疫情”“迎冬奥”“守公约”等内容开展90余项活动，全区各社区的4000余名居民参与。

（赵琳）

【志愿服务】 截至年底，全区共有实名注册志愿者78297人，志愿团体总数2277个。其中法人登记组织13个，未登记的志愿服务组织2264个。

（赵琳）

基本社会服务

【惠老政策落实】 年内，为9441人发放高龄津贴1602.5万元，为828人发放困难老年人服务补贴286.79万元，为3361人发放失能老年人护理补贴1710.65万元。截至年底，全区共有百岁老人13人，对全区百岁老人开展走访慰问活动，发放慰问金3.2万元，发放米、面、油等慰问品折款0.38万元。为3015名享受城乡特困和城乡低保待遇的老年人以及90周岁以上高龄老年人购买老年人意外伤害保险。农村高龄、独居、困境老年人关爱帮扶项目服务2.7万人次。

（赵琳）

【养老机构建设】 年内，区民政局建成百泉街道养老照料中心、香水园街道养老照料中心和张山营镇养老照料中心。全区累计建成街道（乡镇）养老照料中心9家。接收天润和丽嘉苑小区、天成家园小区、博园雅居小区3处养老配套设施，以社区养老服务驿站的形式全部投入运营。

（赵琳）

【养老服务队伍建设】 年内，区民政局开展养老护理员职业技能培训。培训对象为养老服务机构、幸福晚年驿站专职从事养老护理服务的工作人员，包括在法定劳动年龄内的北京市城乡劳动者和外省市来京务工人员。培训内容涉及职业道德、基础照护、失智照护、安宁服务、康复服务、心理支持、消防安全等。全区共有117人参加培训，112人考试合格。组织4家老年人能力综合评估机构的29名评估工作人员和18名街道乡镇工作人员，开展老年人综合能力评估区级培训暨政策宣贯会。

（赵琳）

【养老机构安全检查】 年内，区民政局联合区应急管理、消防支队、市场监管、卫生健康等部门，运用“双随机、一公开”的方式对全区养老服务机构开展行政执法检查320次。检查内容涉及疫情防控，消防安全，食品安全，老年人权益保障等。

（赵琳）

【养老机构补贴发放】 年内，区民政局累计发放养老机构运营补贴361.88万元。其中为10家养老机构发放2019年全年运营补贴135.02万元，为11家养老机构发放2020年上半年运营补贴226.86万元。为12家养老机构发放新冠疫情补贴109.5万元，为5家养老驿站发放疫情补贴24万元。

（赵琳）

【居家养老巡视探访服务】 年内，区民政局委托6家巡访机构开展居家养老巡视探访服务项目，对4000余名独居、高龄、空巢等老年人进行生活关注并做好老人服务需求对接。

（赵琳）

【“精准帮扶”需求滚动调查】 年内，区民政局针对60周岁及以上存在家庭困难或个人失能、残疾、失独、失智、独居等情况的老年人，以及所有80周岁及以上的高龄老年人开展“精准帮扶”需求滚动调查。初筛人数为4657人，实际调查人数4816人。

（赵琳）

【慈善“1+1”关爱空巢助老项目】 年内，区慈善协会推广慈善“1+1”关爱空巢助老项目。15个乡镇的1426名志愿者为216个村的1967名困境老年人提供生活照料和精神慰藉等上门服务8.4万余次，提升困境老人晚年生活的幸福感。区慈善协会获延庆区“敬老爱老助老示范单位”称号。

（赵琳）

【养老机构新冠疫情防控】 1月23日起，全区养老机构严格实行封闭式管理。针对外出过年或院外就医拟返院老人，做好“一人一策”个案处理，建立重点老人台账89条，设置集中隔离点两处。及时发放各类防护物资，发放口罩124438只，消毒液50桶，一次性手套1200只，智能体温计71个，柴鸡蛋100盒，医用酒精100瓶。采取微信、电话等方式，实时督导养老机构落实防控要求，开展实地检查指导26次，开展疫情防控检查200余家次。

（赵琳）

【婚姻家庭线上辅导】 2月3日起，全市所有婚姻登记处均暂停非婚姻登记法定程序的选择性服务，包括暂停开放家庭婚姻调解室。区民政局婚姻登记处将现场辅导工作转为线上调解，全年预约离婚登记2374件，经线上沟通与调解，办理离婚1212件。

（赵琳）

【婚姻登记】 年内，区民政局办理婚姻登记4209件，其中结婚登记2025件，离婚登记1212件，补领结婚登记证853件，补领离婚登记证119件。完成小客车配发指标夫妻关系现场核验611件。依法登记合格率100%。

（赵琳）

【婚姻登记处喜迁新居】 延庆区民政局于2020年3月启动婚姻登记处升级改造项目。严格按照国家AAAA级婚姻登记机关标准增设窗口数量、配备登记人员、划分功能区域、储备设施设备等。2020年11月9日，婚姻登记处完成回迁并正式对外办公。

（朱凤琴）

【婚姻登记处实现“一站式”服务】 2020年11月，婚前医学检查正式入驻区民政局婚姻登记处，真正实现“婚姻登记、婚前医学检查”一站式服务。

（朱凤琴）

【见义勇为权益保护】 年内，区民政局对全区25名见义勇为人员进行慰问，每人发放慰问金1000元。组织25名见义勇为人员到区医院体检中心进行体检，购买北京世园公园全程票。

（赵琳）

【殡葬管理】 年内，区殡仪馆接运遗体1778具，火化遗体1791具（本区1594具、本市其他区97具、外埠100具），办理骨灰寄存547份。土葬区安葬遗体320具，发放丧葬补贴31.5万元。审批外地来京人员遗体运回原籍申请11件。开展殡葬行业行政执法检查105次，依法查处违法违规行为52起，依法没收并销毁封建迷信殡葬用品266.47千克，没收违法所得并处罚金28605元。开展各类绿色殡葬宣传活动4次，发放宣传海报7850张，发放致商户倡议书近9200份，殡葬指南7000本。

（赵琳）

【福利彩票】 年内，全区有23家销售站，共销售福利彩票2038.7万元，其中销售电脑彩票1714.3万元，即开型彩票324.4万元。按照北京市民政局《北京市福利彩票销售体制改革指导意见》，北京市福利彩票销售实行全市统一管理，自12月31日起，延庆区福利彩票发行中心工作全部由北京市福利彩票发行中心北部分中心管理，原机构撤销。

（赵琳）

居民收支

【居民收入】 年内，全区居民人均可支配收入37385元，同比增长2.5%。在人均可支配收入中，人均工资性收入25585元，同比增长3.7%，占人均可支配收入比重的68.4%；人均经营净收入953元，同比下降50.0%，占人均可支配收入比重的2.6%；人均财产净收入3590元，同比下降2.9%，占人均可支配收入比重的9.6%；人均转移净收入7257元，同比增长16.7%，占人均可支配收入比重的19.4%。

（司润芯）

【居民支出】 年内，全区居民人均消费支出24770元，同比增长0.5%。其中人均食品烟酒支出6084元，同比下降1.5%，占人均消费支出比重的24.6%；人均衣着支出1458元，同比下降10.6%，占人均消费支出比重的5.9%；人均居住支出8083元，同比增长4.0%，占人均消费支出比重的32.6%；人均生活用品及服务支出1955元，同比增长40.1%，占人均消费支出比重的7.9%；人均交通通信支出2637元，同比下降9.0%，占人均消费支出比重的10.6%；人均教育文化娱乐支出1454元，同比下降34.4%，占人均消费支出比重的5.9%；人均医疗保健支出2653元，同比增长24.1%，占人均消费支出比重的10.7%；人均其他用品和服务支出446元，同比增长4.9%，占人均消费支出比重的1.8%。

（司润芯）

退役军人事务

【概况】 2020年，北京市延庆区退役军人事务局（简称区退役军人局）是区政府工作部门，主要负责全区军队转业干部、复员干部、离休退休干部、退役士兵和无军籍退休退职职工的移交安置工作和自主择业、就业退役军人服务管理工作。下设4个事业单位：北京市延庆区退役军人服务中心、北京市延庆区军队离休退休干部休养所（北京市延庆区人民政府军队离休退休干部安置中心）、平北抗日烈士纪念园管理处、北京市延庆区光荣院。疫情期间，区退役军人局疫情防控志愿服务队下沉天成家园、和润社区，累计服务159人次；社区“双报到”38人，累计服务179人次。全年为2171名优抚对象发放定期抚恤、补助资金3382.73万元，发放价格临时补贴173.62万元，为52名困难优抚对象发放救助金5万元；为2名病故军人遗属发放一次性抚恤金75.96万元；为30名残疾军人优抚对象发放残疾辅助器具30套，计11.7万元；为226名优抚对象报销2019年超支医疗费137.98万元，为14家卫生院下达2020年基本医疗费预算132.86万元；发放2019—2020年采暖季部分优抚对象供热采暖补助331.61万元；为164名义务兵发放义务兵优待金703.99万元、发放义务兵家庭补助金105.22万元。完成209名退役士兵保险接续工作，个人补缴部分108.96万元，区退役军人事务局补缴217.93万元，共计326.89万元。完成10537名退役军人及优抚对象信息采集、9658块光荣牌悬挂。年内，延庆区获得全国双拥模范城（县）称号、首都双拥模范城称号。

单位名称：延庆区退役军人事务局

地　　址：延庆镇高塔街58-1

电　　话：69102571

（王建敏　焦方圆）

【烈士纪念设施管理】 年内，区退役军人局落实《北京市关于烈士纪念设施规划建设修缮管理维护的实施方案》《北京市延庆区人民检察院 中国人民解放军北京军事检察院检察建议书》，对烈士纪念设施进行全面梳理排查，将烈士纪念设施管理维护经费由10万元提高至30万元。八达岭烈士陵园升级为区级烈士纪念设施。经与相关部门协商，由各乡镇政府负责零散烈士纪念设施的日常保护工作。

（焦方圆）

【退役军人志愿服务】 年内，全区成立131支“首都老兵”退役军人志愿服务队，其中区级1支，街乡级18支，村级112支，志愿者达1700余人，其中党员800余人。志愿服务队分别在便民服务、政策宣传、应急抢险、环境保护等领域提供服务。疫情期间，1300余名退役军人主动请战，组建52支志愿服务队，为全区230余个村、社区服务近10.7万次。颜铁柱、胡广强、赵华军的先进事迹被北京市退役军人事务局收录在《北京市退役军人事务志愿服务风采录》中。

（焦方圆）

【退役军人服务保障】 年内，完成全区18个全国示范型退役军人服务中心（站）创建。区退役军人局研究出台服务保障体系经费管理使用办法，与各街乡镇签订协议，落实服务体系经费210万元。落实常态化联系退役军人制度，采取电话、微信、上门等方式，每月联系退役军人，了解困难及家庭状况，为退役军人解决困难。针对退役军人反映待遇偏低问题，研究制订《关于调整部分符合政府安排工作的退役士兵待遇的工作方案》。

（焦方圆）

【退役士兵安置】 年内，区退役军人局接收计划分配军队转业干部和自主择业军队转业干部以及符合政府安排工作条件退役士兵等，全部安置到相关单位。接收2020年夏秋季退役士兵，发放自主就业一次性经济补助645.77万元。组织退役士兵专场招聘会2次并举办自主就业退役士兵适应性培训。

（焦方圆）

【七一主题系列活动】 6月18日至7月3日，平北抗日烈士纪念园管理处举办“七一”主题系列活动。通过“上一堂党课”“唱一支党歌”“做一次游览”“办一场活动”“讲一个故事”“写一封致党员的信”“立一份承诺”7种不同类型的活动，庆祝党的生日。活动实况通过平北公众号、延庆融媒公众号、延庆新闻等媒体平台线上播放，浏览量1万余人次。

（吕鑫）

【颁发纪念章】 10月23日，为纪念中国人民志愿军抗美援朝出国作战70周年，区退役军人局为符合条件的5名军休干部颁发“中国人民志愿军抗美援朝出国作战70周年”纪念章。

（蒲玉）

【领导调研】 10月28日，副市长杨晋柏到延庆区百泉街道退役军人服务站查看基层建设情况，接待退役军人代表，听取信访诉求。为切实解决在乡复员军人出行难问题，区退役军人局制订《关于为享受在乡复员军人待遇人员配备轮椅的实施方案》，为143名在乡复员军人配置轮椅143台，共计15.4万元。

（焦方圆）

【区双拥工作总结部署大会召开】 11月18日，延庆区双拥工作总结部署大会召开。会议传达全国、北京市双拥模范城命名表彰大会精神，总结、部署全区双拥创建工作。武警交通第一支队、区教委和康庄镇3名军地代表做大会发言。市退役军人事务局、区委、区政府相关领导参加会议。

（郭昭君）

民族宗教

【概况】 北京市延庆区民族宗教侨务服务中心，是中共北京市延庆区委统一战线工作部（简称区委统战部）的事业科室，负责全区民族宗教事务管理工作。年内，民族宗教服务中心以习近平新时代中国特色社会主义思想为指导，深入贯彻落实习近平总书记关于民族宗教工作的重要论述，依法管理民族宗教事务。利用好市级匹配的民族乡村经济发展专项扶持资金350万元和2019年结转资金275万元，确定4个民族乡村经济发展项目，稳步推进民族村经济发展。新冠疫情期间，各宗教活动场所严格落实“宗教活动场所暂停对外开放、暂停集体宗教活动”要求。在全区范围内开展宗教领域突出问题专项整治工作。与相关单位联合执法，取缔非法宗教活动场所2处，查处掩护性场所3处。重大宗教节日期间，到宗教活动场所做好服务保障工作。联合相关单位指导宗教活动场所负责人开展疫情防控、防火应急演练。组织民族宗教领域各类培训班4次，举办主题为“石榴花开满夏都，妫川人民一家亲”的有奖知识竞赛。对全区宗教活动场所、清真食品经营网点和其他风险点排查260余次，行政处罚1起，开展联合检查36次。

单位名称：延庆区民族宗教侨务服务中心
地　　址：延庆镇新城街2号
电　　话：81195636

（张莹）

【新冠疫情防控】 年内，全区各宗教活动场所严格落实“宗教活动场所暂停对外开放、暂停集体宗教活动”要求，区委统战部不定期进行现场督导，实施宗教活动场所“日报告”“零报告”制度。为宗教活动场所和清真食品经营网点送去消毒液、体温枪、口罩等急需的防疫物资；动员民族宗教界开展“抗击疫情公益捐款”活动，捐款95855元。

（张莹）

【宗教事务条例培训班】 年内，区委统战部组织民族宗教领域各类培训班4次，学习新修订的《北京市宗教事务条例》以及民族团结进步创建等知识。全区各部门、各乡镇街道主管领导和宗教团体负责人参加培训。

（张莹）

【民族乡村专项资金扶持】 年内，延庆区获民族乡村经济发展专项扶持资金350万元，2019年结转资金275万元，用于民族村经济发展。

（张莹）

【确定4个民族乡村经济发展项目】 年内，延庆区确定4个民族乡村经济发展项目，分别为井庄镇王仲营村更新水井工程、大庄科乡镇小庄科村民族特色村寨农业设施建设项目、大庄科乡慈母川村挡墙、文化墙及河道治理工程项目、康庄镇大营村基础设施提升改造工程。截至年底，除康庄镇大营村基础设施提升改造工程未完成外，其他3个项目全部完成。

（张莹）

【民族团结进步创建活动】 7月至10月，区委统战部在北京延庆App举办10期主题为“石榴花开满夏都，妫川人民一家亲”有奖知识竞赛，5000余人次浏览、近3000人次参与答题。同期在全区开展“石榴花开满夏都，妫川人民一家亲”主题巡展活动，展出内容以宣传民族团结进步创建为主。持续3个月的展览活动在各乡镇、街道、机关单位巡展40余次，涉及全区62个单位。

（张莹）

【非法宗教活动查处】 11月2日，区委统战部与有关单位联合执法，取缔非法宗教活动场所2处，查处掩护性场所3处，控制涉案人员16人，查获非法宗教书籍1530本、非法宗教物品近百件。

（张莹）

残疾人事业

【概况】 延庆区残疾人联合会（简称“区残联”）是区委、区政府领导下残疾人自身代表组织、社会福利团体和事业管理机构的残疾人事业团体。2020年，区残联全力做好残疾人疫情防控和服务保障工作，送出消毒液580千克，一次性手套10380只，口罩8450只。制订并印发《延庆区进一步促进无障碍环境建设2019—2021年行动方案》，对全区562个纳入统一整改计划的点位逐一进行核实，项目总投资6759.82万元。完成东西部扶贫协作任务，拨付140万元帮扶资金，用于援建温馨家园、农村实用技术培训、家庭无障碍改造等项目。春节、元旦走访慰问残疾人3943户，发放慰问品及慰问金268.2万元。发放养老助残券16478人次、164.78万元。审核648家安排残疾人就业用人单位，安置残疾人1975人，发放岗位补贴1429.27万元，社会保险补贴43.73万元。为33名儿童进行康复训练，为4454名残疾人进行辅助器具申请审批。新建村级温馨家园10个。

单位名称：延庆区残疾人联合会
地　　址：延庆镇百泉路37号院
电　　话：69102602

（李征）

【北京市残疾人冰雪文化体育节在区开幕】 1月11日，“第四届中国残疾人冰雪运动季”暨“爱满京华”北京市残疾人冰雪文化体育节在延庆万科石京龙滑雪场开幕。全市16个区和燕山地区残联、市残联专门协会和张家口市宣化区残联的19支代表队700余名残疾人参加开幕式。开幕式后，与会人员集体乘车到延庆区世葡园，参加冰上融合龙舟、滑冰车、冰上自行车、雪地足球射门、滑雪圈、雪鞋跑、香蕉船、旋转雪圈、雪上坦克车、桌上冰壶等趣味比赛体验项目，并观看残疾人文艺表演和北京市残疾人滑雪队的滑雪表演。

（李征）

【残疾人技能培训】 3月，区残联组织首期残疾人职业技能线上培训。在线学习腰肌劳损按摩护理、豆腐脑制作、多肉植物种植等知识，143名残疾人参加培训。6月至7月，区残联委托延庆区智选职业技能培训学校为延庆区350名劳动年龄段内持证残疾人进行职业技能提升培训。分别对张山营镇、珍珠泉乡、四海镇和康庄镇的350名残疾人学员以线上授课+线下培训的方式进行课程指导，帮助残疾人学员更好地完成理论课程学习。

（李征）

【无障碍环境建设推进会】 7月31日，主管副区长主持召开区无障碍环境建设专项行动工作推进会。会上，区残联详细汇报近期工作开展情况以及下一步工作安排。会议要求坚持首善标准，进一步查漏补缺，做好2022年冬奥会、冬残奥会延庆赛区14家签约酒店无障碍设施建设。

（李征）

【扶贫协作】 8月17日，张家口市残联、区残联联合召开扶贫协作工作座谈会。会上，张家口市宣化区残联、怀来县残联分别就两年的扶贫协作工作进行介绍；张家口市残联、区残联探讨脱贫攻坚工作的经验和做法。今后到宣化区贾家营镇温馨家园、宣化残障双创基地调研。11月，在内蒙古和兴和县举办职业技能培训班，帮助兴和县残疾人学习中式面点和美发技能，并取得职业资格证书。

（李征）

【全国残疾预防日宣传】 8月25日，区残联在百泉街道燕水家园社区和莲花苑社区，举办“扶残助残，有你有我”法治宣传活动，通过悬挂横幅、发放宣传材料等形式宣传。发放宣传资料500份。

（李征）

【残疾人体验联谊活动】 9月，区聋人协会、智力残疾人及亲友协会在永宁悦游工坊举办以“协会共融共建　感受美好生活　推广优秀文化　激发个人潜力”为主题的陶瓷彩绘创意体验联谊活动，40名残疾人参与活动，了解和制作“陶瓷彩绘”。

（李征）

【国际残疾人日活动】 12月3日，区五大专门协会（盲人协会、聋人协会、肢体残疾人协会、智力残疾人及亲友协会、精神残疾人及亲友协会）联合举办以“相约冰雪冬奥　感受魅力非遗　体验无障碍设施”为主题的体验活动。活动中，79名残疾人及其亲属参与制作冬奥会吉祥物“冰墩墩、雪融融”，感受非遗文化与冬奥文化的魅力结合，并到无障碍精品示范街体验多项无障碍设施。

（李征）

红十字事业

【概况】 北京市延庆区红十字会（简称区红十字会），是区委、区政府领导下从事人道主义工作的社会救助团体，以发扬“人道、博爱、奉献”精神，保护人的生命和健康，促进人类和平进步事业为宗旨。下属事业单位有应急救护指导中心，全区红十字团体会员单位87个，个人会员8632人，红十字志愿服务队伍4支，志愿者人数866人。2020年，区红十字会开展人道救助、关爱群众工作，主动接受社会监督。新冠疫情防控期间，组织全体党员干部参与志愿服务143次，在职党员进社区58次，累计服务时长338.5小时。组织党员干部参与“百日攻坚大决战 全民扫除助创城”、周末卫生日等活动，到扫雪铲冰责任区、三包责任区、驻在社区、共建社区开展卫生大扫除、擦拭栏杆等志愿服务活动42次。开展回社区双报到活动，进行桶前值守16次，累计值守时长44小时。区红十字会被区文明办评为2018—2020年延庆区文明单位。第八中学、下屯学校、康庄中学、大榆树中学的6名学生获得2019年市级“优秀红十字青少年会员”称号。

单位名称：延庆区红十字会
地　　址：延庆镇西街1号
电　　话：69104066

（曹军娟）

【新冠疫情捐赠工作】 年内，区红十字会作为区疫情防控工作领导小组物资与市场环境组成员单位，第一时间制订应对疫情防控工作方案，完善募捐款物管理使用办法、募捐款物接收使用流程，制定物资捐赠函及接收社会捐赠款物的说明。在政府网站公示接收和执行情况32期，经多次审计未出现问题。共接收275笔价值5517383.98元捐赠款物，其中捐赠款2372264.98元，物资31批价值3145119元，总体执行率达100%。

（曹军娟）

【人道救助】 年内，红十字会发放95.82万元救助款，全区1600余人受益。包括日常博爱生活救助，121人受益；“两节”期间慰问各街乡镇及机关单位因病和突发意外事件造成生活特别困难的人员，530户困难家庭受益；开展“人道惠民”活动，151人受益。

（曹军娟）

【应急救护培训】 年内，区红十字会探索“互联网+培训教育”的应急救护培训新模式，全年共举办线上、线下各类培训班108期，培训人数总计3727人。

（曹军娟）

【红十字运动宣传】 年内，区红十字会推出新冠肺炎疫情防控、防灾避险、应急救护、无偿献血、艾滋病防治相关知识等红十字系列小课堂5期，在延庆在线、延庆融媒、文明延庆、延庆应急管理局、“延庆小可抖”等平台宣传报道，线上线下开展各种主题宣传。区红十字会推出的“助力疫情防控 红十字救在身边”微课堂获市应急办、市安委办2020“应急救护进万家”工作最佳实践活动。

（曹军娟）

【接受“四风”问题专项巡察】 5月7日至7月10日，区委第三巡察组对区红十字会党组开展“四风”问题专项巡察。9月15日，向区红十字会反馈巡察意见建议。区红十字会党组对照问题确定5类12项25个整改任务，提出81项整改措施，并逐条落实整改措施。25个81项整改任务全部完成。

（曹军娟）

【世界红十字日主题活动】 5月8日，区红十字会以“助力疫情防控 红十字救在身边”为主题，开展第73个纪念“五八”世界红十字日主题活动，包括以“助力疫情防控 重温入会誓词”为主题开展主题党日活动；推出系列红十字运动和应急救护知识线上微课堂；慰问在社区值守的红十字志愿者；组织红十字会员、志愿者积极开展社区及村口疫情防控值守、环境卫生清扫、垃圾分类、特殊群体帮扶等。

（曹军娟）

【延庆区造血干细胞捐献“零”的突破】 7月7日，永宁社区卫生服务中心的吕彬为一名白血病患儿捐献造血干细胞，成为中华骨髓库北京分库第396例捐献者，实现本区造血干细胞捐献“零”的突破。11月12日，区城管执法局干部王跃杰完成第二例造血干细胞捐献，成为中华骨髓库北京分库第401例捐献者。

（曹军娟）

【首次线上直播急救知识】 9月12日是第21个“世界急救日”，区红十字会首次在企业微信公众号上开展急救知识直播，讲授红十字运动知识以及日常突发事件的急救措施，222名青年和红十字志愿者参与。

（曹军娟）

【“金秋健康服务季”活动走进延庆】 10月30日，北京市“红十字村”金秋健康服务季活动在延庆区大庄科乡沙塘沟村举行。北京朝阳医院、佑安医院、北京第三医院、通州潞河医院的南丁格尔医疗服务队队员以及北京华夏民众眼科医院的专业医疗人员为村民提供心脑血管、呼吸、内分泌、骨科、眼科方面疾病的义诊和老年护理、常规用药指导、入户义诊；应急救护培训师为大庄科乡志愿服务队30余名志愿者进行心肺复苏的操作步骤讲解和技能训练，AED使用的讲解和演示；并慰问村中的部分困难户，为红十字村发放家庭急救箱、急救包。

（曹军娟）

【博爱助学签约】 12月4日，区红十字会与海淀区红十字会举行博爱助学签约仪式。海淀区红十字会向延庆区贫困学生捐赠博爱助学款10万元，由延庆区教委提供100名贫困学生名单，每人获得1000元助学款，用于学习和生活费用。同时捐赠急救包、尼龙包、书立等物资。

（曹军娟）

【红十字青少年冬令营活动】 12月19至20日，区红十字会开展以“弘扬人道精神 助力冬奥盛会”为主题的红十字青少年冬令营活动，来自三中、四中、十一学校的30名初二学生参加。通过讲座、体验、实践、拓展、观影等形式，让学生了解红十字运动、“三救三献”（救灾、救护、救助和献血、献造血干细胞、献遗体器官）和冬奥会等相关知识。

（曹军娟）

（栏目编辑：孙越凡）

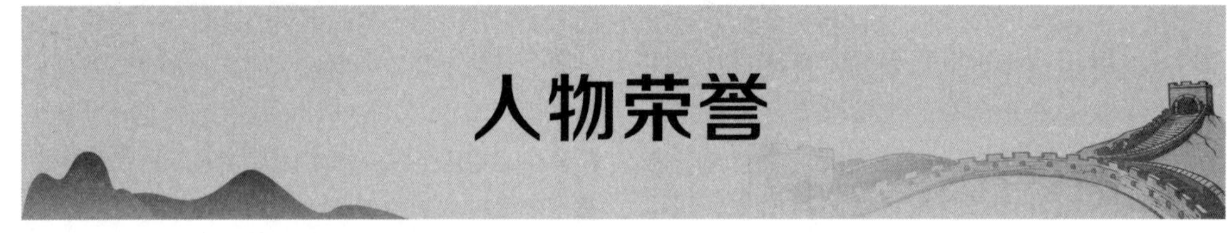

人物荣誉

先进人物

全国抗击新冠肺炎疫情先进个人称号获得者陈丽娟

陈丽娟，女，北京延庆人，中共党员，1978年12月出生，1998年6月毕业于昌平卫校护理专业，同年在延庆县医院参加工作。2005年9月至2009年7月取得北京中医药大学护理专业在职大学学历。2009年5月任传染科副护士长，2012年12月晋升主管护师，2020年2月任感染疾病科护士长。从一名普通的护士，到担任护士长工作，陈丽娟在护理岗位上勤勤恳恳，兢兢业业，一干就是20多年。在多年的临床护理工作中，她勤奋努力，以扎实的理论基础，丰富的临床经验，带领着一支优秀的护理队伍。

2020年1月新冠肺炎疫情暴发，21日晚接到医院紧急通知，陈丽娟作为延庆区医院第一位接触延庆区首位高度疑似患者的医务人员，从接收患者到发热留观病房、病人转院、再到终末消毒，不眠不休连续工作近70个小时。医院组建援鄂医疗队，成立院内支援小组，她除了对医护人员进行穿脱个人防护用品的集中培训外，更要针对每个人进行一对一指导。在医院多部门指导合作下，陈丽娟在做好科室管理的基础上，协助医院完成对增设的发热隔离病房的改造和设置，同时利用加班时间完善发热门诊和留观病区的感控流程、区域设置、消毒隔离，配合后勤部门完成区域改造，确保了发热门诊隔离区一线工作人员安全。她在生活上也没有忽视对医护人员的照顾，事无巨细，面面俱到。

一个党员就是一面旗帜，陈丽娟作为一名共产党员，冲在一线，干在实处，用脚步丈量责任，表率的作用如响之随声。在抗疫最前线，她白色的身影与鲜艳的党徽交相辉映，为延庆人民的生命健康保驾护航。2020年9月8日，全国抗击新冠肺炎疫情表彰大会在北京人民大会堂隆重举行。大会对全国抗击新冠肺炎疫情先进集体和全国抗击新冠肺炎疫情先进个人等进行表彰。北京市延庆区医院感染疾病科护士长陈丽娟荣获全国抗击新冠肺炎疫情先进个人称号，受到大会表彰。

全国先进工作者称号获得者韩文兴

韩文兴，男，1971年生，北京市延庆区气象局气象观测员。1992年，韩文兴来到佛爷顶气象站，当上了一名气象观测员，开始了独自吃住在山顶、每隔15天换一次班的孤独生活。佛爷顶气象站海拔1224.7米，是北京海拔最高的有人值守气象站。冬季最低气温零下33.2摄氏度，最大风力12级。在这样恶劣的环境里，韩文兴一待就是29年。29年来，韩文兴与风雨相伴，与雷电搏击，从未因任何原因影响一次观测；先后荣获“感动延庆十大人物”“首都精神文明建设奖”等殊荣。

佛爷顶山峰，自古是军事要塞，观测站处在850百帕范围，是北京西北天气系统上游地段，对全市天气预报具有重要指示意义，这里也是韩文兴的第二个“家”。29年来的近一半时间，他都在佛爷顶度过。1978年建站以来，佛爷顶气象观测站一般只有一名气象员值班，通常一班半个月。站里只有两名观测员，轮流值班。最初，登上佛爷顶气象观测站的路，靠双腿。每次上山，韩文兴先从家骑车30分钟至40分钟到山脚下，把自行车寄放到黑峪口的村民家里，再抄小路爬三个小时的山，才能到站里值班。值班时，除每天进行气象观测，韩文兴得自己做饭吃，冬天要自己烧锅炉取暖。他说，1992年刚上山时，观测站只有三间平瓦房，木头门窗，冬天透风，夏天漏雨，所有用水存放在四个大水缸里，缸里漂浮着小虫子。老鼠还钻过他的被窝。“三类艰苦站”名不虚传。本世纪初开始，佛爷顶国家级气象观测站逐渐换了新面貌。2003年房屋改造，卧室、客厅、厨房都有了，搭建了煤棚，铺设了地暖，能看电视，能上网。通往气象观测站的山路，也变成了盘山水泥路，换班的时候单位派车接送。生活用水、煤气罐会定期用车往山上拉。“守在站里，数据记得准，天气预报才能准。”29年里，韩文兴没有漏记过一次数据。

2012年，北京市延庆区遭遇60年一遇的大暴雪。积雪封山，粮食有限。韩文兴把米饭改稀粥，三顿改两顿。一值就是40多天，一天观测任务也没落下。

与韩文兴搭档的值班员不停更换，而他在这个寂静的岗位连续干了29年。当年同事口中的“小韩”变成了“韩哥”，现在成了“韩叔”。唯一不变的是漫长的寂寞。

与寂寞时间相伴的，还有知识海洋的滋养。这些年，韩文兴利用业余时间完成了南京信息工程大学的在职大气科学课程，获得了本科学历。近几年，北京市延庆区举办北京世园会、承办北京冬奥会，韩文兴参与气象保障任务，尽气象观测员的绵薄之力。2019年的北京世园会，从演练阶段到闭幕，持续180多天，长达半年，跨越北京的整个汛期。驻场气象预报离不开实况观测资料，每次降水、雷暴、大风天气过程，韩文兴都从头盯到尾。

2020年11月24日，全国劳动模范和先进工作者表彰大会在人民大会堂召开，北京市共有79人荣获2020年全国劳动模范、全国先进工作者称号。其中，北京市延庆区气象局佛爷顶高山站气象观测员韩文兴，作为2020年全国先进工作者参加表彰大会。

市级先进称号获得者一览表

表8

序号	奖项名称	姓名	单 位
1	市三八红旗奖章	王留芳	北京王木营蔬菜种植专业合作社
2	市三八红旗奖章	赵 楠	北京北菜园农业科技发展有限公司
3	市三八红旗奖章	郭 华	八达岭特区办事处游客服务中心
4	市三八红旗奖章	徐秀丽	延庆区城管执法局
5	市三八红旗奖章	王立平	延庆区妇联
6	市三八红旗奖章	张丽霞	中农绿康（北京）生物技术有限公司
7	市三八红旗奖章	王园园	延庆区市场监督管理局
8	市三八红旗奖章	郑爱娟	延庆区文化和旅游局
9	市三八红旗奖章	徐秀丽	延庆区城管执法局
10	市先进工作者	金 合	北京中医医院延庆医院
11	市劳动模范	薛雪菲	金果园老农（北京）食品股份公司
12	市劳动模范	张洪波	北京八达岭索道有限公司
13	市劳动模范	时二小	北京双时助农花卉种植专业合作社
14	市先进工作者	段学锋	延庆区融媒体中心
15	市先进工作者	赵俊英	延庆区儒林街道办事处
16	市先进工作者	赵方红	延庆区教育科学研究中心
17	市先进工作者	刘金柱	延庆区生态环境局
18	市先进工作者	何梅英	延庆区医院

先进集体

市级先进集体获奖情况一览表

表9

序号	奖项名称	单　　位
1	市三八红旗集体	延庆区人力资源和社会保障局职能建设科（冬奥世园培训办公室）
2	市三八红旗集体	延庆区康庄镇康大姐志愿者协会
3	市三八红旗集体	北京北控京奥建设有限公司党群工作部
4	市三八红旗集体	延庆区第一幼儿园
5	市三八红旗集体	延庆区饮食服务服务总公司同凯酒店
6	市模范集体	延庆区医院（北京大学第三医院延庆医院）
7	市模范集体	延庆区委宣传部区公共文明引导员大队
8	第五届中国青年志愿服务项目大赛银奖	共青团延庆区委员会
9	第五届中国青年志愿服务项目大赛铜奖	共青团延庆区委员会

（栏目编辑：孙越凡）

街道　乡镇

香水园街道

【概况】　香水园街道辖区域面积7.5平方千米。辖13个居委会，居民楼房302栋，总人口1.6万户、4.9万人。有12个社区党委，67个社区党支部，10个“两新”组织党支部，4个机关党支部。有中共党员2930名。2020年，街道巩固“不忘初心、牢记使命”主题教育成果，完成14项问题整改落实。街道工委修订完善68项制度，推进全面从严治党向纵深发展。对19名70岁以上支部书记进行调整，社区支部书记平均年龄由70.2岁降至63.6岁，进一步优化社区党组织“1+3”队伍建设。推荐3个社区党组织和1个非公党支部为党支部工作法试点，进一步加强党支部标准化规范化建设。新成立阳光芒果教育公司和恒生经贸公司2个非公党支部。对16个优秀基层党组织、50名优秀党务工作者和150名优秀共产党员进行表彰；慰问142名党员，发放慰问金6.5万元、慰问品83份。为89个基层党组织购买党务工具书298册。全年发展党员7名。成立街道“两委”换届选举工作领导小组，指导村、社区“两委”换届选举。推进党建引领物业“三率”工作，在18个业委会、1个物管会和9个物业公司成立临时党支部，物业管理覆盖率、业委会（物管会）覆盖率、党的组织和工作覆盖率均达到100%。发放低保人员最低生活保障金80万余元，备案社区社会组织21个，新建成新兴西社区心理服务站。367名失业人员实现就业。13个社区政务服务站建设全部通过验收，退役军人服务站全部挂牌，街道退役军人信息库共采集1247名退役军人信息。成功创建全国乡镇（街道）示范型退役军人服务站，便民服务中心主任时士英被评为北京榜样政务之星。全年开展线上线下演出近20场、群众活动100余次、公益培训100余场，参与人数达5万人次。开展图书流转近万册。文化馆分馆、图书馆分馆正式挂牌，开设合唱、大鼓、舞蹈等大课堂。获得市区级各类奖项51个。大年初二开始，街道微信公众号工作日每天一期，开设抗“疫”专栏。利用社区宣传栏、电子屏等刊播通知、防疫知识，入户发放致居民一封信，开展疫情防控宣传。在延庆电视台播出新闻52条，在《延庆报》刊登新闻56条，在北京延庆App刊登信息975条，在街道微信公众号刊登信息900条。严格执行测温、查证、验码、登记等防护措施，小区卡口101个，安装电子杆27个，智能门8个，通过物防、技防等形成疫情防控常态化。疫情防控期间，成立13个社区临时党支部，组织街道、社区和区直机关80余个单位的志愿者，1万余人次支援社区防疫一线。涌现出“闫素平”文明劝导队、“小马哥”志愿服务队、“乔管家”志愿服务队等一批优秀志愿服务团体和优秀个人。疫情防控期间，各社区实践站提出“隔离病毒，不隔离爱”全天候在线送服务活动，成立暖心代办小分队，为183名居家观察人提供心理疏导和体育锻炼指南。对辖区商务楼宇、“七小”场所和“三类场所”开展“线上摸排+线下巡查”，检查1696家次，其中当场改正400余家次，下达书面责改113份，公示67家。在创城工作中，建立街道工委会和每周党政联席会常设议题和迎检期间日调度机制，完成创城重点任务。建立火车站专班、世爵华府专班、文化墙提升专班；以楼宇为中心，覆盖卡口、健身园、小广场、小公园，成立文明监督队，全天候督查和维护小区日常卫生，引领居民提升文明素质。通过横幅、电子屏、广场机、海报进行宣传，入户宣传22780户，发放“两桶一袋”及宣传材料2.3万余份，发放分类垃圾袋4.5万个，小毛巾1.8万条。开展127个驻地单位党组织和5410名在职党员“双报到”活动。邀请市、区专家为街道、社区干部进行线上垃圾分类技能培训。石河营西社区成立垃圾分类宣传队，义务宣传24场次，培训2000余人次。对辖区220余栋楼38万余平方米的楼道全面粉刷，对南泰安等6个老旧小区地面问题、破损围墙围栏问题、火车站小区等5个老旧小区绿地缺失和黄土裸露问题实行整治改造，重新施划社区停车位7756个，自行车停车位5081个，消防通道划线1.5万平方米。完成100余家餐饮企业油烟设备升级改造。开展经营性小煤炉和燃煤锅炉、散乱污企业复查。辖区PM2.5累计浓度35微克/立方米；TSP累计浓度109微克/立方米；降尘累计浓度为5.5吨/（平方千米·月）。整治违规广告，处罚城市管理类违法行为530起，罚款53.5万元；拆除违规户外广告牌匾120余块，处罚非法广告45起，罚款3.44万元。处罚占道经营、门前三包341起，罚款2.08万元，全面实现动态清零。拆除违法建设28处、3579.16平方米，占地面积3166.68平方米。检查企业1109家次，整改隐患1031项。配合完成液化石油气居民用户巡检866家，组织企业培训4次，宣传活动17次。

单位名称：香水园街道办事处
地　　址：延庆镇妫水北街70号
电　　话：69177807

（宋玉霞）

【街道体制改革完成】 年内，街道按照内设机构、综合执法部门和事业单位职责，完成司法所、统计所机构和人员转隶。进一步明确三个办公室、三个事业单位、综合行政执法队工作职责，内设机构细化为12个专项工作组。

（宋玉霞）

【垃圾分类示范社区创建】 年内，街道投入资金200余万元，对所有垃圾桶站实行规范化建设，聘任垃圾分类指导员75名，33个驻地单位共同参与，每天早晚时段指导居民垃圾分类。处罚生活垃圾相关违法行为23起，罚款3.08万元。和润社区和石河营西社区被评为市级首批垃圾分类示范小区。

（宋玉霞）

【实现物业服务全覆盖】 年内，街道与自管楼单位对接，按照“一楼一议、一事一议”原则，共接收自管楼53栋，涉及7个社区。北高塔小区、石河营东社区、新兴小区三区、恒安社区大部完成新引进物业，东外社区、南高塔小区、恒安社区中银小院实现物业企业有序更换，实现物业服务全覆盖。

（宋玉霞）

【北京最美街巷创建】 年内，街道推进20条主次干道、背街小巷硬件提升整治工程。实施路面硬化修补工程560余平方米，实施墙面粉刷工程1.2万余平方米，铺设盲道355平方米，安装人行步道U形隔离桩68个，安装休闲座椅39条。实施恒安一条、二条单向行车规范管理工作，统筹推进停车泊位划线工程，其中恒安二条被评为“北京最美街巷”。

（宋玉霞）

【接诉即办】 年内，街道受理12345市民热线2784件，同比上升235%，年平均综合评分95.36。全年吹哨69次，累计参与会商、执法人员746人次。将川北西、新兴西、高塔3个2019年诉求量较多的社区纳入主动治理社区，梳理9项重点任务，17项细化任务，全部完成整改。石河营西社区被评为北京市“接诉即办”先进单位。

（宋玉霞）

【第七次人口普查】 年内，街道按照普查小区图和建筑物清单，逐户、逐人核对。累计完成短表登记19601户，登记人口51750人；完成长表登记1585户，登记录入533户。完成212个户籍人口核对工作；上报摸底总户数19527户，其中自主填报户554户。

（宋玉霞）

【火车站失管小区治理】 年内，街道在创城百日攻坚工作中，抽调8名干部组建精干专班，并在专班成立临时党支部。研究制订《火车站小区整治工作方案》，组织协调太原铁路集团延庆火车站8个派驻部门召开火车站小区专项整治提升协调会；印制《致火车站小区居民一封信》300余份，逐楼逐户送到小区居民家中；动员居民积极主动参与治理，形成各部门支持、群众理解配合的良好氛围。通过实施绿化、美化、亮化、设施治理、交通治理5大整治工程，由于小区长期失管造成的私搭乱建、绿化美化缺失、道路破损、停车混乱等乱象得到解决。火车站小区纳入兴运嘉园社区统一管理，成立延庆区首个物业管理委管会，形成共建共治共享的文明楼院。

（宋玉霞）

【和润社区党支部成立】 4月10日，香水园街道工委批复和润社区党支部成立。党支部班子由5人组成，其中支部书记1名，专职副书记1名，支部委员3名。6月12日，和润社区党支部正式成挂牌。

（宋玉霞）

2020年香水园街道社区基本情况统计

表10

序号	居委会名称	党支部书记	居委会主任	户数（户）	人口（人）
1	川北东社区	曹艳华	曹艳华	1706	4610
2	川北西社区	王　硕	王　硕	1288	3805
3	石河营东社区	杨晓润	杨晓润	1030	2865
4	石河营西社区	郭庆波	郭庆波	1030	2865
5	新兴东社区	纪艳蕊	纪艳蕊	990	3868
6	新兴西社区	彭永军	彭永军	3000	8827
7	高塔社区	马立新	马立新	2654	6741
8	恒安社区	于辰洋	于辰洋	1371	3803
9	东外社区	曹玉环	曹玉环	895	2345
10	双路社区	马立新	马立新	1023	3056
11	泰安社区	李怀滨	李怀滨	709	2238
12	兴运嘉园社区	王　倩	王　倩	218	545
13	和润社区	李　燕	李　燕	1300	3200

儒林街道

【概况】 延庆区儒林街道东至妫水北街、广兴街和规划建设的江佑街；南至妫水湖中心线；西至西丁路和北靳路；北至规划建设的龙兴街和高塔街。辖区总面积14.26平方千米，辖区内有10个社区居民委员会；3个社区党委，3个社区党总支，4个社区党支部，17个社区二级党支部；3个机关党支部，4个非公经济党支部，2个社会组织（儒林劳务服务中心党支部和出租驾校党支部），有中共党员949名。驻区企事业单位44个。2020年，街道完成“进一步深化漠视侵害群众利益问题专项整治”整改落实工作，完成疫情防控、接诉即办、创城等中心工作以及物业管理与垃圾分类的监督工作。打造温泉东里社区廉洁文化建设试点单位。推进社区“两委”换届选举。完成57项区级、街道级重点任务和民生实事。抓好党建引领物业改革和垃圾分类，实现物业“三率”（物业覆盖率、业委会覆盖率、党组织覆盖率）100%全覆盖，悦安居、儒林苑和温泉西里社区被评为全市生活垃圾分类示范小区。59名“小巷管家”街巷巡访1.03万小时，处理各类事件1492件。“大抓基层、狠抓落实”主题活动调研884次、调研点位2510个，现场立行解决问题454个，挂账督办12个。健全区域化党建“1+10+N”工作体系，开展“党建引领助力冬奥”活动，创建2个书记工作室，试点“红色网格”，引领44个驻地单位党组织和3341名在职党员服务群众2.2万余人次。开展主题党日100余次，发展党员5人、转正5人，接转组织关系134人。慰问生活困难党员522人，组织党员爱心捐款6万元。继续打造“一社区一特色、一社区一品牌”党建文化阵地。发动群防群治力量1.1万人次，完成国庆等重点时段安全服务保障工作。全年发放残疾人生活困难补助25.91万元，助残券1.88万元，护理补贴9.3万元。为2名残疾人大学生申请教育救助9000元。为10名低保家庭学生申请妫川助学金3.58万元。为41名重性精神病患者监护人申请看护补贴9.53万元。发放低保金49.6万余元。对特困家庭1户1人、低保家庭21户36人、低收入家庭1户4人实施动态管理服务，医疗救助30人次，报销药费4.71万余元。慰问残疾、大病、低保低收入95人。发放老年人养老服务补贴津贴2878人次62.71万元。建社区养老配餐服务站5个。查处违法行为1112起，罚款21.25万元；拆除违法建设30处、6251.85平方米；完成各类工作台账整改问题600个。全年开展技能培训600余人次。城镇登记失业人员就业194人，帮助就业困难对象就业再就业45人，招聘会帮助失业人员公益性就业15人，空岗信息采集454个，企业用工跟踪回访105次。办理灵活就业人员社会保险补贴85人，发放失业保险金444人次79.088万元，发、补、换社保卡582张，办理城乡医保210人，手工报销药费47人次12.59万元，定点医疗机构变更57人次。全年新增7户公租房，完成11户市场性住房补贴申请工作。组织开展“线上过端午，我们是认真的”线上端午节活动、元宵花会选拔赛，以及线上国庆展演等文化活动80余场。举办“千盏彩灯点亮冰雪冬奥梦 文化儒林展现时代新风貌”第十届元宵灯展灯谜会、第三届“幸福人家”颁奖演出活动，评选“幸福人家”100户。“接诉即办”接收市民热线1508件，响应率100%，解决率、满意率达97.88%，全市排名第九、全区排名第一。“街乡吹哨，部门报到”累计“吹哨”36次，解决群众反映疑难诉求20件。处理涉及疫情工单79件，解决率100%。上报网格事件22851件，上报率、立案率以及办结率均为100%。处理综合执法类诉求260件，响应率100%，办结率100%。2020年，儒林街道获第六届全国文明单位，全国模范人民调解委员会，北京市先进基层党组织，北京市抗击新冠肺炎疫情先进集体，北京市思想政治工作优秀单位，北京市“七五”普法先进集体荣誉；儒林苑社区获全国“最美志愿服务社区”称号。

单位名称：儒林街道办事处
地　　址：儒林街道康安小区16—2
电　　话：69100237

（吴琼）

【全国文明城区创建】 年内，街道组织开展创城“百日攻坚”行动”，社区拉练检查30余次。开展周末卫生大扫除、公共空间革命、春季环境整治、“翻盆倒罐”大扫除等专项行动80余次，整改问题948个。粉刷、修复破损路面、墙面38.28万平方米，绿化补植7.83万平方米。清理大件垃圾1050件、楼道及地下空间堆物6635处，清理建筑垃圾372车、2480吨；清理卫生死角2520处、小广告3966条，清洁擦拭宣传栏203个，更换楼道玻璃、纱窗383块；为1496户居民家庭安装挡板，安装晾衣架195组。

（张波）

【新时代文明实践活动】 年内，街道通过“点单派单”平台组织党员干部群众到新时代文明实践基地参观15次，参加基地主题活动31次，参加服务超市活动52次。发布各类活动信息466项，街道所辖基地开展主题活动31次。2000余人参加志愿服务活动，服务时长超过10万小时。评选优秀志愿服务社区4个，优秀志愿服务组织9个，优秀志愿者40名、优秀在职党员志愿者30名，青少年优秀小志愿者9名，优秀志愿服务家庭21户。

（朱迪）

【生育服务】 年内，街道办理生育登记服务单108份，免费孕前优生健康检查19对，无业育龄妇女免费生殖健康体检936名。发放独生子女父母各类奖励7.78万元、特别扶助对象兑现14人。全年出生90人，没有违法生育现象，政策符合率100%。

（王建新）

【新冠疫情防控】 年内，街道成立“1+1+9+10”防控工作体系，统筹在职党员、驻区单位、志愿者等各方力量11.24万人次，筑牢社区疫情防控线。持续开展涉湖北、新发地、新疆、青岛、大连等中高风险地区来返延人员排查工作。采取“人防＋技防＋服务”举措，确保不漏一人。开展人员排查、环境消杀、卡口值守、档案整理等工作。累计居家医学观察1650人，社区登记860人，街道集中隔离16人。排查境外人员63人。街道被评为北京市疫情防控先进集体，李瑞森被评为全国抗击新冠肺炎疫情优秀城乡社区工作者。

（林丽）

【法治建设】 年内，儒林司法所编制正式下沉到儒林街道，纳入城市管理和平安建设办公室。在司法所走廊打造以“法治文明新时代 一居一品靓儒林”为主题的法治长廊；在悦安居社区打造“法治文明新时代 四个条例靓儒林”主题普法涂鸦墙。开展“四个条例”（《北京市街道办事处条例》《北京市生活垃圾管理条例》《北京市物业管理条例》《北京市文明行为促进条例》）“宪法宣传”等法治宣传活动150余场次，举办法治讲座21场次。

（崔秀妮）

【垃圾分类】 年内，街道召开垃圾分类工作部署会32次，开展垃圾分类培训21次，开展宣传活动162次、发放宣传材料2万余份，入户率达到100%。组织辖区173家餐饮服务单位签订《北京市餐厨垃圾及废弃油脂收集运输服务协议》。对辖区59家机关企事业单位开展垃圾强制分类工作，考核、指导1次。悦安居小区、儒林苑小区、温泉南区西里小区成功创建垃圾分类示范小区。

（肖丽娜）

【安全生产检查】 年内，街道检查生产经营单位1204家次，出动检查人员2408人次，发现安全隐患232项，整改隐患232项，整改率100%。完成24家小微企业和5家三级企业标准化达标创建和245家生产经营单位的安全风险评估任务。疫情期间，为辖区参保企业发放84消毒液144桶并叮嘱企业做好安全隐患排查自改和疫情防护工作。开展复工复产、城乡接合部专项整治、电力设施隐患排查整治等专项行动18次；线下安全宣传活动12次。为辖区老人家庭免费安装独立烟感报警器3250套。安装充电桩348个。

（康蔓）

【第七次全国人口普查】 年内，街道完成第七次全国人口普查的两员选聘、普查区边界认定、建筑物标绘、小区图绘制、摸底入户、正式入户、数据核实等各工作。截至12月31日，摸底登记11281户，短表登记11238户，长表登记932户，职住表登记313户，行职业编码1216人，数据比对复查2000余笔。街道全域常住人口25473人，户籍人口11956人。

（张晓燕）

2020年儒林街道社区基本情况统计

表11

序号	居委会名称	党支部书记	居委会主任	户数（户）	人口（人）
1	温泉南区东里社区	李景全	李景全	1785	4565
2	温泉南区西里社区	于　敏	于　敏	646	1989
3	温泉馨苑社区	李雅丽	李雅丽	415	582
4	格兰山水二期社区	李海英	李海英	1267	3076

续表

序号	居委会名称	党支部书记	居委会主任	户数（户）	人口（人）
5	格兰山水二期南社区	李瑞森	李瑞森	1933	4552
6	胜芳园社区	尹晓临	尹晓临	606	2400
7	永安社区	陈文琪	陈文琪	1030	2391
8	儒林苑社区	张　晶	张　晶	370	1206
9	康安社区	安尚丽	安尚丽	2043	5174
10	悦安居社区	蔡佳琪	蔡佳琪	682	1910

百泉街道

【概况】 百泉街道总面积约6.2平方千米，辖社区居委会9个。驻区内行政、企业、事业单位61家，楼房223栋、常住人口户11345户、31839人，常驻户籍人口6284户、14121人，外来人口283人。含满族、回族、蒙古族、维吾尔族和壮族5个少数民族。街道工委下辖基层党组织39个，包括5个社区党委，3个党总支，31个党支部，有中共党员1100名。年内发展党员4名、转正党员3名，完成党组织关系转接115人次，建立流入流出党员工作台账（流出20人、流入115人）。审查12个下设党组织中1144名党员的入党档案材料，未发现问题。在职党员“双报到”接收报到党员1784人，报到党组织22个，组织活动175余场。开展党内信息系统人员信息校对工作，更正干部信息500余条。完成60名困难党员情况申报及审批工作。建成社会组织党组织4个。区域内非公企业共22家，有正式党员27名，流动党员21名；单独建立党组织3个，联合建立党组织1个；成立11个联合党支部。新冠疫情防控工作：街道干部实行矩阵式管理模式，全部轮流到卡口值守，实行社区和科室双重管理。以信息化手段开展敲门行动，对1万余户、3万多人实行动态排查，构建辖区3万余人的信息电子库。动员近千名志愿者开展10万余人次进行卡口执勤。推进复工复产，为辖区商户申请房租补贴50余万元。成立跑腿小分队，推出红色物业服务机制，专项检查1500余家次，整改隐患问题500余起，保证疫情防控常态化下居民的正常生活。创城攻坚工作：围绕“创文明城区　办百姓实事　迎世界盛会”主题，开展创城攻坚“百日大决战”行动。建立领导班子成员基层联系点制度，实行每周至少一次“基层坐班”制度，指导、帮助、督促社区解决困难和问题。按照“党建+物业、环境+秩序、整治+维护、栅栏内+外”的广域管理模式，形成横向到边纵向到底的精细化治理。通过“党员分片包楼”形式，认领责任区、管理责任区，党员带头参与社区共治。施划停车位1.4万米、非机动车停车区域9400米、自行车车标1406个；修补、粉刷楼道破损墙面10万平方米；修复、硬化社区通道2000多平方米；修复楼道台阶900平方米。规范不文明行为600余起，处罚300起，罚款21420元。街道行政综合执法队查处各类违法行为628起，罚款27.90万元。参加联合执法92次。整改燃气公服用户安全隐患82起。拆除违法建设并完成销账14处、5053.66平方米，腾退面积3417.70平方米。垃圾分类工作：印制垃圾分类宣传彩页2万份，通过电视、微信、报纸等载体宣传垃圾分类。设置大件垃圾存放围挡，为每个垃圾桶设计、制作垃圾分类投放牌。试点在桶站安装视频监控系统，监督居民投放垃圾，从源头进行垃圾减量，做到分类投放。检查垃圾分类投放责任人、垃圾分类管理责任人1786家次，涉及生活垃圾分类的立案处罚共计35起，罚款1.7万元。燕水佳园社区、国润家园社区被评为“北京市生活垃圾分类示范小区”。基层社会治理工作：重点加强“平安医院”和“平安校园”创建，开展医院和学校周边秩序整治。完善基层平安创建标准和创建模式，创新“平安街道”“平安社区”“平安家庭”“平安商市场”等创建工作，推动形成分层次类别、分行业领域的基层平安创建制度机制。健全定期会商、应急联动等工作机制，加强邮件寄递、公共交通安全等重点领域公共安全风险治理，开展联合检查225人次，消除隐患23处，清理整治群租房2户。15个自管楼全部引入物业管理。150家企业通过安全生产标准化创建工作。建立“大排查、大清理、大整治”工作格局，开展检查1000余次，及时整改各类隐患，未发生食品、药品、安全生产等事故。百泉街道被评为“北京市安全社区”。社会保障工作：采集空岗信息455条。举办2次专场招聘会，对300余人次开展职业指导服务。组织百余班次技能培训，培训失业人员500余人次；享受灵活就业395人。新增登记失业人员298人次，促进登记失业人员就业302人次，就业困难人员就业153人次，登记失业人员就业率达65%。对1900余名社会化管理退休人员进行养老金资格核查。居民医保参保1698人，报销药费67人次。受理公租房申请15户，租房补贴申请8户，公租房资格终止15户，公租房复核102户，廉租房复核1户。采集现役军人信息655人。为30位军人优抚对象办理取暖费补差手续。完成14户城乡低保家庭复审工作。办理困难老年人养老服务补贴19件，失能老年人护理补贴53件，高龄老年人津贴171件，困难残疾人生活补贴和重度残疾人护理补贴69件。春节慰问困难家庭19户。开展“爱心暖阳”系列之“战疫情奔小康”捐款活动，合计捐款1.05万元。完成儿童康复录入4人，辅具器具审核38人。组织各类活动13次。计生完成审核通过18周岁以内独生子女父母1003人，一次性奖励56人，一次性经济帮助1人；办理独生子女父母光荣证1例，核查户籍一胎生育服务登记44例，审核通过户籍二胎生育服务登记38例；办理流动人口生育服务登记20例；为辖区427名无业育龄妇女进行健康体检。

单位名称：百泉街道办事处
地　　址：延庆区鸿川北路6号
电　　话：69186601

（张丽芳）

【“三位一体”中心举办活动150场】　年内，街道实现党群服务中心、新时代文明实践站、文体活动中心“三位一体”同步运行，将党建工作和群众文化活动相融合。开设艺术空间、志愿空间、运动空间等8个专业活动室。截至年底，累计举办活动150余场，参加群众1万余人次。

（张丽芳）

【接诉即办】　年内，街道统筹整合队伍和资源打整体仗，明确提出接单不推诿、办单不惜力等工作要求。实行“日对单”“周评议”“月点评”等机制，共承办工单1300余件；有效回访工单1282件，解决1082件，解决率84.40%；满意1151件，满意率89.78%，响应率100%。

（张丽芳）

【背街小巷精细化整治提升】　年内，街道完成对21条背街小巷精细化整治提升工作。共修补路面3100平方米、修补粉饰外立面8428平方米，拆除违规避风阁7处，修复无障碍道口39处。

（张丽芳）

【法律服务】　年内，街道推出巾帼扫码、快递普法等特色普法活动98场次，发放法治宣传折页2000余份。解答法律咨询400余人次、起草并审查合同60余件，代理法律援助案件30件、诉讼案件24起，代书300余件。

（张丽芳）

【社区“两委”换届选举启动】　12月，街道启动社区“两委”换届选举工作。成立换届工作领导小组，下设办公室，组建考察提名组、秩序保障组、宣传报道组、纪检监察组、财务审计组、后勤保障组、疫情防控组7个工作组，由包居领导、包居干部以及街道工作人员组建9个指导组，形成“1+7+9”的工作格局。

（张丽芳）

2020年百泉街道社区基本情况统计

表12

序号	居委会名称	党支部书记	居委会主任	户数（户）	人口（人）
1	颍泽洲社区	赵志强	赵志强	1438	3821
2	湖南社区	马　里	马　里	1587	4917
3	燕水佳园社区	李旭阳	李旭阳	1126	2674
4	莲花苑社区	张　龙	张　龙	1001	3057
5	振兴北社区	郭　栋	郭　栋	1642	5209
6	振兴南社区	王冬华	王冬华	1867	5565
7	国润家园社区	鲁　菲	鲁　菲	1439	3489
8	舜泽园社区	刘金洁	刘金洁	805	1923
9	上都首府家园社区	王　帅	王　帅	440	1184

延庆镇

【概况】 延庆镇位于延庆区中心区域，是延庆区委、区政府所在地。全镇总面积75平方千米，另有接收山区整体搬迁村山场面积1670公顷（4.59万亩）。下辖45个行政街村、8个物业管理小区。2020年，全镇户籍户数2.12万户，户籍总人口4.22万人，其中农业人口1.76万人，城镇居民人口2.46万人。另有流动人口9701人。农村从业人员2.6万人，从事一产的0.18万人，从事二产的0.48万人，从事三产的1.96万人。年内，出生人口360人，出生率8.39‰，死亡人口258人，死亡率6.01‰，人口自然增长率2.38‰。全镇有在营业经营单位1164家，其中法人企业277家，个体工商户887家。新增注册经营单位717家，其中个体工商户206家，企业511家。中小学2所，分校3所，成人学校1所。校内公办幼儿园1所，民办幼儿园7所。镇级卫生院1所，敬老院1所。健身广场37处，达标村级文化大院35个。文物古迹49处，其中市级文物保护单位2处，区级文物保护单位11处。古树12株，其中一级国槐7株、榆树1株，二级国槐2株、榆树2株。2020年，镇党委辖基层党支部68个，其中农村党支部45个。年内发展党员12名，预备党员转正18人，全镇有中共党员2305名。新增10名农村实用人才，全镇农村实用人才305人。全镇耕地面积2857.1公顷（42856.5亩），其中粮田面积253公顷（3795亩），蔬菜面积108公顷（1624.1亩），果林面积154.8公顷（2322亩）。年产蔬菜779.3万千克、干鲜果品70.5万千克。设施园区158公顷（2370亩），有日光温室559栋，春秋棚1307栋。可利用水域面积120公顷（1800亩），规模养殖小区3个。畜牧生产，奶牛存栏2254头，年产奶984.5万千克，出栏肉牛247头，出栏羊753只，出栏家禽0.8万只，鲜蛋产量13.8万千克，水产产量28.3万千克。全镇农村经济总收入419331.8万元，农民人均劳动所得26495元。财政收入3676.3万元，财政支出21223.45万元。在做好常态化疫情防控的前提下，实现全年旅游目标，全镇乡村旅游接待游客35.66万人次，实现旅游收入3407.7万元。年内，完成10千伏配电网改造工程（大泥河路和城北路）的线路迁改、中交富力过渡供电工程项目、南菜园五巷征地工作3项重点工程项目；启动米家堡变电站项目、三里河路扩建项目、下屯棚户区改造平衡地块项目3项重点工程项目；完成补偿协议签订25份、征地0.59公顷（8.9亩）、补偿款及施工款发放74份。完成小营村、石河营村全部宅基地1084户的腾退拆除工作，完成村内41户非宅签约腾退工作；采用分阶段逐一关停的方法开展石河营建材城腾退，完成外围散户签约腾退81户，与石河营村委会就建材城相关地块签订框架补偿协议；完成师范路两侧商业楼42户及东外大街4

户非宅签约工作；基本完成石河营建材城南城94户及北城32户地上建筑物、师范路两侧临街商业楼拆除工作，涉及274户、25万平方米。建设广积屯排涝沟350米，推进北京金粟种植专业合作社开展休闲农业“十百千万”提升改造项目建设。完成北京茂源广发农业发展有限公司和北京龙海源农业种植专业合作社开展科技示范基地建设。推荐茂源广发、金粟、龙海源3家农业企业开展休闲农业、特色农产品推介活动。完成延庆镇东北片区产业发展总体规划工作，并积极推进项目的落实。完成西北片9个村安全饮水工程，完成东北片5个村安全饮水工程。美丽乡村建设完成4个村工程建设及项目验收结算工作、9个村施工实施方案编制、22个村规划方案编制任务；完成4个村煤改电工程，实现3个村集中供暖系统稳定运行，27个村煤改清洁能源自采暖设备有序运转；为6个村及不具备煤改清洁能源条件区域配送优质型煤4194吨，集中回收11个街村劣质燃煤413户563.458吨。全年城乡劳动力新增就业991人，新增灵活就业169人，为160名失业人员发放失业金453万元；城乡居民养老保险6029人，享受无保障待遇2463人，新增享受城乡居民养老保险待遇408人，城乡医疗保险参保15526人；开展培训488班次2778人次，举办招聘会11次，提供岗位2970个。新增城乡低保23户、城乡特困10户、城乡低收入1户，撤销城乡低保23户、城乡特困4户、城乡低收入1户、城乡低保救助渐退5户；医疗救助424人、71.05万元，临时救助5人、1.65万元，慈善大病救助9人、22.8万元，助学救助29人、10.56万元，冬令春荒救助4人、0.2万元；采暖补贴263户、41.83万元，丧葬补贴23人、11.5万元，严重精神病障碍患者看护补贴157人、37.19万元；残疾人两项补贴11125人次、368.09万元，残疾人社会保险补贴268人次、81.2万元，助残补贴1894人、18.94万元；养老服务补贴900人、26.46万元，审核录入老年人失能护理补贴4058人次、202.2万元，发放高龄津贴13900人、202.61万元，为290人缴纳老年人意外伤害保险2.32万元；“六一”儿童节慰问困境儿童34人，春节慰问低保、低收入、特困、临时救助户279户，发放米面油279份，红十字两节慰问46人、4.6万元，90周岁以上残疾老年人12人、发放米面油12份；困难家庭危房改造3户、20.4万元，低保户残疾人危房翻建2人、1.6万元。完成218户公租房初审、26户公租房租金补贴资格年度复核。为4979名妇女体检，为315名独生子女父母发放一次性奖励金31.5万元，发放独生子女费16.284万元。全镇低收入户232户、374人，人均可支配收入2.7万元，同比增长11.9%，已全部实现脱低，产业资金返利帮扶39户低收入户、7.98万元，287人投保低收入农户意外伤害保险。筹资30.89万元对建国前老党员、困难党员、困难群众、劳动模范、离休干部进行慰问。辖区新安装联网式独立烟感报警器3000台、一氧化碳报警器200台以及电动自行车充电桩120个。新建米家堡、双营养老餐桌正式运营，米家堡养老餐桌日均就餐120人，双营养老餐桌日均就餐28人。截至年底，全镇拆除违法建设168处17.01万平方米，完成年度拆违任务（区级下发11万后期叠加3万拆违任务）的121.5%；组织拆除10余处新生违建，并及时制止未进行宅基地登记备案建房行为10余起，实现全年违法建设“零增长”目标。应对空气重污染预警7次，环保整改点位83处，吹哨9次。PM2.5累计浓度34微克/立方米，降尘累计浓度5.6吨/平方千米·月。开展人居环境整治，拆除冬奥沿线私搭乱建16处4292.4平方米，清理乱堆乱放4320处，清理建筑垃圾、渣土8.2万方，清理粉刷小广告3894条，整治坑塘4处7800平方米；垃圾分类，在全镇街村和小区设立216组达标桶站、36处大件垃圾堆放点、36处建筑垃圾临时堆放点，制作64块垃圾分类公示牌；为各村户发放分类垃圾桶13000套，240L垃圾桶1250个，及85辆四桶式电动垃圾收集车；对49条街巷巡查927次，处理事件704件。新建3个公共厕所。依法取缔无照经营摊位118个，拆除违规广告牌匾352块，查处占道经营行为842起、小广告15起、施工工地和渣土车56起、“三烧”30余起、垃圾分类20起、随地吐痰和不及时清除犬粪便70起、损毁绿地85起、其他违法行为68起，处罚各类违法行为1164起，罚款43.07万元。实现安全生产标准化三级达标企业3家、小微企业岗位达标30家，安全生产责任保险投保企业120家，投保金额47.7万元。全国“两会”、十九届五中全会、国家雪车雪橇中心场地预认证活动和单项体育联合会来访考察活动等重大活动期间，严格落实维稳安保工作，出动群防群治力量16.8万人次，开展消防演练2次、反恐演练1次。全年共开展各种主题法治宣传活动70余场次，依法治村水平不断提升，在2020年北京市民主法治示范村评价调查中（共588个民主法治示范村），延庆区成绩排名第一，其中延庆镇参加考核的三个“民主法治示范村”成绩优异，远远高于全市平均分。全镇45个新时代文明实践站举办各类活动120余场，“点单派单”650次，服务群众1.3万人次。志愿服务900次，服务群众1万人，办理群众身边小事1600余件。

单位名称：延庆镇政府
地　　址：延庆镇湖北东路109号
电　　话：69101687

（刘媛）

【创建文明城区】 年内，“创城百日大决战”期间，延庆镇制订《“30天创城攻坚”专项行动方案》《创城拉练检查活动方案》。组织百余名党员展开“敲门行动”，完成2500余户入户宣传；抽调60余人成立创城攻坚专班，建立问题台账，累计销账3320处；以“小、细、精”为标准开展“卷”街行动，清扫出样板街巷126条；为11月全区获得“全国文明城区”荣誉称号做出了贡献。

（刘媛）

【乡村旅游评定】 年内，开展2020年乡村旅游评定工作。对全镇星级民俗户、民俗村和特色业态开展复核验收。完成28家星级民俗户、2个星级民俗村（卓家营、唐家堡）、1家乡村旅游特色业态（北京祁家堡连心蔬菜种植专业合作社）的复审工作，中屯明居晨舍民宿通过区民宿联盟验收，卓家营三级民俗村通过初步复核验收。延庆区民政局委托第三方专业评估机构对镇民俗旅游协会进行评估。经审核、确认，镇民俗旅游协会被评为AAA级社会组织。

（刘媛）

【扶贫协作对接】 年内，延庆镇与内蒙古兴和县城关镇、河北省宣化区深井镇进行扶贫协作对接，分别给两地捐赠15万元用于脱贫工作；采买9.1723万元的扶贫农副产品，帮助解决农产品销售问题。开展帮扶交流活动，延庆镇3个村分别向结对的宣化区1个村、兴和县2个村捐赠2万元，并走访慰问贫困户、捐赠慰问金、捐赠种植技术书籍。

（刘媛）

【城中村集中供暖】 年内，完成城中村煤改电集中供暖热力工程扫尾工作，圆满完成2019—2020年和2020—2021年供暖季供暖任务。累计巡检500余次，出动人员800人次，实现从接单到入户检修2小时到位到岗的用户承诺。

（刘媛）

【京张高铁环境整治】 年内，完成京张高铁环境整治工作。拆除和加固高铁周边彩钢房约7000平方米，填埋2口深水井，砍伐高大危树20余棵。推动公交换乘中心和公交停保中心建设工作，全面保障了京张高铁的顺利通车。

（刘媛）

【镇村整治年均成绩95.9】 年内，完成治理类乡镇整治任务5项、整治类村整治任务4项、主动治理清单8项。全年平均成绩95.9分，在全区18个街乡镇中排第11名。其中3月份在全市街乡镇中排第10名，综合成绩99.62分。

（刘媛）

【获评区级示范“儿童之家”】 年内，付余屯村“儿童之家”被区妇联评为2020年度区级“示范儿童之家”。

（刘媛）

【助老志愿服务】 年内，蒋家堡“妫川仁爱”志愿服务队有志愿者23人，帮助空巢老人24位，全年开展志愿服务858次。

（刘媛）

【区委领导入村慰问】 1月18日，区委领导穆鹏带队到延庆镇东五里营村进行春节前走访慰问，慰问建国前老党员、生活困难党员、社救户、优抚户和残疾人。

（刘媛）

【新冠疫情防控】 1月末，延庆镇多措并举织密疫情防控网。第一时间封堵路口161个，设卡路口134个；成立专班，设“一办十二组”，密切配合做好各项疫情防控工作；布置防控力量1207人，累计排查19522户、42368人，对5500余人落实居家观察；组织行业重点人群6000余人进行核酸检测。有序推进718家企业门店、2854人复工复产，全镇8月末复工率92.17%。为114家单位减免3至4个月房租177万元。

（刘媛）

【规范宅基地建设】 4月1日，出台《延庆镇人民政府关于农村宅基地房屋翻盖、改建、扩建的通知》，并实施宅基地自建房登记备案制度，对各街村累计登记备案宅基地建设356宗。

（刘媛）

【小区物业移交】 6月11日，延庆镇与儒林街道正式签订民主街华亭1号楼权属移交协议，自此华亭1号楼管理权属移交至儒林街道。

（刘媛）

【市区领导到镇调研】 9月7日至8日，市委组织部地区干部处到镇调研地区经济社会发展和干部队伍建设情况。11月28日，市委农工委组织处到镇石河营村调研软弱涣散整改情况。12月14日，区委领导穆鹏到镇开展全面从严治党主体责任落实情况现场督查。

（刘媛）

【“老兵新连部”退役军人志愿服务队成立】 12月10日，米家堡村、唐家堡村和祁家堡村联合成立延庆镇首支联合志愿服务队“老兵新连部”，服务队共48人。

（刘媛）

2020年延庆镇各村基本情况统计

表13

序号	村委会名称	党支部书记	村委会主任	户数（户）	人口（人）	经济总收入（万元）	人均所得收入（元）
1	解放街	空　缺	空　缺	170	309	2672.3	31997
2	自由街	王平（负责人）	空　缺	506	1740	22111.8	31305
3	民主街	陈壮有	陈壮有	378	775	14303.2	26820
4	胜利街	赵利萍	赵利萍	942	1644	28985.8	34489
5	东　关	黎兴军	黎兴军	1000	1841	24177.5	28671
6	西　关	张印明	张印明	494	948	9568.8	22670
7	北　关	雷胜利	雷胜利	1138	1752	16870.6	26523
8	蒋家堡	唐瑞云	唐瑞云	277	522	5865.1	21660
9	双　营	贺玉明（副书记）	潘　贵	274	533	4249.6	21938
10	广积屯	马计常	马计常	496	972	14633.6	24125
11	王泉营	王广庆	王广庆	621	1259	11859.4	22752
12	司家营	张志安	张志安	815	1638	19720.8	21405
13	百眼泉	杨幸福	赵学军	519	1086	9710.9	31076
14	民主村	郭　庆	郭　庆	385	666	11617.8	28866
15	南辛堡	闫伦（负责人）	曹长合	646	1239	15124.1	38225
16	李四官庄	张海霞	张海霞	373	819	4024.1	31263
17	谷家营	陈　燚	林忠生	641	1472	8228.4	32947

续表

序号	村委会名称	党支部书记	村委会主任	户数（户）	人口（人）	经济总收入（万元）	人均所得收入（元）
18	小　营	王　伟	王　伟	876	1945	24734.0	36135
19	石河营	刘志清	刘志清	988	2266	7078.0	27409
20	莲花池	房文生	房文生	579	1181	19860.1	22125
21	上水磨	杜宁宁	杜宁宁	248	639	4941.6	22883
22	下水磨	张云霞（负责人）	潘贵利	277	561	5336.7	28466
23	王　庄	车记娥	车记娥	186	395	1445.0	25547
24	三里河	赵静云	赵静云	485	1027	6462.2	23710
25	赵　庄	空　缺	空　缺	470	900	3078.1	15844
26	八里庄	史瑞华（负责人）	空　缺	571	1031	6749.9	23540
27	孟　庄	孟志利	孟志利	707	1307	7168.6	22197
28	老仁庄	穆　泽	穆　泽	189	363	2109.2	24050
29	祁家堡	郝东长	郝东长	100	181	3038.8	31359
30	米家堡	贺志永	贺志永	283	545	14902.4	22327
31	唐家堡	吴建军	吴建军	219	407	3843.9	23852
32	卓家营	鲁振忠	鲁振忠	338	626	27315.1	31068
33	陶　庄	吴三成	吴三成	201	364	2435.9	19764
34	鲁　庄	鲁红兵	鲁红兵	194	354	2807.0	21307
35	郎　庄	郎永福	郎永福	298	576	2854.0	21635
36	张　庄	张东富	张东富	181	317	2484.5	29690
37	西辛庄	王　波	王　波	550	1077	7897.4	30516
38	小河屯	贺　伟	贺　伟	183	320	1887.7	20248
39	付余屯	许玉其	许玉其	455	836	4120.6	21508
40	东五里营	吴国珍	吴国珍	592	1124	3889.3	22506
41	新白庙	李建军	栾彩文	436	911	4676.1	22963
42	东　屯	马新富（负责人）	空　缺	288	543	4532.0	20647
43	中　屯	段明晨	段明晨	367	722	6359.2	23380
44	西　屯	李淑华	李淑华	706	1370	5755.5	24246
45	西白庙	于宗乐	于宗乐	566	1103	7845.2	22749

康庄镇

【概况】 康庄镇镇域面积100.7平方千米，下辖3个社区居委会、31个村委会。2020年，全镇户籍数14577户，户籍人口27115人，其中农业人口14226人，非农业人口12889人。全年出生人口350人，出生率12.91‰；死亡人口303人，死亡率11.17‰。人口自然增长率1.73‰。全镇有大学3所，教职工401人，在校生6848人。中学1所，教职工66人，在校生250人。小学3所，教职工155人，在校生1023人。公办园1所，校办院2所，民办园3所，教职工137人，入园儿童833人。成教学校1所，教职工3人，年内培训2107人。卫生院1所，医护人员65人。卫生服务站3所，村级卫生室11所。邮电所2处，电管站1处，通信营业厅1处，农业银行1处，农商银行1处。康庄镇党委下辖基层党组织47个，其中镇机关党支部3个，农村党支部31个，社区党支部3个，企事业单位党支部10个。发展中共党员11名，预备党员转正4名，全镇中共党员1879名。2020年，全镇粮食作物播种面积738.2公顷（11073亩），亩产705.94千克，总产量781.69万千克；主要农作物播种面积718.2公顷（10773亩），总产量777.19千克；蔬菜面积364.63公顷（5469.5亩），产量1373.37万千克；食用菌7.2公顷（108亩），产量16万千克；瓜果类20.47公顷（307亩），产量45.15万公斤；花卉13.53公顷（203亩），产量862800盆。牛出栏20头，存栏628头；羊出栏737只，存栏1566只；家禽出栏14.94万只，存栏9.137万只；牛奶产量1427.5万千克；鲜蛋产量62.05万千克；肉类产量26.12万千克；渔业产品产量24.5万千克；干鲜果品产量51.46万千克。全年财政收入900.1万元，农村经济总收入14.6亿元，农民人均劳动所得24448元，低收入户脱低率100%。为255户特困户、低收入户、低保户375人发放补贴金额544.41万元，为305名残疾人发放生活补助251.16万元，为127名残疾人发放护理补贴34.06万元、助残券15.14万元；为6935名老年人发放养老金5986万元，城乡居民基本医疗保险参保率99.36%。新冠疫情防控期间，镇党委政府设立“一办八组”疫情防控工作机制，排查人员54786人，落实集中及居家管控措施3532人，核酸检测1500人次，发放口罩238660只、测温枪292支，消毒液9374斤，酒精1347斤，一次性手套11750副，封闭进京小路口7个。持续对商业街等重点区域，冷链生鲜等重点行业循环指导，严管严控。一、二、三街棚户区改造项目宅基地拆除率100%，回迁安置房土护降施工程完成85%，大王庄、小曹营高铁安置房完工，新增住宅18万平方米。中关村延庆园创新家园一期全面开工，面积4公顷（60亩）的城市公园建成。汇通路、晨光街、康园路、榆林路及外电源（四路一电）工程取得多规合一平台协同意见，进入项目评审阶段。北京市八一学校（康庄中学）办学方案通过审核，建设方案通过专家论证。26个村完成美丽乡村规划编制，20个村开工建设，其中火烧营、东官坊完成区级验收；完成17个村810户户厕改造。26村实施农村供水厂站安全达标升级改造；为34个村居设置垃圾桶站100个。拆除违法建设241处、7.74万平方米，腾退土地15.26万平方米。查处秩序类违法行为520起，治理小广告、违规广告牌匾、灯箱80余处。疏解散乱污企业2家，一般制造业1家；完成畜禽养殖用地规范管理3.94万平方米。阔野田园天敌中心开工建设，中石油东部运营中心项目盘活闲置用地。新引进税源企业50余家。42家高端民宿全部复工；新增10家星级民俗户。为103家经营商户落实房租减免补贴79.55万元。全年大气污染防治裸地苫盖93.3万平方米，回收劣质燃煤622.46吨，秸秆机械收集完成11个村380.17公顷（5702.49亩），淘汰国3排放标准柴油载货汽车81辆；环保执法46次，取缔砂石厂1家，复耕覆绿8家。镇、村两级河长巡河率100%，累计发现问题212处，整改率100%。新建及升级村级污水处理站16座，建设11个村污水收集骨干管网，16个村入户管网，29村安装农村饮水智能计量设施9229块；完成农民就业产业基地污水站提升改造工程并正式投入运行。清退野鸭湖自然保护区内养殖场2家，新增造林面积95.4公顷（1431亩），新增绿化裸地13万平方米。启动康西森林湿地生态建设工程，完成集体林场改制，生态林管护总面积1133公顷（1.7万亩）。开展环境专项整治行动，实施京张高铁沿线环境整治工程。26个村全部完成农村人居环境考核验收。“接诉即办”答复办理12345工单2421件。拥有2家养老机构、6家老年餐桌、4家老年驿站服务老年群体。28个村开展土地确权工作，颁证4901份。组织开展主题文化活动52场、686场次；放映数字电影1170场次；接待星火演出62场次；村级文化活动680场次；举办舞蹈、群众合唱、戏曲、曲艺培训活动34场次。32个基层图书室流转图书52800册；达标建成小王庄村文化室，完成5个村乡村陈列室建设；新时代文明实践所发布主题活动125场次，实践所、站点单派单246次。

单位名称：康庄镇政府
地　　址：康庄镇四街
电　　话：69131007

（房继欣）

【安置房建设】 年内，大王庄、小曹营两村高铁安置房完工。此项目占地18.88万平方米，建成房屋1992套，1762户乔迁新居，实现从“村居”到“社区”的变化。

（房继欣）

【“村民说事”制度】 年内，康庄镇推行“村民说事”工作制度。“村民说事”是指在基层党组织领导下，以召开说事会为主要形式，组织引导村民围绕村庄建设，经济发展，社会稳定，党群关系和党风廉政建设等内容表达诉求和想法，通过说（说出问题），议（商议对策），办（及时办理），评（结果评价）四个环节，使得村里大小事务得到有效处理。截至年底，全镇各村共说事359件，解决356件。村民说事“民情日记”评价满意率达99%，有效调解矛盾纠纷425起，化解长年积案2起，成功打通服务群众的“最后一米”。

（房继欣）

【冬奥知识竞赛】 1月7日，镇新时代文明实践所举办“冰雪延庆 激情冬奥”冬奥知识竞赛，来自党建管理员、村级宣传委员、文化组织员、康大姐志愿服务队等10支代表队的30名选手参与比赛。镇政府机关代表队获一等奖。

（房继欣）

【援鄂白衣天使报告会】 4月30日，康庄镇举行“援鄂精神励前行·防疫工作勇当先”援鄂白衣天使报告会。康庄镇医院李雪芳、张瑞琦、陈聪聪、胡艳慧4名援鄂医护人员结合自身支援武汉抗“疫”工作实际，生动讲述了抗疫期间的感人事迹，分享了他们的抗“疫”故事。康庄镇百余名机关干部和村（社区）党支部书记参加报告会。

（房继欣）

【奖励高考优秀学生】 9月10日，康庄镇召开2020年高考优秀学生表彰大会，表彰优秀高考学生64名。其中考上一本的30名学生，每人奖励3000元；考上二本的34名学生，每人奖励2000元。

（房继欣）

【结对帮扶】 12月3日，康庄镇领导到内蒙古兴和县民族团结乡开展结对帮扶工作。慰问黄土村三户困难户，送去米面油和扶贫资金。

（房继欣）

2020年康庄镇各村基本情况统计

表14

序号	村委会名称	党支部书记	村委会主任	户数（户）	人口（人）	经济总收入（万元）	人均所得收入（元）
1	榆林堡	陈淑春	陈淑春	836	2250	8264.4	22705
2	一街	吕海顺	吕海顺	366	897	3176.6	24180
3	二街	马志刚	马志刚	259	483	3042	26500
4	三街	宋文柱	宋文柱	275	660	6025.4	25823
5	四街	梁　磊	梁　磊	231	587	4868.2	21384
6	刁千营	张玉华	张玉华	248	688	8156.2	23757
7	马坊	孙全锁	孙全锁	284	710	3625.6	23788
8	西桑园	谢春金	谢春金	368	660	3908	25202
9	西红寺	罗贵存	罗贵存	310	846	3763.8	29109
10	郭家堡	段秀成	段秀成	319	855	9481.3	25739
11	小北堡	李金生	李金生	176	329	3473.8	27786
12	大丰营	卢建文	卢建文	154	390	2995.6	25196
13	大营	宁学义	宁学义	815	1254	11323.9	28097
14	火烧营	王桥海	王桥海	104	216	785	20718
15	太平庄	徐海珠	徐海珠	303	590	2406.8	24093

续表

序号	村委会名称	党支部书记	村委会主任	户数（户）	人口（人）	经济总收入（万元）	人均所得收入（元）
16	张老营	张文利	张文利	423	785	1793.7	23168
17	许家营	吴　波	吴　波	196	580	2078	22772
18	马营	孙金文	孙金文	466	1220	4133.8	21908
19	苗家堡	胡爱民	胡爱民	230	520	1798.2	21962
20	刘浩营	张树山	张树山	293	590	2642.2	24918
21	屯军营	王　龙	王　龙	468	1310	8281.6	21443
22	小曹营	王艳波	王艳波	110	235	1181.2	23848
23	大王庄	王　永	王　永	433	1218	6491.8	23601
24	北曹营	曹艳永	曹艳永	161	306	2045.7	22400
25	南曹营	曹　婷	曹　婷	91	266	1559.3	23753
26	小王庄	张进军	张进军	150	420	1727.2	22651
27	小丰营	张建军	张建军	680	1841	26729.3	29563
28	东红寺	鲁玉柱	鲁玉柱	323	901	5799.8	21731
29	王家堡	李晓宾	李晓宾	262	498	1329.5	20801
30	东官坊	哈玉民	哈玉民	160	333	2374	28224
31	大路	张旭军	张旭军	59	117	882.9	21511

八达岭镇

【概况】　2020年，八达岭镇地域总面积96平方千米，辖15个村民委员会、1个居民委员会。全镇户籍数4653户，户籍总人口8588人。全镇出生78人，出生率9.1‰；死亡51人，死亡率5.9‰。人口自然增长率3.2‰。镇域70%为山区，30%为平原和丘陵，总建设用地1394.44公顷（其中城乡建设用地748.27公顷），林地面积为7760.65公顷（11.6万亩），占自然生态空间总面积的90.57%，耕地156.4公顷（2346亩），永久基本农田63.12公顷（946.8亩）。镇域内有10千伏高压输变电站、110千伏变电站等基础设施，华北联网的50万伏高压电网、110千伏高压线路穿越镇域；中科院太阳能1兆瓦光热发电示范电站，有供水场、污水处理厂等节能设施。中学1所，小学1所，中心幼儿园1所；镇级社区卫生服务中心1所，村级卫生室6个。全镇实现农村经济总收入10.8亿元，农民人均劳动所得33368元、同比增长3.08%，完成财政收入506.52万元。民俗旅游接待15万人次，收入1868.6万元。八达岭镇党委下辖基层党组织24个，其中农村（社区）党支部16个；有党员804人，其中农村党员613人，接收预备党员7名，预备党员转正13名。完成乡镇机构改革工作。以“长城元素+党建特色”为总基调，在5家事业单位打造“长城党建带”。八达岭镇获北京市应急值守工作基层先进单位，小浮坨村获评“接诉即办”改革工作先进集体，石峡村获评全国乡村旅游重点村。年内，协助完成京张高铁绿色通道一期工程，沿线景观提升工程基本完工。新一轮百万亩造林绿化工程进场98.3%，栽植86.1%，生态休闲公园、五河十路生态林管护、延海花园绿化建设工程等工程有序推进；河长制、美丽乡村建设等成效显著。开展创城攻坚“百日大决战”，累计出动1200人次，完成环境秩序类问题整改276项，施划停车位1000余个。全年PM2.5、TSP浓度同比下降7%和15%。张北柔直和西白庙220千伏工程完成决算协议，拆除八达岭营城子村健康城项目滞留4年21处宅基地，完成兴延高速中关村延庆园出口（外炮村）5户宅基地征拆工作。大浮坨、程家窑2个村高铁安置项目取得实质进展。基本完成外石路等5条道路恢复扩建。编制《石峡关谷规划与策划咨询方案》《石峡关谷导示系统设计方案》等5项规划，打造“一带四村多点”石峡关谷。拆除违法建筑120处50065平方米。完成古长城东段66号敌台和石峡村90号敌台的抢险修缮工程，西段67、69号敌台及两侧墙体抢险修缮工程完成80%。精细化推进垃圾分类，高标准建设3个垃圾分类示范村。镇域3个小区物业管理、企业党组织覆盖率均为100%，物管会、业委会覆盖率100%。评选“长城脚下诚信经营文明示范店”25家。101户低收入户稳定脱低。为116名享受低保、特困人员发放低保、特困补助171.5万余元。12家老年餐桌运行良好，7家升级驿站。为1820名残疾人发放生活补助82.5万元，为845名残疾人发放护理补助13.3万元，为563名残疾人发放助残券5.6万元。新型农村合作医疗参合率100%。“接诉即办”受理群众诉求1700件，解决率71.93%，满意率74.48%。

单位名称：八达岭镇政府
地　　址：八达岭镇西拨子村
电　　话：69120356

（曹彤）

【长城文化系列活动】 年内，八达岭镇将长城文化作为主打品牌，举办广场舞大赛、长城文化系列培训、长城文化演讲比赛、“好书相伴最美长城人”读书征文、健身操舞蹈大赛等系列活动，吸引上千名群众参加。

（曹彤）

【举办迎春活动】 1月2日（腊八）至2月24日（二月初二）八达岭镇举办“明月千里石峡关长城脚下过大年”迎春活动。通过制作腊八粥、安排延庆民俗非遗演出、邀请游客品尝黄芩茶和原浆酒、举办剪纸灯会、制作非遗手工艺品等年节活动，传承非遗项目，体验年俗活动。

（曹彤）

【新冠疫情防控】 1月25日夜，八达岭镇党委政府召开紧急部署会，部署疫情防控工作。成立11个专项小组，1200余人次党员干部主动下沉一线，织牢织密织严卡口、排查、留观三张网，滚动摸排1.2万人次，累计居家观察1725人次，完成934人次核酸检测，接种疫苗618支。以新时代文明实践所站为单位，成功创建9个健康村、20个健康家庭。

（曹彤）

【推广智能远传水表】 5月，八达岭镇出台《农村饮水工程水费收缴工作实施方案》，发放宣传手册4000余份。以西拨子村为试点，在全镇推广安装智能远传水表4000余块，创新用水管理模式，防止水资源浪费。

（曹彤）

【镇一届人大五次会议】 12月26日，延庆区八达岭镇第一届人民代表大会第五次会议召开，39名人大代表参会。会议听取并审议通过八达岭镇政府工作报告，书面审议镇人大工作报告和财政工作报告。

（曹彤）

2020年八达岭镇各村基本情况统计

表15

序号	村委会名称	党支部书记	村委会主任	户数（户）	人口（人）	经济总收入（万元）	人均所得收入（元）
1	石峡	李汉东	李汉东	106	199	1678.8	28854
2	帮水峪	刘燕明	龚　友	401	761	2879.2	20880
3	里炮	张　良	张　良	195	412	2638.3	39255
4	外炮	田　飞	田　飞	185	317	1235.8	24352
5	营城子	空　缺	空　缺	606	1174	9295.8	29027

续表

序号	村委会名称	党支部书记	村委会主任	户数（户）	人口（人）	经济总收入（万元）	人均所得收入（元）
6	东曹营	詹志刚	詹志刚	427	743	5180.2	24412
7	大浮坨	耿　雪	耿　雪	680	1204	9311	26470
8	小浮坨	李宪斌	李宪斌	344	629	5624.9	28214
9	程家窑	王纪春	王纪春	278	489	2493.7	23753
10	岔道	张宝龙	陈　刚	687	1310	40215.1	58262
11	西拨子	康雪生	康雪生	255	411	9258.7	37676
12	南园	史志刚	史志刚	139	301	1672.8	22157
13	东沟	李　玲	李　玲	126	254	1046	26660
14	石佛寺	高瑞华	高瑞华	176	304	14466.8	63938
15	三堡	宋海英	宋海英	48	80	1172	35363

永宁镇

【概况】 永宁镇辖区面积146.50平方千米，耕地面积4131.33公顷（61970亩），下辖36个村民委员会。2020年，全镇户籍数14233户，其中农业户7948户，非农业户6131户；户籍总人口27007人，其中农业人口16313人，非农业人口10694人。出生人口200人，出生率7.38‰；死亡人数197人，死亡率 7.29‰；人口自然增长率0.09‰。镇内有永宁古城、妫水源头、青龙潭等旅游景点。有九年一贯制学校1所，在校生978人，教职工172人。幼儿园2所，入园儿童370人，教职工89人。社区医院1家。镇党委辖基层党组织44个，包括党总支1个、党支部43个。发展党员6名，全镇有党员1664名。全镇农作物耕种面积1766.67公顷（2.65万亩），化肥使用量1133.4千克。主要农作物玉米的播种面积和单产分别为752.77公顷（11291.50亩）、488.06千克；蔬菜播种面积和单产分别为595.24公顷（8928.6亩）、1865千克；干鲜果总产量36.09万千克，其中鲜果28.75万千克。生猪出栏7969头，存栏6750头；羊出栏2912只，存栏3345只；肉牛出栏141头，存栏222头；鲜蛋产量2080.84吨。农村经济总收入7.09亿元，人均所得17833元。年内，全镇就业人口7605人，其中外出就业人员4001人。城乡基本医疗保险参保人数12451人，参保率97%。有残疾人2385人，比2019年增加48人。其中，视力残疾411人，听力残疾306人，言语残疾10人，肢体残疾1224人，精神残疾159人，智力残疾146人，多重残疾129人。发放社保卡420张，新参保586人，减员165人，退费30人。城乡居民基本养老保险参保人数5703人。为参保人变更定点医疗机构780次，城乡居民大病二次补偿118人共计118.34万元。空岗信息采集581人，完成指标率129%。与镇区410家商户签订“门前三包”责任书。镇城管执法队查处各类违法案件2332件。举办“百年五四迎世园篮球健儿展风采”青年篮球赛，端午文化节活动。星火工程演出72场，其中专业演出36场，业余演出36场。镇鸣凤艺术团外出交流演出6场，永康艺术团外出交流演出3场。

单位名称：永宁镇政府
地　　址：永宁镇永宁大街39号
电　　话：60171741

（罗宏鹏）

【“防灾减灾日”宣传活动】 5月12日，永宁镇开展以“提升基层应急能力，筑牢防灾减灾救灾的人民防线”为主题的宣传活动。活动现场通过悬挂宣传横幅、摆放宣传版面、设立咨询服务台、发放宣传品、为群众讲解应急急救知识及传染病预防知识等形式，向群众宣传防灾减灾自救知识，普及各类灾害事故的防范应对基本技能，扩大防灾减灾普及覆盖面。

（罗宏鹏）

【镇第二届象棋友谊赛】 8月18日，永宁镇举办“助力冬奥 有我更精彩”冰雪特色示范镇第二届象棋友谊赛。来自永宁镇34个村的34名选手参加。王家堡村孙玉强获得第一名，上磨村訾景泽获得第二名，和平街村吴造河获得第三名。

（罗宏鹏）

【印迹乡村丰收之旅启动仪式举行】 9月12日，由农业农村部政策改革司、延庆区政府和农村经济研究中心联合举办的“2020年中国农民丰收节”印迹乡村丰收之旅启动仪式在永宁镇王家堡村举行。标志着此项系列活动在全国正式开启。印迹乡村丰收之旅系列活动涵盖了“我为家乡点赞、印迹乡村家乡游、重要农业文化遗产地游、我为家乡直播带货、智库进村”等系列活动。通过在外工作和打拼的亲人和朋友参与乡村网络平台为家乡点赞、深度的自然生态游、邀请明星或基层领导直播带货宣传家乡农产品等形式，唤起全社会对乡村发展的关注，为乡村振兴注入新动能。

（罗宏鹏）

【冰雪特色示范镇主题知识竞赛】 9月17日，永宁镇党委政府主办的“助力冬奥·有我更精彩”冰雪特色示范镇主题知识竞赛活动在永宁剧院举行。比赛题目围绕创城知识、冬奥知识、垃圾分类、社会主义核心价值观等方面内容，全镇23个村的代表队共69名村民参赛。罗家台村、营城村、清泉铺村分获第一、二、三名。

（罗宏鹏）

【“传承好家训 弘扬好家风”主题宣讲活动】 10月15日，永宁镇妇联举办“传承好家训·弘扬好家风”主题宣讲活动。参加会议的人员有村妇联主席、文化组织员等110多人。区妇联宣讲团的闫金萍、张合平、徐兰凤，以及永宁镇最美家庭代表李冬焕和高军会5位宣讲员给大家带来精彩的宣讲，用她们感人的事迹感染着在座的每一个人。

（罗宏鹏）

【镇第二届“盛世永宁杯”气排球邀请赛】 10月25日，由市体育局、市体育总会主办，市体育基金会、市社会体育管理中心、区体育局和镇政府共同承办的2020北京市体育公益活动社区行暨延庆区永宁镇第二届气排球邀请赛在永宁镇开幕。全区13个单位代表队及永宁镇20支代表队共计260余人参加比赛。比赛分甲男子A组循环赛、甲男子B组循环赛，甲女子组和乙女子组比赛。其中甲组比赛由全区的各个社会单位组队参赛，乙组比赛的20支参赛队则来自永宁镇各街村。八达岭旅游总公司代表队分获区级比赛男子组、女子组冠军，新兴西社区代表队获得区级比赛男子组亚军，延庆法院代表队和延庆联通代表队获季军。八达岭办事处代表队获区级比赛女子组亚军，阳光女排、新兴西社区代表队获季军。南张庄代表队获镇级组冠军，小南元代表队获亚军，盛世营、清泉铺、和平街、吴坊营、马蹄湾、利民街、西关、孔化营共8个代表队获得季军。

（罗宏鹏）

【“非遗”进乡村活动】 12月10日，永宁镇举办“助力冬奥，有我更精彩”永宁镇冰雪特色示范镇非遗进乡村活动。邀请悦游工坊新时代文明实践基地老师为村民们讲解冬奥主题豆塑制作和冬奥元素陶艺茶杯制作，永宁镇利民街村40余名村民参加活动。

（罗宏鹏）

【镇一届人大八次会议】 12月20日，永宁镇第一届人民代表大会第八次会议召开。会议听取并审议镇政府工作报告，书面审议镇一届人大八次会议工作报告，书面审议并通过永宁镇2020年财政预算执行情况及2021年财政预算安排（草案）。46名镇人大代表和44名列席代表出席会议。

（罗宏鹏）

【入选市首批文化旅游体验基地】 12月22日，北京市文化和旅游局认定16家具有代表性、创新性和市场号召力的文化旅游资源场所为北京市首批文化旅游体验基地。镇域内的北京躬耕乐道永宁古城非遗体验基地入选，为延庆区首家入选基地。

（罗宏鹏）

2020年永宁镇各村基本情况统计

表16

序号	村委会名称	党支部书记	村委会主任	户数（户）	人口（人）	经济总收入（万元）	人均所得收入（元）
1	河湾	张　栋	卫兴云	226	439	600.2	13712
2	北沟	张振宗	张振宗	27	45	110.4	12000
3	清泉铺	池春红	池春红	336	670	910.4	14429
4	罗家台	周保锁	周保锁	181	335	441.3	14325
5	王家堡	孙维珍	孙维珍	85	159	252.5	19206
6	水口子	李志宝	李志宝	55	116	525	20272
7	偏坡峪	钱志龙	钱志龙	37	81	373.2	22058
8	二铺	吕淑春	吕淑春	135	246	1069.3	17873
9	营城	刘仲臣	刘仲臣	217	429	1184.1	20330
10	马蹄湾	巴士义	巴士义	69	145	233.6	13819
11	西山沟	连爱军	连爱军	192	334	691	15221
12	永新堡	李秀环	李秀环	191	404	622.3	15729
13	狮子营	韩　颖	韩　颖	198	360	728	15199
14	上磨	訾景成	訾景成	264	486	1243	21837
15	吴坊营	吴春瑞	吴春瑞	679	1246	4408.9	17724
16	小庄科	魏石兰	魏石兰	291	565	1040.4	17181
17	前平坊	韩贵洲	韩贵洲	164	316	833.8	16148
18	孔化营	梁志鑫	梁志鑫	800	1446	4684.2	19989
19	新华营	朱正喜	朱正喜	1217	2291	7257.9	23958
20	左所屯	张　恒	张　恒	1391	2558	5171.2	16361
21	北关	苏金全	苏金全	239	478	7488.6	20094
22	西关	钱永青	钱永青	943	1828	5903.8	19457
23	小南园	闫占江	闫占江	184	339	891.3	15355
24	盛世营	李　森	李　森	180	331	693.7	15801
25	南关	田秀梅	田秀梅	361	698	1051.2	13482
26	太平街	杨金禄	杨金禄	801	1493	2245.5	16490
27	利民街	盛长栓	盛长栓	934	1748	5399.4	14789
28	和平街	颜铁柱	颜铁柱	548	1046	2245.4	14747
29	阜民街	李顺来	李顺来	846	1523	2712.8	18401
30	王家山	张留柱	张留柱	498	995	1796.3	17166
31	南张庄	张振林	张振林	184	399	1676.3	24742
32	东灰岭	赵金柱	赵金柱	573	1090	3395.6	23863
33	彭家窑	彭永强	彭永强	268	537	703.7	13000
34	西灰岭	孙海涛	孙海涛	379	746	1457.8	14174
35	头司	韩建华	韩建华	81	152	273.2	16393
36	四司	卫建柱	卫建柱	149	322	594.9	15242

旧县镇

【**概况**】 旧县镇辖区面积109.7平方千米，辖22个行政村，户籍数11657户，总人口23007人。全年出生248人，出生率10.78‰；死亡人口152人，死亡率6.60‰。人口自然增长率4.17‰。镇域有延庆古八景中的三处："古城烟树""神峰列翠""独山夜月"；有绿色产业：牡丹园、绿富隆观光园种植有机蔬菜、国光苹果园、瑞德苹果园；有休闲旅游场所：龙庆峡、华海田园天文农庄、盆窑陶艺园、云瀑沟摩崖造像；有精品民宿：白河堡康养民宿、九州星宿、伴月山舍、自游自在、左邻右舍。全镇有中小学校4所。幼儿园3所，其中公立2所，私立1所。医院1所，数字影院23个，其中固定影院22个，流动影院1个。健身广场23个。镇党委辖基层党组织30个，其中农村党支部22个。发展党员14名，按期转正9名，有中共党员1467名。全镇粮食作物播种面积1127.87公顷（16918亩），总产量8520.4吨。其中，玉米播种面积1096.467公顷（16447亩），产量8401.2吨；谷子播种面积12.47公顷（187亩），产量21.4吨；大豆播种面积4.27公顷（64亩），产量9.8吨；高粱播种面积14.67公顷（220亩），产量88吨。年内羊出栏1373只，羊存栏3304只；牛出栏968头，牛存栏3466头；猪出栏0头，猪存栏6000头；家禽出栏26.18万只，家禽存栏7.17万只。马出栏13匹，存栏17匹；驴出栏51头，存栏0头；骡出栏2头，存栏9头。2020年财政收入完成230万元，实现农村经济总收入16.92亿元，同比增长3%。农民人均劳动所得30250元，同比增长1.5%。

单位名称：旧县镇政府
地　　址：旧县镇旧县村
电　　话：61151206

（吕秀芳）

【**美丽乡村建设**】 年内，18个创建村村庄规划、实施方案通过区规自委审批。8个村硬化道路17万平方米，6个村铺设供水管网6.32万米，4个村铺设污水收集骨干管网2.63万米，7个村绿化6.73万平方米，修建公厕12座，安装路灯505盏，更换灯头578盏。更新发放户分类桶8400套，配备收集车62辆，新建四类桶站88处。新建及升级村级污水处理站6座，更新饮水井7眼，新建、改造井房19座。22个行政村饮水井卫生许可办理率100%。20个村完成户厕改造1342户。为21个村、1327户村民申报抗震节能补贴。

（吕秀芳）

【**新冠疫情防控**】 年内，旧县镇在新冠疫情防控工作中，压紧压实"四方责任"。第一时间布卡设防，1300余名党员干部群众战斗在防控一线。对7875户村（居）民、24067人，225家七小行业持续开展"敲门行动"，购置100套智能门禁，采取人防技防结合方式居家隔离311人。累计核酸检测1222人次。疫情降级不降责，持续对商业街等重点区域，冷链生鲜等重点行业循环指导。全力推动15个农业产业园区、206家民宿民俗户等全面复工达产。

（吕秀芳）

【**大气污染防治**】 年内，全镇裸地苫盖134处、43.14万平方米。处罚施工扬尘9起、罚款8.54万元。秸秆机械收集880公顷（1.32万亩）、约5000吨。6个村、1969户完成煤改气，回收户散煤198吨。淘汰国3排放标准柴油载货汽车10辆。行政处罚28起，罚款9.99万元。截至年底，全镇PM2.5浓度30微克/立方米，同比下降9%；TSP平均浓度为91微克/立方米，降尘浓度为5.1吨/（平方千米·月）。

（吕秀芳）

【**推进守土净水**】 年内，全镇安排巡查河道1667人次，建立点位整改台账，发现问题450处，整改率100%。出动1500人次、330车次，清理垃圾渣土856方，清理漂浮物水面3000平方米。22个村安装农村饮水智能水表7120块。收集地膜及各类农药包装废弃物36.6吨，发放有机肥6360吨。

（吕秀芳）

【退耕造林增绿】 年内，旧县镇实施新一轮平原造林工程，新增造林面积8.55公顷（128.29亩）。5个村实施延海花园绿化建设工程，清理垃圾、园林废弃物等20吨，裸地绿化155.32平方米。全镇五河十路、平原造林等生态林管护总面积1522.67公顷（2.284万亩）。各村绿化美化33.33公顷（500亩）。

（吕秀芳）

【人居环境整治】 年内，全镇整改各类台账问题4000余处，22个村完成农村人居环境三年考核验收。投入200余万元，完善垃圾分类收运设备及收集设施。开展垃圾分类“百场宣传”活动。桶站值守率100%，餐厨垃圾分拣率100%，生活垃圾减少近4万吨。行政处罚不分类行为32起，罚款0.34万元，警告处罚17起。

（吕秀芳）

【疏整促整治】 年内，全镇拆除违法建设198处、7.866万平方米，腾退土地面积21.38万平方米。拆除3宗存在近10年的违法建设，完成全市规自领域督察限期整改任务。开展环境卫生、堆物堆料、店外经营、无照游商、非法小广告等专项整治行动，处罚占道经营384起，罚款8605元。取缔无证无照经营商户7家。全面完成72.26千米乡级主干道日常养护任务。对改变用途养殖场户进行拆除整治3.34万平方米，完成率80.85%。开展宅基地自建房管理工作，入村实测宅基地526户，备案审批399户。

（吕秀芳）

【精品民宿旅游】 年内，11家高端民宿全部复工；新增盆窑、常家营、常里营17个民宿院落。开展线上线下培训6次、240人次，提升旅游从业人员服务软实力。1家特色业态及4家星级户完成评定验收，对169户星级户进行复核。5户民俗户申请贷款贴息补贴37.76万元。民俗旅游接待22.76万人次，旅游收入1701.6万元。

（吕秀芳）

【低收入村户脱低增收】 年内，旧县镇依托阳光果园等3家助残就业增收基地、低收入产业项目、社会力量，第一书记作用，带动低收入村户稳步增收。全镇614户低收入农户、1309人，人均可支配收入增长10.5%，全部稳定脱低。

（吕秀芳）

【接诉即办】 年内，全镇承办群众热线诉求2288件，100%回访。解决1785件，解决率78.02%，同比增长2.34%。满意1861件，满意率81.34%，同比增长3.51%。“接诉即办”工作综合排名全区第四，月度排名最好成绩全市第四、全区第一。

（吕秀芳）

【民生服务保障】 年内，全镇组织开展职业技能培训196次，举办就业招聘会1场，城镇登记失业人员就业251人，安置就业困难人员8人，促进农村劳动力转移就业396人，办理灵活就业170人。为3392名老年人发放养老金3623.4元。为47人提供社会救助金26.42万元；13家老年餐桌服务老年群体。开展残疾人活动140场，解决残疾人就业165人，发放各类助残补贴和慰问金40.83万元。完成人口普查工作，登记户数9787户、26140人。为37家经营商户落实房租减免补贴11.31万元。完成便民商业网点提升1家，上门实地核查申请营业场所房屋情况122家，办理营业执照初审64家。建设8个村级退役军人服务站。

（吕秀芳）

【新时代文明实践工作】 年内，新时代文明实践所发布主题活动14场次，站点派单833次。全镇放映数字电影730场次，星火演出44场次，组织开展村级文化活动53场次，基层文化队伍及业余文艺团队举办各类培训活动14场次。23个基层图书室流转图书2万册，达标建成盆窑村文化室，建设白草洼、东龙湾、盆窑、闫庄4个乡情村史陈列室。

（吕秀芳）

【吹哨报到】 年内，全镇“吹哨”109次，出动执法力量2300人次，检查企业及商户445家，消除安全隐患84处，责令整改81家。全年城管执法检查3855次，处罚595件，罚款10.59万元。

（吕秀芳）

【社区建设】 年内，成立建雄小区物管会，物业管理三率（业委会组建率、物业服务覆盖率、党的组织和工作覆盖率）实现100%。投入56.41万元，为社区修建自行车棚、护坡，修复楼梯扶手，改造雨落管等。在“创城百日攻坚行动”中，落实门前三包责任，整治街面秩序，施划停车位1714个，自行车位73个，消防通道线454平方米。

（吕秀芳）

【“平安旧县”建设】 年内，全镇安排群防群治力量1000余人，对93处重点部位进行实名管理。开展安全隐患排查治理，检查生产经营单位715家次，发现隐患221项，整改率100%。开展消防检查1210家次，对全镇约150户农民自建房开展安全综合检查。全镇接访量较去年同比下降41.2%。扎实推进网格精细化管理，发现上报各类事件1.177万件、结案率99.9%。在全区月综合考核中，排名第一1次，排名第二1次。

（吕秀芳）

【第四届“独山夜月”中秋文化体验周暨中秋诗词沙龙活动】 9月30日，延庆第四届“独山夜月”中秋文化体验周暨中秋诗词沙龙活动在旧县镇盆窑村举办。活动以热烈庆祝中华人民共和国成立71周年为主线，突出“月满京城 情系中华”全市中秋活动主题，深入挖掘延庆“独山夜月”文化IP，通过文化沙龙、诗词诵读、飞花令、中秋民俗体验等四大板块内容，展示地区特色传统文化，拉动地区文化消费，推动文旅产业融合，营造团圆、和睦、喜庆、祥和的节日氛围。

（李维娜）

2020年旧县镇各村基本情况统计

表17

序号	村委会名称	党支部书记	村委会主任	户数（户）	人口（人）	经济总收入（万元）	人均所得收入（元）
1	白草洼	陈进行	陈进行	104	276	2065.0	22642.9
2	三里庄	贺石磊	贺石磊	323	800	2048.0	18900.0
3	烧窑峪	李来有	李来有	95	225	705.1	17525.6
4	北张庄	高　峰	高　峰	310	866	2320.1	16428.6
5	白羊峪	程学军	程学军	41	108	422.0	19062.5
6	黄峪口	程立存	程立存	103	239	550.0	19621.8
7	白河堡	高　鹏	高　鹏	78	205	569.0	20738.9
8	阎家庄	张艳华	张艳华	550	1247	3869.0	19387.0
9	耿家营	赵会文	赵会文	259	572	1962.0	19633.3
10	车坊	王海龙	王海龙	281	647	2559.0	19644.4
11	旧县	高华彪	高华彪	837	2000	18030.0	34393.2
12	东羊坊	李德有	李德有	299	712	2997.0	21122.3
13	米粮屯	王连月	王连月	595	1400	6740.0	22649.0
14	古城	李云龙	李云龙	547	1336	12610.0	50822.9
15	常家营	杜六爱	杜六爱	252	644	3043.0	23298.4
16	常里营	李腾飞	李腾飞	157	345	1373.5	15813.5
17	盆窑	王海涛	王海涛	177	387	3103.0	29603.2
18	团山	闫立民	闫立民	350	781	4102.0	20792.1
19	大柏老	赵红柱	赵红柱	698	1601	41137.2	53073.2
20	小柏老	吴永新	吴永新	109	301	2345.0	31211.2
21	西龙湾	张　杰	张　杰	232	520	8506.0	40782.4
22	东龙湾	周新军	周新军	152	346	1455.0	23076.9

张山营镇

【概况】 张山营镇镇域面积267平方千米，全镇户籍总人口2.45万人。全镇有九年一贯制学校1所，小学2所，中心幼儿园3所，社区卫生服务中心1所，村级卫生室6所，文体中心1座，数字影厅26座，健身广场21处。2020年，镇党委辖基层党组织32个，党员1600名。全镇党员干部全力做好“相约北京”冬季系列测试赛服务保障，推进各项重点工作落地实施。镇党委巡回开展乡村治理调研，302项区委第四巡察组巡察反馈意见全部整改。持续开展警示教育，党纪处分4人，双早预警13人。在区级媒体刊登新闻报道185条，在中央及市级媒体上刊发新闻48条；围绕服务保障冬奥会和借势借力谋发展开展思想大讨论，广大党员积极投身冬奥会服务保障。张山营镇获全国文明镇称号。新冠疫情防控期间，1600余名党员投身防控一线，京外返延20434人平稳落地。500余家商超、餐饮、民宿旅游、宾馆饭店全部复工，从业人员全部完成核酸检测。新冠疫苗接种率105%，9556人“应接尽接”。年内，全镇果品产量达3920.5吨，果品产值2750.8万元。民俗民宿接待超4万人次，经营收入1094万余元。西大庄科村一级开发项目完成95%，冬奥森林公园竣工，辉煌国际二期完成主体结构建设，海淀外国语学校等项目落地。推进美丽乡村建设，3个村庄建成并通过验收，5个村庄建设任务完成过半。推进全国文明城区和国家卫生乡镇创建，卫生状况满意率达96%。环境秩序综合行政执法累计处罚案件710起，处罚金额60万元。拆除违法建筑12万平方米，超额完成年度拆违任务。规范整改荒山荒滩问题合同，土地确权颁证6611份。回收劣质燃煤近2400吨，裸地治理83.92公顷，持续改善空气质量。深化村级“微网格化”工作机制，共接工单3509件，解决率93.86%，满意率94.5%。低收入农户实现100%脱低，49户百姓危房完成改造。组织技能培训55期2264余人次，农村劳动力转移就业423人，6个村庄老年餐桌挂牌运行。发放独生子女考学奖金19.4万元；投入660余万元实施86项党组织服务群众项目，切实解决群众急迫需求。

单位名称：张山营镇政府
地　　址：张山营镇佛峪口村南
电　　话：69111051

（贺宇琦）

【滑雪培训】 1月10日至20日，张山营镇2020年“相约冬奥”滑雪滑冰培训在石京龙滑雪场进行。培训课程主要有滑雪滑冰基本知识、滑雪滑冰教学和示范教学培训等多个方面。通过培训，让学员熟练掌握滑雪滑冰运动技能，夯实2022年冬奥会志愿服务保障力量，在全镇推广普及冰雪运动。培训分20批次进行，培训总人数为500人次。

（贺宇琦）

【冬奥森林公园树木移植】 4月22日，冬奥森林公园冬奥赛区树木移植工作正式启动，至30日全部竣工。共完成同海拔平行移植746株，下山异地移植2.4万余株，其中假植区762株，移植保护基地23510株，并为6492株成树制作身份系统。

（贺宇琦）

【民宿产业】 5月14日，镇域内高端民宿借力冬奥会筹办及世园会举办，打造高端民宿品牌10个。全镇有高端民宿小院43个，产值达700余万元，吸纳本地就业80余人。新增精品民宿院落11个，升级改造民俗户403家，民俗民宿接待超4万人次，经营收入1094万余元。

（贺宇琦）

【冬奥夜校开讲】 7月31日，冬奥夜校在小河屯村正式开班。夜校邀请北京冬奥组委延庆运营中心著名专家李德志授课，讲解冬季奥运会的相关知识。30名村民听讲。

（贺宇琦）

【帮扶协作】 8月26日，张山营镇到河北省宣化区赵川镇、怀来县北辛堡镇进行扶贫协作对接活动。张山营镇在继续结对帮扶的同时，与赵川镇、北辛堡镇强化在大气环境、森林防火、疫情防控、治安管理等领域协同合作力度，确保冬奥赛区周边环境良好。

（贺宇琦）

【金秋葡萄采摘节开幕】 9月22日，是中国农民丰收节和2022年冬奥会倒计时500天，张山营镇金秋葡萄采摘节正式开幕。张山营镇邀请冬奥延庆赛区的500名建设者代表参加开幕式。与会人员观看冬奥建设宣传片和《冰雪之梦》舞蹈表演。冬奥延庆赛区的500名工程建设者一同参加“冬奥建设者欢乐采摘季”主题采摘活动。采摘节还举办“游万亩葡园，住精品民宿”等活动，持续到10月8日结束。

（贺宇琦）

【冬奥冰雪休闲小镇系列冰雪活动启动】 12月16日，张山营镇冬季冰雪系列活动“冰临小镇，雪缘冬奥”启动仪式暨世界葡萄博览园第五届冰雪嘉年华开幕仪式在世界葡萄博览园举行。活动旨在打造“冰雪+体育+农业+民宿”产业融合发展模式，以冰雪产业为基底，推出“戏冰雪、享运动、住民宿、品美食”冬季玩法，让冰雪产业、体育产业、旅游产业和休闲农业产业在张山营镇互相借力，融合发展。

（贺宇琦）

2020年张山营镇各村基本情况统计

表18

序号	村委会名称	党支部书记	村委会主任	户数（户）	人口（人）	经济总收入（万元）	人均所得收入（元）
1	下营	袁迎春	袁迎春	770	1868	9668.6	21392
2	东门营	孙铁合	孙铁合	268	686	6189.5	21122
3	姚家营	马树荣	马树荣	495	1340	7885.4	21703
4	胡家营	胡顺泉	胡顺泉	243	653	3715.8	20692
5	水峪	刘忠诚	刘忠诚	148	343	1961.3	22696
6	佛峪口	杨根山	杨根山	125	410	1829.4	23600
7	西大庄科	徐建喜	徐建喜	53	117	692.8	33809
8	西五里营	闫　磊	闫　磊	565	1165	5767	21392
9	前黑龙庙	王合亮	王合亮	182	460	23920	23920
10	后黑龙庙	杜皂银	杜皂银	140	280	1546	20986
11	西卓家营	吴立华	吴立华	150	370	2576.2	20956
12	马庄	马海山	马海山	55	140	477.2	22292
13	张山营	卢兴民	卢兴民	610	1460	10237.5	23154
14	上芦凤营	卢瑞明	卢瑞明	83	188	812.6	20844
15	下芦凤营	刘继芳	刘继芳	165	313	2388.7	20857
16	小河屯	曹艳华	曹艳华	570	1529	6348.9	21273
17	玉皇庙	李迎军	李迎军	59	210	1194	23608
18	上板泉	任丽霄	任丽霄	509	1150	7845.9	21488
19	下板泉	刘志涛	刘志涛	560	1360	3717	21318
20	西羊坊	李海深	李海深	251	549	4885.7	21522
21	辛家堡	郭燕虎	郭燕虎	158	352	2136.8	21747
22	丁家堡	丁书星	丁书星	248	466	1779.4	21574
23	田宋营	徐宇亮	徐宇亮	420	1030	3685.7	20973
24	吴庄	卢铁墩	卢铁墩	95	239	1533.2	21250
25	靳家堡	段立军	段立军	396	805	3695.6	21064
26	晏家堡	晏留昌	晏留昌	325	558	3539.2	21142

续表

序号	村委会名称	党支部书记	村委会主任	户数（户）	人口（人）	经济总收入（万元）	人均所得收入（元）
27	龙聚山庄	赵洪杰	赵洪杰	370	770	8086.8	23000
28	中羊坊	许跃斌	许跃斌	510	1223	20780	4670
29	黄柏寺	石志军	石志军	235	510	3622.8	21487
30	韩郝庄	刘浩江	刘浩江	297	517	2471.5	21972
31	上郝庄	万铁忠	万铁忠	146	381	626.6	23666
32	苏庄	古文叶	古文叶	130	326	1520.3	21818

四海镇

【概况】 四海镇镇域面积115.7平方千米，辖18个行政村，6个自然村。全镇户籍数3615户，户籍总人口6917人；常住户数1737户，常住人口3978人。2020年全镇出生38人，出生率0.55%；死亡64人，死亡率0.93%；人口自然增长率-0.38%。镇域四面环山，森林覆盖率79.42%。平均海拔700米，昼夜温差大，年积温2700℃，平均气温7.4℃，年降水量在550~700毫米，无霜期155天左右，光照充足，年平均日照时间2826小时，属温带大陆型气候。有明代天顺八年（公元1464年）修筑的四海城遗址、万里长城第一楼之称的“九眼楼”长城、西沟里自然风景区，以及天门关“摩崖石刻”。境内有延琉路、安四路、四宝路3条主要公路穿越，18个行政村全部实现公路村村通。有社区卫生服务中心1所，医务人员65名，床位15张，下设15个村级卫生室。2020年，镇党委下辖基层党支部24个，其中镇机关党支部2个，城管党支部1个，退休党支部1个，村级党支部18个，社区党支部1个，社区卫生服务中心党支部1个，有中共党员798名。镇内花卉种植面积200公顷（3000亩），主要种植经济类花卉，有万寿菊、百合、串红、马鞭草、茶菊、天鹅绒紫薇、箭兰等。全镇经济总收入24846万元，同比增长2.2%；旅游综合收入完成1141.25万元；农村经济总收入24846万元，农民人均所得18379元。全镇有民俗户59家，其中星级户39家（五星户1家，四星户6家，三星户7家，二星户13家，一星户12家）。年内，拆除违建10153.26平方米，腾退土地18636.37平方米，减量1.8公顷，申报验收“基本无违建乡镇”。PM2.5平均浓度25微克/立方米，同比降幅9.8%。开展农村就业教育，组织276人参与技能培训，农村劳动力转移就业183人。完成危房改造验收、兑现127户，老年餐桌覆盖率达61%。

单位名称：四海镇政府
地　　址：四海镇四海村
电　　话：60187798

（武卉）

【环境整治】 年内，全镇开展撂荒地专项整治，拔除延琉路两侧枯死树20余万棵，整治裸地3.4万平方米，恢复耕地9.27公顷（139亩），森林覆盖率达79.75%。建立垃圾分类和人居环境“日巡查、周调度、月点评”长效管理机制，整治各类环境问题9850处。

（武卉）

【乡村振兴】 年内，四海镇以九眼楼生态长城展示区修复开放为新引擎，打造“长城脚下、四海为嘉”镇域旅游品牌。8家民宿品牌入驻，建成60个精品小院，辐射全镇4条沟域11个村。依托“产业帮扶+政策帮扶”精准施策，光伏发电项目实现3个低收入村自产自帮，521户低收入户稳定脱低。

（武卉）

【“舞动冬奥情　唱响新时代”会演】 1月3日，四海镇举办2020年“舞动冬奥情　唱响新时代”群众文艺大会演。来自18个村的160余名群众参与演出。他们用自编自演的歌舞、诗朗诵、群口快板等节目，表达了对祖国母亲的热爱，对美好生活的憧憬。

（武卉）

【“不忘初心、牢记使命”主题教育总结大会】 1月16日，四海镇召开“不忘初心、牢记使命”主题教育总结大会。四海镇领导班子成员、机关党员、各党支部书记参加会议，区委第十五巡回指导组成员到会。自上年9月开展以来，19个村（社区）和机关党支部将主题教育作为首要政治任务，坚持“四个贯穿始终”，全面落实“四个注重”，聚焦七个方面重点问题，边学边查边改，共计700多名党员参加。

（武卉）

【新冠疫情防控】 1月23日，根据全区统一部署，全镇关停景区景点及民俗民宿场所，取消花会、灯会等人员聚集性活动，各村全部封闭式管控，安排人员值守。全镇各村委会通过入户走访、打电话等方式，对在村内居住的村民进行全方位摸排，通过创新“五色”星级表、签订承诺书等方式，筑牢疫情防控第一线。

（武卉）

【创城“百日攻坚”专项整治行动】 6月，四海城管执法队开展创城“百日攻坚”专项清理整治行动。针对沿街商铺存在的乱堆乱放、乱贴乱挂、占道经营等现象进行整治。规范占道经营1处，清理沿街流动商贩1人次，清理门前乱堆乱放5处。

（武卉）

【防汛应急演练】 6月29日，四海镇在镇政府门口人工湖，组织2020年防汛应急演练。在防汛临时指挥部的指挥下，启动防汛应急预案，党员突击队、青年突击队、应急工作组、卫生救援组等，分别模拟护送群众到安全地带、抢通道路、救援受伤群众等环节进行演练。各村党支部书记、包村工作组40余人观摩演练。

（武卉）

【“四个条例记心间，全民共创文明城”知识竞赛】 8月17日，四海镇新时代文明实践所组织开展“四个条例记心间，全民共创文明城”知识竞赛。知识竞赛题目涵盖“创城”“四个条例”“扫黑除恶”“冬奥知识”4大类内容。经过初赛，18个村分别组织代表队参加镇级复赛和决赛，最终前山村、黑汉岭村获得优胜奖。

（武卉）

【“放歌长城，唱响延庆”群众合唱大赛】 9月22日，四海镇在花海舞台举办“放歌长城，唱响延庆”2020年群众合唱大赛。来自16个村的270余名群众参赛，演唱《歌唱祖国》《没有共产党就没有新中国》《走向复兴》等曲目。

（武卉）

【机构改革大会】 11月9日，四海镇召开机构改革大会。由党委副书记做机构改革情况说明，解读四海镇党政机构、事业单位机构设置和编制职数情况。组织委员宣布机构改革后班子成员分工及科室人员安排。全镇领导班子成员、机关干部、下沉人员、协管人员及编外合同人员共100余人参会。

（武卉）

【村“两委”换届选举动员部署会】 12月30日，四海镇召开村“两委”换届选举工作动员部署会。会议具体部署四海镇村“两委”换届选举工作，强调换届工作纪律。镇领导班子成员、各村包村组长、第一书记、村党支部书记、主任、副书记、副主任参加会议，区委组织部指导“两委”换届工作组长到会并讲话。

（武卉）

2020年四海镇各村基本情况统计

表19

序号	村委会名称	党支部书记	村委会主任	户数（户）	人口（人）	经济总收入（万元）	人均所得收入（元）
1	西沟里	潘自荣	潘自荣	72	126	752.9	18800
2	西沟外	张树平	张树平	167	286	998.5	18888
3	四海村	巩长海	巩长海	391	721	3795.7	18781
4	椴木沟	赵久满	赵久满	220	418	1467.8	17145
5	菜食河	任正顺	空　缺	196	397	1052.5	15069
6	海字口	喻永才	喻永才	419	832	3015.9	18631
7	岔石口	吴怀英	吴怀英	256	546	1540.8	19016
8	永安堡	赵桂梅	赵桂梅	210	390	1283.5	17059
9	郭家湾	任淑凤	空　缺	166	336	1186.4	18903
10	石窑村	王金莲	空　缺	87	185	622.8	17500
11	大胜岭	程宾义	程宾义	185	339	1440.8	18147
12	南湾村	刘桂琴	空　缺	334	616	1864.2	18937
13	黑汉岭	闫立炜	闫立炜	314	591	1932.8	20947
14	大吉祥	程文利	程文利	197	391	1879.6	19013
15	上花楼	秦淑旺	秦淑旺	67	122	437.8	18980
16	王顺沟	韩成强	韩成强	145	260	571.7	16134
17	前山村	王永怀	王永怀	105	192	562.3	18563
18	楼梁村	夏俊英	夏俊英	84	169	440	17812

千家店镇

【概况】 千家店镇镇域面积371平方千米，黑河、白河流经镇域。全镇辖19个行政村、72个自然村，人口1.1346万人。2020年，全镇出生136人，出生率11.98‰；死亡97人，死亡率8.28‰。人口自然增长率3.7‰。镇党委辖27个党支部，有中共党员1146名。镇域有7个星级民俗村，205户星级民俗户，其中四星、五星民俗户20个；8个民宿品牌45个院落通过民宿联盟品牌验收。全年造林63.35公顷（950.25亩）、重点公益林管护工程313.07公顷（4696亩），镇域生态林面积3.29万公顷（49.4万亩），林木绿化率74.57%，林木覆盖率64.66%。种植黄芩301.27公顷（4519亩），中药材69.07公顷（1036亩）。“两田一园”高效节水灌溉140.27公顷（2104亩）。平台子、下湾、红石湾、六道河申报区级“垃圾分类村”。整治14个村的人居环境。花盆、下湾、红旗甸3个村“美丽乡村”创建通过验收。拆除违法建设95处、2.36万平方米，完成销账157.9%。完成乡镇机构改革，形成行政、事业、执法、双管单位的“6+5+1+2”的机构设置体系，完成统计、林业、司法等部门共24名人员下沉及职权转接，职务调整32人。完成4个环境监测子站周边环境提升工程，建立环境子站周边环境保洁维护机制，PM2.5累计平均浓度为21微克/立方米、TSP（总悬浮颗粒物）平均浓度74微克/立方米，降尘浓度为4.1吨/（平方千米·月），低于年度目标浓度6.0吨/（平方千米·月）。西帽山市级考核断面全年水质达到地表水Ⅱ类水平。完成配备各类型垃圾桶、垃圾箱12387个、电瓶车33辆，基本建成垃圾分类运行体系。完成3个整村旧村拆除任务，拆除旧村房屋125处607间。人居环境第三方收官检查全部合格，16个村被评为优秀。8个美丽乡村建设完成实施方案编订，5个村完成建设招投标工作。水泉沟、菜木沟、沙梁子三村地质灾害搬迁工程有序推进。开展各类技能培训3000余人次，实现转移就业231人，410户低收入户861人全部脱低。菜木沟村完成养老餐桌建设。建立“千家乐”“千家健”“千家美”等志愿服务队27支，招募志愿者837名。完成千家店、下德龙湾、大栋树三个村级退役军人服务站标准化建设及验收工作。举办农民运动会、群众舞蹈大赛、重阳敬老爱老等群众性文体活动，创新举办“云上生旦净末丑”等线上活动。开展“五好党员户”创建，建立“两委”干部关心关爱机制。“遇见白房子”“悠客小院”等8个民宿品牌45个院落通过民宿联盟品牌验收。启动花盆红色基地建设，“山水黄芩”实现产品升级，四潭沟休闲谷增收见效。全镇实现经济总收入5.79亿余元，人均劳动所得25791元。千家店镇获“北京市体育特色乡镇”称号，花盆村被评为第四批北京市特色专业示范村。

单位名称：千家店镇政府

地　　址：千家店镇东店村西

电　　话：60188345　60188048

（赵军利）

【新冠疫情防控】 2月13日，千家店镇“千家健”志愿服务队组成五个防控疫情宣传小分队，分别到19个行政村进行新型冠状病毒肺炎的宣传指导和防控工作。对2022户群众开展“敲门行动”，设立疫情防控党员先锋模范岗，引导群众疫情期间按时居家锻炼，被称为“行走的小药箱”。“千家健”志愿服务队利用社区卫生服务中心与各村党支部实施党建创新项目，每月开展“送医下乡”“点单式服务”。

（赵军利）

【电力设施、森林火灾隐患专项工作会】 3月23日，镇政府召开电力设施、森林火灾隐患专项治理工作会。会议对专项排查治理工作进行部署，强调要认真梳理、不留死角，各村要通过“村村响”广播向村民宣传森林防火的重要性，消除各类火灾隐患。

（赵军利）

【旅游经营单位（户）复产复工培训】 4月26日，镇政府组织乡村旅游经营单位（户）复产复工培训会，拟复工的51家民俗户、5家精品民宿参加培训。镇民俗科、派出所等科室根据防疫要求，结合复产复工的基本流程、开业条件等进行培训。

（赵军利）

【七一表彰会】 6月30日，镇党委召开纪念中国共产党成立九十九周年暨2020年度七一表彰会，村“两委”干部、五好党员户代表、优秀共产党员、优秀党务工作者和新发展党员参加大会。大会表彰6个先进基层党组织、80个“五好党员户”、34名优秀党务工作者、15名优秀共产党员；总结2019年工作，部署2020年重点任务。

（赵军利）

【穆鹏调研防汛工作】 7月5日，区委书记穆鹏到千家店镇调研防汛工作。先后察看滦赤路干沟段山体塌方处置情况、六道河村危房坍塌处置情况和石槽村排洪沟治理和危房险户转移安置情况，并对防汛工作提出具体要求。包括做好公路沿线地质灾害隐患巡查工作，强化对村民的教育引导，确保山区群众出行安全；不断提升旅游品质，打造高附加值休闲度假产业，一手抓绿水青山，一手抓金山银山。

（赵军利）

【300人参加“相约云上·生旦净末丑”线上活动】 7月14日，千家店镇新时代文明实践所为满足群众业余文化需求，改变固有的线下活动，通过新时代文明实践“点单派单”系统，线上发布“相约云上·生旦净末丑”戏剧文化活动。全镇20个新时代文明实践站的戏曲爱好者、学生、文化组织员等300余人参加活动，享受视听冲击、走近戏曲，感受传统文化魅力。

（赵军利）

【高考表彰大会】 9月3日，镇政府召开高考表彰大会，对31名千家店镇户籍考上本科的学生进行表彰奖励，奖励金额达4.6万元。翟佳骏、李嘉宇被北京工业大学录取；张盟惠等4名学生被首都师范大学录取；李心雨等25名学生被其他本科院校录取。

（赵军利）

【文艺和民俗中专班开班】 9月23日，千家店镇社会文化艺术、民俗中专班在文化中心开班，两个班有54名学员。开班仪式后进行开学第一课《社交接待礼仪》。中专班由区职教中心授课，可取得国家承认的中专学历。

（赵军利）

【全民健身运动会】 10月27日，镇政府举办以“激情迎冬奥 魅力千家店”为主题的全民健身运动会。有20支代表队近350名运动员参加。运动会设竞技体育、趣味体育游戏两类。沙梁子村代表队、河南村代表队、残疾人代表队分别获一等奖。

（赵军利）

【第八届残疾人趣味运动会】 10月27日，镇残联举办第八届残疾人趣味运动会，60余人参加。运动会设夹豆、飞镖、蚂蚁搬家等8个项目，每项设一、二、三等奖。下湾村韩自莲、花盆村张自英等获奖。

（赵军利）

【3个村成功创建“美丽乡村”】 11月5日，区农业农村局验收组到花盆、下湾、红旗甸3个村，进行“美丽乡村建设专项行动项目”验收。验收组在听取汇报、实地检查验收后宣布创建成功。

（赵军利）

【消防安全宣传】 11月6日，镇政府组织第三十届“119消防宣传月”讲座及演练活动。邀请永宁消防救援队队长路志卿为村级安全巡查员及村两委干部进行消防安全培训。培训结束后，路志卿到乌龙峡谷景区进行消防安全常识讲解，并指导灭火演练和紧急疏散演练。

（赵军利）

【演讲比赛】 11月12日，镇政府举办以“争创百里山水画廊最美家庭”为主题的演讲比赛。初赛19个队伍角逐出前10名参赛选手进入决赛，他们分别从家庭故事、家庭教育和家风传承等方面，讲述家庭美德对自己的深远影响，生动诠释家庭建设的意义，并号召大家“树家风 扬正气”，树立良好的社会风尚。此次比赛设立一等奖1名、二等奖2名、三等奖3名；其中四潭沟村的史国琴获得一等奖。

（赵军利）

【人大代表、村干部代表联系选民月座谈会】 11月27日，区人大常委会副主任郭永华带队到镇参加区、镇两级人大代表、村干部代表联系选民月活动座谈会。镇主要领导参加座谈会。区、镇两级人大代表提出关于村级干部待遇、退稻还林、12345热线诉求等事项的意见和建议。郭永华对千家店镇的人大工作给予充分肯定。

（赵军利）

【十九届五中全会精神宣讲】 12月8日，延庆区学习贯彻党的十九届五中全会精神宣讲团到千家店镇宣讲。区宣讲团成员、副区长陈桂芬作题为《学习五中全会精神 全面加强党的建设 在新的伟大征程中实现地区高质量绿色发展》的专题辅导。镇全体机关干部、驻镇单位负责人等100余人参加。陈桂芬在讲解中，结合千家店镇实际，提出“规划引领”“筑牢基础”“振兴乡村”三项建议。

（赵军利）

【村（社区）“两委”换届工作动员部署会】 12月28日，镇党委、政府组织召开村（社区）“两委”换届工作动员部署会。会议学习关于换届工作会议精神，部署换届工作要求、换届工作纪律和换届期间社会治安和秩序维护等工作。

（赵军利）

2020年千家店镇各村基本情况统计

表20

序号	村委会名称	党支部书记	村委会主任	户数（户）	人口（人）	经济总收入（万元）	人均所得收入（元）
1	河口	贾祥山	贾祥山	126	318	1865.6	28696
2	石槽	崔造林	崔造林	55	118	748.4	31148
3	红石湾	李进华	李进华	254	555	2576.3	23915
4	千家店	葛娅惠	葛娅惠	572	1257	10962.1	28693
5	河南	张晓辉	张晓辉	271	618	3324.9	25671
6	下德龙湾	常建国	常建国	274	648	4375.7	33350
7	水头	焦玉海	焦玉海	104	223	1717.2	34358
8	大石窑	侯文会	侯文会	119	250	1977.9	28081
9	红旗甸	王书刚	王书刚	147	307	2090.2	23395
10	六道河	刘秀国	刘秀国	294	688	4021.1	26046
11	大栜树	高廷国	葛凤军	348	767	3737	21580
12	沙梁子	张春和	张春和	238	554	3129.2	20913
13	四潭沟	刘兴军	刘兴军	126	295	1762.1	20615
14	下湾	纪文里	纪文里	122	293	2770.2	30033
15	菜木沟	刘春付	刘春付	225	476	3356	27159
16	牤牛沟	贺旺林	贺旺林	67	124	760.5	23869
17	水泉沟	郤凤元	郤凤元	133	267	2246.3	21063
18	花盆	闫振国	闫振国	338	696	3336.7	19729
19	平台子	白广辉	白广辉	200	449	3178.7	26531

沈家营镇

【概况】 沈家营镇镇域面积37.30平方千米，下辖22个行政村、2个社区。全镇户籍数6406户，户籍总人口12696人，其中农业户口8252人，非农业户口4444人。2020年全镇出生117人，出生率9.2‰；死亡80人，死亡率6.3‰；人口自然增长率2‰。全镇有初级中学1所、中心小学1所、幼儿园2所，社区卫生服务中心1所、村级卫生室13个，党群服务中心（文体中心）1个，工业企业3个。镇党委下辖基层党支部35个，有党员1043名，其中农村党支部22个，农村党员873名。全年发展预备党员6名。全镇税收完成5051.2万元，财政收入1110.8万元，同比增长9%，农村经济总收入89556.2万元，人均劳动所得25697元。引导3家企业作为一般制造业退出，7家园区农产品通过无公害认证、1家通过有机认证，开展3次畜禽集中免疫。完成农村集体经济组织清产核资，22个村所有集体经济合同全面清理整改，推行“四议一审两公开”机制，明确11项村级重大决策事项，确定7个实施步骤。全年新增民俗户10余户，“星级”民俗户达到23户，精品民宿3户，实现观光园收入393万元，乡村旅游收入769.7万元。2020年，第一批5个村美丽乡村建设进入收尾阶段，第二批7个村完成规划设计方案。八峪路绿化工程、天成中路街心公园建设完成，5个再生资源自助回收站点投入使用。拆除违法建设149处、5.3万平方米。完成第七次全国人口普查工作。对城乡低保户、特困户开展社会救助，培训城乡劳动力、农村劳动力，实现转移就业246人。完成5个村级政务服务站建设，286项政务服务事项延伸到村级。启动北京市卫生乡镇创建工作，完成11项创卫指标证明。全年召开党委会44次，研究议题716个，班子成员定期汇报全面从严治党责任清单落实进展，形成定期谋党建、持续抓党建的长效机制。配合区委第三巡察组工作，落实整改主体责任。整顿软弱涣散村，完成村（社区）党组织换届，推进村委会换届。组织开展新春联欢会、群众文艺大会演、农民趣味运动会等文体活动100余场，11个村创建成为全区体育特色村，沈家营镇创建成首都体育特色乡镇。天成家园南社区党支部书记李慧敏获评“全市疫情防控先进个人”和“全市疫情防控优秀共产党员”，天成家园北社区获评首都绿化美化花园式社区，下花园村获评首都绿色村庄。

单位名称：沈家营镇政府

地　　址：沈家营镇冯庄村北

电　　话：61131575

（张兵）

【新冠肺炎疫情防控】 年内，全镇设置58个卡口进行24小时值守，落实“查证、验码、测温、登记”等措施，安排专人为居家观察人员提供“七帮”（日需帮购、事务帮跑、健康帮询、误会帮解、政策帮宣、垃圾帮处、心理帮疏）服务。落实居家医学观察1197人，组织核酸检测1868人，为29家小微企业和个体户争取到11.3万元租金补贴。

（张兵）

【基层法律服务】 年内，沈家营镇推行“法律门诊我来选”“一村法律顾问”制度，实现所有村和社区法律顾问全覆盖。截至年底办理法律援助案件61件，解答群众法律咨询260人次，调解民间纠纷12件，起草审核合同36件。

（张兵）

【完成排查整顿农村发展党员违规违纪问题试点工作】 年内，沈家营镇作为全区开展党员违规违纪排查整顿工作唯一试点，对党的十八大以来由沈家营镇发展和转入的235名党员档案分类排查，做好发现问题的分类、核实、认定。

（张兵）

【低收入农户全部脱低】 年内，对全镇191户321人落实低收入农户“五个一批”帮扶措施。促成人均收入达到21915.8元，同比增长13.68%，实现低收入农户人均收入稳定增加目标。

（张兵）

【对口帮扶工作】 年内，沈家营镇为河北省宣化区顾家营镇、内蒙古兴和县大库联乡提供帮扶资金25.7万元，多次开展合作交流。受援地完成脱贫攻坚目标任务。

（张兵）

【镇第一届党代会四次会议召开】 1月11日，中国共产党沈家营镇第一届代表大会第四次会议召开。大会审议通过镇党委工作报告、镇党委领导班子述职报告、纪委工作报告、党费收缴使用和管理情况报告，镇党代表、村书记等89人参加会议。

（张兵）

【纪念建党99周年系列活动】 6月24日，沈家营镇举办“感党恩、谋发展、强引领、战疫情”迎“七一”专题座谈会，镇党委班子成员、村（社区）党支部书记等30余人参加。6月30日，在镇文体中心组织开展庆祝建党99周年文艺演出，由各村文化组织员参演。通过“尚德沈家营”微信公众号、微信群等线上方式进行传播展示。

（张兵）

【村干部示范培训班】 9月至10月，镇党委举办两期2020年“守初心、担使命、作表率”村级“1+3”队伍示范培训班。全镇各村党支部书记、组织委员、宣传委员、纪检委员70余人参加培训。培训班为期三天，结合“不忘初心、牢记使命”主题教育，开设党的理论教育、党性教育、专业化能力等课程，采用理论教学、现场教学、结业闭卷测试等多种方式进行培训。

（张兵）

【镇第一届人代会第九次会议召开】 12月5日，沈家营镇召开第一届人民代表大会第九次会议，35名正式代表出席。大会审议通过镇政府工作报告、人大工作报告、财政工作报告。

（张兵）

2020年沈家营镇各村基本情况统计

表21

序号	村委会名称	党支部书记	村委会主任	户数（户）	人口（人）	经济总收入（万元）	人均所得收入（元）
1	沈家营	冯永红	冯永红	253	528	9403.4	26183
2	东王化营	段振忠	段振忠	146	376	7435.6	27113
3	冯庄	王怀礼	王怀礼	72	210	782.3	19073
4	曹官营	马立红	马立红	261	752	2585.8	25944
5	新合营	徐桂莲	徐桂莲	130	350	7463.2	27766
6	临河	宋兰根	宋兰根	266	758	2231.9	26810
7	前吕庄	韩新民	韩新民	256	732	4336.8	24617
8	连家营	郑宏伟	郑宏伟	141	304	2347.5	24759
9	魏家营	路广（负责人）	路广（负责人）	145	345	4252.8	26082
10	兴安堡	李根伏（1-7月） 镇干部（8-12月）	李根伏（1-7月） 镇干部（8-12月）	240	646	2576.5	23355
11	北老君堂	李海旺	李海旺	215	620	2385.6	23230
12	香村营	胡志忠	胡志忠	445	1245	4026.2	22619
13	后吕庄	刘春旭	刘春旭	210	613	1858.5	23066
14	马匹营	侯春栓	侯春栓	128	353	6305.1	31648
15	孙庄	段四利	段四利	122	282	1692.9	25461
16	下郝庄	丁　锐	丁　锐	54	147	2575.5	28348
17	北梁村	孙占奎	孙占奎	84	219	1930.3	23679
18	西王化营	王　军	王　军	212	530	1799.0	25532
19	八里店	林永顺	林永顺	440	1116	3310.7	20912
20	下花园	郭振远	郭振远	118	263	2077.3	25343
21	上花园	郭玉滨	郭玉滨	48	137	9754.9	24125
22	河东	马建飞（副书记主持工作）	马建飞（副书记主持工作）	147	420	8424.4	27157

大榆树镇

【概况】 大榆树镇镇域面积60.7平方千米，辖25个行政村。2020年，全镇户籍数8596户，户籍总人口15567人。其中男性7851人，女性7716人。出生人口161人，出生率10.34‰；死亡人口103人，死亡率6.61‰；人口自然增长率4.24‰。镇域有学校4所，镇级社区服务中心1所，村级卫生室15家。镇党委辖基层党组织34个，其中农村党支部25个；发展预备党员4人，转正党员4人，全镇中共党员1212名。全镇粮食作物播种面积739.07公顷（11086亩），总产量688.07万公斤。蔬菜作物种植面积187.75公顷（2816.3亩），总产量855.24万千克。牛、羊、马、驴、骡子、家禽存栏量分别是51头、3777只、100匹、7头、4头、3.111万只。全镇旅游综合收入302.7万元。实现财政收入1317.9万元，农村经济总收入4.91亿元，农民人均劳动所得2.47万元。城乡居民基本医疗保险参保人数7838人，城乡养老保险参保人数8386人。举办2场“送岗下乡”专场招聘会，30余家企业提供448个就业岗位，100余人达成就业意向；完成700余人深度培训。开展慈善1+1关爱空巢助老项目“榆树情”志愿服务活动，开展困境、留守儿童及高龄关爱护理行动；帮扶194户371人成功脱低。帮扶失业人员，发放失业金37.35万元；向低保户144户245人发放最低生活保障金247.40万元，向特困户53户53人发放最低生活保障金110.37万元，向民政低收入户5户11人发放生活补贴15645元，向医疗救助对象256人发放救助金28.22万元，向因病致贫14人发放救助金92823.05元。年内，完成30户健康家庭评选工作。推进大泥河村、刘家堡村、南红门村三个村文化室升级改造工程。举办大榆树镇“和谐榆树　幸福家园”新春文艺会演和“迎国庆赏中秋　兴三农促发展”群众文艺会演，开展文艺星火演出50余场。开展“图书流转到家”活动，实现学校“停课不停学”。完成24个体育特色村创建工作。落实“四方责任”，抓实抓细疫情防控措施，实施50个点位24小时值班服务，落实党员包户、智能门磁系统监督等措施，17项重点项目工程全部复工、131家经营主体复工达产。完成机构改革，推进“两委”换届。下屯棚改回迁安置房项目正式启动，实施主体正式进场。北京城建集团小张家口建筑垃圾资源化场站项目建设完成并成功投产；镇综治中心工程基本完工。小大路改建工程征拆完毕，施工企业进场。京张高铁（大榆树段）沿线安全环境整治项目顺利推进，高大树木伐移、100米范围内彩钢房加固、200米范围内机井封填和还建工程均完工。大榆树段冬奥村（玉渡）等4条输变电项目建设完成。小泥河、姜家台、阜高营、程家营4村美丽乡村建设开工。完成第二批12个美丽乡村规划编制工作。推进创城、环境整治、垃圾分类等工作，开展联合执法200余次、清理点位5000余处、修补路面3000平方米、施划停车位1657个、设置停车场2个、安装违章抓拍系统3套，在全区创城模拟测评中实现零问题。农村人居环境整治市级、区级、自查台账共1025处，完成整改1001处，整改率97.6%。拆除违法建设83宗、6.33万平方米，腾退土地7.92万平方米。南红门村获市级生活垃圾分类示范村称号。从严从重处罚环境违法问题，立案查处环境违法行为106起，罚款11万余元。镇村两级巡河率均100%，发现问题105个，全部整改。完成新一轮百万亩平原造林70.29公顷（1054.39亩），整理山前平缓地40公顷（600亩），栽植乔木37168株，灌木4947株；完成“五河十路”生态林养护158.89公顷（2383.3亩）；完成延海花园绿化建设工程约2100平方米；推进辖区绿化景观提升工程，实施道路两侧绿化美化工程。

单位名称：大榆树镇政府
地　　址：大榆树镇府前街1号
电　　话：61182045

（黎梦婷）

【对口帮扶】　年内，大榆树镇到内蒙古乌兰察布市兴和县大同夭乡、河北省宣化区庞家堡镇开展慰问活动，慰问现金1.6万元、米面油1.05万元。投入帮扶资金35万元，支持大同夭乡实施“安装路灯小型公益事业项目”，彻底改善2个贫困村102名贫困人口的夜间出行条件；助力庞家堡镇实施“服装生产车间项目”，带动101户、217人贫困人口实现增收。

（黎梦婷）

【创城工作】　年内，大榆树镇在延庆区创建全国文明城区工作中，发放创城宣传材料3125份，制作悬挂横幅50余条，制作悬挂硬质标语25个，张贴海报850张，宣教活动25场，开展48次大扫除活动，2000余人次参加。清理点位5000余处、修补路面3000平方米、施划停车位1657个、设置停车场2个、安装违章抓拍系统3套，在全区创城模拟测评中实现零问题，排名乡镇第一。

（黎梦婷）

【群众文化活动】　年内，举办大榆树镇“和谐榆树　幸福家园”新春文艺会演，200余人参演20余个节目。举办以“迎国庆赏中秋　兴三农促发展”为主题的中秋国庆文艺演出，25个村的300余人参演，演出节目有歌曲、舞蹈、情景剧等。举办以“全民健身　喜迎冬奥”为主题的农民冬奥运动会，运动会项目主要以冬奥运动项目为主，25个村的300余人参加运动会。

（黎梦婷）

【垃圾分类】 年内，全镇志愿者入村开展垃圾分类知识讲座30余次，发放宣传折页5000余张，开展垃圾分类摄影比赛、绘画大赛、知识竞赛和“垃圾分类达人评选”活动，做到群众知晓率100%，参与率100%，户分类准确率95%以上。生活垃圾分类实行“333”工作模式，对全区垃圾分类工作起到示范引领作用，南红门村获市级生活垃圾分类示范村称号。

（黎梦婷）

【民法典培训】 8月14日，大榆树镇召开《中华人民共和国民法典》培训讲座，邀请中央财经大学法学院教授做专题辅导，镇村干部150余人参加培训。讲座内容包括民法典编纂的重大意义、民法典中与基层关联的热点及主要亮点等内容。辅导讲座使镇村两级干部了解《民法典》的要点及其内涵，进一步提高了维护人民群众权益、化解社会矛盾纠纷、促进社会和谐稳定的能力。

（黎梦婷）

【农村实用人才培训】 9月9日，大榆树镇文体中心举办农村实用人才培训班。邀请区文化馆工作人员为宣传文化组织员进行书法培训，主讲人从书法执笔的方式、楷书以及隶书的书写方法等模块进行授课，全镇书法爱好者20余人参加。

（黎梦婷）

2020年大榆树镇各村基本情况统计

表22

序号	村委会名称	党支部书记	村委会主任	户数（户）	人口（人）	经济总收入（万元）	人均所得收入（元）
1	姜家台	潘秀芬	潘秀芬	366	649	2014.2	26661
2	陈家营	张淑兰	张淑兰	280	519	1664.0	25055
3	杨户庄	张　京	张　京	335	655	1439.2	23994
4	阜高营	曹桂华	曹桂华	354	629	1886.6	26215
5	奚官营	张红岩	张红岩	112	219	465.8	17419
6	下辛庄	乔雅静	乔雅静	304	539	1467.6	26284
7	上辛庄	杨土来	杨土来	153	287	623.1	18578
8	宗家营	李建宾	李建宾	512	896	2156.1	24897
9	大榆树	张　俊	张　俊	366	681	2151.1	24730
10	高庙屯	李宝财	李宝财	504	892	1477.4	16893
11	刘家堡	李永泉	李永泉	197	364	930.7	22521
12	北红门	王爱军	王爱军	197	357	830.3	17778
13	南红门	宋宝良	宋宝良	231	383	694.4	17011
14	东桑园	马德山	申玉昆	353	648	2269.1	26188
15	大泥河	马俊飞	赵春生	856	1607	6120.4	21941
16	小泥河	刘黎明	刘黎明	131	220	709.1	23826
17	小张家口	刘　永	刘　永	272	537	1085.6	19129
18	下　屯	聂增元	朱占文	735	1373	4554.3	29326
19	东杏园	翟永春	翟永春	443	799	1398.4	25454
20	西杏园	闫三平	闫三平	247	437	754.8	24769
21	岳家营	高凤兴	高凤兴	216	380	769.4	24946
22	簸箕营	王京友	王京友	480	823	6354.0	26968
23	新宝庄	康国余	康国余	323	572	2538.9	26127
24	程家营	刘　杰	刘　杰	265	472	2056.4	25518
25	军　营	张景义	张景义	344	629	1421.1	20368

井庄镇

【概况】　井庄镇镇域面积126.10平方千米。辖31个行政村，全镇户籍数7382户，户籍人口13045人。全年出生人口96人，出生率7.2‰；死亡人口144人，死亡率10.9‰；人口自然增长率-3.7‰。有中学1所，中心小学2所，敬老院1所，村卫生室22处。镇党委辖基层党组织37个，其中农村党支部31个，党员1132人。2020年，全镇粮食作物播种面积1164.53公顷（17468亩），秋粮产量10104吨，经济作物播种面积49.2公顷（738亩），产量9.1吨；蔬菜播种面积61.35公顷（920.3亩），产量2315.7吨。森林覆盖率48%，林木绿化率64%，抚育森林面积740公顷（1.11万亩）。全镇林地面积0.867万公顷（13万亩），其中果园面积106公顷（1589.6亩），主要品种有杏、梨、李子、苹果等，坚果和鲜果年产量660.2吨。耕地面积2293.2公顷（35107.5亩）。肉鸡出栏3.48万只，禽蛋产量308.4吨。肉牛出栏291头，奶牛存栏1084头，鲜奶产量4419.2吨，山羊、绵羊出栏1108只。农村经济总收入44754.5万元，同比增长3.5%。农民人均劳动所得完成20400元，同比增长3.7%。财政收入162万元，财政支出17080.72万元。全镇旅游接待27.83万人次，接待收入1633万元。年内，农村劳动力6153人，就业6134人，其中常年外出务工1722人，本地务工915人，未就业19人。发放低保、五保资金456.43万元。享受助残券补贴1792人，补贴17.92万元。低保、五保、低收入医疗费二次报销救助298人次，救助金额47.45万元。镇文化站组织各村文化管理员及各村文艺爱好者，开展以“助力冬奥，有我更精彩”为主题的系列体育活动。

单位名称：井庄镇政府

地　　址：井庄镇井庄村

电　　话：61192367

（解超杰）

【民俗旅游业提档升级】　年内，井庄镇完成4个星级民俗村创建工作、宝林钟韵公园及宝林夜市建设工作。推进3个民宿品牌进乡村、15个精品民宿院落建设。完成北西路沿线景观路灯更新、旅游导引标识更新、柳沟农贸市场建设、柳沟停车场提升等工作。全力推进乡村旅游复工复产。

（解超杰）

【精准脱贫】　年内，对全镇327户577人低收入农户进行动态监测。建立低收入农户帮扶台账和低收入农户收入统计台账，做到一户一台账、一户一措施，确保低收入农户帮扶全覆盖。低收入农户人均可支配收入23098元，比上年增长18%。

（解超杰）

【环境整治】　年内，井庄镇加快煤改清洁能源工程进度，完成7个村841户煤改电工作。制止露天焚烧30余起，开出环境保护罚单19件。劝导河边养殖6户，清理建筑垃圾2498平方米。

（解超杰）

【绿化美化】　年内，全镇完成百万亩造林补植64公顷（960余亩）。完成拆违面积54206.06平方米，完成率102.27%。补植绿色植物，种植树木4万株。清理乱堆乱放43余处，种植花草、增加绿化1万平方米。

（解超杰）

【公共服务】　年内，全镇推出栖柳园等3个市级妇字号基地。建成19个村级妇女儿童之家。完成图书流转站建设，配备图书1.6万余册。组建“燕羽情”巾帼志愿服务队，志愿者152人。开展政策宣传、理发、助洁、助餐等活动。

（解超杰）

【“守初心，担使命，作表率”主题教育】　年内，井庄镇在全镇开展“守初心，担使命，作表率”主题教育。党委书记带头、班子成员督导，形成“关键少数”组织谋划，“绝大多数”推动落实的工作模式。班子成员带头开展20次集中学习，引领带动基层支部组织党员干部集中学习主题教育系列教材，进一步推动习近平新时代中国特色社会主义思想落地生根。

（解超杰）

【环境整治检查】 11月10日，井庄镇开展环境整治拉练检查。镇领导带领生态环境管理中心和各村党支部书记，到东沟、果树园、王木营、三司四个村检查人居环境。现场发现问题、指出差距，要求各村组织人员，整改问题，高标准提升各村环境。

（解超杰）

【镇一届人大八次会议】 11月24日，井庄镇第一届人民代表大会第八次会议召开。会议学习贯彻党的十九届五中全会精神和《中国共产党第十九届中央委员会第五次全体会议公报》。47名代表出席会议。镇党委、镇政府非代表领导成员，各村非代表党支部书记、村主任、第一书记及镇域内的区人大代表列席本次会议。

（解超杰）

2020年井庄镇各村基本情况统计

表23

序号	村委会名称	党支部书记	村委会主任	户数（户）	人口（人）	经济总收入（万元）	人均所得收入（元）
1	南老君堂	张　鑫	张　鑫	298	777	3393.8	25704
2	艾官营	李纪华	李纪华	183	460	1459.6	18249
3	王木营	刘全德	刘全德	404	964	3758.6	17727
4	井　庄	徐世利	徐世利	305	782	3267.1	18550
5	三　司	张永田	张永田	189	441	1446.7	19514
6	柳　沟	胡宝祥	胡宝祥	353	859	7366.7	23502
7	房老营	房书明	房书明	110	257	1339.7	18785
8	东小营	李　钢	李　钢	230	711	2992.6	18652
9	宝林寺	罗　森	罗　森	78	187	1055.9	19049
10	小胡家营	胡金昭	胡金昭	102	246	832.5	20785
11	东石河	张六林	张六林	121	261	1125.6	19425
12	二　司	高来所	高来所	93	218	1053.3	22286
13	果树园	张玉明	张玉明	78	185	2082.6	21577
14	王仲营	王秀苹	王秀苹	62	165	1446.8	25992
15	东红山	赵玉龙	赵玉龙	87	204	1090.8	19417
16	张伍堡	韩维江	韩维江	65	191	1166.3	20329
17	八　家	张爱宁	张爱宁	111	255	863.9	18960
18	西红山	张土山	张土山	123	268	1013.5	17658
19	西二道河	陈建国	陈建国	101	240	842.6	19394
20	东　沟	陈德军	陈德军	103	208	790.1	18689
21	窑　湾	崔永启	崔永启	154	442	1245.4	18084
22	老银庄	康素合	王海龙	119	311	863.5	18647
23	冯家庙	孙石根	孙石根	109	266	1162.7	25725
24	孟家窑	马爱城	马爱城	87	208	829.6	18575
25	莲花滩	沈合义	沈合义	50	138	568.1	19190
26	箭杆岭	赵云鹏	赵云鹏	26	66	266.8	18140
27	曹　碾	高落实	高落实	20	44	254	17797
28	碓臼石	王　伟	王　伟	52	108	458	17483
29	门泉石	朱怀荣	朱怀荣	35	73	314.2	20424
30	北　地	张学余	张学余	40	110	297.4	24337
31	西三岔	丁春宇	丁春宇	9	16	106.1	24708

大庄科乡

【概况】 大庄科乡总面积126.5平方千米，下辖29个行政村、40个自然村。乡域内有河流5条，总长74.175千米，流域面积123.6平方千米。2020年，全乡户籍数2898户，总人口5898人，其中农业人口4796人，城乡居民人口1102人。农村从业人员3125人，其中一产1900人，二产33人，三产1192人。出生人口52人，出生率0.88%；死亡人口50人，死亡率0.85%；人口自然增长率0.03%。大庄科乡下属33个党支部，共769名党员，其中29个农村党支部，2个机关党支部，1个社区党支部，1个卫生院党支部。全乡有个体工商户324家，中心小学1所，幼儿园1所，乡级卫生院1所，敬老院1所。文体中心1处，村级文化大院29个，文物古迹8处，其中国家级文物保护单位1处，区级文物保护单位7处。古树13株。全乡粮食播种面积72.41公顷（1086.1亩），粮食产量240.9吨。蔬菜播种面积13.86公顷（207.9亩），蔬菜产量254.9吨。果园面积374.8公顷（5622亩），果品产量1216.1吨。家畜存栏1.001万只，鲜蛋产量45.2吨，蜂蜜产量8.5吨。旅游收入622.3万元，接待人次3万人次。农村经济总收入16132.3万元，与上年持平；农民人均劳动所得18785元，同比增长7%。乡域全年降水量592.1mm，比2019年年降水量534.3mm多57.8mm。2020年度汛期在乡党委书记亲自带领指导下对全乡危房险户台账进行核查，由台账登记的37户85人核实实际需转移34户72人，地灾台账的201户399人核查需转移157户321人，同时对所有受威胁户进行网格化管理，责任到户到人。汛期之前在沙塘沟村组织大型联合防汛演练活动，演练科目包括信息发布、决策、调度、人员转移等，为地区防汛提供实操案例。年内，疫情防控稳中有序，全面复工达产。出动群防群治力量8000人次，完成重大活动维稳安保。完成26个村庄770户换煤1925.75吨，完成5处村集体及公共服务设施换煤61吨。水源井提升改造31处，全部验收达标，得到区水务、卫计委一致好评。除水质本身的3眼水源井外，其余饮用水源全部可办理卫生许可证， 12月10日完成了23个水源办证，另外，20日前还可办4个水源的卫生许可证，总办证率90%，高于区规定的85%。铁炉的2018年“一事一议”蓄水完成，其他8个项目也都完成；铁炉污水提标开级改造完成；河南、河北、小庄科的污水项目正在进入测管设计阶段；二期污水场站土建和设备安装基本完成，预计月底可试水；瓦庙的河道清理、截流和护路已基本完成；河南的截蓄饮水土建部分已完成；白龙潭整治已完成；二期污水恢复绿化工程已完成；河道蓝线共37.1km，436根，完成337根，差暖水面和河口沟、大庄科河未栽完，暖水面和河口沟桩未到；智能水表统计2776块。完成部分村庄美丽乡村道路、路灯、供排水施工工作。完成沙塘沟，景而沟，沙门，铁炉村美丽乡村工程主体建设，第一批、第二批美丽乡村建设村庄全面开复工，第三批美丽乡村建设村庄积极推进。开展公路沿昌赤路、西铁路专项整治行动40次，共出动18956人次，车辆3950辆次，清除垃圾渣土11303吨，清除乱堆乱放2560处，拆除私搭乱建25处，约350平方米，绿化美化75000平方米。整改网格化点位387处，遥感点位49处，首环办点位6处。清除小广告500处。开展白色垃圾换取日用品活动，更换白色垃圾100吨；全乡29个行政村进行垃圾分类配套设施完善，共增设垃圾桶站36个，并为所有桶站加设拉环和语音播报等便民措施，设公示栏32个。购买240L分类桶160个，电动三轮收集车40辆，公路沿线分类垃圾箱250个。动态监测大庄科乡低收入农户468户886人，全部脱低。继续实施大庄科乡香草种植及种苗基地建设、大庄科乡香草资源圃育苗温室改造、大庄科乡香草产业科技研发中心建设、延庆区大庄科乡香草萃取设备及配套等低收入村户增收项目，香草种植覆盖全乡14个村及延庆区其他

9个乡镇，种植面积66.67公顷（1000亩），带动沙门村实现人均收入4.58万元。为68户、114人发放救助金139.8万元。为27户、27人特困户发放救助金35.5万元。为24户低保户、优抚人员实施危房改造，补贴资金138.3万元。为23名老人发放养老服务补贴8.3万元，为294名老人发放高龄津贴34.8万元，为97名失能老人，发放失能护理补贴46万元。开设3家养老餐桌，为暖水面老年餐桌争取建设补贴9.9万元。发放残疾人生活补贴197人、94.2万元，发放护理补贴62人、89.9万元。举办9批次培训班，累计培训2000人次。

单位名称：大庄科乡政府
地　　址：大庄科乡大庄科村南
电　　话：60189804

（钱永）

【乡一届四次党代会】 1月26日，中国共产党大庄科乡第一届党员代表大会第四次会议召开。会议审议乡党委工作报告、乡党委领导班子述职报告，乡党代表、村党支部书记等100余人参加会议。

（钱永）

【创城知识竞赛】 6月11日，大庄科乡举办“‘四个条例’记心间全民共创文明城”知识竞赛。竞赛以《北京市文明行为促进条例》《北京市垃圾分类管理条例》《北京市物业管理条例》《北京市街道办事处条例》内容为主，结合创城工作、乡情村史开展。30支参赛队伍的队员同台竞技。最终获得三等奖的代表队分别是瓦庙村新时代文明实践站代表队、解字石村新时代文明实践站代表队、水泉沟村新时代文明实践站代表队；获得二等奖的代表队分别是河南村新时代文明实践站代表队、河北村新时代文明实践站代表队；获得一等奖的代表队是松树沟村新时代文明实践站代表队。

（钱永）

【扶贫协作对口帮扶】 9月5日，大庄科乡到河北省宣化市春光乡，与春光乡对接与互访。双方各联络部门强化信息共享与分享，通过党建引领，开展帮扶对接、产业发展、企业帮扶、学子无忧等脱贫共建工作。慈母川、铁炉两村分别与春光乡姚家坟、教场两村签订帮扶对接协议，深化结对帮扶，提高东西部扶贫协作和对口支援工作水平。

（钱永）

【铁炉村邻里丰收节暨乐活音乐节】 9月30日至10月5日，大庄科乡在铁炉慈母川村举办“红色山乡庆丰收 邻里和谐话小康大庄科乡2020邻里丰收节暨乐活音乐节”活动。邀请专业音乐团队，以山林为背景搭建灯光舞台，采取“10+1+1”模式，以10个红色村庄为主体，以驻村企业为骨干，与广大游客共联欢，给游客带来全新的视听体验。乐活高山音乐节是邻里丰收节新增加的内容，在夜间餐饮、住宿的基础上，拓展音乐文化夜间消费形式，推动大庄科乡旅游业复产。

（钱永）

【“爱国歌曲大家唱”合唱比赛】 10月1日，大庄科乡在铁炉村开展大庄科乡第三届“爱国歌曲大家唱”合唱比赛，以红色歌曲为教材，开展爱国主义教育大课堂。全乡29个村的500余人参加。

（钱永）

【红色体验基地升级】 10月22日，升级改造后的大庄科乡红色教育基地启动。以“红色体验+红色教育”的全新模式，开展开放式红色课堂。新落成的英雄广场重新设计了纪念主雕像，加装了升旗台，在高耸的19.38米旗杆顶端，五星红旗随风飘扬。这一设计寓意1938年从这里燃起了平北抗战的燎原之火。与五星红旗相呼应的是党旗雕刻。火红的党旗屹立在巍巍烽火台之上，掩映在郁葱群山之间。沿着右侧步道向上，是一座大理石英雄谱纪念墙，墙上镌刻着101名大庄科籍烈士姓名，无声地提醒大家，时刻铭记革命英烈保家卫国的英雄壮举。

（钱永）

【乡一届人大七次会议】 12月24日，大庄科乡召开第一届人民代表大会第七次会议。会议听取审议大庄科乡政府工作报告、人大工作报告和财政工作报告。区、乡两级人大代表和列席代表80人参加会议。

（钱永）

2020年大庄科乡各村基本情况统计

表24

序号	村委会名称	党支部书记	村委会主任	户数（户）	人口（人）	经济总收入（万元）	人均所得收入（元）
1	车　岭	张　玉	张　玉	33	58	137.5	17397
2	慈母川	王九叶	王九叶	199	393	1543.4	27354
3	大庄科	张宏宇	张宏宇	120	334	1793.4	26931
4	东二道河	郭双柱	郭双柱	169	329	733.9	18733
5	东三岔	付景飞	付景飞	97	224	830.6	17299
6	东太平庄	刘殿群	刘殿群	65	160	272.5	13563
7	东王庄	王有军	王有军	45	104	358.3	16981
8	董家沟	胡瑞山	胡瑞山	105	218	759.2	14381
9	河　北	赵有刚	赵有刚	105	228	444.9	15421
10	河　南	王长合	王长合	232	524	1099.5	17948
11	黄土梁	刘　钊	刘　钊	49	112	191.3	14143
12	解字石	王振良	王振良	81	163	499.9	17393
13	景而沟	杨秀云	杨秀云	59	110	225	17391
14	里长沟	赵文海	赵文海	125	251	424.5	14382
15	龙泉峪	王建国	王建国	41	68	150.6	15000
16	暖水面	宋立荣	宋立荣	116	252	1281	18452
17	霹破石	杨忠云	杨忠云	98	208	365	15288
18	沙　门	闫贵发	闫贵发	25	55	124.7	18927
19	沙塘沟	张红霞	张红霞	146	320	791.7	17734
20	水泉沟	闫海明	闫海明	145	312	983.3	18910
21	松树沟	刘士林	刘士林	70	159	326.6	17472
22	台自沟	王德红	王德红	106	218	522.4	15917
23	铁　炉	韩台山	韩台山	169	335	137.5	17075
24	瓦　庙	王海霞	王海霞	46	89	1543.4	21230
25	旺泉沟	于守利	于守利	57	115	1793.4	19739
26	西沙梁	韩艳波	韩艳波	35	90	733.9	23000
27	香　屯	王俊清	王俊清	41	72	830.6	20694
28	小庄科	杜　彪	杜　彪	129	252	272.5	24841
29	榆木沟	刘造环	刘造环	27	39	358.3	17000

刘斌堡乡

【概况】 刘斌堡乡乡域东、南、北三面环山，属山谷盆地。全乡面积116.2平方千米，辖16个行政村，户籍人口3689户7266人，其中农业人口2557户5509人，非农业人口1132户1757人。2020年全乡出生54人，出生率0.74%；死亡56人，死亡率0.77%；人口自然增长率-0.03%。全乡农村经济总收入18288.1万元，同比增长4.1%；人均可支配收入16561.0元，同比增长5.6%。低收入户人均可支配收入18772.7元（标准线11160元），超过标准线68.2%，全部脱低。有中学、小学、幼儿园各1所；社区卫生服务中心1所，社区卫生服务站2个，农村卫生室14个；北京农商银行支行1所；国家电网网点1个。乡党委下辖基层党组织20个，其中农村党支部16个，乡机关党支部2个，社区党支部1个，事业单位（卫生院）党支部1个，全乡有中共党员787名。全乡总播种面积693.6公顷（10404亩），粮食总产量497.4万公斤。耕地地力保护补贴面积623.7公顷（9355.4亩），补贴资金280.6万元，惠及农户1458户；三品认证88公顷（1320亩）。畜牧养殖存栏羊1145只，牛45头，鸡8201只，鹅249只，完成三次集中动物防疫。年内，完成14个村土地确权颁证工作。完成治理土地202宗次，面积45830平方米。实施13个村煤改电工程，基本实现乡域无煤化。PM2.5累计浓度27微克/立方米（年度任务目标31微克/立方米）；降尘累计4.5吨/（平方千米·月），年度目标6吨/（平方千米·月）；TSP（总悬浮颗粒物）累计浓度83微克/立方米。推进12个村美丽乡村建设，实现开工率100%。制订《刘斌堡乡农村基础设施和人居环境长效管护实施方案》，清理各类台账点位1600余处，整改率100%。危房改造累计开工210户，完工189户，补贴资金发放184户。实施地质灾害治理项目6个村，治理率67%。拆除违建258处、建筑面积20734平方米，腾退土地38414平方米；拆除林下违建3处，腾退林地1.2万平方米。为民宿企业申请乡村旅游贴息贷款29.3万元。培育7个精品民宿品牌，运营民宿小院47处，建设中43处，带动就业60人，人均收入3.84万元/年。“接诉即办”接单847件，响应率100%，解决率64.34%，满意率63.05%。通过就业帮扶、产业帮扶、政策兜底等方式开展低收入帮扶工作。公益岗位安置政策向低收入户倾斜，一事一议项目用工直接增加低收入人口就业收入。向城岗对接推荐低收入户应聘人员239人，28人达成就业意向。实施特色民宿低收入产业项目6个村24个院子。实施特色种植项目2个村共计11.6公顷（174亩）。千亩有机杂粮基地产粮21万斤，收入150余万元。办理城乡低保29户58人。开展群众文化体育活动40余场，承办农民丰收节、民宿音乐节、乡村邻里文化节、“虎叫”文化节。山东沟村美丽乡村建设项目通过区级验收，7个村级政务服务站标准化建设通过区政务服务中心验收。姚官岭村获“全国文明村”称号。小观头村被评为第二批全国旅游重点村。

单位名称：刘斌堡乡政府
地　　址：刘斌堡乡刘斌堡村
电　　话：60181485

（周言迎）

【新冠疫情防控】 年内，全乡组织乡、村两级干部、网格员和志愿者1600余人，开展拉网式排查和24小时值守。全乡新冠肺炎零感染。

（周言迎）

【人居环境整治】 年内，全乡清理各类台账点位1600余处，整改率100%。设置四分类桶站18处，专职生活垃圾分类员41人，配备垃圾收集车43辆，为村户发放分类垃圾桶3059套、分类垃圾袋40万件，再生资源自助回收9000千克，收益7000余元。垃圾分出率42.18%，生活垃圾减量率72.64%，分类设施达标率100%，

（周言迎）

【农产品质量检测】 年内，刘斌堡乡组织2020年第三次农产品质量安全检测。随机抽样检测农产品样本84例，检测合格率100%。超额完成全年农产品质量安全检测计划。

（周言迎）

【新时代文明实践活动】 年内，刘斌堡乡以志愿服务为着力点，开展政策宣传、文化服务、帮困服务、技术服务等活动500余场次。组织16个新时代文明实践站开展“妫川巾帼共携手 凝心聚力战疫情”主题活动。组织16个文明实践站的16支代表队参加全区“四个条例记心间 全民共创文明城”知识竞赛。

（周言迎）

【社会保障】 年内，全乡城乡居民基本医疗保险覆盖率99.7%，养老保险覆盖率99.9%。通过慈善大病救助等为280人次发放救助金35.6万元。落实各项助残政策补贴160.4万元，惠及1205人次。拨款3万元奖励大学生37人。延隆商业公司与刘斌堡乡达成民宿餐饮战略合作。在刘斌堡、营盘、上虎叫、周四沟、小观头、小吉祥6个村建养老助残餐桌，为300余名老年人

和重残人提供配餐、送餐服务。在周四沟、刘斌堡、大观头、红果寺4个村成立志愿服务队，志愿者达到102人，为4个村的153户222名老人开展关爱助老志愿服务。

（周言迎）

【乡第一届党员代表大会第四次会议】 1月18日，中国共产党延庆区刘斌堡乡第一届党员代表大会第四次会议召开，乡党员代表75人参会。会议听取并通过刘斌堡乡党委工作报告。

（周言迎）

【创城工作】 5月11日，刘斌堡乡在刘斌堡村礼堂举办“我为冬奥添光彩　美丽乡村在行动”最美人家创建活动。5月30日，组织留守儿童及部分家长举办以“小手拉大手　垃圾分类在行动”为主题的六一活动，关爱未成年人成长、普及垃圾分类知识和助力创建文明城区。开展城管执法大检查，助力延庆区创建全国文明城区。

（周言迎）

【北京文创大赛延庆分赛民宿专场】 8月8日，2020延庆区创意创新创业大赛暨北京文创大赛延庆分赛民宿专场在北方民宿学院举行。围绕延庆区刘斌堡乡观头西沟村民宿发展，20个参赛项目拿出设计、营销、运营三大类方案，为观头西沟村献智出招。合宿—乡村振兴支持解决方案、樾观西（民宿）设计两个项目获得一等奖。大赛自7月20日启动，包括线上项目征集、项目审核、路演比赛等环节，都是针对刘斌堡乡观头西沟村的民宿改造设计项目。在为该村民宿发展献智献策的同时，大家互通有无、交流互动，为延庆区民宿发展探索新思路。

（周言迎）

【乡机构改革工作会召开】 11月6日，刘斌堡乡组织召开机构改革工作会，机关领导班子成员、机关干部、下沉人员、协管人员及编外合同人员共100余人参会。会议首先由党委副书记做机构改革情况说明，解读全乡党政机构、事业单位机构设置和编制职数情况。由组织委员宣布班子成员分工及科室人员安排。本次机构改革以赋权、下沉、增效为重点，推动工作重心下移、权力下放、力量下沉，着力构建简约高效的基层管理体制，进一步激发乡镇发展的内生动力。

（周言迎）

2020年刘斌堡乡各村基本情况统计

表25

序号	村委会名称	党支部书记	村委会主任	户数（户）	人口（人）	经济总收入（万元）	人均所得收入（元）
1	刘斌堡	卢兴勇	卢兴勇	875	1840	7667.9	16390
2	大观头	魏金波	魏金波	350	768	2936.3	16591
3	周四沟	陈桂香	陈桂香	193	440	1097.1	16893
4	红果寺	韩永财	韩永财	108	222	508.6	15914
5	上虎叫	张有德	张有德	47	88	335.7	18830
6	下虎叫	时永纲	时永纲	63	142	311	17789
7	营盘	许秀华	许秀华	159	364	838.3	16220
8	营东沟	李燕霞	李燕霞	23	50	171	16860
9	马道梁	徐瑞华	徐瑞华	158	393	933.6	15707
10	山西沟	郝明辉	胡　强	178	352	992.4	16741
11	山东沟	雷占余	雷占余	92	192	527.4	16458
12	山南沟	赵志忠	赵志忠	64	131	373.6	17267
13	小观头	贾雪林	贾雪林	60	126	376	17373
14	观西沟	张军宗	张军宗	90	199	583.5	16879
15	姚官岭	张晓静	张晓静	50	101	299.6	16525
16	小吉祥	宋兰坤	宋兰坤	47	101	336.1	17198

香营乡

【概况】 香营乡辖区面积120平方千米，山区面积79平方千米，占全乡总面积的66%。下辖20个行政村。2020年，全乡户籍数4651户，人口8864人，其中农业户数2793户，人口6049人；非农业户数1858户，人口2815人；常住户数2415户，常住人口5611人。全乡耕地面积667.2公顷（10007.8亩），设施农业22.5公顷（337.4亩），农作物播种面积817.6公顷（12264.6亩），以种植玉米、薯类、蔬菜豆类、谷物为主。全乡农村经济总收入63659.5万元，农民人均劳动所得20194元，同比分别增长3.0%和8.3%；财政收入141.4万元。乡党委辖基层党支部26个，其中农村党支部20个，事业单位党支部1个，社区党支部1个，机关党支部4个。共有中共党员632名。年内，香营乡党委把“不忘初心牢记使命”主题教育贯穿到日常教育学习中，各支部组织党员学习交流、座谈300余场次。推进27项党建重点任务、落实44项折子工程，持续推动“8+2”专项整治任务。乡、村两级党组织183项问题均得到有效整改。开展村党支部书记述职评议。加强香营村和新庄堡村两个软弱涣散村党组织动态管理和常态整顿。受理上级转办问题线索28件，立案处理2件，给予警告处分1人，警示教育谈话7人次，“双早”预警5人次。乡人武部被北京卫戍区授予“先进人民武装部”称号。年初成立香营乡疫情防控领导小组，制订疫情防控实施方案，建立完善13本台账，动员全乡党员投身防控一线，3.5万人次参与疫情排查及防控值守。全年累计排查登记外省来延或返延人员1303人。为各村制作“疫情防控登记牌”60个，张贴宣传海报80套，发放《致村民的一封信》500张，整改问题点位54个。全年“接诉即办”接单1300余件，响应率100%，7项主动治理重难点问题已解决6项。推进“马上办”“就近办”“网上办”“一次办”便利化措施，乡政务服务中心累计为5397人次群众提供优质服务，被区政务服务局评为2020年度文明诚信单位。新建3个老年餐桌和10个儿童之家，为34户申报危房翻建。组织无人机、浇冰技师等培训155余班次，培训655人次。开展公益岗位招聘，为30人提供就业机会。组织“榜样人物”学习宣传活动，为20个村张贴村规民约，宣传移风易俗文明新风尚。依托1个乡级新时代文明实践所、21个村级新时代文明实践站、5个新时代文明实践基地，开展各类服务活动69次，其中组织参加国家级、区、乡、村四级文化体育活动45次4000人次。开展志愿服务点单派单活动，20个村共点单派单85次，参与志愿服务时长2468小时。

单位名称：香营乡政府
地　　址：香营乡香营村
电　　话：60161043

（程丹阳）

【乡村公共医疗】 年内，香营乡推进村级公共卫生委员会建设，在疫情防控、健康促进等重点工作中充分发挥作用。成立3支家庭医生团队，开展建立健康档案、管理慢性病、健康指导等工作。乡社区卫生服务中心及各村卫生站室加强疫情防控和公共医疗服务工作，在建立居民健康档案5246份（建档率达80.7%）的基础上完善基础档案，在家庭医生式服务签约1943户、2697人（签约率41.5%）的基础上完善签约档案，在辖区重点人群签约2311人（签约率94.4%）的基础上完善签约档案。采取微信随访、入户访视、健康处方、入村指导、上门送药等方式，开展健康指导、用药指导等医疗服务，门诊诊疗985人次，电话访视235人次，免疫接种31针次，儿童电话访视12人次，孕产妇访视10人次。

（程丹阳）

【就业帮扶】 年内，全乡劳动力总数4469人，城镇年龄段劳动力1667人，有求职意向的9人；农村户籍年龄段劳动力2802人，有求职意向30人。为53人办理《就业失业登记证》；

为58人办理失业登记；为19人办理失业金领取手续；办理灵活就业9人、停止手续5人、延期4人；为29人办理转档手续；为129人办理医保卡同步、补换卡；现管理城镇失业人员档案142份，退休人员档案191份。新增本市农村劳动力32人在社保所代办保险缴费、停止代缴28人；农村劳动力趸缴待退休16人；城保转农保4人。

（程丹阳）

【城管执法】 年内，全乡规范违法行为178起，下发责令改正通知书、谈话通知书43次，立案处罚235件，罚款74575元。其中一般程序40件，罚款71050元；简易程序195件，罚款3525元。处罚关于大气污染类违法行为为31起，罚款43310元，下发责令改正通知书现场整改的9起，下发谈话通知书接受调查的12起。

（程丹阳）

【疏整促行动】 年内，香营乡腾退土地面积79683.1平方米，完成总任务的173%。农业"复种复绿"总面积883.51平方米，百万亩造林任务12.11公顷（181.59亩）。整治无证无照经营3户，疏解一般制造业1家。

（程丹阳）

【项目增收】 年内，全乡新增种植八棱脆海棠39.13公顷（587亩）3万余株，引进设施西瓜52公顷（780亩）。全乡精品民宿建成7家、在建13家。建设下垙、聂庄、屈家窑、上垙光伏发电项目，发展壮大集体经济。开通"杏福商城"网络销售平台，驻村第一书记助力优质农产品销售。推进扶贫协作，为河北省宣化区侯家庙引入"八棱脆"海棠项目及海棠林下种植西瓜项目。

（程丹阳）

【平安香营建设】 年内，香营乡推进扫黑除恶专项斗争常态化，处罚违法行为178起。围绕重点工作加大普法宣传力度，指导村民网上立案24件，通过云法庭审理案件6件，诉讼代理53件。依法处理信访事项43件，及时受理率、按期办结率、群众满意率均为100%。

（程丹阳）

【生态环境建设】 年内，香营乡严查秸秆禁烧，施工、道路扬尘，落实优质燃煤替代工作。前山13村100%完成旱厕改造，后山7村实施农村污水一体化治理，5个村实施美丽乡村污水管网工程。对白河堡水源地周边设立围挡实施封闭管理。申报新庄堡至聂庄段小流域治理项目，打造"最美河道"。开展"清河行动"，打赢"碧水保卫战"。

（程丹阳）

【美丽乡村建设】 年内，乡、村两级成立23个爱国卫生组织，97家单位配备爱国卫生工作专、兼职人员。持续推进农村人居环境整治。扎实落实《北京市生活垃圾管理条例》，全乡党员干部回社区报到，参与社区防控值守、垃圾分类桶前值守等工作。常态化开展周末卫生日活动，累积出动6万人次。推进国家卫生乡镇创建工作，对照创建标准落实落细任务，如期提交申报书，通过国家级暗访。

（程丹阳）

【新时代文明实践工作】 年内，香营乡作为延庆区新时代文明实践工作的试点，采用"点单派单"形式开展志愿服务点单派单活动。20位组织员参与到村级疫情防控服务中，20个村开展志愿服务点单派单活动69次、时长2468小时。

（程丹阳）

【全国农民冰雪运动会获奖】 1月6日至9日，香营乡代表北京市农民体协，参加在河北省张家口尚义县举办的全国农民冰雪运动会。在7个项目中，香营乡代表队分别获得一个第二名、一个第三名、两个第四名，一个第六名，团体总分全国第三名。

（程丹阳）

【香营线上"杏花节"】 4月9日至23日，香营乡举办线上"杏花节"。通过视频形式让游客足不出户就可欣赏到香营的山野杏花盛景。线上杏花节包括赏杏花、线上逛百亩艾草园等活动项目，视频在青流视频、今日头条、百度、腾讯、网易、北京头条、秒拍、微博等转发，其中在秒拍中视频播放量24.1万次。

（程丹阳）

【“缙阳山水创意行”活动】 9月6日至10日，由叶如棠、刘文敏、胡祝三等国内20余位书画名家组成的艺术家考察团到香营乡开展“缙阳山水创意行”活动。本次活动分为实地采访和文旅研讨两部分。书画名家重点围绕燕山天池、缙阳寺以及山底下村等香营地区主要自然人文景观和乡村旅游村落，开展采风写意和文旅发展研讨。香营乡在借助艺术家的思维视角，深入挖掘缙阳文化品牌内涵，塑造香营地区文化符号，丰富延庆城市品牌，推进旅游和康养产业融合。

（程丹阳）

2020年香营乡各村基本情况统计

表26

序号	村委会名称	党支部书记	村委会主任	户数（户）	人口（人）	经济总收入（万元）	人均所得收入（元）
1	八道河	柳艳云	柳艳云	32	66	285	23167
2	屈家窑	屈金安	屈金安	86	162	820	17468
3	黑峪口	刘付昆	刘付昆	131	235	1626	19596
4	上 垙	卢六来	卢六来	77	149	542	17027
5	下 垙	郭 磊	郭 磊	105	196	3022	18615
6	山底下	赵小朋	赵小朋	74	161	948.5	20616
7	东白庙	李玉石	李玉石	672	1295	8108	19304
8	孟官屯	聂致健	聂致健	448	879	4690	20997
9	小 堡	乔书明	乔书明	388	748	4215	20551
10	香 营	吕墩成	吕墩成	567	1143	4736	20576
11	新庄堡	王德喜	王德喜	450	839	2270	19681
12	后所屯	康瑞民	康瑞民	638	1136	8718	19339
13	里仁堡	巩建财	巩建财	645	1237	8030.3	21952
14	聂 庄	张永健	张永健	167	324	2584.4	20913
15	庄 科	薛进良	薛进良	27	52	173	17075
16	高家窑	高小亮	高小亮	36	70	108	19700
17	小 川	闫皂荣	闫皂荣	24	31	196	30222
18	三道沟	李桂海	李桂海	36	64	215	18966
19	南 窑	邱书月	邱书月	30	49	157.5	20971
20	东 边	王金燕	王金燕	18	28	227.5	29423

珍珠泉乡

【概况】 珍珠泉乡总面积144平方千米，林木绿化率88.26%，森林覆盖率75.13%。辖15个行政村，29个自然村，总人口3949人，其中农业人口3115人，非农业人口834人。2020年，出生人口35人，出生率8.86‰；死亡人口33人，死亡率8.36‰；人口自然增长率0.5‰。境内有珠泉喷玉、齐仙岭、仙壶沟等景区。有中心小学1所，幼儿园1所，在校生41人，教职工25人；社区卫生服务中心1所，医务人员16人，村级卫生室13所。二级旅游咨询服务中心1处，公共厕所15座。农民专业合作社26家，北京村村牛种植专业合作社和北京魅力珍珠山水乡村旅游专业合作社为市级示范社。珍珠泉乡党委辖18个党支部，包括15个行政村党支部、2个机关党支部、1个社区党支部，全乡有中共党员524名。2020年，全乡农村经济总收入完成11986.8万元，同比增长3.4%；人均所得完成18831.0元，同比增长4.0%。享受农村低保待遇82户145人，五保户78户79人。低收入人口506户1053人，低收入农户人均可支配收入比2019年增长15.8%，脱低率100%。收获大榛子1.7万斤、富硒梨5000斤、干木耳1600斤、流苏茶50斤、蜂蜜近1.3万斤、大蒜3万斤。接待游客约3.5万人次，实现旅游总收入400万元。易渡、千山万水等民宿品牌入驻，南山海棠民宿正式营业，延庆区低收入产业资金600万元投资庙梁、水泉子和南天门建设10个精品民宿院落。年内，完成全乡15个村供水站（水井房）升级改造，实现全民健康饮水。乡、村两级河长巡河率达100%，菜食河河湖水质达Ⅱ类标准。珍珠泉村污水处理站建成通水调试达标。庙梁、八亩地污水主干管网6341米和入户管网272户完工。全乡污水收集集中处理村庄达到7个。下花楼村地源热泵工程竣工，各村普及兰炭和清洁煤取暖。全乡PM2.5平均浓度23微克/立方米，TSP（总悬浮颗粒物）平均浓度78微克/立方米，降尘平均浓度4.2吨/（平方千米·月）。新增4050生态就业16人，帮扶61名残疾人签订就业协议，助残增收基地吸收67名低收入村的低收入户和低收入残疾人就业。5家老年餐桌持续为100余名老人提供就餐服务；“1+1”助老志愿服务队为58名老人提供志愿服务。每周一开设“法律门诊”，邀请律师为村民提供法律咨询服务，珍珠泉村被推荐为第八批“全国民主法治示范村”。15个新时代文明实践站利用广播、微信群，每天播报宣传疫情防控知识、创城知识、《北京市文明行为促进条例》等内容；1所16站354名党员群众志愿者开展志愿服务活动70余次。举办第二届群众合唱大赛、“迎冬奥 促健康”残疾人冰上运动会等活动。

单位名称：珍珠泉乡人民政府
地　　址：珍珠泉乡珍珠泉村
电　　话：60186546

（秦颖）

【创建无违建乡镇】 年内，珍珠泉乡拆除红日集团养殖场、度假村五栋别墅和高奇矿泉水厂三处大体量违法建设。拆除图斑违建312个，建筑面积10776.72平方米，腾退土地20865.15平方米。组建查违环保安全巡查队，实现新生违法建设零增长。

（秦颖）

【垃圾分类管理】 年内，珍珠泉乡建成户分类、村收集、乡运输、区消纳的垃圾分类闭环管理体系。全民动员宣传垃圾分类，开展知识竞赛、积分兑换等活动。安装垃圾分类设施约2100套，建设分类亭27组，配备清运车21辆。全乡日产垃圾总量约2.3吨，其中其他垃圾约1.5吨，分出率为65.2%；厨余垃圾约0.8吨，分出率为34.8%。

（秦颖）

【山区搬迁】 年内，下花楼村搬迁工程接近尾声，实施“美丽乡村”示范村建设项目；小川、桃条沟、仓米道“三村合一”山区搬迁工程取得规划许可证和开工许可手续，具备开工条件；南天门村3户民居改造工程完成主体建设。

（秦颖）

【“美丽乡村”建设】 年内，珍珠泉村、称沟湾村“美丽乡村”建设完成竣工验收；除小川、南天门、仓米道、桃条沟4个村外，其余9个村“美丽乡村”建设主体工程完工；截至年底完成路面硬化约10.63万平方米，安装路灯1035盏，新建公厕6座。

（秦颖）

【乡村治理】 年内，珍珠泉乡建立领导班子成员接访和下访制度，包村干部每周入村2天走访民情，畅通群众诉求渠道。完善网格化管理体系，上报处理网格事件6743件，处理卫星遥感事件111起。

（秦颖）

【接诉即办】 年内，全乡接收12345市民服务热线工单847件，全部按期办结。其中，有效件758件，解决609件，解决率80.34%；满意623件，满意率82.19%。

（秦颖）

【“珍珠山水励志奖学金”发放】 年内，珍珠泉乡13名优秀高中毕业生考入高等学府。按照本科每人3000元、专科每人1000元的奖励标准，向13人发放第五届“珍珠山水励志奖学金”共计2.7万元。

（秦颖）

【第二届农民运动会】 10月23日，珍珠泉乡在珍珠泉村足球场举办第二届农民运动会。本次运动会共设置10人拔河、6人齐跳长绳、8人同心击鼓三项团体项目，以各行政村为单位进行。全乡15个村代表队270余人参加活动。八亩地村、下水沟村、转山子村分别获得跳长绳、同心击鼓、拔河比赛一等奖；其他12个村获得二、三等奖及优胜奖和拼搏奖。

（秦颖）

【第二届残疾人冰上运动会】 12月24日，珍珠泉乡举办“迎冬奥 促健康”第二届残疾人冰上运动会。本次活动设置冰车、冰壶、冰上套圈、冰上拍篮球四个项目，吸引全乡15个村约150名残疾人参加。

（秦颖）

【第二届群众合唱大赛】 12月25日，珍珠泉乡“点赞新时代 喜迎冬奥会”冬季系列活动——第二届群众合唱大赛举行。此次大赛主题为“歌唱美好生活 喜迎冰雪盛会”，15个村合唱队的300余名村民用歌声表达对祖国的美好祝愿和对美好生活的向往。

（秦颖）

2020年珍珠泉乡各村基本情况统计

表27

序号	村委会名称	党支部书记	村委会主任	户数（户）	人口（人）	经济总收入（万元）	人均所得收入（元）
1	珍珠泉	于甫琴	于甫琴	295	544	1877.8	20055.4
2	称沟湾	范长宇	范长宇	112	212	584.0	15337.4
3	庙　梁	于凤华	于凤华	314	605	2134.5	21330.0
4	下水沟	尤　存	尤　存	58	123	462.4	17691.1
5	上水沟	张树合	张树合	117	220	619.4	18260.4
6	下花楼	周汉兴	周汉兴	141	277	770.8	18906.7
7	八亩地	于海林	于海林	114	212	793.8	19709.3
8	转山子	姜亦成	姜亦成	184	366	811.6	17500.0
9	水泉子	石长海	石长海	281	532	1641.9	18944.7
10	双金草	张自起	张自起	91	147	489.4	20275.2
11	小　川	崔　勇	崔　勇	187	314	859.4	17683.3
12	小　铺	罗光超	罗光超	58	88	253.7	16954.0
13	仓米道	刘玉臣	刘玉臣	30	58	159.1	17037.0
14	南天门	于亚全	于亚全	79	148	314.7	15605.4
15	桃条沟	翟永亮	翟永亮	54	103	214.3	16281.6

（栏目编辑：孙越凡）

统计资料

2020年国民经济和社会发展主要统计指标

表28

项　目	单位	2019年	2020年
人　口			
户籍人口	万人	28.9	28.9
常住人口	万人	33.5	34.6
经济总量			
地区生产总值	亿元	195.3	194.5
第一产业	亿元	7.4	6.2
第二产业	亿元	51.0	44.2
第三产业	亿元	136.9	144.1
固定资产投资			
固定资产投资（不含农户）增速	%	7.3	-30.8
#基础设施投资增速	%	16.1	-54.7
#建安投资增速	%	16.3	-35.5
#房地产开发投资增速	%	-37.3	-2.1
能源消费			
能源消费总量	万吨标准煤	66.71	57.19
万元地区生产总值能耗	吨标准煤	0.342	0.294
万元地区生产总值能耗下降率	%	9.03	13.15
财政收支			
一般公共预算收入	亿元	21.4	22.8
一般公共预算支出	亿元	128.3	139.1
农　业			
农林牧渔业总产值(现价）	亿元	18.9	15.6
主要农产品产量			

续表

项　目	单位	2019年	2020年
粮食产量	万吨	5.9	7.1
蔬菜产量	万吨	6.6	6.5
禽蛋产量	万吨	1.2	1.2
干鲜果产量	万吨	1.2	1.1
牛奶产量	万吨	3.3	3.0
出栏猪	万头	2.2	1.0
出栏鸡	万只	137.0	113.7
工　业			
规模以上工业总产值（现价）	亿元	110.2	144.3
轻工业	亿元	20.8	15.7
重工业	亿元	89.4	128.6
规模以上工业年末从业人员	人	7617	6718
建筑业			
建筑业总产值	亿元	45.3	45.6
商　业			
社会消费品零售额	亿元	108.0	99.7
商品交易市场成交额	亿元	10.9	8.0
旅游业			
A级及主要景区景点接待人次	万人次	1704	489
A级及主要景区景点旅游收入	亿元	10.9	3.2
观光民俗旅游接待人次	万人次	465.4	192.4
观光民俗旅游收入	亿元	3.6	2.0
对外经济贸易			
实际利用外资	万美元	2299	304
外贸进出口总额	万美元	18516	17951
#出口额	万美元	14435	14545
金　融			
金融机构存款余额	亿元	540.9	572.9
#个人储蓄存款	亿元	279.7	327.4
金融机构贷款余额	亿元	203.3	271.2

续表

项　目	单位	2019年	2020年
教　育			
学校个数			
高等学校	所	4	4
普通中学	所	21	20
职业中学	所	1	1
小 学	所	28	28
幼儿园	所	50	47
在校学生数			
高等学校在校学生数	人	7962	7613
普通中学在校学生数	人	8638	8987
职业中学在校学生数	人	657	149
小学在校学生数	人	12700	13182
幼儿园在园幼儿数	人	7610	7858
文　化			
公共图书馆藏书	万册（件）	70.7	58.9
电影放映场次	万场	1.5	1.1
卫　生			
卫生机构数	个	333	326
卫生机构床位数	张	1102	1119
卫生技术人员数	人	2743	2284
#执业医师（含助理医师）	人	1194	1234
注册护士	人	1054	1074
人民生活			
全区居民可支配收入	元	36482	37385
全区居民生活消费支出	元	24652	24770
城镇居民人均可支配收入	元	48701	50476
城镇居民人均消费支出	元	31422	30767
城镇单位在岗职工工资总额	万元	597047	415153
城镇单位在岗职工平均工资	元	101322	108027

（栏目编辑：孙越凡）

附　录

2020年组织机构及负责人名录

中国共产党北京市延庆区第二届委员会

书　记　穆　鹏
副书记　于　波（满族）　李军会（5月免）
　　　　张　远（9月任）
常　委　穆　鹏　于　波（满族）　张　远
　　　　叶大华　黄克瀛（女）
　　　　李志遂（9月任）　蒋达峰　张　琦
　　　　吴世江　刘瑞成（9月任）
　　　　李军会（5月免）　刘学亮（5月免）
委　员（按姓氏笔画为序）
　　　　于　波（满族）　卫红涛（满族）
　　　　卫洪英（女，8月递补）　马红寰
　　　　王罗颐　叶大华　吕桂富
　　　　孙凤霞（女）　刘瑞成　祁增华
　　　　李志遂（9月任）　吴世江　张　远
　　　　张　莉（女，8月递补）　张　琦
　　　　张利忠　张景军　杨国柱　陈合安
　　　　陈桂芬（女）　孟顺利　胡玉民
　　　　胡耀刚　段福华　祖　宇
　　　　贺常荣（女）　贾春媚（女）
　　　　徐自成　郭清尧（8月递补）
　　　　郭慧成（8月递补）黄克瀛（女）
　　　　黄金龙　常迎六（满族）　蒋达峰
　　　　穆　鹏　刘学亮（5月免）
　　　　李军会（5月免）　胡春华（8月免）

中共北京市延庆区委工作机构负责人

办公室主任　吕桂富（兼，1月免）
　　　　　　臧文柱（1月任）
办公室常务副主任
　　　　　　刘聪玲（女，蒙古族，1月免）
组织部部长　刘学亮（兼，10月免）
　　　　　　李志遂（兼，10月任）
　　常务副部长　梁利锋
宣传部部长　黄克瀛（兼，女）
　　常务副部长　张树清（女，1月免）
　　　　　　　　诸葛福琨（女，1月任）
统战部部长　黄克瀛（兼，女）
　　常务副部长　齐鲁延
政法委书记　吕桂富（兼，10月免）
　　　　　　张　远（兼，10月任）
　　常务副书记　张勇军
研究室（改革办）主任
　　　　　　刘聪玲（女，蒙古族，1月免）
　　　　　　李志刚（满族，12月任）
老干部局局长　郑玉伶（女）
编办主任　张　河（3月免）
　　　　　冯玉青（女，蒙古族，3月任）
网信办主任　诸葛福琨（女，1月免）
　　　　　　张健敏（女，满，1月任）
巡察办主任　靳　柯
区直机关工委书记　李军会（兼，10月免）
　　　　　　　　　张　远（兼，10月任）
　　常务副书记　郝　健

中共北京市延庆区委派出机构负责人

农村工作委员会书记　贺常荣（兼，女，3月免）
　　崔秀海（3月任）
教育工作委员会书记　常迎六（满族）
社会工作委员会书记　孙凤霞（女）
百泉街道党工委书记　洪　炜
儒林街道党工委书记　马素军（女）
香水园街道党工委书记　姜之波

中国共产党北京市延庆区第二届纪律检查委员会

书　记　蒋达峰
副书记　韩　策　杜国华　赵春生
常　委　蒋达峰　韩　策　杜国华　赵春生
　　王新生　霍阿强　代　强　王茂华
委　员（按姓氏笔画为序排列）
　　王茂华　王秋林　王新生　代　强
　　吕　莉（女）　祁春生　杜志军
　　杜国华　李庆民　杨立宏（女）
　　吴连军（满族）　沈小嘉（女）
　　张胜军　孟庆云　赵春生　郤占军
　　徐怀安　高国忠　郭　蓬（女）
　　郭东亮　郭铁石　曹艳军　蒋达峰
　　韩　策　韩志忠　焦万宏（女）
　　焦顺新（满族）　霍阿强
　　魏秀芝（女，满族）
监察委员会主　任　蒋达峰
　　副主任　韩　策　杜国华　赵春生

北京市延庆区第二届人民代表大会常务委员会

主　任　吕桂富
副主任　郭永华　闫承发　张景军
　　贺常荣（女）　吴辰英（女，不驻会）
常　委（按姓氏笔画为序排列）
　　王铁林　古燕翔（女）　田玉柱
　　田毅敏（女）　司彦忠　吕毅夫
　　朱怀明　任秀莲（女）　刘井辉
　　刘世记　刘金江　李富兴　杨青林
　　吴　皓　吴子广　张玉华（女）
　　张光临　张勇军　赵伯玉　赵振华
　　柳千训（朝鲜族）　贺鸿文（女）
　　席维国　鲁亚军（女）　鲁明祥
　　鲁振中　谭　颖

北京市延庆区第二届人大常委会工作机构负责人

办公室主任　张光临
法制办公室主任　刘金江
财政经济办公室主任　鲁亚军（女）
教育科技文化卫生体育办公室主任　刘世记
城市建设环境保护办公室主任　席维国
农村办公室主任　鲁明祥
代表联络室主任　司彦忠
研究室主任　吴　皓

北京市延庆区人民政府

区　　长　于　波（满）
常务副区长　张　远（10月免）
　　叶大华（10月分工调整为常务）
副　区　长　叶大华　刘瑞成
　　祖　宇（8月免）
　　许　杰（8月任）
　　罗　瀛（女，满族，7月免）
　　陈桂芬（女）　丁章春（1月任）
　　徐　永（4月任，挂职）
　　任江浩（11月任）

北京市延庆区人民政府工作机构负责人

政府办公室（加挂外事办公室牌子）
　　党组书记、主任　张胜军
发展和改革委员会党组书记、主任
　　刘聪玲（女，蒙古族，1月任）

教育委员会主任　王建军（满族）
科学技术委员会（加挂中关村科技园区延庆园管理委员会牌子）党组书记、主任
付　强（满族）
中关村科技园区延庆园管理委员会主任
罗　瀛（兼，女，满族）
常务副主任　付　强（满族）
经济和信息化局（加挂大数据管理局牌子）
党组书记、局长　黄金龙
民政局局长　孙凤霞（女）
司法局党组书记、局长　冯浙军
财政局党组书记、局长　张景军（兼，1月免）
刘永强（1月任）
人力资源和社会保障局党组书记、局长
孟顺利
市规划和自然资源管理委员会延庆分局
党组书记、局长　张　奇（市区双管单位）
生态环境局党组书记、局长　徐自成
住房和城乡建设委员会（加挂住房保障办公室牌子、房屋征收办公室牌子）
党组书记、主任　胡玉民
城市管理委员会（加挂城乡环境建设管理委员会办公室牌子）党组书记、主任　李新生
交通局党组书记、局长　李明海
水务局党组书记、局长　郭铁石
农业农村局局长　贺常荣（兼，女，4月免）
崔秀海（4月任）
商务局（加挂粮食和物资储备局牌子）
党组书记、局长　辛文军（1月免）
刘　涛（1月任）
文化和旅游局党组书记　姜言泉（1月免）
叶　东（1月任）
局　　长　叶　东
卫生健康委员会党组书记、主任　尹文强
退役军人事务局党组书记、局长　王　琦
应急管理局党组书记、局长
臧文柱（1月免）
胡树森（1月任，4月改任党委书记）
市场监督管理局（加挂知识产权局、食品药品安全委员会办公室牌子）党组书记、局长
田素芬（女）
审计局党组书记、局长　张利忠
国有资产监督管理委员会党委书记、主任
曲荣杰
体育局党组书记、局长　党　强
统计局党组书记、局长
吴连军（满族，1月免）　辛文军（1月任）
园林绿化局（加挂绿化委员会办公室牌子）
党组书记、局长　徐志中
政务服务管理局党组书记、局长　祁增华
人民防空办公室党组书记、主任
胡树森（1月免）　姜言泉（1月任）
信访办公室党组书记、主任　祁春生
医疗保障局党组书记、局长　葛　新

北京市延庆区人民政府
直属行政执法机构负责人

城管执法局党组书记、局长　陈东严

北京市延庆区人民政府
派出机构负责人

百泉街道办事处主任
冯玉青（女，蒙古族，3月免）
儒林街道办事处主任　马向东
香水园街道办事处主任　王建柱

区属事业单位、企业负责人

区委党校（加挂区行政学院、区社会主义学院牌子）校委会主任、校长
李军会（兼，10月免）
张　远（兼，10月任）
常务副校长　杨国柱
社会主义学院院长　黄克瀛（兼，女）
常务副院长　杨国柱
史志办公室主任　王留艳（3月免）
马健壮（3月任）

档案馆馆长　史建柱

地震局局长　贺建昌

融媒体中心党组书记、主任
　　胡玖梅（女，2月任）

城市服务管理指挥中心党组书记、主任
　　程立军（1月任）

机关事务管理服务中心党组书记、主任
　　张立新

康西草原管理处党组书记、主任　吴立新

八达岭特区办事处党组书记、主任　王铁林

野鸭湖自然保护区管理处党组书记、主任
　　孙胜利（1月免）　吴立新（1月任）

北京延庆世界地质公园管理处
　　党组书记、主任　尤宝军

中关村延庆园服务中心（加挂区投资促进服务中心牌子）主任　景铁军（朝鲜族）

重大项目协调服务中心主任　胡玉民

八达岭旅游有限公司党委书记、董事长人选
　　王铁林
　　总经理　莫广涛

北京市龙庆峡旅游公司经理　刘宗贤

绿富隆农业科技发展有限公司
　　党委书记　刘　宇（1月免）
　　　　韩慧敏（女，1月任）
　　董事长人选　刘　宇（1月免）
　　　　韩慧敏（女，1月任）
　　总　经　理　韩慧敏

中关村延庆园投资发展公司总经理　夏建伟

国有资本投资运营中心总经理人选　陈志海

延隆商业发展有限公司董事长人选　姚建华
　　总经理人选　刘　涛（1月免）
　　　　韩勇斌（1月任）

庆隆建设管理公司
　　董事长人选　刘　军（8月免）
　　　　雷　蕾（女，壮族，8月任）
　　总经理人选　张立凯（蒙古族，3月任）

夏都园林绿化公司总经理人选　朱　虎

燕北保障性住房建设投资公司
　　总经理人选　董小伟

供销合作总社党委书记、主任　高俊岭

市区双管单位负责人

市规划和自然资源委员会延庆分局
　　党组书记、局长　张　奇

市交通委员会延庆公路分局
　　党委书记　李清华（8月任）
　　局　　长　刘元则（8月免）
　　　　李清华（8月任）

国家税务总局北京市延庆区税务局
　　党委书记、局长　王　竺（女）

气象局党组书记、局长　闫　巍

邮政分公司党委书记、局长　赵惠卿（女）

烟草专卖局党组书记、局长　王献军（10月免）
　　李　杨（10月任）

经济社会调查队队长　国造红（女）

中国人民政治协商会议北京市延庆区第二届委员会常务委员会

主　席　陈合安

副主席　刘明利　谷艳兰（女）　张立新
　　张留全　程大庆（不驻会）
　　杨雪平（女，不驻会）

秘书长　马　岗（藏族）

常　委（按姓氏笔画为序排列）
　　王　力　王　竺（女）　王金玲（女）
　　王宝海　王剑英（满族）
　　王惠杰（满族）　白　华（蒙古族）
　　朱万富　朱向晨　许泽玮
　　孙艳萍（女）　李迎霞（女）
　　杨宏华（女）　吴金淑（女）　张天路
　　张艳波（女）　周　坤　徐红梅（女）
　　高文洲　曹艳华（女）　释悟凡
　　蔡玉芳（女）　薛雪菲（女）

政协北京市延庆区第二届常委会工作机构负责人

办公室主任　张燕霞（女）
研究室主任　马健壮（5月免）
张　河（5月任）
专委会工作一室主任　吴月清
专委会工作二室主任　刘存华（女）
专委会工作三室主任　韩冬雪（女）
专委会工作四室主任　王剑英（满族）
专委会工作五室主任　李志红（女）

北京市延庆区各人民团体负责人

总工会主席　郭永华（兼）
党组书记　池合仓
共青团延庆区委书记　林　俊（3月免）
贾石全（女，3月任）
妇女联合会党组书记、主席　贾春媚（女）
残疾人联合会党组书记、理事长　朱万富
工商业联合会主席　许泽玮（兼）
党组书记、常务副主席　张绍芬（女）
文学艺术界联合会党组书记、主席　高文洲
科学技术协会党组书记　赵红英（女）
主席　程大庆
红十字会会长　罗瀛（兼，女，满族，12月免）
陈桂芬（兼，女，12月任）
党组书记、常务副会长　王丽敏（女）

北京市延庆区乡镇主要负责人

延庆镇党委书记　郭慧成
镇　长　张海峰
永宁镇党委书记　郭雄强
镇　长　曹凯锋
康庄镇党委书记　陈桂芬（兼，女，1月免）
马红寰（1月任）
镇　长　王　楠
张山营镇党委书记　吴世江（兼）
镇　长　郁世民
八达岭镇党委书记　王振龙
镇　长　郝建云（女）
旧县镇党委书记　马红寰（1月免）
王　赢（1月任）
镇　长　王　赢（1月免）
刘　宇（1月任）
千家店镇党委书记　王晓娟（女）
镇　长　卢石军
四海镇党委书记　马庆有
镇　长　郭清尧（3月免）
林　俊（3月任）
沈家营镇党委书记　卫洪英（女）
镇　长　陈仲文
井庄镇党委书记　赵振华
镇　长　荣欣锋
大榆树镇党委书记　赵满江
镇　长　桂轶杰
香营乡党委书记　董喜延
乡　长　苑立杰
刘斌堡乡党委书记　崔秀海（3月免）
郭清尧（3月任）
乡　长　侯士杰
大庄科乡党委书记　张树清（女，1月任）
乡　长　尤　轩
珍珠泉乡党委书记　闫茂先
乡　长　赖慧武

北京市延庆区政法、军事机构负责人

人民检察院检察长　段福华
人民法院院　长　王罗颐
人民武装部政　委　张　琦
部　长　屈　辉（9月免）
连春亭（9月任）
市公安局延庆分局局长　祖　宇（7月免）
许　杰（7月任）
政委　许　杰（7月免）　赵宏松（12月任）

中共延庆区委主要文件目录

中共延庆区委文件

文号	文件名称
京延发〔2020〕1号	中共北京市延庆区委关于加强党的领导、为打赢疫情防控阻击战提供坚强政治保证的通知
京延发〔2020〕2号	中共北京市延庆区委关于印发《深入贯彻落实〈中共北京市委贯彻《中共中央关于坚持和完善中国特色社会主义制度、推进国家治理体系和治理能力现代化若干重大问题的决定》的实施意见〉的若干措施》的通知
京延发〔2020〕3号	中共北京市延庆区委北京市延庆区人民政府关于印发《2019北京世园会延庆区服务保障先进集体和先进个人表扬决定》的通知
京延发〔2020〕5号	中共北京市延庆区委北京市延庆区人民政府关于印发《2020年北京市延庆区委区政府重点工作折子工程》的通知
京延发〔2020〕6号	中共北京市延庆区委关于印发《2020年北京市延庆区全面从严治党重点工作任务清单》的通知
京延发〔2020〕7号	中共北京市延庆区委北京市延庆区人民政府关于表彰2019年度考核先进单位的决定
京延发〔2020〕8号	中共北京市延庆区委北京市延庆区人民政府关于印发《延庆区乡村振兴战略规划(2018—2022）》的通知
京延发〔2020〕9号	中共北京市延庆区委北京市延庆区人民政府印发《关于抓好“三农”领域重点任务确保如期高质量实现全面小康的工作措施》的通知
京延发〔2020〕10号	中共北京市延庆区委北京市延庆区人民政府关于印发《北京市延庆区生态环境保护工作职责分工规定》的通知
京延发〔2020〕11号	中共北京市延庆区委北京市延庆区人民政府关于印发《延庆区全域旅游发展三年行动计划（2020—2022）》的通知
京延发〔2020〕12号	中共北京市延庆区委北京市延庆区人民政府印发《延庆区“七有”“五性”三年提升计划（2020—2022）》的通知
京延发〔2020〕13号	中共北京市延庆区委北京市延庆区人民政府关于深入学习宣传贯彻习近平总书记关于新冠肺炎疫情防控系列重要讲话和重要指示精神统筹推进疫情防控与经济社会发展的通知
京延发〔2020〕14号	中共北京市延庆区委印发《关于贯彻落实中国共产党政法工作条例和中共北京市委贯彻〈中国共产党政法工作条例〉的实施办法的工作措施》的通知
京延发〔2020〕15号	中共北京市延庆区委北京市延庆区人民政府印发《北京市延庆区处级领导班子和领导干部2020年度考核指标体系》的通知
京延发〔2020〕16号	中共北京市延庆区委北京市延庆区人民政府印发《北京市延庆区乡镇机构改革实施方案》的通知

京延发〔2020〕17号　中共北京市延庆区委印发《延庆区关于进一步深化落实全面从严治党主体责任的实施意见》《延庆区关于深化全面从严治党监督责任的实施意见》的通知

京延发〔2020〕18号　中共北京市延庆区委北京市延庆区人民政府印发《关于贯彻落实中共北京市委北京市人民政府关于加快培育壮大新业态新模式促进北京经济高质量发展的若干意见的若干措施》

中共延庆区委办公室文件

京延办发〔2020〕1号　中共北京市延庆区委办公室印发《关于建立容错纠错机制激励干部担当作为干事创业的实施意见（试行）》的通知

京延办发〔2020〕2号　中共北京市延庆区委办公室关于印发《区委常委会班子“不忘初心、牢记使命”专题民主生活会查摆问题整改方案》的通知

京延办发〔2020〕3号　中共北京市延庆区委办公室印发《关于贯彻落实市委办公厅关于贯彻落实〈中国共产党重大事项请示报告条例〉的具体措施的实施办法》的通知

京延办发〔2020〕4号　中共北京市延庆区委办公室关于印发《政协北京市延庆区委员会2020年协商工作计划》的通知

京延办发〔2020〕5号　中共北京市延庆区委办公室关于印发《北京市延庆区党内规范性文件备案审查实施细则（试行）》的通知

京延办发〔2020〕6号　中共北京市延庆区委办公室关于印发《北京市延庆区2020年政党协商计划》的通知

京延办发〔2020〕7号　中共北京市延庆区委办公室关于印发《延庆区党委系统办公部门2020年工作要点》的通知

京延办发〔2020〕8号　中共北京市延庆区委办公室北京市延庆区人民政府办公室关于印发《打好防范化解重大金融风险攻坚战若干措施》《防范化解政府隐性债务风险若干措施》的通知

京延办发〔2020〕9号　中共北京市延庆区委办公室关于印发《北京市延庆区纪检监察机关严肃查处诬告陷害为干部澄清正名工作细则（试行）》的通知

京延办发〔2020〕11号　中共北京市延庆区委办公室北京市延庆区人民政府办公室关于印发《延庆区深入推进审批服务便民化实施方案》的通知

京延办发〔2020〕12号　中共北京市延庆区委办公室关于印发《贯彻落实中国共产党宣传工作条例2020年重点任务分工方案》的通知

京延办发〔2020〕13号　中共北京市延庆区委办公室北京市延庆区人民政府办公室关于印发《北京市延庆区开展民族团结进步创建筑牢中华民族共同体意识2020年重点任务清单》的通知

京延办发〔2020〕14号　中共北京市延庆区委办公室北京市延庆区人民政府办公室关于印发《北京市延庆区健全公共卫生应急管理体系三年行动计划（2020–2022年）》的通知

京延办发〔2020〕15号　中共北京市延庆区委办公室北京市延庆区人民政府办公室印发《关于加强

	物业管理工作提升物业服务水平三年行动计划（2020—2022年）》的通知
京延办发〔2020〕16号	中共北京市延庆区委办公室北京市延庆区人民政府办公室印发《关于开展党建引领物业管理提高“三率”专项行动的指导意见》的通知
京延办发〔2020〕17号	中共北京市延庆区委办公室北京市延庆区人民政府办公室印发《关于树立过“紧日子”思想加强财政资金管理的若干措施》的通知
京延办发〔2020〕18号	中共北京市延庆区委办公室关于印发《中共北京市延庆区委常委会专题民主生活会情况通报》的通知
京延办发〔2020〕19号	中共北京市延庆区委办公室北京市延庆区人民政府办公室关于印发《北京市延庆区贯彻落实北京市关于加快建立网络综合治理体系的若干措施任务分工方案》的通知
京延办发〔2020〕20号	中共北京市延庆区委办公室北京市延庆区人民政府办公室关于印发《延庆区落实市委市政府安全生产第四督察组反馈意见的整改方案》的通知
京延办发〔2020〕21号	中共北京市延庆区委办公室北京市延庆区人民政府办公室印发《关于认真做好全区村（社区）“两委”换届工作的实施意见》的通知
京延办发〔2020〕22号	中共北京市延庆区委办公室印发《关于加强新时代延庆政协党的建设工作的实施意见》的通知
京延办字〔2020〕2号	中共北京市延庆区委办公室关于印发《延庆区2019年全面从严治党主体责任检查考核情况的通报》的通知
京延办字〔2020〕3号	中共北京市延庆区委办公室关于印发《北京市延庆区档案馆职能配置、内设机构和人员编制规定》的通知
京延办字〔2020〕5号	中共北京市延庆区委办公室北京市延庆区人民政府办公室关于印发《北京市延庆区城市服务管理指挥中心职能配置、内设机构和人员编制规定》的通知
京延办字〔2020〕6号	中共北京市延庆区委办公室北京市延庆区人民政府办公室关于印发《北京市延庆区地震局职能配置、内设机构和人员编制规定》的通知
京延办字〔2020〕7号	中共北京市延庆区委办公室北京市延庆区人民政府办公室关于印发《北京市延庆区农村合作经济经营管理站职能配置、内设机构和人员编制规定》的通知
京延办字〔2020〕8号	中共北京市延庆区委办公室北京市延庆区人民政府办公室关于印发《北京市延庆区农业技术综合服务中心职能配置、内设机构和人员编制规定》的通知
京延办字〔2020〕9号	中共北京市延庆区委办公室北京市延庆区人民政府办公室关于印发《北京市延庆区融媒体中心职能配置、内设机构和人员编制规定》的通知
京延办字〔2020〕10号	中共北京市延庆区委办公室北京市延庆区人民政府办公室关于印发《北京市延庆区新农村建设服务中心职能配置、内设机构和人员编制规定》的通知
京延办字〔2020〕11号	中共北京市延庆区委办公室北京市延庆区人民政府办公室关于印发《北京市延庆区医疗保险事务管理中心职能配置、内设机构和人员编制规定》的通知

京延办字〔2020〕12号	中共北京市延庆区委办公室北京市延庆区人民政府办公室关于印发《北京市延庆区中关村科技园区延庆园服务中心（北京市延庆区投资促进服务中心）职能配置、内设机构和人员编制规定》的通知
京延办字〔2020〕13号	中共北京市延庆区委办公室北京市延庆区人民政府办公室关于印发《中共北京市延庆区延庆镇委员会、北京市延庆区延庆镇人民政府职能配置、党政机构和人员编制规定》的通知
京延办字〔2020〕14号	中共北京市延庆区委办公室北京市延庆区人民政府办公室关于印发《中共北京市延庆区永宁镇委员会、北京市延庆区永宁镇人民政府职能配置、党政机构和人员编制规定》的通知
京延办字〔2020〕15号	中共北京市延庆区委办公室北京市延庆区人民政府办公室关于印发《中共北京市延庆区康庄镇委员会、北京市延庆区康庄镇人民政府职能配置、党政机构和人员编制规定》的通知
京延办字〔2020〕16号	中共北京市延庆区委办公室北京市延庆区人民政府办公室关于印发《中共北京市延庆区张山营镇委员会、北京市延庆区张山营镇人民政府职能配置、党政机构和人员编制规定》的通知
京延办字〔2020〕17号	中共北京市延庆区委办公室北京市延庆区人民政府办公室关于印发《中共北京市延庆区八达岭镇委员会、北京市延庆区八达岭镇人民政府职能配置、党政机构和人员编制规定》的通知
京延办字〔2020〕18号	中共北京市延庆区委办公室北京市延庆区人民政府办公室关于印发《中共北京市延庆区旧县镇委员会、北京市延庆区旧县镇人民政府职能配置、党政机构和人员编制规定》的通知
京延办字〔2020〕19号	中共北京市延庆区委办公室北京市延庆区人民政府办公室关于印发《中共北京市延庆区大榆树镇委员会、北京市延庆区大榆树镇人民政府职能配置、党政机构和人员编制规定》的通知
京延办字〔2020〕20号	中共北京市延庆区委办公室北京市延庆区人民政府办公室关于印发《中共北京市延庆区沈家营镇委员会、北京市延庆区沈家营镇人民政府职能配置、党政机构和人员编制规定》的通知
京延办字〔2020〕21号	中共北京市延庆区委办公室北京市延庆区人民政府办公室关于印发《中共北京市延庆区井庄镇委员会、北京市延庆区井庄镇人民政府职能配置、党政机构和人员编制规定》的通知
京延办字〔2020〕22号	中共北京市延庆区委办公室北京市延庆区人民政府办公室关于印发《中共北京市延庆区千家店镇委员会、北京市延庆区千家店镇人民政府职能配置、党政机构和人员编制规定》的通知
京延办字〔2020〕23号	中共北京市延庆区委办公室北京市延庆区人民政府办公室关于印发《中共北京市延庆区四海镇委员会、北京市延庆区四海镇人民政府职能配置、党政机构和人员编制规定》的通知
京延办字〔2020〕24号	中共北京市延庆区委办公室北京市延庆区人民政府办公室关于印发《中共北京市延庆区香营乡委员会、北京市延庆区香营乡人民政府职能配置、党政机构和人员编制规定》的通知

京延办字〔2020〕25号　中共北京市延庆区委办公室北京市延庆区人民政府办公室关于印发《中共北京市延庆区刘斌堡乡委员会、北京市延庆区刘斌堡乡人民政府职能配置、党政机构和人员编制规定》的通知

京延办字〔2020〕26号　中共北京市延庆区委办公室北京市延庆区人民政府办公室关于印发《中共北京市延庆区珍珠泉乡委员会、北京市延庆区珍珠泉乡人民政府职能配置、党政机构和人员编制规定》的通知

京延办字〔2020〕27号　中共北京市延庆区委办公室北京市延庆区人民政府办公室关于印发《中共北京市延庆区大庄科乡委员会、北京市延庆区大庄科乡人民政府职能配置、党政机构和人员编制规定》的通知

京延办字〔2020〕28号　中共北京市延庆区委办公室关于印发《北京市延庆区学习宣传党的十九届五中全会精神工作方案》的通知

京延办字〔2020〕29号　中共北京市延庆区委办公室关于调整延庆区关心下一代工作委员会成员的通知

延庆区人民政府主要文件目录

延庆区人民政府文件

延政发〔2020〕1号　北京市延庆区人民政府关于印发政府工作报告的通知

延政发〔2020〕2号　北京市延庆区人民政府关于臧文柱等同志职务任免的通知

延政发〔2020〕3号　北京市延庆区人民政府关于韩慧敏等同志任职的通知

延政发〔2020〕4号　北京市延庆区人民政府关于印发《延庆区畜禽养殖禁养区划定方案》的通知（2020年修订）

延政发〔2020〕5号　北京市延庆区人民政府关于印发《2020年延庆区扶贫协作工作要点》的通知

延政发〔2020〕6号　北京市延庆区人民政府关于印发《延庆区进一步加快推进城乡水环境治理工作三年行动方案（2020年—2022年）》的通知

延政发〔2020〕7号　北京市延庆区人民政府关于胡玖梅等同志职务任免的通知

延政发〔2020〕8号　北京市延庆区人民政府关于印发《延庆区“十四五”规划编制工作方案》的通知

延政发〔2020〕9号　北京市延庆区人民政府关于开展第七次全国人口普查的通知

延政发〔2020〕10号　北京市延庆区人民政府关于郭清尧同志免职的通知

延政发〔2020〕11号　北京市延庆区人民政府关于废止《延庆县按比例安排残疾人就业管理办法》的通知

延政发〔2020〕12号　北京市延庆区人民政府关于张立凯等同志职务任免的通知

延政发〔2020〕14号　北京市延庆区人民政府关于永东110千伏输变电站35千伏配套送出工程遏止抢栽抢种树木树苗行为的通告

延政发〔2020〕15号	北京市延庆区人民政府关于付铁峰等同志职务任免的通知
延政发〔2020〕16号	北京市延庆区人民政府关于印发《向街道办事处和乡镇人民政府下放部分行政执法职权并实行综合执法的工作方案》的通知
延政发〔2020〕20号	北京市延庆区人民政府关于对部分机动车调整交通管理措施降低污染物排放的通告
延政发〔2020〕21号	北京市延庆区人民政府关于印发《延庆区2022年冬奥会和冬残奥会可持续性计划实施方案》的通知
延政发〔2020〕22号	北京市延庆区人民政府中国残奥委员会等关于成立延庆赛区2020—2021国际雪联高山滑雪世界杯等8项赛事活动组委会的通知
延政发〔2020〕23号	北京市延庆区人民政府关于公布第二批延庆区级非物质文化遗产代表项目名录的通知
延政发〔2020〕24号	北京市延庆区人民政府关于雷蕾同志任职的通知
延政发〔2020〕25号	北京市延庆区人民政府关于印发《延庆区政府投资工程建设项目招标投标监督管理办法（试行）》的通知
延政发〔2020〕26号	北京市延庆区人民政府关于做好森林防火工作的通告
延政发〔2020〕27号	北京市延庆区人民政府关于进一步加强烟花爆竹禁放安全管理工作的通告
延政发〔2020〕28号	北京市延庆区人民政府关于印发《北京市延庆区加强农村集体土地管理落实“村地区管”机制的实施意见》的通知

延庆区人民政府办公室文件

延政办发〔2020〕1号	北京市延庆区人民政府办公室关于印发《延庆区进一步促进无障碍环境建设2019—2021年行动方案》的通知
延政办发〔2020〕2号	北京市延庆区人民政府办公室关于印发《延庆区污染防治攻坚2020年行动计划》的通知
延政办发〔2020〕4号	北京市延庆区人民政府办公室关于印发《2020年全区经济社会发展指标及任务分工》的通知
延政办发〔2020〕5号	北京市延庆区人民政府办公室关于印发《北京市延庆区长城保护发展三年行动计划（2020—2022）》的通知
延政办发〔2020〕6号	北京市延庆区人民政府办公室关于印发《延庆区2020年非京籍适龄儿童少年入学证明证件材料审核实施细则》的通知
延政办发〔2020〕7号	北京市延庆区人民政府办公室关于印发《延庆区落实〈北京市物业管理条例〉实施方案》的通知
延政办发〔2020〕8号	北京市延庆区人民政府办公室关于印发《北京市延庆区大额专项资金管理办法》的通知
延政办发〔2020〕9号	北京市延庆区人民政府办公室关于印发《2020年延庆区低收入农户帮扶工作措施》的通知
延政办发〔2020〕10号	北京市延庆区人民政府办公室关于印发《中关村现代园艺产业创新中心

	建设三年行动计划（2020—2022）》的通知
延政办发〔2020〕11号	北京市延庆区人民政府办公室关于印发《2020年延庆区—海淀区结对协作重点任务计划》的通知
延政办发〔2020〕12号	北京市延庆区人民政府办公室关于印发《向街道办事处和乡镇人民政府下放部分行政执法职权市、区、街道乡镇三级权限划分意见（试行）》的通知
延政办发〔2020〕13号	北京市延庆区人民政府办公室印发《关于推动延庆区加快绿色发展行动计划2020年重点任务和项目清单》的通知
延政办发〔2020〕14号	北京市延庆区人民政府办公室关于印发《延庆区政府网站建设管理办法（2020年修订）》的通知
延政办发〔2020〕15号	北京市延庆区人民政府办公室关于印发《延庆区2020年农村地区村庄冬季清洁取暖工作实施方案》的通知
延政办发〔2020〕16号	北京市延庆区人民政府办公室关于印发《延庆区行政规范性文件合法性审核和备案实施办法》的通知
延政办发〔2020〕17号	北京市延庆区人民政府办公室关于落实各类公共资源交易项目按照“应进必进”原则发布公告进行入场交易的通知
延政办发〔2020〕18号	北京市延庆区人民政府办公室关于开展第一次全国自然灾害综合风险普查的通知

（栏目编辑：孙越凡）

索 引

说 明

本索引采取主题索引法编纂，主题以《北京延庆年鉴（2021）》正文中出现的重点专业名词和词组为主。正文条目之外的《区情综述》《大事记》《特载》《专文》《专记》《人物荣誉》《统计资料》《附录》等栏目的内容不在索引范围之内。

本索引按汉语拼音音序、以词组首字拼音的第一个字母为序顺延排列。以阿拉伯数字为首的主题词，排在最前面。索引词条后面括号中的阿拉伯数字表示内容所在页码，a、b表示正文中的栏别：左栏为a，右栏为b。

D

F

G

H

J

K

S

T

W

X

Y

Z